地域学者と歩くベトナム

桜井由躬雄
Sakurai Yumio

めこん

ベトナム社会主義共和国　省

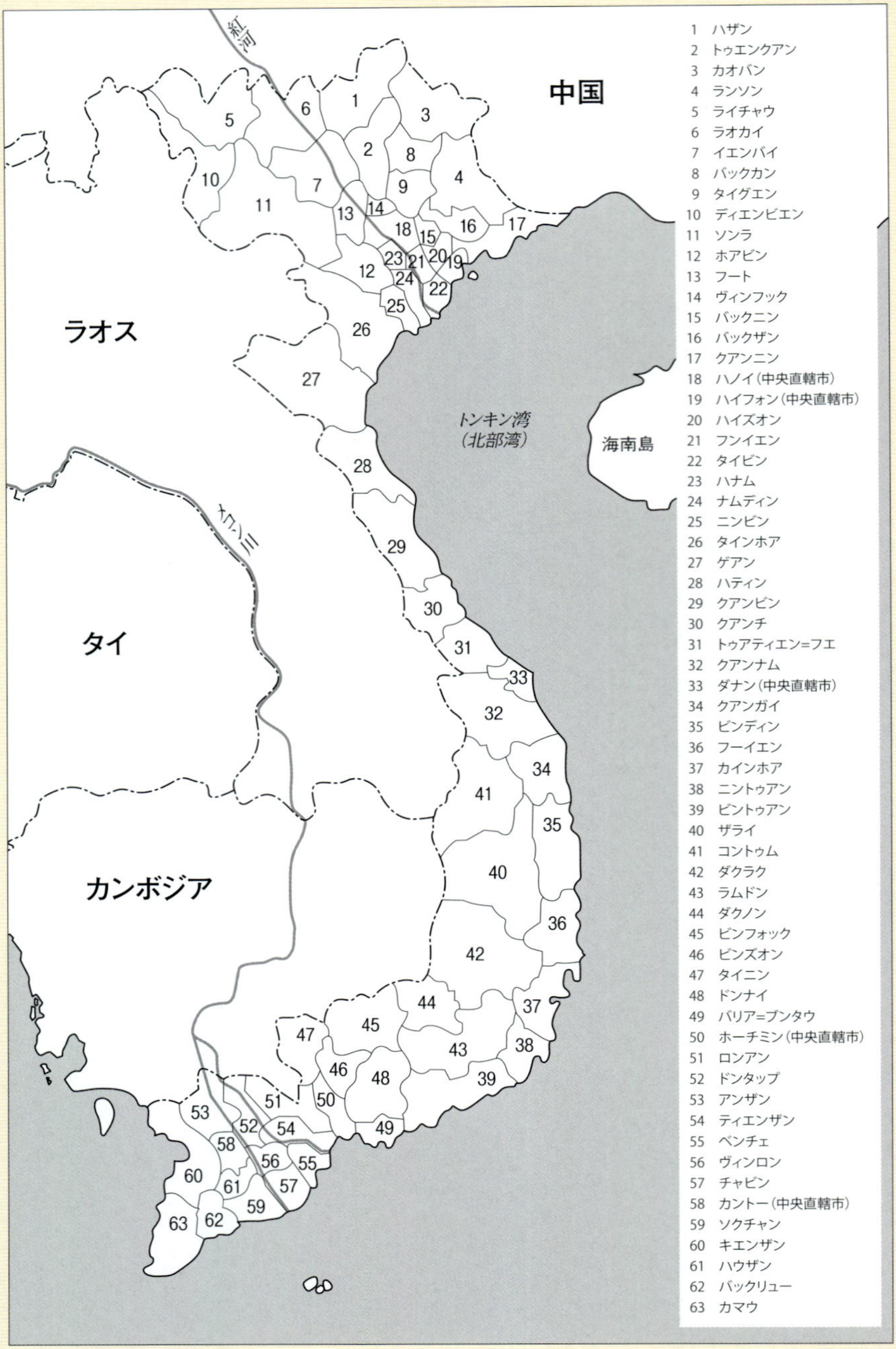

旅のはじまり。たゆたふ大メコン（ティエンザン川）を眺める。ヴィンロン省ヴィンロン。1986年。

ヴィンテ運河。アンザン省ハティエン市近く。2006年。

カンゾーの解放戦線基地の展示。ホーチミン中央直轄市。2004年。

サイゴン川。ビンズオン省トゥーザウモット。2005年。

チャンパ遺跡ポークランガライ。ニントゥアン省ファンラン・タップチャム。2006年。

ベンハイ川に架かるヒエンルオン橋。クアンチ省。2004年。

紅河に架かるロンビエン橋。ハノイ市。2005 年。

タイグエン炭鉱。タイグエン省。1995年。

タイバック（西北）山地。ホアビン省マイチャウ近く。1999年。

ディエンビエンフー戦跡。ディエンビエン省ディエンビエンフー。1999年。

ハロン湾の水上家屋。クアンニン省。2005年。

旅の別れ。モンカイの街並み。対岸は中国。クアンニン省。2005年。

地域学者と歩くベトナム・目次

はじめに

古田元夫

『地域学者と歩くベトナム』というのは、桜井由躬雄さんの本にたいへんふさわしいタイトルだと思う。なぜならば、桜井さんは、「歩く」地域学者だったからだ。本書は、基本的に、桜井さんの実走体験に基づいて書かれている。ベトナム全土をほぼくまなく巡った体験をベースに、歴史学、地理学、農学などの専門に裏打ちされた、読み応えのあるベトナム地誌は、桜井さんでないと書けない本である。

私と桜井さんを同世代などと言うと、桜井さんにおこられそうだが、ベトナム戦争の中でベトナム研究をめざしたという意味で同世代と呼ぶと、ベトナムに関心を持ったこの世代のベトナム観は、当初はかなり観念的なものだった。ベトナム戦争が終わって、自己のベトナム像の観念性を思い知った我々は、それぞれのやり方で、その克服をはかった。桜井さんは、その際に、「歩く」＝実際に現地を訪問してみることを、方法として選んだ。

桜井さんが、「歩く」地域学者だったとすれば、私は、どちらかと言えば、「歩かない」地域学者だった。地域学者にとって、「歩いた」ことは自慢になるが、「歩かなかった」ことは、言い訳にしかならない。しかし、この『地域学者と歩くベトナム』を読んで、改めて私は、なぜ自分が、あまり「歩かなかった」かを考えてみた。

私があまり「歩かなかった」一つの理由は、私のベトナム研究の中心的な柱が、ベトナム共産党史だったことと関連している。その研究で依る資料の多くは、共産党の決議や決定、ベトナムで「党文献」と呼ばれている資料である。「党文献」を読んでベトナムが理解できるのか、というのは、文献資料に依拠した共産党史研究に対する、正当な疑問である。ベトナム共産党は、非生産的な団体だという反共主義者の批判に対し、「いや決議をいっぱい生産している」と答えればよいというジョークを、あるベトナムの高名な学者から聞いたことがあるが、集団指導制で、路線の継承性が高く、五年ごとに開かれる党大会の文献も、大半は前の大会を継承しているような中で、漫然と「党文献」を読んでいるだけでは、観念的なベトナム像がいっそう観念的になりかねない。

しかし、一見、無味乾燥した、千篇一律の「党文献」でも、読み方によっては、見えてくる世界がある。「民が豊かで、国が強く、民主的で、公平で文明的な社会」というスローガンは、ベトナム共産党が、社会主義ベトナムの具体像として一九九四年以来掲げているスローガンであるが、九四年に提唱された時には「民主」がなく、二〇〇一年に「公平で、民主的で文明的な社会」という形で、「民主」が挿入され、二〇一一年からは、「民主」が最初に来て、「民主的で、公平で文明的な社会」となった。こうした、「微調整」のような「党文献」の変化を読み解くことで、民主主義に対する共産党の姿勢の変化が見えてくる。『ベトナムの基礎知識』（めこん、二〇一七年）で古田が示した分析は、二〇〇一年の変化は、一九九七年のタイビンの騒擾事件により、共産党が「民意」により敏感になったこと、二〇一一年の変化には、国際統合により積極的に参与していくために、ベトナムも民主主義に対してより積極的にコミットしてく必要があると判断したことが反映されているというものである。

ただし、これは、共産党がどう考えているかというレベルの話であって、ベトナムの民主主義の実情を示すものではない。実情に関しては、別の分析が必要である。私は、「党文献」を読めば、ベトナムの民主主義は理解できるなどと主張するつもりはさらさらないが、「党文献」も読まないで、ベトナムの民主主義を云々することには抵抗がある。桜井さんは、政策提言に関与したこともあり、ベトナム共産党の主張には明るかった。

『地域学者と歩くベトナム』を読んで感ずるもう一つのことは、桜井さんの追求した「地域」は、ベトナムというまとまりではなく、ベトナムという絵を構成している、個性豊かな様々な「地域」ないしは「ムラ」だったということである。これに対して、私は、ベトナム共産党史や、ベトナムのナショナル・アイデンティティの歴史的展開により強い興味を持ったために、ベトナムというまとまりにこだわるというか、<The Vietnam>を追求する傾向が強かったと言えるだろう。「中華世界の普遍国家から東南アジアの地域国家へ」という、私流のべトナム史の総括は、こうした研究志向の産物だった。

このかぎりでは、私の描くベトナム像と、桜井さんの描くベトナム像は、次元の異なることを扱っていて、相互に対立するようなものではなかったと考えられる。しかしながら、私のほうには、ベトナム現代史の俯瞰にこだわるあまり、桜井さんから、「やりすぎ」だと批判されそうな研究がある。それは、私の、ベトナムのムラ社会の強靭性が、第二次世界大戦期以降の現代史体験の中で、どのように発展・変化してきたのかという研究である（拙稿「ベトナム北部農村の現代史」川喜多敦子・西芳実編著『歴史としてのレジリエンス』京都大学出版会、二〇一六年）。この研究では、ベトナム北部農村に対象を限定してはいるものの、様々なフィールドワークの成果に依拠しながら、それを一般化して、悪く言えば「つまみ食い」をして、議論を展開している。

例えば、集団農業解体後の北部農村で、農地が村の成員に均分されていることに関し、私は、「この状況を、伝統的な村落の共同性の復活と見なす議論があるが、この村の成員による土地の均分は、土地改革以前の格差が大きかった村への復帰ではなく、土地改革で生まれた均質な村とその後の抗米戦争期の平等のいっそうの徹底を原点としているように思われる。ベトナム北部農村のレジリエンスは、伝統そのものというよりは、伝統を組み換え更新してきた現代史の歩みの中で獲得されてきたものだった」（前掲拙稿四六頁）としている。これは、桜井さんがバックコックの調査で描いている歴史像とそれほどずれてはいないと思うが、個々のムラの個性を描くことに執着した桜井さんは、バックコックの事例を一般化することにはきわめて慎重だったように思う。

私の「つまみ食い」による一般化を、桜井さんにとがめられたら、もっと議論をしたかったところだが、それはもはやかなわない。ただ、桜井さんの、「歩く」ことにこだわった地域学は、そのあとをついだ研究者を、日本にもベトナムにも生み出している。この『地域学者と歩くベトナム』の刊行を期にして、改めてベトナム地域研究の方法に多くの人の関心が向くことを期待したい。

1章 海のベトナム

トゥボーンクモム州
ロクニン
ビンフォック省
ラムドン省
サーマット
タイニン省
バーデン
タイニン
カッティエン
ビンズオン州
チーアン湖
ヴァーイリアン州
モクバイ
スヴァーイリアン
チャンバン
フーアン
トゥーザウモット
ドンナイ省
ビントゥアン省
カインフン
ヴィンフン
トゥアンアン
クチ
ビエンホア
ハンゴン
ロンガイン
ドゥックホア
モクホア
ジーアン
サイゴン
ニャーベー
タップムオイ
ロンアン省
西ヴァムコー川
東ヴァムコー川
サイゴン川
ドンナイ川
バリア＝ブンタウ省
タップ省
ムオイ運河
タンアン
カンドゥック
バリア
ティエンザン省
タムヴ
カンゾー
ブンタウ
ブンタウ岬
ミートー
ゴーコン
カオライン
カイベ
ラックミエウ橋
ソイラップ河口（カンゾー河口）
ミートゥアン橋
ヴィンロン
ベンチェ
ホーチミン（中央直轄市）
サデック
ティエンザン川（ミートー川）
ベンチェ省
オーモン
ヴィンロン省
カントー
ハムルオン川
チャビン
チャウタイン
ザン省
チャビン省
コーチエン川
南シナ海
ルークー
ソクチャン
ソクチャン省
ハウザン川
リュー省
ックリュー
ウ半島
コンソン島
コンダオ群島

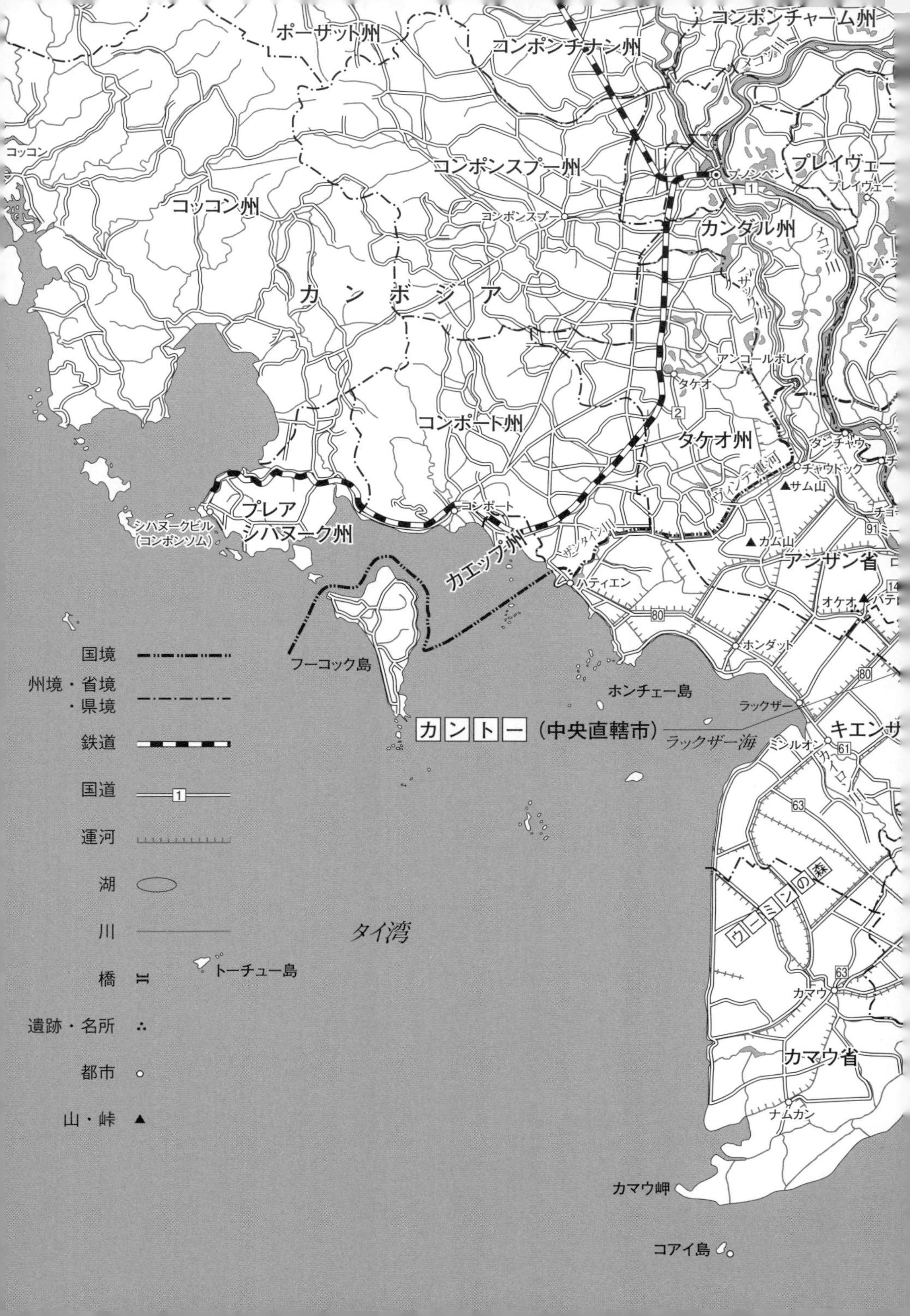
ポーサット州
コンポンチナン州
コンポンチャーム州
メコン川
コッコン
コンポンスプー州
プノンペン
プレイヴェー
プレイヴェー
コッコン州
コンポンスプー
カンダル州
メコン川
カンボジア
バサック川
アンコールボレイ
タケオ
コンポート州
タケオ州
タンチャウ
チャウドック
ヴィンテ運河
サム山
プレア
シハヌーク州
シハヌークビル
(コンポンソム)
コンポート
カエップ州
ザンタイン川
カム山
アンザン省
ハティエン
オケオ
バテ
フーコック島
ホンダット
ホンチェー島
ラックザー
カントー(中央直轄市)
ラックザー海
キエンザ
ミンルオン
カイロン川
ウーミンの森
タイ湾
トーチュー島
カマウ
カマウ省
ナムカン
カマウ岬
コアイ島
国境
州境・省境
・県境
鉄道
国道
運河
湖
川
橋
遺跡・名所
都市
山・峠

写真１

写真２

タイ湾の島々

フーコック島

小さなプロペラ機は、サイゴン川の上空を大きく旋回して、ベトナム[*1]西端、ホーチミン市からフーコック島をめざす。飛行四〇分、白茶けた珊瑚礁の空港に舞い降りる。なにか田舎の中学の運動場の匂いがする。白い平地、濃緑に覆われた山腹の上に、紺碧の空が広がる。

フーコックはタイ湾に浮かぶ新興のリゾート地だ。キエンザン省に属している。鉛錘（鉛で作ったおもり）形の大島で、面積五九三平方キロ、淡路島にほぼ等しい。南北一二〇キロ、幅は最も広いところで五〇キロある。年中二七度前後で、三〇度を超すことはほとんどない。年間降水量は二〇〇〇ミリもあるが、一一月から四月までの乾季は湿度が少ない。

島の平地はほとんど珊瑚礁で、目の覚めるように細かい白砂が東海岸に広がり、ココナッツの高木が茶色の陰を作る。エメラルドの海中には、原色の熱帯魚が珊瑚の中を遊弋《ゆうよく》している。この島に淡路島の約半分、七万五〇〇〇人が住み着く。島の人々のほとんどは、海岸に散在する七つほどの集落と周辺に新しく開けた瀟洒《しょうしゃ》なホテルやバンガローが建ち並ぶリゾート地に集まる（**写真１東海岸の白砂**）。

だから全土の七〇％、約五万ヘクタールが森である。特に北部の山地は、いまなお深い熱帯降雨林の自然林に覆われる。天空にうそぶく白肌の高木列は、東南アジアでもよほどの奥地でないと見かけられない（**写真2 熱帯降雨林**）。密林を抜けると、目の前にタイ湾の青海が広がる。眼前、数キロの地にカンボジアの海岸が横たわる。

フーコックの主産業はタイ湾漁業である。二〇〇〇年段階で五五〇〇人が漁師であり、一九〇〇隻の小型漁船が出漁している。この年の総漁獲は五六〇億ドンにもなっている。フーコックの町々の至るところ、海産《ハイサン》（シーフード）食堂が扉を開く。市場には無数のスルメ、干しエビがつるされる。海はフーコックの命だ。

写真3

しかし、ベトナムの人々にとって、フーコックと言えばなによりもヌオックマムの故郷である（**写真3 フーコックのヌオックマム工場**）。ヌオックマムは、最近、日本でもエスニックな調味料として知られてきた。小魚を塩漬けにして抽出液をとる魚醤の一種である。日本の醤油と同じように、ベトナム料理には欠かせない。秋田のしょっつる、タイのナムプラーに似ている。フーコックのヌオックマムと言えば全国ブランドで、ベトナム中、どこの市場でもその特徴的なデザインのビンを並べているが、それだけではなく、欧米や日本にも大量に輸出されている。現在、一〇〇以上の工場が年間で一〇〇〇万リットル以上のヌオックマム

＊1　南北に長いベトナムは北部、中部、南部に三分される。これはそのままではないにしても、一九世紀の阮《グエン》王朝の北圻《バッキー》、中圻《チュンキー》、南圻《ナムキー》、フランス時代のトンキン保護領、アンナン保護王国、コーチシナ直轄植民地の区分を、ほぼ踏襲したものだ。過分に行政的な区分で、ベトナムの風土の分け方としては好ましくない。現在のベトナムでは統計などで、地形風土の似通った区分を使うのが普通である。北から①北方山地、②西北山地、③紅河デルタ、④北中部、⑤沿海南中部、⑥西部高原、⑦東南部、⑥メコンデルタである。

を作り出している。

フーコックの森は、もう一つの島の名物を生み出している。フーコックのコショウ（ティエウ・フーコック）である。もともと熱帯降雨林に適したコショウ栽培は、ベトナム本土ではなかなか適地がない。伝承では一九世紀に、海南島から来た華人がもたらしたという。現在では、コショウは一作季に二五〇〇〜三〇〇〇トンの収穫がある。小さなコショウ園が島の至るところ、森の裾にイギリス庭園に似た姿を見せる（**写真4 コショウ園**）。

写真4

珊瑚礁、熱帯降雨林、リゾート、漁労、そしてコショウと、タイ湾を挟んだ向かいのマレー半島の海岸部と同じ熱帯の海が、ベトナムの南を彩る。

この豊かなフーコック島が「ベトナムの島」になったのは、そう古いことではない。後述するが、一七世紀の終わり頃、フーコックの対岸、現在のカンボジアとベトナムの国境の街ハティエンに鄚玖《マクキュウ》という華人の頭目がいた。カンボジア王国から官位をもらい、この一帯の華人たちを支配していた。その中にフーコック島の名前がある。もともとは華人が住み着いていたものらしい。フーコック島がベトナムに帰属したのは、この鄚《マク》氏の勢力圏が一九世紀はじめにベトナム領に併合された結果である。それでも、しばしば当時タイ湾を荒らし回っていたマレー系の海賊に襲われたらしく、ベトナムの要塞が作られていた。

コンダオ群島

カマウ半島の東、南シナ海の只中に七七平方キロほどのコンダオ群島がある。ホーチミン市の外港ブンタウから一八〇キロ離れている。コンダオ群島最大の島であるコンソン島には、五五七メートルのタイン山が切り立ち、その周囲を珊瑚礁が囲む。植民地時代、ベトナム戦争を通じて「虎の檻」*2で有名な政治犯の牢獄があった。この群島は一九九三年に国立公園となり、現在はウミガメで有名な観光地として開放されている。

しかし、この群島、唐代（七〜九世紀）の地理書では軍突弄、宋代（一〇〜一三世紀）では昆崙と呼ばれて、南シナ海からマラッカ海峡に入る海の道標だった。大交易の時代にはプロ・コンドール《コンドール》（プロはマレー語で「島」）というマレー名で西方の航海者たちに知られた。次項に述べるマレー語に詳しいクロファードは、プロ・コンドールとはひょうたん島《アイランズオブグーズ》だとしているが、どんなものか。

クロファード

一八二二年の秋、と言えば、我が国の文政五年、日本では対外危機がかまびすしくなりだした頃だが、タイ湾を一隻のイギリス船がバンコクからサイゴン、のちのホーチミン市に向かって航海していた。イギリス東インド会社の全権使節ジョン・クロファードの坐乗するジョン・アダム号だ。

バンコクでの通商交渉をシャム政府からすげなく断られたクロファードは、イギリス人にとっての処女地、当時コーチシナと呼ばれていたベトナムの地に向かう。ジョン・アダム号は、東南タイの南海岸線に沿った島々の間を次々と遊弋していく。まず、タイ語の島名が続く。コ・クット、コ・チャン（コはタイ語で「島」）などなど。フーコックもタイ語またはカンボジア語名ではコ・ドゥッドと呼ばれていた。

さらにその南域には、今度はマレー語を持った島名が続く。プロ・パンジャンは現在のトーチュー島であり、カマウ半島の南端に隣するプロ・ウビは「芋島」の意味、現在のコアイ島である。次いでクロファードは、プ

＊2　周囲を鉄やガラスのかけらで囲んで、立つことしかできない狭い檻。ゴ・ディン・ジエム（註9参照）政権の時に設置され、反政府分子の拷問に用いられたと言う。別に水牢があって「ワニの檻」と言う。

ロ・コンドール（コンダオ群島）に立ち寄る。ここで彼は先人のイギリス人が残した遺跡に巡り会う。

砂浜に流れ込む小川に沿って約半マイルほど上ると、突然イギリス商館の廃墟に行き着く。…要塞の土台が残り、煉瓦や石材が、土器とともに相当高級な陶磁器の破片、ヨーロッパ製のパイプの残骸などが散らばっている。…この建物は一一八年前に破壊されたものだ。つまり一七〇二年に建設され、一七〇四年に彼らが雇った現地人の兵士によって壊された。

(John Crawfurd, *Journal of an embassy to the courts of Siam and Cochin China*, Oxford in Asia historical reprints, Oxford University Press, pp. 195–196, 1967)

この商館を建てたイギリス東インド会社の商館長はスラウェシのブギス人[*3]傭兵に商館を守らせていた。しかし、契約に不満を持っていたブギス人たちは、ある夜、要塞の中にいたイギリス人を皆殺しにした。その夜たまたま要塞の外にいたわずかな数のイギリス人だけが、要塞の中の叫び声に気づき、そのまま浜から舟に乗って逃げだし、ひどい困難ののちにマラッカ海峡のジョホール（現マレーシア領）にたどり着いた。このあたりの島々、気候や景物だけではない、いかにも海域的な歴史を持っていた。メコンデルタはマレー的な世界に取り囲まれていた。熱帯の島々がベトナム化されたのは、この地にあったハティエンの鄚《マク》氏の華人王国に関係がある。クロファードが訪問した一九世紀には、既に華人と「コーチシナ」[*4]人つまり、ベト人[*5]が居住の中心だった。一八世紀から一九世紀にかけて、南の島々はマレー的な世界から華人、ベト人の世界に大きく移動していく。

タイ湾の砂丘

写真5

ハティエン十景

フーコックから東に四五キロ、キエンザンの大砂丘《ゾン》（五八ページ参照）列が、カンボジア国境の残丘*6地帯にぶつかるあたり、港町ハティエンがある。ラックザーから国道八〇号に乗り、農漁村の連なる砂丘を延々と走ると、突然、目の前に砂丘が切れ、入り江が広がる。入り江の東には大きな塩水湖が現れる。入り江にかかった高い現代的な橋を渡ると、カンボジア国境の残丘群を背景にハティエンの街が広がる。青い湖水を前に、白い壁、赤瓦の瀟洒な家が、西山に連なっている。そこは漁村ではない。砂丘と残丘の間に忽然と現れた大都会だ。

ハティエン名物、浮き船の橋（**写真5**）——現在の橋ができるまでハティエンはこの橋を通じてしか入れなかった。ハティエンは、今は天然真珠加工や竹細工のような手工業、それとカンボジアからの密輸でしか知られない街だが、ラックザーにはない瀟洒な名勝を持っている。河仙十景《ハティエンタップカイン》と言う。

*3　インドネシア東方の大島。かつて東南アジアの海を支配したブギス人の故郷。

*4　コーチシナ（コーチンチャイナ、コシャンシーヌ）は一六世紀頃から、欧人が現在のベトナムを指す時に用いた名称である。交趾支那は日中で用いられる当て字で、漢代、北部ベトナムに置かれた交趾郡とは関係がない。コーチシナは一七世紀には、現在の中部ベトナムを特定し、北のトンキンと区別され、さらに一九世紀、フランスが南部を占領してからは、現在の南部を指す地名として定着した。一九世紀はじめのクロファードの用語は漠然とベトナム人を指すと考えていいだろう。

*5　ベト人は、いわゆるベトナム語を母語とするベトナムの主要民族。現在、ベトナム人の九割弱がベト人であるために、ベトナム人と言えばベト人を指すことが多い。ベトナム語ではキン（京）人と呼ぶことも多い。

*6　残丘は、平原などに浸食から逃れたために、取り残された岩山群。

①金嶼欄濤《キムズーランダオ》＝ハティエン入り江の小さな岩塊に波頭が砕け散る
②屏山畳翠《ビンサンディエップトゥイ》＝ハティエンの西山残丘にたたなずく青垣
③瀟寺晨鐘《ティエウトゥタンチュン》＝暁の寺の蕭然とした鐘の音
④江城夜鼓《ザンタインザコー》＝水に面した城壁に響く夜の太鼓
⑤鱸渓魚泊《ルーケーグーバック》（間釣）＝夕べの谷間に釣り糸を落とす
⑥石洞呑雲《タイックドントンヴァン》＝洞窟の中に白雲が吸い込まれる
⑦珠岩落鷺《チャウニャムラクロ》＝珠玉の岩山はまだ白色を残している
⑧東湖印月《ドンホーアングエット》＝東の湖が月影を映す
⑨南浦澄波《ナムフォーチュンバー》＝南の入り江の澄んだ波
⑩鹿峙村居《ロクチトンクー》＝山の中の人々の暮らし

この地に招かれた華人の文人たちが、ハティエンの美しさをたたえて、一七三六年に撰んだものだ。そこは、白砂と太陽で表現されるタイ湾島嶼部や沿岸砂丘地帯とはひと味もふた味も違う、いかにも漢詩文の美学がある。

華人の王国

ここにはかつて一つの華人の王国があった。中国からは港口《カンカオ》国または本底国と呼ばれ、ヨーロッパ人はポンティアマスまたはカンカオ、シャム人はプットタイマートと呼んだ。歴史的にはハティエン王国と呼ばれる。この王国の歴史は、一篇の南海大ロマンだ。

もともとこの地は、クメール人[*7]の王国に属するバンテアイ・メス（金の要塞）と言われた土地だ。クメール人の知事が治めていた。ヨーロッパ人がポンティアマス、中国人が本底国と呼ぶのはこのバンテアイ・メスの訛りである。大メコンデルタの分流はすべて南方か東南方に流れるために、西南のタイ湾に流れ出る水路がない。一九世紀のはじめ頃まで、唯一、バンテアイ川という川があり、バサック川[*8]とタイ湾を結んだ。バンテアイ川の河口がバンテアイ・メスだ。バンテアイ・メスには小さな港ができていた。ピエムと言う。しかし、このバンテアイ川、航行可能なのは雨季だけで、乾季には往来が難しい。

一七世紀の末頃、広東の雷州半島出身の鄚玖《マクキュウ》という華人がピエム港に流れ込んだ。彼はカンボジア王からオクニャという官位を得ていた。ピエムでは華人相手の賭博場を経営していたらしい。ピエムの華人集団を支配下においた鄚玖は事実上ピエムを領地として、城塞を建てた。芳城と言う。ピエム城のもじりだろう。別にバンテアイ・メスを漢字化して柴末府《フータイマット》と呼んだ。今でもタイ語ではハティエンのことをプットタイマートと呼んでいる。クメール王もしぶしぶこれを認めた。やがて鄚玖は現カンボジアのコンポートから、ラックザーに至るタイ湾沿岸砂丘列、フーコック島などの島嶼群の華人集団を支配下に置いた。

しかし、一八世紀の初め頃、タイのアユッタヤー王朝が、潮州系の華人を使って、タイ湾の全面的な支配に踏み込む。アユッタヤーの脅威を感じた鄚玖は、今度はフエにあったベト人の勢力、クアンナム（広南）王国に服属するようになる。この時、クアンナム王国が与えた鄚玖の領域名が河仙《ハティエン》である。もちろん、これもカンボジア語のバンテアイ（城）のもじりだ。

鄚玖の長子が英傑鄚天賜《マクティエントゥ》だ。鄚天賜はハティエン市内に中国系の寺院、廟を建設し、城の偉容を整えて、中

---

*7　クメール人は、現在のカンボジア王国の主要民族である。ベトナム語と同じ、モン・クメール語族（南アジア語族）に属する。アンコールワットで有名なアンコール王国の建設者でもある。

*8　大メコン川（2章参照）はカンボジアの首都プノンペンで二流に分かれる。東はメコン本流、西をクメール語でバサック川と呼ぶ。バサック川はメコンデルタの西半分を作り、チャウドック、ロンスエン、カントーなどの大都市を作りながら、南シナ海に没入する。バサック川の西側は、トランスバサックと言う。ベトナムでは「後の河」ハウザンと呼ぶ。メコン本流は「前の河」ティエンザンと言う。

写真6

国、日本にさかんに使いを送り、またハティエン城中に文学の会を開き、南海の地に小中国を作り上げた（写真6 ハティエンの関帝廟）。マクの宮廷には華人やベト人が参集した。中国には港口国《カンカオ》と自称して通交した。このことからヨーロッパ人はこの小王国をカンカオと呼んだ。ハティエンの呼び名の複雑さだけで、どれだけこの小さな港町が国際化されていたかがわかる。

タイ湾の死闘

一七六七年、ビルマの軍勢がアユッタヤーを滅ぼす。アユッタヤーはタイ湾を支配した海の王国だが、ビルマは海に興味がない。タイ湾の支配者がいなくなった。鄭天賜《マクティエントゥ》はアユッタヤーに代わってタイ湾の覇権を得ようとさかんに海軍を繰り出して、新たにタイ湾を支配しようとする潮州人の勢力と海戦を繰り返した。彼は広東人の集団を率いていたから、広東と潮州との大戦争が続いたようなものだ。タイに潮州華人系のトンブリー王朝が成立すると、今度はトンブリー王朝と対抗し、一時は、東南タイのチャンタブリーにまで攻め込んでいる。南海に広東系華人の王国をつくりあげようとしたのだ。この意味ではシンガポールの前身と言えないわけではない。

結局、トンブリー王朝のタークシン王（一七三四～八二年）は大軍をひきいてハティエンに攻め込み、ハティエンをシャム領にして、潮州人の代官を任命する。鄭天賜は破れてチャウドック、さらに現在のカントーの地に逃げて、王国を再建するが、二度と往事を復活することはできなかった。結局、鄭天賜はタイソン（西山）阮氏《グエン》（一八世紀末、中部に起こった農民反乱。5章二七六ページ参照）がメコンデルタに侵攻すると、これにも敗れる。ついにバンコクに亡命し、かの地でタークシン王に処刑された。

一九世紀に入って、後述するクアンナム王国の遺裔である嘉隆帝《ザーロン》がベトナムを統一すると（三一六ページ参照）、旧ハティエンの地にはバンコクで育った鄚天賜の子孫が次々とバンコクから送られ、名義上はベトナムの代官、実質はタイの領土として統治することになる。実際には、一八三〇年代までハティエンはシャムとベトナムの二つの国に両属していた。

ハティエンがベトナム領になるのは、ずっと遅れて一八三〇年代、ハティエン省にまとめられてからである。この時代のハティエンを伝えるものは、西山山中の大陵墓群しかない（**写真7 ハティエンの鄚一族の墓域**）。しかし、ハティエン市内のいかにも瀟洒としか言いようのない静かな街並みが、かつての栄光の華人の歴史を伝えている。まことに海の世界は国境や民族では計り知れない。

写真7

現在、ハティエンの街の北六キロの地点にはカンボジアの国境線が走り、クメール人の村がある。かつて一九七〇年代の後半には、ハティエンの国境沿いのベトナム人の村が民主カンプチア（クメール・ルージュ）の兵に攻撃され、たくさんの村人が虐殺された。カンボジアから見れば、ハティエンは、メコンデルタがベトナム人のものになるきっかけを作った憎むべき街だ。カンボジアからハティエンを簒奪したのは華人のはずだが、それを中国の援助を得たクメール・ルージュが、中国の武器でベトナム人憎しと攻撃するのはなんとも歴史の皮肉だ。

ヴィンテ運河

一方、バンテアイ川を開削して、ハウザン川のチャウドックとハティエンを結ぶヴィンテ運河を建設したのも鄚天賜《マクティエントゥ》だろう。ヴィンテもまたバンテアイ川の訛りだ。バサック川を下ったカンボジア内陸の物資は、チャウドックでヴィンテ運河に乗り換え、カンボジア領から流れ込むザンタイン川に流れ込み、ハティエンに運ばれる。これで乾季雨季の問題なく、いつでもメコン川とハティエン、カンボジアとタイ湾が結ばれる。

現在のヴィンテ運河は、一八一九年にザーロン帝が土地の住民、特にクメール人の労役を使って改修し、一八二四年、明命《ミンマン》帝の時に竣工したものだ（**写真8現在のヴィンテ運河**）。これを記念して、はるかフエの宮殿前の鉄鼎に、永済《ヴィンテ》河の図が刻まれている。ベトナムの王朝が南部の交通インフラに大金を投じた最初だ。海の世界がだんだんベトナムになっていく。

写真8

ヴィンテ運河は、国境線に近いために、また数ヵ所で道路が陥没していたり、橋が簡易すぎたりで、なかなか堤防路（955A道路）を完走することは難しい。いったんハティエンから沿岸砂丘の上に乗る国道八〇号を南東に下り、次いで、砂丘列と残丘の間に広がる湿地帯を横断して初めて、立ち寄ることができる。

並木を植えた土堤が延々と続く。堤の彼方には平坦な水田がカンボジアの山際にまで続いている。ヴィンテ運河は、かつての大動脈だっただけではない。現在もなお多くの舟が上り下りしている。

タイ湾の砂丘

ハティエンはキエンザン省に属している。本土の西辺、キエンザン省はタイ湾に沿って高く長い砂丘列を張り出す。大砂丘の上を国道八〇号が走る。キエンザン省はこの砂丘列と、大バサック川の作る自然堤防との間にはさまれた後背湿地、またフーコックなど大小の島嶼からなる面積六二六九平方キロ、人口一五四万人ほどの中規模の省である。カマウ同様、メコンデルタ中央に比べれば、まだまだ人の少ない、荒れ地の目立つ、ところどころに平屋の家が建ち並ぶだけの砂丘だ。

キエンザン省の大部分は、酸性土壌を含んだ低湿地で、水田もぱっとしない。産物も二〇〇キロに及ぶ海岸線を利用した漁業、熱帯気候を利用した砂丘上の熱帯果樹林を除いて、特に特産というものもない。しかし、タイ湾に沈む夕陽はものすごく美しい（**写真9**）。

写真9

もっとも、この地はレジスタンス長編小説『ホンダット洞窟の夜明け――ベトナム戦争を支えた女性達』（アイン・ドック著、富田健次訳、穂高書店、一九九二年）で知られる抗米戦争のゲリラの大拠点だった。

原著の題名は「ホンダット」、土の塊とでもいった意味だが、キエンザンの砂丘のほぼ中央、残丘群と海に挟まれた砂混じりの土地だ。この地は、植民地時代に地主のもとにあったが、一九四五年以後、ムラの中に革命政権ができ、抗仏戦争中はフランスに抵抗し、一九六一年以降はゴ・ディン・ジエム[*9]政権と戦った。小説はこのムラの美しい二人の姉妹の物語である。ホンダット山に立てこもり、徹底抗戦する。水補給に出た姉のスーは敵兵に捕まり、拷問の末に斬首される。これを知った村人がさまざまな抵抗運動を始める。結局、サイゴン政府軍[*10]は

＊9　ゴ・ディン・ジエム。ベトナム共和国（南ベトナム）の初代大統領。もとはフエのカソリック官人だったが、アメリカに亡命し、一九五四年のジュネーヴ会議後、最後の皇帝バオダイの「ベトナム国」首相に就任、一九五五年から国民投票によって「ベトナム共和国」の大統領に就任した。極端な反共親米政策をとり、ベトナム戦争の開始を招いた。一九六三年、軍部のクーデタにより処刑される。

すべての鎮圧作戦に失敗し、兵士の暴動さえ起こり、撤退に追い込まれる。この間に、互いに助け合って抗戦する妹のクエンと恋人の姿がある。政府軍の将校だった息子のあまりの残虐さに、狂気の中で息子を殺そうとするクメール人の母がいる。殺し合いとラブロマンスが交差する。サイゴン解放に先立つ一四年前の壮絶な武力抵抗の物語だ。

確かに、つい三〇年前まで、この砂丘列はこの小説に描かれる半農半漁の自給的な村落が立ち並ぶ貧しい地域だった。しかし、この砂丘列の北部に点々と連なる石灰岩の残丘は、良質のセメントが産出され、今は砂丘脇にハティエン・セメント公司が大きな工場を建てている。ハティエン・セメント公司は、一九九六年に起業され、メコンデルタ、東南部のセメント供給の約五〇％を占めるキエンザンの最優良企業である（写真10 ハティエン・セメント公司本工場）。

写真10

ラックザー——東南アジア世界の海へ

砂丘の中ほどにラックザー市が乗る。九〇年代までは、ラックザーは、古いがうらさびれた漁村のような街だったが、今は近郊に空港を抱える堂々としたキエンザン省の省都である。ラックザーの港はカマウ半島全域、タイ湾一帯の島嶼部、カンボジア沿岸からタイ東南部に至る航路を持ち、地域交通のターミナルと同時に、タイ湾進出の最も有力な港である。

一九八八年から二〇〇五年までの外国直接累積契約投資額では、キエンザン省は五億ドルと、ホーチミン市に近いロンアン省と並んで突出している。この投資額はメコンデルタ最大の都市、カントーの二倍に近い。

それもそのはずで、キエンザンもまたタイ湾に面した国際都市だった歴史を持つ。一八世紀にはキエンザン省の砂丘上の町、ホンダットとこの省都ラックザーにパリ外国宣教会の代牧区が置かれ、東南タイからカンボジア沿岸、そしてこのキエンザンに至るタイ湾沿岸地域の宣教の中心だった。ここに派遣されたアドラン司教ピニョー・ドゥ・ベーヌは、ベトナム名「百多禄《バクダロック》」としてザーロン（嘉隆）帝の建国を助けたことで有名だ。

海から起こった王朝——ザーロン帝の冒険

一八〇二年にベトナム王国を建設したザーロン帝は、若い頃、敵に追われてこの島々を逃げ回っている。ザーロン帝は当時、グエン・フック・アイン（阮福映）と呼ばれていた。彼は、一七世紀のはじめから二〇〇年近く続いた、フエに都していたクアンナム（広南）王国[*11]という小さな王国の王子だった。クアンナム王国の王族たちは、一八世紀の末に中部のタイソン（西山）に起こった反乱軍に破れて、今のホーチミン市に逃げ、さらにハティエンの鄭天賜《マクティエントゥ》を頼って亡命した。しかし、一七七七年、カマウにさしかかったところで追っ手に捕まり、一族は皆殺しにあった。この時、ひとり難を逃れたのがグエン・フック・アインである。これからグエン・フック・アインの苦難の旅が始まる。

グエン・フック・アインは、まず当時ハティエンを追われてカントーにいた鄭天賜《マクティエントゥ》と同盟し、サイゴンを恢復する。しかし、一七八三年、再び、サイゴンが奪われ、グエン・フック・アインはミートーからコンダオ群島

＊10　ベトナム共和国軍（南ベトナム政府軍）を本書ではサイゴン政府軍と呼ぶ。

＊11　一六世紀末、フエに生まれたベト人のグエン（阮）氏の政権。絹交易で栄え、海外からはコーチシナ王国、広南王国と呼ばれた。一七世紀を通じて、北部のチン（鄭）氏政権と争う。一八〇二年から一九四五年まで続いたいわゆるグエン氏のベトナム王国は、この広南王国の後継である。

（プロ・コンドール）に逃げ、カマウ半島の南を越してフーコック島に亡命する。ここで、南タイのチュムポーンから来たピニョーに会って、フランスの援助を依頼する。さらにトーチュー島（プロ・パンジャン）を経由して、一七八四年にバンコクに亡命する。同年、シャムの兵と共にキエンザン省の砂丘列に上陸し、一時はカントーまで攻めるが、また大敗する。結局、一七八七年に至って、カントー、ヴィンロンの恢復に成功し、以後、ベトナム統一の準備を進めていく。

つまり、グエン・フック・アイン、のちのザーロン帝の一七七七年から八七年までの軌跡は、このキエンザン省に限定されているのである。キエンザンこそはベトナム統一の一つの拠点だった。『大南一統志』（河僊省、市店）は、洒夫市《サイフー》という港市場で記し、「俗にラックザーと言い、市場が建ち並び、商船が集まる」とする。

キエンザン省という土地、ベトナムの中心から見れば、辺境も辺境だ。しかし、タイ、カンボジア、マレーシアに広がるタイ湾という世界から見れば、その東半を担う。キエンザンはASEANに開かれた土地だ。今、ASEANの中核として発展しようとするベトナムが、キエンザンへの投資に集中するのは、理由がある。

マングローブの世界[*12]

ウーミンの森

キエンザン省の南、ベトナム本土南端、巨大なカマウ半島の三角形がずぶりと南に突き出して、南シナ海とタイ湾を分かつ。

ラックザーから国道六一号を南に下る。右手には、ラックザー湾の浅海が広がり、西の奥に竹島《ホンチェー》の小さな岩山の頂上が見える。無数の漁船が遊弋している。ミンルオン市（チャウタイン市）から巨大なクリーク、カイロン川をフェリーで渡ると、カマウ半島に入る。もう解放戦線ゲリラの聖地ウーミン《ズンウーミン》の森がキエンザン省南部と、カマウ省北部に渡って広がる。

ここからかつて一〇〇〇平方キロに渡って、チャム[*13]の森が続いた。「人々は、ウーミンのチャムと共に生き、ウーミンのチャムと共に死ぬ」という詩さえあった。細木のチャムの中ではウーミンのチャムは特別だ。大きなものは高さ二〇メートル、幹のさしわたしが六〇センチに達するものがある。チャムの森は樹間が狭い。びっしりと生える。フランス時代は、森林保護区で新しい入植は禁止され、人が入れない森だった。だからベトナム戦争では抗米ゲリラの絶好の根拠地になった。

ウーミンは既に抗仏戦争期に、活発な運動が展開されていたが、ベトナム戦争の開始まもない一九六一年にはウーミン地区に三個小団が結成され、ウーミンを解放区として、サイゴン政府の舟艇《しゅうてい》を迎撃した。政府軍は「ウーミン除草《ニョーコー》作戦」と称して、三個師団を派兵し、空襲と砲撃を繰り返したが、ウーミンを占領することができなかった。ウーミンはベトナム戦争を通じて、軍事工場を含め解放戦線の最大の拠点になった。

一九六六〜六七年にはウーミン大隊はしばしばカマウ市、バックリュー市の政府軍陣地を襲い、米軍顧問を自殺に追い込んでいる。特に一九七〇年一二月一日より一三〇日続いた平定作戦では、七五〇〇名の敵と戦って撃

＊12　マングローブは、熱帯、亜熱帯の汽水（大河の河口などで海水と淡水が混じり合う状態）性の土地に繁茂するヒメユルギ科を中心とした灌木群の総称。かつては熱帯の海岸部を埋め尽くし、地球の酸素源として重要であった。近年、干拓や養魚池化のために伐採が進んで、環境問題を引き起こしている。

＊13　チャムは熱帯湿地に生える中木樹で、カユプテ *melaleuca leucadendra*（*L.*）を中心とする。材木は薪炭原料や家具材に用いられ、また葉の油はカユプテ油として薬用に用いられる。酸性硫酸土壌にもよく耐え、土壌改良効果もある。現在、ベトナム政府は湿地でのチャムの植林を強力に進めている。このあたりでチャムと呼ばれる樹種にはいろいろな種類がある。もちろん主体はカユプテであるが、使用目途によってチャムファン（粉チャム）、チャムサン（イモチャム）、チャムクオン（ガラスチャム）などの区別がある。

退している。ウーミンの森は抗米戦争のシンボルとなった。かくて一九七二〜七五年にかけて大量の枯葉剤が空中投下され、チャムの木の多くが破壊され、長期にわたって環境に深刻なダメージを与えた。

熱帯の開拓前線

一九七五年以後、政府はウーミンの森全域を接収し、この地に新経済区と国営農場を開いた。まずは青年先鋒隊が森の中に突進し、突貫作業で運河が掘られ、チャムが切り払われた。一九七七年には政府の募集に応じて、北部の人口過密地帯のタイビン省やナムディン省の一八歳から三五歳までの青年たちが入植し、次いで中年の農民が家族を連れて移ってきた。現在、この人々の約半分が定着している。

ラックザーの北二〇キロに位置するミーラム農場の社員、六二歳（一九九五年当時）のＴＤＨ氏は、もともとフエの漁師であったが、ベトミン（ベトナム独立同盟）運動に参加したため、一九五四年、二一歳の時、北部に移住した。[*15] 戦争中はゲアン省の国営農場の会計をしていたが、一九七七年にミーラム農場開設の幹部として入植した。最初は四〇〇人が三梯団になって入植し、一月後に第四梯団一〇〇人が入植した。一五歳から四〇歳までの若い人で、うち三分の一は女性だった。政府がすべて面倒を見てくれた。農場のあたりは一面にチャムの林で、地元の人はほとんどいなかった。一梯団を五生産組に分け、開拓したが、地元の農法である浮き稲を知らないので苦労した。（生産組による集団労働は）一九八五年まで続いた。しかし、土地が広いので飢えることはなかった。（一九八八年の土地法で長期使用権が認められてからは）本人も子供も水田二ヘクタールを経営している（『メコン通信一』大野美紀子報告）。

一九八八年、合作社の解体（一〇号政治局決議[*16]）の結果、大量の土地なし農民が生まれた。一九九二年から、キエンザン省内部の土地なし農民のための新しい入植が始まった。一農家あたり二ヘクタールの土地が割り当てられ、中央政府が入植資金と食糧を供給した。こうしてキエンザン省の土地なし、または二ヘクタール以下の土地しか持たない二七〇〇家族、一万五〇〇〇人が、主に一万三〇〇〇ヘクタールの土地に入植した。水稲のほかにはパイナップル、サトウキビが栽培された。それも次第に、より儲かるエビ養殖に転化しつつある。*17

カマウの変貌

今でも、陸路ウーミンの森を通過するのは楽ではない。いったん国道六三号に戻り、ぐるぐるとチャムの森、新しい水田の中を経巡りながら、カマウ省の省都カマウ市に入る。九〇年代はじめには、荒野に新開した西部劇の町のような落ち着きのない町だった。いまや、カマウ市を終点とする国道一号がその整備を終え、カマウ市は、ビルが林立する近代都市に変わった。

*14　枯葉剤はもともと除草剤として開発された。ベトナム戦争では米軍がゲリラを根拠地の熱帯林から追い出すために森そのものを破壊しようとして、ダイオキシン系の枯葉剤を大量に散布した。ダイオキシン系の枯葉剤は毒性がきわめて強く、森を破壊しただけでなく、周辺住民、さらには米軍兵士さえ犯した。また枯葉剤が散布された土地では異常出産が相次いだ。

*15　一九五四年のジュネーヴ会議の決定により、北緯一七度線以南で活動していたベトミン分子は北部に、また以北で活動していた反ベトミン分子は南部に移住することになった。この時に北部に移住した人々が、七五年以後、南部の政治をリードすることになる。タップケット（集結）組と言う。

*16　一九八八年四月、ベトナム共産党政治局の第一〇号決議により、これまでの集団経営が解体され、土地の使用権が一五年に延長され、事実上、私有地化した。九〇年代のベトナム農業発展の原動力となった政策。北部では家族成員、または労働力に対し、土地を均等割したが、南部では集団化以前の土地所有に応じて、分配することが多かった。このために、集団化以前に土地を持たなかった農民は土地なし農民となり、以後南部社会に大きな問題を残すことになる。

*17　ソクチャン省の沿岸部の湿地帯では、乾季に水田に汽水を入れてエビ養殖をしている報告がある。（『メコン通信一』田中耕司報告より）

写真11

写真12

カマウ半島はもともとメコンの分流が運び出した土砂が沖積した半陸、半海の薄い陸地である。この一〇〇〇年の間に形成されたという。名前のカマウも黒い水というクメール語トゥククマウから来ている。泥炭《ピート》[*18]の上を流れる黒光りする水を言い表して妙だ。塩気と酸気の多い土壌だから、長い間、人が入らず、九〇年代までは現在のカマウ市の南から海まで約六〇キロの間、一面にマングローブの樹海に覆われていた。満足な道もなかった。一九六〇年代から、エンジンつきモーターボートが導入され、九〇年代になってから日本製エンジンが一般化した（**写真11 七〇年代のカマウ半島のマングローブ樹海**）。

カマウは長くクメールの土侯の地だった。しかしそれも、現在のカマウ市周辺の砂丘列にいただけだろう。カマウ半島には今のところ、古いクメールの遺跡は見つかっていない。隣のバックリュー省の砂丘上には約五万のクメール人が住んでいるが、カマウ半島全体では六〇〇〇人程度の人口しかない。おそらく、乾燥した大地の好きなクメール人はカマウにはあまり住まなかったのだろう。ハティエンやバックリューに多い華人もあまり住んでいない。カマウはベト人によって開拓された空間のようだ[*19]（**写真12 カマウ市の航空写真**）。

カマウの開発はフランス時代にやや進捗したようであるが、それでも一九七〇年の人口統計ではわずかに一七万六〇〇〇人、一平方キロ五三人くらいの密度しかいない。それが、二〇〇五年には一二二万人、人口密度で二三四人にふくれあがっている。カマウ半島が本当の開拓に入ったのは一九七五年以降である。

カマウ半島は九〇年代にエビ・カニの養殖池に変貌した。一九九三年の秋、カマウ市からボートを借りて、カマウ半島の突先、カマウ岬まで旅した。カマウ市を出てまもなく、岸裏手の水田が消え、泥地平面にはチガヤ、カヤツリグサの類が生い茂る。岸辺にはニッパが群れている。河面と陸地の間にはほとんど高低差がない。しばらく進むと、広大なマングローブ林の多くは切り倒され、掘り返され、青いシートやネットで囲まれた工事現場のような世界になった。一九九〇年にはミンハイ省（現在のカマウ省とバックリュー省）の九四五〇ヘクタールが切り倒された。これは同年、全国で破壊された森林面積の五四％にあたる。さらに一九九五年までには累積で二万三〇〇〇ヘクタールの森林が伐採された。これに比例して養殖エビの生産も激増し、一九九〇年には一万八四六三トンだったが、一九九五年には三万一二三〇トン、二〇〇四年には一三万六〇〇〇トンにもなっている。

米軍の爆撃でも壊れなかった森林が、経済開発の名のもとに無惨に消滅していく。しかし、その一方で、森林破壊は多くの土地なし農民に仕事を与え、カマウ省の経済を活性化した。国道一号は近代舗装され、カマウ半島内部を結ぶ地方道路の整備も進んだ。カマウの工業生産は、ロンアン、カントーとともに、メコンデルタの中では突出している。九〇年代はじめには荒れた西部劇の中の宿場町のようだったカマウ市にビルが林立した。かつては、農民と商人しかいなかったカマウから大学進学者が激増した。

もっとも、現在カマウ省政府が力を入れているのは、カマウ半島の観光である。湿地林、マングローブの密林、これに巣くう無数の鳥たち、中でもコウノトリがカマウの最大の売りになった。カマウ市近くに文化公園も作られた。森は守らなければならない。エビ・カニ養殖のブームが終わるとともに、一時の森林破壊は陰をひそめ、

＊18　寒冷な地や熱帯で植物遺体が腐敗せずに、炭化したまま土壌となる状態を言う。強い酸性を示すことが多い。

＊19　一七世紀の末か一八世紀のはじめ頃、前述のハティエン鄭《マク》氏が哥毛《カマウ》に町を開いたとある。これが現在のカマウであれば、当時は若干の華人がいたことになる。ハティエン王国では、カマウはロンスエン（龍川）道としてまとめられた。一九世紀のグエン朝では、ハティエン省のロンスエン県と呼ばれた。

二〇〇四年の破壊森林は一〇ヘクタールにとどまった。カマウの泥湿地帯は、やや落ち着きを取り戻しているようだ。

ベンチェ省――革命ここに始まる

ティエンザン省ミートーの観光名所、ミートー川（ティエンザン川）の遊歩道を兼ねた四月三〇日通りから、対岸のベンチェ省を見る。青空の下半分にココナッツの高い緑が海風になびいている。ベンチェ省はココナッツの国だ。

ベンチェ（南部発音ではベントレ）の名前はクメール語のスルックトレイのベトナム訛音から来ている。スルックは今で言えば県や郡だが、昔風に「国」と言う方が似合っている。トレイは魚の意味で、スルックトレイは「魚の国」という意味だ。もっともベトナム語ではチェは竹なので、ベンチェは「竹の地域」という意味になる。確かにベンチェの砂丘《ゾン》列上には竹が多く、ベンチェの人はこの附会に納得している。魚と竹のクニとは、まさに沿海のクリーク地帯を表現して妙だ。

ベンチェ省には、ミートーの前を流れるミートー川（ティエンザン川）とコーチエン川、南シナ海に囲まれた長い二等辺三角形のような面積二二一五平方キロの上に、一三五万人が住む。砂州の真ん中をメコンの支流ハムルオン川が西北から東南に流れ、二つの島《クーラオ》（砂州）――東北のクーラオ・バオと南西のクーラオ・ミンに分かれる。数条の砂丘《ゾン》列が南シナ海に沿って東西に走り、集落が作られる。砂州平面は潮水が侵入しない西側と、潮水の影響を受ける東側、それに沿岸部の湿地帯に分かれる。西側では果樹栽培がさかんで、東側ではココナッツが中心、そして沿岸部でわずかに水田が作られている。

しかし、なんといってもベンチェといえばココナッツである。ことわざに「愛らしい稲穂を見たければハウザンに帰れ、椰子を見たければベンチェを忘れるな」というのがあるそうだ。一九六一年にはココナッツの作付面積は二万ヘクタール、当時でもベトナム随一であった。二〇〇七年にはそれが三万七六〇〇ヘクタールに増大している。水田面積は八万ヘクタールだから、ココナッツ林は水田面積の約半分に達する。対岸のミートーから見ると、黒いココナッツ林が、長い堤防のように続く。ココナッツは上背があるから、相当な迫力だ。

ベンチェ省は、抗米救国戦争（いわゆるベトナム戦争）の口火を切った一九六〇年一月の農民蜂起が始まった聖地である。ベンチェ省の勝利が、同年一二月の解放戦線の結成を生み、ついにベトナム戦争を引き起こした。ベンチェ省の最初の蜂起を率い、また人民解放軍副司令官として、抗米戦争を戦った女性戦士グエン・ティ・ディンはベンチェ省の農夫の娘である。

ディンは、一九二〇年にベンチェ省の開拓者の家庭の家に生まれた。父母の生業は、サトウキビ、ココナッツの栽培、川での魚取り、また裁縫の内職だった。貧しいディンは学校に行けなかったが、活動家だった兄の影響を受けて、一九三八年にベトナム共産党に入党する。しかし、一九三九年に活動家の夫が逮捕され、まもなくコンダオ島で獄死した。ディンも投獄された。この獄中経験と夫の死がディンを筋金入りの党員に育てる。一九四六年、抗仏戦争の開始とともに、ディンはハノイから一〇〇〇丁の銃をベンチェに持ち帰る偉業を果たし、ベンチェ省のベトミン（ベトナム独立同盟）の幹部になる。一九五九年末、ついに党はディンの指揮によるベンチェ武装蜂起を決定する。一九六〇年一月一七日、まず孤立した政府軍の哨所が襲われ、武器が奪われた。この武器で最初の分隊が生まれ、分隊は小隊になり、ついには省に解放区を作り上げるまでに成長した。米軍の本格的介入が始まると、ディンは解放戦線軍の副司令官に任命され、民兵の指導と婦人運動の組織化を担当し、七五年の解放までジャングルの中で戦い続けた。優しさ、強さ、賢さを備えたグエン・ティ・ディンは、ベトナム女性共産主義者を象徴する存在だ（ビック・トゥアン『椰子の森の女戦士――南ベトナム解放軍司令官グエン・ティ・ディンの伝記』片山須美子訳、穂高書店、一九九二年）。

ココナッツの国

ベンチェ省は革命聖地であるが、同時に新宗教が簇生《そうせい》するところでもある。一九七五年までは、一九二六年に生まれたキリスト教の分派福音教《ティンライン》、カオダイ教（4章一七九ページ参照）の分派西宗《タイトン》などが、既存の仏教やカソリックと共に活発に活動していた。最も有名なベンチェ省発信の新宗教はココナッツ教《ダオズア》だ。ココナッツ教本部といえば、今はメコンツアーの代表的な観光スポットだ。その安物のテーマパークさながらの姿は、ツアーで連れて行かれた不幸な観光客の、揶揄と侮蔑の対象になっている（写真13 ココナッツ教本部跡）。

写真13

しかし、これは観光化すること自体が失礼な話で、ココナッツ教はベトナム戦争中、深く広いベンチェのココナッツ林の中で、深い思索の上に反戦運動を展開した真摯な宗教だ。ココナッツ教は、一九六四年、ベトナム戦争に荒れ果てたベンチェに始まる。教祖のグエン・タイン・ナム（一九一〇～九〇年）は、仏教とキリスト教を統合し、心を清浄化するために、ココナッツとサトウキビの汁だけを飲むことを主唱し、それがベトナム平和への唯一の道だとした。一九六六年、ベンチェ省のコンフン島（ミートー川の中州）に聖地を建設。しかし、この信仰はサイゴン政府に弾圧され、また解放後は社会主義批判で逮捕され、教団は消滅した。聖地の跡地が観光スポットになったのである。

かつて解放戦線のゲリラの地であり、女性運動の中心であり、新宗教の中心であったベンチェは、今は五〇〇ヘクタールの観光アロマティック・ココナッツ[*20]農園で知られる観光立省を目指している。しかし、農村観光は所詮は一時的な売りに過ぎない。ベンチェ省がホーチミンから近いにもかかわらず、対岸のティエンザン省に遅れをとっているわけは、メコンデルタの大幹線国道一号がメコン川（ミートー川）の対岸を走っているからだ。

大河と海に囲まれたベンチェ省の経済的未来にとって決定的なのは、ミートーとベンチェを結ぶラックミエウ橋の建設だろう。外国援助はない。すべてがベトナムの自己資本で作られた。二〇〇九年一月一九日、七年の難工事の結果、とうとう橋ができた。全長二・八六キロ、橋幅は一二〜一五メートルとやや細身だが、橋の高さは一一七メートルにもなる。ベンチェ省は直接、国道一号に直結し、一挙に孤島からホーチミン市の近郊に変わることができる。魚と竹の世界からの転換が夢ではなくなる。ベンチェは大きく変わる。

ソイラップ河口——三河川の合流

大メコンは南シナ海に九つの分流になって流入すると言われる。ベトナム語ではメコンを九龍河《ソンクーロン》と言う。メコン川の一番東側を流れているのが、通称ミートー川（ティエンザン川）で、ミートー市とベンチェ省の間を流れる。この東は厳密にはメコンデルタではない。ヴァムコー川が作り出した大地だ。

ヴァムコー川はカンボジア・ベトナムの国境に広がる大湿地帯（2章七六ページ参照）から流れ出る東ヴァムコー川と、西の湿地帯から下ってきた西ヴァムコー川からなる。二つの川はロンアン省の南で合流し、さらにドンナイ丘陵の主要河川ドンナイ川の水を引き受け、湿地の中を抜けて南シナ海に没入する。

三流が合流し、南シナ海に流れ出る一帯を、現在、ソイラップ河口またカンゾー河口と呼ぶ。この地域は、一七五八年に、プノンペンまで攻め込まれたカンボジア王がクアンナム国王に割譲したものだ。

西岸はロンアン省、東岸はホーチミン中央直轄市に入る。ほとんどが海抜一メートル以下の土地だ。酸性硫酸土壌[*21]か塩気の強い土壌が覆っている。ロンアン側は比較的開拓が進んでいるが、ホーチミン側のカンゾー地区は

＊20　アロマティック・ココナッツは、タイで開発された芳香を持ち甘いミルクを含む飲用のココナッツである。

いまだに開発が進まず、ココナッツ、ニッパ、マングローブに覆われている。

昔、船が南シナ海からホーチミン市に入ろうとする時、ブンタウ岬がランドマークになった。ブンタウ岬から西にカンゾーの街を見ながら、カンゾー河口（ソイラップ河口）に入って北上し、そのままサイゴン川に入る。経済学者小林昇は、一九四四年に星一つ（二等兵のこと）の補充兵で徴兵され、南方に送られる途次、坐乗していた船がベトナムのカムラン湾近くで米潜水艦に撃沈された。運良く日本海軍に救助された小林はそのままサンジャーク岬（現在のブンタウ岬）から、川を遡航して任地サイゴンに入る。小林の目には、この南国の入り江はひどく珍しいものに見えた。

サン《マ》ジヤッ《マ》クから遡航してしばらくのあいだは、この川の河口はいちじるしく広くて、それをメコンの本流だと間違う人が多いほどである。しかし、川幅はまもなく狭まり、運河よりすこしゆとりがある程度の広さになる。水深は十分にあって流れはゆるやかだから、それは川というよりは水路といったほうがぴったりする。そうしてこの水路の特徴は、両岸が低いうす緑のマングローブの密林で、低湿であるせいか人家がまったくないこと、水路の湾曲がきわめて大きくて、そこへおなじような水路が幾筋も左右から注いでいることである。…それは静かな林のなかの分れ径に似ている。どの水路にも、マングローブは水際までびっしり生えていて、岸には細い路もない。朝ならば鳥の声がよくきこえる。…ホンコンから南シナ海をわたってきた船の客は、ここではじめて、完全な熱帯の、しかも熱帯としても独特の水と緑の世界にはいり、南北の広大な自然の林泉の静寂のなかにおかれるのである。（小林昇『私のなかのヴェトナム』未来社、一九六八年、五六〜五七ページ）。

小林は、その後、ベトナム戦争中、地道な反戦運動・ベトナム支援運動を続けるが、その原点をこの最初のベトナムの印象に置いている。確かに八〇年代までは、ホーチミンの対岸、現在の第二区まで、ココナッツ林の間にこんな景色の名残が見られた。しかし、実際には一九七三年に米軍の枯葉剤攻撃のために、マングローブ林は壊滅の危機にあった。戦後、ホーチミン市政府はカンゾー河口にマングローブ保護区を設定し、再生のために地道な努力を続けた。今ではホーチミン市の発展とともに、マングローブの林とその多様な生態系はカンゾーの入り江から二五キロ線、七万五〇〇〇ヘクタールにまで復活している。ユネスコは二〇〇〇年にこのカンゾー・マングローブ保護区を世界に三六五ある「生態系の保全と資源活用の両立を目指した生態系保護区」の一つに指定した。観光客用にはボートクルーズがホーチミン市の波止場から出ている。小林の世界を実見することができる。

新サイゴン

もっとも、ホーチミン市の発展は、マングローブを越えてカンゾーに広がりつつある。二〇〇〇年、ベトナム政府はこの地域に、既に閉塞状況にあるサイゴン港に代わる大国際港湾ターミナルプロジェクトを立案し、日本に援助要請を行なった。これは年間六〇万ＴＥＵ[*22]のコンテナ、一一〇万トンの貨物を取り扱う二ターミナルと工業区を建設しようとする。ベトナムの経済発展は、自然がそのままに保持されることを許さない。

経済発展は、歴史を通じた貧困に苦しむベトナム民衆の限りない夢だ。その夢の実現のために悪戦苦闘する人々の姿に言うべき言葉はない。環境と経済発展の矛盾は、すべての市場主義体制の国家が共有する問題だが、かつて枯葉剤の残酷さを世界で初めて経験したベトナム人がこの矛盾をどのように処置するのか、私は複雑な気

＊21　酸性硫酸土壌は、もと湖底や海底にあった土壌が、砂丘の形成などのために干上がり、空気にふれることによって、土壌中の硫化物が酸化して強度の酸性を呈すること。農産物の生育障害が大きい。

＊22　二〇フィートコンテナに換算した個数。一ＴＥＵは六・一メートル×二・四四メートル×二・六メートルでおよそ三九立法メートル。

持ちで見つめている。

2章 メコンデルタ

トゥボーンクモム州
ロクニン
ビンフォック省
ラムドン省
サーマット
22
タイニン省
バーデン
タイニン
22B
ビンズオン州
サイゴン川
13
フーアン
カッティエン
ドンナイ川
チーアン湖
ドンナイ省
ビントゥアン省
ァーイリアン州
モクバイ
スヴァーイリアン
チャンバン
トゥーザウモット
1
カインフン
ヴィンフン
東ヴァムコー川
ドゥックホア
トゥアンアン
ビエンホア
1A
20
ハンゴン
ロンカイン
56
モクホア
タップムオイ
ロンアン省
サイゴン
ニャーベー
51
西ヴァムコー川
ップ省
ムオイ運河
バリア＝ブンタウ省
バリア
62
タンアン
1A
カンドゥック
ティエンザン省
タムヴー
カンゾー
ブンタウ
ブンタウ岬
ゴーコン
ミートー
ラックミエウ橋
ベンチェ
ソイラップ河口（カンゾー河口）
ホーチミン（中央直轄市）
カイベ
ヴィンロン
ミートゥアン橋
サデック
ティエンザン川（ミートー川）
1A
53
ベンチェ省
ヴィンロン省
オーモン
カントー
ハムルオン川
チャビン
チャウタイン
61
1A
ザン省
チャビン省
コーチエン川
南シナ海
ルークー
ソクチャン
ハウザン川
ソクチャン省
リュー省
ックリュー
ウ半島
コンソン島
コンダオ群島

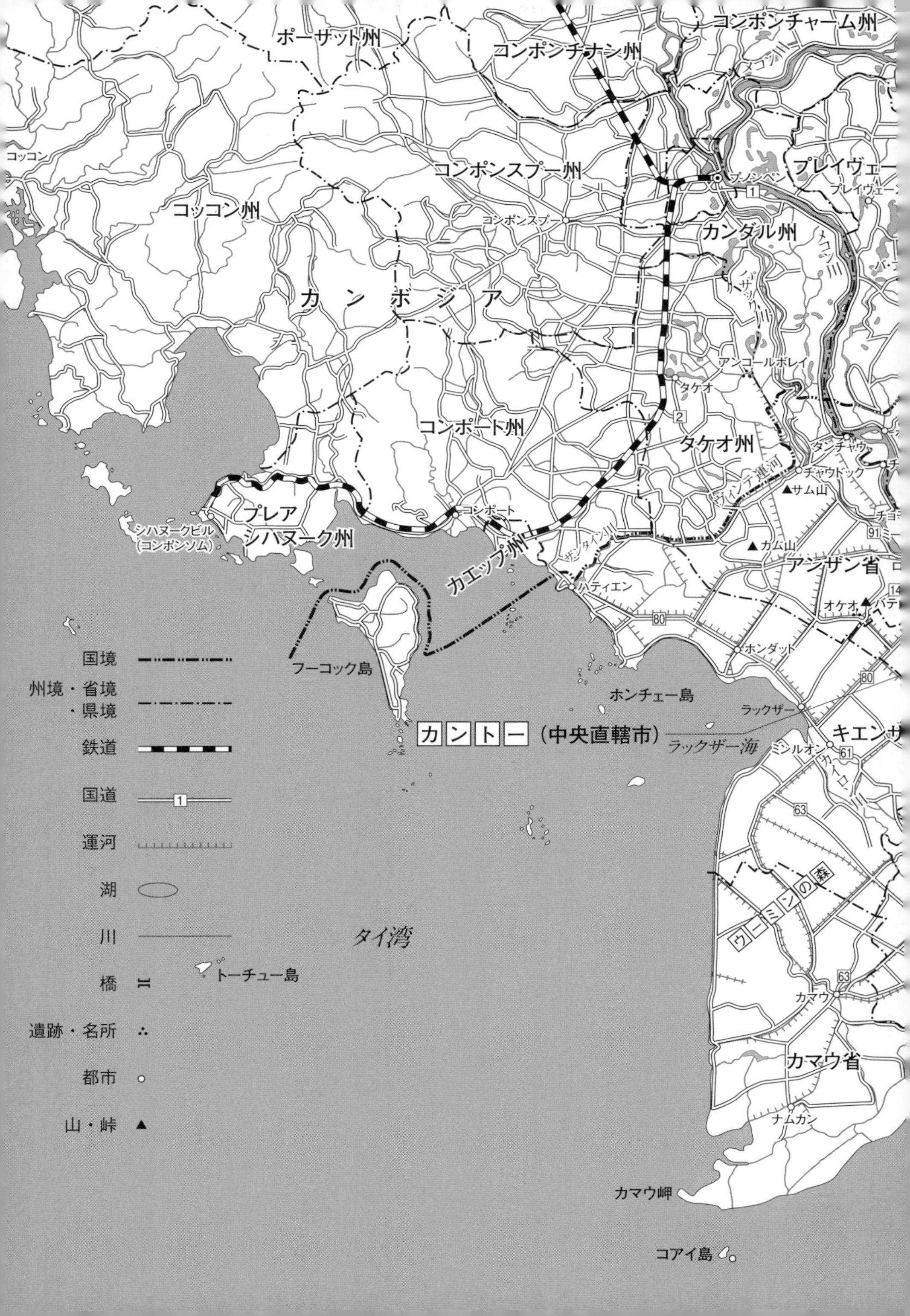

ポーサット州
コンポンチナン州
コンポンチャーム州
メコン川
コッコン
コンポンスプー州
プノンペン
プレイヴェー
コッコン州
コンポンスプー
カンダル州
メコン川
カンボジア
バサック川
アンコールボレイ
タケオ
2
コンポート州
タケオ州
タンチャウ
チャウドック
ヴィンテ運河
サム山
プレア
シハヌーク州
シハヌークビル
（コンポンソム）
コンポート
カエップ州
カム山
アンザン省
91
ハティエン
オケオ
80
ホンダット
フーコック島
ホンチェー島
ラックザー
カントー（中央直轄市）
ラックザー海
キエンザ
61
63
ウーミンの森
タイ湾
トーチュー島
カマウ
カマウ省
ナムカン
カマウ岬
コアイ島
国境
州境・省境
・県境
鉄道
国道
1
運河
湖
川
橋
遺跡・名所
都市
山・峠

川がわの長なる
センチメンタルジャーニー

一九八六年春、ホーチミン市から西方一一〇キロ、ヴィンロン市のホテルのベランダから目の前に、たゆたふ大メコン（ティエンザン川）を眺める。

ベトナム経済はどん底にあった。その頃、メコンデルタを旅して、ヴィンロンの町の、当時廃墟のような国営ホテルに泊まった（写真1 一八八六年ヴィンロン市のメコン本流）。

ベトナムの未来、自分の研究へのさまざまな思いを抱え、ティエンザン川の泡立つ川面をじっと見ていた。カンボジアで殺された数万のベトナム人の死体が、メコンの川面を覆ってから（一九七〇年）[*1]まだ一五年しかたっていなかった。まだこの川の上流では、ポル・ポト派クメール・ルージュ軍とベトナム軍が五年も続く死闘を続けていた。ティエンザン川の赤さびた老朽フェリーでは、幼い子供たちの物売りがすがりつく。フェリーはどこでも物乞いとスリが名物だった。二〇年もたったいま、メコンデルタの経済発展のエンジンに変わった。真っ白で大型のフェリー、川面を上下する貨物船の活気はメコンの悲劇の面を払拭させるのに十分だ。それでも、同じヴィンロンのホテルから見るメコンには、言い知れぬ思い入れがある。

はるか北方、チベット・雲南山地を発した大メコン、かつてポルトガルの詩人カモンイス[*2]に「川がわの長(capitão des águas)」と詠われ、ナイル川に対比されたメコン川は、中国国境から、ビルマ、ラオス、東北タイ、カンボジアを経巡る。延々四〇〇〇キロの旅の末、カンボジアの首都プノンペンを扇の要《かなめ》とし、東南は南シナ海に張り出した巨大な大地、メコンデルタを積み上げる。

メコン川の流域面積は八〇万平方キロ、ほぼ日本の全領土の二倍に等しく、その全流量は年間五〇〇〇億立法メートル、日本のすべての川々の流量を足したものより大きい。だから、そのデルタも途方もなく大きい。五万～六万平方キロ、関東平野二つ分にもなる。あまりに巨大なこのデルタは二つの国に分割される。カンボジアとベトナムだ。下流部を占めるベトナム領のメコンデルタだけで四万平方キロもある。

写真１

サバンナ[*3]

夏にホーチミン市のタンソンニャット国際空港に降り立ち、空港ビル前でタクシー待ちをする時、東京よりもさわやかさを感じた人は多いだろう。メコンデルタはベトナム最南の地方で、北緯八度三五分から北緯一一度の間にある。熱帯[*4]だ。だが、それほど暑くない。一年中、気温はほとんど変化せず二五～二

＊1　一九七〇年、当時のロン・ノル首相が、アメリカの協力のもと外遊中のシハヌーク元首から政権を奪取した。以後、カンボジアでは解放勢力と政府の戦闘が始まり、いわゆるカンボジアの悲劇の始まりとなった。この時、ロン・ノルは、反ベトナム感情を持つカンボジア民衆を煽動し、数万のカンボジア在住ベトナム人をベトコン（ベトナム人共産主義者）として虐殺した。

＊2　ルイス・デ・カモンイス（一五二四～八〇年）。ポルトガルの詩人、冒険家。その叙事詩『ウズ・ルジアダス』は、ポルトガルの大航海時代を詠ったもので、ポルトガル国民文学の最高峰にある。マカオ勤務の海軍士官だった一五五八年頃、メコン河口付近で難破し、最愛の華人女性を失ったと言われる。この詩句はウズ・ルジアダスの第一〇歌第一二七句。邦訳はルイス・デ・カモンイス『ウズ・ルジアダス（ルシタニアの人びと）』小林英夫・池上岑夫・岡村多希子訳、岩波書店、一九七八年。ルイス・デ・カモンイス『ウズ・ルジアダス――ルーススの民のうた』池上岑夫訳、白水社、二〇〇〇年。

＊3　一年が乾季と雨季の二つの季節に分かれ、両季の雨量が大きく異なる地域を言う。熱帯雨林と違って乾燥に強いパルミラヤシ（オウギヤシ、シュガーパーム）などの樹種が卓越する。

写真2

写真3

八度台を上下する。湿度も中部や北部に比べれば低い。この気候タイプはメコンデルタ一帯でほとんど変わらない。

降水パターンは典型的なサバンナ型だ。デルタ東部のロンアンから西部のカントーまで年平均降水量は一五三〇ミリ前後。雨量こそ東京なみだが、雨の八五%が五月から一一月までに降る。だから雨季の雨は猛烈だ。カントーでは、一九二五年一〇月に、一ヵ月四八八ミリの雨が降ったことがある。そこに雨季の流域面積をいっぱいに引き受けたメコンの川水が押し寄せる。デルタの雨季は大量降雨と河川水位の増大により、常時洪水状態になる。

一方、乾季にはほとんど降水がなく、熱帯の太陽が大地を照り続ける。デルタは砂漠状になる。ベトナム戦争中、米軍は、デルタにこもる南ベトナム解放民族戦線に対し、総力をあげた三次（一九六五年、一九六六年、一九六七年暮れ）の乾季大攻勢を展開し、ことごとく敗退した。この攻勢の失敗がベトナム戦争の帰趨を決めた。乾季にしか、自由な機動作戦がとれなかった。[*5]

メコンデルタはメコン川と南シナ海を作り出した沖積平野だが、まだまだ若い。デルタの過半はこの二〇〇〇年間に形成された。前述のように、大部分のカマウ半島はこの一〇〇〇年間のうちに形成された。デルタの形成はまだ続いている。わずかな自然堤防や砂丘などの細い高みは草地、疎林が覆い、通年、淡水がたまる後背湿地には淡水湿地林が、また塩気を含む沿岸低湿地にはマングローブが繁茂している。解放戦線は、いきおい米軍戦車部隊の進入が難しい淡水湿地林にたてこもり、徒歩で侵攻する歩兵を待ち伏せ、狙撃する。水と湿地林は解放戦線の味方だ（写真2 西部メコンデルタの運河沿いの農村。二〇〇六年一二月）。

メコンデルタを一望するなら、ホーチミン市からフーコック島行きのプロペラ飛行機に乗るのがいい（1章参照）。約四五分、デルタを低空からゆっくり観察できる。水を満々と張った白銀色に輝く水田が一面に広がる（写真3 アンザン省サム山から見たデルタ。二〇〇六年）。今のデルタは、通年、水に恵まれている。緻密な運河網とポンプ灌漑の普及が、乾季の大地に水を与えた。メコンデルタのどの地方でも一年三期の稲栽培が当たり前になった。一面の泥水色は、いっぱいに水を張った水田の色だ。まもなく薄緑色に変わる。メコンデルタは世界に冠たる米作地である。経済発展の中に、工場用地や果実など商品作物生産地の需要が大きい。水田面積は一時の四〇〇万ヘクタールに比べれば減少気味であるが、それでも三八三万ヘクタール、日本の総水田面積（約二七〇万ヘクタール）よりもはるかに大きい。その生産量も高い。一期平均でヘクタールあたり籾四・九トン（二〇〇四年）、最高のアンザン省では六トン近く、日本の水田収量に劣らない。しかも、多くの水田地帯では年三期とれる。[*6] 一年中、

＊4　南回帰線（南緯二三度二六分）と北回帰線（北緯二三度二六分）の間、つまり南中時の太陽がほぼ真上にある地域を言う。気候的な定義には諸説あるが、おおむね年間最低気温が一八度以上で、ココナッツが自生できる地帯を言う。

＊5　ハリウッドのベトナム戦争映画、たとえばメル・ギブソン主演の「ワンス・アンド・フォーエバー（原題 We were Soldiers, 二〇〇二年、ランダル・ウォレス監督）」などで米兵が疎林の中でM14を撃ちまくっている。あれは乾季だからできることだ。もっともこの映画の舞台は中部山岳地帯のサバンナ気候で、メコンではない。

＊6　七〇年代までメコンデルタの稲といえば、雨季に一期だけ栽培するのが普通だった。おおむね五月、雨季の始まりに田植えし、一一月乾季の始まりに収穫する。伝統的な稲の生理はサバンナ・デルタの気象に対応したものだ。水没を免れた自然堤防や砂丘の裾、新デルタの盛り上がりの上に、水田を作る。また、深水地域では、低収量の浮き稲を植えるしかなかった。一八六八年、フランスがメコンデルタ全域を支配した頃には、現在の南部に新デルタと自然堤防地帯を中心に、わずか三〇万ヘクタールの水田しかなかった。収量も悪く、ヘクタールあたり一・二トン前後にすぎず、同時期の日本の平均収量の三分の一にも及ばなかった。

水田が空いていることがない。

この結果、メコンデルタの籾生産量は一八五七万トン（二〇〇四年）に達した。メコンデルタだけで日本の籾生産（約一三〇〇万トン）を軽く抜く。ベトナムでは七〇〇〇万トン強（二〇一二年）の籾が輸出される。いまやタイを抜きさり世界一の座をアメリカと争っている。急速な経済発展と一方では国際籾価格の低迷のために、籾輸出の比重は下がり続けているが、それでもベトナムの食糧輸出は輸出総額の二〇％近くを占めている。その大部分は、メコンデルタの米生産が稼ぎ出している。

運河の役割

メコンデルタは北部の紅河デルタに比べると、人口密度にやや余裕がある。紅河デルタはわずか一万五〇〇〇平方キロの大地に、一八〇五万人（二〇〇五年）が詰め込まれ、人口密度は平均で一二一八人に及ぶ。一方、メコンデルタは、四万平方キロに一七二七万人、密度は四五五人になる。メコンデルタは雄大で人口が希少とは、よく言われる言葉だ。しかし、これは紅河デルタに比べての話だ。実はメコンデルタの人口密度は、日本よりも多い。沿岸湿地帯のカマウ半島では、確かに密度は二三四人だが、それでも熊本県並み、現実には相当に窮屈な世界だ。狭い畦々がくまなく走り、大地を小さな矩形に分ける。ほとんどの地域で農業面の土地利用が既に飽和状況になっている。一方、土地に近い国道脇は、継ぎ目なく家や工場の列が続く。「地大物博」のメコンデルタとは、もはやメコン観光上のコピーにすぎない。

かつて、広大なメコンデルタは、この無数の分流のために、扇の骨のように分断されていた。川筋ごとにクメール人が細長い地方領主圏を作っていた。カンボジアの核地域プノンペンから見れば、それぞれの領主圏は、プノンペンから枝状に分かれる分流に沿っているから、連絡が容易だった。しかし、一七世紀になって東から入ってきたベト人は、西に進むたびに、巨大な分流川幅を一本ずつ越していかなければならなかった。

メコンデルタの物流を統一的に支配、管理しようとすると、この物流の分断状況をなんとかしなければならない。分流と分流を横に結ぶ横断運河が必要だ。一八六二年以降のフランス植民地時代に入ってから、横断運河建設が急増した。当初、運河はフランスに反対するゲリラの掃滅のために、次いで東西物流のために掘削された。運河の掘削によって、人が低湿地に入る足場ができた。運河沿いの高みに次々とベト人たちが移住していった。

まだポンプのない時代である。乾季に水田ができないのは当然としても、雨季にはメコンの大量の水が各地に滞留して、いたるところに広大な沼地を作る。横断運河はこの滞水の水抜きに効果をあげた。水田面積が拡大した。一九世紀の末、世界的に米価が高騰する。米輸出に目をつけたフランスは、運河開削会社を作ってメコンデルタに無数の運河を掘削し、新しく造成した土地を開拓者に売り払った。特に好景気の一九二〇年代に、フランスは西後背湿地の悪水排除のために、ハウザン川の淡水をタイ湾に流す東西運河を大量に建設した。

一九二九年までには総計二五〇〇キロに及ぶ運河が掘られ、二五〇万ヘクタールの水田が造成されていた。そしてその米が運河によって、中心市場のサイゴンに運ばれた。この年、一七〇万トンもの米が国外に輸出された。世界の穀倉としてのメコンデルタが確立した。米はこの年のインドシナ（ベトナム、ラオス、カンボジア）の輸出額の八〇％を占めた。メコンデルタの米は、まさにインドシナの富そのものだった（写真４　現在でも運河はメコンデルタの物流の一部を担っている。二〇〇六年、サデック）。

写真４

地主たちと小作人

その富を作り出したのは、運河だが、その富を集めたのは地主たちだ。元々自給目的で開拓される小農の開拓では、大量の余剰米を作り出すことができない。どうしても、年貢や小作制度のような強制的なコメ収集システムが必要だ。

新しい土地を開くためにメコンデルタには大地主制が発展した。地主は小作米や債権の取り立てとして農民から米を集め、これを華人の仲買商人に売り渡し、仲買商人がフランス人や華人の精米・輸出業者に運んだ。

運河とメコン分流の結節点に沿って大きな都市が広がる。ミートー、ヴィンロン、ロンスエン、カントー。どれも、フランス植民地時代、富の源泉であったメコンデルタの米を、サイゴン（今のホーチミン市）に集めるためにできた町だ。サイゴンには、輸出米と引き替えに瀟洒で華麗な植民地文明が華開いた。

しかし、メコンデルタのムラには、少数の自作農と大部分の小作農が残った。竹柱、草屋根、竹網代壁のムラの家々と、白い漆喰壁に代表される地主のコロニアルな家々の格差は、深刻な階級対立を生む。一九六〇年より七五年まで一五年にわたったベトナム戦争（第二次インドシナ戦争）の一つの性格は、地主対小作人の戦いであり、また都市とムラ、さらには都市に代表される文明とムラの文化との対立である。ベトナム戦争の間、戦場となったメコンデルタで、反米を支えた農民たちの米が輸出にまわることはほとんどなかった。メコンデルタの米は世界から忘れられた。

穀倉の復活

時代は変わった。七〇年代はじめに神農《タンノン》という高収量短期[*7]の新品種が導入された。乾季にポンプで運河の水を揚水し、乾季稲を栽培する技術が導入された。化学肥料も供給された。一九七三年の南ベトナム政府による最後の土地改革「耕作者に土地を」《ランドトゥーザティラー》政策は多くの小作人に土地を与えた。折から、パリ講和会議後、[*8]ベトナム戦争も一時的な小康状態に入った。自ら土地を所有し、経営することを知った農民たちと、新技術が結びついた。一九七四年、久しぶりに大豊作になった。一九七五年のサイゴン解放以降、南部の社会主義化が進められ、農業が集団化された。しかし、メコンデルタ農業の社会主義化は完全な失敗に終わった。農民のサボタージュ、新品種には必須の肥料や農薬、ポンプを動かす石油などの生産材の不足、さらに天災が加わり、解放後の米生産は年々低下していった。

一九七九年、農産物の一部の自由化がなされ、一九八一年の共産党書記局一〇〇号指示によって農民家族による生産経営が許された。同時期に、不安定だった新品種の栽培技術が定着した。この時期からメコンデルタの米生産は復活の徴候を見せる。さらに一九八八年の共産党政治局一〇号決議により、個人の土地使用権が確保された。同時に、石油、農薬など農業資材の流通も自由化され、労働力を節約できる湛水直播法[*9]も導入された。機械化も進んだ。三期作が一般化し、また単収も増大した。こうして一九八九年、ベトナム政府は大規模な籾輸出を

＊7　ＨＹＶ種と言う。フィリピンの国際稲作研究所（ＩＲＲＩ）が六〇年代に開発した短期性で高収量をもたらす品種群。ＩＲ種とも言う。当初は栽培管理が難しく、気候に影響されやすかったが、水田の整備、品種の改良とともに七〇年代に一般化し、「緑の革命」を引き起こした。

＊8　一九七三年、米、両ベトナム政府、南ベトナム臨時政府によりパリ協定が調印され、米軍の撤兵、両勢力の休戦、南での民主選挙などが定められた。

＊9　メコンデルタの伝統農業では、苗代を作り、田植えをする稲作と、乾季の低湿地に種籾を直播きする稲作が並立していた。八〇年代からポンプを使って厳密な本田の水管理が可能になり、また新品種が導入されるとともに、浅く水を張った湛水直播法が導入され、デルタ一帯に広がっている。特に後背湿地のような酸性土壌の深水地帯では、一九九〇年代から、湛水深を二〇～四〇センチにとり、芽出しした籾を直播きする深水湛水直播法が導入され、稲作環境を一変させた。

再開した。その九〇%はメコンデルタの籾である。以後、国際市場の拡大とともに、メコンデルタの米生産は飛躍的に拡大した。一九九〇年に初めて一〇〇〇万トンの生産をあげ、二〇〇五年にはほとんど二〇〇〇万トンに迫る勢いを見せた。わずか四半世紀の間に四倍に及ぶ生産拡大に成功したのだ。

米に代わるもの

ドイモイ後の国内市場の発展と、国外市場の開放によって、かつて、米単作に近かったメコンデルタの農業も大きく変質した。二〇〇〇年段階ではメコンデルタの一三万六〇〇〇ヘクタールに工業原料用作物が植えられ、二〇万ヘクタールに果樹が栽培されている。農業は著しく多角化され、商業化していった。

しかし、その米はもはやベトナムの主要産物ではなくなった。年率八~九%の高度成長のもとは、GDPの四割を占める鉱工業生産だ。メコンデルタは水田と森林に覆われたより自然的な空間と思われているが、同時にホーチミン周辺、ハノイ周辺に次ぎ、ベトナム第三位の工業生産地であり、二〇〇四年には全国工業生産高の八%を占めている。特に二〇〇〇年から二〇〇四年にかけて二桁近い生産上昇を続けている。

しかし、メコンデルタ全体の二〇〇四年度工業生産は六四兆ドンであるが、同時期のホーチミン市は二〇〇兆ドンに達している。工業化第一位のカントー中央直轄市でさえ、ホーチミン市の五%強にしかすぎない。二〇〇〇年度にはそれでも、六%を占めていた。南部工業化におけるホーチミンの寡占状況の前に、メコンデルタの発展は弱々しい。

メコンデルタの工業化の進展にとって、決定的な弱点は外国直接投資が消極的なことだ。一九八八年に外国投資法が成立し、ベトナムへの本格的な直接投資が始まってから二〇〇五年までに、契約済みの外国投資総額はベトナム全土で六六二億米ドルに達する。うちホーチミン市だけで一五九億ドルを占めるのに対し、メコンデルタ全体ではわずかに一九億七七五〇万ドルにすぎない。メコンデルタの工業化は、国内資本による国内市場を主な対象としている。

残丘[*10]のクメール

バーチュアスー

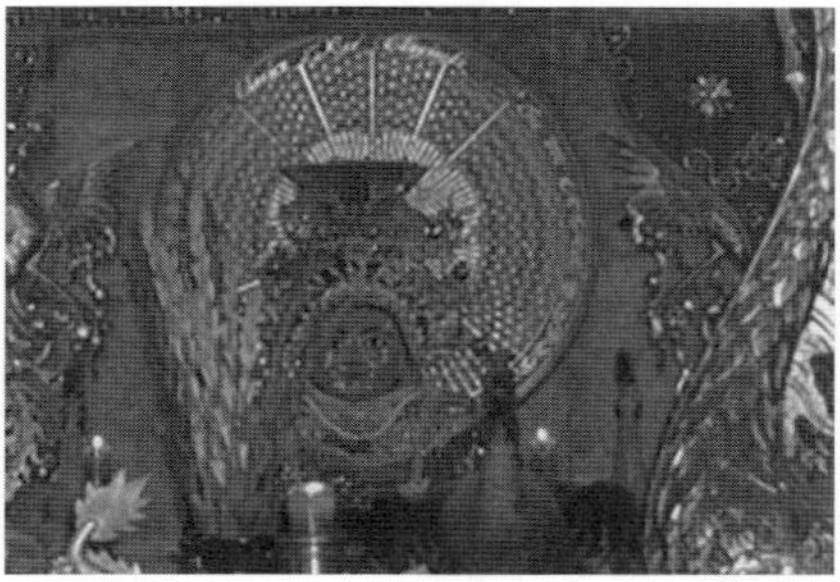

写真5

カンボジアと南部ベトナムの国境にアンザン省の省都チャウドック市という河川港がある。町の周辺はやや高いが、そのまわりは一面の平らな水面が広がる。チャウドックから南西にまっすぐな湿地の上に盛り土した堤防道のような道が続く。国道九一号だ。両側に、張り出し床の小屋が延々と続く。四キロ、突然湿地の中に大きな玄武岩の岩山が道に立ちふさがる。サム山（ヌイサム）と言う。山裾の峠道の両側には巨大な寺院風の建物が林立し、土産物屋がびっしりと立ち並んでいる。人々が雑踏している。年間一〇〇万の人が訪れるという。

二〇〇年ほど前という。この山の頂上から女神像が出土した。村人たちは像を山裾におろし、廟を建てバーチュアスー（処主夫人）と呼んで崇拝した（写真5）。

一八二〇年代に、この地に生まれた将軍が、バーチュアスーの加護でカンボ

＊10　平原などに浸食から逃れたために、取り残された岩山群。

ジア戦役で手柄を立てた。そこで、廟を再建した。やがて、バーチュアスーは神託や護符で知られるようになり、南部中の信仰を集めるようになった。

クメール人のベトナム

雑踏する門前通りの脇からサム山に登る。細い石の階段をくるくると回りながら頂上に着く。灌木の茂った岩の上に、フランス時代[*11]の古い砲台のあとがある。砲台の南裾に、鉄柵で囲まれた小さな祠があり、砂岩の板が安置されている。伝承では、往古、ここがバーチュアスーの御座であったという。よく見ると、クメールのヒンドゥー神像の基盤らしい。ここは元々クメールの神の聖地だったのだ。

メコンデルタの多くは、元々カンボジアの主要民族クメール人の世界に属していた。実際、大量のクメール人の遺跡がベトナム領のメコンデルタに残るし、メコンデルタの地名、特に都市名にはサイゴン（プレイ・ノコール）、ミートー（メ・サオ）、チャウドック（マォト・チローク）、サデック（プサー・デーク）、カマウ（トゥク・クマウ）、ハティエン（ピエム）、チャビン（プリァットロペン）、ソクチャン（スロッククレアン）など、クメール語地名のベトナム語訛りが多い。現在、約一〇五万（二〇〇九年国勢調査修正値による。以下、同）と言われるクメール系ベトナム人がベトナムの地に暮らしている。英語ではクメール・クロムと呼ばれる。元々はクメール語クマエ・クロオムの訛りで、「下のクメール人」の意味である。[*12] 同様に東北タイのクメール人は上のクメール人《クマエルー》、カンボジア中央のクメール人は中央のクメール人《クメールカンダール》とされる。クメール語の呼称では、ベトナム在住は意識されず、同じクメール人のうち低地に住む一族の意味になる。

ベトナムの主要民族ベト人がこの地を政治的に略取しだしたのは一七世紀からのことで、まだ三〇〇年強の歴史しかない。しかも、カンボジアもベトナムもフランス領インドシナであった時は、政治的には特に問題はなかった。問題は一九四五年、まがりなりにもカンボジアとベトナムが独立した時で、以後、カンボジア王国はメコンデルタの領有権を主張し続けている。最もひどかったのはポル・ポトの時で、ポル・ポト軍はしばしば国境を越えてメコンデルタに侵攻し、虐殺を繰り返した。一九七九年のベトナム軍のカンボジア侵攻は、ベトナム側から見れば自衛戦争なのだ。

バーチュアスーは、クメールの神がベト人の伝統的な女神信仰や、華人の観音信仰、女神信仰と混じりあって生まれ出た、ベトナムの神である。ベトナムのメコンデルタの入り口に屹立するサム山は、このメコンデルタの文化の特徴を象徴している。[*13]

山の南西方にかけて、眼下に水を深々とため込んだ水田が広がり、そのかなたに三角の独立峰がいくつも浮かび上がる。山々は、さらに西南、カンボジア領内の小山脈に連なる。カンボジア南方の山脈が置き残した残丘群だ。石灰岩と薄い砂岩からなる岩山は、わずかな灌木に覆われ、白い岩肌がいたるところに露出している。

国道九一号を西南西に進む。残丘をまわりこむように脇道に入る。残丘はサム山の南の山間、山裾に小さな台地平原を作り出す。ここは、クメール・クロムの人々が集住する。ベトナムの中のカンボジアだ。太い柱を使い、茅で葺いた高床住居が山裾に連なり、高みには果樹林、低みには伝統的な直播田が広がる。素焼きの壺作りや家具作りの家が散らばる。ムラには上座仏教寺院がタイ・クメール式の黄色と濃緑色の瓦を光らせる。人々の頭や[*14]

＊11　ベトナム、ラオス、カンボジアは一八六〇年代から一八九〇年代にかけて、次々とフランスの植民地・保護領になった。中でも現在のベトナム南部の地は最も早く一八六二年から一八六七年にかけて、フランスの直轄植民地コーチシナになった。三国が独立を恢復したのは、長い抗仏戦争のあと、一九五四年になってからである。一〇〇年近いフランス植民地時代の痕跡は、ベトナムのいたるところに残っている。

＊12　ベトナムでは「南部クメール人」と言う。フランス支配直前に、メコンデルタには六つの省（日本の県に相当する）があった。

＊13　ベトナム全土の民間信仰では、さまざまな由緒、由来を持つ女神信仰が多い。タインマウ（聖母）信仰と言う。

＊14　ベト人は、海岸や川岸などの住居を除いて、一般には床を張らない土間式住居を好む。

肩にはクロマー（クメール人がスカーフや肩掛けに用いるチェック文様の一枚綿布）がめだつ。まるで、カンボジアの夕ケオ[*15]あたりの景観だ（**写真6 サム山南残丘地帯のクロマーをかぶったクメール女性たち。カンボジアにいるような錯覚に陥る。二〇〇三年**）。

砂丘の上のクメール人

オケオ――扶南の国際交易港

メコンデルタの南辺、南シナ海に面して、かつての海岸線を示す低い砂丘《ゾン》列が、数條にわたって東西に連なる。砂丘上に、東からベンチェ市、チャビン市、ソクチャン市、バックリュー市、カマウ市が並ぶ。インドシナ地理をまとめたアガールは、砂丘《ゾン》をデルタの農民のオアシスと表現し、以下のような美しい叙述をする。

昔の海岸線は近代の沖積によって、消去されたり或いは埋没したり切断したりしているが、まだ多少残っていて諸処に砂丘を築き、米田の単調さを破っている。この砂丘をゾン giong と称し、その土壌は植物の砕屑や海底の腐植土や窒素化合物を混じて自然の肥料に富み、ザウ、サオ[*16]などの大木で覆われているが、綿花、煙草、桑樹、甘蔗、山芋、マニオック（キャッサバ）、藍草、果樹の栽培に適し、その開発を待っている。このゾンを通る道路は時として寺院や竹の生け垣を持った民家に達することがある。このゾンはその上に果樹や竹や榕樹[*17]やビンロウ樹が疎らに生えていて単調なる平原に一風景を点出している。（ア・アガール『仏領印度支那』宮島綱男・土居博共訳、東京修文館、一九四三年、九三ページより。一部修正）

砂丘は、メコンデルタに最初に入った人々の最初のよりどころだった。一九四二年と言えば、第二次大戦のまっただ中、もうパリは陥落し、フランスの領土の半分はドイツに奪われ、光栄ある三色旗は南仏ヴィシーでわずかにはためいていた頃である。フランス領インドシナだけは、日本軍の進駐、通過を許したとはいえ、まだ主権を失っていない。むしろ、在留フランス人がインドシナにこそフランスの神髄を残そうとする文化運動さえ起こした時代だ。

ハノイに極東学院（ＥＦＥＯ）という、インドシナを中心にアジアの文化を研究する研究所がある。イギリス植民地主義が、エジプト、メソポタミア、インドなどで、その植民地主義の文化的正当性を喧伝するために、

写真6

華々しい活動を繰り広げていた時だ。フランス植民地主義もまたイギリスのオリエンタリズムに負けない業績を作り出さなければならない。極東学院は、一九〇〇年にインドシナ総督のドゥメールによって設立され、インドシナ総督府から豊富な資金提供を受けて、漢文の収集、クメールやチャムの古建築の研究、保存、インドシナ各地の考古学遺跡の発掘などと多方面に、しかも精密な研究を半世紀にわたって続けた。戦時中、この研究所の所長にジョルジュ・セデスという人がいた。セデスもまた、東南アジア史の基礎の基礎を作り出した大碩学だ。セデスは、たぶん、フランス本国の危難の時こそ、フランス学術の成果をインドシナに立ち上げたかったに違いない。大量の日本軍があわただしく進駐してくる[*18]一九四二年という時期に、マルレという考古学者に命じて、メコン

＊15　カンボジア南方、バサック川西方の段丘平原にある州。一九九二〜九三年、自衛隊が道路修理を行なったので有名。
＊16　サオ。*Hopea odorata Roxb.* 高さ二〇〜三〇メートルの熱帯高木、黒い実はベトナム漢方薬に用いられる。
＊17　ガジュマル *Ficus retusa*.

デルタ辺境の、小さな残丘と古い砂丘の上で、大規模な発掘を行なわせた。オケオ[*19]と言う。

サム山の下、カンボジア国境のチャウドックの町から、ハウザン川の右岸の自然堤防づたいに国道九一号が走る。カンボジア国境と西メコンデルタの中心都市カントーとを結ぶ道である。チャウドックから一〇〇キロほど下ると、ロンスエンの街に出る。

ロンスエンで国道九一号を右折する。九四三号は、ロンスエンの乗る自然堤防の西裾に広がるいわゆる西後背湿地を突き抜ける。低い、古いハウザン川の旧川床が作った低い自然堤防を昇り、低い湿地に下り、また今度は古い砂丘に乗り上げる。九〇年代はじめまでは、舗装もいい加減で、道幅もジープ一台がやっとという大悪路だったが、今は立派な舗装がついている。道幅も拡幅されたようだ。白い丸っぽい石灰岩の岩山が水田の中に屹立している。その残丘の一つ（サップ山）を右に大きくカーブすると、正面に裾野の広い広角二等辺三角形の形をしたバテ山が見える（**写真7 バテ山**）。バテ山はわずか海抜三〇〇メートルに足りないが、低平な湿地水田の中に屹立し、また裾を深い森に覆われているので、山容が大きく見える。バテ山もまた遺跡の山である。山頂近くに霊山寺《リンソン》という新出来のベトナム寺院がある。このリンソン寺の仏壇の脇には、七世紀頃のサンスクリット碑文がある。残念ながら半面を祭壇のコンクリートの中に塗り込まれているが。リンソン寺へ上る道には往古のクメール寺院の礎石が顔を出している。

このバテ山の下、古い海岸線を示す旧砂丘の上にオケオ遺跡がある。オケオ遺跡の中央位置には現在、四阿《あずまや》風の赤い屋根を持った展示館が造られ、小さなテーマパークにしたてられ、オケオ土器のシンボルと言うべき、注ぎ口《オケオクンディ》のついた壺の破片が無造作に積まれている。九〇年以前にはただの湿地水田で、ここが発掘現場と言われても、なにがなんだか分からないくらいだった。

戦争中、ここを掘り続けたマルレは戦後、一九五〇年代にいたって、その全貌を浩瀚な本に報告する。その報告は世界を仰天させるものだった。この湿地水田の中の小島のような砂丘が、往古の扶南国の国際港だったというのだ。オケオからは四～七世紀頃の大量のインド風の等身大の石像、木像、大量のガラス製装身具、そして無数のオケオクンディの破片に交じって、サンスクリット語を刻んだ真鍮タブレット、そして後漢の儀鳳鏡が出土した。オケオは三世紀から一〇世紀頃まで、東西を結ぶ大国際交易港だった。

オケオおよび周辺遺跡を発掘した平野裕子らの研究では、現在、オケオの文化層は三期に分けられ、前二世紀頃から後三世紀までを早期、後三世紀から八世紀までを発展期、九世紀から一二世紀までを後期とする。発展期には、オケオ遺跡も大きく四五〇〇ヘクタールに広がる。またオケオを文化センターとするガラス装飾品、瓦、注口つき壺などインド風の文化も、さまざまに地方化しながら、メコンデルタの堤防や砂丘列、さらに東北の東ヴァムコー川、またドンナイ川流域にまで拡大した。

漢文で書かれた中国の古文献によれば、この地域には扶南という広い領域を持った国家があり、三国時代から南北朝、唐初にかけて約四〇〇年間、中国との通交を繰り返す一方、インド諸国とも往来し、また東南アジア海域の物資の収集センターであり、一時はタイ湾全域を支配する海の王国であった。オケオは、当時の中国人に「扶南外港」と呼ばれ、扶南の国際交易港とみなされた。

写真 7

＊18　仏領インドシナは、ほかの東南アジアの植民地と違って、太平洋戦争中を通して日本軍に占領されていたわけではない。開戦前の一九四〇年、日本軍は敗戦のフランスに迫って日・仏印協定を結び、日本軍の進駐を認めさせた。以後のインドシナを日-仏二重支配期と呼ぶが、フランスの主権が否定されたわけでない。一九四五年三月八日、日本軍は軍事クーデタ（明号作戦）を起こして、フランスの主権を奪い、全インドシナに傀儡政権を置いて、事実上の軍政を布いた。以後を日本による占領時代と呼ぶ。

＊19　現在のベトナム語ではオク・エオと言う。オクとはタニシのことで、低湿地に囲まれたこの地はタニシが多かったから、とはベトナム人のよく言うもっともらしい話で、クメール語でオーケオは宝石かクリスタルの川を意味する。

であるとすれば、二世紀の頃、西の方の人が来て扶南の初代となり、また名高い扶南大王がここから海軍を仕立てタイ湾を押し渡り、マレー半島の諸港を占領し、ついには現ビルマ領の古代港テナセリムを支配下に置き、さらに下ビルマのタトゥンなどまで侵攻したことになる。実際には扶南とオケオ遺跡の関係を示す遺跡は一つもない。考古学の成果を無理強いに文献にあてはめるのは、あまり好きではない。

しかし、実際、扶南の存在した時期（三～七世紀）はオケオの発展期と一致することは確かだ。かのセデスは、扶南の王都をカンボジアのメコン流域でベトナム国境に近い、アンコールボレイかバ・プノムと考えた。空中写真からはオケオとアンコールボレイを結ぶ、またオケオとタイ湾を結んで砂丘列を貫通する古代運河網があったという。古代の海と陸を中継する土地であった。[*20]

チャビン省——カンボジアの飛び地?

ホーチミン市から国道一号を西に下る。ヴィンロン市でさらに西進する一号と別れ、国道五三号に乗る。まもなくヴィンロン省の省界を抜け、チャビン省に入る。チャビン省はメコン本流（ティエンザン／コーチエン川）とハウザン／バサック川に東西をはさまれた大きな砂州の上にある。二二一五平方キロほどの小さな省だ。人口も一〇〇万人とこじんまりとしている。まだ緑が深い。一九九一年以前は現ヴィンロン省と一緒にクーロン（メコン川）省を形成していた。

国道五三号は、砂丘《ソン》と砂丘間低地をかわるがわる越えて南下する。[*21] 二～五メートルの高度を持つ砂丘上には森と集落が乗る。低地には水田が広がり、低地の中を細いクリークが東西に走る。ただし、元々は海底であった土壌は、塩性または酸性硫酸土壌で、また乾季には塩分を含んだ潮水が入り込んで、水稲作は難しい。ほとんどが雨季のコメ一期、または短期種を組み合わせた二期作である。

道の両側、果樹林の緑の中に、クメール風の尖塔をともなったワット（寺院）が次々と垣間見える。道行く人のクロマー（クメール人の民族衣装。チェック模様のショール）姿が目立つ。中に托鉢に行脚する黄色の僧衣が混じる。クメール・クロムは、メコンデルタ西部一帯に広くに分布しているが、大きな集住はアンザン省北部の残丘地帯と、チャビン省、ソクチャン省、バックリュー省の沿岸砂丘列地帯にある。一八世紀、ベト人が東からメコンデルタのほぼ中央、新デルタ地帯を横切る形で進んできた。このためにベトナムのクメール人は、メコンデルタの北、カンボジアの国境地帯と、遙か離れた南の砂丘地帯に分断された。

チャビンはクメール語のトロペン（池）のベトナム訛音だ。一八世紀までは、クメール人の土侯が治めていた。クメール人の集住は古く、チャビン市から三〇キロ南のハウザン右岸砂丘上のルークー遺跡では、プレアンコール期[*22]の石造、煉瓦の寺院建築遺址群や大量のヒンドゥー系石造彫刻が出土している。ルークー遺跡近くの南砂丘上には、現在も広大な寺苑を誇るノドール寺院がある。ノドール寺院は典型的なクメール様式の寺院で、そそりたつ屋根を持つが、むしろコウノトリなど数知れぬ鳥の里で有名である。（**写真8チャビン郊外のクメール寺院。二〇〇四年**）

写真8

チャビンの名前、溜池は、たぶん、チャビン市から南西七キロにあるバライ（矩形の聖池）に由来するのだろう。この池は、オムという美しいクメール人の娘が求婚者を集めて築造したので、バーオム（オム夫人）の池と呼ぶが、クメールの古寺院建築に多くある聖なる池バライである。バライの大きさは長さ五

＊20　先のキエンザン省の湿地林開拓農場のミーラムは、海とオケオを結ぶ古代運河に平行したバテ運河に沿っている。
＊21　デルタの沿岸に見られる潮汐作用でできた堀割り。
＊22　八世紀以前のクメール文化を指す。ベトナムでは発展期オケオ文化とされることが多い。

○○メートル、幅三○○メートルを数える。

チャビン省には一四一のクメール寺院があり、二○○○人以上の上座仏教の僧侶がいるとされる。チャビン市内の森の中にあるサムロンエク寺院は、広い苑内に二○もの小塔を従えた正殿と副殿からなる壮麗な寺院だ。建築こそ一九世紀だが、内部に六世紀と推定されるヒンドゥー石像があり、いくつかのクメール語、パーリ語碑文が残る。寺院前には、小規模なバライも残っている。少なくとも七〜八世紀にはかなりの規模のクメール都市があった。[*23] つまり、チャビン省はどこから見ても立派なクメール人の世界、カンボジアの飛び地だった。『嘉定城通志』[*24]（巻三、疆域志、十表）によれば、一七五七年、クアンナム王国はカンボジアの王位継承にからんで、チャビンとバサック（現ソクチャン省）の土地を獲得したとある。ティエンザン川とハウザン川の間の地が、ベト人のものになった最初である。

だからこのあたり、人口の三○％近くがクメール・クロムだ。チャビンのクメール人比率はメコンデルタで最も高い。ムラ全体がクメール人である集落も多い。ベトナムでは、少数民族の比率の高い省は、労働力の質（学歴、ベトナム語）の問題、また地理的に辺境が多いため、工業を中心とした経済発展が遅れる。チャビン省もご他分に漏れない。一人あたり一ヵ月の平均収入は五○ドルを割っている。省の潜在能力では、ベトナム全省のうち下から四番目、つまり経済発展の展望があまりない省だ。特に貧困は土地なし農民の多いクメール人に集中している。[*25] クメール人の多い一行政村では、三二七○戸（うちクメール人一五○○戸）のうち、一年のうち三〜六ヵ月が食糧不足の家が一○○九戸、土地なしで食糧自給ができない家が七四八戸もある。

農業収入や手工業ではとうてい貧困から抜け出せない。青年たちは都市をめざす。無限に就職機会が拡大しているホーチミン市でも、学歴と言語の面でクメール人は差別される。いまホーチミン市の富裕な層が雇う家事手伝いには若いクメール人の娘たちがいる。

しかし、景観による限り、数字に表れる貧しさはあまり感じられない。実際、チャビン省の水田は一一万三七〇〇ヘクタールだが、畑作地は一四万八四〇〇ヘクタール、果樹林は二万四一〇〇ヘクタールあり、デルタ地帯では群を抜いて畑が多い。乾季の水田を利用したエビ養殖池も多い。一九九五〜九六年段階でさえ、ジャスミンほか、高価な商品作物への転換を図る農家が出ている。手工業従事者も多い。クメール人は素焼、篭作り、家具、舟作りで有名である。

近年、工業投資から見捨てられていた、それだけに残されたおとぎの国のようなチャビン省に、少しは工業化の動きが見えた。チャビン市の北三キロ、メコン本流（ティエンザン／コーチエン川）沿岸に、省の投資でロンドゥック工業区が作られた。総面積一〇〇ヘクタールで、国道五三号、メコンの舟運に便利などと宣伝されている。残念ながら、二〇一二年三月現在、入居企業はほとんどないようだが。

ソクチャン省——もうひとつのクメール文化の中心地

南シナ海に面した砂丘上のクメール・クロム集住地には、もうひとつソクチャン省の砂丘群がある。ソクチャンはクメール語のスロッククレアン（宝庫のクニ）のベトナム訛りだ。ソクチャンは現在、ソクチャン省という省になっている。

＊23　ベトナムの文化人類学者マク・ドゥオン教授は、現在のメコンデルタのクメール人は、一五世紀以降、シャム（タイ）の侵略を逃れたカンボジアのクメール人が移住してきたものと理解しているが、遺跡の分布とカンボジア年代記の記述から、私はこの説をとらない。

＊24　一九世紀はじめに、鄭懐徳（チン・ホアイ・ドゥオック）が書いた南部ベトナムの地誌。一八世紀以来のメコンデルタの歴史についての第一級史料である。

＊25　メコンデルタの土地なし農民人口の二〇%はクメール人だという（一九九八年）。

写真9

まず、先のヴィンロンまで戻り、国道一号をまっすぐ西南に進む。カントーからは国道一号は大きく南に曲がる。旧海岸線を示す東西に走る数条の砂丘列を越える。砂丘列の間には細いクリークがやはり南北に走る。景色はチャビンへの道と酷似している。ここは元々バサックというクメールの地方であったが、一八世紀の末、ベトナム領になった。一九七六年以降はハウザン省に属していたが、一九九一年、ソクチャン省として独立した。

ソクチャン省は面積三三〇〇平方キロ、メコンデルタの大省だ。ただし、人口は一二九万人、人口密度は一平方キロ三九〇人弱、海岸まで水田が列状に幾重にも連続する。港町ソクチャンの市内には、古代と現在のクメールを結ぶ現役の寺院がある。ソクチャンの名前の起こりともなった財庫寺院《クレアン》である。クレアン寺院は一五三三年建立とされ、既に五〇〇年間近い星霜を経ている。ソクチャン省のクメール語教育の中心だ（**写真9 クレアン寺院のパゴダ。一九八六年**）。

また一〇〇万以上ものコウモリが密集するので知られるドイ寺院（マハトゥク寺院）もソクチャンの郊外にある。これも四〇〇〇年以上の年代を経ているという。チャビンとソクチャンはベトナムクメール文化の中心にある。

チャビン市より南七キロ、チャウタイン県の砂丘上にクイニョンというクメール人の多い集落がある。一九九六年に川野泰之氏がここで、クメール農民の聞き取りをしている。

クイニョンにはAとBの二つの集落があり、A集落は五〇%がクメール人、B集落はすべてがクメール人である。人口は二集落で二九五六人、五一一世帯、うち二八人が遠隔地証明をおっている。ほとんどが若い女性で、長期にわたってホーチミンに女中として出稼ぎにでている。また六〇人ほどの男性が、チャビンで建設労働者として働いている。九〇%がクメール人だ。クメール人七六世帯がまったく農地をもっていない。水田には砂丘東と砂丘西の二種類がある。砂丘西では一九七五年以前は乾季には砂丘上には用水がなく、砂丘間湿地には潮水が入ってくるために、雨季一季のみで、収量はヘクタール一～二トンにすぎなかった。当時は、まず旧暦の六月ごろ、苗代に播種し、旧暦八月ごろ、水牛二頭牽きのスキで耕起した本田に田植えした。このときの水の深さは二〇～六〇センチあった。湛水が深すぎると放棄するしかなかった。収穫は旧暦の一二月から一月だった。とくに砂丘東側低地では、ベトナム戦争中は解放戦線とサイゴン政権の境界地帯であったために、耕作ができず、荒れ地のままに放棄されていた。（川野泰之「一九九六年 Tra Vinh 省 Chau Thanh 県 Hoa Thuan 村調査結果報告」『メコン通信』一一、一九九七年）

一九七〇年代まで、砂丘地帯のクメール農業は、ほとんどが天水農業で、安定性もなかったし、収量も低かった。逆にこの米の生産性の低さと、雨季しか農業労働がない環境が、クメール人の手工業を発展させたのかもしれない。

前述のように一九八〇年代以降、農業生産の急速な発展が見られる。砂丘地帯でも、一九八三年頃までには新しい運河秩序がもたらされ、水田が広がり、一部の砂丘間低地でも二期作化、三期作化が進んだ。しかし、なお九〇年代半ばでは、砂丘の大部分ではヘクタールあたり三トンがやっとで、デルタ中央とは比較にならない低収量が続いている。

クメール・クロムとカンボジア

二〇〇年も前に政治的にはカンボジアから切り離されても、クメール・クロムはその文化をかたくなに維持している。むしろ、ポル・ポトによって壊滅させられたカンボジアの伝統文化は、カンボジア和平後、クメール・クロムによって再建されたものも多い。

それどころか、クメール・クロムの人々は、カンボジアでは政治的エリート群を形成している。生涯にわたってシハヌーク王の政敵であり、二度にわたってカンボジアの首相になったソン・ゴク・タン、同じく二度も首相をつとめ、一九七〇年にはシハヌークをクーデタで追放したロン・ノル、また首相、国会議長をつとめたソン・サンなどはいずれもクメール・クロムである。フランス時代も、シハヌーク時代もカンボジア人の官僚層のかなりの部分がクメール・クロムだった。クメール・クロムにとって、カンボジアのクメール人とベトナムのクメール人は一つの世界の中にいる。ただし、カンボジアのクメール人が、すべてそう思っているわけではない。そこにまた問題がある。

クメール・クロムの言語への執着はすごい。ベトナムに住む多くの少数民族が、その固有な言語が廃れゆく中で、九〇年代の調査ではなおクメール語で会話できるものが一〇〇%、クメール語の読み書きができるものが七割を占めた。[*26]ベトナムの五〇を超える少数民族の中で、最も自民族の文化保全に熱心なのはクメール人ではなかろうか。メコンデルタの約四五〇のクメール寺院が伝える寺子屋式クメール語教育の意味も大きい。一九六〇年代ではクメール寺院のクメール語学校で、課外にベトナム語を教えていたくらいだ。

寺院の数もすごい。メコンデルタには、約四五〇のクメール寺院がある。クメール・クロムの人口で割れば、二〇〇〇人が一つの寺院を維持していることになる。正月はベト人の祭り、元旦節《テトグエンダン》ではなく、クメールの正月チョルチョナムトマイであり、また至るところに、クメールの土地神ネアクターが祀られている。チャビンに貧しさを感じさせない最大の理由は、この文化的な豊かさだろう（**写真10 チャビンの郊外にあったネアクター神、二〇〇三年**）。

一九五四年、両国が独立してからも、クメール・クロムとカンボジア本国との関係は絶たれない。たとえば、チャビン近郊村落の調査では、一家の七人の子供たちのうち、五人がカンボジアに戻っている。もっともこの子供たちはいずれもポル・ポト政権とカンボジア戦争（第三次インドシナ戦争）[*27]の間に消息不明になったという。カンボジアとの関係は悲劇の連鎖でもあった。

　不幸なカンボジア戦争が終息してからは、ベトナム・カンボジアの関係は急速に深化している。二〇〇〇年には対カンボジアへの輸出は一億四二〇〇万ドル程度だったが、二〇〇五年には五億三〇〇〇万ドルになり、最大の対日輸出の一二％程度にも成長している。さらにこの数字をはるかに超える密貿易がある。たとえば、一九九〇年代後半では、大量の日本製バイクの盗難車がカンボジアに密輸出され、カンボジアから国境をかいくぐって、ベトナムの国境諸省に搬入され、新車に手が届かない貧しい農民に愛用された。俗にカンボジア車《セーカンプチア》と言う。一方、農業労働者として不法、合法で入国するクメール人農民も激増している。国境周辺の深水地帯では、移植期にクメール人農民の労働力がなければ、田植えができないほどである。

写真10

　カンボジアとベトナムは長期にわたる不幸な歴史を持っているが、いま共生

＊26　トロン・メアリー『ヴェトナムの中のカンボジア民族――メコンデルタに生きるクメール・クロム』大橋久利訳、古今書院、一九九九年。

＊27　一九七九年、ベトナム軍は国境紛争を理由にカンボジアに侵攻し、プノンペンを占領、ポル・ポトらのクメール・ルージュ政権を追放して、新たにヘン・サムリン政権を樹立した。しかし、クメール・ルージュは西北部を拠点にベトナム軍に徹底抗戦し、大量のカンボジア難民が生まれた。戦いは中国、ソ連の援助合戦に発展して、長期化し、一九九二年にパリ和平会議でシハヌークを元首とするカンボジア王国が誕生するまで続いた。その後もクメール・ルージュ残党が山地でゲリラ戦を繰り返したが、九〇年代後半にようやく平和が戻った。カンボジア戦争、第三次インドシナ戦争と呼ぶ。

すべき隣邦として新たな関係を築きつつある。国境を越える時代が来たとき、国境を越えて生きてきた少数民族は、最も重要な絆となる。

藺草の大湿地——北後背湿地[*28]ドンタップ大湿原

湿地の中のオアシス

再びサム山から北東を見る。足下に国道九一号がまっすぐに延び、その果てにハウザン川の西岸、チャウドック市が横たわる。水田の白銀の中に細長く、緑がたわわである。メコンデルタでは農村より都市の方が樹木が多い。水のつきやすいメコンデルタでは、低湿地平面には都市が造れない。低湿地は一面の水田になる。結局、高みの自然堤防上だけに樹木が残る。ハウザン川西岸にはこの自然堤防が長く発達し、アンザン省のチャウドック市、ロンスエン市が乗っている。北北東のハウザン川の白銀色の対岸に、緑の筋が走る。ドンタップ省省都のカオライン市が乗る、やや幅広の自然堤防だ。そのさらにかなた、緑が空に沈むあたり、ティエンザン川が流れているはずだ。

自然堤防とは耳慣れない言葉だが、大河川が洪水を引き起こすたびに河川の脇に大量の土砂を落とし、そのために厚く、ゆるやかな微高地ができあがる。自然堤防は、水の溢れたメコン中流域の唯一のオアシスだ。

チャウドック——国境の交易都市

朱篤《チャウドック》の地名も元々はクメール語のスロック・マォト・チロック（「豚の口」のクニ）のチロークをベトナム語化

したものだ。プノンペン方面からハウザン川を舟で下ると、ベトナムとの国境近く、数千平方キロに及ぶ大湿地帯にぶつかる。湿地帯の中を細々とした自然堤防が走って、沼地と川筋の境を作り、小さな集落が連なる。カンボジアとベトナムをさえぎる自然の国境だ。もっとも、この大湿地帯は川で下る限りはなんの障壁でもない。ベトナム国境を越えるあたりから、少し堤防面が広がり、チャウドックの町が浮かび上がる（**写真11チャウドックの市場**）。カンボジアから見れば、大湿地のかなたの最初の大きな陸地がチャウドックだ。それだけにチャウドックがベト人によって占拠されたことはカンボジアのクメール人にとって痛恨の思いだ。

かつてチャウドックの西に、カンボジア国境に沿って、バーチュックという人口三六〇〇ほどの小さなムラがあった。一九七八年四月一五日、クメール・ルージュが突然、このムラに襲いかかり、村人を皆殺しにした。わずか二人が生き残っただけだという。チャウドックから国境にかけて、メコン川の現代には死臭が満ちている。

写真11

チャウドックは、元々はハウザン川とタイ湾を結ぶ中継点だった。ハティエンが勃興してからは、ハティエンの支配のもとで、中継河川港として栄えた。ヴィンテ運河は、まさにこのチャウドックとハティエンをつなぐために掘られたものだ。ベト人のクアンナム王国は、一七五七年、この地をカンボジア侵入の拠点として占領し、兵を駐留させた。以後、クアンナム軍のカンボジア侵攻はいつも、チャウドックを基点としていた。今も、チャウドックは対カンボジア貿易の中心で、波止場には無数の川船が集まり、筏小屋がもやっている。

チャウドック市を出て、東にハウザン川の洋々たる流れを見ながら国道九一

＊28　後背湿地（バックスワンプ）は、自然堤防やデルタの形成のために、元々の海が陸の中に封じ込められ、干上がって大低湿地や池沼を形作った土地である。土壌が酸性を帯び、あまり農業には適さない。

号を南に下る。乾季なら、対岸や運河の交点で高さ一〇メートルもの自然堤防の盛り上がりを見ることができる。自然堤防の上は狭いが豊かな空間だ。こんもりとしたココナッツ、バナナの果樹園と、こぎれいな家々が道の両側に続く。家の背後の低地には、広い水田列が広がる。まもなくロンスエンの町に着く。ロンスエンも九〇年代初期には、まことにぱっとしない、ホテルさえ満足にない小さな田舎町だったが、今はアンザン省の省都として、銀行、ホテル、大きなスーパーマーケットを持った大都市に変貌した。

アンザン省――メコン本流とバサック川を抱く

アンザン省は面積三四〇六平方キロで比較的大きいが、人口二一七万人、したがって人口密度は一平方キロ六四〇人にも達する、メコンデルタではいかにも混んだ空間だ。これはアンザン省が一つの省内に、メコン本流／ティエンザンとバサック／ハウザンの二大流をともに抱え込んでいるので、川沿いに大都市が林立しているためだ。一省で大メコンを抱えた省はほかにはない。ティエンザンに沿ってはホアハオ教の生まれたタンチャウ、チヨヴァム、チョモイ、ミールオンと中小都市が連鎖するし、ハウザンではチャウドック、ロンスエンの二大都市が蟠踞する。アンザンはメコン二大流の流通が作り上げた省だ（**写真12 ロンスエン近くのメコンデルタの運河。西部メコンデルタにはまだまだメコンデルタらしい景観が残っている**）。

ベトナム民主共和国第二代主席（大統領）トン・ドゥック・タンはこのアンザン省の省都ロンスエンの出身だ。そのほか、アンザン省は多くの有名人を輩出している。しかし、アンザンはなんといっても米どころだ。年三期はあたりまえとして、その収量は全国のトップを走る。二〇一二年四月、冬春米の収穫では、ヘクタール平均七・四五トンに達した。

しかし、対応する工業には見るべきものがない。確かにメコンは巨大な物流が可能だが、一方ではアンザンは海に遠く、流通センターのホーチミン市に遠い。今のところは、南のカントーの発展を指をくわえて見ているといったところだ。

ホアハオ教

　ベトナムは日本と一緒で、北も南も新興宗教であふれかえっている。特にメコンデルタの低湿地には新興宗教が多い。おそらく新しい開拓地の多いメコンデルタでは、仲のいい地域の集団がない。つまりムラがない。だから鎮守様がいない。土地の神々に力がない。そこで、新しく降臨した神や、異民族の神が尊崇される。戦争や恐慌で社会不安がたかまったとき、神々が降臨する。新興宗教の多くは、生まれたまもなく衰亡し、忘れ去られる。しかし、その中でともに一九三〇年代に南部ベトナムで生まれたカオダイ教（4章一七九ページ参照）と西部メコンデルタのホアハオ教は、地域宗教という形であっても、現在まで数百万の信者を擁して生き残っている。

写真12

　チャウドックの南に広がる残丘群の一つにヌイカム（カム山）という山がある。これもヌイサム（サム山）と並んでクメールの古信仰と関係のある聖山だ。一九世紀の中頃、ドアン・ミン・フエンという一人の仏僧が、ヌイカムを中心とする七つの丘《タットソン》を聖域とする宝山奇香派《ブーソンキフオン》という教団を作り上げた。ホアハオ教は一九二〇年、現チャウドック市の東北一五キロ、アンザン省のタンチャウ市に生まれたフイン・フー・ソーという僧侶が創始した新仏教だ。フイン・フー・ソーは若いとき、病を治そうとしてヌイカムに上り、宝山奇香派《ブーソンキフオン》を学んだ。一九三九年、二〇歳になったばかりのフイン・フー・ソーは、宝山奇香派《ブーソンキフオン》をベースに、自らを、人類を救済しベトナムを救うための仏陀の再来として、その教団を和好道《ダオホアハオ》、和好仏教と名付けた。

一九四一年、日本軍が南部ベトナムに進駐した。この頃からホアハオ教は、フイン・フー・ソーの故郷であり、ヌイカムのあるアンザン省を中心に、現在のカントー中央直轄市、ハウザン省、キエンザン省一帯に広がった。祖先崇拝、霊場崇拝を重要視するホアハオ教は教義がシンプルで、儀礼も簡便だし、現世も来世も改革できるものとして説かれる。巨大な寺院もなければ、ぜいたくな僧侶群もない。農民的な質素さに溢れている。だからデルタの庶民の実践仏教として広がり続ける。現在でもアンザン省には九三万七〇〇〇人の信徒がいて、これはアンザン省人口の四四％を占める。そのほか、カントー市に二二万七〇〇〇、ドンタップ省に一九万六〇〇〇人の信徒がいる。社会主義革命にもドイモイにも少しも影響されずに、ゆるやかな拡大を続けている。

教義の中にベトナムの独立と防衛を含んでいるホアハオ教はベトナム現代政治史の中でも大きな位置を占める。一九四六年、ホアハオ教はベトナム国家独立党を結成し、南部の有力な政治団体となった。私的な武装化を進め、軍団を作り上げ、共産党系のベトミンと対立した。この混乱の中で一九四七年、フイン・フー・ソーは死去した。ベトミンに殺されたと言われる。このため、ホアハオ教団とその武装勢力は、抗仏戦争も抗米戦争も反ベトミン勢力となる。ベトナム共和国（南ベトナム）が成立した一九五五年、大統領ゴ・ディン・ジエムは、国内の武装勢力の掃討作戦を展開し、ホアハオ教団は非武装化させられた。

しかし、この巨大組織は謎に包まれたまま共和国にも、また革命勢力にも抵抗し続けた。現在、政府はホアハオ教を公認し、その宣布にも表面上、協力しているが、裏では弾圧、統制を繰り返しているという。社会主義政府の地方官僚たちにとって、農民の心をとらえたこの巨大で質素な教団は目の上のたんこぶ以上だろう。

砂洲の島

ロンスエンから小さなフェリーでハウザン川を渡る。ハウザン川とティエンザン川の間の砂洲島に入る。クーラオジェンとか新洲《タンチャウ》*29と呼ばれ、まさに島と観念されていた。マンゴーとサトウキビが多く栽培され、果樹、畑作がメインの空間だ。

「島」の中心都市は、これもメコンデルタではヴィンロンやミートーと並んで歴史の古いサデック（クメール名プサー・デーク）だ。

まっすぐ東北に進んで、「島」の反対側ティエンザン川に出る。ティエンザン川をローカルなフェリーで渡ると、五キロでカオラインの町だ。カオラインはティエンザン川左岸に発達したやや広い自然堤防上の町だ。メコンデルタ最後のフロンティア、ドンタップムオイ大平原の西半分を占めるドンタップ省の省都だ。開発のために一九九四年に整備された。だから、メコンデルタのほかの町に比べて、まだまだ余裕がある。町の中心もはっきりしない。公共建築と広い道路だけが目立つ。

カオラインの北九キロにタップムオイ運河が東西にほぼ直線で流れる。ドンタップムオイ平原をティエンザン川の水で灌漑する大運河だ。

蘭草の平原

メコン本流のティエンザン川の東岸自然堤防の東側、ドンタップ省とロンアン省、そしてタイニン省を流れる

*29　クーラオはチャム語で島の意味。洲も島の意味。

写真13

東ヴァムコー川の西側にかけて、六万平方キロに及ぶ広大な湿地帯がある。ベトナム戦争中は、「葦平原《プレーンオブリード》」として知られる。元々はフランス人が藺草平原《プレーヌデジョン》(plaine des joncs) と呼んだものの誤訳である。現在はドンタップムオイ（一〇塔の平野）[30] と呼ばれる。ドンタップムオイはロンアン省北半とドンタップ省を中心に、ティエンザン省の西部まで広がる（**写真13チャムの森が続くドンタップムオイの景観**）。

メコンの溢流が東はタンアン市やミートー市の乗る新デルタの高み、また南西ではティエンザン川の自然堤防に妨げられて、後背湿地に滞留し、雨季は果てしない大湖水の形状を示した。一面に酸性硫酸土壌が蓄積される。長く湿地林と藺草《いぐさ》の湿地が続く。ドンタップムオイでは、九五％（一五万八〇〇〇ヘクタール）の土地が雨季冠水し、うち七二％（五〇万五〇〇〇ヘクタール）が一メートル以上の冠水レベルに達する。冠水期間も最長一五〇日、最短でも五〇日に及ぶ。人々は湿地中央を西から東に流れる西ヴァムコー川の細い自然堤防上にしがみつき、わずかに浮き稲が植えられる程度の未開地だった。[31]

アガールは、フランス時代の葦大平原を次のように形容している。

沼沢性草原《ステップ》の自然生成物はほとんど藺であって、その種類は無数にあり、その一種は丸くて滑らかな茎を持っており、その長さは一メートルを超えないが、他の一種は扁平な茎でその長さ二メートルに達するという風であって全体として繁茂し且つ紛乱せる網の目のごとくなっていて、その中に通路を開拓することは到底できかねるのである。この未耕の平野の遠望はあたかも巨大なる濃緑の玉突き台のごとくであって、風が吹けば銀の波が立つ。人口は極めて希薄でその大部分は漁夫よりなるが、ただ両ヴァイコ（ヴァムコー）川の岸に沿って原住民の耕作するのが見える。

（ア・アガール、前掲書、九二ページより。一部修正）

ドンタップムオイの開拓は、雨季大湿地の排水はどうにもならないので、もっぱら、乾季の草原に運河灌漑をして、乾季作を作ることに始まった。運河建設の試みは既にフランス時代に始まっている。しかし、その計画もせいぜい、新デルタの縁に近い、ドンタップムオイ南方の一部にとどまり、また運河建設と不可分な地主たちが、新しい開拓地を独占していた。

六〇年代の入植

ベトナム共和国政府が成立すると、長い戦乱の中で生まれた膨大な難民、また北部からの難民[*32]を定住させるために、未開拓地への定住政策が進められた。六〇年代にドンタップ省タムノン県フードゥック村に入植した一老

＊30　ドンタップムオイと言えば、南部国境の大湿地帯の代名詞であるが、その名前の由来については諸説ある。クメールの古塔があって、それが一〇層であったとか、一八六〇年代の対仏抵抗期に、ここに一〇番目の屯営が置かれたとか、あるいは、一九三二年にここで一〇層の塔を記したサンスクリットの銘文が発見されたとかいう。実際、西ヴァムコー川沿いにはプレアンコール（七～八世紀）の建築址や土塁が多く残る。

＊31　ロンアン省側の西ヴァムコー川の細い自然堤防上には、多くのクメールの古遺跡が発見されている。往古は、メコン本流（ティエンザン川）と東ヴァムコー川、さらにドンナイ水系を結ぶルートとして、河川港が発達していたようである。しかし、それも一三世紀以降、クメールの経済圏の縮小とともに、放棄されていった。

＊32　一九五四年ジュネーヴ会議により、ベトミンによる北部の支配が決定的になると、二〇〇万とも二五〇万とも言われる対仏協力者、クリスチャン、地主、資本家たちが南部に亡命した。彼らを五四年の北部人《バックキーナムトゥー》と呼ぶ。

人の貴重な聞き取り調査がある。

NVB氏（一九九六年時に七五歳）は祖父の代からのカントー人である。一九四五年まで戦争のためメコンデルタを逃げまわっていた。農業労働者として雇われていた。一九六三年、アンザン省の友人からここに新しい開拓地があるときいて、家族とともに移ってきた。入植に際しては、村長に出身村の身分証明書をみせなければならなかった。入植時には運河沿いの土地はまだ平らでなく、草や野生稲が生い茂っていた。チャムの木はなかった。このあたりのチャムの木は入植後に導入されたものだ。入植時にはこの村に約二〇〇世帯がいた。入植時には各世帯に巾六タム（一タムは一・五メートル）長二キロに及ぶ二ヘクタールの細長い土地を配分された。土地はすでに開墾されていたが、畦はなかった。住宅用の建材、コメ、塩、砂糖の配分が四年間分あったが、十分ではなかった。住宅は粗末なもので、一〜二年すれば壊れるほどのものだった。入植時には主にルアマー[*33]を植えた。収量は最初、一ヘクタール六四〇キロ〜八〇〇キロ程度だった、五年目くらいから一・七トンくらいはとれるようになった。七五年になってようやく二・四トン程度になった。[*34]（田中耕司「メコンデルタ、Dong Thap省、Kien Giang省調査結果概要」『メコン通信』三、一九九七年）

初期の入植者はほとんど野生稲に近い稲を作り食べていたことがわかる。バラックの生活に耐えていれば、それでも一ヘクタール二・四トン、そこそこの収穫が得られる。これは日本の平均収量から見れば三分の一くらいだが、水利も肥料も関係しない捨て育ちに近い栽培で、面積だけは二ヘクタールもあるのだから食べるだけはいける。

抵抗の地

しかし、同時に、乾季大攻勢のたびに米軍兵士と解放戦線が熾烈な戦いを繰り返した主戦場がここだ。ベトナム戦争中、ドンタップムオイはほとんど解放勢力の支配地域となり、この開拓政策は崩壊した。ベトナムの抗戦映画の名作「無人の野」（グエン・ホン・セン監督、一九八〇年、八一年モスクワ国際映画祭金賞）は、このドンタップムオイ低湿地に生きる農民の水と生活、抗戦を描いている。

一九七二年、米軍はドンタップムオイを〝無人地帯〟にし、解放戦線の連絡を断とうとした。住民たちは強制的に戦略村に収容される。しかし、その「無人の野」に主人公の若い農民と妻、その幼児はあえて居残り、連絡員をつとめていた。米軍ヘリは彼らの水田を見つけ、執拗に銃撃した。夫婦は昼はずぶぬれの待避壕に隠れ、夜に腰までつかって稲刈した。しかし、夫はついにアメリカ軍のヘリに発見され射殺される。妻は夫の仇のヘリの射手を撃ちおとす。墜落した米兵の死体のそばに彼の妻子の写真が落ちていた。

(Movie Walker Press : http://movie. awalkerplus.com/mv11353/ より。一部改変)

解放後の開拓

七五年代以降、急増する北部の人口、また戦時中に南部諸都市に集中した人々を移住させるために、政府はド

＊33　主にドンタップムオイに自生する稲品種。稲丈は高く、深水地帯でも生息できる。

＊34　解放後、この村には四農民組合が、耕作時期の調整をした。一九七八年には土地の再配分があり、労働可能者には三コン（三六〇〇平米）、子供には一コン（一二〇〇平米）が配分された。

ンタップムオイの開拓を急いだ。新経済区と国営農場が次々と建設された。七六年から八一年までに約二万五〇〇〇人が入植した。しかし、カンボジア戦争のために、農民の土地放棄が続き、またインフラそのものが不整備であったために、国営農場の多くが破産し、入植農民は逃げ出していった。湿地の開拓はそれほどまでにきびしかった。

ドンタップムオイ開拓の原動力はなによりも、運河の整備発展である。ドンタップムオイは、乾季にしか農業ができないにもかかわらず、乾季では水が足りず、塩気を帯びた水が西ヴァムコー川を遡上する。このために、ティエンザン川からポンプ揚水して西ヴァムコー川に流す中央運河《ケンチュンウオン》が掘られた。一九八五年以降、同運河は一秒三五立方メートル以上の淡水を供給した。この頃、ロンアン省政府は軍隊を開拓に使うことを考えた。破綻した農場で働いていた一万二五〇〇人の兵士を経済軍と呼び換えて、もっぱら中小運河の建設にあたらせた。これが成果をおさめると、ロンアン省内のすべての兵士を経済建設団に再編成し、ドンタップムオイに駐留させて、運河開削、水田造成にあたらせた。一九七五年にはロンアン省のドンタップムオイ地域の水田は二三万ヘクタール程度にすぎなかったが、一九八六年には三二万ヘクタールでの栽培ができるようになった。

次に、短期品種の導入によって、増水期だけを避ける二期作[*35]が可能になった。収量も新品種のおかげで大きく増えた。一九七六年の年間平均収量はヘクタールあたり二トン強にすぎなかったが、一九八六年にはヘクタールあたり三・六トンになった。ようやく農民は生きるだけの生活から、なんとか利益を得ることができるまでになった。ドンタップの開拓基盤はなんといっても、社会主義時代の政府の集中的な先行投資と新稲作技術により造られた（写真14 ドンタップの酸性硫酸土壌）。

一九八八年、政府の移民計画は大きく変化する。多くの農場は既に立ちゆかなくなった。大量の政策的な移民計画に代わって、複数の家族による自由な開墾形式が取り入れられた。個人経営が認められた。大運河からの支線運河が無数に掘られ、また末端水路も精力的に築かれた。こうして八〇年代末から九〇年代はじめに、大量の家族がドンタップムオイ地域に移住し、その定着率も七〇%になった。ドンタップムオイの開拓時代は終わった。九一年には栽培面積総計は四七万ヘクタールと、五年間で一二万ヘクタールも増え、九六年には六二万五〇〇〇ヘクタールと八〇年代の二倍になった。また一作あたりの平均収量はヘクタール四・四トンに達し、ドンタップムオイだけで、九六年には二七六万トンの籾を稼ぎ出している。

　しかし、かつて三省を覆っていた未耕地はいまや七万三〇〇〇ヘクタール弱になり、しかも残された土地は酸性の強い深水地帯のみとなり、もはや新来の移民を引き受けるのは難しくなった。ドンタップムオイの開拓の時代は終わった。

写真14

大湿地を歩く

　国道一号をタンアン市のやや手前、西ヴァムコー川の橋を渡り終えた十字路を右手、国道六二号に入る。西ヴァムコー川沿いに三〇キロも走れば、もうドンタップムオイの大湿地原に入る。左側に運河、右側にチャムの林が延々と続く。道は舗装がまだまだ不充分で、車体が大きく揺れる。時折、景観が開けると、林の奥に広く水を張った水田が連なっているのが見える。しばらく進むとようやく道の両側に新しいムラが見え出す。高く土を積んだ道路の裾下に杭を打って板床を張り、薄い板や竹網代の壁に草屋根を乗せ、道路面にすがりつくようにベランダを延ばしている。さらに進むと道路縁から垂直に土堤を湿地の

＊35　夏秋稲、冬春稲の二季。

中に張り出し、その奥に土壇を積んで家を乗せている。雨季には沼の中に浮かびあがる人工の小島の上の住居だ。泥道がホーチミン市から約一〇〇キロのモクホアで川を渡る。モクホアは阮朝の時代からの開拓前線木化州《モクホア》だが、いつになっても落ち着きのある町にはならない。汚れた木壁と赤錆びたトタンの家が固まり、道ばたのみすぼらしい木陰に地主神[*36]がほこりだらけの寂しい祠の中に納まっている。

モクホアから二四キロ西北西、カンボジア国境からわずかに六キロの地にヴィンフン県の県庁所在地がある。元々はチャムの林だった。運河を掘り、土を積んで、高台を作り、そこを街にした。ヴィンフンまではかろうじて車が可能だが、この先はもう網の目のような運河をボートで行くしかない。だからヴィンフンの街は、道路よりも桟橋を中心にしている。

桟橋前の東西道路には、掘っ立て小屋の大集合のような市場がある。市場に直交して、桟橋からまっすぐ北に延びる泥道がある。道の右側、やや低い土地に煉瓦漆喰かセメント造りのやや瀟洒な民家が、行儀良く並ぶ。道の左側には二階建ての真新しい県庁があり、奥に白い迎賓館がある。まっとうな宿泊施設はここしかないが、それでも夜となれば、無数の昆虫群との戦いの場になる。ヴィンフン県は、ドンタップムオイ大湿地帯の辺境も辺境、九〇年代半ばまで開拓地だったところだ。九〇年代半ばでも、面積七万六一〇〇ヘクタール、人口三万七〇〇〇人、人口密度四八人で、かすかすの県だ。

この荒くれた街が、大湿地帯の開拓前線だ。さらにここから小舟を雇って、カンボジア国境からわずか二キロのカインフン村に進む[*37]。両側は川から低い畦で遮られた、水田が広がる。やがて舟は高く築き上げられた赤土むき出しの土手に近づく。小さな桟橋の向こう、小さな家が、規則正しく草原の中に並んでいる。新デルタのタンアン市に近いカインハウ村の分村（ベトナム語では第二拠点《コーソーハイ》）、カインフン村の中心ゴーチャウマイだ（**写真15 カインフンの開拓移民の家々。一九九七年**）。

ゴーチャウマイ集落は、運河沿いに盛り土して作られた土地が、運河に平行に四列に区切られている。一区画は八〇平米から二二〇平米になる。すべて、ロンアンの建築士会が設計した計画によっているが、中央の市場付近を除けばまだまだ空き地が多い。移住民は現場で鉄材やトタンを組み合わせ、または伝統的な簡易な草小屋を自前で建てるので、区画が整然としている割には、雑然としている。近代教育を受けた専門の建築士の設計のためか、神社や寺のような伝統的な区画はまったく見られない。人民委員会、学校、市場、運動場などがまとまって配置されるだけで、祭礼や遊びの空間はない。元々人工の台地だから、樹木は極端に少ない。つまりは、どうしようもなく荒んだ空間が茫漠と広がる。六〇年代、タイのチャオプラヤーデルタの運河沿いの集落を観察した高谷好一は、運河沿いの開拓ムラには、寺や空き地がなく「幽霊」が出る空間がないことを嘆いた。ゴーチャウマイ集落の無機性は、幽霊どころか、人の「つどい」も許さない。国が「設計」して作り上げた人工のムラには、「生き物」としてのムラがない。

写真15

カインハウ村では八八年の土地法で、これまでの合作社管理の土地が旧所有者に返還されるとともに、新しい土地問題が発生した。大量の土地なし農民の出現である。ロンアン省は土地なし農民に、ドンタップムオイで造成された土地を分与し、定着を支援する政策をとった。かくて、ドイモイのもとで再び、政策的な移住が展開された。農民の土地所有の格差に苦しむカインハウ村は、まさにこの政策にのった。カインハウ村は、八八年から八九年にかけて三五〇人を送り出した。入植者は村の用意したバスでカインフン村に送られ、そこにあらかじめ用意された共同宿舎に仮住まいし、入植者名簿に

＊36　華人などが定着先の土地神をまつるときに地主、地公などと呼ぶ。
＊37　九〇年代の末、ヴィンフンから車で行く道ができた。

登録する。登録者には二〇〇〇～三〇〇〇平米の宅地、建設団の造成した一ヘクタールの水田を支給された。入植者は、まず割り当てられた宅地に、支給されたチャムの木、ニッパの葉を組み立てて仮小屋を建てる。（大野美紀子「ベトナム南部デルタにおけるフロンティア開発と国内移住政策の展開」岩井美佐紀編『ベトナムにおける南北デルタ農村の人口移動に関する社会学的考察』科学研究費研究成果報告書、二〇〇七年、一八ページ）。

しかし、実際には、宅地の支給が遅れて、しばらくは路傍に仮小屋を造らなければならないことも多く、水田の支給もしばしば接収されたり、また定着のための支給金も不安定をきわめた。結局、移住者は家族を母村カインハウ村に住まわせ、収穫時に米をかついで帰る例が多かった。さらに開拓生活に夢を失って、支給された土地を売ってホーチミン市などに再移住するものが続出した。

九〇年代前半はまだまだ、カインフン村は出稼ぎものの飯場のような、「溜まり」だった。その生活が、ヴィンフン県やカインフン村に、一種の憂鬱な荒《すさ》みを感じさせた。

メコンデルタの中の北部

この大辺境に、村を作ろうとするのは、メコンデルタであぶれた人々だけではない。この地には大量の北部の農民たちが、送られてきている。

カインフン村は五つの集落からできている。サイザン集落はカインフン村を東西に横切る運河に沿ってやや東の位置にある。九六年に最初に訪れたときには、積み上げられた土手の上の狭い平面に小さな草小屋が建ち並ぶだけで、樹木もなく、いささかの公共建築物もない兵営《バラック》のような集落だった。集落での催しや会合には、集まるところがないので、土手の下、運河の河川敷にテントを張るぐらいだ。小屋の中も竹製のベッドの脇に粗末な作業着、鍋釜が置かれているにすぎなかった。電気も水道も来ていない。

この集落の住民の多くは北部のハイフン省[*38]から移住してきた人々だ。一九八〇年代末、ベトナム政府は北部の水田農民をメコンデルタに移住させる計画を立てた。一九九〇年、北部のハイフン省の人々が初めてこの地に移ってきた。岩井美佐紀は九〇年代半ばから、この集落の社会調査を続けている。

サイザンのハイフンの人々は二〇〇四年で一六四家族中九六家族にのぼる。一九九〇年から三次にわたって入植した。北部の故郷では一人あたり四〇〇平米ほどしかない土地ももっていない。一九八〇年代後半に移住を考え、さまざまな候補地を検討したが、結局、ドンタップムオイに決めた。その理由はあまりに環境の違う山地ではなく、「水のある」地を選んだからだ。土地は家族あたり一・五ヘクタールもらえた。また家屋は政府が準備してすぐ入居できた。移住のための旅費はロンアン省やヴィンフン県が補助した。またロンアン省は最初の収穫まで六ヵ月の食糧を支給した。それでも、最初のころ、九〇年前半はひどかった。北部の零細規模の農法に慣れていた人々には、メコンデルタの粗放で大規模な開拓農法は難しかった。収穫のない年が何年も続いた。なによりも、北部にあったようなムラの中での親戚や近所つきあいがないのが寂しかった。一〇〇世帯入ったうち、半分くらいの世帯が逃げ出した。（岩井美佐紀「原野が『新しい故郷』に変わるとき――メコンデルタ開拓損への北部農民の集団移住・定着プロセス」岩井美佐紀編前掲書、三八－四二ページ）

私が訪問したサイザン集落はこの最悪の事情がやや好転しだしたときのことだ。やがて経営状況は次第に改善し、また国家銀行の融資が受けられるようになった。地価も次第に上がり、土地が資産として認められるように

＊38　ハイフン省は紅河デルタにあった省。一九九六年ハイズオン省とフンイエン省に分割された。

なった。さらに土地を拡大して、企業家として成功する農民も出てきた。

二〇〇〇年に入ると、開拓民の人々の生活にもゆとりが出てくる。このころにサイザン集落に入った大田昌一は、草小屋には違いないし、電気も水道もまだ来ていないが、ほとんどの家がバッテリーや自家用の発電機で電源を確保して、テレビやオーディオ機器を楽しみ、一部にはカセットのガスコンロを備える家も出てきたと報告している。（大田省一「ロンアン省の農村家屋」岩井美佐紀編、前掲書）

生活のゆとりは、とげとげしかった社会環境にも大きな変化を与えた。青年団や女性連合支部が作られ、営農資金の相互融通が始まった。二〇〇三年には北部のハイフン省出身者で同郷会が生まれ、二〇〇三年にはサイザン集落の規約[*39]が作られた。メコンデルタの大湿地のど真ん中に、ムラ社会が生まれつつある。人のきずなにも余裕が必要だ。

デルタの一等地

サイゴン丘陵の西

デルタの東方の端、東のドンナイ丘陵が食い入ったその末端丘陵に、現在のホーチミン市がある。ホーチミン市の繁華街、鉛筆ビルが両側に林立するフンヴォン通りから今度はデルタを西に走ってみる。ホーチミン市の西、八〇年代ならすぐ水田列が見えたものだが、この二〇年で市街化が著しく進んだ。今は建物に隠れて、まれに散らばる水田も、耕作の形跡がない。国道一号はまもなく東ヴァムコー川の橋を越える。サイゴン川はまだ東方のドンナイ丘陵から流出しているが、東ヴァムコー川は、これから一二〇キロばかり北のカンボジア国境の湿地帯を水源にしている。ものの一〇キロも進むと今度は西ヴァムコー川を渡る。これははるかに西、ドンタップ平原を水源としている。両ヴァムコー川は、この低地で大メアンダー（蛇行）を繰り返しながら、ここから二〇キロほど西で、合流し、ヴァムコー川口から南シナ海に流出する。

西ヴァムコー川を渡りきっても、家屋の列、工場の列が続く。ホーチミン市の拡大はとどまるところを知らない。ただ、次第に家ごとの間隔が開き、家の後ろに水田が広がっているのが見える。柑橘類などの果樹林も多い。両ヴァムコー川から西、後背湿地と沿岸低地に狭まれるように標高一〜二メートルの新デルタ[*40]が形成される。メコン本流とヴァムコー川が、この一万年ほどの間に、沖積を繰り返してできた海抜一メートル以上の平らな土地だ。メコンデルタの新デルタはロンアン省南部[*41]、ティエンザン省西半、ヴィンロン省、カントー中央直轄市と、ちょうどメコンの各分流をまたぐようにつないでいる。洪水期にも大部分が冠水せず、また塩分が含まれない沖積土壌からなるために、最も古くベト人の開拓の対象となった。

まもなくホーチミン市の中心から四〇キロ離れたタンアンの町に着く。タンアンはロンアン省の省都だが、ホーチミンの衛星都市化している。確かに外国投資は、メコンデルタ諸都市の中ではピカ一なのだが、それはどこまでもホーチミン市の延長であって、ロンアンの力ではない、だからあまり威厳のある町作りはできていない。普通の国道沿いのほこりくさい田舎町の感じだ。

ロンアン省――ホーチミン市に近い

ロンアン省の面積は四四九一平方キロ、人口一四一万三〇〇〇人、人口密度三一五人である。国道沿いの人家

＊39　一九九〇年代以来、北部の村落ではムラの規約である郷約《フオンウオック》作りが文化運動として盛んになった。
＊40　新デルタは、きわめて新しい時期に沖積された軟弱な重粘土質の標高一〜二メートルの平地である。
＊41　ロンアン省の北部、西北部はドンタップムオイの大湿地である。

の密集を見た目には、ちょっと少なすぎないのかと驚く。しかし、ロンアン省は、地域ごとの発展の程度が違いすぎる。ロンアン省は、大きく三つの部分からなる。

①タンアン市から西ヴァムコー川に沿って、ずっと、つまりカンボジア国境まで、ドンタップムオイ大湿原が続く。

②国道一号に沿って、新デルタが広がる。ここは、最も多角的で集約的な農業がなされている。

③国道一号の東側、東ヴァムコー川と西ヴァムコー川の合流点から東側には、ココナッツ、ニッパ椰子[42]、マングローブが生い茂る沿岸湿地が広がる。

ロンアン省では、最近まで、大湿原と沿岸湿地をほったらかして、新デルタの開拓だけが突出した。つまり、新デルタだけに極度な人口の集中がある。

ロンアンの売りは、なんといっても、わずか四〇キロでホーチミン市の中央部に出られることである。ロンアン省の新デルタ上は、いまや果樹林の宝庫と言っていい。特に国道一号の東、新デルタが沿岸湿地に崩れ落ち、砂丘列が複雑に食い込んでいるタムヴ（旧名チャウタインの方がとおりがいい）は、英語名ドラゴンフルーツ、ベトナムでは青龍《タインロン》[43]の栽培がさかんだ。タインロンは、サボテンの一種で真っ赤な鱗葉に包まれた白いシャーペット状の甘い果肉が名物だ。一九九四年ごろから北部に出荷され、一時はたいへんな人気があった。至るところ、砂質土壌の上に、タインロンの農園ができている。

同じ頃から、北部に限定されていた竜眼も、品種改良の結果、このあたりで植えられるようになった。ロンアン新デルタ農業は伝統的な稲作ではなく、ホーチミン市場をねらった果樹栽培に生きる道を探っている。

もちろん国道一号に沿った地域の工業化は着実に進んでいる。ロンアンの工業生産は二〇〇〇年には二兆ドンに過ぎなかったが、二〇〇五年には五兆ドンに急伸している。メコンデルタの中では、総額ではカントーに及ばず、第二位であるが、成長率は随一である。隣省のティエンザン省は大都市ミートーを抱えているのに、二〇〇五年にようやく二兆ドンに達したにすぎない。

その成長の原動力はやはり外国直接投資である。ロンアン省はメコンデルタの中では、図抜けている。一九九八～二〇〇五年の契約額総計では八億七〇〇〇万ドルを数え、メコンデルタへの総投資額の四四%を占めている。ロンアン省工業化での外資貢献は、たとえばほとんど外資が導入されないハウザン省の約四〇〇倍である。

国道一号だけではない。現在、計画中のトランスアジア高速道路に重なる国道二二号（ホーチミン―タイニン―プノンペン）に接続し、またホーチミン市中心部からわずかに一五キロのドゥックホアには、二〇〇二年に面積四八一ヘクタールの工業団地がベトナム資本によって造成されている。ホーチミン市に近い立地は、投資要因に決定的である。

カインハウ社調査

タンアンの町を出て、すぐ国道一号の西側に大きな楼門が見える。カインハウ社（村）への入り口である。新デルタの村、カインハウ社は、一九六五～六六年ごろ、ジェラルド・ヒッキーによって、ベトナムで最初の人類学的調査がなされた。さらに一九九五～九七年、私を含めた日本調査団によって再調査がなされた。

楼門をくぐり一〇〇メートルほど進むと、道が直角に右に曲がる。ここから中央の道をはさんで両側に二～三列の家が一号に平行して東西に建ち並ぶ。家並みの東西は、低い水田になっている。ジンという集落《アップ》である。

カインハウ社は元々二つの村落、四つの集落を行政的に統合したもので、あまりに広すぎて社会的なまとまりは薄い。実際の社会的な結集はアップを基礎としてなされる。家並みの西にはやや高い水田、畑列が続き、北二

＊42　海辺に生える葉茎の強靱な椰子。屋根材に用いられる。
＊43　サボテン科ヒモサボテン属のサンカクサボテンの果実。中米原産で、現在はベトナム、マレーシアなどで栽培される。

写真16

キロの西ヴァムコー川の自然堤防に連続している。ここには、ヴァムコー川の水門から引いた運河が走り、通年、給水が可能である。東は急に落ち込み、国道一号との間に細かく分けた水田列が続く。ここにも、西側からの運河が延長され、給水をしている。

家のたたずまいは、六〇年代では、まだまだ草屋根、竹網代の家が中心だったようだが、九〇年代にはほとんどの家が、煉瓦壁に白い漆喰を塗り、赤い瓦を乗せた平屋になった。見たところ北部の農村と大きな違いはない。

ただし、さすがに開拓時代のあとをとどめて、宗教関係は複雑だ。まず北部と同じように仏教徒が六〇%を占める。しかし、このほかにカオダイ教徒[*44]が二〇%、キリスト教徒が一〇%住んでいる。したがって宗教建築も寺院のほかに色鮮やかなカオダイ教寺院が二つあり、また華人の墓地が村内に二つある。一方、大通りの南端にある古いディン[*45]は既に廃墟になっている。北部と違ってムラの信仰は存在しない。

ホーチミン市に近いために、都市の事業に成功し、村内に鉄骨コンクリートの豪邸を建てた家も数軒ある（**写真16　農村の中の成功者は鉄条網で囲んだ大邸宅の中に住む。一九七九年カインハウ社**）。ベトナムに限らず、どこの社会でもいったん金持ちになると、まわりの社会から孤立する。孤立を求めるのか、孤立させられるのか。メコンデルタのムラも同じだ。成功者は庭に猛犬を放って、他の村人との関係を絶っている。

このあたりの開拓について、『嘉定城通志』（巻三、疆域志、定祥鎮、三四裏〜三五表）は、「この地は、（当時の開拓拠点だった）ビエンホアやサイゴンからあまりに遠く、急に法をもって統治することができないので、（朝廷は）民の便宜にしたがって、村を作り開墾することを許した」とする。

つまり、一七世紀末のサイゴン占領以来、ベト人の開拓農民たちが、国とはあまり関係なく、勝手に開墾を進めては、村を作っていった。ジン集落はカインハウ社の中では最も由緒がある。ジン集落のほぼ中央に、この村出身で、嘉隆帝のシャム亡命につきあい、大功臣となった阮黄徳《グエンフインドゥック》の立派な墓と廟がある。だから、ジン集落は少なくとも一八世紀末にさかのぼる。国道一号に並行する中央大通りは、村落内の道路としてはあまりに広いが、元々は、この道路がサイゴンとミートーを結ぶ官人道路《ルートゥマンダラン》＊46だったようだ。

ジンという名称も、クアンナム時代の軍営《ジン》から起こった名称らしい。

村の主産業は九〇年代中頃では、まだまだコメだった。一九九五年の訪問時では、カインハウ社全体で、一八一八世帯八六六六人が一〇二八ヘクタールに住む。うち八六％、一五五七世帯は六五七ヘクタールの水田に依拠した農家だ。七五年以前は一期作が主で、収量も一期に三トン程度であった。水田は七五年以降、西ヴァムコー川の水門・用水路が整備され、二期作化が進んだ。

一九七九年から、社会主義政府のもとで農業集団化が進み、カインハウの中に二合作社と五生産集団が成立した。この時期にポンプ場が整備され、乾季での用水が利用できるようになった。従来の一期作田を二期作田に、二期作田を三期作田にする試みが始まった。

八〇年代、農家の生産自主管理が一般化するとともに、農業生産が急上昇した。九〇年代に入って九五％以上の水田が三期作になり、収量は四ヘクタールあたり四・五～五トンに達した。低地を除くほとんどが湛水直播田

＊44　カオダイ教はホアハオ教と並ぶ南部に特徴的な新宗教の一つ。一九二六年にタイニン省でフランス政庁の官吏だったレ・ヴァン・チュンによって作られた（4章一七九ページ参照）。

＊45　ディン（亭）は、北部のベト人村落に顕著な、村落集会場であり、同時に村落の守護神タインホアン城隍神の霊位をおく鎮守でもある。

＊46　フランス時代以前に、既に北部から南部まで国土を縦断する道路があり、フランス人はルートゥマンダラン（官人道路）と呼んだ。現在の国道一号の原型である。

である。村には一〇戸の精米業者があり、村内で輸出基準に達した精米が可能である。

畑作はほとんどない。九七%の水田が三期とも水稲である。このムラの農業は水稲に特化している。

ただ、近年ココナッツ栽培が増えている。販売用のココナッツ農家は六軒ある。最大規模は、水田面積一万二〇〇〇平米を持つ富農で、ココナッツ畑面積は三〇〇〇平米ある。水田の生産性の約三倍にもなる。ヴ・スア《ミルクフルーツ》[*47]、空芯菜《ザウムオン》の栽培もある。

養豚は一般的だ。ある農家は一万平米の水田を耕し、コメ販売で一二七五万ドンを得ながら、三〇頭の豚を飼育して一二〇〇万ドンの収入を得ている。ただし、養豚はコメに比べると、小面積で利益が上がるために、水田を持たない農民が敷地の中で養豚し、一八〇〇万ドンもの収入をあげている例もある。ほかに一二〇〇羽のブロイラーの養鶏場も一つある。しかし、まだまだある規模以上の米作農家の副業であって、農家全体の多様化と言うにはほど遠い。

一九六〇年代はじめでは、ごく少数の地主に牛耳られ、「ベトコン」の活動に脅かされている村だった。その後、一九七三年の土地改革により[*48]、小農中心の村になった。一九七九年の集団化で、すべての水田が合作社や農業集団に集中し、村民全員で耕作された。一九八九年、集団農業制が廃止されると、集団の土地は七九年以前、つまり一九七三年段階に従って返された。

水田所有者で平均すると、一世帯では四〇〇〇平米弱、つまり四反そこそこの水田しかなく、狭隘とされる北部の農民とそれほど大きく違わない。それどころか、日本の農家が平均して一町歩、つまり一ヘクタールほどの土地を経営していることを考えれば、大メコンデルタとはいえ、新デルタ上の零細経営ははっきりしている。

ジン集落の悉皆調査をすると、最小の水田所有は一〇〇〇平米で、最大では二万五〇〇〇平米である。五三%は三〇〇〇~五〇〇〇平米に集中しており、その意味では核となる村民の均質性は高い。その一方で、二〇%以上が八〇〇〇平米の水田を持っており、村内格差が広がっている。

最も大きな問題は、一九八九年の土地返却の結果、集団化以前に土地なしだった三分の一、約三〇〇戸の農民が、土地を与えられなかったことである。メコンデルタ農村では、この土地なし農民問題が深刻化している。[*49] 村内の農業以外の職業は、非常に限られている。村内で店を出す機会は、キオスクを除けばほとんどない。若者に多いのは、賃労働である。ジン集落のほとんどの家は、賃労働者を抱えている。九五年の段階ではまだまだ賃労働者は多く、村内の農業労働を手伝うものが多かった。だからこの段階では、賃労働から得られる現金収入は知れていた。私たちの九五年の調査では、日給一万五〇〇〇ドン（一ドル弱）が最高であった。非農業収入はまだまだ農業収入を超えるものではない。

なお、ジン集落の土地に接して、国道一号に沿ってラヴィ La Vie[*50] の飲料水製造工場がある。しかし、ごくわずかの青年が雇用されているのを除けば、カインハウ社とはほぼ関係がない。[*51]

カインハウ調査では、多くの農民から、その生い立ちを聞いている。

カインハウ社の農民会の会長をしているＶＶＫ氏は一九四七年に、西のカントーで生まれた。両親はカントーで雑貨商をしていた。ＶＶＫ氏は、六人兄弟の三番目で、父親からは結婚のときにお金をもらっただけであ

＊47　*Chrysophyllum cainito.* 柿の一種で、黄色でまるい実をつける果肉は白く甘い。
＊48　南ベトナム政府のグエン・ヴァン・ティエウ政権末期に、アメリカの資金供与によってなされた大規模な土地改革。ＬＴＴＴ（Land to the tiller）作戦とも言う。現在のベトナム南部の土地所有構造は、この一九七三年改革を原点としている。
＊49　一九九四年にメコンデルタの土地なし農民は、一万二〇〇〇戸であったが、一九九八年には一三万五〇〇〇戸にふくれあがり、農家戸数の五・七％を占めた。土地なし農家は結局、農業労働者になることが多いが、労働力の一人あたり所得は月一六万ドン（一〇〇ドル強）にしかすぎなかった。土地なし農民は極端な貧困を強いられている。
＊50　現在、ベトナムで圧倒的なシェアを誇るミネラルウオーターの商品名。
＊51　ラヴィ工場での大野美紀子の聞き取りでは、労働者はほとんど人事関係者の個人的なコネクションで雇用されている。

る。七歳でムラの小学校に通い、中学は県の学校に通って、一六歳のときに九年制を修了した。一九歳のとき、徴兵され、南ベトナム軍に入隊し、下士官まで進んだ。一九七〇年、一九六八年から知り合っていた一九五二年生まれのカインハウの娘と結婚した。妻の父は三ヘクタールの土地もちだった。本人は軍隊にいたので、妻はそのまま両親のところにいた。一九七五年、南ベトナム軍がなくなったので妻のもとに帰農した。義父は夫婦のために敷地に家を建ててくれ、義父の農地を耕していた。一九七九年に合作社ができたとき、合作社の社員になった。八四～八八年には合作社の監察になり、さらに八四年からは農民会の集落支部長になった。一九八九年、合作社が解体したとき、既に義父は死んでいたが、返された土地を一〇人いた子供たちが均分相続した。彼は妻の取り分二八〇〇平米を得た。彼は九〇年に農民会の主席に選挙で選ばれ、農業改善に努力する。

（拙稿「ロンアン省タンアン市カインハウ社調査暫定報告」『メコン通信』三、一九九七年）

興味深いのは、彼はサイゴン傀儡軍の下士官であったにもかかわらず、社会主義下に農民の代表である農民会の幹部となり、合作社解体後ではその主席になっていることである。しかも彼はよそ者で、旧体制下の富農の婿である。かたくなな北部のムラでは考えにくい人事だ。現在の村落幹部である共産党員や、旧人民軍兵士との関係も決して悪くない。メコンデルタ社会の融通性を示す挿話だ。

彼は現在、四〇〇平米の自家用菜園とココナッツ畑を含む宅地に一〇〇平米の家を建てている。水田は二八〇〇平米しかないが、すべて三期作で、すべて新品種なので一季それぞれヘクタール籾五～六トン収穫できる。総生産量は四八〇〇キロで、うち、一〇〇〇キロを食べ、三八〇〇キロを売却する。ほかに養豚、アヒル、養鶏で現金収入を年三〇〇万ドン（二〇〇ドル弱）得る。（同書）

彼はわずか三反に満たない水田で、五トン近い籾を得ている。これは日本風には、反二五俵（日本では反一〇俵とれれば上田）とれる水田だ。米の売価が安くとも水稲を離れられない。メコンデルタの土地もち農民の豊かさは、まさに高収量で栽培期間を選ばない新品種の出現と、ポンプ灌漑で、新デルタでも、一年中、水の手当ができるようになったことである。

三人の子持ちで、長女は一九七〇年生まれ、高校（一二年）修了後、タンアンの工場で働いていたが、九三年にホーチミン（市）の工場に移った。通いで月四〇万ドンの収入のうちから一〇万ドンを家に入れている。一九七二年生の長男は、肩が悪いので両親を手伝っている。一九七三年生まれの次女は八年制を終えて、当時、タンアンのカシューナッツ加工工場に働いている。彼女も月二〇万ドンを家に入れている。一九七八年生まれの次男は、当時、高校（一二年制）就学中で、父親は大学進学を強く望んでいる。一九八二年生まれの三男はまだ中学生である。（同書）

娘たちを近代セクションで働かせ、息子たちを次代のために大学に行かせるという、いかにも男は外、女は内というベト人の考えに忠実な家庭だ。このために、体の悪い長男は別として、次男三男には八万ドンほどを学費と塾代にあてている。

土間式の、しかしこざっぱりした家の中には、立派な祭壇、木足の上に石の面を乗せた飾りテーブルや木製椅子、二台の洋服箪笥があり、ソニーのカラーテレビ、ラジオカセット、ミシンがある。軒にはホンダカブのバイクが置いてある。一三〇〇万ドン（九〇〇ドル位）でタンアンで買ったという。やっと黒白テレビが入り始めた当時の北部農村では考えられない耐久消費財の充実だった。もしもっと金があれば、大学の学費にあてたいという。

平均的な、充足した新デルタの農民の生活はこんなものだ。あと、水田が四〇〇〇平米を超し、余剰分が大きくなると、豚やココナッツなどより効果のある商品作物に手を出すことになる。

ミートー――「美少女」と呼ばれる街

カインハウ社を離れて南に一五キロ、ティエンザン（メコン本流）川に面するティエンザン省の省都ミートーの町に着く。ミートーは今でこそ、いわゆる「メコンツアー」の出発点として有名で、観光ガイドなどでは、カイベの水上マーケットでの果物売り舟やトイソン島などでのエコツアーを売りにしている。しかし、元々は、サイゴンよりはるかに盛んなメコンの河港都市だった。一六七九年、反清の華人グループが三〇〇〇人の兵と、戦船五〇艘を率いて、フエのクアンナム王国に投降してきた。フエの宮廷は、華人たちの軍事力をひどく恐れて、華人たちに遠い南の地への移住を命じた。この時、楊彦迪《ようげんてき》の一派が、ミートーに定着したことに始まる。『嘉定城通志』（巻三、疆域志、五表）は言う。

（この華人たちが）、荒野を開拓した。鋪市（マーケット）を構えて建て、商賈（商人たち）がさかんに往来する。唐人（華人）、西洋、日本、闍閭（マレー系）の商船（商船）が集まり、ベトナムにおける華人の風俗がようやく定着し、東浦（南部ベトナム）で蔚然《うつぜん》として（さかんに）暢《あき》らかになった。

つまり、南部ベトナムの華人の起源はミートーに始まるという。華人たちはミートーに半独立国を作り上げ、ティエンザン川を通じて、カンボジア、南シナ海の交易を独占しようとしていたらしいが、やがて内紛を起こし、一六八八年頃には、クアンナム王国に回収された。しかし、一九世紀に至ってもなおミートーは、デルタ商業の中心で、華人によって運営されるミートー大舗《ダイフォー》と呼ばれる大マーケットがあった。一九世紀中頃の『大南一統

志』（定祥省、市店）は、

ミートー市場。建興県（現在のミートー）にある。俗に大舗と名付けられる。瓦の家が緻密に広がり、家々の屋根は高く、神社は広く、寺は大きい。大川の舟は行き交い、マストの往来するさまは、織物の糸のごとくさかんである。

とその繁栄を賞賛している。そのゆえか、現在もミートー市内には、一八〇三年創建を誇る宝林古寺《チュアプーラム》などの古寺が多い。ミートー川沿いの遊歩道をはじめ、ミートーの町全体がなにか白く瀟洒な感じがする。この町を「美少女《コーガイデップ》」と自賛するのがなんとなく納得できるのは、この歴史の故だろう。

フランス時代、ミートーはメコンデルタの交通網の中心であった。ミートーは、まずティエンザン川／ミートー川を使って、メコン本流の物資を南シナ海に流すこともできるし、ミートー‐サイゴン運河を通じて、サイゴンに運ぶこともできる。ミートーより西のすべての都市が、ミートーを中継して初めてサイゴンと関係することができた。フランス時代のインドシナのガイドブック『ギッド・マドロール』は、ミートーを基点として、メコンデルタの各地を訪れる放射状ネットワークを描いている。

フェリーから近代橋に

「愛人／ラマン」（ジャン＝ジャック・アノー監督、一九九二年）では主人公のフランス人少女が、実家からサイゴンの学校に戻る途次、フェリー上で中国人青年と運命的な邂逅をする。彼女の実家はサデック（現在はドンタップ省）にあったという設定だから、あのフェリーはたぶんヴィンロンからティエンザン川を渡って、対岸のティエンザ

写真17

ン省に渡るフェリーだ。

デルタ陸運の最大の問題は、デルタの大都市がメコンの分流ごとに発展したために、相互に連接することが難しいことだ。それほどメコンデルタを東西に横断する旅は、南北に流れるメコン分流を渡るフェリーに次ぐフェリーの旅だった。

サイゴンを出た国道一号はティエンザン川を渡ってヴィンロンに渡り、ハウザン川を渡ってカントーに渡る。八〇年代、どのフェリーも古い水雷艇が両側から錆鉄板を抱え込んだような構造で、ものもらい、押し売り、スリが横行した。誰もフェリーに乗っている間、財布の入ったポケットをしっかりと押さえ続けたものだ。

今はこのフェリーに代わって、いかにも現代といった感じのミートゥアン橋が走る（**写真17 二〇〇四年のミートゥアン橋**）。ミートゥアン橋は、ヴィンロンの街の真北で、ティエンザン川を渡り、ホーチミン市に直結させる全長一五二五メートルの斜張橋だ[*52]。二〇〇〇年にオーストラリアの援助で竣工した[*53]。ミートゥアン橋は、ティエンザン川の西の諸都市、新デルタや自然堤防、海岸砂丘列地帯を、一挙にホーチミン市に向かって開放した。ただし、現在、国道一号は、ミートーの北を回り、ミートーを通過しなくなった。

しかし、前述のように二〇一〇年にはラックミエウ橋が、ミートーとベンチェを結んだ（1章二九ページ参照）。ミートーの後背地はもはや新デルタではない。ラックミエウ橋はこれまで孤立していたベンチェ省の沿岸湿地を、ミートー経由で一気にホーチミン市につなぐことができる。ミートーは、そのホーチミン市への距離の近さと豊富な労働力が期待される時代が来た。

ヴィンロン市――再び物流の中心に

ヴィンロン市は、面積一四七五平方キロ、人口一〇六万にすぎない小さなヴィンロン省の省都である。ヴィンロンの成立は古い。ベトナム側の記録では、一七三三年、クアンナム軍は初めてティエンザン川に面したカイベに達し、この地に龍湖営という軍事ポストを設営した。今のヴィンロンの目の前だ。一七五七年、カンボジア王国の王位継承にからんで、カンボジア王がハティエンの鄚《マク》氏のもとに亡命する事件が起こった。鄚とクアンナム王国の軍はこれを護衛してカンボジアに戻した。この時、メコンデルタのハウザン川より西の地が鄚氏の支配に、また東の地がクアンナムの支配地になった。ベト人の土地がティエンザン川の西に広がった。ティエンザン川の西岸サデックに東口道、さらにティエンザン川中の砂洲島クーラオジェン、現在の国道九四二号沿いに新洲道、ハウザン川のカンボジア国境の町チャウドックに朱篤道が設置された。前線拠点の竜湖営もティエンザン川を渡り、対岸のタムファオという地に移った。これがベト人のヴィンロン市の始まりである。

竜湖はその後、永清鎮《ヴィンタイン》と改名され、ハウザン川西方の地の中心となった。一八一三年に城が築かれ、その城内が現在のヴィンロン市の中心部となっている。『嘉定城通志』（巻三、疆域志、永清鎮、四一表）は、「この地はカンボジアをおさえ、二江の水運を管理し、田は肥え、畑は豊かである」として「嘉定城雄藩」と呼んでいる。

その形容通り、ヴィンロン市はフランス時代にはハウザン川、ティエンザン川の両川の間の地の物流のターミナルであり、カントーとサイゴンを結ぶ中継点として繁栄した。ベトナム文化の近代化に決定的な意味を持った

＊52　塔から斜めに張ったケーブルで橋桁をつなぎとめる構造を持った橋。我が国では横浜ベイブリッジ（柱間距離四六〇メートル）などが代表的な斜張橋だ。
＊53　ベトナムロードネットワークの近代化の象徴ともなっているベトナムの道路図はしばらくこのミートゥアン橋を表紙に置いていた。

チュオン・ヴィン・キーは、このヴィンロン生まれだ。[*54] しかし、ベトナム戦中、戦後、物流の衰退とともに、ヴィンロン市はなにもない街になった。本章冒頭で一九八六年のヴィンロン市でのうら悲しさを書いたが、それはこの閉塞期のベトナムだ。

ヴィンロン市の管轄するヴィンロン省は人口一〇五万、面積一四七五平方キロの小さな省で後背地も少ない。農業水産の生産はＧＤＰの五〇％をやや下回る。工業生産はわずかに一六・七％を占めるにすぎない。依然として主力は多様化された農業である。今でもミートーがどことなく典雅で、カントーがいかにも新興の荒々しさを持っているのに、ヴィンロンは、たゆたうメコンの脇にゆったりと腰を据えた牧歌的な街だ。

しかし、二〇〇〇年にミートゥアン橋、二〇一〇年にはカントー橋が竣工し、ついにメコンデルタの東西横断からフェリーが消えた。ヴィンロン市は再び、メコンデルタの交通の中心、西部デルタと東部デルタを結び、西部デルタの物流をサイゴンにつなぐターミナルになった。ヴィンロン市の発展は西部デルタの発展にかかっている。

カントー――米が作った町

ハウザン／バサック川の西、メコンデルタ最大の都市芹苴《カントー》中央直轄市がある。人口は周辺農村部を入れて一二〇万人ほど。今は近代的なビルがハウザン川に沿って林立している。カントーは東南に流れるハウザン川と西からハウザン川に流れ込むカントー川の合流点にできた街だ。元々はハウザン省の省都だったが、一九九一年にハウザンが二つに分かれ、カントー省とソクチャン省になった。カントーはカントー省の省都だったが、二〇〇四年、カントー省からカントー市が独立してカントー中央直轄市になり、残りがハウザン省になった。

カントー市全体は一三八九平方キロもあるが、街は五三平方キロとやや小ぶりだ。ここに七八万人ほどの人口が詰まっている。元々は、例のハティエンの鄚《マク》氏の最後の都鎮江《チャンザン》だが、遺跡はほとんどない。現在のカントー市は一九〇〇年、トランスバサックの開発の根拠として建設され、特に一九二〇年代に、西メコンデルタの米の集積地として発展した。現在もカントー川沿いに五〇〇〇トンクラスの船舶の接岸ができるニンキエウ波止場がある。その南、川沿いのハイバーチュン道路に沿って、ベトナム最大のホー・チ・ミン立像があたりをにらんでいる。ニンキエウには毎晩午後六時から朝四時まで、徹夜のナイトマーケットが開かれ、人気を博している。

ドイモイ以前のカントーはいかにも西部メコンデルタの開拓の拠点を思わせる、しかもその開拓の結果がうまくいかない、そんな雰囲気を持った野卑で汚い街だった。しかし、今のカントーは白色の近代ビルが建ち並ぶ清潔感さえ与える。この西部メコンデルタの物流の中心中の中心を求めてベトナム中のほとんどの銀行が小さくない支店を開いている。銀行発展の速度はハノイ、ホーチミン市に次ぐという。

カントーの農民たち

カントー省はその開拓史から言って、メコンデルタ地主制の本場である。一九三〇年代に仏領インドシナ全土の土地所有状況を網羅的に精査したイヴ・アンリという経済地理学者は、バサック川の西では特殊に地主制が発達していることを報告している。

カントーでは、高田洋子のグループが先進地域のオーモン県で聞き取りを繰り返している。オーモン県はカントー市からハウザン川右岸に沿って走る国道九一号に沿った、カントーから三〇キロほど。新デルタとハウザン

＊54　チュオン・ヴィン・キー（張永記。一八三七〜九八年）は、儒教知識人だが、フランス時代の初期にフランス語を学び、文学、教育の近代化に尽くす一方、最初のベトナム語新聞『嘉定報』の主筆となった。ヴィンロンの名士といえば、すぐこのチュオン・ヴィン・キーの名前が出るが、実は生地は現在はベンチェ省になっている。

川自然堤防が交わっている。その一つトイライ社は元々古いクメール人の村である。[*55] トイライ社は人口三万を超える巨大な行政組織で、中に一四の集落がある（**写真18 トイライ社**）。

一つの集落のクメール地主の履歴を見てみよう。

写真18

ＬＤ氏は一九四〇年生まれで、妻と八人の子供の一〇人家族である。元々この土地の人間だ。一九七五年以前にはベト人の農民はほとんどいなかった。父は七ヘクタールを持つ中規模の地主で、抗仏戦争中は（村にいると危ないので）トイライ本社に避難していたが、結局ベトミンに殺された。ＬＤ氏は一六歳から二二歳まで、一九五六年から一九六二年までトイライにあるプルマニヴォンサ寺院で修行していた。さらに、一九六八年から一九七〇年まではカンボジアに移住していた。しかし、ロン・ノルの時代になったので、[*56] 戻ってきた。ベトナム戦争中は、トイライに住んで、この集落に通ってきた（当時は、みなトイライかカントーに疎開していた）。またサイゴン政権側の保安隊長を三年間していた。解放後は、半年間政治教育キャンプに入っていたが、一九七七年には土地を返してもらった。現在は一・五ヘクタールを耕している。（高田洋子、今村宣勝「オーモン県トイライ村での聞き取り調査」『メコン通信四』一九九八年）

彼の家はどうも、ベトミンに狙われた地主の家だったようで、彼自身の行動も、民族解放運動とはほど遠い。まあ、父が幼い時に殺されているのだから、仕方がないと言えば仕方がないが。地主や村の指導者を暗殺するのは、抗仏戦争中も、また抗米戦争中も、解放側の常套手段だった。興味深いのは、彼は反共政権のつまりは「イヌ」であったにもかかわらず、一九七七年には土地を返してもらい、少なくとも表面的には差別なく、従来どおりの農民生活を営むことができ、また農業発展の成果を甘受していることである。

解放前は一期作しかできなかった。七九年から八〇年ごろにようやく二期作ができるようになった。一九八一年から三期作がはじまった。冬春作は一二月ごろポンプで水を入れ、一二月に直播し、三月に収穫する。そのあと田を燃やして、夏秋米を播く。ポンプで灌漑する。秋冬作は耕してから直播する。果物は栽培していない。(同書)

手間賃稼ぎに大工のまねごとをすることを除いては、稲作に集中した農家である。一九九五年にここに電気が通じた。すぐにテレビ、ラジカセ、扇風機が入った。一・五ヘクタールで三期作ができれば、それなりに豊かな生活がある。

教会の小作人

カントー周辺のような新開拓地は、キリスト教会が植民地政府から大規模な土地の譲渡を受け、信者に小作させていた。トイライ社のNVT氏は一九二八年生まれで、ここの教会の小作人である。

＊55　オーモンという地名も、モン川というクメール語から来ている。トイライ社には三つの集落にクメール人一七五戸が集住している。しかし、きわめて貧しく、一五〇世帯が貧困世帯である。トイライ社の中では土地なし、貧困農家が五％あるが、うち半分はクメール人であるという。

＊56　一九七〇年、クーデタによってシハヌーク元首を追放し、親米路線に転換したロン・ノルは、ベトナム人の大虐殺を始めた。当時、メコン川がベトナム人の死体で埋まったという。ベトナム出身の氏も危険を察して、カントーに戻ったのだろう。

キリスト教徒だった父は二〇歳のとき、ロンスエンとチャウドックの間のロングーから、ここに移ってきた。ここには教会の未耕地がまだあると聞いたからだ。タイさんはここで生まれた。父母は教会から一～二キロ離れたところに五ヘクタールの土地を借りて開拓し始めた。土が固いので水牛二頭牽きのスキで耕起した。高い土地にはサツマイモを植えた。一九四八年、本人は独立して家をもったが、このときも教会から五ヘクタールの土地を借りた。抗仏戦争のときは、フランス軍が教会を守っていた。教会周辺では昼と夜で異なる勢力が支配権を握っていた。本人はここから四〇キロのラックザー省に移り、親戚に土地を借りて農業をしていた。ゴ・ディン・ジエムの時代（一九五五～一九六三）は平和だった。一九六五年からは他に先駆けて二期作が導入された。グエン・ヴァン・ティエウの時代（一九六七～一九七五）に農業の近代化が進められた。機械耕作の導入によって直播が可能になり、鼠の害を避けるためのビニール張りなどの工夫がなされた。一九七一年には神農種が導入された。ティエウ時代に二・五ヘクタールの土地分配を受けた。ここの土地の人たちは多くが、この時代に土地を所有できるようになった。この時代でも教会の土地は一～二キロにわたって三八〇ヘクタール残った。本人の土地は教会の土地ではなく、近くの元地主の土地である。しかし、現政権の時代になり、一九七七年、農場の建設にともなって土地を接収され、ティエウ時代にもらった土地はなくなった。それで教会から五ヘクタールを借りて小作している。（同書。一部修正）

カントーの新開拓には、植民地政庁から広大な土地を譲渡された教会が大きな意味を持っていた。教会のネットワークで移住してきた人々が、教会の土地を借り、教徒の社会をつくって生きていたし、また現在も教会と深い関係にある。グエン・ヴァン・ティエウの土地改革では水田を所有することさえできた。一方、現社会主義政権は、むしろ貧乏人が苦労して手に入れた土地を接収し、再び教会の小作人におとしめたとして反発されている。

現地に行かなければわからないものだ。

カントーの工業化

しかし、カントーのこれまでの発展が農業物流の中心によっていることはまちがいない。メコンデルタ最大の都市カントーの工業化は、焦眉の急だ。カントーはメコンデルタで最も工業化が進んだ地域だ。ここにはカントー市内ビントゥイ区に二工業区、北のオーモン県に三工業区が動いている。現在、カントー市の関心はカントー最先端の工業技術のセンターにすることだ。カントーソフトウエアー工業技術センター《チュンタムコンゲファンメムカントー》、カントーソフトウエアーパーク（ＳＣＰ）建設の計画がある。

写真19

カントー現代化の誇りは一九六六年、ベトナム共和国によって建設され、以後とどまることなく発展してきたカントー大学だ。元々はメコンデルタを代表する農業大学だ。これに師範大学がくっついている。

七五年の革命以後、カントー大学を指導してきたのが、九州大学農学部で博士をとり、民衆に「米博士《ティエンシールア》」と呼ばれるヴォー・トン・スアン教授だ（元カントー大学副学長、前アンザン大学学長。アンザン省出身、一九四〇年〜）。七五年、解放軍兵士が乱入する中、冷静に実験室で実験を繰り返し、「圃場に軍靴で立ち入るな」と兵士を一喝した逸話は有名だ。私も一九八五年の初対面のとき、北ベトナムの農業を研究していると申しあげたら、突然、北ベトナムは米をやめて全面積イモにすべきだと言われ、仰天した記憶がある。小柄だが、言葉に枝葉をつけない。

スアン教授のもと、カントー大学は農業／教育大学から総合大学に生まれ変わる。現在では工学部、情報工学部、政治学部、自然科学部、社会人文学部、経済経営学部、法律学部、環境、自然資源学部、農業、応用生物学部、教育学部、水産学部からなる。ハノイ国家大学やホーチミン市国家大学に並ぶ巨大大学だ。カントー大学ソフトウエアー技術センターはベトナムのソフトウエアー開発の中心の一つだ。

二〇〇四年、政府はハウザン川への架橋を決めた。日本のODAが動員され。大成建設、鹿島建設、新日本製鐵が工事を請け負った。工事は当初、二〇〇八年完成予定だったが、二〇〇七年九月二六日、突然地上三〇メートルで橋が崩落した。この事故でベトナム人労働者五二人が死亡し、一四〇人が負傷した。支柱工事に問題があったなどの指摘があった、事故の根本原因はいまだに不明だ。日本の建設工事の海外展開で最大の事故となった。日本の信用へのダメージは測り知れない。しかし、翌年、グエン・タン・ズン首相は橋建設の再開を指令し、橋そのものは計画に二年遅れた二〇一〇年四月に竣工した。総工費三億四二〇〇万ドル、柱間距離五五〇メートル、橋長一〇一〇メートル、東南アジア最大の斜張橋である。かくて、北部国境のランソンから南の終点カマウまで国道一号[*57]全線からフェリーが消えた。メコンデルタの新しい時代はカントーから始まった（**写真19 カントー橋**）。

＊57　よくベトナム全土を表現する時にランソンからカマウまでと言い、一号の起点を示す石碑がカマウにあるが、実際には国道一号はカマウの南五二キロのナムカンから始まり、ランソンの北西一三キロのヒューギ（友好）口に至る。

3章 ホーチミン市

ビンタイン区
サイゴン大橋
サイゴン新港
ディンティエンホアン通り
グエンディンチエウ通り
歴史博物館
グエンビンキエム通り
フンブオン廟
植物鳥類園
ソフィテルプラザ
レズアン通り
ベトナム国家大学-ホーチミン市人文社会大学
トンドゥックタン通り
バソン港
サイゴン川
ダイアモンドプラザ
サイゴン大教会
中央郵便局
リートゥチョン通り
レタイントン通り
コンティネンタルホテル
市民劇場
カラベルホテル
2区
トンドゥックタン通り
ホーチミン人民委員会
ドンコイ通り
1区
レロイ通り
グエンフエ通り
マジェスティックホテル
サイゴン病院
ハムギ通り
税関
ホー・チ・ミン記念館
サイゴン港
4区
オンライン橋
ベンゲー港
東タントゥアン港
タントゥアン橋
運河
タントゥアン輸出加工区
7区

エンヴァンチョイ通り
ティーゲー川
ハイバーチュン通
ナムキーコイギア通り
3区
サイゴン駅
●日本総領
10区
ディエンビエンフー通り
グエンディンチェウ通り
グエンティミンカイ通り
ファングー
リータイトー通り
フートー競技場
11区
レホンフォン通り
レホンフォン高校
グエンヴァンチュー通り
フンヴォン通り
チャンフー通り
グエンチャイ通り
ベンチュオンスオ
5区（チョロン地区）
●関帝廟
天后宮
フンフン通り
フードンティエンヴォン通り
チャンフンダオ通り
チャータム教会
ホックラック通り
ハイトゥオンランオン通り
中央郵便局
6区
ビンタイ市場
タウフー運河
8区

写真1

写真2

東洋の小パリ

カティナぶら

ホーチミン市は七五年、ベトナム戦争が終結してから、この町に与えられた名前だ。もちろん、かのホー・チ・ミンにあやかって命名された。ホー・チ・ミン死去から四〇年近い。ホー・チ・ミンが人名であることを知らない日本人がいよいよ出てきた。

七五年以前はサイゴンと呼ばれた。フランス時代のはるか以前から、この名前で海外に知られていた。漢字では西貢、柴棍などと書く。この見事なフランス近代建築に溢れた町、いまだにサイゴンとした方がしっくりする。

最もおしゃれな通り、ドンコイ通りのブティックや手工芸店《ザッカー》[*1]はベトナム観光のハイライトで、いつでも若い日本人男女でにぎわっている。ところがドンコイ[*2]という七五年以降につけられた地名はどんくさくて、小粋な通りには似合わない。戦前生まれのサイゴンっ子はカティナ通りという旧名に固執する。フランス時代にはカティナテ、つまりカティナするというフランス語の動詞があった。これをもじってディーカティナテ（カティナ通りに散策に行く）という成語がある。「銀ぶら」といった感じか（**写真1 ドンコイ通りではリバティなどという、やや危険な名前のライブレストランが若い客を集めている**）。

サイゴンの月

サイゴンはおしゃれな町だ。町の色の基調は白色。白い壁、赤い屋根の上に緑の巨木列が影を作る。淡色のアオザイ姿の女性が白い帽子をかぶり、黒の長手袋を肘まではめ、やや斜にくねったスタイルでプジョーの自転車を乗り回すさまは、首都ハノイでは見られなかった。サイゴンっ子が、首都ハノイから来た人を田舎もの《ニャークエ》と軽い揶揄をもって呼ぶのもわかるような気がする。もっとも、最近はバイクに負けてそんな姿もさすがに減った。

一九四四年、サイゴン川下流のマングローブ林を抜けてサイゴンに上陸した小林二等兵は、この町に戦時下の夢の町を見ている。北部への転属の夜、小林は宿舎の庭でラワンの木陰にさす月の光をひとり楽しむ（**写真2 小林の宿舎は現在のレホンフォン高校〈旧リセ・ペトルス・キー〉と思われる。**[*3]**二〇〇七年**）。

サイゴンの土は赤いので、庭に白砂がまいてあるのは月の光を眺めるためであろうとわたくしは解釈した。ジャスミンや無憂樹[*4]の葉のあいだを通りぬけると、月の光はことに濃くなって、とろりと庭土の上に流れた。それは寂しい光ではなく、蠱惑的で秘密めいた光であった。

＊1　ザッカーはもともと日本語の雑貨から来ているが、雑貨にあたるものは、タップホアと言い、ザッカーはこぎれいでファッショナブルな手工芸品を言うらしい。

＊2　一九五九年末から一九六〇年にかけて起こった南中部の山地とベンチェなどメコンデルタでの同時蜂起を言う。ドンは同時、コイは蜂起の意味である

＊3　「愛人／ラマン」（ジャン＝ジャック・アノー監督、一九九二年）で、主人公の少女が通っている学校のロケ地がこのレホンフォン高校である。また彼女の寄宿舎とされたのが、トンドゥックタン通りの旧修道院の建物だ。

＊4　むうじゅ。*Saraca indica L.* 釈尊がこの木の下で生まれたとされる。マメ科の熱帯樹で赤っぽいオレンジ色の花萼が開く。アジアの寺院に多い。

（小林昇『私のなかのヴェトナム』未来社、一九六八年、八四ページ）

それほどに、戦時下の日本から漂着してきた小林二等兵には、サイゴンが夢の世界に見えた。ベトナム戦争中はほぼ一五年にわたって米兵の横行や爆弾テロの続発におびえ、戦後は大量の北部人を迎え、また九〇年代には市場経済の荒々しい洗礼を受けても、なおサイゴンはその優美さを失わない。

クメールの都、森の都

サイゴンの名前は、プレイ・ノコール、またはプレイ・コール（ベトナム在住のクメール人の語るクメール・クロム方言ではペイアンコーまたはペイコー）というクメール語の地名から来ている。プレイ・ノコールであるとすれば、都の森（森の都）という意味だし、プレイ・コールとすれば牛の森（一説にはカポックの森）[*5]という意味になる。

現在でも旧サイゴン市内の名物は、道に屋根をかけるように枝を広げる熱帯巨木の並木だ。往古、ホーチミン市の丘は熱帯樹で覆われていたことは想像にかたくない。チャムやマングローブ、ニッパのような中木、灌木の湿地林を抜けてきたクメール人には、よほど、サイゴンの森が印象的だったのだろう（**写真3 二〇世紀初頭のザディン郡役所。現ビンタイン区人民委員会**）。

ランドマーク・サイゴン

どこでもいいが、サイゴン川の岸辺から、サイゴンの中心にむかって延びるパストゥール通りやハイバーチュン、トンドゥックタン通りなど見通せば、長い坂が延々とつながっているのがわかる。

プレイ・ノコールつまりサイゴン／ホーチミン市は、東北のドンナイ丘陵の低い残丘と、その周囲に広がる低地からなっている。その丘は二つの交易ルートが交わる地である。第一は東南部のドンナイ丘陵、さらにその奥のチュオンソン山脈と南シナ海を結ぶドンナイ川下流の河川港であり、第二はカンボジア東部から現在のタイニンを抜けて南シナ海を結ぶサイゴン川の港である。つい先頃まで、ホーチミン市から下流は一面にココナッツ、マングローブとニッパの世界だった。サイゴンの丘陵はいわば海からの舟人にとって、最初のとりつきだった。

税関から始まる

写真3

ベト人と華人がサイゴンの町を作る前、クメール人の町の中心がどこにあったのかよくわからない。一九四〇年に、チャンフンダオ通りとレホンフォン通りが交わるあたり、今のチャンフンダオ病院の向かいの地で、バプオン様式[＊6]の仏像塑像や基壇の部分が発見されている。その西、チョロンでも神像の一部が出ている。いずれも現在の中心地から見れば、ずっと西南にかたより、今はベンゲー川と呼ばれるサイゴン‐ミートー連絡水路の北側河岸にある。一〇世紀頃には、小さな港街があったらしい。

カンボジアの史書が最初にサイゴン、プレイ・ノコールについて触れるのは、一六二三年にカンボジア王がベトナム（クアンナム王国の）王の王女と結婚し、その際、ベトナム側の要求で現在のプレイ・ノコールの地に商業拠点を建てた

＊5　パンヤ科の落葉広葉樹。木綿《きわた》。アオギリに似た高木で実から綿がとれる。
＊6　アンコール美術の様式の一つ。おおむね一一世紀頃の様式とされる。

ことに始まる。また別の年代記では、同じ一六二三年にベトナムの王がプレイ・ノコールとコンポンクロベイ（ベンゲー）にベト人官吏を置いて関税を徴収させたとある。このベトナム人の置いた税関は、現在のチャンディンスー通りの南端、旧サイゴン・フードセンターの南裏と推定されている。これも、ベンゲー運河に面した波止場のよりつきだ。つまり、サイゴンは丘の西南裾に横たわる河川網に沿って、都市化が始まった。現在はいかにも低湿地を埋め立てたという感じのごしゃごしゃとした地味な華人街がつまっている。[*7]

華人の街

サイグン

一八二一年、サイゴンを訪れたクロファードはおもしろいことを記述している。クロファードは、コーチシナの商業の中心はサイグン Saigun という街だと聞かされていた。ややこしいことだがクロファードがサイグンと呼ぶのは、現在のサイゴンのことではない。

その場所は、正確には三マイルほど隔たった二つの異なる街からできている。川の西側のピンゲには行政府と城がある。もう一つのサイグンと呼ばれる街は、ピンゲと直接つながっている小さな川に面している。サイグンは商業的中心であり、華人とそれ以外の商人たちの居住地である。サイグンの川は小舟しか通航できないため、より大きいジャンクはピンゲに停泊せざるを得ない。しかし、それは大きな問題ではなく、荷物は艀《はしけ》で簡単に運ばれる。

(John Crawfurd, *Journal of an Embassy to the Courts of Siam and Cochin China* (Oxford in Asia historical reprints), Oxford

University Press, p. 223)

ここでピンゲと言っているのは、今のサイゴン川畔ベンゲーのことだろう。ベンゲーとは水牛の河岸を意味する。[*8] もともとは、クメール時代の地名、クックルバイ（水牛の島）またはカンポンクルバイ（水牛の波止場）をベトナム語に訳したものだ。ベンゲーとはどこのことか。ベンゲーは、今はベンゲー運河のことだが、もともとはサイゴン川のことで、最近まで現在の第一区、つまりホーチミン市の中心でサイゴン川に面した部分をベンゲーと呼ぶことがあったようだ。クロファードはこの用法に従っている。

クロファードがサイグンと呼んだのは、このベンゲー運河の西、タウフー運河に沿った華人街チョロンのようだ。チョロンは大きな市場というベトナム語の普通名詞で、華人は「堤岸《タイゴン》」と呼ぶ。これはかつて、華人街チョロンこそが、サイゴンと呼ばれていたことの名残だ。

チョロン

ホーチミン市の観光名所ベンタイン市場前のバスターミナルから、チョロン（大きな市場の意味）行きのバスに乗り、まっすぐ東西道路チャンフンダオ通りを西に進み、二〇分くらいでチョロンに着く。バイク、自転車の群

＊7　一方、一八世紀、カンボジア王国は分裂状況にあり、王族の一人がベトナムの支援のもとにプレイ・ノコールに都して、カンボジアのウドンの正王と対立していた。その意味でプレイ・ノコールはカンボジアの第二の都だった。この時代のプレイ・ノコール王の宮殿は、ホーチミン市の西北、第一一区のフートー競技場の近くと推定されている。

＊8　ベンゲーは俗語で、漢文では牛津、牛渚などと書かれる。一九世紀の『大南一統志』（嘉定省、山川）の伝えるところによれば、昔、このあたりにはワニが多く、ほえまくっていた。その声が牛のほえるのによく似ていたために、この名がついたという。また一説には、当時森が深く、子供を見失った母水牛が、ゲーゴ、ゲーゴと呼んだからだという。開拓前のホーチミン市の環境を示しておもしろい。

写真4

写真5

れが喧噪をきわめるターミナルの前の道を左に進むと、チョロンの中心ビンタイ市場の時計塔の脇に出る。

ビンタイ市場の時計塔は、幅広い二階建ての玄関棟の上にかぶさり、塔の四面に時計を置く。建物は一九二八年に華人の豪商クアック・ダムの寄付でできた。重層の赤瓦で葺き、採光のために小屋根を乗せた屋根構造が特徴的だ。時計塔の屋根には、「両竜朝月《ルオンロンチャウグエット》」（二竜が月を奉ずる）の飾り彫刻が天にうそぶいている（**写真4 ビンタイ市場の象徴、中央時計塔。二〇〇九年**）。

二〇〇〇もの小商店が一つ屋根の下に集合している。十二分に観光化されたベンタイン市場と違って、まだまだ華人の街の中心市場としての風格を持っている。

ビンタイ市場から北東に進むと、天后廟[*9]や関帝廟を中心とした華人街らしい一角に出る。といっても観光化された「チャイナタウン」ではない。布問屋街や漢方薬、仏具屋などがそれぞれの小通りに集まっている。生きている華人街だ。町中には、華人の豪商だったクアック・ダムやフイ・ボン・ホア邸（現美術博物館）など、チョロンが最盛期だった一九二〇～三〇年代の建物が、まだまだそのままの形で残り、「愛人／ラマン」[*10]の華人世界を彷彿とさせる（**写真5 一九二〇年代のチョロン広東街、現在のチエウクアンフック通りでの中華民国慶祝祭**）（**写真6 チョロンの裏町。まだこんないかにも華人街という通りがチョロンにはある。二〇〇九年**）。

写真6

ベトナムの華人たち

東南アジアでは、商業を握る華人たちの活動がよく知られる。ベトナムも例外でない。しかし、ベトナムに限らず、華人またはチャイニーズの概念はまちまちだ。ベトナム語では華人をグイホアと呼ぶが、これには東南アジアに定着した父祖の子孫たち、いわゆる華裔を含める広い解釈から、中国政府のパスポート所有者つまり「中国人」に限定する狭い概念まである。

①ホア（華）。一般にはグイハン（漢人）、グイタウ（やや蔑称をこめた表現で、もともとは桟橋の人を意味するらしい）、グイカック（客人）[*11]などとも言う。ベトナム民族学の定義では、先祖または本人が南中国から移住してきた人々で、華語系言語を母語とし、華人の風俗を維持する。ベトナム全土に九〇万～一〇〇万人と推定され、全土に散在するが、特に南部の諸都市に多い。法的には、ベトナム国籍を取っている華人（Vietnamese of Chinese Origin）を指す。

②少数民族としての華人系ベトナム人。北部ベトナムの沿岸地帯の漁業を生業とする二〇〇〇人ほどの少数民族、ガイ人、あるいはサンジウ人[*12]。

＊9　一七六〇年竣工という。天后聖母が主神。天后は、もともと福建省の漁民の女性神信仰から始まり、南シナ海一帯で祀られる航海安全の神である。一九七〇年代末から八〇年代にかけて、華人の難民が大流出した時、航海の安全を祈ってここに祈願したと言われ、今でも旧難民の越僑の人々の参詣、寄進が続いている。

＊10　ラマンのロケ地の一部はチョロンのサータイ市場にある。

＊11　日本語の客とは違い、流寓の人、本来、この土地の人ではない人を指す。

③ミンフォン（明郷）。前植民地時代に南中国からベトナムに移住、定着し、多くがベト人の混血からなり、華人の風俗を維持し、華人としての華系伝承を持つが、「中国人」としてのアイデンティティを持たない人々。[*13] 名称はベトナムの華人の始祖が、一七世紀に清朝の支配を嫌ってベトナムに移住したとする伝承に由来する。法的な規定はない。

④グーバン（五班または五幇）。主に仏領時代に移住してきた華人およびその子孫。フランス時代、華人居住区は出身地別に五つの組織（福建幇、広東幇、海南幇、潮州幇、客家幇）に分けられていたことに由来する。法的な規定はない。

⑤ホアキエウ（華僑）。ホアキエウは、ベトナム在住華人一般に用いられることも多いが、法的には第二次大戦前後に渡来し、外国籍を持つ華人を指す（Chinese residents in Vietnam）。

華人とは以上のようなさまざまな中国出自の人々の総称だ。華人と中国人は同じではない。ところで、現在のチョロンの華人たちは、この分類では、第四のグーバンと、第五のホアキエウからなる。

華人弾圧

一九五六年、サイゴン政府のゴ・ディン・ジエム大統領[*14]は、悪名高い華僑国籍制限法令により、他国籍を持つ華人たちの業種を生産業一一種に制限し、ほとんどの商業から締め出した。しかし実際には、多くの華人たちは妻などベトナム籍を持つ身内に営業を肩代わりさせて、商売を続けた。さらに一九五九年には国籍法が施行され、華人たちのベトナム籍帰化が容易になった。この結果、当時南ベトナムに在住していた中国籍を持った華人つまり華僑五〇万人が一〇万人まで激減し、多くは「華系ベトナム人」になった。

この国籍法は、南部の華人たちの反発を買った。それはそうだろう。サイゴンという都市、チョロンという街は、そうした国籍をはずれた人々によって発展してきた町だ。中国籍があるから国際的な華人のネットワークに参加でき、ベトナムに在住するからベトナム国内のネットワークに参加できる。華人の商業上の優越さは、その二重性にある。国籍法はサイゴンの街そのものの否定だ。だからベトナム戦争時期には、解放戦線綱領は数次にわたって華僑の国籍選択の自由をうたった。その結果、少なくない華僑勢力が解放戦線のシンパになった。

問題はそのあとだ。一九七五年、南部が解放されると、ベトナム共産党は南部経済の社会主義化を進める。一九七八年、私営企業への大統制が始まり、組合経営や集団化が進められる。南部の私営企業、資本主義セクターは華人によって担われている。企業への統制、資本家への弾圧は、そのまま華人への弾圧だ。しかも新しい政府と旧政府との共通点は闇雲な民族主義経済への思いだ。華人が南部ベトナム経済を牛耳るのはよくない。悪徳華人は丸裸にしなければいけない。こうして七八年から弾圧を避けた多くの華人が、難民として海に出る。ただし中国政府は、ベトナム政府の社会主義化としてはとらえず、華人弾圧としてとらえる。一九七九年に始まる第三次インドシナ戦争、中越戦争の一つの原因がある。いずれにせよ、民族主義と東南アジア華人はどこでも相性が悪い。

＊12　一九八八年にベトナム難民をよそおった中国人が日本に渡来した事件があったが、彼らはこのサンジウ人であったという。

＊13　華裔《ホアビン》という言葉もある。これは華人を先祖とするベトナム人を指す。ベト人の中には、遠い先祖が中国から渡来したとする伝承を持つ一族が多い。中でも陳氏、莫氏などは王朝建設者でもある。しかし、華語、華風を失っている場合は、華裔には含めない。

＊14　ゴ・ディン・ジエム（一九〇一～六三年）。ベトナム共和国初代大統領（一九五五～六三年）。フエのクリスチャン貴族の家に生まれ、一九三三年にはバオダイ帝の改革に参加するが、日本統治にはホー・チ・ミン政府に協力せず、アメリカに亡命し、ケネディ兄弟らと親交を結ぶ。一九五四年、アメリカの後押しで、バオダイ政府の首相に就任し、一九五五年からベトナム共和国大統領。反共、カソリック養護政策を推し進め、一九六三年、陸軍のクーデタにより処刑される。

サイゴン華人の始まり

南部の華人たちの起こりは一七世紀に始まる。この世紀、中国の混乱を避けて多くの華人がベトナムの地に来た。中部の国際港ホイアンに在住した華人たちは明香社《ミンフオン》を作った。これからベトナムに移住した華人の末裔を明郷《ミンフオン》と呼ぶようになったという。一七世紀にはもう既に多数のミンフオンたちがこのプレイ・ノコールに居住していたにちがいない。だからこそ、早くも一七世紀のはじめに、クアンナム王国の税関がここに置かれた。

一六七九年、南部ベトナムの華人史上、最大の事件が起こる。旧明朝の提督を名乗る楊彦迪《ようげんてき》や副将の黄進が、三〇〇〇人の兵と五〇艘の軍船を率いて、フエのクアンナム王国に投降してきた（九六ページ参照）。クアンナムの国王は、この兵力をおそれて南部の開拓にあてようとした。この時、広西の竜門の兵はミートーに移住し、広東の兵は今のビエンホアの地に定着した。[*15]

ドンナイ川水系のビエンホアと、メコン水系のミートーを結ぶのがホーチミン市だ。ベンゲー運河は、華人の二大中心を結ぶ最重要のルートだ。フランス時代、ベンゲー運河は華人の掘り割り《アロヨドゥシノワ》と呼ばれていた。

一六九八年、サイゴンはクアンナム王国の嘉定府新平《タンビン》県に編成される。この時、ベンゲー河岸に在住していた華人たちは明郷《ミンフオン》社にまとめられ、初めてクアンナム王国の戸籍に編入された。この明郷社が、華人都市としての「サイゴン」の始まりだ。

チョロンの始まり

一八世紀後半、ベトナム社会は大きく揺らぐ。タイソン革命と言われる中部（現在のビンディン省）に起こった大反乱だ。タイソンの反乱の性格はわかりづらいし、諸説があるが、あまり国際性はなかったようで、カンボジアもラオスのルアンパバーン王国も、中国も、そしてフランスも、タイソンの反乱には敵対した。中でも華人との折り合いはうまくない。一八世紀末、タイソン勢力がクアンナム王を追って南部に入ると、最もこれに抵抗したのはビエンホアの華人たちだった。タイソンのビエンホア侵入とともに、大量の華人がサイゴンに下り、チョロンの地に集まった。これがチョロンの始まりだという。その説の真偽はともかく、一九世紀の中頃までに、チョロンは巨大な商業都市に発展していた。

『大南一統志』（嘉定省、市店）は、

柴棍《サイゴン》市場は、平陽《ビンズオン》県の中心から官道を一二里ばかり進んだ道の左右にある。中心の街路がこれと直角に交わり、裾は河に接する三つの街路を貫いている。計四つの街路は互いに道路で連絡し、全体で田字状になっている。華人とベト人が雑居している。長さは三里ばかり連なり、百貨が南北の河を通じてすべて集まり、ないものはない。中心街路の北に関公祠と三会館（福建、広東、潮州）があり、左右に分かれている。中心街路の西には天后祠がある。その西には温陵会館、南には璋州会館がある。…これは熱気をはらんだ都市で、一大マーケットとなっている。

として、その繁栄を記している。東西に走る官道というのは、現在のグエンチャイ通りだろう。グエンチャイ通りを西に一二里（一里はほぼ五〇〇メートル）、つまり六キロ行ったところに、繁華街がある。中央のグエンチャ

＊15　東南アジアの諸都市には、どこでも華人・華僑が集住していることはよく知られる。それぞれの国によって卓越する華人グループが違う。たとえばタイでは潮州人が多いし、マレーシアでは福建人が多い。ベトナムの華人は圧倒的に広東人が多い。北部の華人に広東人が多いのは、地理的に近いからだ。はるかに隔たった南部ベトナムで広東人が優勢なのは、一七世紀～一八世紀のハティエンの鄚《マク》氏、またこの船団の将兵の多くが広東人であったことと関係する。

イ通り沿いを大街（大通り）とし、これに南北の道が三本交わっている。三本とも南の端は川岸に出ている。大通りの入り口の北側には関公祠が祀られている。関公祠は今の関帝廟のことだろう。関帝廟の東隣、南北に走るフードンティエンヴォン通りがチョロンの東境のようだ。フードンティエンヴォン通りは南でハイトゥオンランオン通りにぶつかる。一九世紀には、まだこの通りは川だったのだろう。グエンチャイ通りに戻って西に進むと、現在でも華人の会館ハイチュオン会館と天后宮が並ぶ。第二の南北通りは、天后宮の先、漢方薬屋がひしめくフンフン通りのようだ。最後の南北通りはおそらく、現在のチャータム教会の前の通り、ホックラック通りだろう。

今のチョロンの中心ビンタイ市場から見るとずいぶん東北にずれている。ビンタイ市場は二〇世紀はじめには河岸の湿地で、水田だった。

米

過去二世紀、また現在もベンゲー河岸に群がった華人たちの商品の主力は、なんといっても籾だ。開拓されたばかりの新デルタの米は、古い横断運河を通じてベンゲー川に運ばれ、海外に運ばれた。

前述のように、メコンデルタの米生産はフランス時代になってから急な発展を示す。新デルタの地主たちは、小作米として集めた籾を、主に華人の籾採集人に軒先で売り渡す。籾採集人は運河の船を持つ仲介人に籾を売り渡し、仲介人はこれをチョロンなど大都市の籾商まで運ぶ。籾商はこれを華人やフランス人の精米業者に売り渡し、精米業者はさらに主にフランス人の輸出入業者に渡した。精米業者と輸出入業者が同じ場合も多い。なるほど、ベトナム民族主義者が華人に敵意を燃やしたのもわからないではない。

かつては、ベンゲー川の北岸に沿ったベンチュオンズオン通りを歩くと、フランス時代に建てられた無数の精米工場を見ることができた。外見は真っ白な漆喰を多用し、黄色い装飾をほどこした、大げさに言えばロココの宮殿のように美しい。中では最新式の精米機械が、半裸の華人系の労働者の中で、華やかなうなりをあげていた。今はその多くが取り壊されて、ビル街に生まれ変わろうとしている。

二〇世紀初頭には、今のグエンタイホック通りの入り口、ベンゲー運河のオンライン橋のたもとに、日本人娼婦《ガイニュットボン》のたまりがあった。彼女たちは行列して客を待っていた。しかし、第一次大戦が始まると、彼女たちは「桜の島」に帰り、二度とサイゴンに戻ってこなかった。東南アジアの大きな街なら、こうしたからゆきさんの話が伝えられている。ホーチミン市も例外ではない。

豪商クアック・ダム

クアック・ダムはビンタイ市場を建てた豪商で知られる。その大邸宅は天后廟の南、タウフー運河に黄色三層の巨体を映している。クアック・ダムの一代記は、サイゴン華僑の成功者を象徴している。

クアック・ダムは果物、水牛の皮、魚の浮き袋《ボンボンカー》などを天秤に乗せて売る、しがない商売人だった。ある日の午後、ダムはいつものように、街角で商品を背に寝ていると、米の運びやのクーリーがクアック・ダムの手荷物をひっかけて持っていってしまった。その袋の中には大事な人頭税支払い証明書があったので、ダムは結局、そのクーリーから五スーを支払って買い戻さなければならなかった。しかし、クアック・ダムは少しもこれを恨むことなく、のちにこのクーリーに再会した時には、慇懃にふるまい、ついに彼を米担ぎクーリーの監督にした。まことに韓信のような人柄であった。彼は聡明で、誰よりも商売に敏捷であった。このために、彼はたちまち金持ちになった。クアック・ダムは毎日、昼も夜もアヘンを吸い、電灯が消えることがなかった。彼はコーチシナ知事を含む大官の誰とでも交渉した。誰も持ってない高級なコニャックをたしなんだが、しかし、へりくだった親身の態度で人に接した。ダムはビンタイの水田を買い上げた。買収が終わると、ダムは水田を都市住民の宅地にすることを思いついた。

(Vương Hồng Sển, *Sài Gòn năm xưa*, Khai Trí, 1960, p. 268. 一部改変)

クアック・ダムの商店は「通協《トンヒエップ》」という商号で、本店はゴードー河岸通り、現在のハイトゥオンランオン通りにあった。しかし、当時はまだ運河があって埋め立てられていなかった。伝説では、この商号は、クアック・ダムが開店する時にある中国人の儒者がくれた聯「通商山海。協貫乾坤」から来ているという。これはベトナムの山の幸、水牛の皮と、東シナ海の幸、魚の浮き袋を結ぶという意味である。

二〇世紀はじめのチョロンの市場は、前述のように中央郵便局の位置にあったが、狭小で、とても発展するサイゴンの需要を満たすものではなかった。誰しもが、市場を拡大する必要を感じていた。クアック・ダムは、サイゴンの地主からチョロンの西のはずれの水田を購入し、鉄筋コンクリートの市場を建てた。現在のビンタイ市場である。

この時、ダムは知事の許可を得て、市場に自分の銅像を置かせた。この銅像は清朝の官服を着用し、小さな丸笠をかぶっている。手には地図を持っている（**写真7 クアック・ダムの銅像礎石。二〇〇七年**）。[*16] 市場が建設されると、ダムは市場の周囲に、二層、三層の商業ビルを建てた。現在のチョロン市場正面のファサードはこの時に決まった。

その一年後、クアック・ダムはメコンデルタ一帯に米の買い付けを行ない、チョロンの倉庫に入りきれないほど蓄えて、シンガポールへの出荷を待った。しかし、シンガポールの米相場は大暴落し、クアック・ダムは大損害を受けた。クアック・ダムはいつものように平静だった。しかも配下には引き続きメコンデルタの米を買うように指示した。価格は据え置かれた。このために農民たちは以前のようにクアック・ダムにだけ米を売った、一方、クアック・ダムは密書をシンガポールの代理に送り、米価がまもなく急騰するというデマ情報を送るように指示した。偽情報を信じた米商人は争って、クアック・ダムのところに集まってきた。しかし、誰もこれがクアック・ダムの謀略であるとは気づかなかった。各商人が争って米を買ったので、米価格が暴騰した。クアック・ダムはアヘンを吸いながら、部下に命じて米を売り尽くさせた。米を売り終わる頃には、クアック・ダムの謀略がばれてきた。結果的に米商人はクアック・ダムの損害を分け合ったことになった。クアック・ダムは寝ながら、アヘンを吸いながら、ほくそえみながら、「借矢の計」をなした。クアック・ダムの戦略は孔明のようだ。クアック・ダムは機略を多く用いた。しかし、誰にでも親密だった。ある時、サトウキビ運輸組合の会員でクアック・ダムにサトウキビを納入しているものが、クアック・ダムの吸煙の間、座って待たされていたが、しかし、その態度は総督に会う時よりもさらに丁寧だった。(*ibid*, pp. 269–270.)

写真7

クアック・ダムはたいへんな金持ちになり、商人たちがインドシナ銀行から融資される時の保証人を多く引き受けた。大恐慌の年、多くの商人は負債を返すことができなかった。クアック・ダムの家も一緒に倒壊した。破産したとき、クアック・ダムは保証した商人たちを責めなかった。クアック・ダムはただ誰かが家の前の運河を埋め立てたことにだけ恨みを言った。それは風水を壊すからである。

*16　この銅像は失われたらしいが、礎石は現在、市場の中庭にあり、銅像の写真コピーが貼ってある。

クアック・ダムの伝説には、アヘンを吸いながら、原始的な謀略を繰り返して巨富を手に入れ、しかも清朝の官服にあこがれ、コーチシナのフランス人たちと対等につきあっていることを仲間に誇示し、そして最後は風水を気にしながら死ぬという、いかにも一九世紀と二〇世紀を結ぶ大華僑の姿がしのばれる。

ベトナム人のサイゴン

ザディン府

ベト人たちのホーチミン市への進出は、こうした華人たちの発展とは別の系譜だ。一七世紀を通じて、ベト人たちのこの地域への開拓が進んだ。クアンナムの軍隊は、しばしばプレイ・ノコールの王をかついで、ティエンザン川をさかのぼってカンボジアに侵攻した。次第にティエンザン川以東の地は、ベト人の人口が増え、またベト人による実質的な政治支配が始まっていた。

一六九八年、ドンナイ地方（ティエンザン川以東の地の総称）の行政区分が確定した。つまり、ドンナイ地方全体は嘉定《ザディン》府とされ、「柴棍《サイゴン》処」は新平《タンビン》県となり、藩鎮《フィエンチャン》営という軍営が設置された。ベトナムでは、この年をホーチミン市の建設開始とする。一九九八年には、ホーチミン市で建市三〇〇年の式典が華々しく執り行なわれた。

この時クアンナム王国の南部全体を指す地名ザディン府の府城が、ホーチミン市に作られた。このザディン府の中心はザディン城と呼ばれ、ホーチミン市の最も高い丘陵部（サイゴン丘陵）の上に置かれた。しかし、どこに役所や城が置かれたのかわからない。

一七八七年、ようよう亡命先のバンコクからメコンデルタに帰国したグエン・フック・アイン（後の嘉隆帝）は、一七八九年から一八〇二年に王都をフエに移すまでの一三年間、サイゴンを都としていた。

グエン・フック・アインは一七九〇年、サイゴンの高みに八卦城《バットクアイ》を建築した。バットクアイ城は八角形の城で八枚の蓮弁の形をしていた。バットクアイ城の位置は、現在のディンティエンホアン通り、ナムキーコイギア通り、レタイントン通り、グエンディンチエウ通りに囲まれる地域で、サイゴン大教会やホーチミン市郵便局を中心に、南はホーチミン市人民委員会、東はベトナム国家大学―ホーチミン市人文社会大学などが含まれる。主殿は現在のナムキーコイギア通りとレズアン通りが交わるあたりにあった。またハノイやフエのシンボルとなっている旗台《キーダイ》は、リートゥチョン通りとハイバーチュン通りの交わるところ、第二児童病院[*17]の西側あたりにあったという（**図1 サイゴン丘陵の地図**）。

つまり、ホーチミン旧市内の道路は、ほとんど、この八卦城の構造線に沿ってひかれている。ただし、サイゴン丘陵の下では、現在のレタイントン通りやリートゥチョン通りの東南では、もう道はほとんどなく、現在のハムギ通りも、グエンフエ通りもみな掘割りがサイゴン丘陵の下まで入っていた。

王都がフエに移ったあと、南部は嘉定総鎮と呼ばれ、将軍黎文悦《レヴァンズエット》が王の代理として、南部全域を治めた。

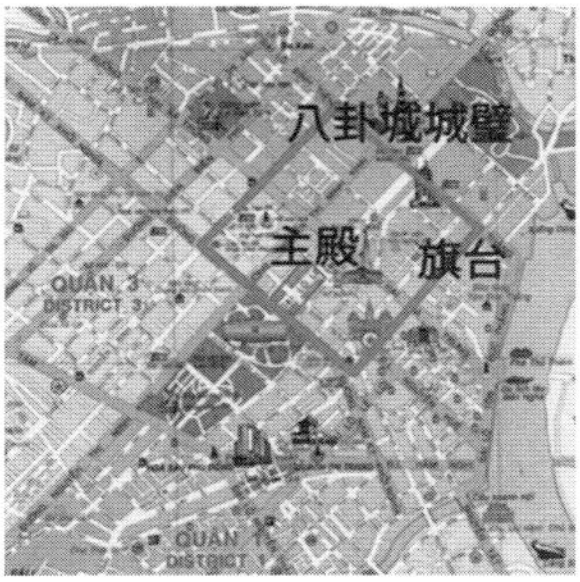

図1

レ・ヴァン・ズエットは実際上の副王として、西欧諸国との外交まで取り仕切った。クリスチャンにも理解を持っていたと言われる。一八二二年にクロファードが訪れたのはこの城であり、彼がサイゴンの総督としたのはこのズエットである。

＊17　旧グラル病院。リートゥチョン通りの北側にある。フランス軍が占領後早期に作った古く美しい建築。広い庭と鋳鉄のベランダを持った白い二階建て建築の調和が美しい。

国際都市

ホーチミン市はドンナイ丘陵や中部高原など広大な中部の山地と、メコンデルタ、南シナ海の三つの世界を一つに結ぶ要地だ。だから一七世紀以来、華人の定着が続いた。マレー人や日本人も集まっていたらしい。一八世紀末のアドラン司教ピニョー・ドゥ・ベーヌ（1章二九ページ参照）の活躍以来、宣教師をはじめ欧人の定着、渡来も多かった。クロファードは、サイゴンの城内でポルトガル語を操るアントニオという青年、博物学者で医者であるムッシュー・ディアールというフランス人に会っている。この国際的な社会サイゴンを主宰したのが、レ・ヴァン・ズエットである。ズエットは死後、墓[18]が民衆の信仰対象となった。ズエットは商業都市サイゴンの守護神だ。

しかし、第二代皇帝明命《ミンマン》帝[19]は、ズエットの死後（一八三二年）、嘉定総鎮を廃して、六省に分割し、フエの直接支配に移した。サイゴンは移民と国際商業の地から、初めて統一ベトナム王国の一地方都市になった。ズエットの養子レ・ヴァン・コイは、クリスチャンの支援を受けて、この中央集権化政策に反対し、八卦城に三年立て籠もってフエの軍隊に抵抗した。一八三五年、八卦城は落城した。この時、八卦城はすべて打ち壊された。新しくグエンズー、グエンディンチェウ、グエンビンキエム、マクディンチー各通りに囲まれた地域に、小規模なヴォーバン式（6章三一六ページ参照）の城郭、鳳城《フオンタイン》が建てられた（**写真8　一九世紀半ばのサイゴン城**）。

フランス人のサイゴン

コーチシナ

ミンマン帝以降、ベトナムと欧米との関係は、キリスト教弾圧の問題をめぐって険悪になっていった。ミンマン帝の死後、これを継いだ紹治帝《ティエウチ》（在位一八四〇～四七年）の時には、フランス海軍がダナンを砲撃する事件が起こった。次帝の嗣徳帝《トゥドゥック》（在位一八四八～八三年）は、キリスト教弾圧を強め、これを理由に一八五六年、フランスはダナンに上陸して砲台を占拠、破壊した。一八五八年、スペインの宣教師二名の処刑を理由に、フランス・スペイン連合軍はダナンを占領し、さらに王都フエに迫った。

写真8

しかし、フエ側の防戦と、折からの悪疫の流行で、軍司令官リゴール・ドゥ・ジェヌイはフエを撤退して、代わりにその目標を南部の中心、サイゴン攻撃に切り替えた。五九年にはサイゴンが陥落したが、ベトナム軍は北東から圧力を加えてサイゴンを包囲し、フランス軍の苦戦が続いた。しかし、一八六一年、第二アヘン戦争[*20]が終了し、シャルネ提督が中国戦線から援軍を率いてサイゴンに来着したために、ベトナム軍は破れて撤退し、フランスは、東はビエンホア、西はヴィンロンを占領した。

一八六二年、第一次サイゴン条約によって、ベトナム政府は正式に、ザディン、ビエンホア、ミートー（ハウザン川以東のすべての省）を割譲した。一八六七

＊18　ホーチミンの北東、ビンタイン区、現在のディンティエンホアン通りがファンダンルー通りにぶつかる三叉路にある。美術大学の東に位置する。

＊19　ベトナム語ではMinh Menh（ミンメイン）だが、中国語読みのミンマンが一般的。在位一八二〇～四〇年。先代のザーロン帝の地方分権政策を改めて全国を省、県に統一した。グエン朝の盛時を代表する皇帝である。しかし、カンボジアをめぐってシャムと長期の戦争を戦い、国内では多数の反乱が勃発した。

＊20　アロー号戦争とも言う。一八五六年から六〇年、イギリス・フランス連合軍による中国侵略戦争。この敗北により、中国は揚子江の自由航行やキリスト教の布教の自由を認めさせられた。

年、新提督ドゥ・ラ・グランディエールは、ハウザン川以西の三省（チャウドック、ハティエン、ヴィンロン各省）を占領し、六省を併せてフランスの直轄植民地コーチシナを成立させた。

サイゴン

フランスは、一八六二年、鳳城を徹底的に破壊して、更地にしてしまった。フランスはサイゴン旧勢力の象徴であるこの更地に、フランスの権威そのものを持ちこんだ。それが植民地建築である。東南アジアの植民地都市のどこへ行っても、本国よりも美しい建築群に会うことができる。それは、植民地文明という権威を庶民に示す、最もすばらしいシンボルだった。サイゴンは、旧市街が延々と残るハノイと違って、更地を前提として作りあげた、最も典型的な植民地都市だ。フランスはまず、ベンゲーとかザディンとか言われていた街を、故意か間違ってか、当時、国際的に有名だったサイゴンと呼んだ。確かに、ベンゲー占領ではニュースにならないが、サイゴン占領だったらわかる人にはわかる。これまでの「サイゴン」を、当時庶民が一般的に呼んでいた「大きな市場」、チョロンと呼び替えた。こうして近代のサイゴンとチョロンの使い分けができた。ただ、チョロンつまり旧「柴棍《サイゴン》」の華人たちは自分たちの街を広東語で堤岸《タイゴン》と記し、フランス人の新しいサイゴンを西貢《サイゴン》と書いた。誰が考え出した当て字なのか、「西」はフランスの意味だ。「貢」は貢ぎ物だ。いかにもフランスに割譲された街という皮肉が伝わる。

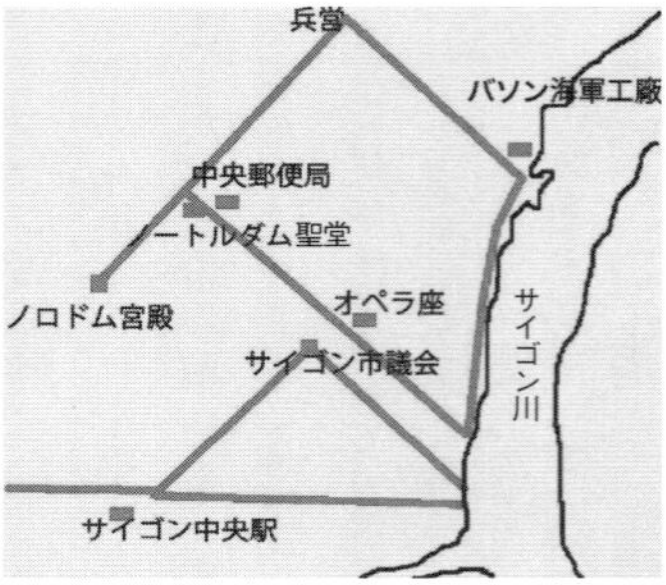

図2

ベトナム建築史の権威、大田省一によれば、フランスの街作りの特徴は、大通り《ブールバール》の正面に記念碑的な建物を建てることだ。これをヴィスタと言うらしい。シャンゼリゼと凱旋門の関係を思えばいい（友田博通編『ベトナム町並み観光ガイ

ド』岩波書店、二〇〇三年）。（**図2 サイゴンのヴィスタ**）

フランスのサイゴンには二つの中心がある。第一の中心は、サイゴン丘陵の最も高位部にあるノートルダム聖堂（サイゴン大教会）、中央郵便局、総督府宮殿（ノロドム宮殿。現在の統一会堂《ジントンニャット》）で、八卦城の主殿の位置にあたる。サイゴン川岸からはカティナ（ドンコイ）通りが聖堂に、アヴァランシェ運河（現在のティーゲー川）からはノロドム（レズアン）通りが総督府（ノロドム宮殿）にまっすぐ向かう。

第二は丘陵南裾のサイゴン市議会（ホーチミン市人民委員会）で、河岸からはシャルネ（グエンフエ）通りが、市議会に向かって進む。それぞれの正面に、サイゴン大教会、ホーチミン市人民委員会の美麗な大建築が睥睨する。サイゴン、コーチシナの都《キャピタルドゥコシャンシーヌ》である。

コーチシナの「都」

誰もが知る大デュマの小説『モンテ・クリスト伯爵の物語』に、パリに戻ったモンテ・クリスト伯爵を、宿敵ヴィルフォール検事総長の息子が皮肉を籠めて「コーチシナの皇帝《アンプルールドゥラコシャンシーヌ》」と呼びかける場面がある。コシャンシーヌという美しい響きはデュマの時代には、中国《シーヌ》という言葉とは別の、優雅で魅力的な東洋の神秘を代表する言葉だったようだ。コーチシナ《コシャンシーヌ》はかつてベトナム全土を指す言葉だった。[*21] それがフランス時代には、今の南部全域を指す言葉になった。

一九七六年、ベトナムは統一され、ハノイを首都とするベトナム社会主義共和国が生まれた。それは、一九五四年、ジュネーヴ会議の結果、南北に分断されたことからの統一である。しかし、実は今のベトナムが一つの国

*21　日本や中国では漢代の交趾郡にからめて交趾支那と表記するが、関係は明らかではない。ポルトガル人がインドのコーチンと区別してチナクチムと呼んだことから、大交易時代の欧州人はインドシナ半島の南シナ海沿岸をコーチンチーナなどと呼んだ。

家であった歴史はそう長くない。ベトナム全土が直接皇帝の支配下に入ったのは一八三二年頃で、それまでに南に嘉定《ザディン》総鎮、北に北城《バックタイン》総鎮があって、それぞれかなりの自治を得ていた。フランスの侵略によって南部の三省が分離させられたのは、前述のように、一八六二年の第一次サイゴン条約によってである。したがって、その長い歴史の中で統一ベトナムは三〇年間しかなかったことになる。南部ベトナムがいつまでも北部ベトナムに違和感を持ち続けるのはそれなりに理由がある。ただし、それが歴史的成果であることとは別だが。

一八六二年の三省割譲、一八六七年の西部三省の割譲を経て、フランスの直轄植民地は、ほぼ南部全域を覆うことになる。一八八七年、フランスは大統領令により、インドシナ連邦を成立させた。インドシナ連邦はラオス（ルアンパバーン王国）、カンボジア保護王国、トンキン保護領（ほぼ北部ベトナム）、アンナン保護王国（ほぼ中部ベトナム）、コーチシナ直轄植民地（南部ベトナム）各属邦の連邦である。のちに南中国の広州湾が加わった。ハノイに置かれたインドシナ総督府のもとにあるといっても、フランスの直轄植民地であり、フランス資本が集中的に投下され、またフランス人の在留者も群を抜いて多かったコーチシナには、いろいろとほかの属邦とは違う制度が布かれた。コーチシナの長は知事《グヴェルヌール》と呼ばれ、参事会や植民地議会が置かれた。特に後者は選挙で選ばれたフランス人一〇名、現地人一〇名を議員とする公選議会で、その権限もコーチシナの予算などきわめて大きかった。コーチシナは植民地の中の植民地国家だ。そしてサイゴンはその首都としてとして九二年間、ベトナム共和国の首都として二〇年を過ごす。多くのサイゴン子にとって、サイゴンは間違えようのない国家の中心だった。

サイゴン・バンド

ホーチミン市民が遊歩する空間はそんなに多くない。サイゴン川の左岸、ル・ミル・ドゥ・ヴィエ通り、現在はトンドゥックタン通りと呼ばれる河畔道路と、サイゴン大教会の周辺広場が主なところだ。トンドゥックタン通り

写真9

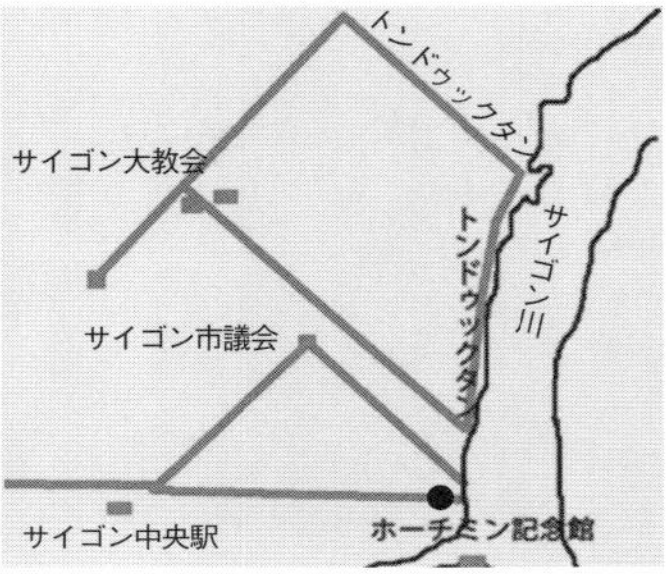

図3

は、横浜で言えば山下公園脇の海岸通り、上海で言えばバンドにあたる。東脇のサイゴン川には大型の船の甲板を利用した水上レストランが浮かぶ。映画「インドシナ」（一九九二年）のラストシーンが、ここだ。サイゴン感傷旅行のメイン・ステージと言ったところか（**図3 サイゴン・バンド**）。

名物のサイゴンの水上レストランが、おびただしく浮かんでいる。係留された船をレストランにしたものだが、ベトナム戦争の頃、駐留米兵に愛され、それがためにしばしば解放戦線の攻撃の対象になり、米兵とともに、多くの市民が犠牲になった。今は、クルージングができる船が多いようだ。

川岸は細長い公園になって、たくさんの人が川風を楽しんでいる。もっとも、この一画は、結構、スリが外人観光客をカモるのでも名高い（**写真9 一九二〇年代のサイゴン桟橋。中央にできたばかりのマジェスティックホテルが見える**）。

サイゴン港

一九世紀のはじめ、まだサイゴン川が新平江《タンビン》またはベンゲー川と呼ばれていた時に、既にここは港だった。『嘉定城通志』（巻二、山川志、一八裏）は言う。

タンビン江はザディンの城の前、タンビン府にある。俗にルンベンゲーと呼ばれる…本国と諸国の交易ジャンクや小舟、軍艦があい接して、帆柱がもつれあうように立ち並び、大都会の地である。

写真10

写真11

フランス時代には、ル・ミル・ドゥ・ヴィエ通りは、サイゴン港の旅客専用の大桟橋でもあった。今、サイゴン港の岸壁に記念碑的な建築が残っている。ホー・チ・ミン記念館だ。一九一一年、まだ二一歳のグエン・タット・タイン青年が、最下級の貨物船欧州航路の貨物船トゥレビュ号に乗り込んだ。その伝説的な旅、ホー・チ・ミンになるための旅立ちを記念している。

ホー・チ・ミン記念館は今でこそリメークされて、ピンクの廊柱と外壁に変わっているが、もともとはフランスの海運会社のかなり古い時期の倉庫だった。熱帯地方の倉庫らしく、外壁の外側に列柱を置いてベランダを張り出している。ベランダ構造と言う。この建物は既に一八七二年のサイゴンの絵に描かれている。ホーチミン市に残る最も古いサイゴン埠頭の建築だ（**写真10　一八七二年のサイゴン波止場。右奥の倉庫が現在のホー・チ・ミン記念館**）（**写真11　現在のホー・チ・ミン記念館。一九九六年**）。

今でもサイゴン港と呼ばれる港は、このホー・チ・ミン記念館の南、第四区の岸壁にある。しかし、さすがにこれでは処理できない。現在、ホーチミン市の港はサイゴン港を含め五ヵ所に散らばる。サイゴン港の北、バソンの造船工廠専用の港、バソン港、さらにその北、ディエンビエンフー通りがサイゴン大橋をまたぐ脇、ビンタイン区にサイゴン新港がある。新港はホーチミン市北方の工業区群の港でもある。サイゴン港の南方では、テー運河の入り口にタントゥアン輸出加工区の港である東タントゥアン港、さらにその東にベンゲー港がある。しかし、それでも、もはや経済発展には耐えきれない。サイゴン川は川幅四〇〇メートルと狭く、また水深は最大一一メートルと浅く、大型船の出入りに難しい。サイゴン港の移転計画は一九九〇年には始まっているが、現在は、サイゴン川の下流、カンゾー地域に一大コンテナ港を建設することが決まっている。

ハムギ通り

トンドゥックタン通りは、南からベンゲー運河に沿ったベンチュオンズオン通りとの交点に始まり、ハムギ通りを過ぎる。旧名ソンム（第一次大戦での悲劇の戦場）通りだ。

この当時、トンドゥックタン通りとハムギ通りの角、グエンフエ通りに面して日本総領事館があった（現在はディエンビエンソフー通り）。その真後ろ、あるいは佐川急便の斜め前に、サイゴン税関がある。税関はどこの国際港でも見事な建築が多いが、サイゴン税関は特別に大きく、基層に美しいアーチ式を持つ三層のベランダ構造からなる建築だ。

関税収入は、直接税が徴収しにくい、どこの発展途上国にとっても、重要な財源だ。だからＷＴＯに参加して関税障壁を引き下げるには、ただ国内産業の保護だけではなく、関税に頼らない財政基盤ができていることが重要だ。たとえば二〇〇〇年度におけるベトナム国家歳入九〇兆ドンのうち、二一％、一九兆ドンは関税収入だった。[*22] 我が国の平成一九年予算では関税収入は一・一％にすぎない。

フランス時代では関税はインドシナ連邦の中心的な財源だ。先に見たようにフランス領インドシナは、相互に自治権を持った五つの邦《べ》と一つの地域の連邦《ユニオン》だ。立法権と軍隊を持ったインドシナ総督府の権限が圧倒的に強い

＊22　本多幸恵「予算制度改革からみる中央・地方関係――分権化の進展」石田暁恵・五島文雄編『国際経済参入期のベトナム』アジア経済研究所、二〇〇四年。

ことはいうまでもない。しかし、土地税など各種租税はほとんど各邦政府にゆだねられ、連邦政府の歳入は関税だけに限られる。

その関税も、きわめて複雑だ。フランス本国からの輸入品はほとんど無税であるのに対し、中国や日本の製品には懲罰的な高関税がかけられる。大正時代から日本政府は、この高関税制度を改訂する交渉を何度か行なったが、ことごとく失敗した。結果的に、一九四一年日本軍がサイゴンに進駐するまで、日本とインドシナ連邦の間に大きな経済関係はなかった。ベトナムをほかのアジアから切り離し、フランスとのみ関係させたのは、このそびえ立つ税関の建物だったと言えよう。

統一鉄道

ハムギ通りは、もともとは港と旧サイゴン中央駅を斜めに結んだ通りだった。サイゴン中央駅[*23]は現在第三区の郊外、かつてのホアフン駅に移っているが、旧サイゴン中央駅は、ソンム（ハムギ）通りの正面を威圧していた。ベンタイン市場とニューワールドサイゴンホテルの南に広がる細長い小公園が、かつての駅の跡地だ（図4）。現在のサイゴン中央駅も近々移転するそうだが、サイゴンとハノイを鉄道旅行する外国人旅行客が増えているという。確かにニャチャンなどそうそうたる中部の観光地は、ホーチミン市を結ぶ特別列車を発着させている。かつて、外国人が観光に統一鉄道の長距離列車を利用するなど考えられなかった。

サイゴンの鉄道はまず、ミートーからチョロンを経由してサイゴンをつなぐ延長七〇キロの鉄道が一八八五年に開通したことに始まる。次いで、総延長四三〇キロのサイゴン－ニャチャン線が一九一三年に開通した。さらに、山をうがち、川を渡る六年にわたる大難関工事の末、一九三六年にニャチャンからトゥーラン（ダナン）に線が延長し、既設のハノイ－トゥーラン線と結合した。これが現在の統一鉄道である。計画の発起は一八九五年だから、延々四〇年にわたる大計画である。当時、延長一七四〇キロを四〇時間で結んだ。南北縦貫鉄道からは、ダラットへの登山鉄道など何本かの支線が派出していた。またかつては、サイゴン北郊のトゥーザウモットからまっすぐ北上してカンボジア国境のロクニンまで別の線が走っていた。しかし、ダラット線の一部が観光用に復元されている以外は消え去った（**図5　一九三七年頃のベトナム鉄道路線**）。

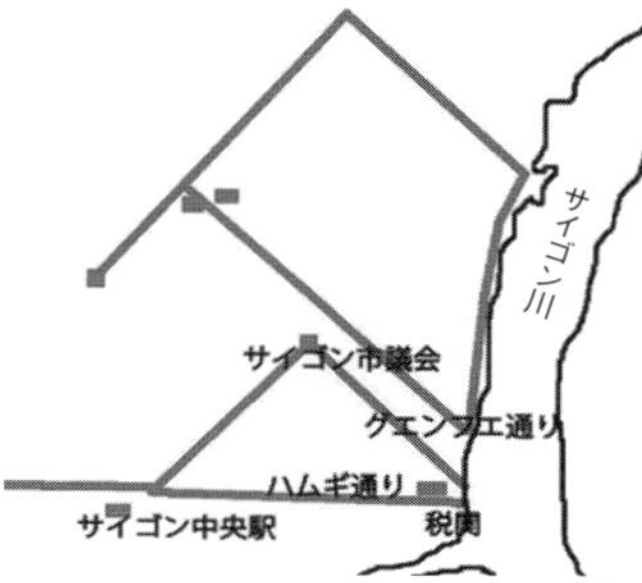

図4

図5

この南北縦貫鉄道の目的は、北の労働者を南に下げ、南の米を北に上げることにある。しかし、実際にはその運命は、きわめて悲劇的だ。完成後四年にして、日本軍がインドシナに進駐した。最もこの鉄道を利用したのは、南中国と南シナ海の連絡に利用した日本軍だろう。この結果、一九四四年以降、しばしば米軍の爆撃を受けて機能不全に陥り、またその後の第一次インドシナ戦争（抗仏戦争）でも破壊され、一九五四年以降は北緯一七度線を境に南北に分断され、ベトナム戦争（抗米戦争）期には地方ごとに細々と走っているにすぎなかった。

一九七六年、ベトナム政府は南北統一の象徴として、突貫的な修復作業ののち、第一号列車をハノイ―サイゴンに走らせた。以後、道路の整備が進み長距離バスにその座を奪われるまで、統一鉄道は南北を結ぶ庶民の道だった。現在の統一鉄道は、サイゴン―ハノイ間を特急（ＳＥ）なら二九時間で結ぶ。貨物輸送としての鉄道は非効率だし、コンテナ時代に適応していない。しかし、人の移動には鉄道が大きな役割を果たしている。二〇〇五年には、四四億輸送人《じん》キロ[*24]

＊23　どういうわけか、現在でもサイゴン駅と言って、ホーチミン駅とは言わない。時刻表上でもサイゴンである。

＊24　輸送人《じん》キロ＝輸送人員×乗車距離。交通機関の輸送の規模を示す数値。

が鉄道を利用している。この数字は九〇年のほぼ二・三倍である。確かに道路での移動の輸送人キロはこれに一〇倍するが、乗客一人あたりの平均利用キロ数で見れば、鉄道は三四二キロに対し、道路は三一キロにすぎない。つまり、鉄道は長距離移動する庶民のためにある。

実はこの数字は恐ろしい意味を内包している。かつてフランス時代、鉄道全盛期の一九三五年では四五万人の旅客しか運んでいない。二〇〇四年の旅客数は一三〇〇万人だ。三〇倍近い旅客数の伸びに、建設当時とあまり変わらないインフラで対応しているのだ。路線はいまだに狭軌単線で、二〇〇〇を超える橋梁も老朽化し、事故がないのが不思議、と言っては言い過ぎか。さすがに、全面的な再構築が必要だ。政府は二〇〇一年からの二〇年間に鉄道部門に約一〇〇兆ドン（六二億ドル）の投資を計画している。

そこに南北新幹線計画が浮上した。鉄道総会社[*25]の計画ではレール幅を一四三五ミリの広軌とし、最高時三〇〇〜三五〇キロ、ハノイ－ホーチミン市間を一〇時間で走る鉄道を、現在の鉄道と分離して新設するというものだ。総工費は三三〇億ドルと試算され、ドイモイ後のベトナムのインフラ整備としては最大規模の計画だ。既存の統一鉄道の改修を急ぐべきとか、地方間鉄道の整備が必要とか、いろいろ批判はあるが、ベトナム政府の「現代化」への意志は強力だ。日本政府も協力を約束している。

ベンタイン市場

旧中央駅とベンタイン市場、サイゴン病院が囲むロータリーから東に広いレロイ（旧ボナール）通りが直進している（**写真12　一八六〇年代のレロイ通り**）。レロイ通りの正面に、白亜のホーチミン市民劇場が立ちはだかる。ロータリーを西に下れば、チャンフンダオ通りがチョロンまでつながっている。このロータリーは、ベンタイン市場、駅を結ぶ庶民の場から、サイゴンサークルが象徴する権威をにらんでいるような感じがする。

写真12

写真13

ロータリーの北側の牧歌的な四面時計塔を持った建物が、ベンタイン市場だ（**写真13ベンタイン市場。二〇〇九年**）。ベンタインは城の岸とでもいった意味だろうか。もともとは、現在の位置からずっと南、グエンフエ通りの入り口あたりにあって、波止場に面していた。一九一一年、フランス政庁は、ここに財務部の建物（現銀行幹部学校《チュオンダオタオカンボガンハン》）を建設するために、市場を現位置に移動させた。今の市場は一九一四年に竣工したものだ。九〇年代の半ばまでは、食料品を中心とした庶民の市場だった。しかし、あまりに有名になりすぎたのか、今は外国人を目指した雑貨や高級食材を中心としている。

一方、近くのハムギ通りの庶民専用の古市場《チョークー》は次第に衰亡し、荒れた感じになっている。ホーチミン市は内よりも外を向く、ベトナム人よりも外国人向けの顔に変質している。それが本来のサイゴンかもしれないが。

グエンフエ通り

また川岸に戻ってハムギ通りを横切る。すぐグエンフエ（旧シャルネ）通りが斜めに交わってくる。このあたり、河岸通りでは最も交通が混雑する。一時、関西でヒートしたというドラマ「恋するベトナム」（朝日放送、二〇〇四年放映）のヒロイン三井夕子（西田尚美）が、無数のバイクが行き交う大通りに立ちす

＊25　旧国営企業系列が業種別にシンジケートを作る。

くみながら、勇気をふるって渡り終えるシーンは、たぶんこの交差点で撮影したものだ。[*26]

グエンフエ通りには、もともと川岸から市議会まで続く小さな運河があった。フランスはここを埋め立てて大路シャルネを作った。だから人々はシャルネと言わず、「埋め立て道路《ドゥオンキンラップ》」と呼んだという。

グエンフエ通りの入り口左側に、アールデコ風の日本総領事館がある。七五年まではここに日本大使館だった。ジャーナリスト近藤紘一は、一九七五年四月三〇日、『サイゴンのいちばん長い日』をこの建物の屋上と、二階の文書室で過ごしている。

〝即時通訳〟の私は、マイさん（日本大使館のベトナム語フランス語通訳）の傍らに陣取った。館内の全員がラジオを囲んでひしめきあった。十時二十分、雑音まじりのラジオから、ミン大統領[*27]の重く沈んだ声が流れ始めた。窓越しに川岸の物音が伝わってきたが、それがかえって室内の静けさをきわだたせた。ミン大統領の声だけがあたりを支配した。「まちがいないね。射撃をやめよ、といったんですね」せきこんで念を押した私に「そうです。一方的停戦宣言です」マイさんは縁なし眼鏡の位置をただすようにしながら、もう一度メモを確認した。それから顔を上げ、私たち全員に向かって静かにほほえんだ。「戦争は、今終わりました」

（近藤紘一『サイゴンの一番長い日』産経新聞社、一九七五年）

一五年にわたり三〇〇万以上の死者を生んだベトナム戦争の最後の一瞬である。光り輝く日本総領事館もまた、戦争の深い記憶をとどめている。

グエンフエ通りはサイゴンでは一番道幅が広く、かつての運河の跡を示す中央分離帯が花で飾られた小公園になっている。八〇年代にはこの空き地は米軍の遺棄車両の置き場だった。道の両側はシャッターをおろした店が延々と続き、屋台の軽食屋だけが群れていた。七六年以降九〇年まで業務もできず、日本人館員の滞在さえ許されなかった日本総領事館は、まるで廃墟のように立ちすくんでいた。今のサイゴンっ子には信じられないだろう。

今、グエンフエ通りの両側には、ホテル、書店、レストラン、オフィスが建ち並んでいる。サイゴンの銀座通りだ。通り正面にホーチミン市人民委員会（旧サイゴン市議会《ジンサータイ》）が立ちはだかっている。人民委員会と東側のホーチミン市民劇場（旧サイゴンオペラ座）、西側のレックスホテルが、小さな花に覆われた広場（旧ガルニエ広場）を囲んでいる。ホーチミン市の観光写真のトップを飾る風景だ。

さらにホーチミン市民劇場の南には新装なった高層タワーを備えたカラベルホテル、北にはホーチミン市最古のコンティネンタルホテルが両翼を作る。レックスホテルの向かいには、一九二〇年ごろ建設された三層鉄筋コンクリートのＴＡＸ商業センター《トゥオンサーTAX》（旧国営総合百貨店《クアハンバックホアトンホップ》）がある。このサイゴン・サークルとでも言うべき空間は、大教会の乗るサイゴン丘陵の真下にあって、ちょうどフランスの商業街を睥睨するように作られている。

ホーチミン市人民委員会

植民地主義にはいろいろ問題のあるものの、旧サイゴン市議会《ジンサータイ》が、名建築の多いホーチミン市の中でもきわだって美しい建物であることは事実だ。サイゴン市議会は一八九八年に起工され一九〇九年に竣工された。中央に尖塔、左右に赤い屋根を乗せた二塔、さらに両翼に二層棟を張り出したやや装飾過剰な建築である。典型的な

＊26　ただし、三井夕子の真似はしない方がいい。ゆっくり歩けばバイクはよけてくれるというアドバイスは、信用しない方がいい。ベトナム人はみないい人だという信仰は、ベトナム人はみな悪い人だという思いこみと同じくらい質が悪い。どこの人でも日本人同様、悪い人もいればいい人もいる。ベトナムのバイクライダーには、静かな人もいれば、信じられないくらい乱暴な人もいる。バイクのひったくりもまだまだ多い。

＊27　ベトナム共和国最後の大統領ズオン・ヴァン・ミン（一九一六〜二〇〇一年）。

皇帝《アンピール》様式[28]と言う。

　植民地都市に市議会を設定して、欧州人市民のために広範な自治権を与えるシステムは、大交易時代、ポルトガル都市のマラッカやマカオで行なわれ、フランスもその制度を踏襲した。

　サイゴン市議会を研究している澁谷由紀によれば、サイゴン市議会は一八六七年、サイゴン市制《ミュニシパリテサイゴン》の公布により設立され、さらに一八七七年に議市会《コンセイユミュニシパル》に編成され、主に市の事業と予算を審議した。議員は公選制のフランス市民八人、知事任命制の現地人四人からなる。一八八一年には現地人も公選で選ばれるようになったが、選挙人は制限され、全市で一二〇〇人ほどしかいなかった。つまりは、サイゴンの植民地主義者と現地人ブルジョアの巣窟だった。ところが、

写真14

一九二〇年代末ごろからこの性格は大きく変わり、近代労働運動、民族主義運動を表現する場になった。これには後述のバソン海軍造船工廠の労働者が選挙人になったことが大きい。

　一九三〇年代には労働者を代表する労働派が台頭し、一九三五年、一九三七年選挙では、当局の妨害にもかかわらず、労働派が多数を占めるようになった。この黄色のいかにもフランス植民地主義を体現した建物は、ベトナム民族運動の合法司令塔だった。

　ベトナム共和国成立後、この建物は首都サイゴン行政委員会《トアドチャインサイゴン》の建物として使われ、解放後はホーチミン市人民委員会庁舎になった。一九八六年の歴史的な第六回党大会で党書記長に選任され、以後、ベトナムドイモイ体制の基礎を作り、現在なお高い民衆的評価を得ているグエン・ヴァン・リン（一九一五〜九九年）は、一九八二年から四年間、ホーチミン市党書記としてこの建物に勤務し、サイゴンの新経済体制を軌道に乗せた。ドイモイは、グエン・ヴァン・リンのこのホーチミン市人民委員会での経験がなければありえなかったろう。この市議会建築

は、いつでも南部ベトナムの歴史のターニング・ポイントが演じられる場である（写真14 ホーチミン市人民委員会内大広間。二〇〇四年）。

フランスの街作りに、オペラ座は欠かせない。ハノイの市民劇場がパリのオペラ座のコピーだとすれば、ホーチミン市の市民劇場（旧オペラ座）は小さめだが、玄関を大きくアーチ状に配し、ややモダーンだ。もともとは一九〇〇年に竣工した。ベトナム共和国の時代には、国会として使われていた。戦時下を思わせる逸話だ。一九七五年四月二六日、最後のベトナム共和国国会が一〇時間の討論のあと、最後の共和国大統領ズオン・ヴァン・ミンを選出したのはこの市民劇場でである。サイゴン・サークルのすべての建物が、なにがしかベトナム戦争の傷を背負っている。

ベトナム戦争中は米軍士官の宿泊所でクラブだったレックスホテルも、一〇階高層建築で有名なカラベルホテルもかつては堂々としたコロニアルホテルの風格を持っていたようだが、米軍の駐留期にだいぶ荒らされたし、また修築を受けた。九〇年代以降、特にカラベルホテルは増築と修築の結果、まあ近代的なホテルになったものの、俗悪さは免れない（と思う）。その点、劇場北側のコンティネンタルホテルは、建造時の姿をとどめている。コンティネンタルホテル、ベトナム名ではカモメ《ハイアウ》ホテルというかわいい名前を持つ。一八八五年という、現存するサイゴンの洋式ホテルでは最古のホテルだ。中庭を囲む四層の建築は、初期の商館建築を発展させたもので、かつてのサイゴン建築をしのばせる（写真15 一九二〇年代頃のコンティネンタルホテル）（写真16 新装なったコンティネンタルホテル。二〇〇九年）。

＊28　アンピール様式とは、フランス帝政期（ナポレオン時代）に流行した華麗で重厚な様式。

写真15

写真16

ドンコイ通り

市民劇場の前、ベンタイン市場に直行するレロイ（旧ボナール）通りに、交わる道がサイゴン子のプラチナ・ストリートであるドンコイ通り、かつてのカティナ通りである。ドンコイ通りは、河岸のトンドゥックタン通りのマジェスティクホテルの角から、正面のノートルダム大聖堂《ニャートードゥックバー》（日本では一般にサイゴン大教会と呼ばれる）までまっすぐグエンフエ通りに平行して走り、サイゴン丘陵の坂を上っている。小振りの並木が美しい。アートギャラリー、ブティック、ザッカー（手工芸）ショップがぎっしりと並んでいる。間には小粋なカフェやレストランが散在している。（写真17 一八六〇年代のドンコイ通り）

さらに下る。ドンコイ通りの入り口、一九二五年創業のマジェスティックホテルの角に出る。かつては四層のコンティネンタルによく似たホテルだった。九〇年代に変哲もない高層を増築した。とはいえ、あらできのホテルが林立するホーチミン市の中では、抜群の格式を誇る。豪華なシャンデリアの下のロビーは植民地主義の雰囲気が充満している。

サイゴン丘陵

サイゴン・サークルはサイゴン河岸の低湿地帯がサイゴン丘陵とぶつかる丘陵の麓にある。サークルのすぐ北には坂が迫って、のぼっていくとサイゴン丘

写真17

写真18

陵頂上に着く。ドンコイ通りの正面には、ノートルダム大聖堂《ニャートードゥックバー》（サイゴン大教会）がたちはだかる。**（写真18 サイゴンの象徴、ノートルダム大聖堂＝サイゴン大教会。二〇〇六年）**。

ベトナムを旅行すれば至るところにキリスト教会を見出すことができる。ひなびたムラの中に、そびえるような大聖堂があれば、都会の片隅に普通の民家と見間違える礼拝堂が建っている。全ベトナムでのカソリック人口は、公式の統計では、五〇〇万人の信者がおり、五四〇〇の教会があると言われている（一九九三年[*29]）。

キリスト教は植民地主義の先兵と見られる公式のベトナム史では評価が芳しくない。しかし、実際には、キリスト教は、植民地化のはるか以前にベトナムに少しずつ浸透していた。ベトナム側の記録では、一五三三年ごろ、北部のナムディン省のチャールーというムラに最初の宣教師イグナチウスが漂着し、初めてキリスト教の布教を始めたとされる。現在、チャールーにはこれを記念した大教会が建っている。一六世紀の末ぐらいから、ドミニコ派やイエズス会による布教が行なわれたらしい。ベトナムでの本格的な布教は、一六一四年、日本が宣教師の追い出しを決めてからである。一六一五年、イエズス会のブソミ、カルヴァルホなる二人の宣教師が、ダナン、ホイアンに教会を建て、また北部へも宣教を始めた。

一六二四年、イエズス会が北部ベトナムに派遣したアレクサンドル・ドゥ・ロード教父（一五九一〜一六六〇年）は、当時のベトナム語をローマ字化することに成功し、これが現在のベトナム語のローマ字表記（国語《クオックグー》と言う）[*30]のもとになっている。ベトナム語は発音のうるさい言語だが、それを正確に聞き取り、ローマ字で的確に表現したロードの天才性には感嘆する。その結果、数千万のベトナム人が「字」を獲得したのだ。オリエンタリストは、そうそう簡単にばかにはできない。ロードはローマにベトナム布教を強く推奨し、以後、複数の司教がダナン、ホイアンに逗留することになった。

ピニョー・ドゥ・ベーヌ

ベトナムのカソリック教史では、やはりアドラン司教ピニョー・ドゥ・ベーヌ（一七四四～九九年）が際立っている。ベトナム名を百多禄《バック・ダー・ロック》と言う。ベーヌはパリにあった外国宣教会《ミッシオンエトランジェ》のコーチシナ代牧になり、キエンザン省のホンダットを拠点に、広くタイ湾沿岸の伝道に従事していたが、放浪中の嘉隆帝《ザーロン》（阮福映《グエンフオックアイン》）とフーコック島で出会い、その請いを容れて、皇太子カインをフランスに連れて行き、フランス文明のレッスンを受けさせた。ただし、もちろん単純な好意ではない。一七八七年にはヴェルサイユでグエン・フオック・アインの名前で、ルイ一六世と仏越同盟条約を締結している。これは、ダナン島嶼部（おそらくクーラオチャム）、コンダオ島（プロコンドール）を割譲し、またフランス商人が自由、無税で交易できる権利と引き替えに、フランス兵を派遣するとしたものだ。

この条約は、まもなく起こったフランス革命のために実行されなかった。しかし、ベーヌは今度は義勇兵を募って、グエン・フオック・アインのサイゴンの陣営に連れて行った。ベーヌは一七九九年に、事業の成功を見ることなく死去するが、このフランス人義勇兵は、グエン・フック・アインが全国統一に成功してからも、そのまま宮廷に残って、嘉隆帝に仕えた。ここまでは、阮朝とキリスト教との、ある意味、蜜月の時代である。

キリスト教徒の虐殺

一八二〇年、ザーロン帝が死去する。ヴェルサイユ経験のある皇太子のカインが早逝したために、第四子の明命《ミンマン》帝が即位する。優れた中国的教養の持ち主だったミンマンはベトナムに小中国を建設しようとする。これが一八三〇年代以降進められた強力な中央集権化政策だ。この政策がレ・ヴァン・コイのサイゴンの独立戦争を呼び、八卦城が破壊されたことは前述した。この反乱の中でミンマン朝廷とキリスト教との対立が激化される。主な事件だけでも、一八三二年、一八五二年、一八五七年に宣教師が殺害、処刑されている。

クリスチャン側のベトナム理解では、ベトナム政府の苛烈なキリスト教弾圧が、ベトナム側が植民地化への墓穴を掘ったとされる。しかし、最近、発見された資料では、政府よりも民衆レベルでの、キリスト教徒と非キリスト教徒との深刻な対立が示されている。実際、一八六〇年代以降、フランスの圧力が強まるたびに、万を数えるキリスト教徒の虐殺がしばしば発生する。扇動者は、多くムラの中の儒者たちや地方の下級官吏たちだ。むしろ、第一次サイゴン条約にこりた政府がこれをなだめようとしている。

＊29　ホーチミンやビエンホアを旅行した人は、教会数のあまりの多さに、ベトナム人のかなりの部分がクリスチャンと思うようだ。実際、クリスマスのホーチミンは全市をあげて、大騒ぎになる。全市民がクリスチャンかと誤解する。クリスチャンの分布には濃淡が大きい。ホーチミン、ビエンホアのほかには紅河デルタ沿岸部に集中している。カソリックのほかに四五万前後のプロテスタントがいる。またベンチェの福音教のように、キリスト教の在地的な新派もある。

＊30　ベトナム語は従来、漢文で表現されるか、チューノム（漢字を変形してベトナム語単語の意味と発音を表現したもの）で表記された。しかし、いずれもベトナム語の表現には無理があり、識字層は男性の文人に限られていた。現在のベトナム語表記であるクオックグーは、一八～一九世紀に宣教師の間で定着し、二〇世紀初頭、フランスの教育制度の普及により一般化した。一九四五年以降のベトナム人で、不識字者はほとんど見られないが、漢字やチューノムに比べると簡便で合理的なクオックグーの普及が与っている。ただし、ベトナム古典を原文で読解する文化も失われた。

現在でも、都会はともかく、地方のムラムラでは、キリスト教徒と非キリスト教徒の関係の理解は難しい。クリスチャンは、ベトナムの伝統的価値感、たとえば孝行とか、祖先信仰とか、はたまた郷土の守護神信仰とか、ベトナム社会の根底を維持する価値観に違背することが多い。もちろん、キリスト教の側でもたとえば祖先信仰を認めるなど、それなりの妥協もあるが、やはり同じ社会の構成員とは言えない。クリスチャンはクリスチャンでまとまって地域社会を作る場合が多いし、政治的にも党派を形成しやすい。ベトナムの教会は、圧倒的な非キリスト、あるいは反キリストの世界の中に孤立するクリスチャンのよるべであり、それだけに既存の神社仏閣に対抗して巨大化しやすい。特にドイモイ後の宗教復興では、バチカンをはじめカソリック各派が争って教会修築の援助を始めた。これまで廃墟化していたどの教会も、みるみる美麗になった。だから非キリスト者のキリスト教会を見る目は、なかなかに複雑だ。

ノートルダム大聖堂

なんといっても、非キリスト者のキリスト者への反感を醸成したのは、植民地主義とのつながりだろう。確かに、フランス軍の侵略のいくつかの過程で、聖職者たちの過激な言動が目立つ。一八六二年にサイゴンの鳳城が完全破壊されたあと、まず建築されたのは、現在のハムギ通り、チョークー市場の近くに建てられた「無原罪の聖マリア聖堂《サントマリイマキュレ》」（一八六三年竣工）であるが、これはまもなく別の建物を造るために破却され、代わって、ノートルダム大聖堂《カテドラルノートルダム》が計画された。高さ五七メートルの二塔を持ったゴティック・ローマン折衷の赤煉瓦の大聖堂は、一八七七年に着工し、一八八〇年に完成している。建材は、石材だけはビエンホア産だが、赤煉瓦はマルセイユ産で、そのほかすべての調度はフランス製だという。壁の通風孔など若干の熱帯対応意匠を別にすれば、生粋のフランス文明、それもかなりアンシャンレジームな意匠が、旧城の廃墟の中に立ち現れた。すべての建設費はコーチシナ州政府が支出したという。

長く、サイゴンのシンボル聖母教会《ニャートードゥックバー》として愛されたこのノートルダム大聖堂は、一九六二年、バティカンからサイゴン大聖堂《バシリカサイゴン》（ベトナム語では王宮聖堂《ヴオンクンタインドゥオン》）という称号を与えられ、サイゴンを代表する教会と認められた。つまり、サイゴンが外のキリスト教世界と直結していることの印だ。

なお映画「サイゴン」（一九八八年、二〇世紀フォックス制作）で、ヒロインの修道尼ニコルの祈りの場はこのノートルダム聖堂だ。もっとも、外見だけで、内陣の撮影はできなかったと聞く。

中央郵便局

写真19

ノートルダム大聖堂の東に、ホーチミン市中央郵便局の偉容がある。植民地主義はさまざまの「文明」をアジアに持ち込んだ。西欧建築群や道路などハードのインフラばかりではなく、効率的な政府、価値中立的な官僚群、基礎教育の普及などソフトインフラの導入は、ベトナムが近代国家に成長するために貢献を果たした。しかし、それ以上に重要なことは、郵便、電信という通信インフラが急に整備されたことだろう。『ホー・チ・ミン全集』全一〇巻のかなりの部分は、書簡類が占める。かつて、人々は書簡を郵便システムに託すことによって、世界を広げた。一九二九年の最盛期には連邦内には、既に四〇〇を超す郵便局があった（**写真19 創建時のサイゴン中央郵便局**）。

だから中央郵便局は、フランス文明の象徴である。中央郵便局の建設は一八九一年と古く、外見も中世ヨーロッパの城郭建築のように重々しいが、内部には建設時の第三共和制絶世期のモダーンな設計が残っている。当時、建設に多用されるようになった鉄骨のおかげで、列柱のとれた内部空間が広い。メルキューレ（メルクリウス／ヘルメス〈水星〉、ローマ／ギリシャ神話の通信の神）の像が奥に飾られる。もっとも、巨大なホー・チ・ミン肖像が、メルキューレを圧倒しているが。

しかし、メルキューレもホー・チ・ミンも、現在のデジタル通信の圧倒的優位の前には立ちすくんでいる。ベトナムの郵便事業は二〇〇六年から完全民営化されベトナム郵便通信公社（ＶＮＰＴ）が、郵便および金融事業を総括することになった。二〇〇七年から、さらに郵便事業を切り離し、別に外資導入による電気通信業務会社を設立し、ＶＮＰＴは為替など金融業務に集中することになった。日本をはるかに上回る急な郵政改革だが、ベトナム人の七割は、ＩＴとは無縁の世界で生きている。都市農村間で圧倒的な収入格差がある時、ＩＴ化はわずかな都市的な現象にすぎない。郵政改革は日本をはるかにしのぐ問題を提示する。堅牢豪壮なホーチミン市中央郵便局も、誰かが唱道する「現代」に取り残されるという、非条理な悩みの中にある。

レズアン通り、テト攻勢

サイゴン大聖堂でドンコイ（カティナ）通りとレズアン（ノロドム）通りが交わる。レズアン通り、旧名ノロドム通りはサイゴン丘陵の尾根筋を進んで、ホーチミン市歴史博物館と統一会堂を結んでいる。今は両側に、ダイアモンドプラザ、ソフィテルプラザ・サイゴンなど高層のビルが林立している。道の中ごろ、サイゴンタワーの斜め前あたりにアメリカ領事館がある、旧アメリカ大使館だ（**写真20 厳重な警戒態勢の中になる現在のアメリカ領事館。二〇〇六年**）。

前述のように米軍は一九六五年以来、三度にわたる乾季掃討戦を繰り返して、解放戦線を打ち破ろうとしたが、結果的に戦線は膠着状況になる。一九六八年は米大統領選挙の年だ。解放戦線はこの機に総攻勢に出て、アメリカの継戦意欲を殺ごうとする。これを一九六八年テト攻勢、ベトナムでは戊申《テット》の正月《マウタン》と言う。一月三一日早朝、解放戦線はサイゴンの独立宮殿、アメリカ大使館、放送局、軍司令部、タンソンニュット空軍司令部への一斉奇襲をかけた。特に米大使館では、解放勢力ゲリラが内部に潜入し、六時間にわたって大使館を占拠し、結果的に玉砕した。同日の「ニューヨークタイムズ」は以下のように伝える。

本日の朝未明、ベトナム戦争の中で最も奇妙な光景の中で、ヘルメットをつけた米兵たちがトンニュット通り（レズアン通り）を身をかがめながら横切って、自らの大使館の門を攻撃している。（大使館の中では）七機のヘリコプター部隊が大使館の屋上に着陸して、米空部隊の分隊を降ろしている。彼らはすぐ階段を駆け下りて大使館本館で敵と戦っている海兵隊を援護している。いまや独立宮殿区域やほかのサイゴンの場所からも銃声や破音が響いている。（　）は訳者註。

写真20

同時期には、南ベトナム軍の軍服を着た「ベトコン」兵が大統領官邸の衛兵と機銃戦を始めていた。この日、九時すぎまで、レズアン通り一帯は硝煙に包まれ、多くの罹災者が出た。銃声の消えた大使館からは、一七名の解放戦線兵士の死体が発見された。各地方都市の戦いはこのあとも続き、最大の激戦区フエ王城の戦いは二月末まで続いた。

テト攻勢の評価はいまだに難しい。軍事的には解放勢力の完全な敗北だ。戦略目標である都市蜂起は起こらず、ついに一つの都市も解放することができなかった。四万の戦死者を出して解放戦線の根幹部分が破砕された。以後、解放勢力の戦闘主体は北から派兵された人民軍が担うようになる。つまり以後のベトナム戦争は、南北戦争という図式になってしまう。

ところが政治的には、まったく違う。テト攻勢は、おそらく解放勢力が予期した以上の大成功を結果した。戦争初期から米軍の指揮をとった米派遣軍司令W・ウェストモーランド（一九一四〜二〇〇五年）は更迭され、北爆の部分停止を勝ち取り、さらに五月にはパリ和平会議が開かれた。ジョンソン大統領もまた再選不出馬を声明した。次期ニクソン大統領は、翌年七月二五日、「ニクソンドクトリン」を発表し、米軍の段階的撤退を約束した。テト攻勢は、双方の膨大な死傷の上に、大きくベトナム戦争を転回させた。

独立宮殿

大聖堂裏手のレズアン通りの西正面に、森林公園をはさんで、現在、統一会堂として公開されている広い前庭を持った二層のコンクリート建築がある。一九七五年四月三〇日、ある世代には忘れられない映像が、この庭で撮られた。人民軍戦車隊が鉄柵を押し倒し、庭を蹂躙し、飛び出した兵士が二階のベランダで金星紅旗を打ち振る。のちにこの映像がやらせであったことが知られたが、それでも放映時には、一五年にわたるベトナム戦争の終焉として、悲喜こもごもの感動を呼んだ。

統一会堂、七五年以前の呼び名は独立宮殿《ジンドックラップ》と言う。ベトナム共和国大統領公邸である。もともと、この地には、一八七三年に完工した巨大なインドシナ総督サイゴン官邸（ノロドム宮殿）があった。入り口は八〇メートル、中に八〇〇人の客が泊まることができたという。通りの名をとってノロドム宮殿と呼ばれた**（写真21 元ベトナム共和国大統領官邸。今は統一会堂《ジントンニャット》と呼ばれ、博物館になっている。二〇〇九年）（写真22 フランス時代のノロドム宮殿）**。

一九五四年、ジュネーヴ会議によって、長い第一次インドシナ戦争が終わり、ベトナムは事実上、二つの国家として出発した。北緯一七度線の北は、一九四五年に建国されたベトナム民主共和国の統治に、また一七度線の

写真21

写真22

南は一九四九年に成立したバオダイ・ベトナム国[*31]が支配した。一九五五年、国民投票によりバオダイ・ベトナム国首相のゴ・ディン・ジエムが元首バオダイを破って大統領に就任した。一九五五年以来、ベトナム共和国大統領ゴ・ディン・ジエムが居住していたが、一九六二年に空軍の反大統領派がこれを爆撃し、破壊した。ゴ・ディン・ジエムは、独立宮殿建設を決定した。ジエム自身は、六三年一一月、軍のクーデタにより処刑され、新宮殿を見ることができなかったが、工事は進められ、一九六五年に完工した。設計も内装もすべてベトナム人の技術者の手になる。新宮殿は正面を横棒とするTの形をした五層、総床面積二万平米の大建築で、部屋数は一〇〇ある。これに一二ヘクタールの前庭が付属している。

四月三〇日の「ニューヨークタイムズ」はオーストラリア人の記者報告として、サイゴン降伏のその日を以下のように伝える。

> (三〇日朝の無条件降伏のラジオ放送の)二時間あと、共産軍はサイゴン市内に進入してきた。ベトコン旗をなびかせ、八人の私服を着た浮かれ気味《チェアリング》の男を乗せた武装ジープがアメリカ大使館の敷地近くを通り過ぎるのが見えた。一二時一五分(ニューヨーク時間の夜一二時一五分)、大統領官邸にベトコン旗が揚がった。そして間もなく、ジープに乗った共産主義者の一隊が、官邸に到着し、ズオン・ヴァン・ミン将軍の同行を求めた。将軍は彼らとともに走り去った。しかし、その行き先は明らかにされなかった。ベトコン旗はほかのビルでも上がり

始めた。そのうち、サイゴンの目抜き通りをベトコンの兵士たちが、サイゴンの住民たちと手をつなぎながら歩きはじめた。北の国旗、金星紅旗も緑色の軍服とヘルメットに包まれた兵士たちを運ぶトラックに掲げられていた。

実際の終戦は、英雄的な華々しさがまったくない、ひどく静かなものだったらしい。同日、パリにあった南ベトナム臨時政府の代表部は、サイゴンをホーチミン市と改名することを発表した。ホーチミン市が誕生した。統一会堂は、一九七五年までこの地に一つの国家が存在していたことを示す歴史遺跡だ。

サイゴン大学

道の尽きるあたりで、バソンの海軍工廠から北にあがってきたトンドゥックタン通りを跨ぐ。レズアン通りとトンドゥックタン通りの角に、ホーチミン市人文社会大学の本部がある**（写真23 ホーチミン市人文社会大学本部。二〇〇九年）**。

白亜二層の小振りな建物で、九〇年代後半以降のホーチミン市での大学建設ラッシュの中では、いかにも斜陽の大店という感じがするが、一九五五年、ベトナム共和国の成立と共に生まれた旧サイゴン大学の直接の継承者である。建物は、フランス軍の初期の兵営を利用した。大田省一によれば、ベトナムの鳳城が破壊されたあと、フランス工兵隊によって建設された兵営で、簡素な造形的に優れた作品だ。

フランス時代にはインドシナ連邦唯一の大学インドシナ大学はハノイに置かれていた。サイゴンには、シャスルー・ロバ高校（現レ・クイ・ドン高校）や、ペトルス・キー高校（現レホンフォン高校）など有名なリセ（大学予備門）は多かったが、タベール師範大学（現保育師範大学）を除いて総合大学がなかった。サイゴンはやはり商業の街である。また高学歴を望むサイゴンの子弟は、サイゴンのリセを卒業後は、バカロレア（中等教育終了証明）をとってフランスの大学に進学するのが常だった。

だから一九五五年のサイゴン大学の建設は、いかに元兵営の建物利用とはいえ、ベトナム共和国が独立した一国であることを示すには絶対に必要な事業だった。一九五五年段階では、八学部（法科、医科、科学、薬学、文科、歯科、師範、建築など）が置かれた。サイゴン大学はベトナム戦争中、拡大を続け、サイゴン大学最後の年、一九七三〜七四年には学生総数七万三九一七人の大大学になった。

写真23

一九七三年には、技術系の専門学校を統合して、トゥドック百科大学がつくられた。また共和国時代のサイゴンの大学制度の特色は、私立大学が発展したことだ。私立大学で最も有名なヴァンハイン（万行）大学[*32]は一九六四年に設立された仏教大学であり、ミンドゥック（明徳）大学は一九七〇年にできた、カソリック系の大学である。

サイゴン大学は、ベトナム戦争中、平和運動の中心だった。一九六一年一月には、ひそかに南ベトナム解放学生連盟会議が組織され、解放戦線の一員となった。一九六五年には、ホーチミン市共産青年団の指導のもとに、サイゴンの

＊31　一九四九年、フランスとベトナムのバオダイ帝（一九一四〜九七年）の交渉により成立した新国家。バオダイはベトナム国の元首となり、形式的にはベトナム全土を統治する独立国となった。ベトナムの形式的な独立により、第一次インドシナ戦争は、フランスの植民地維持戦争からベトミンの反乱を鎮圧する反共戦争に転化した。

＊32　ベトナム戦争中、このヴァンハイン大学に集まった青年僧の反戦哲学グループから、ハイデッガーを仏教思想で理解しようとした世界的な哲学者ファム・コン・ティエンが出ている。（野平宗弘『新しい意識——ベトナムの亡命思想家ファム・コン・ティエン』岩波書店、二〇〇九年）

各大学学生の統合組織ができた。サイゴンのど真ん中での学生たちの闘争は、まず大学での英語授業の廃止、ベトナム語での教育の要求から始まった。さらにカリキュラムのアメリカ化への反対を経て、一九六七年サイゴン学生大会が二五〇〇の学生を集めて開かれ、傀儡政権の大学干渉に反対することが宣言された。また同年には学生と婦人の徴兵に反対する会議が開かれた。学生の軍事訓練[*33]、軍事科学研究に反対する運動も盛んになった。多くの学生指導者が逮捕されたが、運動はやむことなく一九七五年まで続いた。

一九七六年はサイゴン大学がホーチミン市総合大学に変わるだけではない、大きな変化の年である、サイゴン大学の多くの学生と教員が大学から追放され、また難民となって出国した。多くの教授陣が北から送られてきた。特に人文社会系では陣容が一新した。

さらに、ホーチミン市総合大学は一九九五年にベトナム国家大学―ホーチミン市として再編成された。国家大学は九大学の連合大学である。ホーチミン大学、百科大学、国際大学、工科通信大学、ホーチミン農業大学、ホーチミン経済大学、経理財政大学、師範大学、建築大学に、ハノイ法律大学ホーチミン市分校が参加にしている。二〇〇一年、ベトナム国家大学―ホーチミン市は四大学（工科大学、自然科学大学、人文社会大学、国際経済大学）、一研究所（環境資源研究所）、四センター（情報工学発展センター、国際教育センター、教育試験評価センター、国防教育センター）、ほかに直属の外国語センターなどに再編成された。旧ホーチミン市総合大学の中心はホーチミン市社会人文大学となった。現在、ホーチミン市社会科学院とともに、南部研究の中心にある。

ホーチミン市歴史博物館

レズアン通りの正面、ティーゲー川に沿って植物鳥類園《タオカムヴィエン》の古風な門が見える。名称はともかく、現在は小さな動物園、水族館が併設されて家族連れでにぎわっている。

植物鳥類園は、特に珍しいものがあるわけでもなく、ホーチミン市観光ルートにも載っていないことが多いが、ここの名所は右奥のやや奇怪なベトナム・フランス折衷様式、二階建ての建物、ホーチミン市歴史博物館である。といってもホーチミン市史がわかるわけではない。実態はメコンデルタ歴史博物館に近い。

戦時中にマルレが発掘した、メコンデルタの港市オケオ（1章五八ページ参照）の遺物の逸品がここに集められている。古いものでは二世紀のローマ金貨があるが、大部分は六～七世紀のもので、金銀の細工物や瑪瑙に南インドの文字を刻んだ印鑑、ヴィシュヌ、シヴァのヒンドゥー石像群に混じって、後漢鏡や北魏風の青銅仏が展示されている。いかにもかつてタイ湾・ベンガル湾と南シナ海を結んだオケオを示す遺品ばかりだ。

バソン

トンドゥックタン通りに戻り、東に坂を下る。このあたりは、フランスが最初に町造りを始めたところだ。先のホーチミン市社会人文大学をはじめ、旧キリスト教宣教師団などの古い建物が今も点在する。この河岸通りが、トンドゥックタン通りという名前をつけられたのには意味がある。トン・ドゥック・タンとは、知る人ぞ知る、ホーチミン死後のベトナム民主共和国の大統領を務めた人物である。もっとも、実際には名誉職で、軍事や党務は党書記長のレ・ズアンが中心になっていた。だから道路名以外には、歴史から消えかかっている。もう若い人はほとんど知らない。実はトン・ドゥック・タン自身が、共産党指導者ではなく、またホー・チ・ミンの弟子筋でもなく、ベトナム労働運動の初期指導者からそのキャリアを出発させている。トン・ドゥック・タンが最も活躍したのは、二〇世紀初頭、フランスのインドシナ艦隊の造船工廠だったバソンで労働組合を指導していた時だ。

＊33　ベトナム戦争中、学生は首都防衛学生師団に組織され、一週に一日、年に九週の軍事訓練を受けなければならなかった。

写真24

このバソンの造船工廠が、現在の海岸通りの北にある。

バソンの工廠の歴史は古い。一八世紀の末、サイゴンに都を定めたグエン・フック・アイン（嘉隆帝）は、ベトナムの統一のためにまず水軍の拡大をめざした。嘉隆帝の水軍工廠は、現在のティーゲー河口から歴史博物館のあたりまでの湿地帯にあった。まあ、バソンの原型と言っていいだろう。しかし、なんといっても現在のバソンを作り上げたのはフランス海軍だ。一八六二年、サイゴンがフランス領になるや、フランスはサイゴン港を極東フランス艦隊の母港として建設しようとした。もちろんイギリスの大軍港シンガポールに対抗してのことだ。戦争中から船の修理にあてられていた現在のバソン地域に、大ドックを持った船舶工廠が建設された。一八六六年までに、長さ九一・四四メートル、幅二八・六五メートル、高さ一二・八〇メートルの乾ドックを備えた当時東アジア最大のサイゴン造船工廠《アルセナルドゥサイゴン》が完成した。ここでは四五〇〇排水トンクラスの船舶の修理ができたという（**写真24 バソンの造船工廠。二〇〇七年**）。

一九世紀の末には一一〇〇人以上、二〇世紀初めには二〇〇〇人以上の工員がここで働いていた。[*34] 植民地期のサイゴンはなによりも、フランス人の街である。また華人の街である。ベトナム人は地主や官僚、弁護士などの一部のエリートしか、サイゴンの町の政治に参加できない。しかし、人口の大部分は、サイゴンの市民権を持たない貧しいベトナム人だ。

無数の、孤立した人々の中で、唯一、ベトナム人が組織を持ちえたのが、このバソンの工廠の労働者だ。しかもその労働者は、当時としては例外的な職工学校バーゲー学校で基礎教育をうけ、職工として近代の機械技術に習熟した人々だ。バソンさんのところで働く、バソンさんのために働くなどという成語が生まれ、いつしか地名としてのバソンが定着したという。なお、現在、遠隔地に女中奉公に行くことを「オシンに行く（ディーオシン）」と言う。このオシンはＮＨＫのおしんのことである。

若き日のトン・ドゥック・タンもそうしたバーゲー学校出身の機械工の一人だった。さらにその勤務も一応フランスに準拠している。八時間労働、週六日制が守られた。しかし、それだけに近代的管理はきびしく、植民地的人種別給料格差がある。バソンは、突然、サイゴンの中にもたらされた植民地的な近代労働の世界だ。

一九一二年、バソンの労働者は待遇の改善を要求してストライキに入った。これがベトナムでの最初の近代的労働争議である。若きトン・ドゥック・タンが指導した。一九二〇年には労働組合が組織された。一九二五年、広州に起こった大ストライキ鎮圧に向かうフランス艦隊の修理を拒否して、一〇〇〇人の労働者が立ち上がった。サボタージュは四ヵ月も続いた。かくして、一九三〇年に、バソンにインドシナ共産党[＊35]の支部が生まれた。組織を持ち、市会の選挙権を持つバソンの労働者は、合法運動の先頭と言っていい。労働者たちは労働派と呼ばれる党派を打ち立て、前述のように市会選挙では連戦連勝を繰り返した。しかし、まもない第二次大戦の開始とともに、フランス政府は共産主義者、労働運動幹部の大弾圧を開始し、バソンの労働組織は壊滅状況になった（**写真25 バソン工廠の記念館。二〇〇七年**）。

写真25

第二次世界大戦、抗仏戦争、抗米戦争、カンボジア戦争、一九四〇年からの半世紀、バソンをひっきりなしに戦争の嵐が吹き抜けた。特にベトナム戦争の間は、バソンはベトナム共和国海軍にきびしく管理され、栄光の労働組合は解散され、ストライキは禁止された。バソンの冬の時代だ。

一九七五年、解放サイゴンでは、バソンと三〇〇〇人の工員は人民軍海軍に接収され、軍の直接管理のもとに、解放後一一日目には生産を再開した。その

＊34　バソンとはどこかの三男坊に生まれた工員の名前で、船舶工廠の代表のように思われていたらしい。

＊35　現在のベトナム共産党。一九三〇年二月、ホー・チ・ミンが三分裂していた共産主義組織を統合して設立した。

年の九月、半世紀にわたってバソンを離れていたトン・ドゥック・タン大統領がバソンを訪問し、バソンの労働運動に燃えた若き日を回顧する演説をした。

サイゴンは確かに、華人大商人やフランス植民地者の町であったが、二〇世紀前半には労働者や庶民が声をあげられる町でもあった。二〇〇七年、ホーチミン市や近郊のドンナイの近代工場でストライキがあいつぎ、ベトナム特有の低賃金労働がゆらいでいる。なにも、ベトナムが豊かになったので、労働者ストライキが打てる余裕ができたわけではない。

サイゴンには、労働運動の長い伝統がある。その伝統の中心がこのバソンだ。

ホーチミンの憂鬱

サイゴン解放

一九七五年四月三〇日、サイゴンは解放された。それが、軍事的結末なのか、文化的結末なのか、さまざまな議論が続いている。しかし、間違いないことは、サイゴンは植民地都市として生まれ繁栄し、サイゴンの輝ける文化はアメリカの経済援助の結果だったということだ。末期にはサイゴン政府の輸入額は輸出の二〇倍にも達し、その差額は年間五億三〇〇〇万ドルに及ぶ外国援助とアメリカ軍の落とす金でまかなっていた（一九七三年）。アメリカの撤退は軍事的撤退にとどまらない。一九七五年四月三〇日は、サイゴンという国際的な援助の中だけで生きてきた町の最後である。

そして勝ち誇る北の指令によって、急速な社会主義化、集団化が始まる。まず、解放まもない五月九日、いっさいの金銀、貴金属、小切手、手形、有価証券類による取引が禁止された。八月には外国銀行を含む一六の民間銀行が営業停止処分を受けた。政府に非協力な大商人が次々と逮捕され、有力な企業や農園は国営化された。個人の退蔵物資の摘発がさかんに行なわれた。サイゴンの商業は火が消えたようになり、多くの商人が売り食い生活に入った。統一なった七六年一二月の第四回共産党大会は第二次五ヵ年計画を策定し、南部の社会主義的改造の完成を任務とした。

しかし、政府の意図にもかかわらず、サイゴン／チョロンの華人たちは依然として、メコンデルタの流通を握っていたという。農民たちは政府の公定価格政策を信用していなかった。多くのメコンデルタの米が、政府に売り渡されず、時価で買い取る華商たちの手にわたった。ついに政府は、一九七八年三月二三日、南部三万店舗の私営商工業の経営を全面的に禁止し、ついで五月三日、通貨の切り替えと預金封鎖を行なった。兵士、学生が動員され、個人商店を摘発し、封印し、監視した。ここに南部、特にホーチミン市（七六年、サイゴン、ザディン、チョロンを合同して改名）の資本主義的商業活動は死滅した。

たしか週末でした。あの日、ぼくたちの街（桜井註：チョロン）は大騒動でした。どやどやっとたくさんの人たちが家にやってきて、戸に封印をしてしまって、物を出せないようにしてしまったんです。おとなはとっても困ったような顔をしていました。泣いているお婆さんもいました。あの日からみんなとても変わったようです。兵隊に行くな！　と大声をあげる街の人もいました。

（藤崎康夫『ベトナムの難民たち』ＫＫワールドフォトプレス、一九八〇年、一四ページ）

難民

ベトナムなどインドシナ三国から流出するインドシナ難民が、世界的な大問題になった時代があった。ミュージカル「ミスサイゴン」（ロンドンミュージカル、初演一九八九年）[36]や映画「天と地」[37]では、ベトナム戦争最末期、亡命を求めてサイゴンの米大使館に蝟集する親米ベトナム人が派手に描かれる。前者では舞台中央にでんと置かれた脱出用ヘリコプターのはりぼてが話題になった。これらから、ベトナム難民は、戦争難民のイメージが強いが、実際のベトナム難民は、戦後、南部社会主義化が進む一九七九～八二年にピークがある。一九七五年以前サイゴンには一一〇万人のいわゆる華人華僑がいて、うち七〇万人がチョロンに住んでいたと言われるが、多くがアメリカ、カナダ、オーストラリア、また一部が中国に帰還し、一九七八年のチョロンの華人人口は一〇万まで激減した。海路、南シナ海やタイ湾にぼろ船で乗り出した難民たちに、海賊がむらがり、七八年から一〇年ほど、これらの海は地獄と化して、何万人という人が命を落とした。ベトナム戦争はさまざまな悲劇をもたらしたが、ベトナム難民は戦後の悲劇の代表である。この難民のベトナム脱出は、ベトナム政府公認で行なわれ、ベトナムの社会政策としての難民垂れ流しと国際的批判を浴びた。

反米解放の英雄国家ベトナムの世界的名声が、一挙に地に落ちたのはこの時である。だとすれば、当時、世界はあまりにベトナム戦争、南北統一に無知だった。ベトナムの解放勢力は民族の大義を標榜して大衆動員に成功し、また世界の支持を得た。しかし、ベトナム戦争の本質は階級闘争であり、全ベトナムを社会主義化するための闘争であることは、はじめから明らかだ。階級闘争である以上、敗れた階級は追放され、撲滅されなければならない。それは冷徹な歴史事実である。ベトナムの社会主義への配慮を持たず、対ソ関係だけでベトナムとの対立を深めていった中国は、社会主義化を華人弾圧政策と受け取り、一九七九年、ベトナムを攻撃し、中越戦争が始まった（10章参照）。

とはいえ、七五年以来、総数では一〇〇万と言われるベトナム人が、ボロ船を買って海に浮かんだ。官憲も非社会主義分子の出国は止めなかった。多くの人々が南シナ海やタイ湾で漂流し、難破し、また難民船を襲うにわか海賊の被害にあった。難民の途上で犠牲になった人数は、いまや数えようもない。ポル・ポトの大虐殺と並ぶインドシナの悲劇である。[*38]

この時期に出国し、アメリカなどで成功した旧難民たちは、九〇年代になってから故国への送金を始め、また越僑として故国に戻って企業を開き、今ではベトナム経済に欠かせない存在になっている。しかし、難民が受け入れ先で成功し、豊かになったのはごく一部にすぎない。多くの難民たちとその子供たちは、依然として外国での不安定で悲惨な生活を強いられている。

ドイモイへの試行

しかし、西側と中国の援助は中越・カンボジア戦争のためにわずかな人道援助を除いてすべて凍結され、ベトナムは一九七八年に加盟したコメコン[*39]に頼るしかなかった。国内市場と東欧・ソ連市場だけでは経済発展は見込

＊36　一九八九年、ロンドンで初演以来、二〇〇一年までロングランした大ヒットミュージカル、ベトナム戦争中の米軍軍人とサイゴンのショーガールとの悲恋を主題としているが、ほぼ蝶々夫人のコピーである。蝶々夫人同様、ベトナム戦争や難民に対する一方的な見解に終始し、ベトナム理解にも難民理解にも無縁である。日本では故本田美奈子、市村正規主演で一九九二年に初演された。

＊37　オリーバー・ストーン脚本監督、一九九三年。自伝の映画化らしくリアリティがないが、ベトナム帰還兵（トミー・リー・ジョーンズ）のＰＴＳＤ（戦争後遺症）の取り上げ方は秀逸。なお主演の女優ヘップ・ティ・リーも一九七九年出国のベトナム難民だ。

＊38　七九年五月三〇日、ＵＮＨＣＲはベトナム政府と覚書（合法出国計画に関する覚書）を取り交わし、ベトナム国内に滞在する者で、海外にいる家族との再会等を目的とする場合は、合法的出国が認められることになった。これを条約難民という。本覚え書きの発効以降、難民流出は漸減したが、一九八〇年代末からまた増加し、一九八九年には八万人にも達した。これは迫害のための流出ではなく、主に労働目的であるために経済難民と呼ばれる。

めない。七〇年代末には西側援助の停止、農業災害、またカンボジア戦争の負担のために、マイナス成長に落ち込んだ。

それでもベトナム共産党の変わり身の早さは、他国の共産党に例を見ない。たぶん、共産党の権力地盤が人民大衆の支持以外にはないことを、四五年（一九三〇～七五年）の戦乱の歴史を通じて、少なくとも古い幹部たちは知り抜いていた。共産党の施策は、ゆっくりだが着実に変わっていく。一九七九年の八月には、もう政府管理経済の行き過ぎ批判があり、一〇月には私営商工業の拡大を促進する閣議決定がある。八〇年代には、国営工場の現場でも、工場の裁量権が拡大し、少しずつだが自由市場も活況を呈してきた。

一九七五年以来、南部を襲った経済の社会主義化という、いわばベトナム戦争の本当の「大義」に、言ってみれば本質的な逆転を加えたドイモイ政策が、いつごろから、誰によって計画され、実現されていったのか、まだ解明されていない部分が多い。しかし、おおむねの一致するところ、一九八〇年代の初め頃、ホーチミン市のエコノミストグループの間で、社会主義経済体制の中に資本主義的な要素を導入することができないかという、私的な研究会が生まれ、これがホーチミン市の党書記だったグエン・ヴァン・リンに支持され、党中央の経済政策を動かしていったという。いくつかの実験が南部で展開される。ロンアン省では生活必要物資の価格の統一[*40]が試みられた。統一価格は、一九八五年に全国一斉に展開される。いくつかの冒険的な施策、たとえば一九八五年にいっせいに行なわれた配給制度の廃止、デノミと為替切り下げをともなう新紙幣への切り換えなどは、暴風雨のようなハイパーインフレをもたらした。ドイモイ新経済体制への移行はけっしてなだらかなものではない。それは、八〇年代前半の長い試行錯誤の繰り返しの中から生まれている。

ドイモイ経済が一応、発展前進の道を歩み出したのは、ようよう一九八九年のことだから、ほとんど八〇年代の一〇年間、党・政府は新しい経済体制を生み出すために苦闘を繰り返したことになる。

ドイモイ後のホーチミン市の経済発展はものすごい。実はドイモイ以前、工場の生産自主権が大幅に拡大した八四〜八五年に、既にホーチミン市の経済発展が始まっている。一九八三年の地方管轄工業生産（中央管轄の国営企業の生産を除く数字）の二六・五％はホーチミン市が稼ぎ出し、一九八四年には二八％にもなっている。その生産量の七二％は小さな私企業が担っている（全国では六八％）。しかも工業生産それ自身は八三年から八四年にかけて、二二％も伸びている（全国平均は一六％）。ドイモイ直前の一九八五年には全国工業生産の三一％をホーチミン市だけでたたき出している。ドイモイ経済準備はまさにホーチミン市の小さな工場群のがんばりだ（**写真26発展のホーチミン、停滞のホーチミン。二〇〇八年**）。

ドイモイ政策を決定したのは一九八六年冬の第六回党大会だが、実はその後も経済発展はそれほど芳しくない。ホーチミン市の工業生産だけで見れば、一九八七年は一九八五年の五％増でしかない（全国では一二％）。しかし八七年から八九年にかけては二二％の成長率となり（全国では一六％）、いよいよホーチミン市のドイモイ経済発展がスタートする。ドイモイ初期の経済は、言ってみればホーチミン市だけのがんばりだ。一九八九年には政府の通貨政策もようやく成功し、ベトナム民衆を長い間苦しめ、外国投資を妨げていたかのハイパーインフレも終息した。

写真26

ホーチミン・バブル

現在、第一次ベトナムブームと呼ばれる、一九九〇年代前半に起こった爆発

＊39　COMECON。東欧経済相互援助会議の通称。一九四九年に、西欧のマーシャルプランに対抗してできた、社会主義東欧の経済同盟。
＊40　八五年以前のベトナムの公定価格システムでは、配給制商品には公務員価格、労働者価格、一般価格のような複数の価格が設定されていた。

的な海外諸国のベトナム投資は、いったいなにが原因だったのかわからない。閉塞する米日市場を嫌った国際マネーが、洪水のようにアジア市場に集中した。アジア市場の側も、降ってわいたような投資の洪水に、わきかえった。そして、その中でもベトナムには最も熱い視線がそそがれた。優秀で安い労働力、手つかずの天然資源、アメリカにさえ打ち勝った強力な社会、安定した政治というイメージが、ベトナムに過剰投資を持ちこんだ。

一九八八年から一九九六年までの累積外国直接投資は、一八六八案件、契約額で二六九・七億ドル（実行ベース一二二・一億ドル）に達している。中でも一九九四年下半期から九五年下半期までに、実行ベースでも二倍にふくれている。すさまじい投資ブームが起こった。投資ブームの担い手は海峡危機にあえぐ台湾、本土復帰を目前にした香港、そしてバブル崩壊で行き場を失った日本マネーである。これに韓国、ＡＳＥＡＮが追随していく。ＡＳＥＡＮや韓国は、一九九七年、アジア通貨危機というひどいしっぺがえしをうける。同時に第一次ベトナムブームは潮の引くように遠ざかり、日本や韓国の進出企業は痛手をともなって撤退した。この大騒ぎの中で、ベトナム人官僚が堕落していくさま、見栄も外聞もなく、ベトナムに食らいつく企業の話は、黒木亮『アジアの隼』（二〇〇二年、祥伝社）にため息まじりに描かれている。

外国の直接投資の受け皿は、優秀な経営陣と労働力の伝統を持つとされたホーチミン市である。一九七五年までどっぷりと資本主義にひたっていたという経歴が、投資のホーチミン市集中を生み出す。ブーム初期の一九九三年の直接外国投資契約額七一億ドルのうち、ホーチミン市は三〇億ドル、件数では八〇二件のうち、三四〇件を独占している。首都ハノイは、わずかに一六億ドルにすぎない。

一九九〇年以後のベトナム経済の発展はものすごい。統計の性格の差があるにせよ、九二年以後八％以上を一九九七年まで維持している。成長に寄与しているのは、工業部門の高度発展である。その主要な原因が外国投資の激増にあることは言うまでもない。その中でホーチミン市は、すさまじい勢いで経済発展を続けた。九一年から九五年までで、ホーチミン市の工業生産は一・七六倍に伸び、同時期にサービス業者の数は一四万人から二七万人に伸びた。

一九九七年、タイバーツ安に始まるアジア経済危機は、アジアへの過剰投資熱を冷やすに十分だった。現地企業の倒産の嵐の中を、巨額の不良債権を抱えて進出企業はいっせいに撤退する。ベトナムでも外国投資の減少はすさまじい。二〇〇六年の契約額八四億九七〇〇万ドルは二〇〇七年には四六億四九〇〇万ドルとほぼ半減し、さらに九八年には三八億九七〇〇万ドル、一九九九年にはなんと一五億八〇〇万ドルと最盛期（一九九六年）の一八%にまで減少した。

しかし、海外進出企業の大痛手にかかわらず、ベトナム経済自身は大きな痛手を受けていない。ドイモイ後、一〇年を経たにすぎないベトナムは韓国やタイのように国際経済に浸りきる段階にはまだなかった。確かに一九九八年のＧＤＰの発展には落ち込みがあったが、二〇〇〇年には七%に復活している。そして二〇〇八年からは戻ってきた外資の後押しを受けて、また八%にのぼっている。第二次ベトナム投資ブームが始まった。二〇〇四年には外国直接投資は四五億四八〇〇万ドル、二〇〇五年には六八億四〇〇〇万ドルと、九七年以前の段階に戻った。その中心はまたホーチミン市である。二〇〇六年、契約投資額一二〇億ドルのうち、六二億ドルがホーチミン市とその周辺の工業地帯（バリア＝ブンタウ、ドンナイ、ビンズオン）に集中した。

タントゥアン輸出加工区

ホーチミン市工業生産の売りは、タントゥアン輸出加工区である。タントゥアン輸出加工区は、ホーチミン市の東のはずれ、第七区のそのまた東、サイゴン川が大湾曲する砂州の上、かつてマングローブとニッパの生い茂る湿地に、一九九二年に造成されたベトナム最初の工業区（工業団地）だ。ただし、ただの工業区ではない。輸出加工区と呼ばれる。

写真27

ベトナムでは工業区は、①一般工業区、②輸出加工区、③ハイテク区からなる。この中で輸出加工区は、もっぱら輸出生産を目的とする工業区で、住民を入れず、工場とサービス機関のみを集中させた特別区だ。もっとも、実際にはどの工業区もはっきりした区別があるわけではない。ハイテク区などは、まだまだ夢の段階だ（**写真27 タントゥアン輸出加工区本部。二〇〇七年**）。

サイゴン川沿いの道路を東に走る。テー運河をタントゥアン橋で越すと、まもなくベトナムではめったに見られぬ全面舗装の三車線道路タントゥアン道路が広がる。さらに東に進むと、大小四本の白い、石のトーテムポールが見える。タントゥアン輸出加工区の入り口だ。総面積三〇〇ヘクタール、中に国際港、近代的な下水処理場、産業廃棄物処理施設、消防署、倉庫運送センター、診療所、銀行、さらに大学からゴルフ場まである。

二〇〇七年段階では一一五の海外企業が操業を開始している。最も多いのはジューキやオンワードなど日本企業五一社、ついで台湾の四四社であり、約六万人の労働者が働く。さらに七社が新しい工場を建設している。二〇〇七年までの総投資額は九億八三万ドル、一〇〇〇億円以上になる。

ここでの製品、多くは繊維、縫製などの軽工業、電子部品、機械組み立てなどであるが、ほぼ全量が輸出にあてられる。これが「ベトナムの」輸出加工区かと言えば、首をかしげたくなる。ベトナムはタントゥアンという土地空間を一平米、三〇年間、一〇八米ドルで企業に貸し出し、平均月六七万ドン（四〇〇〇円弱）の労働力を提供するだけの、ベトナムの中に設置された宇宙空間のような場所だ。タントゥアンはベトナム工業化の星であり、ハイテクという名のファッションが作り出される土地だ。

かつて、ドイモイ後まもないベトナムに市場経済の意味を知らせ、そのがんばりで、一九九七年アジア危機を回避させたホーチミン市の下町の生産業者たちは、外資の資本と技術の前にただたたずんでいる。

統一のホーチミン

一九七五年、ベトナム共和国の首都サイゴンはホーチミン中央直轄市に移行した。北の人々が大量にホーチミン市に入ってきた。一五年の戦い、大量の犠牲者の上のホーチミン市入城は、どうしても北に勝者の意識を与え、式典から疎外された人々に敗者の意識を与えた。数多い人々が思想改造キャンプに送られた。経済混乱の続いた七〇年代、八〇年代を通じて、北によって先導される統一は、人々に違和感以上のものがあったようだ。政治的な動員は別にして、積極的に金星紅旗がうちふられるわけでもなく、会話の中ではサイゴンが普通で、ホーチミン市民と自らを言うこともほとんどなかったように思う。熱烈な党関係者を別にして、サイゴン市民の普通の会話は現政権への不満から始まったと言って過言ではあるまい。征服者と被征服者、一つの国民、民族の中で、二つの意識が並立し対立することは、ベトナム戦争の残した悲劇の中で最大のものなのかもしれない。

月日が流れた。九〇年代に入ってから、戦前をはるかに超える高度成長が始まった。ベトナム経済はホーチミン市を中心に回りだした。政治的な敗北者は経済的な勝者になった。ホーチミン市の人々の心の中に自信が生まれた。

象徴的な事件がある。一九九六年の冬だったか、ベトナムのサッカーチームがＡＳＥＡＮゲームで準優勝した。この時、ホーチミン市は狂騒状況にあった。街に繰り出した若い人々が握り、うちふったのは「北」の、それも共産主義者の旗だったはずの金星紅旗だった。人々は自分の旗として、金星紅旗を認めた。ナショナルチームの健闘が、ホーチミン思想だけではできなかった国民統一の実体を作っていく。景観が違い、歴史が違い、したがって文化が違うハノイとホーチミン市の二都市は、ともに一つのクニ、ベトナムの二つの都市にしていく。スポーツの祭典、おそるべしである。

今なお、ホーチミン市では一〇%近い経済成長が続いている。建築ラッシュは続いている。古い建築は、次々と取り壊され、運河は埋め立てられ、林立する高層ビルが町の景観を常に新しい豪華なものに変えていく。

ホーチミン市輸出加工区・工業団地管理委員会(HEPZA)とベトナム国家大学―ホーチミン市が共催した人材開発に関する会合で、HEPZAの副責任者であるディン氏が、ホーチミン市の工業団地や輸出加工区では二〇一五年までに、新たに一〇万人の労働力が必要になると話した。

ディン氏によると、新たに創出される一〇万人の雇用のうち半数程度は、二〇一一~一五年に工業団地と輸出加工区で開発される計五〇〇ヘクタール程度のプロジェクト向けという。業種別では、電力、電気製品、機械、情報技術(IT)、製薬関連が大半を占める見通しという。また、新規雇用の六割は女性。熟練労働者は全体の三八%の三万八〇〇〇人に上るという。

ホーチミン市では毎年約一〇万人が総合大学や単科大学、五万人程度が職業教育学校を卒業しており、旺盛な熟練労働者の雇用需要を十分満たせる計算になる。ただ、近隣のビンズオン、ドンナイ、バリア=ブンタウなど各省でも熟練労働者の需要は高いため、奪い合いとなっているという。同市七区のタントゥアン輸出加工区では今年二〇〇人の熟練労働者が新規雇用される予定であったが、実際の応募者はその六割にとどまったという。

こうした中、多くの企業は質の高い労働力を確保するため、実務知識や語学能力に乏しい新入社員向けの研修コースを設けるほか、市内の大学と協力して講師や学生が先端技術や最新機器に触れられる機会を提供しているという。

グエン・タット・タン大学職業教育センターのズック所長は、このように企業と学校が協力し合えば、互いの利益になると説く。学生にとっては企業で最新機器を実際に使う機会などが得られる一方、企業は採用後に従業員を訓練する手間が省けることになる。外資系企業が最長一年間にわたって親会社に研修に送り込むベトナム人従業員は六〇〇〇人以上に上る。これにより、ベトナムに駐在する本国などからの専門技術者を減らすのが狙いという。

こうした研修生の最大の受け入れ国は日本で、四〇〇〇人が滞在している。これに韓国、シンガポール、台湾、中国が続く。ホーチミン市では、合わせて一三の工業団地と輸出加工区で、国内企業と外資の計一〇四四社が約二五万二五〇〇人を雇用する。労働者全体のうち六四・六%が、繊維・衣料、履物、電化製品など労働集約型の産業に従事している。肉体労働者は全体の八三%ほどになる。職業訓練を受けているのは八・九%、総合大学か単科大学の卒業生は六・七%にとどまっている。また、全体の七〇%が出稼ぎ労働者という。ホーチミンの当事者の話は夢にみちあふれている（二〇〇九年六月六日ホーチミン市にて）。

貧しき人々の群れ

サイゴンの経済的発展は、貧しさの分かち合いという北ベトナムの経済論理の否定によって生まれた。それは学歴や能力のあるもの、資産を持つものには有利な制度であり、結果的にベトナム経済を大きく底上げしたことは事実だ。しかし、多くの絶望的な人々をホーチミン市の街角に置き捨てた。

吉井美知子は、ホーチミン市のストリート・チルドレン救済のNGOで活動してから長い。吉井は二〇〇四年、ドイモイの影の部分を調査報告している（著者への私信。参考：吉井美知子『立ち上がるベトナムの市民とNGO――ストリートチルドレンのケア活動から』明石書店、二〇〇九年、一七三～一八六ページ）。そのいくつかを紹介する。

（一五歳のS少年は、調査時点では日本人里親の奨学金をもらっている）。自宅はビンチュウ市場[*41]の奥に一キロメートルほど入ったところ、長屋の突き当たりの家で、一〇平米くらいのレンガ造りモルタル塗り平屋。入り口からの光以外には窓がないため真っ暗である。ひと間しかないが、隅に洗面所がついている。父は中部のビンディン省、母は北部のタイビン省出身。それぞれ漁業、農業を営んでいたが、貧困のため一九八〇年代に南部の国営ゴム会社に就職、職場で知り合って一九八八年に結婚した。ところが一九九三年、会社が合理化のために人員削減に踏み切ったためふたりとも失業、故郷に戻って漁業をやり直そうとしたが、家も船も技術もないものづくしで失敗、結局一九九四年に今の場所へ家族三人で流れついた。

家族は父、母と弟の四人家族。父はバイクタクシーをしながら家事と下の息子の子育てを担当、平均日収二万ドン（一六〇円位）。母はビンチュウ市場近くの地べたで果物を売る。こちらの日収は平均三万ドン。ここから住居および果物倉庫の家賃月額四二万ドン、水道・電気代、食費などを払うと、高校の授業料月額二一万ドンはとても払えない。公立なら半額以下になるのだが、住民票がないことと学力不足で入れない。

Chちゃんは一二歳の女児、同じく日本人から奨学金をもらっている。

ビンチュウ能力開発センターの小学校五年生クラスに通い、朝来て夕方に帰る昼食つきのケアを受けている。また、日本人里親からの奨学金も受けている。自宅は線路から奥に入った路地にある。一六平米くらいの一間に洗面所がついて、梯子を上がると二階にも一間がある。Chちゃんの父は刑務所にて服役中。一九九七年に喧嘩をして相手を死亡させたため一〇年の刑を受けている。その後減刑されたので、あと一年で戻るはずである。母はChちゃんが生後四ヵ月のときに家出してしまい、音信不通。姉がいて、小学校五年生を終えたばかりである。姉妹は父方の祖父母と同居している。ほかに父方の叔母とその夫、そしてその娘ふたりも同居している。祖父は高齢のため働いていない。祖母と叔母が家の前で屋台の食料品屋を開いている。屋台を買うのに借金したので、これを返していると一日の収入は一万ドンにしかならない。後は叔父が建設現場の日雇い労働で日収三万五〇〇〇ドンを稼ぐが、毎週週末に給料を受け取るとそのまま酒を飲んでつかってしまうので、家には一ドンも入らない。

Hくんは九歳の男児、日本人の里親から奨学金を受けている。

家はバラック長屋にあり、ニッパヤシ葺きの屋根と壁、床は土を固めた土間になっている。ふた部屋があり、五〇平米くらい。家族は父母と父方の祖母、そして三人の兄の全部で七名。ただし長兄はバイクで死亡事故を起こして、刑務所に入っている。父は、建設現場での日雇い労働者で、仕事がある日は日収四万五〇〇〇ドンを稼ぐが、毎日あるとは限らない。次兄も同じく日雇い労働で、仕事があれば日収三万ドン。母は病気のため、外で仕事はしていない。三番目の兄は小学校五年生クラスに通っている。次兄も半月前にバイク事故を起こして、額を打った。手術が必要と言われたが金がないのでそのままになっている。母親の病気は腎臓結石。こちらも手術して石を取り出せば治るが、金がないので放置している。病気になる以前は、建設現場で鉄筋を曲げる作業の日雇い労働をしていた。

吉井はその報告書の最後を次のように結んでいる。

フィールド訪問の往復には、大開発中の新都心「ナム・サイゴン」や外国企業がひしめくタントゥアン工業団地周辺を通った。ドイモイが派手に進むなかで、ますます対照的に取り残されていくこれらの貧困家庭にとって、こんな大規模開発が何かの役にたっているのだろうか。

＊41　ビンチュウ市場はホーチミン市北部のトゥードゥック区にある。二〇二三年、ホーチミン市二区、九区、トゥードゥック区は合併してトゥードゥック市となった。

吉井のほとんど悲鳴のようなホーチミン観察がわからないではない。しかし、その大規模開発が、ホーチミン市のなによりも雇用を拡大し、インフラを整備していく。それがゆるやかに貧しい人々に職を与え、住まいを与えるのも事実だろう。ホーチミン市の目を奪う発展の影には、歴史から置き捨てられた多くの人々がその中を懸命に生きている。

4章 西の高原へ

トゥアティエン＝フエ省
フエ
トゥアンアン
クアンチ省
ダナン湾
ソンチャ半島
ダナン
ダナン（中央直轄市）
ケチェー
ディエンバン
クーラオチャム島
ホアンサー群島➡
ホイアン
チャーキュウ
ドンズオン
ナムザン
ミーソン
タムキー
クアンナム省
ヌイタイン
チューライ
ズンクァット
ソンミ
クアンガイ
クアンガイ省
ラオス
セーコーン県
アッタプー県
アッタプー
ゴクニアイ山
ゴクリン山
ゴクホイ
ボーイ
ダックト
コントゥム省
コントゥム
コンコトゥ
サーフィン
ビンディン省
チャバン
ダップダー
ビンディン
アンケ
タイソン
ティーナイ
クイニョン
ジェウチ
ホアヒエップ
プレイク
ザライ省
ラッタナキリー州
ウントラエン州
チュプロン山
フーイエン省
トゥイホア
クロンブック
ホアタム
ヴンロー
カンボジア
ブオンドン
ブオンマトゥト
ダクラク省
モンドルキリー州
カインホア省
ポーナガル
ニャチャン
チュオンサー諸島➡
チューヤンシン山
ダクノン省
ランヴィエン山
カムライン
カムライン湾
ダラット
ホアライ
ヴィンハイ
タイアン
ニントゥアン省
ポークランガライ
ファンラン・タップチャム
フオックディン
ラムドン省
ロクニン
ビンフォック省
ドンソアイ
カッティエン
バオロック
チョンタイン
ドンナイ省
ビンズオン省
ポーロメ
ファンリー
ビントゥアン省
フーアン
ポーハイ
ムイネー
トゥ・ザウモット
ロンカイン
ビエンホア
ファンティエット
ハンゴン
ロンアン省
カンドゥック
バリア
バリア＝ブンタウ省
ティエンザン省
ブンタウ
ホーチミン（中央直轄市）
ベンチェ省

トゥボーンクモム州
ロクニン
ビンフォック省
ラムドン省
サーマット
22
タイニン省
バーデン
カッティエン
タイニン
22B
ビンズオン州
チーアン湖
ドンナイ川
サイゴン川
13
フーアン
スヴァーイリアン州
22
モクバイ
スヴァーイリアン
1
チャンバン
13
トゥーザウモット
ドンナイ省
ビントゥアン省
カインフン
東ヴァムコー川
トゥアンアン
1A
20
ビエンホア
ロンガイン
ハンゴン
56
ヴィンフン
クチ
モクホア
ドゥックホア
ジーアン
ドンタップムオイ
ロンアン省
サイゴン
51
ニャーベー
西ヴァムコー川
ドンタップ省
62
バリア＝ブンタウ省
タップムオイ運河
タンアン
バリア
1A
カンドゥック
ティエンザン省
タムヴ
カンゾー
ブンタウ
42
カオライシー
1A
ゴーコン
ブンタウ岬
カイベ
ミートー
ソイラップ河口（カンゾー河口）
ラックミエウ橋
ホーチミン（中央直轄
ミートゥアン橋
ヴィンロン
ベンチェ
サデック
1A
53
ティエンザン川（ミートー川）
ベンチェ省
91
オーモン
ヴィンロン省
カントー
トイライ
ハムルオン川
チャビン
61
チャウタイン
チャビン省
ハウザン省
1A
コーチエン川
南シナ海
ルークー
ソクチャン
ソクチャン省
ハウザン川
バックリュー省
バックリュー
カマウ半島
コンソン島
コンダオ群島

ホーチミン市の北

東ヴァムコー川、タイニン省

カンボジアは南北を走るメコン川によって東西二つの地域に分かれる。東は湿地帯が広がり、西は低い山並みや平原が卓越する。八世紀以前は水真臘（水のクメール）、陸真臘（陸のクメール）と呼ばれ、大航海時代は山の王、水の王と呼ばれる二つの王家が分立していた。

カンボジア東南に古いメコン川の作った大湿地帯が広がる。東ヴァムコー川がここから南南東に流れ出してベトナムのタイニン省に入る。東ヴァムコー川は両側に低湿地を作りながら南下してホーチミン市の台地の西裾をまわり、カンドゥックで西ヴァムコー川に合流し、そのまま海に流れ込む。東ヴァムコー川は、古来、東カンボジアを直接、南シナ海に結ぶルートだった。タイニン省の東ヴァムコー川に沿って、一〇世紀以前のクメール・チャム寺院遺跡が、複数点在している。

写真1

タイニン市から一〇キロほど東北に、九八六メートルの玄武岩の独立峰が平坦な水田を見下ろしている。タイニン省では唯一の山だ。だから古くから信仰の対象となっている。ここの神は霊山《リンソン》聖母《タインマウ》と言う。かつて戦地に愛人を送った一人の娘が山賊に誘拐され、乱暴されそうになったとき、自ら谷に身を投げて死を選んだ。里人がこの霊を哀れんで山中洞窟に祀ったのだという。レ・ヴァン・ズエット（3章一二七ページ参照）が納めた女神銅像が黒かったので、黒婦人《バーデン》とも言う（**写真1 黒婦人の山。山頂の霊山仙石寺**）。聖母の好きな南部人の崇敬を集め、毎年旧暦正月と五月の祭礼にはたいへんな参拝者が訪れる。タイニンは、アンザン省のサム山やカム山（2章五五・七三ページ参照）と並んで、先住者クメールの匂いが芬々とする。

カオダイ教

タイニンといえば、カオダイ教の聖地である。メコンデルタを走ると、道路の脇などに、ゴチック建築のカソリック寺院のような正面に二つの塔を持った教会建築を多く見出す。しかし、カソリックと違って、塔の間の建築正面の壁に大きく見開いた左目の絵が描かれている。カオダイ教の教会だ（**写真2 タイニン市内のカオダイ教本山。幅一〇〇メートルという**）。

写真2

カオダイ教はメコンデルタのホアハオ教と並ぶ南部の代表的な新宗教である。規模が大きい。都会にも村の中にも広がっている。現在、おおよそ二〇〇万の信徒を誇る。諸書には、カオダイ教の始祖はタイニン省の人で、フランス政庁の官吏だったレ・ヴァン・チュンとするものが多い。一九二五年のクリスマスに、チョロンに住んでいたレ・ヴァン・チュンに「高台仙翁大菩薩摩可羅」という神が降臨した。翌年、レ・ヴァン・チュンらは「高台大道三期普度」という宗教を創始したとする。略して高台《カオダイ》と言う[*1]。

チュンはハティエンやフーコックで、華人政権の鄭《マク》氏（1章二三ページ参照）の廟をめぐる旅から、根本教理を得たという。フランス官憲の世界、華人の世

＊1　しかし、実はその遙か前、一九一〇年代末から高台仙翁という神が、チョロンのさまざまな人に憑依して、いろいろな詩を残している。ゴ・ヴァン・チエウという同じくフランス政庁の役人が、憑依した人々をまとめて、カオダイ教のもととなる組織を作っている。

界が色濃い。実際、カオダイ教は一種の混合宗教で、仏教、道教、儒教三教を一つに考え、さらにキリスト教の教理から当時欧州で流行していた降霊術まで覆《ふ》みこんだものだ。だいたいチュンに降臨した主神の「高台《カオダイ》」という神名は、新訳聖書の「天国」の中国語訳から来ているともいう。一九六六年の案内書で見ると、祀られる神位は第一には、ブラフマー、シヴァ、クリシュナのヒンドゥー三神、[*2]伏義、神農、玄帝の中国三神、モーゼ、アブラハムの旧約預言者たち、第二は釈迦、老子、孔子、キリスト、マホメットとなっている。さらに多くの聖人が配される。中にはヴィクトル・ユーゴーからジャンヌ・ダルクまで崇拝される。しかもその混淆宗教が、クメールの土俗信仰の香りが芬々とするこのタイニンに生まれた。いかにも多文化世界の南部らしい宗教だ。

　結局、レ・ヴァン・チュンが二八人の代表者を集めて、カオダイ教を宣言した。これが一九二六年のことである。フランス政庁に正式に届けを出し、いっせいに布教活動に入った。教勢はたちまちにふくれあがるが、同時に、諸派の連合体だから、当初から分裂の要因を抱え込んでいた。

　さらに一九三〇年代からのさまざまな思想の系列が、カオダイ教を大きく分裂させる。たとえば、ハウザン省のカオダイ教会（ハウザン教会）は反仏活動に熱心で、一九三九年には、インドシナの各宗教の統一大会まで開催した。一九四五年の八月革命（一九四五年のベトナム独立革命）では、ベトミン戦線に参加し、カマウなどの蜂起の主体となった。一九四七年にはカオダイ一二派をまとめて、救国軍を組織し、フランスと戦った。しかし、一九五四年のジュネーヴ会議の結果、救国軍は解体し、一九五六年にはベトナム共和国軍の討伐により、壊滅してしまった。

　本流のタイニン教会の中にもたくさんの分派が生まれ、ハウザン教会に参加する派も多く出た。しかし、タイニン教会自身は、ベトナム共和国政府にもアメリカにも友好関係を持ち続け、この結果、現代に至るまでタイニンがカオダイの中心地としての位置を持ち続けることになる。戦乱のベトナムに生きる限り、非政治を標榜したものだけが最後には生き残る。タイニンのカオダイ教は庶民の智慧かもしれない。

南ベトナム解放民族戦線[*3]

ベトナム戦争当時、解放戦線の拠点がどこにあるかは、もちろん最大の軍事機密で、米軍さえ捕捉できなかった。現在では、この拠点がタイニン省の西北隅、カンボジアの国境に接したサーマット地区のジャングルであったことが公表され、いまや観光地として公開されている。

一九六〇年一二月一九日、タイニンの深い森の中で、一五年のベトナム戦争を背負うことになる南ベトナム解放民族戦線が設立された。この歴史的な解放戦線の設立式典に秘密裡に参加したチュオン・ニュー・タン（南ベトナム臨時政府法相。一九七六年フランスに亡命）は、この歴史的式典の報告者である。

タンは一九六〇年一二月、サイゴンの自宅を抜け出し、タイニン行きのバスに乗った。タイニンのバスターミナルから、さらにオート三輪で一六キロ先の前線の政府軍硝所の置かれたカンダンに向かう。カンダンで張り番の兵士を買収し、さらにジャングルの中の未舗装の道を二四キロ進む。小さな家で連絡員と落ち合い、暗くなるのを待って自転車でさらに一時間ほど奥地に行く。サトウキビの中に次の連絡所があり、ゲリラたちが集まっていた。小休止してから、次の連絡所に進む。こうしたことを一晩中繰り返すと、やや開けた空間に出る。そこには小さな小屋がたくさん建っていた。中にやや広めのホールがあり、そこが解放民族戦線が設立される会場だっ

＊2　中国古代の神、八卦を作り、文字を教えたという。

＊3　ベトナム語の順番では、戦線・民族・解放・南ベトナムとなる。六〇年代には、これを当時一般的だった「南ベトナム民族解放戦線」と訳すか「南ベトナム解放民族戦線」と訳すか、仲間うちで議論があった。前者だと南ベトナム民族の解放戦線になり、後者では南ベトナムを解放するベトナム民族の戦線になる。意味がまったく違う。南ベトナム民族という特別な概念はないということで、後者に決まった。いま、再び、研究者の間でも民族解放戦線という訳が出回っているが、懐かしき六〇年代は、こんなことに血を見るような激論を繰り返したものだ。

写真3

図1

た。解放民族戦線旗（一九五九年解放戦線準備会で制定。上段に赤、下段に青を配し、中央に金星を描く）が掲げられた（**図1 南ベトナム解放民族戦線旗。全世界のある世代の人々にとっては、あの時代の象徴である。私自身も一九六八年、テト攻勢の年、この旗を手作りしてうちふった記憶がある**）。

会場には六〇人ばかりの各組織からの代議員が集まっていた。まず治安状況の説明があり、空爆されたときの避難場所の確認がなされる。まさに前線の集会だ。のちに解放戦線議長としてベトナム戦争全期間を指導するグエン・ヴァン・ヒューが解放民族戦線の設立を提案し、各組織の発言のあと、のち南ベトナム臨時政府主席になるフイン・タン・ファットが設立を宣言した。解放戦線を冷ややかに見続けていたチュオン・ニュー・タンにとってさえ、この大会が歴史的事件であること、参加者のすべてがその責任にうちふるえていることを感じた。同じ道を戻ったタンはサイゴンの自宅で、解放戦線設立を祝うハノイ放送を聞いた。ベトナム戦争が発起した（チュオン・ニュ・タン『ベトコン・メモワール――解放された祖国を追われて』吉本晋一郎訳、原書房、一九八六年、八九―九二ページ）。（**写真3 公開されているタイニン省サーマットの党南部委員会の抗戦中の集会室**）

タンは七年後、解放戦線の基地を訪れている。一九六七年、一方でサイゴンのゴム園経営者として富豪の生活をしながら、隠密裡に解放戦線の運動を続けていたタンは公安警察に逮捕される。運良く一九六八年のテト攻勢のあとの捕虜交換で釈放され、以後、タイニン省奥地の解放戦線本部で民族民主平和連合勢力連盟*4の樹立のために働く。

一九六九年始め、新任の大統領ニクソンは一方で戦線からの米軍の離脱に取り組む。このために、拡大パリ会議が開かれ、和平への話し合いが進んだ。これに対応して六月、ジャングルの中で解放戦線は国民代表大会を開催し、臨時革命政府の樹立を宣言した。この時の飾り付けは建築学博士フイン・タン・ファットの最後の仕事だったという。タイニン省のジャングルは臨時とはいえ一政府の所在地になった。

タイニンの今

現在のタイニン省は面積四〇四九平方キロの比較的大きな省だが、人口は一〇六万人しかいない（二〇〇九年）。人口密度は二六四人。まだまだ森林部分が多い。しかし、ホーチミン市が近く、カンボジアは隣だ。国道二二号Bではカンボジア国境のサーマット口から二二号起点のホーチミン市郊外までわずかに八〇キロしかない。タイニンはいまやカンボジアとホーチミンを結ぶ結節点として注目される。国境のモクバイにはモクバイ国境経済区域が設定されている。

またタイニンの南部、ホーチミン市と接する地域には、一九九九年からチャンバンの大規模輸出加工区が設立されている。チャンバン加工区は面積七〇〇ヘクタール、うち企業貸し出し地は四〇〇ヘクタールになる。タイニンがゲリラとカオダイの拠点でしかなかった時代は終わった。

二〇〇一年にはGDPの四七・二%が農水産業、わずかに二〇・五%が工業生産だったが、二〇〇七年にはそれぞれ三二・一九%、二六・三三%と着実に非農業化を進めている。

＊4　この長い名前の組織は、テト攻勢後、解放戦線がもはや北ベトナムの労働党の影響下にあることがあきらかになったために、解放戦線には距離をおいても反政府運動を続けている層の組織化を狙ったものである。ベトナム戦争末期には、民衆動員のために大きな力を持った。

ビンズオン省トゥーザウモット[*5]

サイゴン・バンドの埠頭の前の川をサイゴン川と呼ぶ。もともとはホーチミン市のほぼ真北、一〇〇キロのカンボジア国境低地から真南に流下し、サイゴン丘陵の東をまわって、ホーチミン市のやや南でドンナイ川に交わる。ホーチミン市からサイゴン川に沿った国道一三号を北にのぼる。あるいはホーチミン市のタンソンニャット国際空港から省道を北上する。サイゴン丘陵の北側を下ると、サイゴン川沿いの低地が続く。北二〇キロほどで低い河岸段丘が北側から川に迫ってくる。ビンズオン省都のトゥーザウモット市だ。もちろん今は一三号沿いに工場が建ち並び、ホーチミン市の延長が連なっているとしか見えない。ビンズオン省は面積二六九五平方キロの小さな省だが、人口一六一万九九〇〇人、人口密度は六〇一人に達する。ホーチミン市の近郊工業地帯としての発展が大きい。

トゥーザウモットはクメール語でトゥンゾアンボット（最高の役所を持った高い土地という意味らしい。もっともカンボジア名については諸説ある）と呼ばれるサイゴン川の港だった。漆、竹の集散地だったという。

今でも河岸には小さな古い華人の店舗が並ぶ。河岸から国道一三号までの二キロほどの緩い斜面が商業地域になっている。河岸に突き出した台地の上にフランスの行政中心、今の省庁や市庁が集まる。この台地がクメール語の都市名の起こりになる。一三号を越した台地上には住宅地群が林立する。瀟洒なフランスのビラ風建築も点在する。都市と近郊を合わせて二四万人程度の小さな街だ。しかし、住宅地地域の真ん中に真新しいビンズオン大学の高いビルがそびえている。[*6]

スーパーから大学まで、なんでもある街だ。新興工業地帯の中心というだけではない。トゥーザウモットはもともとフランスのゴムプランテーションの中心として作られた歴史を持った街だ。

紅土とゴム

ビンズオン省からドンナイ省にかけての土壌の半分は紅土《テールルージュ》（ベトナムでは赤黄土《ダットドーヴァン》）で覆われている。紅土は明るいチョコレート色をした土だ。南ラオス、北カンボジアから東西に幅広い玄武岩地帯がある。この玄武岩が風化して、窒素分に富み、水はけのいい粘土層を生み出す。これが紅土だ。樹木の栽培に適している。この紅土に二〇〇〇～三〇〇〇ミリの雨が降りそそぎ、平均気温二七度の熱気が覆う。ここにゴムの栽培に理想的な土地が生まれた。

ゴムと総称されるが、正確にはパラゴムノキ、またはブラジルゴムノキのことである。ゴムはもともとブラジルに生息した熱帯の樹木だ。見た目には白樺によく似ているが、はるかに巨大でほっておくと五〇～六〇メートルにもなる。ゴムの樹脂が防水材料になることは古くから知られていたが、一八三九年に、ゴムの樹脂に硫黄を混入すると飛躍的に弾力性が高まることが発見され、ゴムの用途が広がった。

しかし、原料のゴムはブラジル以外ではなかなか栽培が難しく、シンガポールでゴムの栽培に成功したのは一八七七年のことである。仏領インドシナでは、一八九七年にフランス海軍の薬剤官がマレーから二〇〇〇本のゴムの苗木を送ったことに始まるという。最初はサイゴン近郊などでほそぼそと作っていたが、一九〇六年からプ

＊5　ビンズオン省は行政的に複雑な過程を辿っている。もともとフランス時代はトゥーザウモット省だった。一九五六年に二つに割れ、北をヴィンロン省、南をビンズオン省と呼んだ。一九七六年、新政府はビンズオン省とヴィンロン省ほかを統合しソンベ省とした。この時代は省を拡大して、大規模な公的投資ができるようにすることが国策だった。しかし、大きな省は行政効率が悪く、ドイモイ後、次々に仏領時代と同じような小さな省に分割されていった。一九九六年、ソンベ省は元のようにビンズオン省とビンフォック省に分かれた。

＊6　トゥーザウモットには七大学（トゥーザウモット大学〈教育系〉、ビンズオン経済技術大学、東部国際大学、越独大学、ホーチミン鉱山大学、水利大学）がある。小さな地方都市では異例である。

写真 4

写真 5

ランテーション作りが始まり、一九一五年に至って採取と輸出が本格化した。

ゴムの需要の拡大は自動車の普及に並行している。大戦中の軍事需要と戦後のモータリゼーションがゴム生産に火をつけた。フランス人の大ゴムプランテーションが次々と生まれた。一九三六年までに仏領インドシナでのゴム園総面積は一二万六〇〇〇ヘクタールに及んだが、うち九万七〇〇〇ヘクタールは旧コーチシナ（南部）に偏在し、中でもビエンホア省（現ドンナイ省）とトゥーザウモット省（現在のビンズオン、ビンフォック両省）で七万二〇〇〇ヘクタールを占めている。

一九三七年の統計では、トゥーザウモット省の栽培面積は四万四六三三ヘクタール、インドシナ連邦ゴム栽培面積の三五・一七％とぶっちぎりの一位である。農園の平均面積は一六八ヘクタールと大規模なものが多く、そのほとんどがフランス人のプランテーションだった。ビンズオン省の原地形は熱帯林、ゴム園、そして川沿いの線上の水田といったところだろう。

このゴム園の広がりは、ゴム景気に舞い上がったフランス人の投資の結果だ。映画「インドシナ」（レジス・バルニエ監督、一九九二年）でカトリーヌ・ドヌーヴ演ずるエリアーヌの父親はこうしたゴム園のオーナーだった。映画の冒頭シーンはフランス人のゴムプランテーションの朝から始まる。特に第一次大戦後、ゴム栽培はこのトゥーザウモット省とドンナイ省を中心に、フランスのインドシナに大きな利益をもたらした。ドンナイやトゥーザウモットのゴム園経営で最も困難だったのは、労働者不足とマラリアの流行だった。このため、土地不足に苦しむ北部の農民を募集してクーリー[*7]としてゴム園に送り込んだ。

ゴム園の生活環境は劣悪で、たとえば一九二七年の当局の調査でも、年間一〇〇〇人につき、二六五人が入院加療を必要とし、五四人が死亡したとされる。当時のことわざに「行きやすく帰りがたし《ゼーディーコーヴェー》」と言われたという。映画「インドシナ」中で、ハロン湾の小島に集められたクーリーたちが反抗して虐殺される場面があるが、クーリーの募集がほとんど奴隷貿易に近いものだったことは確かだろう（**写真4　一九三〇年代のゴム園労働者のバラック**）。

たちまち、ビンズオン紅土地帯の中心、サイゴン川の港トゥーザウモットは膨れあがった。港、市場、そして瀟洒な住宅地ができたのはこの頃だろう。トゥーザウモットとカンボジア国境ロクニン（ビンフォック省）を結ぶ鉄道がひかれた。すべてをトゥーザウモットに集め、サイゴン川の水運を使ってホーチミン市（当時のサイゴン）に運び込もうというものだ。トゥーザウモットにフランス人の高級別荘が並び立ち、河岸に大規模な市場が生まれた時期だ（**写真5　トゥーザウモット郊外に新規に植えられたゴム園。二〇〇九年**）。

抗米戦争中、ゴムの生産は著しく低落した。一九七六年の統計では統一ベトナム全土に七万六〇〇〇ヘクタールに過ぎなかったが、それでも、うちビンズオン、ドンナイなど東南部の省が六万九五〇〇ヘクタールを占めた。

戦後、最も急速に伸張した農産物はゴムだ。一九八一年には栽培面積は全国で八万五〇〇〇ヘクタール、うちドンナイは二万二七〇〇ヘクタールとフランス時代に並び、一九九〇年には全国で二二万一七〇〇ヘクタール、ドンナイで三万六五〇〇ヘクタールであり、フランス時代の最盛期の約二倍になった。中国のモータリゼーションの急拡大につれて、二〇〇二年以来、世界の天然ゴム市場は急騰し、再びゴムの時代が来た。二〇〇七年には全国で約五〇万ヘクタールのゴム園がある（二〇一一年では四七万二〇〇〇ヘクタールと推計される）。フランス時代の五倍だ。このうち、東南部が三三万九〇〇〇ヘクタールと、依然、中心的な位置にある。ゴムは東南部の宝だ。

＊7　クーリーとは、一九世紀から二〇世紀初頭にかけて植民地やアメリカ大陸などで働かされた中国人・インド人などアジア系外国人・移民の単純労働者を指す。漢字で苦力と表現されるが、元はインド系の言葉だという。

ビンズオン省の工業化

ただし現在のビンズオン省の主産業は、お隣のドンナイ省と同じくホーチミン市に近い工業区の生産だ。ビンズオン省のＧＤＰの六五・五％は工業部門が作り出している。農業はわずかに四・五％にすぎない。ビンズオン省といえば工業区だ。これも珍しい。

ビンズオン省には現在、大小二八もの工業区がある。前述のように南部ベトナムでは九〇年代の初めから、工業区の創設に積極的だった（3章参照）。工業区の代表はビンズオン工業区だ。一九九七年、ビンズオン工業区がタインレ輸出入商業公司の全面投資によって建設された。ビンズオン工業区はホーチミン市の中心からわずかに一二キロ離れた国道一号上の街、ジーアンにある。総面積一六・五ヘクタール、二〇一〇年までに入居した一二社は機械生産を中心に韓国企業五社、ドイツ二社、香港一社、英国一社、台湾一社、ベトナム二社からなる。田舎であってもビンズオン省の工業区は国際市場の中で活動している。

外国投資も活発で、二〇〇六年一〇月までに一二八五の外資投入案件を抱え、累積直接外国投資額は六五億七〇〇〇万ドルに達している。この成果の上に、ビンズオン省は「各省競争能力指数《チーソーナンルックカインチャンカップティン》」[*8]で二〇〇七年に光栄ある第一位に輝いた。

二〇〇九年春、私と学生はビンズオン大学と協力して、ベンカット県フーアン社[*9]の調査を行なった。フーアン社はトゥーザウモット市内からサイゴン川を約八キロほどさかのぼった河岸段丘上のムラだ。もともとはゴム園として開拓された。抗米戦争中、ゴム園小作人の多いトゥーザウモット市の近郊はサイゴンに最も近いゲリラの拠点だった。

フーアンの南西一〇キロほど下ったクチ[*10]は、今では有名な抗戦遺跡の地だ（**写真6 クチの抗戦トンネルの中で。一九九六年**）。戦時中、フーアン社にも無数のトンネル陣地があったらしい。抗戦の開始以来、ゲリラ戦士を除いて、ほとんどの住民はフーアン社を逃れ、トゥーザウモット市やサイゴンに疎開した。そのあとに無数の爆弾が落とされた。今でもゴム園や草地の中に無数の爆弾穴が残っている。かくて戦前からのムラは物理的に消滅し、その結果、ムラの社会も失われた。

一九七五年、平和の到来とともに人々が帰ってきた。まだまだ土地には地雷が多く埋まっていたという。政府は人々に土地を割り振って与えた。その面積は半端でない。水田は二〇〇〇平米だが、宅地は平均で五〇〇〇平米に至った。荒廃したムラだったことがわかる。最初は米作りだ。ところが水田適地が少ない。メコンデルタと張り合うのはとても無理だ。水田を乾かして牛の牧草を植える人さえ出てきた。手間ばかりかかる水田は次々と放棄された。この土地のような荒地が多いところは、どうしてもゴムのような商品作物がほしい。ところがゴム価格が低迷し、個人のゴム林では赤字を出すだけだ。子どもたちはもう展望のないムラには残らない。とはいえ、ホーチミン市にろくな職業があるわけではない。しかもホーチミン市に住めば、とても国元へ送金はできない。両親は老いたまま、庭の養鶏や果樹でほそぼそと暮らすしかない。孫は必死に勉強して高学歴をつけ、公務員や

写真6

＊8　英語 Provincial Competitiveness Index からＰＣＩと略称される。全省の統計数値を選択し、数式にあてはめて省ごとの経済の発展性に順位をつける。

＊9　時の国家主席グエン・ミン・チェット（一九四二〜）の故郷。グエン・ミン・チェットは二〇〇六年から二〇一一年まで国家主席を務める。南ベトナム解放戦線の英雄である。

＊10　ホーチミン市から国道二二号（タイニンの解放戦線本拠とホーチミン市を結ぶ）上、二二キロの地点にある。地下に網の目のようにトンネルが掘られ、一つの街と言っていい大地下基地が作られた。米軍はこれを三次にわたり攻撃したが、結局、完全破壊には至らなかった。現在、トンネルの一部が公開され、「抗戦観光地」になっている。

写真7

外国企業をめざす。ムラは再び崩壊の危機に至った。

ムラを救ったのはビンズオン省の工業化だ。九〇年代後半から、次々とシンガポールや韓国などの外国企業が近くに工場を建設した。中でもベトナム・シンガポール工業団地（Vietnam-Singapore Industrial Park）は大きい。[*11] 多くの青年たちがこのムラからバイクで働きに行く。ムラに残ってでも仕事ができた。そのうちのムラの中にも工場ができた。現在では二三の工場がムラの中にある（**写真7 ベトナム・シンガポール工業団地。広い道路が印象的である。二〇〇八年**）。

工業区は働きに行く青年たちだけに利益があったわけではない。バイクの需要が増大し、修理業が繁盛した。運送業を開く若者が多い。工業区の労働者は貧しいメコンデルタからの出稼ぎ青年たちが多いが、新しい土地で途方に暮れている彼らのためにレストランや下宿屋がたくさん生まれた。こうして多くの青年たちがムラに残ることができ、さらにホーチミン市やドンナイ省に働きに行っていた青年たちも帰ってきた。工業区やトゥーザウモット市に勤める人々が村内に宅地を購入した。二〇〇〇年代に入ってからフーアンは人口の増えるムラになったのだ。青年たちがムラに残ると、青年団が復活し、自警団が組織された。ただし、学歴によって大企業に定職を得る若者と自営業、雑業に従事するしかない若者に分かれる。収入に格差がでる。かつての農村内の平等社会は失われ、相互に関わりが薄くなった。ムラ全体がただの眠るための空間に過ぎなくなったようだ。

ドンナイとビエンホア市

ホーチミンから国道一号に沿って北上する。ドンナイ丘陵に乗りあげる。サイゴン大教会や統一会堂が乗るサイゴン丘陵は、広大なドンナイ丘陵の裾にあたる。

国道一号はゆるやかな上りに入る。東北から西南に、ドンナイ川がドンナイ丘陵を切り割っている。ビエンホアは南シナ海と東南部の山岳地帯を結ぶ、ドンナイ川の河川港だ。ビエンホアは今でこそ広い高速道路を中に挟んだリトル・ホーチミンといった感じの近代都市になっているが、歴史はホーチミンよりもだいぶ古い。もともとは、クメールの港町でビエンヴァ[*12]と呼ばれていたらしい。ビエンヴァ（ビエンホア）から北、ドンナイ川に沿った地域は、スロック・ドウンナイという地方だった。だから、今なおカンボジア人は、ドンナイ地域をメコンデルタ同様、もともとクメールの地であったと意識している。

ビエンホアは海抜五〇～六〇メートルくらいの段丘上の町だが、ビエンホアから東北にかけてはドンナイ丘陵が広がり、やがて平均高度七〇〇～八〇〇メートルのタイグエン高原地帯（ラムドン省、ダクノン省、ダクラク省、ザライ省、コントゥム省）に連なっている。ドンナイ丘陵からタイグエンにかけては、かつて熱帯森林産物の宝庫であり、現在はゴム、コーヒーなどベトナムの輸出農産物の代表がここから生まれる。ドンナイ河谷は、古来、山地の財を海に運び出す重要なルートであり、その集散地がビエンホアだった。

＊11　VSIPという略称で知られる。国道一三号でホーチミン市とトゥーザウモットのほぼ中間、ラーイティエ（トゥアンアン）県にある。一九九四年、当時の首相ヴォー・ヴァン・キエットとシンガポール首相のゴー・チョク・トンとの間に締結された政府間協定により建設された工業区。一九九六年一月に最初の五〇〇ヘクタールが開かれた（VSIP1）。二〇〇六年には三四五クタールが公開された（VSIP2）。現在二四ヵ国二四〇の企業が集まっている。最終的には一〇〇〇ヘクタールの工業区と新ビンズオンと呼ばれる七〇〇ヘクタールの居住区からなる大工業都市空間が生まれる。なおVSIPは北部のバクニン、ハイフォンにも大工業区を持っている。

＊12　もっとも、逆にベトナム語の辺和《ビエンホア》のクメール訛音である可能性も高い。実はクメール語の名前を持っているからといって、元クメールの土地と断言はできない。問題は一九世紀以前の史書にどう記録されていたかである。

写真8

写真9

ドンナイ文化

二五〇〇年前くらいからドンナイ河谷の居住民はドンナイ文化という金属器文化に入った。ビエンホア市から国道一号に沿って五〇キロほど東のゴム園の中にハンゴン遺跡がある。巨大な石棺墓（長さ四・二メートル、幅二・七メートル、高さ一・六メートル）が発見されている（**写真8 ハンゴン遺跡の巨大石棺。一九九五年**）。近くのロンザオ遺跡からは、銅斧が二〇面近くも発見されている。おそらく南アジア系の民族による独特な文化が花開き、首長制段階まで行ったのだろうが、まだまだ謎の文化と言っていい。

一〇～一二世紀ごろ、クメールとチャンパの両王国がドンナイ河谷から、宝庫タイグエンへの道を求めて激しく争ったころ、両文化の影響を持った寺院跡、ヒンドゥー彫像群がビエンホア市近郊から数多く出土している。

ビエンホアから、国道二〇号に沿って一〇〇キロほどさかのぼった、ドンナイ川上流の左岸、ドンナイ省とラムドン省の境付近でカッティエン遺跡が発見された（**写真9 カッティエン遺跡。二〇〇九年**）。新田栄治の報告[*13]によれば、カッティエン遺跡は、東西一キロ、南北二〇〇メートルくらいの面積に、一〇以上の煉瓦遺構が点在している。中でもシヴァ神殿址からは二・一八メートルの巨大な石製リンガが発見されている。また遺物中には西アジアの製品も多く混じっている。九～一〇世紀頃、ドンナイ河谷の活発な交易状況を示す遺跡と思われる。カッティエン華やかなころは、ドンナイ河谷に沿って、無数のヒンドゥー系の小河川港市が連なっていたのだろう（写真10　ビエンホアのドンナイ川波止場）。

華人の街

ベト人がこの地帯に進出してきたのは、クメールもチャンパもともに弱体化し、地方王国にすぎなくなった一五世紀以降のことだ。

ビエンホアの都市の成立はやはり、華人の出現が必要だ。先に見たように、一六七九年、大量の明の遺臣と称する華人集団がフエに到着した。華人集団の武力をおそれたフエの広南《クアンナム》王国は、新開地のビエンホア、ミートーに定着を命じた。ビエンホアはまずはこの華人集団の一派、陳上川の率いる軍事集団の定住地として始まった。といっても、海と山を直結するビエンホアの商業価値は高い。華人の軍事集団はいつでもこうした商業ポイントを占領し、その経済基礎とする。

写真10

華人が定着すると、広南王国が本格的にこの地の華人勢力の支配をめざした。一七世紀の中頃のことだ。一六九八年、広南王国はビエンホアとサイゴンに県を設置して、ベトナム領としての領有を開始する。この時、ビエンホアの華人たちは清河社《タインハーサー》という集団にまとめられた。現在、ビエンホア市の中心、クーラオフォーのあたりと思われる。今のビエンホアは、後述の工業区によりかかるだけの、なんとなく焦点の定まらない町だが、当時のビエンホア市は農耐大舗《ノンナイダイフォー》

＊13　新田栄治「東南アジアのヒンドゥー小政体と古代国家――カッティエンとインド、イランを結ぶ道」『鹿児島大学考古学研究室二五周年記念論集』二〇〇六年、二七五～二六七ページ。

写真11

写真12

と呼ばれた南部商業の中心地だった。当時のサイゴンは、ビエンホアの出先の軍事拠点にすぎない。

一八世紀末、ベトナムに大動揺が起こる。タイソン阮《グエン》氏の反乱だ。中部のビンディン省に起こった農民反乱はたちまち、中部一帯から南部に広がる。一七七三年、タイソン阮氏の阮恵《グエンフエ》がビエンホアを落とす。この時に華人の軍事集団がタイソン軍に抵抗した。怒ったタイソンは居住していた多数の華人を殺した。生き残ったものがサイゴンに逃げた。これがサイゴン（今のチョロン）の始まりだという。

この時からビエンホアの繁栄はサイゴンに奪われ、ビエンホアはサイゴンの衛星都市になってしまった、とビエンホアの歴史学者は嘆く。しかし、これをタイソンのせいにするのは酷である。ビエンホアはドンナイ川の中継地だ。ビエンホアの意味がなくなったのは、西側、メコンデルタの開拓の結果だろう。米の宝庫メコンデルタとゴムの北西山地を結ぶことのできるサイゴンが、北西山地の出口にすぎないビエンホアより優位に立つのはけだし当然だろう。

そのビエンホアを救ったのが、ビンズオンと同じくゴム園だ。ドンナイ丘陵はタイグエン高原の延長だから、一面に紅土に覆われている。ゴムは冬の寒さを嫌うから、高度のある高原には不向きだ。土地が低くて、つまり適当に暑くて、紅土で、しかも水はけのいいドンナイ丘陵はゴムの最適地だ。ビエンホアの町から国道一号を北上して、ものの三〇分も進むと、ゴムのプランテーションが出現する。これから国道一号、さらに東北に進む国道二〇号に沿ってゴム林が一面に広がる。植民地時代には、ビエンホアの街近くまで、ゴム林が広がっていた。今は市街化とともにずいぶんと北東に追いやられた（写真11 ドンナイ丘陵の新しいゴム園。二〇〇六年）。

一九〇一年、ビエンホア経由サイゴン-ニャチャン間の鉄道工事が起工された（完工は一九一三年）。一九〇四年、最初の汽車がサイゴンからビエンホアに入った。一方、鉄道橋（現在のザックカット橋）のおかげで、国道一号もフェリーによらず、サイゴン-ビエンホアを結んだ（写真12 ザックカット橋。二〇〇六年）。こうしてゴム園開拓の準備ができた。仏領時代のビエンホア-ドンナイは、商業空間というよりビンズオンと並ぶゴムの町になった。

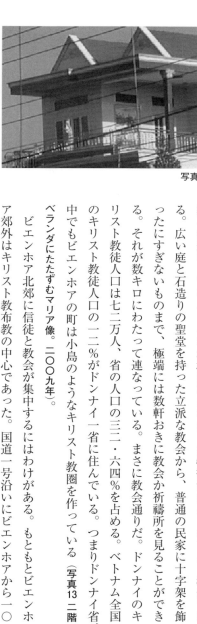

カソリックの街

写真13

ビエンホアの街を抜けると、道は波状の台地を進むために、上り下りが激しくなる。国道一号の両側はまだ家々が連なっている。この地域にはきわだった特徴がある。キリスト教会である。広い庭と石造りの聖堂を持った立派な教会から、普通の民家に十字架を飾ったにすぎないものまで、極端には数軒おきに教会か祈禱所を見ることができる。それが数キロにわたって連なっている。まさに教会通りだ。ドンナイのキリスト教徒人口は七二万人、省の人口の三二・六四%を占める。ベトナム全国のキリスト教徒人口の一二%がドンナイ一省に住んでいる。つまりドンナイ省、中でもビエンホアの町は小島のようなキリスト教圏を作っている（写真13 二階ベランダにたたずむマリア像。二〇〇九年）。

ビエンホア北郊に信徒と教会が集中するにはわけがある。もともとビエンホア郊外はキリスト教布教の中心であった。国道一号沿いにビエンホアから一〇キロにあるタンチウ村に最初の神学校ができたのは、一七八一年のことで、二〇〇年以上の歴史がある。このタンチウ教会を萩原修子が一九九五～九六年に調査している。[*14] 戦前にはタンチウ教会は村の水田面積の七%を所有する。その発展はやはり一八六二年以来のフランス植民地主義の結果だろう。しかし、萩原の調査では、クリスチャンと村の中の仏教徒や伝統的な民間信仰との折り合いは悪いものではなかった。祭礼を共にすることさえあった。

一九五四年、ジュネーヴ会議によって第一次インドシナ戦争が終結し、南北分離が確定した。北緯一七度線を境に、北部はホー・チ・ミン大統領率いるベトナム民主共和国（北ベトナム）、南部は最後のベトナム皇帝バオダイを元首とするベトナム国（一九五五年からベトナム共和国、南ベトナム）に分かれた。ところが、ジュネーヴ休戦協定の第一四条には、もしも市民がその居住地の政府の管理を嫌って、他方の政府の管轄地に移住したいときには、その地の政府は移住を許し、移住の便宜をはからうという項目がある。このために、北部の反共グループが大量に南部に亡命してきた。旧官僚、都市富裕層、それに土地改革を恐れる地主たちだった。さらに、新政権下での弾圧を恐れるカソリック教徒たちが南に移住する。この時、北部一三九万五〇〇〇人と言われるカソリック教徒のうち、五六万五〇〇〇人が南部に亡命したという。ベトナム史上最大の民族大移動が起こった。駅でも避難バスでも阿鼻叫喚の大混乱が起こった。

一九五五年、ベトナム労働党宣伝局政策ニュース局が『ベトナムにおける移民問題の事実』という本をまとめている。それによると、この大移動は、すべて南のゴ・ディン・ジエム首相の悪辣な宣伝の結果であるとする。ジエム政権は第一には南部のゴム園の労働力確保のため、第二には北の政権を誹謗中傷するために、この大移動をたくらんだ。教皇がすべての神父、尼僧に南への移動を命令した、また聖母が北部を離れたなどという噂が流され、教会で説教された。時には脅迫がなされた。信徒は恐れてファットジエム教会（8章四一一ページ参照）などの大教会に集まり、移動証明書をもらって、南に旅立ったという。おそらくそういうことはあっただろうし、キリスト教徒が故郷を捨てるほどに、共産主義者を怖がったことも事実だろう。

一九五五年、国民投票でバオダイを破って大統領に就任したゴ・ディン・ジエムは、フエの宮廷貴族の出身だが、熱烈なカソリック教徒だった。南部にしっかりした政権基盤を持たないジエムは、北から逃げてきたカソリック教徒たちを政権の基礎に置こうとした。一時は政府高官、将軍の七〇％がカソリックだったことがあるという。これが一九六三年にジエム自身が軍によって処刑される間接的な原因となる。この時、家もなくサイゴンを流浪する亡命カソリック教徒たちをビエンホア市北の国道一号上に定着させた。新しい定着社会では、教会を軸にした屯田制度が敷かれた。教徒たちは、カソリック郷土青年隊に組織され、サイゴン防衛の第一線を担うはずだったし、またサイゴンが陥落した時には、新しい首都を用意するはずだった。四月二九日から三〇日にかけて、ビエンホア市は陥落した。ビエンホアの人々は北ベトナム国旗の金星紅旗をうちふった。国道一号に沿って無数の教会群だけが残された。今は昔である。

最後の防衛線

ビエンホア市は戦略用語で言う瞿地《くち》である。サイゴンの北の最後の防衛線であると同時に、中部高原、ラオス、カンボジアへの出口であり、反政府ゲリラの巣窟とされたタイニンの「鉄の三角地帯」や「オウムのくちばし地帯」の爆撃も容易である。ビエンホア市北部のドンナイ川左岸には、一九四三年に日本軍が作り、フランスが拡充した飛行場がある。一九五八年からジエム政権はこれを大拡大して、当時、東南アジア一という巨大な空軍基地に仕立てた。ビエンホア空軍基地は、一九六四年一〇月三一日、ゲリラの奇襲砲撃によって炎上し、B57爆撃機二一機、スカイレイダー戦闘機一一機を含む五九機が破壊された。この事件が米軍直接介入のきっかけとなっ

＊14　萩原修子「ベトナム南部村落におけるカトリック教会――タンチウ村の事例から」『宗教と社会』第三号、一九九七年。

た。以後、ビエンホアの軍事化が進んだ。市内には二大隊、飛行場には一歩兵連隊、一砲兵大隊、一機甲大隊が配備され、道路には一〇〇～一五〇メートルごとに一小隊が守りについた。七〇年以降、活発化するラオス、カンボジアへの空爆はこの基地を拠点としたものだ。

またビエンホアは、東南部各地に侵攻する侵攻基地でもある。ビエンホア東南七キロの地には、大規模な米軍の補給・訓練基地ロンビン《トンコーロンビン》基地があった。ロンビン基地は総面積二四平方キロ、大量の武器弾薬、トラック、石油が備蓄され、常時、技術将校を中心に二〇〇〇の米兵に守られていた。映画「ハンバーガーヒル」（ジョン・アーヴィン監督、一九八七年）は、中部（トゥアティエン＝フエ省）のア・シャウ渓谷の戦い（一九六九年五月）を描いた作品だが、映画のはじめに描かれる訓練基地はこのロンビン基地をイメージしたものだ。対米抗戦中、ビエンホアは南部最大の軍都になった。このために、解放戦線の特工隊《ドイダックコン》の間断ない攻撃を受け、双方に多大な犠牲を出した。

しかし、一九七三年一月のパリ和平協定によって米軍の撤退が明らかになるとともに、ビエンホアは出撃基地から最後のサイゴン防衛線に変わっていく。スアンロク市（現在はロンカイン市の一部）はビエンホア市の東四五キロにある。一九七五年三月末、既に中部高原を解放し、ダナンからニャチャンに迫る勢いを見せるベトナム人民軍の大攻勢を前に、南ベトナム政府軍はファンランとスアンロクを結ぶ国道五六号を南ベトナムの最後の防衛戦とした。「スアンロクが落ちる時はサイゴンが落ちる時だ」という標語が掲げられた。スアンロクには最精鋭とうたわれた第一八師団を基幹に、一個旅団、別動七個連隊が送られた。一方、人民軍はスアンロクで最後の一大会戦を戦い、南ベトナム政府軍の戦意を打ち砕くことを計画していた。かくて一九七五年四月九日、スアンロク会戦が口火を切った。砲撃開始一時間で人民軍主力は市内各拠点を占領したが、周辺基地に拠った南ベトナム陸軍第一八師団の抵抗は激しく、一進一退の白兵戦が展開された。結局、スアンロクの解放は二一日になってからである。

スアンロクは、南ベトナム軍の最後の抗戦場だ。戦いの帰趨が明らかになった。グエン・ヴァン・ティエウ大統領は辞任声明を出し、以後、南ベトナム政府はまっしぐらに崩壊していく。スアンロク会戦は、人民軍の思惑通り、南ベトナム政府の抗戦意欲を根幹から破砕した。スアンロクの解放はサイゴンの解放であった。

工業区

国道一号のビエンホアの町を抜けるとゆるやかな丘が広がる。ビエンホア第二工業区が広がる。ビエンホア第二工業区は一九九六年から貸し出しを開始した比較的古い工業団地だが、現在でも建築ラッシュが続いている。総面積二四〇ヘクタールの中に王子製紙など数多くの日本企業が入っている。

ホーチミンのタントゥアンで始まった工業区は、二〇〇五年段階で全国に一八六、ＦＤＩ（外国直接投資）の総計一七〇億ドル、内資は一〇〇億ドルに達している。ベトナムの経済発展の象徴である。工業区の規模ではこのドンナイが中心にあると言っていい。ドンナイ省には二二の工業区が建設され、ベトナム最大の工業区集団を形成している

写真14

（**写真14 ドンナイ工業区本部事務棟。二〇〇六年**）。

実は、この地に工業区が建設されたのは旧サイゴン政権時代だ。一九五七年、政府内に工業区建設のプロジェクトが生まれ、一九六三年に国家資本と外国援助を元に工業区建設公団がビエンホアの町の郊外、ドンナイ川に沿ったアンビン区にできた。以後、第一工業区には五一一ヘクタールの土地に九四の企業が入り、西側のショーウインドウの役割を果たした。日本からも大手電機企業が入って操業していた。東南アジアの日本企業進出の先駆けでもあった。七五年

の解放後、他の工業部門と同じく、工業区は完全な行き詰まりを見せた。特に一九七八年のカンボジア戦争以降、原材料の輸入は止まり、ソ連東欧圏以外の外資は制限され、ビエンホア工業の火は消えかかった。

工業区建設が再び日の目を見るのは、先に見たように一九九一年の工業区政策のおかげである。一九九五年にビエンホアの第一工業区がモデル工業区とされ、正式に操業開始した。ドンナイのGDP成長率は二〇〇六年にはホーチミンを抜いて一四・三二%に達した。新興のビンズオン省にやや劣るものの、工業生産、輸出額の年々成長は二〇%を超している。飛び抜けて大きい生産はテレビなどの家電と製紙、バイク、肥料、各種食品だ。それだけではない。工業区は膨大な労働市場を提供する。二〇〇七年には、ドンナイ二四工業区に働く労働者は二七万八〇〇〇人、これはドンナイ省人口の一三%にあたる。それでも足りない。メコンデルタから、紅河デルタから人々が職を求めてドンナイに集まってくる。ドンナイの工業区はベトナム工業化の夢だ。

ストライキ

二〇〇六年から澁谷由紀が工業区の経営者や労働者にインタビュー調査している。その中で夢のように思われた工業区が抱えている問題が、浮き彫りになった。

やはり問題なのは、ドンナイ工業区はかつてのゴム園プランテーションの延長にあるということだ。つまり、ドンナイ社会のある地平を切り取って塀で囲み、そこに最高のインフラを作り、離れた地方から労働者を募集して、これも閉塞的な空間に住まわせるということだ。多くの寄宿舎は清潔で新しい。食堂の食事も悪くはない。だがそれはいつまでも続く世界ではない（**写真15　ドンナイ工業区の青年労働者たちの下宿。二〇〇七年**）。

最も大きな問題はストライキの頻発だ。藤倉哲郎の報告[*15]では、ベトナムでは一九九三年以降、ストライキが続発している。数字によってさまざまだが、たとえば一九九二年には二〇件に満たなかったストライキは、二〇〇五年には一四七件に達している。しかも、その大部分は外資企業だ。たとえば、二〇〇五年の一四七件のうち、外資系は一〇〇件に関係している。二〇〇六年にドンナイ省だけで六五件のストライキがあった。それも、不思議なことに欧米系の企業には少ない。韓国、台湾、日本の企業群にだけ集中している。ストライキの原因には、親密な労使関係を作れないことなど心理的な要因があげられている。

　実際、九〇年代には、これら三国の企業の中では上司の対女性暴力やセクハラの風聞が絶えなかった。工業区の労働者の六三・四%は女性だ。某合弁企業では、外国人監督が女性職員をよく殴る。ベトナム女性へのバイオレンスには、ベトナムの男性が過激に反応する。抗議のストライキが頻発する。ただし、組合の指令によるストではない。抗議する仲間が集まってストライキに発展する。往年の左翼用語で言う「山猫スト」だ。文明的にはベトナムに最も近いはずのこの三国の企業に問題が集中しているのは、昨今はやりの「東アジア共同体」などという言葉のまやかしを感じさせる。実際、シンガポール、マレーシア、タイの企業ではこんな野蛮な話は聞かない。ベトナムは文明的に共通でも、文化的には東アジアとは異質なのだ。

写真15

　二〇〇七年の調査で、正面から問題にされたのは、給与問題だ。給与が安すぎるという。やや問題は複雑だ。ビエンホア市の最低賃金は月七九万ドン、社会保障を加えて八六万ドンだが、工業区の労働賃金は、企業によってさまざまだが、たとえば日本の女性用下着メーカーでは常勤の労働者には平均一二〇ドル（一九二万ドン）を出している。台湾系の同種企業では一四〇万ドン程度だ。けっして悪くはない。澁谷の調査では、ほとんどの労働者がこぎれいな部屋を

＊15　藤倉哲郎『ベトナムにおける労働組合運動と労使関係の現状』東海大学出版部、二〇一七年、一五一ページ。

借り、悪くない食事をし、貯金や仕送りもできなくはない。しかし、不満がある。なによりも企業業績に比して給料が安すぎるということを知っている。韓国企業の場合だと、本国では同種の労働者に五〇〇～八〇〇ドルを支払うのに、ドンナイでは六〇～七〇ドル（一〇〇万ドン前後）しか払わない。現状の労働環境はまあまあいいとしても、将来に希望がない。何年勤めてもそれほど昇給があるわけではなく、使い捨ての感が免れない。そこに不満がある。しかし、この不満はなかなかに外国人管理者には伝わらない。

なによりもストライキは意味がある。社会主義国家であるベトナムの公的機関もベトナム人労働者側を支持しがちである。一般世論はもちろん労働者側を支持する。だから多くのストライキはそれなりの成果を勝ち取っている。そこにストライキが多発する理由がある。しかし、このままストライキが多発すれば、中国リスクの回避という意味もなくなる。労働者側も管理側もお互いの立場に理解がない。ストは今後も進出企業にとって最大の問題になっていく。

先住民の高原

西の高原五省——タイグエン

チュオンソン山脈[*16]の主山脈が東南方向に無数の支脈を派出する。二〇〇〇メートル級の高山が連なり、山々を結んだ尾根が六〇〇～一〇〇〇メートルの高度を持った高原を作る。ラムドン省、ダクラク省、ザライ省、コントゥム省、さらに二〇〇三年にダクラク省から分離した西南辺のダクノン省の五省をまとめてタイグエンと言う。漢字で書けば「西原」で、西の高原、あるいは西部高原の意味である。フランス時代は、野蛮人の高原を意味するモイ高原《プラトーモイ》群と呼ばれた。英語ではセントラル・ハイランド（中部ベトナムの高原の意味か）と言うので、日本では中部高原という訳が多い。本書ではそのままタイグエンと呼ぶ。

タイグエンは大きく四つの高みからなる。南からランビアン山を頂点とするラムドン高原、ダクラク高原、プレイク高原、コントゥム高原で、それぞれが一つの省を形成している。総面積は六万七〇〇〇平方キロ、北海道（八万三五〇〇平方キロ）よりやや小さい程度か。気温は低い。しかし熱帯下だから安定している。プレイクでは最低二〇・一度から二四・一度の間だし、避暑地として名高いダラットだと一六・八度から一九・六度（いずれも二〇〇六年）の間だ。常春地帯と言っていい。冷涼な高原に五月から一一月にかけて南西モンスーンの雨が降り注ぐ。プレイクでは平均年二二〇〇ミリを超える。[*17] だから湿気はかなり強い。母岩はおおむね玄武岩で、一部花崗岩が露出している。表土は肥沃な紅土《テールルージュ》だ。湿って涼しい赤土の高原だ。

冷涼で雨も多いが、水田には向かない。水田がなければ旺盛なベト人もよりつかない。長い間、農業開拓が遅れ、その結果、自然が残った。二〇〇一年でもなおタイグエン高原総面積五四四万ヘクタールのうち、二九三万ヘクタール、五四％が自然林とされる。中でもザライ省では七六％が自然林だ。建築資材ばかりでなく、北部タイグエンには世界一の香材、沈香《じんこう》がある。今は禁止だが、かつては象牙の産地でもあった。タイグエンは、その過去においても、宝の山だった。

タイグエン五省の生産物は、おおむね共通しているが、ラムドン省は茶、ダクラク省はコーヒー、新開で灌漑に問題があるザライ省、コントゥム省はゴムを重点作物としている。

＊16　チュオンソン山脈は、かつてはアンナン山脈 Annamese Cordillera と呼ばれていた。今でも、ラオス、南中国に広がる山地を総称する時には、アンナン山脈と言う場合が多い。ややこしい話だが、チュオンソン山脈はアンナン山脈のベトナム領部分を言う。

＊17　二〇〇六年七月、プレイクでは六四九ミリの雨が降っている。

先住民

もともとタイグエンは非ベト人の世界だ。八〇年代に国道二〇号を走ると、ラムドン省以北、道路脇などに、ベト人たちとは違う伝統的な服装をした人々とすれ違った。当時はダラットの中央市場の前にも、民族衣装を着た先住民[*18]が座りこんでいた。一九七五年前後ではベト人が三六%、先住民が六四%で、まだまだ先住民の世界だった。大量のベト人がタイグエンに住み着き、すっかりベト人の世界になってしまった現在でも、タイグエンでの先住民の人口は結構多い。一九九〇年代にはザライ人の二四万二〇〇〇人をはじめ、一〇万を超す民族が、エデ、バナ、ソーダンなど数多い。小さなグループ[*19]を総和すれば、少なくとも七〇万前後の人々が「少数民族」として暮らしている。

必死に南進を続けるベト人も、タイグエンの大森林への立ち入りはひどく怖がったようだ。ベトナムの諸王朝は、先住民の社会の自治を許し、朝貢にとどめてなるべく干渉しないようにした。阮《グエン》朝時代にはダクラク高原のザライ人たちの中には火の王、水の王を名乗る「王」がいて、水舎、火舎国という「国」を名乗り、フエの阮朝に朝貢していた。

フランス時代にはモイ人[*20]と総称され、事実上の自治が許され、ベト人の入植は禁止された。別に保護政策があったわけではない。むしろフランス人は、この先住民に対してすさまじい偏見を持っていた。優れたインドシナ地誌を書いたアガールでさえ、

> 以上のインドネシア系原始人達はすべて迷信深く且半野蛮的、退化的であって頗る悲惨な状態に在る。彼等は霊魂の多元性と悪い精霊の存在とを信じて居り、悪い妖術者におどかされ全くその言うなりになっている。
>
> （ア・アガール、前掲書、五一ページより一部修正）

として、未開、野蛮の人々というイメージを喧伝している。極東各地の案内書として、いまなお高い評価をうけるフランス語のガイドブック『ギッド・マドロール』にはなんとタイグエンについての説明はまったくない。まさに「蛮地」である。

しかし、その「文明化」されたベト人たちが、抗仏独立戦争に踏み切ると、フランス人にとっての「野蛮」「未開」の「モイ」人たちが忠良に見えてくる。反ベトミン軍事組織フルロ[*21]はこんな時期に、フランス人の肝いりで生まれる。さらに、フランスはモイ人たちに南北両ベトナムとは別にモイ連邦を作らせようとした。しかし、この組織は、一九五四年、フランス軍の撤退とともに、置き捨てられ、解体する。

南ベトナムのゴ・ディン・ジエム政権は、一九五七年、ベト人をこのタイグエンに大量移住させようとした。この政策は再び先住民族の反発を買い、タイグエン自治要求運動が復活した。ベトナム戦争中の一九六四年には、このグループが、フルロ[*22]という反共、反サイゴン武装組織を作って活動した。フルロの軍事基地は、一九七五年

＊18　本書では、少数民族という言葉が持つある差別的なニュアンスを嫌って、タイグエンにベト人が来住する以前から住んでいた人々を先住民と言い換える。

＊19　コントゥム省在住の南アジア語系のブラウ、ローマムという民族はそれぞれ二五〇人前後（九〇年代はじめ）と推計されている。

＊20　中部高原のさまざまな民族を総称するには便利な言葉だが、獰《モイ》は獰猛な人という意味があり、現在は用いられない。現在、国際的にはモンタニャール（山地民）と言い換えられている。

＊21　FULRO. Front Unifiéde Lutte des Races Opprimées.「被抑圧諸民族闘争統一戦線」の頭文字を並べたもの。

＊22　FULRO. Front Unifie pour la Lutte des Races Opprimes.「被抑圧種族の闘争のための統一戦線」の頭文字を並べたもの。前のフルロとよく似ているが、意味が違い、当事者である先住民以外でも協力者を組織の中に加えている。ベトナム戦争中である。新しいフルロには米軍とかＣＩＡの臭いがする。

にベトナム軍の攻撃で壊滅したが、その後もカンボジアのポル・ポト政権と協力して反ベトナム運動を工作した。一九九二年のカンボジア和平とともに、軍事組織としては最終的に解体した。[*23]

反開発

タイグエンの人々は、二〇〇〇年代になっても、ベトナム政府の経済区政策、ベト人の移住政策に反対して、デモや集会を組織する実力がある。国際アムネスティの二〇〇二年の報告によれば、二〇〇一年二月、タイグエンの数千の少数民族が以下の要求をして各都市で集会を開いた。

①彼らの先祖の地である森林の没収に反対。
②ベト人の入植に反対。
③宗教、特にプロテスタントの信仰の自由。
④民族言語による教育の要求。

そのほか一部には、タイグエン地方の独立要求もあったという。ベトナム政府は運動参加者に苛烈な弾圧を行なったとされるが、詳細は不明である。ただ数百と言われる先住民がこの事件のあとベトナムからカンボジアに亡命したと言われ、アムネスティがカンボジア政府に受け入れを申し入れている。この地域がベトナムでは最も非ベト的で分離独立性の強い地域であったために、国土の分裂を警戒するベトナム政府の弾圧を招いたのだ。[*24]

先住民族の多くは焼畑と狩猟生活民である。焼畑は森林破壊として、フランス政庁が目の敵にした。その伝統はベトナム政府に引き継がれ、森林の保護のために焼畑民に常畑を作らせて定着化させようとする定耕《ディンカイン》政策が続いている。その政策は特に北部では、山の表土を流し、多くの山々を裸山にしてしまった。今は緑の復元、森林の保護ではなく復活が重い課題になっている。

焼畑は、それが伝統的なサイクルを守っている限り、たとえば一〇年とか一五年とかの長い周期で放棄と植え付けが繰り返されるなら、それほど自然破壊的ではない。森を焼いて、新しい森を作る。森が再生されてから、また火入れする。何千年もの間に、焼畑を一つの要素とした自然が形成される。人間は自然形成要素の一部だった。

近代がその「焼畑的」自然を破壊した。先住民の人口増大が伝統的な焼畑サイクルを崩壊させた。長期の戦火、またベトナム戦争中に大量に配布された枯葉剤が、「焼畑的」自然を崩壊させた。それ以上に、ドイモイ後のゴム園やコーヒー園の拡大、ベト人の移住が、先住民の生活とその文化を衰退させた。ベトナムの統計には年々の森林の焼失面積がある。一九九五年段階ではタイグエン全体で、まだ一万ヘクタールが燃やされていたが、二〇〇一年には一三〇五ヘクタール、二〇〇六年には推算で二三二ヘクタールになっている。焼畑農業は全滅に近い。これに反比例するように、タイグエンのゴムなど永年性工業作物は一九九五年に二三万二〇〇〇ヘクタールだったものが一九九九年には四五万三六〇〇ヘクタールに拡大している。

二〇〇一年のタイグエンでの少数民族の抗議行動の要求項目筆頭には、彼らの祖先伝来の森林が奪われることへの抗議があげられている。ベトナム国家と少数民族が衝突しているのではなく、市場化経済と伝統文化、伝統生活、そしてそこから生み出された伝統的な自然が対決している。その「野蛮」「未開」な先住民の生活が、皮

＊23　公式には、多くのフルロメンバーはカンボジア停戦後アメリカに難民として移住したとされる。しかし、いまだ活動中とも言い、その実態は不明のことが多い。

＊24　船戸与一『蝶舞う館』（講談社、二〇〇五年）は、二〇〇一年二月に起こった少数民族のデモとその弾圧にヒントを得て、日本人冒険家が少数民族を反乱に使嗾させ、結果的にベトナム警察軍によって虐殺されるというどうにも気分の悪い小説だ。どうも日本の東南アジア小説や漫画には、「冒険ダン吉」や「怪傑ハリマオ」以来、日本人が主人公になって、おせっかいにも現地の蛮人を指導するというパターンの遺伝子がある。

肉にも、タイグエン観光の最大の売りである。タイグエンにおける少数民族との共生は、「近代化」に邁進する一方で「環境政策」で売っているベトナム国家にとって大きな政策的矛盾だ。

スティエン人

タイグエンの先住民たちは大きく、カンボジア語やベトナム語と同じ南アジア語系《オーストロアジア》の住民と、マレー・インドネシア語やチャム語と同じ南島アジア語系《オーストロネシア》の住民に分かれる。ともに東南アジアにある最も古層の言語グループだ。

ドンナイ山地および北方、カンボジア国境に交わるビンフォック省の山地を中心に、六万六七八八人（一九九九年センサス）のスティエン人が集住している。スティエン人は南アジア語系で、最も古いチュオンソン山系の住民だ。多くの同胞が、カンボジアにも分布している。本来の生活では四～五家族から一〇家族が竹柱構造の高床ロングハウスに同居する。母系制を原則とするが、ロングハウスのリーダーは一族中の高齢の男子だ。彼らはムラの中に長老会を作って、共同体を指導する。

本来の生業は豊富な雨量に支えられた典型的な焼畑陸稲だった。一定区画の森林を切り開いて焼いたあと、陸稲を植える。その後、サツマイモ、キャッサバ、ゴマ、トウモロコシ、ヒョウタン、メロン、豆類などを植える。三年ほど栽培したあとは、別の土地を開墾する。九～一〇年ほど経ってから、再び焼き入れをする。ほかに家のまわりに常畑を作る。もう一つの生業はシカなどの狩猟と薪、タケノコ、籐、自然薯など、森林生産物の採取だ。

こうした生業形態は、周辺のムノン人やコホル人、チョロ人とあまり変わらない。

ムノン人

ラムドン高原からダクラク省山地にかけては、九万二四五一人（一九九九年センサス）のムノン人が集住する。ムノン人も南アジア《オーストロアジア》語系に属する。スティエン人と同じく、最も古いチュオンソン山系の住民で、同胞がカンボジアにも集住している。

二〜三氏族が一〇戸ほど集まって小さな集落を形成している。双系制が原則だが、母系制の色彩も強い。ムノン人は最も古式の風俗を残している。居住地によって、土間式の家と高床式の家の両方に住む。土間式の草屋根は低く、時には裾が地面に接することもある。かつてはほとんど食器を用いず、ヒョウタンを利用していた。またかつては前歯を削って染めたり、耳たぶに大きな穴を開けて象牙などの装飾品をつける習慣があった。

生業は主に焼畑陸稲であるが、川沿いの湿地などに蹄耕[*25]水田を作ることもある。農具は鉈とクワが中心で、火入れ、整地のあとに鉄を尖頭につけた木の棒で穴を掘り、種籾を入れる（穴蒔き）。

ムノン人は特に野生象の捕獲と調教で有名で、ダクラク省のブオンドン（バンドン）ムラは、毎年三月、観光用の象祭りでにぎわっている。フランスの人類学者ジョルジュ・コンドミナスの『森を食べる人々――ベトナム高地、ムノング、ガル族のサル・ルク村で石の精霊ゴオの森を食べた年の記録』（原著一九五七年。日本語訳、橋本和也・青木寿江共訳、紀伊國屋書店、一九九三年）は、ムノン人の一氏族の焼畑を通じた自然との関わりを日々ごとに記した民族誌の傑作だ。

＊25　スキやマグワを用いずに、水を張った本田を水牛や牛に踏ませて耕す方法を蹄耕、または踏み耕と言い、スリランカ、スマトラから日本では八重山、南紀などに広く分布する。大陸東南アジアではエデの蹄耕が有名である。

写真17

写真16

バーナー人

ダクラク高原からコントゥム高原にかけて一五万五三九七人のバーナー（バナール）人が住んでいる。バーナー人は、南アジア《オーストロアジア》語系に属し、チャム王国治下のクアンビン省に住んでいたマダと呼ばれていた人々が、山中にもぐった後裔と言われる。屋根を思い切り持ち上げた高床式の家で集落を作り、中央に集会所を建てる。バーナーの集落と住居はコントゥム省のコンコトゥほかで公開されている（**写真16 コントゥム省コンコトゥ文化村に保存されるバーナー住宅**）。

焼畑で陸稲ほかの穀物栽培を主とするが、川沿いで水田耕作も行なう。もう一九世紀末～二〇世紀初めにはスキやクワが入っている。家の周囲にはすぐれて集約的な庭園があり、トウモロコシ、ジャガイモ、雑穀のほかにワタ、タバコからジュートまで植える。また豚や水牛も飼育される。陶器作り、金属加工、織布、裁縫などに優れた技術を持ち、かつてその製品は青年たちの背に負われて、下流のチャム人やベト人との交易財とされた。

ただし、一年のうち一〇ヵ月が農業期間とされ、残りの二ヵ月は婚礼などの祭礼やいろいろな手工業にあてるという風俗を持っている。家系は双系制だ。二〇世紀初めから、カソリックが導入され、民族の精霊信仰に代位しつつある。

エデ人

ダクラク省には、二七万三四八人（一九九九年センサス）を超すエデ（ラデとも呼ばれる）人が先住している。エデ人は南島アジア語族《オーストロネシア》に属する。南島アジア語系の人々は、紀元前後の時期に中部海岸から山中に分け入って、先住のバーナーなど南アジア語系の人々と共存するようになったという。

エデは、かつては一〇〇メートル以上に及んだといい、現在でも三〇〜四〇メートルの長大なロングハウスで知られる。母系制で、夫は妻方のロングハウスに住む。五〇〜七〇戸ほどのハウスを囲んで竹矢来の村壁が作られる（**写真17 エデのロングハウス。ただし観光用に整備されたもの**）。

焼畑陸稲栽培が主たる生業だが、やや緻密化されている。焼き入れされたあと、土地によっては一〇〜一五年耕され、ついでほぼ同期間休耕される。傾斜地では三年耕作、一〇年休耕のパターンもある。焼き入れされた土地はクワで耕され、すべての根を取り除くなど綿密に整地されたあと、竹の先で穴をあけて籾をほうりこむ。もちろん、陸稲のほかにヒョウタン、メロン、ワタなどが混植される。

河岸低地では水稲耕作をする。低湿地の草の上に水牛を縦横に走らせ、踏み散らせて田起こしと代掻きを兼ねる。竹細工に秀で、また土器作りや刺繍、木彫が有名だ。

村落首長制が確立し、またフランス時代以来、外部社会との接触が多い。このため、ダクラクの党支部委員、党中央委員にも選出された幹部を出す一方、フルロなど反ベト人組織もエデ人の主導で行動することが多いと言われる。

ザライ人

タイグエンの諸先住民のうち、最大のグループは三二万七五五七人（一九九九年センサス）の南島アジア《オーストロネシア》語系に属するザライ（ジャライ）人で、主にザライ省に居住している。ザライ人は、おそらくはチャム人の影響を受けて、遅くとも一七世紀には早期的な首長制国家を建設していた。火の王、水の王と言われる。阮朝に朝貢した火舎国王、水舎国王がこれにあたる。しかし、ザライ国家の構造についてはほとんど知られていない。

現在では、ムラ社会が最大の政治組織であって、ザライ全体をまとめる政治組織はない。一〇～五〇家族がムラを作る。耕作地はフマと呼ばれ、利用法によって細かく分類されている。エデ人と同じく、陸稲も水稲も作るが、クワで耕起する。また象から家禽にいたるまで、数多い家畜を飼育している。

ザライの風俗で最も有名なのは、墓域に林立する男女、二面の猿、サギ、フランス兵士、裸神などの木彫柱群だ。はるか離れたインドネシア、スラウェシ島のトラジャ人にもよく似た風俗がある。またザライ固有の民族楽器も有名である。竹筒を並べて木槌で打ったり、また両掌を強く打ち合わせて出る風で竹筒の列をならすディン・プット（通称クロン・プット）という楽器は、ベトナムの民族楽器の代表格で、ベト人に取り入れられ、各地の演奏で用いられる。ザライ・ダンスも観光用に喧伝されている。

ベト人のタイグエン

戦争が終わったあとのタイグエンは、ベト人にとっての新開地だ。一九七五年、戦争の終わった時、タイグエンには、わずかに一二二万九〇〇〇人ほどの人口しかなかった。その半数以上は、非ベト人の先住民だ。一九七八年までに、多量の政策移民[*26]が、この地に流入し、人口が一五％以上増える。

特にラムドン省は「新しいハノイ《ハノイモイ》」と呼ばれ、人口圧に苦しむハノイ市の失業者が「政策移民」で入植した。当時は食糧作物優先で、トウモロコシやキャッサバ、バナナを作る程度だった。私がタイグエンを最初に訪れた一九八六年には、ラムドン山地を走る国道二〇号の両脇には、入植者のバラックが林立し、移住者が水も電気もない土地で困難な開拓生活をしていた。実際には、多くのハノイ人がこの生活に耐えきれず、ハノイに逃げ帰った。「新しいハノイ」計画は、メコンデルタの移民計画と同じように頓挫した（**写真18 北部からの入植者のバラック。ダラット郊外。一九八六年**）。

写真18

しかし、ドイモイが開始された。作付けが自由になった。自由に商品作物を植えることができるようになった。撤退した政策入植者に代わって、新しい「自由移民」が北部からタイグエンに入った。毎年、四～八％位の間で急激な人口増加が進む。特に北部が不作で飢饉に近い状況になった一九八八年には、北部から大量の飢民が流入し、一〇％以上人口が急増した。二〇〇六年にはついにタイグエンの人口は四八七万人になった。この三〇年間で、四倍、三六四万人が増加しているのだ。先住民は人口的に圧倒され、高原の「主」から「少数民族」に転落していった。

コーヒー王国

二〇〇三年、ダクノン省が分離する以前の旧ダクラク省のコーヒー栽培面積は農地総面積五〇万ヘクタールの五三％以上に及び、一省で全国の栽培面積の

＊26　ベトナム国内の移民には、北部の人口過剰地域から計画的・政策的に人口密度の少ない地域に移民させる政策移民と、個人が自由に移住する自由移民がある。多くの地域で政策移民は失敗するが、ドイモイ後の自由移民の定着率は高い。

ほぼ半分を占めた。コントゥム、ザライ、ダクラクの三省合計で、全国の三分の二を占める。タイグエンはコーヒー王国だ。

　ベトナム人のコーヒーの入れ方はものすごい。ザイカットとかクアンとか呼ばれる小さな喫茶店がいたるところにある。フィンというアルミ製のフィルターの中に念入りに煎ったコーヒー粉を入れ、上から熱湯をわずかに注ぐ。フィルターの下には小さなガラスコップをおいて、砂糖、コンデンスミルクを入れ、コーヒーの熱湯のしずくをぽたぽたと受ける。ガラスコップは、さめないように熱湯を入れたアルミ製の鉢の中に置く。南北ベトナム、どこにでもカフェーショップ《ティエムカフェー》がある。暇な時に、この熱くて超甘のコーヒーをちびちびと飲む。こんな習慣がいつできたのか、よくわからない。一九四〇年代はじめに華人がハノイに持ちこんだという。実際に、戦前のコーヒー店はほとんど華人の店だった。サイゴンでは、六〇年代の終わりにようやく、北部からのベトナム人移住者が華人をまねてコーヒー店を開いたという。

　とはいえ、一九七〇年代までの一般のベトナム人にはコーヒーを飲む余裕がない。全国でせいぜい二万ヘクタール位しか植えられていなかった。コーヒーは一九八〇年代から増えだした。当時はコメコン[*27]経済圏への輸出だった。コメコン経済圏では、ベトナムはほとんど唯一のコーヒー栽培地だった。一九八五年には六万六〇〇〇ヘクタールに至る。

　ドイモイ後、ベトナムのコーヒーが国際市場と連動した。コーヒー栽培は新しい市場を得て拡大を続けていく。一九七〇年以降、フリーズドライ製法の普及とともに、インスタントコーヒーの需要が世界的に急激に伸びたことと関係する。ベトナムのコーヒー栽培は、最大に発展した二〇〇一年には五六万五〇〇〇ヘクタール、つまり一六年間で九倍に拡大している。

　しかし、コーヒー生産の最大の問題は、国際市場の動向だ。ベトナム売却コーヒー価格は、一九九五年にはトンあたり二四一一ドルだったものが、二〇〇〇年には六八三ドル、二〇〇二年にはなんと四〇〇ドルに低落している。これに対応して、コーヒー農場のコーヒー総公司への引き渡し価格も一九九五年の一七六五ドルから、二〇〇〇年には五五〇ドルに下がっている。一九九五年から二〇〇二年の間に、コーヒー栽培面積は一八万六四〇〇ヘクタールから五三万五五〇〇ヘクタールに伸張しているが、輸出額は六億ドルから三億二〇〇〇万ドルに低落している。コーヒー生産の拡大が、コーヒー輸出総額にはまったく反映していない。

コーヒー経営

タイグエンのコーヒーは二つの経営方法で栽培されている。国営や省営など法人経営の大農園《ノンヴィエン》と個人経営の農園だ。

ブオンマトウト（バンメトート）市内にEAPOKコーヒー公司という代表的なコーヒー農園がある。二〇〇〇年にこの農園を調査した。農園管理者は言う。

一九七六年に設立された。もともとはここに、フランス人所有のコーヒー園と工場があったが、解放後、国営農園となり、規模が拡大した。七六年には二〇〇ヘクタールほどしかなく、周囲は先住民しかいなかったが、しだいに拡大し、二〇〇〇年では、総面積一七〇〇ヘクタール中、一二〇〇ヘクタールにコーヒーを栽培する。うち、農園の直接栽培は五三〇ヘクタール、残りは一般の農民に貸し出して、コーヒー生産を請け負わせている。昨年（一九九九年）は全体で一三〇〇トンの収量があった。請負農民の栽培地七三〇ヘクタールから一二〇〇トンほどのコーヒーを購入し、農園としては二五〇〇トンを売却した。一九九九年の売却価格はキロ一万二

＊27　COMECON。ソ連と東欧社会主義国家間の経済相互援助会議。一九四九年発足。

〇〇〇ドンくらいで、生産コストをひくと利益はまったくあがらなかった。二〇〇〇年は赤字に転落する。

農園の労働者は約六〇〇人、うち半分が先住民である。管理面積五三〇ヘクタールを九生産隊に分割して管理させる。一労働者は〇・七ヘクタールくらいしか管理できない。一ヘクタールあたりの必要労働力は四八〇労働日かかる。労働コストは一ヘクタールにつき年六〇〇万ドンである。生産性は収穫可能面積にかぎればヘクタール三・二トンだが、総面積で割ると二・五トンくらいだから、労働賃金にしわ寄せがくる。単純には一人の月賃金は三五万ドン程度にしかならない。しかし、社長の給与もひどくて一〇〇万ドン（七〇〇〇円位）だ。

直営地をのぞく七三〇ヘクタールは一三三〇家族に分割して生産を請け負わせている。うち六三〇ヘクタールが先住民である。会社は苗木、水利、肥料などの貸し付けを行い、生産物のコーヒー現物か代金から支払う。一家族あたりの土地は〇・八五ヘクタールで、生産性はヘクタールあたり三・四トンと農園にくらべて著しく高い。売却価格は一キロあたり一万ドンで、一戸あたり三〇〇〇万ドン近くなるが、生産コストが一キロ七～八〇〇〇ドンに達するので、手取りはわずかである。


（小川有子・大野美紀子「中部高原調査総括」二〇〇一年）


大農園のコーヒーはほとんど、Vina Cafe というコーヒー総公司に納入される。コーヒー総公司は、二〇〇〇年段階では、四〇万ヘクタールのコーヒー園、七〇万トンのコーヒー豆を扱っている。これは、同年のベトナムでのコーヒー生産総量の実に八七・五％にあたる。ベトナムのコーヒーは巨大な独占生産の下にある。

国際市場のコーヒー価格の不安定さは、こうした独占経営の網の目のもとで、ようやく対応することができる。

一方、政策移民に代わる自由移民が手がけたのは小規模なコーヒー園だ。二〇〇〇年にはタイグエン全体で三五六九だった小規模農園は、二〇〇二年には六二二三、二〇〇六年には七八〇八と二倍を超えた。中でもダクラク省（二〇〇三年にダクラク省から分かれたダクノン省を含める）では、二〇〇〇年の一四一八から二〇〇一年には三九

八六、二〇〇二年には四〇三二、二〇〇六年には五四四九と、四倍近い増加になっている。＊28

個人経営の農園を、国家、組合、企業などの集団経営の農園と区別して庄寨《チャンチャイ》と呼ぶ。コーヒー・チャンチャイといっても規模はさまざまで、三ヘクタールから一〇〇クタールまである。数も非常に多く、二〇〇〇年段階では、コントゥム省だけで四〇〇〇～五〇〇〇程度もあった。ラムドン省のダラットの手前にある、北部からの移民が経営するコーヒー・チャンチャイでの聞き取りは以下のようなものだった（**写真19ラムドン高原の自営コーヒー農場。二〇〇六年**）。

写真19

主人は一九五〇年生まれ。もともとはタインホア省の農民だった。同郷の友人がかつて教師として、ラムドン省に教えにきていたので、いろいろとこの地方の事情をきいた。故郷ではどうにも土地不足なので、一九八九年に、夫婦と五人の子供とともに、この地に自由入植（個人が自分の意志で入植する）した。土地の合作社に申請したらすぐに土地がもらえた。当初、合作社から支給された土地は、コーヒー用農地一・五ヘクタール、水田四サオ（一五六〇平米）、宅地一サオ（三六〇平米）、野菜栽培地二サオ（七二〇平米）である。入植当時から、開墾、植え付け、すべてを自分の手だけでした。一九九四年からコーヒーの収穫が可能になった。収量は最初はヘクタール二トン程度だったが、現在はヘクタール三・六トンが可能である（筆者註、大規模農園よりも生産性は高い）。コーヒーは個人の仲買人にキロ五〇〇〇ドン（二〇〇〇年で三七円）で売っている。肥料代だけで一ヘクタール一〇〇

＊28　ただし、増加分は新しいダクノン省に集中している。二〇〇六年ではダクラクの小規模農園が八〇二に対し、ダクノンでは四六四七になっている。

○万ドンもかかる。ポンプを買ったので銀行の借金が増えた。灌漑や手間を考えると現在のコーヒー売り渡し価格では割にあわない。いまはコショウを植えたいが、支柱や種コショウを買う資本がない。
(小川有子・大野美紀子、前掲書)

ヘクタール三トンの収量として、一ヘクタールのコーヒー売り上げは一トン五〇〇万ドン[*29]で一五〇〇万ドン、うち生産諸経費が肥料代だけで一〇〇〇万ドンとすると、手元には三〇〇万〜四〇〇万ドンしか残らない。一・五ヘクタールの経営でも、月割にすれば四〇万ドン強(三〇〇〇円位)の収入にすぎない。コーヒー栽培は、一・五ヘクタールほどの経営では割にあわない。それでも大量の移民がラムドン省ほか、この高地群に集まってきたのは、一九九〇年代初頭のコーヒーの高値ブームの結果だ。コーヒーの売値は一番高い一九九四年ではトンで四〇〇〇ドルだったが、二〇〇〇年にはわずかに五五〇ドルにすぎない。コーヒー栽培は投機性の強い農業なのだ。
後ろ盾を持たない移民の個人農園は、国際市場の変動に対応するにはあまりに弱々しい。このために前述のように、コーヒー栽培農家の多くが、二〇〇〇年では、コーヒーを切ってコショウ栽培に切り替え始めた。もっともコショウ栽培にも多額の資本がいる。あとは耕作を放棄して北部に逃げ帰るか、出稼ぎに行くしかない。タイグエンのコーヒー農家は青息吐息だ。

ゴム農園

高原を走る。赤い高原の僅かなくぼみに水田が細長く作られる。山腹斜面から尾根にかけて一面にコーヒー園が広がる。さらに山頂に近い斜面にはトウモロコシが植えられる。[*30]道路から見るかぎり、深い森林は目につかない。山腹に点在する樹木の緑は、多く新来のゴム園だ。

一九七六年、戦争が終わった直後では、タイグエン地方のゴム園はわずかに三四八二ヘクタールにすぎなかった。土は最良の紅土だが、熱帯樹のゴムには冷涼にすぎる。しかし、中国でやや寒い土地でもできるゴムの種が生まれた。ベトナムはこの種を導入して、一九七七年からタイグエンの国営ゴム園が急速に発展する。二〇〇七年にはゴム園面積一一万三〇〇〇ヘクタールと全国の面積の二割以上を占めるにいたった。二〇〇〇年に私たちの調査団はコントゥム省のゴム公司と傘下の農場を調査している。

コントゥム省は、ドンナイに比べると、ゴム園の導入は新しい。それでも総ゴム園面積は一万四二〇三ヘクタールもある。これを一〇農場で管理している。このうち九農場を管理する会社コントゥム・ゴム《カオスコントゥム》会社は、一九九五年に設立された、しかし、ゴムは樹脂採取までには植え付けから七年かかる。*31 二〇〇〇年段階では、まだまだ樹脂採取、生ゴム出荷ができるのはわずかに二農場、九五二ヘクタールしかない。平均収量は一ヘクタールあたり一・二トン、生ゴムで出荷する。サイゴンに本社のあるゴム総公司の傘下にあって、買い付けはこのゴム総公司が行う。つまり、ゴム園側は販売努力をしない。そのかわり、価格は、国際価格に準じたいい値である。農園の組織は、技師七三人を含む幹部一五〇人で、うち一一〇人が農場で現場勤務している。もっとも幹部とはいえ、二〇〇〇年段階の給料はひどく低く、副社長でさえ月七〇万ドン（五〇〇〇円強）にすぎない。農園では一五〇ヘクタールごとに組《トー》が組織されている。一組の労働者は四五人で五人の幹部がつく。

実際にこの経営を任されている副社長は、一九五四年生まれの四六歳。北部のハティン省の出身で、もとも

＊29　聞き取りのままだが、この価格はダクラク省の売却価格の半分である。

＊30　タイグエンでは、二〇〇〇年はじめ、コーヒー市場が悪いので、小農園では耐えきれずコショウの栽培がはやっていた。コンクリートの電柱のようなもので支柱を作り、コショウを巻き付ける。ひどく味気ないコショウ農園が散見できる。

＊31　いったん収穫できるようになれば、三〇～三五年は連年採取が可能である。

とは人民軍の大尉だったが、経済・経営学を勉強して学位をとったという。二年間ゴム総公司に勤めたあと、ここに赴任した。労働者は全部で二〇〇〇人。一人ずつの労働者が、三～四ヘクタールのゴム樹を請け負って管理する。育成段階で収穫がない土地については、面積あたりで賃金を支払っている。賃金は一ヘクタールあたり年一五〇万ドン、平均では四五〇万ドンから六〇〇万ドンの収入になるが、とてもこれでは食べられないので、みな土地をもって家畜を飼ったり、コーヒーやトウモロコシを植えて副収入としている。労働者は地方政府が案配してくれる。おもに北部や北中部からの移民で、先住民も四〇〇人ほど雇用されている。

（小川有子・大野美紀子、前掲書）

ゴム園労働が現在でも低賃金就労であることは間違いない。ゴムは成長までの時間がかかり、小農民が開拓してすぐ収穫がある一年生の農業とは違う。また生ゴム化など半製品加工が必要だ。これが農園、公司型の生産管理を続けさせている。タイグエンは新しい商品作物を見つけるごとに、農園型が進んでいく。

タイー人移民

新しい少数民族統計を見ると、北部山地、ランソンなどの先住民であったはずのタイー人やヌン人（10章五九八ページ参照）がタイグエンに多く住んでいることに気づく。ダクラク省にはタイー人が五万四三〇〇人、ヌン人が六万九八〇〇人、タイグエン全体ではタイー人が八万五〇〇〇人、ヌン人が九万三四〇〇人も住んでいる。ほかにターイ人（10章六一九ページ参照）が二万五六〇〇人、モン人が一万二四〇〇人、ザオ人が一万八五〇〇人もいる。二四万ほどの北部の先住民が移住して来ている。タイグエン最大の先住民のザライ人がタイグエン全体で三一万五〇〇〇人だから、この新しい「先住民」の比重は重い。

二〇〇〇年一二月にダクラク省のクロンブック県にあるビントゥアン社を訪問した。ここにタイー人が多いと聞いた。ムラはかなり貧しい。一九九九年段階ではあるが、平均収入四〇〇万ドン／年／人、それも二〇〇〇年はコーヒー価格の暴落で二〇〇万ドンになれば良いほうという。月一人一五キロの最低量のコメを確保できない家が一〇〇〇戸もある。

この土地はもともとジエム政権下に作られたコーヒープランテーションだった。一九七五年以後は、ブオンマトウトなどから人を移住させて開墾させた。これがいまの村のもとだ。一九八二年から政府の奨励もあって自由移民の移住が増加してきた。村長は一九五二年にカオバンで生まれたヌン人だ。一九六九年から八〇年まで入隊していたが、その間七一年から八〇年までここにいた。ゴ・ディン・ジエム時代にクアンナム省から移住してきたキン人の女性と結婚し、復員後、ここを開拓した。当時は一面の竹林だった。かれが、この地を開いた最初の人間だ。一九九三年に土地使用権利を入手した。戦争が土地なしのヌン人をタイグエンに引き寄せている。

ファン・ヴァン・ドンは一九五九年にカオバンで生まれたタイー人だ。五人兄妹で、長兄は六九年、プレイクで戦死している。ドイモイ後、郷里は土地が狭くて生活が苦しくなった。一九二九年生まれの母親の身体が弱く、北部山地の気候があわなかった。たまたま一九五六年生まれの姉が一九九〇年にターイ人の夫とともにこの地に移住した。姉の情報をもとに本人は移住を決意した。一九九四年、カオバンの家財を売り払って、六〇〇万ドンの金を用意し、この地に、母、妻、弟、二人の娘、二人の息子の計八人で移住した。家族の移住にはしめて二〇〇万ドンかかった。土地は三ヘクタールほどを買い取った。陸稲やトウモロコシ、豆などを植えたが、わずかしか収穫できないので、日雇い労働にでて米を買った。コーヒーは九五年に栽培開始、ようやく九九年ごろから収穫可能段階に入る。コーヒー園は現在五〇〇〇平方メートルほどある。今年は七〇〇キロほど出荷できたが、売り上げは三五〇万ドン、うち肥料代などの生産コストが二八〇万ドンなので、結局赤字をだしている。現在七〇〇万ドンの借金がある。

（小川有子・大野美紀子、前掲書）

大事なことは、ごく当初を除いて、移住者の話には、森の開墾の話が出てこない。だれもかれもがもう開墾してあったという。先住者のあとに違いない。貧しいデルタのベト人農民が北部山地に移住する。北部山地で土地不足に陥った先住民が、中部タイグエン地方に移住する。今度はタイグエンの先住民が土地を失う。悲劇の玉突きが続く。

ラムドン省、山地入り

南北に長いベトナムを縦貫する幹線中の幹線道路国道一号は、メコンデルタのカマウ半島のナムカンから始まって、ホーチミン市を抜け、ビエンホアを出て二〇キロ、国道二〇号との三叉路に至る。まっすぐ東進すれば海の道、最新のリゾート、ファンティエットに進む。ここで二〇号を北に進む。ゴム園の列を折りくねると、チーアンの人工湖に出る。ここから道は一気に険しくなり、小さな谷筋をはいのぼるようにして、狭い尾根に出る。道は尾根道を登り下りしながら次第に高度を上げていく。西にラオスに連なる海抜一〇〇〇メートル前後のゆるやかな山並みが見える。ラムドン省に入る。

ラムドン省は、面積九七六五平方キロと広大だが、人口はわずかに一二〇万、人口密度一二〇人強のいくつもの尾根と谷筋が重なり合った険しい地域だ。しかし、ホーチミン市に近い高地という利点を最大に生かして、観光と商品作物栽培に大成功をおさめている。ラムドン山地はチュオンソン山脈の南を作りながら、ドンナイ丘陵に接続する。乾いた真っ赤な尾根道がバオロックの街まで続く。尾根から斜面にかけて新開のコーヒー園が広が

写真20

写真21

る。

高原の街、バオロックを下る。小さな盆地がいくつも続く。一面に盆地の裾から裾まで野菜畑が続く。白菜、キャベツ、レタス、ネギ、タマネギ、ブロッコリー、日本人になじみ深い温帯野菜がうねを並べている。ポンプ給水もあれば、ビニールハウスも林立している。花卉の栽培もさかんだ（**写真20 ダラットのビニールハウス。二〇〇六年**）。

サイゴン人はハノイ人に比べれば、ずいぶんと食道楽だ。レストランの数も違えば、料理のバラエティも違う。中華料理の影響を受けて温帯野菜をふんだんに使う。八〇年代末まで、夏のハノイでは空心菜や野沢菜のような水野菜しかなかった。そんな時でもサイゴン人はいっぱいの温帯野菜を食べていた。しかも、ドイモイ以後、庶民の野菜需要は著しく増える。九〇年代に入ってから無数のレストランが復活し、料理が多様化した。

そのホーチミン市の膨大な野菜需要を支えるのが、ダラット市を中心としたラムドン丘陵の冷涼多雨の気候だ。夜ともなれば、列を作ったトラックが野菜や花を満載して、国道二〇号をホーチミン市に向かう（**写真21 ダラットの果物屋、二〇一〇年**）。

おびただしい松林の道を登り、峠を越すと、目の前にダラットの白い街が広がる。昭和の女流作家（この懐かしい響きを持った言葉自身がもはや死語だが）林芙美子の代表作『浮雲』（初版一九五一年）に、ダラットというベトナムの街が出てくる。芙美子のダラットは松林に囲まれた湖の町で、そこには戦時下の日本にはありえないロマンティシズムがあふれる町だった。[*32]

夕もやのたなびいた高原に、ひがんざくらの並木が所々トラックとすれ違い、段丘になった森の中に、別荘風な豪華な建物が散見された。いかだかづらの牡丹色の花ざかりの別荘もあれば、テニスコートのまわりに、ミモザを植えてあるところもある。金色の花をつけたミモザの木はあるかなきかの匂いを、そばを通るトラックにただよわせてくれた。ゆき子は夢見心地であった。

（林芙美子『浮雲』新潮文庫、二九―三〇ページ）

高原の避暑地ダラットの思い出が、貧しく美しいヒロインの戦後を狂わせる。

ダラットは現在ラムドン省の省都、一四万ほどの人口を持つ小さな街だ。ただほかの省都と違って、ダラットはコーチシナのフランス人がフランス人のために作り上げた高原の別荘町だ。海抜一五〇〇メートル、平均気温は一八～一九度程度、夏でも肌寒い。高度は一五〇〇メートルから二〇〇〇メートルほどに分布する坂の多い街だ。中央に長径五キロほどの小さな人工の春香湖《スアンフォン》[*33]を置き、周囲の松林に覆われた小丘陵斜面に別荘やホテルを配置し、丘陵頂点に教会や学校が点在する。丘陵に切れ込んだ谷間にダラット市場、商店街とプチホテルが密集している。北方の前山の背景には南部ベトナム最高峰、二一六七メートルのランビアン峰とその連山がそびえ立つ。

ダラット名建築巡り[*34]

サイゴンのパストゥール研究所の中心で、細菌学者のアレクサンドル・イェルサンは北里柴三郎と同時期にペスト菌を発見した（一八九五年）ことで有名だ。仏領インドシナの感染病予防と治療に貢献した。今でもハノイにイェルサンに感謝して、イェルサン公園がある。イェルサンは、一八九三年、わずかに一〇軒ほどの草屋根の家が点在するだけだったこの冷涼な盆地を発見した。彼はもともとスイスのオーボンヌの人だ。この地に故郷に似た世界を作ろうとした。ただちにサイゴン政庁に保養避暑地としてダラットを開拓することを建議した。一九〇七年に正式に避暑地建設が決定され、人工湖、松林を中心的な設計として、次々と名建築が建てられていった。

名建築の代表は、なんといっても湖の南面、チャンフー通りに沿って点在するパレス1〜3と呼ばれるフランス別荘群だ。パレス1はもともとフランス人富豪の別荘で、のち保大帝《バオダイ》*35の別荘に使われたクラシックな邸宅である。パレス2は旧インドシナ総督別荘だ。圧観は一九三八年にバオダイ帝の別荘として作られたパレス3で、過剰な装飾性を排したモダニズム建築の白眉だ。私は一九八六年、まだ空き屋敷のように荒廃したパレス3に宿泊していたことがあったが、それでも古びた内装の中にアールデコ風の幾何的なデザインが残っていた。荘重さとモダーンさが統合されることなく、奇妙に入り交じったバオダイ帝の世界を垣間見る。

また、一九二二年建築のダラットパレスホテル（現ホテルソフィテルダラットパレス）は、スアンフオン湖に連なる広大な芝生と荘重な大階段の上にそびえる白亜三層の建築を持つ。この建物はかつてインドシナ最高の社交場

＊32　もっとも林芙美子はダラットには行っていない。それにしては、ダラットやその周辺の景観をみごとに書きつづっている。小説家おそるべしである。

＊33　一九三〇年にダナン盆地の中央を流れるカムリー川の二つのダムが決壊したためにできた湖を整備したもの。

＊34　ダラットの名建築については、増田彰久・大田省一『建築のハノイ——ベトナムに誕生したパリ』白揚社、二〇〇六年、一七九〜一八八ページを参照。

＊35　バオダイ帝（一九一四〜九七年）。阮朝第一三代で、フランスの保護王国アンナン王国の皇帝。フランスで教育を受け、一九三二年帰国後は知識人を登用して宮廷の近代化につとめた。一九四五年、ホー・チ・ミン政府の顧問になるが、一九四九年以降フランスに擁立されて傀儡国家ベトナム国の元首になり、ホー・チ・ミン政府と敵対する。一九五四年、ジュネーヴ協定により一七度線以南にベトナム国を保全することができたが、五五年の国民投票でゴー・ディン・ジエムに敗れ政界を去った。

写真22

として建設された。

そのほか、赤煉瓦のカーブ壁面が美しい旧リセ・イェルサン、ステンドグラスの美しいダラット教会など、枚挙にいとまがない（写真22 ダラット教会。二〇〇六年）。

ダラットはフランス近代建築の展示館だ。たしかにダラットは美しい。ダラットは「蛮地」の中に突然出現したフランス人のパラダイスだ。だから、ダラットの美しさは、ベトナムの景観の多様性を認めることであっても、ベトナムに感動することとは違う。

ダクラク省、ブオンマトウト攻略

ダラットの街を一度、西に二〇キロほど戻る。国道二〇号から二七号に右折し、北上する。国道二七号は尾根道と谷間を交互に上り下りしながら、ゆるゆるとダクラク省の省都ブオンマトウト市に進む。かつて英語名バンメトートで世界に知られた名前だ。

ベトナム最大の省、面積一万九八〇〇平方キロ、人口一九〇万のダクラク省の省都ブオンマトウト市は、ダクラク高原の南端斜面に乗る。ベトナム戦争最後の年、一九七五年三月一〇日、サイゴン解放作戦（ホーチミン作戦）はこのブオンマトウト攻略から始まった。

一九七四年、ベトナム人民軍は、七五年度の主要作戦を三つの段階に分けて立案していた。第一段階はサイゴン北方一〇〇キロのフオックロン省（現ビンフォック省）に点在する孤立した南ベトナム軍基地の掃滅である。これは南ベトナム軍の反攻能力を計るテストでもあった。第二段階はタイグエンの全面解放である。第三段階は、一九七六年に展開される最終的な大攻勢の準備作戦として、各拠点を覆滅することである。

一九七四年一二月一三日に発起されたフォックロン省の戦いでは、南ベトナム軍はあっけないほど簡単に敗走し、一月六日には省都のソンベ（現ドンソアイ）が陥落した。一四年続くベトナム戦争中初めて一つの省が解放された。しかもアメリカは介入してこなかった。

この戦果は、ハノイにとっても意外だった。第二段階のタイグエン作戦が一気に加された。タイグエン作戦では、まずプレイクに陽動作戦を展開しながら、主力をブオンマトウトに集中し、一気に陥落させる。次いで孤立したプレイク、コントゥムを包囲、解放する。成功の可否は、ブオンマトウト周囲への主力部隊の集中にある。結果的に、ベトナム人民軍は、ブオンマトウト守備隊の歩兵で五・五倍、重砲で二・一倍にあたる大兵力を集中して、ブオンマトウトを包囲した。しかし、南ベトナム軍はもっと北のプレイクを戦線正面と誤認して、主力を北上させていた。三月一一日、奇襲攻撃を受けたブオンマトウトはあっけなく陥落した。次いで三月一六日には、ブオンマトウトの北、プレイクが解放され、南北両端をふさがれたタイグエンの南ベトナム軍は、争って東の海岸地域に撤退した。

ベトナム共和国大統領グエン・ヴァン・ティエウは、ダクラク、プレイク（現ザライ省）、コントゥム三省の放棄を決定した。一方、望外の勝利に歓喜したハノイ首脳は、七五年中の全土解放を決定する。以後、南ベトナム政府軍は戦意を喪失し、雪崩をうつような敗走を続ける。ブオンマトウト作戦は、以後わずか一月半のうちに完成する全土解放のひきがねとなった。

ブオンマトウト観光の売りは、先住民の祭りを換骨奪胎した象祭りや、観光用に新築されたこぎれいな高床式住居だし、またバオダイ帝の離宮《ビエットデンバオダイ》だ。離宮は市のほぼ中央の公園の中に残され、一九九五年からダクラク省内先

＊36　一九四六年四月、ベトミン政府とフランス側がここで、前年から始まっていた南部での抗戦の停戦を議論したが、なにひとつ解決できなかった。ダラット会議と呼ばれる。

写真23

写真24

住民族の資料展示館になっている。一九四〇年に建築されたピロティ風木造住宅に赤瓦を乗せ、二階部分に大きくベランダを開いている。フランス式ヴィラと、先住民式住居の複合とされる。

圧巻は旧ブオンマトウト刑務所《ニャダイブオンマトウト》だ。面積は二ヘクタールもある。一九三〇年代に建設された要塞のような建物で、独房から食堂までよく残っている。フランス時代には多くの民族主義者がここに捕らわれていた。常時六〇〇人くらいだが、一九四〇年の南部蜂起事件[*37]のような時には三〇〇〇人もいた。蜂起の首謀者とみなされたファン・ダン・ルーはここで殺されている。囚人たちは近隣のプランテーションでの強制労働や、道路建設に使役されていたという。国道二〇号も二七号もこうした囚人労働の結果だ。北海道開拓史の哀話と同じく、植民地開拓史には必ず暗い囚人労働が姿を見せる。

ザライ省、プレイク

ブオンマトウトから新高速道路一四号は、六〇〇メートル級の尾根道をひたすら北上する。プレイクはブオンマトウトから二〇六キロ、高原の中の小さな盆地に生まれた坂の多い街だ（**写真23プレイクの街。一九九八年**）。プレイクはザライ（ジャライ）省の省都だが、今のところコーヒーがたよりの人口一八万ほどの新開都市だ。もともとはベト人の立ち入りが禁止され、フランスの理事官と森林資源を求める僅かな商人層が集まった盆地の小都市にすぎなかった。

プレイクは交通の最重要点だ。一四号の中心点をおさえてタイグエン全体を睥睨し、さらに東西南北に結ぶのが、このプレイクだ。東は国道一九号で、ダナンに次ぐ海港クイニョン（ビンディン省）と約一四〇キロほどで結ばれる（**写真24 プレイク・クイニョン間の国道一九号。一九九八年**）。これはかつてチャム王国がチュオンソン山脈の宝を南シナ海に流した道だ。一九七五年、南北をふさがれた南ベトナム政府軍は、秩序を失って、この一九号に殺到し、海に出ようとした。武器が捨てられ、傷病兵が置き去りにされたベトナム戦争末期の悲劇の道だ。

今は国道一九号がカンボジア国境まで延伸し、メコン川のストゥントゥラエンに結ぶ。北は国道一四号がコントゥムを抜けてダナン、あるいはタインホアにつながる。南は同じく一四号がブオンマトウトを経由してホーチミンと結ぶ。

ベトナム戦争中、米軍と南ベトナム軍はこの地の戦略的な重要性を知って、プレイクに巨大な空軍基地 Air Base 62を作り、一九六四年から多数の軍事顧問団と爆撃機を配置して、南北連絡の遮断、解放勢力のラオス・カンボジアへの浸透を阻止しようとした。

一九六五年二月六日、ベトナム人民軍第四〇八特攻大隊は米軍ハロウエイ基地と飛行場を砲撃し、同時に特攻的な攻撃をかけた。飛行場は炎上し、二〇機が破壊され、米兵八人が戦死し、一〇〇人以上が負傷した。この報に驚愕したワシントンは、プレイク基地防衛のために、米軍の直接派兵を決定した。同年三月八日、基地防衛のために米海兵隊二個大隊がダナンに上陸した。米軍戦術部隊の最初の介入である。次いでビエンホア基地防衛のために陸軍一個旅団が増派された。

二月攻撃のあと、米軍はその威信にかけてプレイクの基地を増強していく。米軍はベトナム戦争の泥沼にはまりはじめた。プレイクの飛行隊は一九六五年夏から無数のタイグエン各地の爆撃、掃討作戦に発進する。一方、

＊37　一九四〇年一一月、サイゴンほか南部諸都市で起こった共産党の蜂起事件。約一ヵ月の間に、八〇〇〇人が逮捕され、一〇〇人が処刑され、南部の共産党組織は長期にわたって壊滅的な打撃を受けた。ドンコイ通りの名前はこの事件を記念している。

解放勢力は、一九六九年のテト攻勢をはじめ、数次にわたってプレイク基地を攻撃する。タイグエンはベトナム戦争を通じて、両軍が激突する主戦場だが、プレイクは中でも中心軸だった。

プレイクの町の南西、カンボジア国境近くにイアドラン渓谷がある。この地はベトナム人民軍が南下して、タイグエン各地に浸透し、さらにメコンデルタと連絡する拠点となっていた。戦争初期の一九六五年一一月、ハル・ムーア中佐の率いる第七騎兵連隊第一大隊が、イアドラン渓谷に降下してこの地を占拠しようとした。人民軍の待ち伏せ攻撃を受け、援軍到着までの二日間、凄惨な白兵戦を続け、戦死者三〇〇名を超す大被害を受けた。ベトナム人民軍の戦死者も一五〇〇人と言われ、イアドランの戦いを米軍は緒戦の勝利として喧伝したが、既に一〇年後の撤退を予想させるに十分な大苦戦だった。メル・ギブソン主演の「We Were Soldiers」（邦題ワンス・アンド・フォーエバー、ランダル・ウォレス監督、二〇〇二年）は、この戦いを映画化したものだ。

一九六九年から、米軍機はタイの基地に避退し、プレイク基地は南ベトナム第六空軍の管轄になった。一九七五年三月九日、ブオンマトウト攻撃のために、プレイク陽動作戦が発起された。プレイクの空軍基地と市街が一斉に砲撃された。三月一一日、プレイク、コントゥムの南ベトナム陸軍は撤退を開始した。第六空軍は一六日までもちこたえたが、同日、人民軍の砲火の下を国道一九号に沿って撤退した。あとには六四機の空軍機と大量の燃料が手付かずのまま放置された。ベトナム戦争の最大の焦点プレイク空軍基地の最後である。

コントゥム省――南ラオスの玄関

坂の多いプレイクの盆地町からいよいよ国道一四号を北上する。五〇〇メートルクラスの尾根道が続く。丸いおだやかな山峰がぽこぽこと並ぶ。山頂には森林が残っているが、道路側の斜面は、草原状になり、切り開かれて新しいコーヒー園、コショウ園が点在する。尾根道が狭まるとコントゥム市に入る（**写真25 コントゥムに入る。**

一九九八年)。コントゥム市は、高原の町だ。北方、クアンナム省境とラオス国境近くには、南ベトナム最高峰二五九八メートルのゴクリン山、二二五九メートルのゴクニアイ山が屹立する。

コントゥム省の人口は三七万七〇〇七人(二〇〇五年)、ベトナムでライチャウ省に次いで二番目に小さな省だ。人口密度は三九人、これもライチャウに次ぐ。一般にタイグエンの人口密度は低いが、それでもダクラクの三分の一にすぎない。ベトナムで最も未開地の一つだ。いまなお天然林が五〇万ヘクタール以上ある。そのすかすかの大地に二〇もの民族が混住する。

コントゥムの歴史遺跡としては、コントゥム刑務所の廃墟が観光用に整備されているが、やはり、コントゥムの建築ピカイチは、一九一三年先住民への布教のために作られたコントゥム大聖堂(コントゥム木造教会)だろう。この教会はゴシック式尖塔を持った古めかしい建築だが、すべてが木でできて、いかにも優美だ。森林王国コントゥムにふさわしい(**写真26コントゥム大聖堂**)。

写真25

写真26

コントゥム市もまた一九七二年の攻防戦で有名だ。一九七二年、人民軍は正規部隊による会戦を挑んだ。クアンチ会戦として知られる。クアンチ会戦は三つの戦場からなる。クアンチ、カンボジア、そしてコントゥムだ。コントゥム市には五月一四日早朝から砲撃とロケット弾の攻撃が始まり、次いで北東方面からコントゥム市内に人民軍が浸透した。猛烈な航空攻撃と市街戦の結果、七月一日に人民軍は撤退した。[*38]

＊38　コントゥム攻防戦の前哨戦として一九七二年四月二四日、コントゥム市から北方四〇キロのダクト・タンカインで両軍が激突した。現在、ここは「古戦場遺跡」として公園化されている。

一九七二年攻勢は軍事的には北ベトナムの敗退である。しかし七年にわたる米軍の参戦にもかかわらず、人民軍主力の継戦能力はますます増強されていったことをワシントンに痛感させ、パリ和平協定への道を加速させた。

国道二四号がコントゥム市と中部沿岸を結ぶが、主道ではない。コントゥム市はむしろタイグエンとラオス南部の主要都市アッタプーへの玄関の意味が大きい。コントゥム市から国道一四号を六〇キロほど北に進むと、ゴクホイという町がある。ここから西にラオスに向かう国道四〇号が分岐する。コントゥムの人は好んでここを「インドシナの三叉路《ガーバードンズオン》」と呼び、ボーイ・ゴクホイ国際門戸という名の記念館を作った。それは、この地にいつの日か経済中心を作ろうとするコントゥムの悲願である。

ホーチミン・ルートとホーチミン高速道路

ベトナム南北を結ぶメインルートはいうまでもなく国道一号、いわゆる統一街道《ドゥオントンニャット》だが、阮朝の時代からチュオンソン山脈の山裾、尾根をめぐるバイパスがあり、タイグエン高原を縦断していた。フランス人は「山の道《ルートモンターニュ》」と呼んで、タイグエンの富とサイゴン、また海を結ぶために整備した。現在の国道一四号の原型だ。ジュネーヴ協定により、南北が分断され、国道一号ほか正規のルートが封鎖されるや、ハノイ政府は南部との連絡、軍事輸送のために山の道に沿って、複数の南北連絡輸送ルートを山中に建設した。第五五九師団が建設にあたった。一九五九年、ゲアン省から北緯一七度のヴィンリンまでが着工された。

この道は一般にはホーチミン・ルート[*39]の名前で知られるが、一本の道ではない（**写真27 ホーチミン・ルート。ベトナム国立博物館サイトから**）。それは

①ヴィンリンから南部各地にいたる徒歩道路

②徒歩道路を改造して、自転車、馬、象、荷車の通行を可能にした道。

③自動車道路

の三種があり、五主幹線延長五五三〇キロ、二一副線延長四〇九一キロ、渡河地点などの重点箇所に設けられた四四〇の空襲回避道路が総計四七〇〇キロ、秘密偽装道路が三一四〇キロあり、タイグエンからラオス、カンボジアの国境地帯を複雑に走り抜けていた。主幹線は第二〇号道路と呼ばれ、一九六五年一〇月二五日、最初の自動車部隊が北から南に通過した。[*40]

ホーチミン・ルートの建設と保全には、一一〇〇万立米の土工、のべ二〇万人以上の労働力が投入され、五五二万労働日が費やされた。ディエンビエンフーに並ぶベトナム民族の大叙事詩である。

写真27

このホーチミン・ルートに対し、ベトナム戦争中、アメリカ空軍はのべ三万三四六〇回に及ぶ空爆を行ない、一三四万トンの爆弾を落とし、多量の枯葉剤を撒き、地雷を設置したが、ついに解放まで道の途絶えることはなかった。[*41] 一九七五年までの一〇年間、ホーチミン・ルートを通ってのべ四五〇万人が往来し、一五〇万トンの物資が南走された。対米抗戦はホーチミン・ルートがあって初めて可能となったのだ。

時は経ち、二〇〇〇年はじめ、ホーチミン高速道路《ドゥオンホーチミン》という名のハイウェイの建設が閣議決定された。ホーチミン高速道路建設計画は、カオバンからカマウまで総延長三一六七キロ、既存の地方道路をつなぎ合わせ大改修して、最大八車線のホーチミン《ドゥオンホーチミン》高速道路とする大計画で総費用五〇億ドルと言われ、ベトナ

＊39　日本での呼び方。英語ではホーチミン・トレイルが一般的。ベトナム語ではチュオンソン山脈道路《ドゥオンチュオンソン》、ホーチミン野道《ドゥオンモンホーチミン》と言う。
＊40　米軍側の記録では最初に、ベトナム人民軍武装部隊がホーチミン・ルートから南部に浸透したのは、一九六四年一〇月である。
＊41　米軍の公表では一五万台以上のトラックを破壊したという。

ム政府はうち七〇%しか用意できなかったが、当時のヴォー・ヴァン・キエット首相の強い意志で発動された。そして、その主要な舞台が、かつての山の道であり、ホーチミン・ルートであり、タイグエンである。

工事の第一段階は、ハタイ省[*42]（二〇〇八年ハノイ中央直轄市に併合された）のホアラック（ハノイの新都心が計画されている）から、南部のビンフォック省都ドンソアイまでで、二〇〇〇年四月起工し、二〇〇七年までにホアラックからコントゥム省のゴクホイまで一二三四・五キロ、二六一本の橋、二つのトンネルが完成し、第二段階はカオバン省のパクボからホアラックまで、また第三段階は二〇一〇〜二〇二〇年計画で道路を高速化するというものだった。

一方、南からは二〇一〇年段階で、新高速道路はトゥーザウモット市の北五〇キロのビンフォック省チョンタインを起点とし、ここからほぼ東北にまっすぐ進み、ビンフォック省からダクノン省を抜け、ダクラク省のブオンマトウト市に至る。ブオンマトウト市からダクラク省の高原をまっすぐ北上して、プレイク市、コントゥム市を抜け、クアンナム省、トゥアティエン＝フエ省、クアンチ省の西山中を通過して、ベトナム・ラオスを結ぶメインロード国道九号につながる。この間八九〇キロ。

ホーチミン高速道路は至るところで、ラオス、カンボジアと海を結ぶ東西道路とつながっている。ただし、ホーチミン高速道路はチュオンソン山脈に無数の切り通しを造るために、自然環境への負荷が大きすぎ、またそのルートの大部分は山地「少数民族」の居住地を横断し、その生活を変化させることなどから、環境論者の批判を集める。しかし、山地開発の夢、南北ベトナム連結の夢は、そんな外部の意見には耳を傾けない。タイグエンは「開発」のまっただ中にある。

*42　ハノイの旧市域の西に隣接していた省。二〇〇八年にハノイに合併した。四六三ページ参照。

5章 海道

トゥアティエン＝フエ省
トゥアンアン
フエ
クアンチ省
サワンナケート県
ダナン湾
ソンチャ半島
ダナン（中央直轄市）
ダナン
ケチェー
ディエンバン
クーラオチャム島
ホアンサー群島
サーラワン県
14b
ホイアン
チャーキュウ
ドンズオン
ラオス
ナムザン
ミーソン
タムキー
クアンナム省
ヌイタイン
チューライ
ズンクァット
セーコーン県
ソンミ
クアンガイ
クアンガイ省
ゴクニアイ山
ゴクリン山
14
チャンパーサック県
アッタプー県
サーフィン
アッタプー
ボーイ
ゴクホイ
40
ダックト
コントゥム省
1A
ビンディン省
24
コントゥム
コンコトゥ
コン川
14
チャバン
ダップダー
ビンディン
アンケ
19
プレイク
19
タイソン
ティーナイ
ラッタナキリー州
クイニョン
ストゥントラエン
ジェウチ
ザライ省
ストゥントラエン州
19
1
ホアヒエップ
14c
チュプロン山
フーイエン省
トゥイホア
25
クロンブック
ホアタム
カンボジア
ヴンロー
ブオンドン
ブオンマトゥト
ダクラク省
クロチェ州
モンドルキリー州
26
カインホア省
ボーナガル
27
チューヤンシン山
ニャチャン
チュオンサー諸島
ダクノン省
ラムヴィエン山
カムライン
27
ダラット
20
27
カムライン湾
ホアライ
ヴィンハイ
トゥボーン・クモム州
タイアン
ロクニン
ニントゥアン
702
ラムドン省
ボークランガライ
ビンフォック省
ファンラン・タップチャム
サーマット
ドンソアイ
バオロック
フオックディン
タイニン省
13
カッティエン
20
チョンタイン
ドンナイ省
1A
ボーロメ
バーデン
ビンズオン省
タイニン
22
20
ファンリー
フーアン
ビントゥアン省
モクバイ
1A
ボーハイ
1
ロンカイン
トゥーザウモット
706
チャンバン
ムイネー
ビエンホア
1
ハンゴン
56
1A
トゥアンアン
ファンティエット
ロンアン省
55
西ヴァムコー川
カンドゥオック
バリア＝ブンタウ省
バリア
ティエンザン省
ブンタウ
ホーチミン（中央直轄市）
ベンチェ省

南シナ海に沿って

海は死んだ

　ベトナム歌謡曲のスタンダードナンバーに「わたしの傍らに広い海《ベンエムラービエンゾン》」というのがある。秋が過ぎ去ってしまった、冬が来てしまった、という悲しげなリフレインがある。ベトナムの傍らは広い海だ。そしてその海は東アジアと南アジアを結ぶ、まさに東南アジアの海だ。ベトナムは南シナ海で最も長い海岸線を持つ国だ。にもかかわらず、ベトナムは海国にならなかった。現在のベトナムは造船業でも海運業でも、後進国と言われてもしかたがない。歌も「海は死んだ《ビエンダーチェット》」を繰り返す。

　これには東アジアの交易史が大きく介在する。元々、まだ東西が沿岸航路で結ばれていた時代、現在の北部ベトナムは中国人から見れば、東南アジアへの入り口だった。広州からの船は海南島の北、北部湾（トンキン湾）をぐるりとまわり、紅河の支流ドゥオン川をさかのぼって現在のハノイに来た。その頃の北部ベトナムには国際的な貿易港がたくさんあった。

　しかし、一〇世紀頃に中国でのちにジャンクと呼ばれる大型船が生まれ、また大海を直航する航法も生まれた。もはや北部湾をじとじととまわる必要はない。海南島の南を抜けて、南シナ海を南北に直航して中部ベトナム沿岸に直接寄港する航路ができた。北部湾は内海化し、北部は国際交易の辺境になった。この中から現代ベトナムに連続するベト人の国「大越」が北部に生まれた。大越は東南アジアが交易世界として発展する一〇世紀以降の一〇〇〇年を、封鎖された自給的な農業国家として過ごさなければならなかった。現代のベトナム文化にいかにも海の匂いが少ない最大の理由はこれだ。傍らの海は死んだ。

チャンパの海

チュオンソン山脈は、北部の紅河デルタ、タインホア、ゲアンなどのデルタ群から南に下ると、大きく海にせり出す。山裾に沿って狭く小さな砂丘列が続く。チュオンソン山脈に降りしきる降雨は、山々のはざまに無数の渓流となり、東に流れて砂丘を千切って南シナ海に流れ出す。入り江に小さなデルタが生まれる。そこにはかつてインドネシア語などと同類の南島アジア語《オーストロネシア》を話し、インド文明を受容したチャム人たちが中国やインドの船を待ち受ける沿岸諸港市を作った。チャム人は、海に生きる人々であり、ベトナム語とはまったく系列の異なる言葉を話し、なによりも中国文明にひたりきったベト人とは違って、インド文明を忠実に導入した。だからここにはかつて、ベト人の世界とはまったく違う世界があった。

紀元前後には、既に都元《とげん》国という港市国家があったことが『漢書』に見え、三世紀以降では林邑という国が成立している。林邑にはたくさんの港市が所属していたことが、五～六世紀の事情を記した『水経注』という本に出ている。

一〇世紀以降、海南島沖航路を走る中国の大船舶ジャンクは、東北モンスーンに押されて、この中部ベトナムの沿岸に着く。中国人やベト人に占城と呼ばれ、現地ではチャンパと自称したチャム人の都市が大発展する。北から世界遺産になったホイアン、沖合のクーラオチャム島、下ってビンディン、クイニョン、ニャチャン、ファンラン、ファンリー、今はリゾートや工業区建設の進む幾多の港は元々チャムが開発した港だ。チャム人はこれらの港に特異な宗教建築物を残した。こうして、諸国の船が行き交うインドシナ半島の海道ができた。北部で死んだ海は、中部でよみがえった。

南進

一五世紀になると、北部で強大になったベト人の大越が、その巨大な人口をふりかざして、中部に進出してくる。ベトナム史では南進《ナムティエン》と呼ばれる五〇〇年にわたる北から南への人口の流れだ。中部沿岸諸都市は次第にベト人と華人の町に変わっていった。

一方、一八世紀以降、南シナ海を直航するルートが発展し、タイ湾やマレー半島、マラッカ海峡と中国が直接結ばれるようになると、中部沿岸の港市は世界交易の波の中から忘れられていった。交易民族チャム人は東南アジア中に散らばるとともに、残った人々は次第に内陸化、農業化し、中部沿岸諸港市は地方港か、せいぜい地方の行政中心にすぎなくなった。フランス植民地時代も沿岸諸港の意味は変わらない。ベトナム戦争中、米海軍の基地として、戦後はソ連海軍の基地としてそれなりににぎわったこともあるものの、ドイモイ前後を通じて、中部沿岸が発展に遅れ、海外投資にも忘れられた地域であることは変わらない。たとえば一九九八年から二〇〇六年まで日本の直接投資額七六億六七〇〇万ドルのうち、中部への投資総額は八億一六〇〇万ドルで一〇・六%にしかすぎず、しかもそのうち六億二五〇〇万ドルは北中部のタインホアに投資されたものである。中部の最大都市ダナンでさえ、わずかに八五〇〇万ドルが落とされているにすぎない。

しかし、九〇年代末、中部諸港の意味がやや変わってきた。それはもはや物流の中継ではなく石油の存在だ。

ブンタウ――海水浴の町

ホーチミンから国道一号でビエンホアまで上がり、ここから国道五一号を南に下るとバリア=ブンタウ省の省都バリアに着く。バリアの南の潟を貫いてブンタウ半島に入る。岩山に三方を囲まれた半島の突先にブンタウ市が広がる。行政区画では、ホーチミン市と同じく南東部に属する。実際にホーチミン市から二時間もあれば到着するが、地形的にはドンナイ山地が南に伸びて海に没入した地点にあり、中部沿岸の最南端と理解した方がいい。

ブンタウは、桟橋港とでもいった意味だが、かつて仏領時代にはサンジャーク岬と呼ばれ、主峰ロン山《ヌイロン》と副峰ニョ山《ヌイニョ》はサイゴン港に入るためのランドマークだった。実際、ベトナムの最初の灯台は仏領期のはじめニョ山の上に建てられた[*1]。

サンジャーク岬の西を回って、マングローブに囲まれた網の目のようなクリークを北にさかのぼれば、サイゴン（ホーチミン市）に着く。

写真1

ブンタウ市の人口は二〇〇三年で二四万一五〇〇、ベトナムの地方都市の平均に近い。元々は漁港だ。ブンタウで最も有名な観光名所は一八世紀に創建されたと伝えられる南海鯨神社《ランカーオンナムハイ》で、一〇〇年前の鯨骨を祀っている。しかし、ブンタウはなによりもホーチミン市に一番近いフランス時代からの海水浴地だ。海水浴とはえらく古い言葉だが、海岸でベトナム人の若い男女がぎらぎらの水着を着て、広い干潟で浮き輪と戯れているさまは、「リゾート」よりは「海水浴」という言葉が似合う。沖合には、デルタやクリークでは見られない群青色の海が広がる。もっとも、近年、ブンタウ市政府はリゾート化に力を入れ、ゴルフ場、四つ星ホテルが次々と建設されている（**写真1 庶民のリゾート、ブンタウ。一九八六年撮影**）。

＊1　ただし、現在の灯台は一九一三年に建設されたものである。

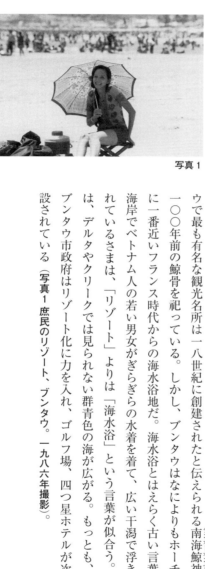

海底油田

近代を通じてベトナムは石油の輸入国だ。ベトナム戦争中には、莫大な石油がタンカーで米ソからこの国に運び込まれた。ところが、第一次石油ショックの混乱がいまだ世界を呻吟させていた一九七五年、米資本のモービル社（現エクソン・モービルコーポレーション）が、南ベトナム東南沖合のバクホー（白虎）海域で海底油田層を発見し、大ニュースになった。

時はベトナム戦争末期である。結局、米資本はなすすべもなく撤退した。戦後、この海域の採掘権はベトナム・ソ連合弁のベトソフペトロに受け継がれ、ブンタウを基地に開発努力が続けられた。一九八六年、ついにブンタウ沖、バクホー油田で採掘が開始された。時はソ連崩壊の直前である。ベトナムの油田は、なぜか世界史が大きく変換する時に発見される。ソ連崩壊後も、ロシアはこの利権を離さない。ベトソフペトロが開発したバクホー油田は、二〇〇五年には一八八〇万トンという産出量を数えたベトナム産石油のガリバーだ。

八〇年代ではどこにでも見られたロシアの影は、今のベトナムにはほとんどなくなったが、現在でもブンタウだけにはロシアレストランがある。ロシアの匂いがする町だ。

ソ連、コメコン経済圏が崩壊した九〇年代初頭、外貨を求めるベトナム政府は鉱区の売り込みに狂奔する。ベトナムの石油は軽質油で、硫黄や重金属が少ない。油質がいい。だからＢＰなど国際石油資本はもろ手をあげた。そして、またまたバブル崩壊直前の日本がこの計画に乗る。ベトナム石油に大きな興味を持ったのは、石油に関わりながら上流ビジネス経験を持たず、第一次、第二次石油危機に大きく動揺した三菱石油だった。一九九二年一〇月、三菱石油はけっこうな波乱の末にベトナム国営石油公社《ペトロベトナム》と南部沖合の探鉱開発契約を締結した。試掘、探鉱は大いなる賭けである。ところが一九九四年六月、なんと試掘第一号井（ランドン油田）から日量一万四〇〇〇バーレルという原油層が確認された。このビッグニュースは当時、平成大不況に苦しむ業界にセンセーションを巻き起こした。以後、試掘はそれほどふるわなかったが、それでも一九九八年には日本ベトナム石油（ＪＶＰＣ　一九九二年成立）のもとに生産操業が開始され、二〇〇一年以降、日量五万バーレルが確保された。ランドン油田は、まだまだ規模が小さいが、それでも日本の石油開発の夢の結晶体だ。

ベトナムの原油生産量はいまだインドネシア・マレーシアの半量にすぎないが、しかし、九〇年代末以降、新たな油田が次々と発見され、その原油埋蔵量は、長期減退が続く他国の油田に比べ、大きな展望が持たれている。また大規模な投資を必要とされる原油採掘には、その土地の政治的・経済的安定が絶対要件だが、その点、現在のベトナムの安定度には信頼が寄せられている。探鉱も次第に北上し、いまや北部湾でも有力な油田が期待されている。一方、ガス田も二〇〇〇年以降では、次々と有望なガス層の発見が伝えられている。二〇〇七年以来の原油価格急騰の中で、ベトナムの石油への熱いまなざしは変わらない。

白砂の諸省

中部沿岸四省

石油利権のきなくさい臭いがするバリア＝ブンタウ省から国道一号を北上すると、南からビントゥアン省[*2]（省都ファンティエット）、ニントゥアン省（省都ファンラン・タップチャム）、カインホア省（省都ニャチャン）、フーイエン

＊2　四省最南端のビントゥアン省は東南部なのか中部の南部なのかで、議論があるようだ。これは現在のビントゥアン省が、東南部に属するビントゥイ省と中部のビントゥアン省が一九七五年に統合されたために、混乱が起こっている。辞典類や統計類では分類が違っている。ここでは『ベトナム百科事典』などが用いる南中部沿海《ズエンハイナムチユンボ》という区切りに従い、沿海諸省と呼んだ。歴史的にビントゥアン省は中部とみなされている。

省（省都トゥイホア）が縦に並ぶ。さらにその北に往古、チャンパ王国が最も栄えた一〇〜一五世紀の中心だったビンディン省（省都クイニョン）が連なる。

大平野を持つビンディン省を別とすれば、連なりあう四省は性格がよく似ている。漢字で書けばビントゥアンは平順、ニントゥアンは寧順、カインホアは慶和、フーイエンは富安だ。順とか和とか安とかが強調される。元々歴史も民族も異なるチャム人が海外交易で活躍した地方だ。港市国家がずっと連なっていた。一七世紀に、当時フエにあった広南《クアンナム》ベトナム王国に編入され、その一つ一つが現在の省になった、として大筋間違っていない。

面積はフーイエン省五〇六〇平方キロ、カインホア省が五二一七平方キロ、ニントゥアン省が三三五八平方キロ、ビントゥアン省が七八一〇平方キロとけっして小さくはない。ベトナムのデルタ以外の省としては平均的である。しかし、真っ青な海に沿って延々と連なる白砂丘、その背後には狭い平原を経てタイグエン高原の崖が迫る。平地が狭い。雨量も少ない。年間降水量が一〇〇〇ミリ程度の地域が広がる。もちろん大河はない。稲作には不適だ。大部分の人は、谷間から流れ出た小さな川が作る小さな河岸平野にへばりつくようにして生きている。だから人口は少ない。ビントゥアン省が一一七万六〇〇〇人（二〇一〇年）、大都市ニャチャンを抱えるカインホア省でも、一一六万人、密度では二二四人程度だ。特に大都市のないフーイエン省では八六万、ニントゥアン省では五七万しかいない。ベトナム各省では下から三番目だ。ニントゥアン省の下には、北部山地の森の中、ライチャウ省とディエンビエン省しかない。南シナ海にそのすべてをさらけ出しているにしては、寂しい。

主要な産業は漁業だ。しかし、最大最良の漁港ムイネーを持つファンティエット市でも、年間、エビ類六〇〇〜七〇〇トン、イカ三二〇〇〜三五〇〇トン、貝類などの海産物が一万〜一万二〇〇〇トンの水揚げしかない。[*3] 日本沿岸各県の水揚げの一割程度だ。実際、ムイネーの漁港に集まる漁船は一昔前の小型船ばかりだ（**写真2ムイネー漁港。二〇〇六年**）。

砂丘観光

連続ドラマ「恋するベトナム」（3章一三九ページ参照）の中では、さまよう主人公たちが旅行中の日本娘たちと砂丘の上を砂ぞりで遊び回る場面がえんえんと続く。

国道一号はビエンホアから東に伸び、ドンナイ丘陵の谷筋を抜けるようにして四時間ばかり、またはブンタウ市－バリア市から海岸沿いに国道五五号を走ると、ホーチミン市から一九八キロ、ビントゥアン省の省都ファンティエットに着く。ファンティエットは元々チャンパの港市国家ハムリティット[*4]だった。一七世紀の末くらいに広南《クアンナム》王国の版図に入った。今は漁港とヌオックマムでしか知られていない。それでも人口は三五万。観光のなせる業だ。ファンティエットからさらに東、海岸に平行して数条の長く高い砂丘列が走り、列間の狭い割れ目を国道七〇六号が走る。二〇キロほどして、シーフードレストランやらリゾートホテルやらが密集しているムイネー岬に出る。一面の白い砂丘の中で、ムイネーには多量の鉄分を含んだ赤い砂丘がある。「恋するベトナム」はたぶんこの赤白の砂丘列が舞台だ（**写真3 ファンティエットの砂丘。一九八六年**）。

写真2

タイグエン高原の東側には石英片麻岩や花崗岩が多い。母岩は風化されて砂

＊3　ただし、ファンティエット市ではエビの養殖池、塩田などが二六〇ヘクタールあり、近年、増加発展している。

＊4　海に近い水田ムラという意味らしい。ファンティエットはハムリティットをベトナム化したものだろう。もっとも同じくチャム観光で有名なファンランは、往年のチャム王国パンドゥランガ（ヒンドゥー教の神名）から来ているという。とするとファンティエットのファンもサンスクリット起源かもしれない。

写真3

になり、海岸に流下する。南シナ海の風波に押し戻される。やがて堆積して小山になる。それが砂丘だ。

ここファンティエット市の全面積の実に八〇％、一万五三〇〇ヘクタールが砂丘だ。白砂は九九〇ヘクタール、黄色砂丘一四五〇ヘクタール、赤色砂丘八九二〇ヘクタールもある。観光を除けば椰子や瓜を植える以外に使い道がない。

この白や赤の砂丘列は、ファンティエット周辺が観光の目玉にしているが、この先、延々とフエ北方北緯一七度線付近まで続いている。カインホア省のカムライン湾あたりでは純白に光り輝き、雪山としか思えない景観がある。最も北のドンホイ（クアンチ省）の古い砂丘列は平均高度で二〇～三〇メートル、高いところでは五〇メートルに達し、延長で五～六キロ続く。純白の大砂丘は中部沿岸の奇観だ。

しかし、この美観は、農業的には貧しさの象徴だ。砂丘からはガラス原料のシリカ以外なにもとれない。なんといっても植生が貧弱だ。北緯一六度線の南では年間降水量は平均して一四〇〇ミリくらいだが、その大部分は九月から一二月に降ってしまう。それ以外の月では五〇ミリくらいしか降らない。観光を除けば椰子や瓜を植える以外に使い道がない。

手を加えなければ砂漠化が進む。海浜リゾート建設は今のところ唯一の、そして最も効果的な砂丘と太陽の利用法だ

塩

中部ベトナムの砂丘地帯のあいまに、小さな河川が無数の小さな入り江を開く。狭いが遠浅の砂質の潟が長細く延びる。こうした入り江には小さな漁港が作られる。ムイネーも観光地化される前は、良質なヌオックマムで知られる小さな漁港だった。

ビントゥアン省からカインホア省にかけて、国道一号と海岸の間に点々と塩田が散らばる。遠浅の入り江と春から夏にかけての乾燥は、天日製塩には最もすぐれた環境だし、そのゆえに環境負荷も少ない。またこの地方の人々には、最も伝統的な地方《じかた》産業だ。ニントゥアン省の塩生産はベトナム一だ。伝統的な潮の満ち入れ、天日乾燥で一三万トンも作っている。最上質の調味料として日本にも輸出されるのは「カンホア（カインホア）」の塩だ。化学塩と違ってミネラル（にがり）が豊富で、ほんのりと磯の香りがする。しかし、製塩はまだまだ、当のカインホア省でさえ、品目としては第五位の生産量しかないし、その大部分はヌオックマムなどの生産に消費される。困ったことに、都会では無機的な「衛生《ヴェシン》」が新しいファッションだから、人々は化学塩を求める。通人を別にすれば、市場が広がらない（**写真４ ビントゥアン省の塩田。二〇〇六年**）。

写真４

砂丘の農業

赤い果皮に包まれたジェリー状の白い果肉、胡麻のように黒い種子が散らばるドラゴンフルーツは、ファッショナブルでヘルシーな果物として人気を集めている。メキシコ原産の果実だが、九〇年代に入ってから、ベトナムの食卓で

写真5

欠かせないものになった。ベトナムでは青龍《タインロン》と言う。その主な産地がメコンデルタとこの中部沿岸だ。

ドラゴンフルーツは元々乾地性のサボテンだ。乾燥地で少量の有機肥料を与えればすくすくと育つ。砂丘脇の狭く浅い沖積土と、なによりも中部沿岸の気候に適っている。いまや国道一号の両側、砂丘列の裾にドラゴンフルーツの大群列が至るところに広がる。中部沿岸に陽光に映えるサボテンはよく似合う（**写真5 ビントゥアン省のドラゴンフルーツ。二〇〇六年**）。

カシューナッツはブラジル原産。カシューは現地語ウカジューがポルトガル語化してカジウ、さらに英語化してカシューになった。ベトナム語ではディエウ（ダオロンホット。種を実の外に出した桃という意味。カシューは種が果実の先端にできる）と言う。カシューナッツはカシューの種子部分を言い、五〇～七〇％が脂肪分で、炭水化物やタンパク質も豊富でスナックにも料理にも愛好されている。熱帯の木だが、多雨過湿を嫌うので、熱帯雨林やデルタには不向きで、適度な降雨があるやや乾燥っぽい台地がいい。

あまり知られていないが、カシューナッツは世界で年間二〇〇万トン前後が加工生産されるが、このうち八三万トンがベトナム製で、もちろんダントツの一位だ。次位インドの二倍近い。ベトナムでもこの中部沿岸地帯のサバンナ気候と砂質土壌、それにダクノン省などの南タイグエン地方はカシューの栽培にぴったりだ。ビントゥアン省のカシュー植え付け面積は三万ヘクタールにもなる。

乾燥台地に適当な作物としては綿花がある。ビントゥアン省では一万五〇〇〇ヘクタールが綿花だ。ほかにゴム（二万ヘクタール）、コショウ（二〇〇〇ヘクタール）が栽培されている。

やや貧性で乾燥気味の土地は葡萄にいい。ビントゥアン省北隣のニントゥアン省は葡萄の生産がベトナム一だ。

二〇〇四年次には一七〇九ヘクタールに植えられ、二万二五〇〇トンが採れた。ニントゥアン省では葡萄酒の生産まで始まっている。

　ニントゥアン省ではまた乾燥と暑熱を利用したナツメ《タオ》の生産もさかんだ。カインホア省のマンゴー生産も有名だ。いずれにせよ砂丘利用の農業はまだまだ未開拓の段階にある。

チャム人と「チャム人の塔」

海道の先住民――乾燥台地の人々

写真6

ビントゥアン省、ニントゥアン省、カインホア省の沿岸では、砂丘列と小さな沖積平野が続く。国道一号の西側では、ところどころチュオンソン山脈の山裾まで、台地が広がる。台地の土はほとんどが赤茶けたラテライトで、サバンナの強烈な日射にさらされている。サボテンがめだつ（**写真6ファンティエットの西に広がる乾燥台地。二〇〇六年**）。

　この乾いた台地上にチャム人と呼ばれる南島《オーストロネシア》アジア語系の少数民族が住んでいる。「黒いサボテン」（レ・ザン監督、一九九二年）は黒人米兵とチャム人女性の間に生まれた黒い肌を持った青年の物語である。少数民族の出自と混血児という二重の疎外に悩まされた青年は、ホーチミン市に流れ、都市の享楽的な生活の中に苦しみ、やがて故郷のサボテンのムラに戻って平安を得る。

　チャム人は一九九九年の人口調査ではニントゥアン省（五万七一三七人）、ビントゥアン省（二万九三五六人）、フーイエン省（一万六二九四人）の三省に大きな集住がある。ほかにはメコンデルタのアンザン省（一万二四三五人）とカンボジアにチャム人の大きな集住がある。

一般には、西のチャム人たちは一八～一九世紀にベト人の王朝がチャム人を西に移民させた結果だと言われる。言葉もインドネシア語によく似ているが、宗教ではスンニー派のイスラーム教徒が圧倒的だ。一方、東の本拠のチャム人はヒンドゥー教やバニ教が多い。あえて言えば、西のチャム人は西に広がるイスラームの世界への帰属意識が強く、東のチャム人は独立した伝統のチャム人の世界を守っているようだ。

現在、チャム人はベトナム全土で一三万～一四万人しかいないが、かつて南シナ海交易に覇を唱えた大交易国家チャンパ／占城の後胤として知られる。北緯一七度線以南に残る無数のチャム古塔群は、なるほど往事の繁栄を回顧するにふさわしい。だから、チャム人はこのチャンパ王国の遺民という文脈で理解されることが普通だ。古い碑文の中で活躍するチャンパ王国と、今の先住民チャム人がどのようなつながりを持つのかは実はよくわからない。実際、数多いチャンパ王国の遺跡は、チャム人によって管理されたものは少ない。多くは文化関係の省庁によって管理修復されたものだ。チャンパ王国の大遺跡が林立するビンディン省、世界遺産の聖地ミーソンが残るクアンナム省には、チャム人はほとんど住んでいない。

チャム人たちについて、九〇年代の前半に中村理恵（「ベトナム中南部のチャム族の宗教――チャムとバニ」ベトナム社会文化研究会編『ベトナムの社会と文化第1号』風響社、一九九九年）が、また九〇年代後半では吉本康子（「チャム――『亡国の民』の現在」綾部恒雄監修／林行夫・合田濤編『講座世界の先住民族：ファースト・ピープルズの現在02東南アジア』明石書店、二〇〇五年、一五八～一七五ページ）が、人類学からの調査を行なっている。二人の研究はともに、チャムと総称される民族カテゴリーの曖昧さ、そしてチャンパ国家の後胤としてのチャム人という俗説への批判から始まっている。

台地上のチャム人たちの社会は母系制で、生業は川沿いの低地で灌漑水稲作、台地上ではトウモロコシなどの耕作を行ない、ほかに製陶、織布などの手芸が発達している。宗教的には二つのグループに分かれる。昔ながらのヒンドゥー教の信仰を守る人々と、バニ人という古く導入されたイスラームの影響の強い人々（スンニー派ムスリムのチャム人とは別）である。相互に棲み分けし、通婚関係はほとんどない。

バニ人はベトナム語では「回教チャム《チャムホイザオ》」と言う。確かに、アラーとおぼしき神アロワッを礼拝し、アロワッの在所をメッカとし、アラビア語本文とチャム語訳文からなるクルウーン（コーラン）を聖典とし、ラムワン（ラマダン？）という新年儀礼を持つ。伝承ではバニ人の成立には預言者マホメットが深く関与している。しかし、仔細に見ると、アロワッつまりアラーは在天の神々の中の最高神にすぎず、しかもチャム年代記では、チャム国《ヌガルチャム》の開祖である。マホメットはチャムからバニへの改宗者である。なによりもバニはイスラーム世界の一員ではない。ホーチミン市などのスンニー派イスラームは、バニをイスラームと認めないし、最近ではバニからスンニー派イスラームへの「改宗」者が現れてきている。バニ人はどこまでもチャム人であり、バニ教はイスラームの影響を受けたチャム人の宗教だ。

ファンティエットの売りは砂丘とチャム文化だ。ファンティエットのリゾートホテルでは、よくチャムダンスが見られる。中村によれば、リゾートホテルあたりの催しもので紹介されるチャムの民族舞踏「シバの踊り」は、驚いたことに実はベト人の振り付け師によって創作された贋チャム「文化」だという。また吉本によれば、ニントゥアン省ファンラン市郊外のポークランガライで二〇〇〇年に開かれたカテ（ヒンドゥー教系チャム人の七月例祭）フェスティバルには、全国各地のチャム舞踊団が、文化省の費用で集められたという。もちろん観光のためだ。観光のためには、少数民族チャム人は古代チャンパ王国群の後継者でなければならない。しんどいことだ。

チャンパ王国群

海道は元々チャンパ王国群《ナガラチャンパー》があったところだ。その淵源は古く三世紀にもさかのぼり、一七世紀以前のベトナム中部の歴史のほとんどをカバーする。チャンパ王国群はベトナムという国家の前身の一つだし、チャンパ王国群を正当に評価することは、ベトナムの主力民族ベト人がベトナム国家の中の一部であること、ベト人の歴史がベトナムの歴史の中の一部であったことを認めることになる。ベトナム国家の真の統一のために、ぜひとも望まれることだ。

チャンパの歴史は長いこと、一つの王国チャンパ王国の歴史と思われていた。それはクアンナムのインドラプラ王朝（三〜一〇世紀）に始まり、ビンディンのヴィジャヤ王朝（一〇〜一五世紀）、パンドゥランガ王朝（一五〜一九世紀）に至る、流れるように整理された歴史だ。二〇世紀のはじめにフランスの学者がベトナムの年代記と碑文から作り出したチャンパ王国史観だ。ところが、碑文や年代記の再解釈、遺跡発掘の進展を経て、こうした単一王朝論は認められなくなった。中部沿岸、海道に沿っていくつかのチャンパ王国があったのである。チャンパ王国群はいずれも、中国と西方世界を結ぶ国際交易航路を握る中継港として繁栄した。またチュオンソン山脈の富を海上に流す集散港でもあった。東南アジア史では、こうした港に根ざして生まれた国家を「港市国家」と呼ぶ。チャンパ国家群は、言ってみれば港市国家群だ。チャンパ国家群の中で、それぞれの時代の国際航路の中心にあった国家が主導権を持った。

現在、中部ベトナムでチャンパ王国の遺跡や伝承が残る地域は、北はハティン省から南はビントゥアン省に広がる。主な中心地は、アマラヴァティ（クアンナム省中心）、ヴィジャヤ（ビンディン省中心）、カウターラ（カインホア省）、パンドゥランガ（ニントゥアン省）だ。このうち、最初に主導権を握ったのはクアンナムのアマラヴァティ・チャンパ王国だ。

この王国は中国に林邑と呼ばれた国家と同じらしい。中国の年代記では二世紀頃に当時の中国の南端の郡、日南郡が独立して生まれた。山形真理子らの発掘では、クアンナム省のチャーキュウが中心地点だったらしい。チャーキュウの遺跡の碑文では、林邑にあたる言葉はなく、チャンパと自称していた。チャンパはサンスクリット語の白い花の名、チャンパカに由来するらしい。[*5] 林邑はその後、九世紀、唐末まで存在し、中国や日本[*6]には、南海諸国を代表する国のように思われていた。交易こそが林邑の命だ。それも南シナ海最長の海岸線という地の利を活かした中継交易だけではない。

沈香王国

チュオンソン山脈は昔も今も良質の沈香《じんこう》を産出する。沈香は、香料中の香料。日本ではその上質なものが「伽羅《きゃら》」という名で知られる。ジンチョウゲ科ジンコウ属（*Aquilaria agallocha*）の香木などは、病気や害虫に侵された時、ダメージ部の内部に樹脂を分泌する。沈香はこの樹脂部分を乾燥させ、木部を削り取ったものだ。主に薫香で楽しむ。古来、世界中で珍重された。

沈香の香りは最高の贅沢品だ。古くから正倉院に秘蔵される黄熟香《おうじゅくこう》、別名蘭奢待《らんじゃたい》が日の本一のお宝とされるが、これも当時の林邑から送られた香材と思われる。林邑はチュオンソン山脈、タイグエン地方の富を世界の海に流すことによって、その長い栄華を謳歌した王国だった。林邑の王都チャーキュウ（シンハプラ）やドンズオン（インドラプラ）、聖地ミーソンが遺跡として残されている。

しかし、その沈香独占も航路そのものが変わると、中心性を維持できない。ミーソンが全盛期だった八～九世紀には、南のパンドゥランガ（ファンラン）やカウターラ（ニャチャン）に独立的な権力が生まれて、林邑の繁栄を

＊5　モクレン科オガタマノキ属の常緑樹。東南アジアの仏寺によく植えられる。日本では金香木、チャンパカモクレン等と呼ばれる。*Michelia champaca*.

＊6　林邑は奈良時代の日本に強い関係を持っていた。七五二年の東大寺大仏の開眼供養に参加した林邑僧仏哲は、宮中や仏寺に林邑楽を伝えたが、これはいまなお宮中に雅楽のスタンダードナンバーとして伝承されている。

二分していた。中国に環王国として知られた。ファンランはサンスクリットの神名パンドゥランガ（ヴィシュヌ／クリシュナの別名という）のベトナム語なまりだ。唐代の地理書賈耽《かたん》の『道里記』に、中国南部からベトナム中部沿岸に沿って南に下るルートが描かれる。ベトナム中部の最南端に「奔陀浪洲《ほんだら》」という国がある。この奔陀浪洲がパンドゥランガだろう。賈耽《かたん》はここからブンタウ沖のコンダオ島を経てマラッカ海峡にまわるルートを紹介している。ファンティエット、ファンランのチャム古塔群は、まさに唐の航海者にも聞こえた南シナ海とマラッカ海峡を結ぶ南海のターミナルの遺跡だ。

特に一〇世紀以降、大型のジャンクが福建から海南島の南をまわって中部沿岸もより南のヴィジャヤ／ビンディンやパンドゥランガ／ファンランに進むルートが一般化した。北にあるアマラヴァティ／クアンナム・林邑の地理的妙味は失われる。折からアマラヴァティの王都チャーキュウ（シンハプラ）が北のベト人の軍勢によって完全に破壊される。アマラヴァティに代わって、より南のヴィジャヤのチャンパ王国が新しい中心性を獲得する。この新王朝は占城《せんじょう》王国と呼ばれた。占婆城《チャンパープラ》の略らしい。占城王国の中心地は現在のビンディン省クイニョン周辺だ。

宋代の『諸蕃志』という南方案内に、占城は人民に香木を集めさせて税金とするという記述がある。ヴィジャヤのチャンパ王国は、一一世紀から一五世紀までチュオンソン山脈の沈香を独占して繁栄を続けていく。ただし、その治世は北にベト人の大越王国、西にアンコール・クメールという二つの拡張主義的な大国の侵略にさらされ、また一三世紀にはモンゴルの侵略を受けるなど、国土維持に苦労し続けた。一四世紀に明が成立すると、真っ先にその庇護下に入ったのは、交易小国ヴィジャヤ・チャンパの最後の手段だった。有名な明の鄭和の七次にわたる南海遠征に基地を提供したのはこのヴィジャヤ・チャンパ王国だ。

一五世紀末、南下してきて黎《レ》朝ベト人の軍勢によって、ヴィジャヤ／ビンディンの占城王国は滅亡する。多くのヴィジャヤのチャンパ人は東南アジアの島嶼部やアユッタヤー朝シャム（タイ）に逃散する。今でもジャワ、スマトラ、スラウェシ各地にチャンパ人移住の伝承が残っているし、アユッタヤーの海軍にはチャンパ人がいたともいう。古い東南アジア史のテキストにはこの時をチャンパ王国の最後とするものも多い。

チャンパ遺跡群

しかし、その後もチャンパ王国群は、南シナ海で活動を続けていく。[*7] 一七世紀まで、日本や中国の記録には占城船来港の記載がある。この占城は南のパンドゥランガ／ファンラン地方の別のチャンパ王国のことだ。宋代の地理書『諸蕃志』は、占城国の南に賓瞳龍とか賓陀羅とか呼ばれる占城と風俗を同じくする占城の属国があったとしている。これはパンドゥランガの漢字表記だろう。つまり、ヴィジャヤ・チャンパの全盛期にも、パンドゥランガには別の王国があり、ヴィジャヤの崩壊後、パンドゥランガが占城を名乗り、以後、ベト人のクアンナム王国に服属しながらも、その活動を続けた。一八三二年、阮朝ベトナムの明命帝《ミンマン》[*8]（在位一八二〇～四一年）によって完全に併合されるまで、半独立を維持する。その時期の遺跡群が、ファンラン、ファンリー、ファンティエットに散らばる。

ファンティエットの市街を出て七キロほど、国道七〇六号のリゾート街道の入り口近くの小山にポーハイの遺跡群がある。チャムの祠堂はカランと呼ばれるが、ここは三基の煉瓦のみのカランからなる。ポーハイのカランは、チャム古塔群の中ではきわだって古い。カンボジアの八世紀以前のプレアンコール様式の影響が強い。

ポーハイ遺跡からは、ファンティエットの町と海が近くに見下ろせる。一〇年ほど前はただの小山だったが、

＊7　なんと一五九一年にはチャムの貴族のポーエトがジョホールのスルタン王のポルトガル・マラッカ攻撃に援軍を送っている。

＊8　ベトナム史上の最重要人物の一人で、ベトナム領域の骨格を作りあげた。南北ベトナムが一つの国になったのは明命帝からだろう。

写真7

写真8

今は塔はきれいに「修復」され、いかにも古めかしい感じの煉瓦擁壁が作られ、のぼり道は煉瓦舗装された。ちょっとした観光公園になっている（**写真7 ポーハイ遺跡。二〇〇六年**）。

国道一号を東北東に向かって進む。乾燥した台地と砂丘が続く。私が二〇〇六年に走ったのは一二月で、最も雨が降る季節だったはずだが、それでも赤い乾ききったラテライトと白砂丘、白銀の太陽が路面を焼いていた。ようやく海の観光開発が始まったばかりのファンランの町を抜けると、一五キロほどで国道の東側のサトウキビ畑の中に、低い煉瓦擁壁に囲まれた二基のカランと一基のカラン基台が建っている。中部ベトナムはどこでも、チャムの古塔の修築がさかんだが、ここでも二〇〇六年末には大規模な修築が加えられていた。ホアライ遺跡と言う。チャムの古塔には、平地、丘、山中の三類型があるが、丘陵上が最も普通で、平地は少ない。ホアライ遺跡は代表的な平地遺跡だ。元々は三基の塔だったが、戦災のために一基が完膚無きまでに破壊された。もっとも、修復という名のある種の破壊も、戦火に劣らず痛ましいが。ホアライ遺跡も古い。八～九世紀の最も古いチャム・カランの一つだ（**写真8 ホアライ遺跡。二〇〇六年**）。

一二〇〇年前からの遺跡が、現在のチャム人につながるわけではない。ホアライ遺跡もポーハイ遺跡も、土地のチャム人には無視されてきた。しかし、すべてのチャンパ遺跡がチャム人と関係ないわけではない。ファンランにはもう一つ巨大な観光名所がある。ポークランガライと言う。私が一九八六年に訪れ

写真 9

写真10

た時には、半砂漠の台地の中の小さな丘陵上に置き忘れられたような寺院で、わずかにチャム人が参拝に来ているだけだった。それでも、この寺がチャンパ王国の「遺跡」ではなく、生きているチャム人の寺であることが実感できた（**写真9 ポークランガライ遺跡。二〇〇六年**）。

いまやチャムの塔《タップチャム》通りという舗装道路が、ファンラン市中心からまっすぐに引かれ、丘陵下には、立派なチャム文化展示館まで作られている。観光バスがひっきりなしに停まり、観光客を吐き出している。だいたい一九九一年にニントゥアン省ができた時にファンランの町の名がファンラン・タップチャム（一〇の塔）とされた。統一鉄道の駅はタップチャム駅だ。*9 ファンランはいまやチャム古塔一辺倒の町になった（**写真10 ポークランガライ寺院の祭礼に集うチャムの人々。一九八六年**）。

駐車場から展示館の中を抜け、狭い階段に出る。曲がりくねった階段の上には、煉瓦のアーチが見える。アーチの脇には、主祠堂、宝物倉などの諸カランがかなり原型をとどめて建っている。特に主祠堂の無数の隅尖塔をつけた復層の屋根は美しい。主祠堂の中にはシヴァ像も残っているし、壁面の浅浮き彫りの「踊るシヴァ像」はチャンパ彫刻中の名品だ。

*9　正確には一九九一年、ニンハイ県の県都だったファンランと、アンソン県の県都タップチャムが合併して、ファンラン・タップチャムとなったので、観光用に強引につけられた地名ではないが、観光政策の発展とともに「一〇の塔の町ファンラン（パンドゥランガ）」とするのは、チャンパ遺跡を売り物にする町名という意味を持った。

写真11

写真12

実はこの寺院は意外と新しい。碑文によれば、一三～一四世紀頃のパンドゥランガ王ジャヤシンハヴァルマンが修復したことになっている。現在の建築も一三～一四世紀のものと思われている。しかし、伝承の上では、ジャヤシンハヴァルマンの影もなく、ポークランガライ王を祀る寺とされる。チャム年代記[10]では、ポークランガライは、始祖アロワッ（アラー）から数えて三代目の王で、紀年上では一二世紀後半の人だが、実際はもっと下る。おそらく実在の人物で、その後のチャム王家の系譜と連続している。寺院の主神はシヴァのリンガ[11]だが、傍らにポークランガライ王の口ひげがややこっけいな像が付属している（**写真11 ポークランガライ王の像。二〇〇六年**）。

毎年、チャム暦の七月（太陽暦の一〇月頃）に新年を祝うカテ祭が開かれ、ポークランガライ王ほかが礼拝される。この寺院のカテ祭は、政府の後押しという怪しげな要素があるものの、チャム人社会随一の祭りだ。ポークランガライ王は、チャム人の中に神として生きている。ポークランガライ寺院はチャム人の伝承の歴史と信仰の中に生きる珍しい寺だ。

もう一つ現在のチャム人との関係で欠かせない遺跡が同じファンランの近郊にあるポーロメ遺跡だ。ポーロメ遺跡は、やはりサボテンがかぼそく生えるラテライト台地上の小さな丘陵の上に乗る。伝承ではポーロメを祀った主祠堂とその妻を祀る副祠堂からなる。主祠堂は全体に、ポークランガライに似ているが、やや粗雑な感じがする（**写真12 ポーロメ遺跡。二〇〇六年**）。

ポーロメはパンドゥランガ王国の最後の時期の王だ。チャム年代記では、一七世紀前半に二五年にわたって王位にあった。ロメという名前はおそらくローマ、つまりイスタンブールを指し、バニ教では、最高神アロワッ（アラー）がいます聖地の意味だそうだ。ポーは王を意味するから、「ローマの王」を名のったことになる。大層な名前だが、バニ教が成立した頃のイスラームの中心はイスタンブールで、そこに君臨するオスマントルコのサルタンは全イスラーム世界の頂点にあった。はるか南シナ海の沿岸まで伝わった、この時代のイスラームの雰囲気がわかる。一七世紀後半、フエのベト人（広南朝）は、軍を進めてファンランの「占城」を属国とし、ついで順城《トゥアンタイン》鎮とし、パンドゥランガ王族を首長に任命した。これが現在の平順《ビントゥアン》、寧順《ニントゥアン》の名前の起こりだ。ポーロメはこの時代の王だ。ポーロメは伝承の中ではチャム暦を統合した王であり、チャムとバニとの関係を陰陽構造の中にまとめようとした王であり、そして現在も重要なヤーン（霊）として、儀礼の中に欠かせない。

ポーロメ遺跡は、最後のチャムの古塔である。以後、チャム人がこうした大規模な宗教建築物を建てることはなくなった。パンドゥランガの王家は一七世紀以降もベトナムに地方官の官職をあてがわれ、また王の廟の祭礼もほそぼそと続く。しかし、一八三四年、サイゴンの乱（3章一二八ページ参照）をきっかけに、「占城の祀は遂に絶えた」（『大南列傳初集』巻三三、占城）。チャム人が認める最後の王は、ナイカルワッ（ベトナム側で言う順城鎮守阮《グエン》文永《ヴァンヴィン》であろう）と言い、その妹の子孫が王廟の管理にあたっていた。[*12]

＊10　新江利彦「『チャム王年代記』とチャンパーのパーンドゥランガへの南遷に関する一考察」ベトナム社会文化研究会編『ベトナムの社会と文化第2号』風響社、二〇〇〇年。

＊11　ヒンドゥー教の主神シヴァの象徴である男性性器またはそれをかたどった像を言う。通常、女性性器を象徴したヨニと言う枠を持った方形の台座に安置される。

＊12　その一人、日本の映像でもチャムの王女として紹介された故グエン・ティ・テムさんは、確かに最後のチャム王の妹の系列だが、王女《コンチュア》とするのは、チャム王国を売り出そうとするベトナム側と日本のジャーナリズムの相当な悪のりだ。地元では普通にテム婆さんと呼ばれていたらしい（吉本、前掲書）。

確かに、ビントゥアン、ニントゥアンのチャム人たちは、チャンパ王国群末期のチャム建築の中の王たちと生きている。そして、チャム観光に頼るしかないビントゥアン、ニントゥアンの未来も、砂丘の上の青空のように、そうそう明るいとは言えまい。

原発銀座

白砂とチャム建築だけが名物だっただけに大きな工業化計画が求められるニントゥアン省に、突然、問題が起こった。ベトナム初の原子力発電所《ニャーマイディエンハットニャン》（ベトナム語では核発電）が二つ、ニントゥアン省にできるというのだ。計画主体は国営のベトナム電力集団。ベトナム全土への電力供給を任されている。

二〇〇九年の暮れ、グエン・タン・ズン首相[*13]の提案で、ベトナム国会がニントゥアン第一号原子力発電所をニントゥアン省トゥアンナム県フオックディン村に、第二号を同じくニントゥアン省ニンハイ県ヴィンハイ村に設置することを議決したことに始まる。若い頃貧困に泣いたドイモイ後の政治家たちには、先進国に負けない近代的工業建設の夢が顕著だ。原発建設はズンクァット（クアンガイ省）の石油精製工場建設に続くベトナム「現代化」の夢だ。総予算二〇〇兆ドン（二〇〇八年価格、おおよそ一兆円くらい）とされた巨額の資金のめどさえつけば、需給や安全の検討はあとまわしだ。しかもズン首相の思い入れのこもった計画だ。そこが、借款こみで売り込みにかかる、不況にあえぐ先進国企業集団に狙われやすい。

第一号発電所については二〇一〇年五月、ロシアが軽水炉原発ブランドの輸出契約を獲得した。規模は二〇〇〇メガワット時、予算は八〇億ドルとされ、ほとんどがロシアの借款による。原発第三世代の技術を持ち、第二世代の fukushima 1 よりはるかに安全度が高いと説明され、またすべての安全についてはロシア国家が責任を持つと、ロシア大使は言明しているという。

ファンラン・タップチャムから国道七〇二号で海岸線を東に走る。海抜五八二メートルのチュア山の麓、海に沿ってタイアンという風光明媚だが、いかにも貧しげな小さなマチがある。ここタイアンの土地一五五ヘクタールをつぶして、第一と同じく出力二〇〇〇メガワットの原発と港湾施設が作られる。立ち退き住民は二〇〇〇人に及ぶ。ここに事故を起こしたばかりの日本がからむ。二〇一〇年一〇月、官民出資の国策会社「国際原子力開発」が設立され、ニントゥアン第二号原発の輸出を受注した。[*14] 二〇一一年三月の fukushima 1 のあとに脱原発を鮮明にした菅首相は原発輸出政策の継続促進を声明したし、野田首相はこの方針を二〇一二年に、ズン首相との間で確認している。もちろん日越政府案件だから日本国際協力銀行（ＪＢＩＣ）が大規模借款に動く。第一、第二とも現在の計画では二〇一四年一二月起工、二〇二〇年末には商業運転が始められる。事は急速に現実化していった。よりにもよって二大大規模原発事故を引き起こし、現在、とても終熄とは言えない状況にある二つの当事者国家が、国内諸問題の解決を図ることなく、猛烈な売り込みをかけ、受注に成功したというのも奇妙な話だ。

もちろんベトナム政府も fukushima 1 のあとでは安全性を強調することを忘れない。ベトナム語版のウイキペディアには、地質上の安全性から各国の原発対応まで説明され、中でも fukushima 1 事故を克服する新しい原発であることが強調される。しかし、二〇一一年に行なわれた地質調査は、売り込み側の日本の国際原子力開発が派遣した調査によるものだし、どう fukushima 1 を乗り越えるのか具体的な説明はない。一方、庶民のレベルでは、「日本の原発技術への信頼」、「ベトナムには地震や津波がない」という根拠のない思い込みが広がっている。

＊13　グエン・タン・ズン。一九四九年カマウ省に生まれる。解放戦線に初期から参加。一九九一年党中央委員、二〇〇六年首相。ドイモイ後の財政を指導したファン・ヴァン・カイの後継者で経済通とみなされる。

＊14　国際原子力開発には問題の東電が筆頭株主として二〇％を出資している。二〇一二年六月、経営上の大問題を抱える東電が原発輸出から撤退するとの報道があったが、東電広報はこの報道を否定し、「可能な限りの協力」を約束している。

fukushima 1はたいしたことではなく、日本の技術力で封じ込めたという言説さえ広がっている。
ベトナムの不安定な電力状況も、候補地の中部沿岸地域の貧しさもわかる。だからといって原子力に新たな電源と中部開発を求める政策にはにわかに賛同できない。原発事故の恐ろしさを、ベトナム政府や庶民が本当に知っているのだろうか。発展を急ぎ電力不足にあえぐ貧しい国に、国内の大悲劇には口をぬぐって、大規模借款を餌として売り込む日本政府と一部企業には怒りを感じる。

カインホア省、カムライン（カムラン）湾

ファンラン・タップチャムから国道一号を北上する。約三〇キロで峠を越す。カインホア省に入る。

カインホア省はほかの二省と同じように、主穀農業が発展しているわけではなく、二〇〇キロに及ぶ海岸の開拓に思いあぐねている。乾燥平原を利用したサトウキビ、落花生油、マニオック《コアイミー》（キャッサバの根）、また山地では先住民によって白菜などが植えられるが、どれも全国シェアは低い。

農業よりも水産に展望がある。カインホア省では一年に一五万トンという日本の沿海諸県なみの水揚げがあり、さらに四万から五万トンの増量が見込めるという。

カインホア省には二〇〇キロに及ぶ海岸と二〇〇を超す島がある。なんといっても観光立省で、二〇〇五年には世界中の海岸リゾートのベスト二〇に入っている。二〇〇九年にはのべ一六〇万の観光客を受け入れている。

省境から一〇キロほどで白い砂丘に囲まれた真っ青な湾が眼前に広がる。カムライン（一般には南部方言でカムラン）湾だ。おそらく、一般の日本人が最初に記憶したベトナムの地名は、ハノイでもサイゴンでもなくこのカムラン湾だろう。長さ二六キロ、湾口わずかに一・六キロ、しかも水深が深いこの湾は、世界一の自然港と言われた。だから軍事的に重要だ。日露戦争中の一九〇五年、ロシアのバルチック艦隊は、日本遠征の途上、このカム

ライン湾にしばし投錨していた。日本は朝野をあげて、カムライン湾のバルチック艦隊に神経を尖らせた（**写真13 カムライン湾。一九八六年**）。

写真13

一九六〇年以降、米海軍が大補給基地としてカムライン湾に注目し、三キロの滑走路を持つ軍港を建設した。一九七五年に米海軍は撤退するが、一九七九年、中越戦争の勃発とともに、ベトナムは中国海軍に対抗するためにソ連海軍にカムライン湾を使わせた。最高時には七〇〇〇人のソ連兵が駐留し、空母ミンスクや核搭載潜水艦群が寄港して、米第七艦隊と対抗した。冷戦後期のシンボルだった。

それも今は昔だ。二〇〇四年にはすべてのロシア軍が撤退し、今はベトナム海軍基地が置かれている。きなくさい歴史を離れると、カムライン湾の景色はたとえようもなく美しい。雪としか思えない白砂の半島が青い洋上に広がる。カムライン湾の北岸にカインホア省第二の都市カムラインがある。

南シナ海波荒らし

南シナ海の南半、ボルネオ島の西海岸とベトナム沿岸の中央に英語名スプラトリー群島という南北四〇〇キロにわたって広がる珊瑚礁群がある。ベトナム名はチュオンサー群島、中国では南沙群島と言う。最高の土地でも海抜四メートルしかない。元々人が住める島ではない。かつてフランス海軍が占領し、フランス領インドシナ政府は一九三三年に、スプラトリー群島をバリア省の一部とした。また一九三八年には日本海軍が一部を占領し、日本が領有宣言をして台湾の高雄市の一部とした（日本名：新南群島）。もちろん日本は戦後領有を放棄したが、その領有権は台湾に移譲されたと理解され、中国と台湾の両者が領有権を主張した。日本占領以前の領有者フランスもまたその領有権を、ベトナム政府に委譲した。かくてベトナム、中国、台湾が群島全域の領有を主張し、群島隣接するマレーシア、フィリピンが一部の主権を叫んでいる。

体制の如何、民族性の如何を問わず、領土問題となると、頭に血が上るのは、近代国家の通弊だ。元々は珊瑚礁が波間に顔を出したにすぎない島々だから、漁船が寄港地にする以外には、だれも問題にしなかった。元々誰でも立ち寄れる海島に、陸の封鎖概念である「領土」をあてはめるのは無理がある。

しかし、南シナ海が有望な石油埋蔵層を持つことが明らかになってから、どこの国でも、公理をかなぐり捨て、領有権を声高に主張しだした。ベトナムはチュオンサー諸島をカインホア省に所属させている。国が領土問題を打ち出すと、異常に「愛国」主義を刺激する。必ず無用に国旗を打ち振る人が出てくる。軍を待機させる。そのうち、引くに引けなくなる。こうなると愛国は有罪だ。近代国家には領土を相対化する勇気が必要だ。一九八八年には、チュオンサー諸島を占拠していたベトナム海軍を中国海軍が攻撃し、島を占領する事件が起こった（国際的にはスプラトリー諸島海戦、ベトナムでは長沙海戦《ハイチエンチユオンサー》、中国では赤瓜礁海戦。戦争の名前までがややこしい）。この時ベトナム側の戦死者は七〇名以上にのぼった。中国がチュオンサー諸島を実効支配しているのは、この戦争の結果だ。

またフエやダナンの東方にあるホアンサー群島（中国名：西沙群島、国際名：パラセル群島）は一二〇の小さな岩礁からなるが、ここでも中国とベトナムが激しく対立している。一九七四年、ベトナム戦争末期に、南ベトナム海軍と中国海軍が激しく戦い、南ベトナムの護衛艦が撃沈される事件が起こった。以後、中国海軍が占領し、現在も中国が飛行場や港を作って実効支配している。近年、中国海軍が大増強されるとともに、ベトナム、フィリピン、マレーシアは、中国の覇権に反対し、アメリカもその主張を支持して、海軍の提携を進めている。

二〇一二年、事態はさらに悪化した。六月二一日、中国が海南島三沙市なる行政単位を作って、西沙、中沙（西沙諸島の東南の岩礁群、同じく台湾、フィリピンなどが激しく対立している）、南沙の三群島を統括し、市庁は西沙群島

写真14

の永興島（ベトナム名：リンコン島、国際名：ウッディ島）に置くとした。同日、ベトナム国会は南沙、西沙の両群島がベトナムの主権と管轄の範囲にあることを明記した海洋法を可決した。もはや両国、または中国と東南アジア諸国の対立はＡＳＥＡＮでも解決されない（二〇一二年七月一二日、ＡＳＥＡＮ外相会議）。南シナ海は大荒れに荒れている。

ニャチャン――ハネムーンの地

カムラインから北に六四キロ、いまや中部最大の観光リゾート地省都ニャチャンに出る（**写真14 ニャチャンの海岸。二〇〇六年**）。ニャチャンは、北緯一一度三〇分、ベトナム中部沿岸で最も南シナ海に張り出したところにある。漢字で書くと「芽荘（牙荘）」という味気ない字になるが、ドイモイ前、ベトナム人が飢えに苦しんだ時代でも、ニャチャンは都会人のハネムーンの地だったし、歌謡曲にもよく歌われた。湾内の遊歩道に沿った椰子の並木と白い波が有名だ。かわいい駅があってホーチミン市からの特別列車が往復している。市内には近代風ホテルが林立し、小粋なイタリア・レストランが海岸沿いに並ぶ。

ニャチャン観光客が必ず訪問するのが、ポーナガル寺院だ。ポーは神か王、ナガルは国の意味。ニャチャン市の北東、海岸に面した小山の上に建てられている。小山の斜面に沿って列柱が並ぶ（**写真15 ポーナガル寺院の列柱。二〇〇六年**）。ほとんどの観光客は見向きもしないが、これがポーナガル寺院最古の建築遺跡で、八～九世紀頃と[*15]

＊15　もっとも重枝豊は一五、六世紀と考えている（チャン・キィ・フォン／重枝豊『チャンパ遺跡：海に向かって立つ』連合出版、一九九七年）。

写真15

写真16

言われる。唐代、古旦と呼ばれ、碑文ではカウターラと言われた港市国家があった。カウターラは南シナ海、ジャワ海交易のハブの一つだった。ポーナガル寺院はこのカウターラの中心寺院だったようだ。

整備された階段を上ると、山頂の平地に主祠堂、宝物庫など五つの祠堂がぎっしりと建っている。主祠堂は高さ二八メートル、小粒の多いチャンパ建築の中では例外的な高さを持つ。方形の構造の上に三層の円錐形の屋根が乗り、豊かな彫刻がほどこされている。一一世紀にウマー[*16]・ポーナガルという女神に捧げられた祠堂であるという（写真16 ポーナガル寺院主堂。二〇〇六年）。

一〇本の腕を持つポーナガル寺院の女神は、一〇五〇年に彫られたチャム美術の傑作だ。ところが、この神はもはやチャム人の神ではない。裏庭に林立する漢文碑文によれば、北海の地から来たった天依阿演婆と言う。この女神は南シナ海の守護神天后（アマ）と同一らしい。観光地ということもあって、連日、ベト人の善男善女でにぎわっている。チャム人の神はいつのまにか、ベト人の神になった（写真17 現在のポーナガル寺院主神。二〇〇六年。右は主神像〈寺院博物館より〉）。

フーイエン省——狭い海岸平野

国道一号はニャチャンの狭い平野を過ぎると、峠道に入る。やがて海岸の崖ふちに穿たれた狭い道をくねりながら進む。

写真17

写真18

まもなく、カインホア省を出て、フーイエン省に入る。狭い海岸平野が続く。水田と椰子林が道の両側に広がる。狭い水田のほとんどがメコンデルタと同じく湛水直播田だ。平野と平野の間を峠がさえぎる。峠の眼下は青い海と岩場が続く。崖下にときおり小さな漁村がへばりついている。

フーイエン省は隣接する南の三省（ビントゥアン、ニントゥアン、カインホア）に比べても工業化が遅れている。ホーチミン市やダナン市の工業発展はまだまだフーイエン省まで余沢を与えていない感じがする。二〇〇七年では四八万二〇〇〇の労働人口のうち、わずかに四万五六〇〇人が工業部門で、七万五八〇〇がサービス部門で働いているにすぎない。工業部門といってもほとんど水産物や果実の食品加工業だ。人口の七五％が農業に従事している。しかも、二〇〇五年から〇八年の間では、工業もサービスもほとんど発展していない。サービス部門では二〇〇〇年より下降し続けている部門もある。

その農業も中心はサトウキビか、綿花、タバコしかない。ほかには落花生、カシューナッツ、山地ではコショウやコーヒーが細々と植えられている。

フーイエン省に入ってすぐ、ヴンローという小さな漁村の脇で、小規模な石油貯蔵基地と港湾が建設されている（**写真18 ヴンローの石油基地と港。二〇〇六年**）。いま急速な工業化投資政策がこの地域で進められている。ホアヒエップとホアタムには工業区が作られた。なにもないように見えるフーイエン省の海岸にも、

＊16　シヴァの妻パールヴァティの別名スカンダやガネーシャの母とされ、ガンジス女神は姉であり、シヴァの先妻サティの再生でもある。ヒンドゥー女神群の頂点に位する。

現代化への試みが始まっている。

海と山を結ぶもの

峠を越すと、フーイエン省の省都トゥイホアに出る。トゥイホアははるかラオス国境から東流するダーザン川の河口に開いた小さな平野に立地する港町だ。国道二五号がまっすぐ西北に走って、タイグエンを縦断する国道一四号と結んでいる。プレイクの富の集散地でもある。

ダーザン川の南の独立丘陵の上に、二つのカラン（祠堂）が見える。雁塔《タップニャン》と言う。一一世紀頃の塔だが、痛みが激しい。海を意識したトゥイホアのランドマークだったのだろう。

中部沿岸諸省はどれも、ベトナム全体の経済発展からは取り残され、かろうじて観光諸部門と、数少ない、消費量にも限界のある特産品でがんばっているかに見える。しかし、元々、中部沿岸の海道諸国は南シナ海に開放された土地として繁栄し、無数のチャム建築を残してきた。中部沿岸の発展は、沿岸平野や沿岸漁業のちまちまとした開発に頼ることではない。とはいえ、中部沿岸諸港を無視してきたのは、近世以来のナビゲーションだ。いまや、すべての物流は生産地と市場を直接結ぶ。中継港はいらない。それは中部諸省の停滞の原因だ。

しかし、中部諸港はなにも生み出さない中継港だけだったわけではない。海道と過去の栄光ばかりが目につく沿岸諸省の西裏には、タイグエンの高原、ラオスの山々が控えている。実際、沿岸諸省は、それぞれタイグエンの諸省と一対一対応のルートを持っているのだ。ビエンホアとビントゥアン（国道一号）、ラムドンとニントゥアン（国道二七号）、ダクラクとカインホア（国道二六号）、ザライとフーイエン（国道二五号）そしてザライとビンディン（国道一九号）だ。そしてそのすべてが国道一四号（ホーチミン道路）に通じて、ベトナムの背骨につながる。山地、高原、さらにはラオ世界との一体的な発展が、沿岸地域をより豊かにするだろう。

砂丘の北

ビンディン省

何度も峠道を上下しては次の平野に向かう。フーイエン省を抜けてビンディン省に入る。このあたりの海岸名物は海蛇の酒、たつのおとしご《カーグア》料理だ。峠道には専門店が軒を並べるが、ぞっとしない（**写真19 国道一号沿いの毒蛇酒。二〇〇六年**）。

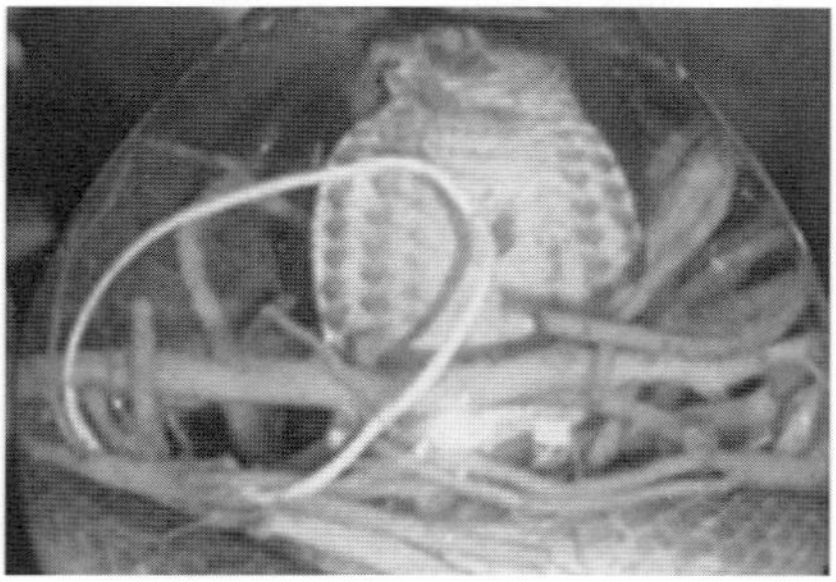
写真19

狭い河口平野が、入り江に集中し、山々がぎっしりと平野を囲むという景観の土地に比べると、ビンディン省にはコン川が作った大きな沖積平野がある。だから面積六〇二五平方キロに一五四万五三〇〇人の人口を抱えている。雨量も南方のニャチャンやファンランの半砂漠に比べてかなり多く、一七〇〇ミリから、時には二〇〇〇ミリに達する。それだけに稲作が活発だ。灌漑が進み、集約性も高く、一ヘクタール五トン強の収穫で、二期とれる。省では籾六〇万トンの収穫を前後して、沿岸諸省では図抜けている。もっとも国全体から見れば一・六二%にしかならず、中部沿岸での農業の限界を示している。

逆に、乾燥を活かした特産品が少ない。省内の産物はカシューナッツ、サトウキビ、コショウなどで量も少なく、付加価値が低い。わずかにココナッツの生産が全国の九%を占める位だ。ただ畜産業はさかんで、農業収入全体の三五%を占める。特に養豚業は質量ともにトップクラスにある。二〇〇九年、省全体では六八万四〇〇〇頭の豚、二八万八四〇〇頭の牛、一万八九〇〇頭の水牛、そして三〇〇万の鶏がいる。

写真20

良港クイニョン

ひたすら北上を続け、国道一号のジェウチという小さな町から東に折れて約九キロ、ビンディン省の省都、港町クイニョンに入る。クイニョンはタイグエン高原のプレイクから、まっすぐ東に延びて南シナ海につながる国道一九号と国道一号の交差する地で、元々は山の物資を海におろす中部の重要な港だった。[*17]もっとも、国道一九号が一番使われたのは、一九七五年四月、プレイクが陥落した時に大量の南ベトナム軍兵士と難民がこの道を下ってクイニョンに逃げ込んだ時だろう（**写真20 クイニョン港の朝。二〇〇六年**）。

クイニョン港は、長いフオンマイ半島に囲まれた、狭いが、水深の深い湾を持ち、さらに近代化された港湾設備を持っている。ベトナム一〇大港の一つだ。公称では、一万トンの船の出入りが可能である。国際観光船アストリア号の寄港地になったこともある。しかし、その華麗さにもかかわらず、山地からのキャッサバなどの農産物を運ぶトラックが桟橋入り口に行列している。すごいギャップだ。

だから省も必死に工業化をこころみているが、それも食品加工業、水産加工業が主流で、大きな付加価値がのぞめない。二〇〇八年にはカットチン地区に新しい工業区五〇〇ヘクタールが開かれたが、わずかに木製品、工芸品の生産加工が計画されているにすぎない。一九八八年から二〇〇六年までの外国直接投資契約総額は、わずか一億八五〇〇万ドル、沿岸諸省の中でも最低で、石油精製所建設で盛り上がっているクアンガイ省の一〇％にも達しない。ビンディン省は良港クイニョンを持ちながら、「現代化」では大きくで遅れている。

ヴィジャヤ

いきおい、省のねらいは南のニャチャン、北のホイアンにならう観光業の開拓にある。観光誘致は一番手軽で効果の高い投資だから、全国どの省でも熱心だが、とりわけビンディンは新興観光地の座を狙っているように見える。ビンディン観光の目玉は玄武岩が海になだれ込んだ海岸美と、豊富なチャム古塔だ。

今のビンディン省にはチャム人はほとんどいない。ところがチャンパ遺跡はすごい密度で集積している。一〇世紀から一五世紀まではチャンパ王国の中心地となったヴィジャヤ（佛逝）とはこの地のことだった。これまでの定説では、一〇世紀にチャンパ王国の中心地アマラヴァティのシンハプラ（クアンナム省のチャーキュウ）がベト人に破壊された。そこでチャンパ王シュリーヴィジャヤが、ヴィジャヤつまりビンディン平野に都を移したとされる。もっとも、これはチャンパ占城を一系の王国としたために強引に年譜をつぎはぎにしたもので、アマラヴァティもヴィジャヤも並列して栄えていたとも言える。チャンパ王国は複数の都市国家の連合体だ。だからアマラヴァティの王がヴィジャヤに遷都したのではなく、元々のヴィジャヤ地区の地方勢力がアマラヴァティ地区の衰退ののちに、代わって勃興したとする見方もある。

都城遺跡

ヴィジャヤ・ビンディンのチャムの遺跡には、三つの分布がある。港の遺跡と山の遺跡、そして都城の遺跡だ。

＊17　一九七〇年にカンボジア国境近くで狙撃されて死去したカメラマン沢田教一がピューリッツアー賞をもらった、ベトナム戦争中最も有名な報道写真「安全への逃避」は一九六五年の乾季大攻勢の中、クイニョンの北、ロクチュアン村で撮影されたものである。

写真21

写真22

国道一号をクイニョン市に至る一九号を右折せずに、そのまま北進すると、ダップダーの町に出る。町をやや過ぎたところにカインティエン塔への入り口という表示があり、左折して広がる一面の畑地の中がかつてのチャンパのチャバン王城のあとだ。

といっても現在はカインティエン塔以外には目につく遺跡はない（**写真21 修復中のカインティエン塔。二〇〇六年**）。この城は、一四七一年、ベト人の王朝大越の軍勢に、破壊された。その後、一八世紀の末に、後述する西山《タイソン》三兄弟の阮岳《グエンニャック》が新城を建設し、またたくさんのチャンパ建築が壊された。それでも一九世紀の中頃には、この付近に三五ものチャム古塔があったという（『皇越地輿誌』）。

遺跡北東に拾塔《チュアタップタップ》寺なる古い寺院がある。この寺院は拾塔の丘《ゴータップタップ》という周囲一キロほどの丘の上に建てられているが、かつてここにチャンパ王国の一〇の塔があったという（『大南一統志』平定）。一九三四年から一九三五年にかけてフランスの極東学院はこの近郊を発掘し、多くの彫刻群を発見している。彫刻群の主なものはダナンのチャム美術館に納められた。

現在、都城建築で残るのは、俗に仙女の翼《カインティエン》という美しい名前で呼ばれる銅塔《トゥールドゥキュイーヴル》（美術史上の呼称。銅が張られているわけではない）だ。「皇帝の城」の南脇の小山の上に、約二〇メートルの高さでそびえる。銅塔はかつてチャンパ王城の中心寺院だったらしいが、今は主塔しか残っていない。煉瓦建築の随所に砂岩の柱を入れて補強され、美しい装飾彫刻で飾られる。三層の屋蓋は多様な隅尖塔を屹立させ、火炎状に飾られる。一二世紀初め、[*18]ヴィジャヤがアンコール・クメールに支配されていた時期があるという節が強い。この時期のもので、砂岩と煉瓦の組み合わせなど、アンコール建築の影響が大きいという。とはいえ、チャンパ建築の白眉と言っていい美しい建築だ。残念ながら随所に粗雑なセメント補修がなされ、崩壊した屋蓋を新しい煉瓦で補塡して痛々しい。

それにしてもビンディンのチャム遺跡の人気はいまひとつだ。ニャチャン市やファンランと違って、クイニョンのリゾート地が知られていないので、集客能力がないのかもしれない。当然のことだが、チャム遺跡だけでは観光スポットにならない。銅塔もほとんど人影を見ない。銅塔からは国道一号をはさんで、丘陵上に金塔《トゥールドール》が見える。金塔はベトナム名でフーロック塔、またはトックロック塔と言う。銅塔によく似ていてほぼ一一世紀の建築と言われる。

いま一つ、規模が大きく、修復（破壊?）も終わっているが、人影の少ない山上遺跡に、銀塔《トゥールダルジャン》がある。バインイット（少しのパン）塔と呼ばれる。銀塔の乗る丘は海抜一〇〇メートルほどでけっして高くないが、国道一号に接しているためによく目立つ。銀塔は高さ二〇メートルの主祠堂、宝物庫、碑文庫、それに楼門の四建築が残っている。一二世紀頃の建築だが、中でも有名なのは宝物庫で、矩形の建物に高い舟形屋根を付けたどっしりした建築で、全面に花草文様やガルーダなどの彫刻がほどこされている（**写真22 修復?なった銀塔。二〇〇六年**）。

重枝豊はヴィジャヤ・ビンディンのチャンパ建築を、近くから見るためでなく、海上から眺められることを意識して建てられたと考える。確かに、銀塔や金塔は、はるかに海上からも識別できるランドマークの意味があったにちがいない。ヴィジャヤ・ビンディンのチャンパはまさに航海立国の時代だった。

＊18　重枝豊は一三世紀とする。

港の遺跡

ティーナイ（施耐）はクイニョン近郊の港だ。クイニョンの湾をティーナイ潟《ダムティーナイ》と言うのはここから来ている。元々はヴィジャヤの外港で、副都でもあったサンスクリット語でシュリーヴィナーヤカ、またチャム語でシュリービーヌイがなまったものだろう。初代の王名シュリーヴィジャヤに関係する。これまでこのヴィジャヤの港の位置はよくわからなかったが、近年、クイニョン北郊外のビンラムで東西一三〇〇メートルに及ぶ都市遺構の土塁が発見された。一部は煉瓦建造である。一二八二年一二月、元のフビライハンの海軍がこの地を襲うが[*19]、その激戦場がこの城と推定されている。

ティーナイはチュオンソン山脈の富を南シナ海に運び出すヴィジャヤの富のもとであった。旧ティーナイ城内の小村の小路に残された遺跡がビンラム塔だ。ビンラム塔自身は小さな目立たないカランだが、旧内城の一部だったと思われる煉瓦城壁を囲壁とし、城壁と塔の間にハータインという小さな川が流れ、三キロほどで湾入している。かつては港の中心祠堂だったにちがいない。ビンラム塔は、一一世紀、ヴィジャヤ／ビンディンがチャンパの中心になりだした時に建設されたと考えられる。

写真23

国道一号から国道一九号に移って、クイニョンの町に入ってまもなく、ごみごみした市場街の一画を仕切って一対の塔《タップドイ》の遺跡が立ちはだかっている。かつてはこの塔の脚下で市場が開かれていたが、今は公園状になっている（**写真23 クイニョン下町の中のタップドイ塔。二〇〇六年**）。

タップドイは、その名のとおり南北二塔が接しあっている。より大きな北塔でも高さは一六メートルほどで大きなものではないが、人家の中に屹立しているので、大きく見える。チャンパの建築は煉瓦が多い。クイニョン市内のこのタップドイは、人の背丈ほどもある基壇のすべて砂岩で作られる。煉瓦の屋蓋もチャム様式では重層の円錐形だが、タップドイは矩形の屋根を盛り上げたピラミッド形である。このため、全体に瀟洒なチャンパ建築の中では荘重でやや重苦しい。クメール建築の影響があまりに大きいために、フランス人はこの塔を「クメールの塔《トゥールクメール》」と呼んだ。一三世紀前半、この地がクメールのジャヤヴァルマン七世に支配されていた時期に建設されたとする説が強い[*20]。もしそうだとすれば、タップドイはクメールが南シナ海に雄飛した時期の記念建築だ。

ヴィジャヤ・ビンディンのチャンパの遺跡は、ティーナイ、クイニョンから国道一九号に沿って西の山地に向かって遡上する。まず西北から流下するコン川と南から北上するハータイン川がつくる小さなデルタの上に、南にタップドイ、北にビンラムの二塔が乗る。港のシンボルだ。コン川・ハータイン川デルタを見おろす段丘の縁に金塔があり、さらにコン川をはさむ両河岸の残丘上に南に銅塔、北に銀塔がある。海上からのランドマークだろう。銅塔と銀塔の間にチャバン王城が広がる。王城の南にタインチャ城がある。

さらにコン川をさかのぼると、クイニョン北西三〇キロの地点に、一二～一三世紀の作品とされるトゥーティエン塔／銅塔がある。またさらにコン川を西に進めば、象牙塔《トゥールディヴォワール》と呼ばれるズオンロン塔がある。象牙塔は中央塔と隣接する南北二つの副塔からなる大遺跡で、タップドイと同じく、これも一三世紀はじめのクメールの影響を強く受けた作品である。

コン川をさかのぼると、タイグエンのザライ、コントゥムの東斜面に分け入る。コン川下流の銀塔や金塔が海を意識した建築ならば、中流のトゥーティエン塔や象牙塔は、宝のあふれる山を意識したカランだ。

＊19　ベトナムも三次にわたる元寇を受けているが、ヴィジャヤのチャンパも元に占領されていた時期がある。
＊20　重枝豊はこの説をとっていない。

タイソン、南北分裂

グエン氏の三兄弟

トゥーティエン塔や象牙塔が建つ中流地域を西山《タイソン》県と言う。クイニョンからタイグエンに通じる国道一九号で西に進む。乾燥した段丘の中に小さな盆地が開き、小規模な水田が開ける。ヴィジャヤのチャンパ王国が滅びて三〇〇年ほどたった時、このタイソン盆地から、ベトナム全土を巻き込む大動乱が始まった。タイソン・グエン一族の反乱だ。

一八世紀のベト人の社会は大きく二つの勢力に分裂していた。北部のハノイの鄭《チン》氏政権と中部フエの阮《グエン》氏政権だ。当時の外国人は北部をトンキン王国、中部をクアンナム王国、またはコーチシナ王国と呼んで区別していた。両王国はほぼ現在のクアンビン省のドンホイ市を東西に区切る線で対峙していた。両王国はともに後述する南シナ海の大交易時代の中で、交易の独占を求めて、一七世紀いっぱい戦争状況となる。しかし、大交易時代が収束する同世紀の末には、一時的な休戦に入った。クアンナム王国は、以後、一方で南方、チャムやクメールの地の併合を推し進め、一方では南のメコンデルタのベト人化を図り、また、領域内の統制を進めて、交易立国から農業国家への道を模索していく。

ところが、この変化は重税と兵役を負担する農民たちにとって耐え難い負担となったようだ。この頃、ビンディンのはずれのタイソン（西山）の地に、阮《グエン》氏という一族がいた。元々は、ゲアン省の農民だったようだが、一七世紀の中頃、クアンナムの阮《グエン》氏軍隊に捕らわれ、この地に住まわされたという。タイソン阮氏に三人の兄弟がいた。阮岳《グエンニャック》、阮恵《グエンフエ》、阮侶《グエンルー》という。長兄のニャックは若い頃から、山地の先住民の物資を扱う商人になり、クアンナム王国の出先の下役人まで務めたが、官吏との間に悶着を起こし、二弟とともに、タイソンの北の山中にこもって無頼の長となった。

一七七一年、三兄弟はフエのクアンナム王国に反旗を翻す。以後一八〇二年まで続くベトナム大動乱の幕開きである。これに、不満を持つ中部沿岸の華人たちが参加する。チャム人の女性頭目とも連合したという。兵力はふくれあがり、クアンナム軍は連戦連敗する。三兄弟はついにクイニョン城を攻略し、クアンガイ以南の地はことごとくタイソン阮氏の支配するところとなった。一七七五年、クアンナム王国の危機を知ったハノイの鄭《チン》氏政権は、南進して宿敵クアンナム王国の王都フエを攻め落とす。クアンナム王はサイゴンに亡命する。タイソンはそのまま鄭氏に服属する。しかし、一七七六年、タイソン阮氏の長兄グエン・ニャックは、クイニョンに近いチャムの古城チャバン（ドバン）に城を築き、自ら帝位に即いた。

タイソン阮氏三兄弟は鄭氏政権を打ち倒し、一五世紀以来の黎《レ》朝皇帝を追放し、さらに清の干渉軍を破ったことから、ベトナム民族史上第一等の大英雄である。また光中《クアンチュン》帝と名乗ったグエン・フエは、農民に土地を与え、チューノムと言われる民族文字を振興した社会文化革命のリーダーとも言われる。現ベトナム社会主義共和国の前身ベトナム民主共和国は、植民地勢力フランスを駆逐し、封建勢力である阮朝朝廷を倒壊して成立した国家である。だからこのタイソン国家に自らを重ね合わせている。[*21] 生まれ故郷のここビンディンでは、いたるところにタイソン一党の像が建ち並び、複数のタイソン神社が建設されている。ただし、タイソンはクアンナム阮王国の嘉隆《ザーロン》帝（グエン・フック・アイン）の宿敵だったので、阮朝が滅びる一九四五年まではその祭祀が許されなかった。

タイソン顕彰の中心は、一九七八年に建設されたクアンチュン博物館だ。国道一九号をクイニョンから四〇キロほど西に進み、フーフォンというタイソン県の県都で右折する。コン川の狭い河床を渡ると、右手に三層九室の博物館があり、タイソンの武器や文書、パノラマの戦闘シーンなどが展示されている（**写真24 タイソン博物館**）。

＊21　ハノイのドンダー地区にはタイソン公園があり、グエン・フエ（クアンチュン）の巨大な像があたりを睥睨している。

写真24

写真25

タイソン神社が併設されている。一九八六年）。

タイソンの博物館の脇にはタイソン殿がある。タイソン三兄弟が育った家のあとだという。タイソン敗亡後、阮朝政府には秘密でタイソン三兄弟を祀っていたともいう。今の神社は一九六〇年に建てられ、一九九〇年に大規模に修築された。今も年祭が営まれ、青年たちの伝統武術が披露される。確かにタイソンは現在のベトナム国土の建設者と目されている。しかし、一方で、タイソンの、少なくともグエン・ニャックは、三〇〇年前に失われたチャンパの後継者であろうとしたのかもしれない。先に、タイソンの蜂起にはチャンパの女性頭目が参加していたことを述べたが、なによりもグエン・ニャックが作った都城は、かつてのチャンパのチャバン（ドバン）城だった。グエン・ニャックがここで皇帝に即位したために「皇帝の城《タインホアンデ》」と呼ぶ。

チャバン王城

銅塔の乗る丘の下に、土とラテライトの塁壁で囲われた方形区画がある。幅一二六メートル、長さ一七四メートル。ラテライトの方形の幅一・五メートルの低い囲壁が残っている（**写真25 チャバン王城擁壁の発掘現場。二〇〇六年**）。この地は紫禁城《トゥーカムタイン》、禁城《カムタイン》と呼ばれる。ここがグエン・ニャックの王宮の跡だという。今は皮肉なことに、武性《ヴォーティン》というタイソンと戦ったグエン・フック・アインの部将の陵と旗台が残るだけだ。城跡の区画の外に土城塁で囲まれた不定型な外《タイン》城《ゴアイ》がある。外城の周囲は七四〇〇メートル、北辺は約二キロある。外城の区画の中には無数のチャム遺跡や伝承が散らばる。

タイソンがこの地に王城建設をしたことについて、タイソン一族はビンディン・チャンパの継承者を意識していたという説もある。確かにタイソンは中部の独立を志向した政権であった。だがタイソンには、中部沿岸街道の覇者チャンパとはまったく違う点がある。それは交易への無配慮だ。タイソンの初期にはクアンナムに反感を持つ華人たちの協力を得るが、彼らが離反すると中部、南部の華人たちを虐殺したり、追放したりする。ビエンホア、サイゴン、ミートー。タイソンの恐怖の物語は、港町に伝えられる。実際、タイソンはシャム（タイ）、ラオス諸国、カンボジアなどの交易に生きる周辺諸国、さらにフランスに敵対された。中部最大の港市だったホイアンは、タイソンの時期にはさびれきったという。南海の覇者、チャンパとはまるで違う。結局、タイソンは南部の経営にも中部の経営にも失敗し、北部の農業を重視する伝統的なベト人政権の後継者になってしまう。

クアンガイ、クアンナム

サーフィン文化——海を支えた人々

国道一号を北上する。左右に水田が続く。小さな台地があるかと思えば、峠の上下がひたすら続く。崖にはユーカリが植林されている。クイニョンから八〇キロほどでクアンガイ省に入る。道の両側には小さなキオスクのような店が延々と続いている。その東後ろに椰子が連なる。砂丘が見える。砂浜と砂浜の間に浅いクリークが入り、やや黒い水面を見せている。まもなくサーフィン・リゾート地への道が右手に開く。サーフィンは一九八〇年代後半から開発が進められたクアンガイの誇るリゾートだが、結局二〇年たっても大きなホテル一つ進出しな

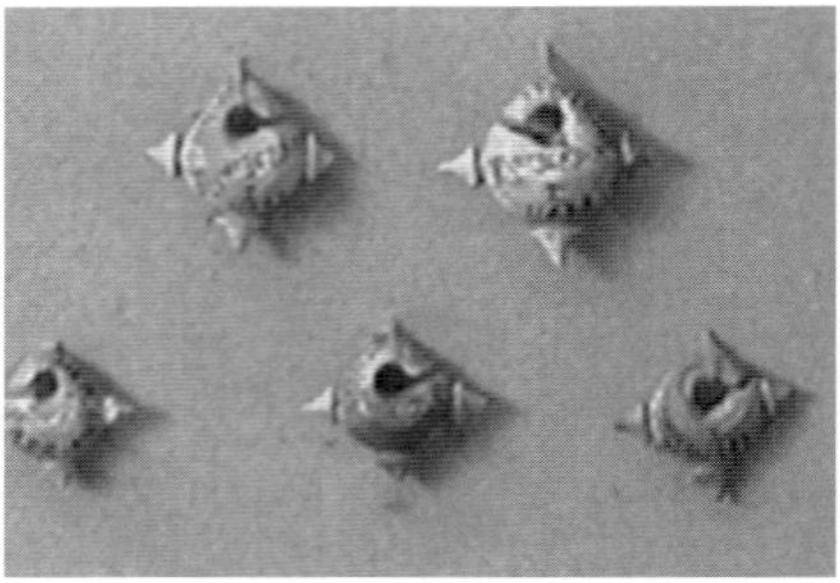

写真26

いひなびた海岸のまま変わらない。

ビンディンから北はやや雨量が増えてくる。沿海四省に比べると、景観に明るさが少なくなる。そのかわり主穀農業にはいい。クアンガイも米を中心とする農業省だ。

サーフィンと言えば、ありふれたリゾートよりも南シナ海を雄飛したサーフィン文化の最初の発見地として名高い。サーフィン文化は前一〇〇〇年から紀元二世紀まで、このベトナム中部沿岸を中心に、フィリピン、マレーシア、タイなど南シナ海、タイ湾周辺に栄えた金属器文化で、ドンソン文化の時代の海の文化を代表する（**写真26 サーフィン文化の代表遺物、特異な耳飾り。ハノイ歴史博物館。二〇〇六年**）。

最近では山形真理子が発掘調査を続けていた。この海岸から多量の甕棺《かめかん》が発見され、九州を中心とする東アジア甕棺文化の南シナ海展開としても有名だ。その現代的な意匠を持った翡翠やガラスや美しい石で作られた華麗な装飾品でも知られる。さまざまな動物や人間を彫り込んだ飾りは日本の根付けの美しさに似る。

サーフィン文化は、東南アジアの海への伝播も広く濃密だが、このサーフィンの地からは中国の漢鏡が見つかっている。前漢から後漢にかけての頃、華人たちは東南アジアの港々で商人の船に乗り換え乗り換えしながら、遠く南インドのカンチープラムにまでたどり着いた。またローマのアントニヌス・ピウスの使いと称するものが、中部沿岸の漢の出先日南郡に着いている。こんな初期の中国と西方世界、また東南アジアの海の世界を支えたのが、海の民、サーフィンの人々なのだろう。今でこそ、クアンガイの海岸は貧しい砂丘の連続だが、かつては海道の中心だった。一般にはこのサーフィンの文化の担い手がチャンパ王国の建国者だと言われている。

海の工業区、ズンクァット

サーフィン文化は東南アジアの海上交易の暁を伝える輝かしい文化だし、その文化と交易はチャンパ諸王国に継承された。しかし、ほかの沿岸諸省と同じく、近世以降の発展は思わしくない。クアンガイ省は、ながらくチャンパ王国の土地であったが、ビンディンと同じように、一五世紀の末にベトナム大越国の支配下に入り、一九世紀には広義《クアンガイ》省となり、現在のクアンガイ省になっている。チャンパ王国の崩壊以後、ほとんど海とのつながりをなくしてしまった。海と切り離されたクアンガイには、優位点があまりに少ない。面積は五一三七平方キロ、人口は一二一万と平均的な省だが、中部ではニントゥアン省に続いて最貧省だ。産業としては米のほかにはサトウキビ、落花生、ココナッツくらいしかない。近年、養牛がさかんになってきた程度だった。

写真27

サーフィンを離れると、ビル一つない道路がまた広がる。水田かキオスクがさびしげに迎えるばかりだ。ビンディンとダナンにはさまれて開発の遅れていたクアンガイは目下、傾斜的な大規模投資を迎えている。開発の目玉はクアンガイの街から二〇キロほど北にあるズンクァットの港を中心にしたズンクァット工業区だ。一万四〇〇〇ヘクタールを占めるズンクァット工業区は、ブンタウから運ばれた原油を加工する石油化学工場群に特化している。九〇年代、近代工業国家を建設しようとするベトナム政府にとって、石油精製はそのシンボルとも言っていい夢の計画だった。外資はベトナムの夢に冷たい。石油精製は膨大な投資の割には利益が少ない。特に東南アジアの石油精製はシンガポールが先行している。九〇年代の世界的な需要減少のもとでは、ベトナムの石油精製が成功する可能性は少ないと思われた（**写真27 ズンクァット石油基地。http://www.presscenter.org.vn/jp/content/**

view/1125/)。

しかし、ベトナム政府は遅れた中部開発の目玉としての石油関係工業の中部建設を主張し続けた。特に、広大なタイグエン地方の開発のためには、高原に最も近い海、クアンガイの海の発展が必要だ。二〇〇二年、ようやくベトナムとロシアの間でズンクァット工場設立契約が調印された。石油精製工場は年間六五〇万トン、一日あたり一三万バーレルが処理可能で、精製ばかりではなく石油化学工場も併設された。二〇〇九年二月、生産が開始された。現在ではベトナムの石油製品需要の三〇%を担っている。ドイモイ二〇年の夢がかなった。

二〇一二年三月、ベトナム各紙は一斉にズンクァット精油所を管轄するペトロベトナムが精油所の権益の四九%を売却するという大ニュースを報じた。売却益は、現在の日産一三万バーレルの精製能力を二〇万バーレルにひきあげるための資金にするという。おおいに危ぶまれたベトナムの精油所が、とうとう定着した。

二〇〇六年、ベトナム政府は今度は製鉄所建設の案件を了承した。台湾の企業「義聯集団」やEユナイテッドグループが二〇〇七年から建設を進めていた。二〇一二年三月にはJFE[*22]が、参加検討を始めたことが報道された。順調なら一三年にも建設を開始し、二〇一六年中の稼働が計画されている。JFEはズンクァット製鉄所を、タイやインドネシアなど東南アジア各国向けの建材用薄板の供給拠点として位置づけている。ただし、最新設備を持ち、海運条件に優れたズンクァットでの鉄鋼生産は、北部のタイグエン省などベトナムの他の製鉄所の経営を圧迫することが問題となっている。

拡大するズンクァット工業区のエネルギー需要に対応して、二〇一一年に、シンガポールのエネルギー関係大手のセムコープグループが、出力一二〇〇MWの石炭発電所を建設としている。

さらにベトナムとセムコープグループは合弁有限会社のベトナム・シンガポール工業団地会社（VSIP）を設立し、クアンガイ省に面積一〇二〇ヘクタールの工業区を建設することを計画している。これが完成すると、ズンクァットとともに、中部最初の大規模な工業区開発計画になる。クアンガイの工業生産指数は年率一八%で急上昇している。これまで逼塞していたクアンガイ経済が、ズンクァットをテコに大きく変わろうとしている。

虐殺のムラ、ソンミ

しかし、クアンガイで最も有名な土地は、サーフィンでもズンクァットの工業区でもない。クアンガイ市を過ぎて、国道の田舎道を東に曲がった先にあるソンミ展覧場である。ソンミの名は、ある世代の人々にとっては忘れられないものだろう。一九六八年三月一五日、ウィリアム・カーリー中尉ひきいる第二三米歩兵師団の一中隊が、突然この村に侵入し、村民五〇四人を虐殺した事件だ。一九六八年二月のテト攻勢で大損害を受けた米兵が異常な心理状況にあったというしかない。この事件は、当初、米軍当局により徹底的に隠蔽されたが、翌年、上空より一部始終を見ていたヘリコプター操縦者の告発により「ニューヨーク・タイムズ」が暴露した。米軍が残虐な殺人者にすぎないことをソンミ事件は知らしめた。その後のアメリカ反戦運動の原点ともなる事件だ（**写真28 ソンミの犠牲者たち。ソンミ展覧場にて。二〇〇六年**）。

写真28

しかし、アメリカのことだ。当然にも虐殺者を支持する世論も沸き起こる。一九七一年の軍事法廷では、指揮者のカーリー中尉だけが終身刑を言い渡されたが、当時、カーリー中尉の故郷ジョージア州の知事であったジミー・カーター（のち米大統領として人権外交を標榜）をはじめ、全米の猛反対を受け、結局一九七四年に仮釈放され、現在は宝石店を経営しているという。事件そのものは

＊22　二〇〇三年に、川崎製鉄（川鉄）と日本鋼管（ＮＫＫ）が統合して発足した。

アメリカではうやむやにされた。今やソンミの名はベトナム現代史に現れることも少ない。米軍の恥部でさえない。ソンミ事件は、アメリカがベトナム戦争からなにを学ばなかったかの試金石だ。

しかし、ベトナム人は忘れない。ベトナムの野山で戦い傷ついた米兵も、またその遺族も忘れない。ソンミに事件を永遠に記念する展示場が建てられた。そこには虐殺のレリーフ、失われた人々の顔写真、そして抵抗運動の記念品が展示される。だが、息子か孫に手をひかれた米軍人と思われる老人の参観者たちの姿は、もうそれだけで、価値ある戦争とか戦争の大義とかの存在をまっこうから否定する「展示品」だ。

クアンナム省の工業化

砂丘の上のソンミ集落から再び国道一号に戻り、北上を続ける。はるか東方にズンクァット工業区を遠望し、また複雑に入り込んだラグーン地帯を右に見ながら、クアンナム省の平地に入る。クアンナム省は中部沿岸では比較的広い省で、面積一万四〇八平方キロもある。

ベトナムの背骨タイグエンの高原は、クアンガイ省までは沿海諸省と隣接して、海へのルートを持つ。コントゥム省から北はもう一面の高山地帯になって、高原の富が尽きる。だから、クアンガイ省の北に広がるクアンナムは、対応するタイグエン高原の省がない。クアンナム省は、深い森と山を経て、ラオスと国境を接する最初の沿海省だ。

だから、広くても人口は少なく、わずか一四三万人がほぼ海岸地帯に住む。それでもクアンナムの沿岸平野は広い。東西に二五キロにもわたる。だからクアンナムの基本は農業だ。人口の六七・八％を占める。二〇〇〇年代にも農業部門から工業部門への労働力移動はあまり起こっていない。農地面積の七五％は水田だ。しかし、それでもベトナムのデルタ諸省にはとても敵わない。クアンナムの米生産はベトナム全土の米生産の一％強を占めるにすぎない。水田中心の農業地域だが、自給かつかつだ。伝統的な工業作物としてはサトウキビ、タバコ、茶があるが、いずれも近年、他地方に押されて激減している。ただし、まだまだ少量だが、ピーナッツ、ゴム、コショウ、カシューナッツなどが急激に伸びている。とはいえ、ピーナッツ（三・三五％）を除いて全国生産の一％以下だ。クアンナムは農業地帯だが、比較優位の産物を見つけることができずに苦しんでいる。

クアンナムの山地は省全面積の七二％を占める。特にコントゥム省との境には二〇〇〇メートル級の高山も連なる。最高峰のゴクリン山は二五九八メートルもある。だから、天然林の面積も広い。森林総面積は四二万六〇〇〇ヘクタールもあり、省面積の四〇・九％を占める。中でもゴクリン山の森が生み出す通称サイゴンシナモンと呼ばれる肉桂油はクアンナム省の特産だ。

山と平野が富を生み出すクアンナム省は、お決まりのように工業発展が弱い。ヌオックマムなどの食品加工と、小さな電機部品メーカーが省都のタムキーにある程度しかない。結果的には二〇〇七年度の一人あたまGDPは全国平均の六五・二％にとどまった。国道一号でクアンナムの省境を越え一〇キロほどにヌイタインというマチがある。ここから海側に進むとキーハ（チューライ）という港に出る。クアンガイ省のズンクァット工業区とズンクァット湾を隔てた向かいになる。元々小さな漁港にすぎなかったが、ベトナム戦争中、ここにアメリカ海兵隊の飛行機基地（一九六五〜七〇年。以後アメリカ陸軍基地）チューライが置かれた。

ベトナム戦争後は忘れ去られていたが、二〇〇一年、韓国のキア・モータース（起亜自動車・現在は起亜現代自動車）と上海自動車がこの地三二〇ヘクタールに工場を建設した。これはベトナムで最初の民間自動車製造工場である。二〇〇七年段階での自動車生産は年間五〇〇〇台である。

チェンダン、タップバン

工業化が徐々に進んでいるとはいえ、クアンナムの命は、香料王国林邑の聖地ミーソンと大交易時代の南シナ海の交易中心ホイアンの二つの世界遺産を抱える観光にある。

クアンナムの省都タムキーの街の手前、すぐ右側にチャンパのチェンダン塔が見える。チェンダンは梅檀《せんだん》*23のことだ。今は広場と博物館を持った小さなテーマパークのようになっている。チェンダンは砂岩の基壇の上に、煉瓦の三祠堂を並べた重厚な建物で、基壇壁面には軽妙な彫刻が彫り込まれている。全体に一一世紀から一二世紀、アンコール美術・建築の影響が色濃いヴィジャヤ時代初期の作品だ（**写真29 チェンダン寺院の浮き彫り。二〇〇六年**）。

写真29

国道一号を北上し、港町ホイアンに流れ込むトゥーボン川を渡ってまもなく、ディエンバンという宿場町に着く。とはいえ、阮朝時代の奠盤府の所在地だ。ディエンバン郊外のタップバンも一一〜一二世紀の初期ヴィジャヤ様式の重厚な塔だ。これも今は見事に整備されている。ホイアンに近いので、観光コースに組み込まれていることが多い。

チャーキュウ

ヴィジャヤ時代は確かにチャンパ芸術後期の重厚さを代表する。しかし、チャンパ建築の代表は、古さだけでなく、その繊細優美さではクアンナムのチャンパ芸術前期が圧倒的な迫力を持つ。クアンナムはチャンパの古名ではアマラヴァティ、東アジアには林邑として知られた地だ。

観光客であふれかえる港町ホイアンの町を流れるトゥーボン川はクアンナムの山と海を結ぶ川だ。トゥーボン川に沿って省道六一〇号をナムフオンまで行き、ここからズイソンという社まで七キロほどさかのぼっていく。道は次第に渓谷になっていく。山際に突然、開けるようにチャーキュウのムラがある。

チャーキュウは静かな盆地のムラだが、土地の人には聖母マリアの聖地だ。元々はチャチエアムというチャム人の町だったという。一七二二年にフェリペという神父が布教に成功し最初の教会ができた。現在のチャーキュウ教会である。一八八五年、反仏運動が荒れ狂い、キリスト教徒はフランスの手先とみなされて殺された。クアンナム省でも何万という信徒が殉教した。一八八五年の九月、勤王党の一派がチャーキュウ教会を破壊するために押し寄せてきた。この時、武器を持って教会を守る信者の上に聖母マリアが出現し、勤王党は破れて退いた。この地は「聖母が教民を扶護した」土地として有名になり、一八九八年に新教会が建てられた。これがチャーキュウの山上教会《ニャートーヌイ》だ。この教会は元々木造だったが、一九七〇年に四周の壁をなくした開放設計で建て直された。一九五九年にはチャーキュウ教会はクイニョン教区の聖母センターになった。いわば、この地方一帯の聖母信仰の聖地である。ベトナム正史では、勤王党は民族運動の英雄たちだから、かつてはなかなか公にできる話ではなかったが、ドイモイ後の自由化で、今では九月の聖母出現の日には盛大な祭りが催される。

ところで、チャーキュウ教会の神父に、考古学の愛好者がいた。チャーキュウの地には、たくさんのチャンパの石の彫刻が散らばっている。神父はそれを集めて教会の二階に小さな博物館を作った。今でも教会の廊下、石

＊23　「栴檀は双葉より芳し」という諺で知られる。日本では栴檀はセンダン科の灌木を指すが、本来はサンスクリットのchandanaから来た漢名で、沈香とよく似た香木「白檀《びゃくだん》」のこと。英語のsandalwoodはchandanaから来ている。ラオスの首都ヴィエンチャンもチャンダンの都という意味だという説がある。現在、チュオンソン山脈から白檀はとれないので、沈香との混同かもしれない。

写真30

写真31

段にはチャンパの彫刻が散らばっている。

チャーキュウの独立丘陵の上に立つ山上教会からは、残された遺跡、四周をめぐる東西一・五キロ、南北五五〇メートルほどの方形土塁がよく見える（**写真30 チャーキュウ鳥瞰。水田の中に走る堤状が林邑時代の都市城壁のあと。二〇〇六年**）。この土塁の中のいたるところに、砂岩の基壇が転がっている。

出土碑文では、チャーキュウは四世紀末から一〇世紀までのチャンパ王国の王都シンハプラ（ライオンのマチ）であった。『水経注』三六には、五世紀頃編纂された林邑記という本が引用される。ここには林邑の都は周囲六里、磚《せん》の基台の上に五丈から八丈の高さを持つ楼閣を持つとされる。一九二〇年代、フランス極東学院が山上教会の付近を発掘し、一四〇〇年前の記述がおおむね正しいことを発見した。それ以上に、見事な石彫群が出土した。現在、ダナンのチャム美術館の至宝、無垢な幼女のような美貌と、優美な腰のひねりで知られる「踊るアプサラス Dancing Girl, Apsaras」はこの地から出土した祭壇の柱に彫られていたものだ（**写真31 踊るアプサラス。ダナンのチャム美術館蔵。一九九〇年**）。

山形真理子は九〇年代後半からチャーキュウ周辺遺跡を掘りまくっている。チャーキュウを歩いて、日本人とわかると「マリコ」のかけ声がかかるほどの人気者だ。山形は発掘を通じて、まずチャーキュウは、紀元前以来のサーフィン文化の土壌の上に成立したこと、チャーキュウが碑文年代よりも古く二世紀には居住が始まっていること、中国文化の色濃い人面瓦当（丸瓦列の端に置く飾り瓦）を発見し、このチャーキュウこそ二世紀末から三世紀に始まるサーフィン人の国家林邑、つまりチャンパの初期王国の王都であるとした（山形真理子・桃木至朗「林邑と環王」『東南アジア史1』岩波書店、二〇〇一年）。いまや、前近代の東南アジア史は日本人研究者の活躍なくして語れない。

聖地ミーソン

国道一号からトゥーボン川に沿った省道六一〇号を西に進む。河岸段丘上の道が山腹に飛び込んだところ、山中の小盆地にミーソン遺跡がある。ミーソンはなんといっても国際観光の葵の印籠「世界文化遺産」の指定を受けている。しかし一九九〇年の冬に最初にこの地を訪れた時は、道がまるで整備されず、草地の中をひたすらに上りつめた。チャーキュウとミーソンはいまやホイアン観光のセットになっている。今では広い駐車場にバスを停め、そこから四輪駆動が遺跡まで素早く連れて行ってくれる。遺跡内の道も煉瓦鋪道に整備されている。九〇年には誰もいなかった遺跡は、いまや次々と乗りつける観光客であふれ、英語、フランス語のガイドの声がかまびすしい（写真32 ミーソンのA1遺跡。一九九〇年）。

写真32

それでもミーソンが神秘の遺跡であることは変わらない。乾燥台地にあたりを睥睨するようにそそりたつ他のチャンパの塔と違って、崖面に生い茂る森と平地のブッシュの緑に囲まれて、草や苔に覆われた最古の祠堂群がぎっしりと立ち並ぶ。チャーキュウが林邑－チャンパの政治中心であるとすれば、ミーソンは宗教聖地だ。ミーソン遺跡最古の碑文は四世紀末、チャンパの王がバードレシュヴァラ信仰のためにリンガを奉納したことを伝える。以後、歴代のチャンパ王（たぶんアマラヴァティの王）が、ほぼ一三世紀まで、祠堂を建立し続けた。

ミーソン遺跡は、戦争と年月にその多くを破壊され、特に一九六九年八月、ミーソン山中にこもる解放軍の殲滅を目的とした米軍の爆撃で致命的な被害を受けた。精妙な彫刻で全面を覆われ、東南アジア屈指の建築美術とうたわれたA1祠堂は完膚無きまでに破壊された。しかし、それでもかなりの数の祠堂が崩壊しながらも残り、またそのいくつかは修復されている。もっとも、ビンディン省の祠堂群のような、再建に近い修復はなされていない。あいかわらず草と苔に覆われ、さすがに世界遺産としての演出はなされている。

それぞれの祠堂群は方形の煉瓦囲壁に囲まれ、現在AからHまで七群が発見されている。[*24] 群はそれぞれ、主祠堂や楼門、宝物庫などの組み合わせからなっている。A群だけで一三基の祠堂がある。A1祠堂が失われた今では、B群が比較的原型に近い姿を残す。B5祠堂が、小振りだが基壇と本体の上に舟形の豪壮な屋根楼を乗せた宝物庫で、ミーソンの中でも抜群の美しさを誇る。

マンダラ

伝統的な東南アジアの国家権力では、権力の象徴性が問題になる。国家という定義さえ問題になるほどに、東南アジアの国家の領土も軍隊も税制も他世界に比べれば脆弱としか言いようがない。東南アジアの歴史では、マンダラという言葉が一時はやった。小さな文化的にも規模的にも相似た政治組織が、集まって国家圏を作る。軍事的にも、経済的にも、また文明的にも、その時期最も有力な政治単位（都市）が中心になる。マンダラとは元々は国家の意味だが、真言仏教では大日如来の宇宙が中心にあり、諸仏の宇宙がこれと光で結ばれ、全体が大宇宙を構成するという宇宙観を曼荼羅《まんだら》と言い、この宇宙観を図示したものを曼荼羅図と言う。これから、こうした政治単位の連合による国家形成をマンダラ構造と言う。

しかし、マンダラはゆるい連合と言っていいもので、連合を結ぶ力はまだ構造化されていない。中心が力を失い、また権威を喪失すれば、その中心軸はいつも変動する。統合の中心となった政治組織がほかの政治組織を長期的に支配するためには、一時的軍事力の行使だけではだめで、中心がほかの政治単位とは違う、比類なき力を持っていることを示し続けなければいけない。軍事力や経済力には限界がある。中心はその政治圏が共有する文明的なシンボルを独占し、誇示しようとする。チャンパ諸国の場合、それがインド伝来のシヴァ信仰だった。ミーソンの山中に生まれた聖地は、アマラヴァティのチャンパ国家が、中部沿岸の諸国家群の中で抜きんでるために圧倒的な優美さをめざして作り上げられたのだろう。カンボジアの聖地アンコール、ビルマの聖地パガン、ジャワの聖地ボロブドゥールやプランバナンのモノマニアックな建築熱や、また平城京での建築ラッシュも同じ原理が生きている。最近の発掘ではミーソン聖地が各王の墓所でもあったことが確かめられている。王は死後、ミーソンの聖地で神格化されて眠る。ミーソンはチャーキュウとアマラヴァティがチャンパ世界の中で、中心であり続けようとする王たちの願いの結晶でもある。

ホイアン

ベトナムの大交易時代*25

クアンナム省の小さな港町ホイアンは、世界遺産に登録されてから、いまやベトナム最大の史跡観光地となった。ホイアン川（トゥーボン川下流）の両側には外国人相手のレストランや土産物屋がひしめき、瀟洒なホテルが林立し、いつでもビールのジョッキを片手に持った外国人旅行者でにぎわっている。今はベトナムの一八〜一九

＊24　D群だけは、B・C群の囲壁外にあるが、これは最初の発掘者パルマンティエの分類の失敗で、本来はB群に入れるべきだと言われる。

世紀の古い町並みを残す町として有名なこのホイアンこそは、一七世紀、占城の覇権を継いで南シナ海の交易を担った大国際港だ。

ホイアンは欧米人にフェイフォーと呼ばれ、大交易時代後期のさまざまな文献に出てくる。だからホイアンは我々歴史家にとってはつとに名高い。しかし、私が一九八六年にホイアン訪問をベトナム内務省に申請した時、役人から「ホイアンとはなにか《ホイアンラジー》」と問われた。ホイアンの名はベトナム人にさえ知られていなかった。一九八六年頃は、それこそひっそりしたただの田舎町にすぎなかったこの町が、日本と深い関係がある。

史上に名高い朱印船には、鎖国までに三五六通の朱印状が交付されているが、そのうち一二四通以上が現在のベトナムを目指している。当時、佐渡や石見から湯水のように金銀銅が湧き出てバブル絶頂期だった日本にとって、ベトナムは最大の輸入市場だった。ベトナムから日本に運ばれたのは、絹生糸や伽羅香木、日本がベトナムに輸出したのは銅銭が主だった。

名古屋市東区に情妙寺という粋な名前を持った寺がある。この情妙寺に「茶屋新六交趾国貿易渡海図」という一幅の絵がある。一七世紀のはじめ、尾張の豪商茶屋新六郎がはるか中部ベトナムに渡った事績を描いている。長崎を出た茶屋船はトロン（ダナンの旧名トゥーロン）の入り江に入り、ここで曳き船にひかれてダナンとホイアンを結ぶ砂丘裾のココ川をさかのぼり、ホイアンに到着する。ホイアンには、二層の屋を連ね「うだつ」[*26]屋根を並べる近世長崎町屋風の日本町があり、大砲四門を抱えた役所がある。今のホイアンには、日本人町を思わせる家並みはまったくない。[*27]

ホイアンには二基の日本人墓と一基の伝日本人墓がある。一つは「顕考弥次郎兵衛谷公之墓」という墓碑銘を持った亀甲石墓で、ホイアン旧市街の東北に広がる水田の中に残っている（**写真33 弥次郎兵衛の墓。一九九〇年**）。「日本・考文賢具足君墓」の碑文はホイアン郊外で発見され、現在はホイアン遺跡保存事務所にある。ほかにややあやしいが「潘二郎」の墓がある。三つの墓は東北四〇度、日本の方向に向けて建てられている（小倉貞男『朱印船時代の日本人――消えた東南アジア日本町の謎』中公新書、一九八九年、六三―六八頁）。

ホイアンの北、南シナ海に突き出るように、花崗岩の石山がそびえ、海道にたちはだかる。石細工が名物で、岩下では、石工の槌音が絶えない。五行山《ヌイグーハイン》と言う。茶屋絵図にある「だるまさせん（達磨座禅）岩」で、朱印船時代の日本には達磨が誕生したところと伝えられている。山中にはチャンパ時代の遺物から、さまざまな奉納仏を納めた岩穴が点在している。その中に優美な観音像を納めた華厳洞《ドンホアギエム》があり、石壁に「霊中仏」奉献者名がびっしりと刻まれている。この中に「日本営」在住者として平三郎、七郎兵衛、平左衛門、宋五郎などなどいかにも当時の日本人らしい名前がある。茶屋船の関係者は「日本国茶屋竹嶋川上加兵衛浅見八助」と刻まれる。朱印船時代、マニラ、アユッタヤー、プノンペンなど東南アジア各地に日本人町が生まれたことは夙に知られるが、遺跡が残っているのはホイアンだけだ**（写真34 ホイアンの「日本橋」。今は連日、観光客でにぎわっているが、**

写真33

＊25 大交易時代（ジ・エージ・オブ・コマース）という概念がある。一九八四年にアンソニー・リードというオーストラリアの歴史学者が提唱した。一五世紀から一七世紀にかけて、南シナ海、インド洋の海の交易が段階的に発展したという。ヨーロッパ人の言う「地理上の発見時代」、日本史で言う「南蛮貿易」は、この時代の後半にすぎない。リードはその担い手がアジアの在地の人々とその船であり、この発展をむしろ押しとどめたのがオランダ東インド会社の独占交易だったと言う。

＊26 卯建《うだつ》は切妻屋根の町屋の妻に棟よりも一段と高く壁をあげ、さらにそれを二階部分の袖壁として下方までおろした防火壁。日本の近世では装飾を兼ね、富裕な家の象徴でもあった。「うだつがあがらない」という言葉に残っている。

＊27 日本橋という古式優美な家橋があり、日本人が作ったという伝承を残してホイアン最大の観光名所になっているが、日本形式の橋とは言い難い。ただ、橋の両脇に、犬、猿の石像がある。橋は何度も修復されているが、最も古い遺物だという。倭寇の物語化と言われる桃太郎話を思わせる。

写真34

写真35

撮影した当時は閑散とした田舎橋だった。一九八六年）。

変わる街並み

一九九〇年、ベトナムの学界はダナンで世界各国の人々を集めたホイアン国際シンポジウムを開いた。日本からの多数の研究者が集まった（**写真35 ホイアン国際シンポジウムの頃のホイアン。一九九〇年**）。一九八六年末のドイモイ経済運営は、始動がうまくいかない。一九八七年に、外資導入をめざして新外国投資法ができた。しかし、冷戦末期、海外の投資家の目は冷たく、八七年から九〇年までの直接投資額は一・七億ドルにすぎなかった。行き詰まったベトナム政府が、バブル絶頂期の日本をターゲットにして訴えかけたのがホイアンの夢の再現だった。ホイアン・シンポジウムは、学問的な成果よりも、開放されたベトナム、世界に友好的なドイモイ・ベトナムのいわばファッション・ショーだった。その試みがこの直後のベトナム投資ブームにどこまで結びつくかは疑問だが、まちがいないのは、この催し以降、すべての面で日本とベトナムの研究協力が飛躍的に進んだことだ（日本ベトナム研究者会議編『ホイアン国際シンポジウム』一九九三年、穂高書店）。

以後、ホイアン研究には、昭和女子大学が本格的に取り組んだ。ホイアンには確かに日本人町の形跡はまったくないが、古い町並みが続いている。鎖国のあと、朱印船もなくなり、日本人の移民も絶え、肝心の対日交易はオランダ船の独占になる。日本人町は一七世紀のうちに壊滅したようだ。日本人に代わってこの町の主流は福建の華人たちになる。ホイアンは今度は華人の町になる。一八世紀、華人の富商たちは見事な商家を林立させる。ところが、一九世紀にはトゥーボン川（ホイアン川）の河口が埋まり、ダナンと連絡するココ川も砂丘の下に埋没し、ホイアンは近代港にはなりえない。フランス時代には国際港としてはトゥーラン、今のダナン港が発展する。逆にフランスがまったく興味を持たなかったことが幸いして、ホイアンに小さいけれど古い町並みが残された。

ホイアンは小さな町だ。ホイアン川の北岸、東西九〇〇メートル、南北三〇〇メートルほどの矩形の中に、五八四棟の家がびっしりと詰まっている。この中で三〇〇年以上前の建築と推定される木造の家が一三六棟もある。古い家の構造はよく似ている。一つの切り妻屋根の下に中二階を持った二棟がある。表棟は商店で通りに面している。表棟の奥に中庭があり、脇に中廊下が走って裏棟に続く。裏棟は倉庫や生活の場所である。裏棟のさらに奥には裏庭があって、台所や井戸、小さな畑がある。棟の中では一抱え近い木柱が林立し、黒い漆が塗られている。いたるところに高価な黒檀、紫檀の家具が置かれる。金文字の額や聯が黒い空間に縦横に掛けられる。こんな家が二筋ほどの通りに軒を並べ、さらに豪壮な福建会館、広肇会館、潮州会館、関帝廟が点在する。ホイアンの町並みは一九九九年、世界遺産に登録された[＊28]（**写真36 観光町ホイアン。二〇〇六年**）。

写真36

しかし、その頃からホイアンの町並みは大きく変わる。普通の民家だった家々のほとんどが店頭を広げて土産物屋、レストラン、カフェになり、一部は改装してホテルになった。中には、住居を改造して「ホイアン風」の家を造る

＊28　ホイアンの歴史と研究の現段階については、菊池誠一『ベトナム日本町の考古学』高志書院、二〇〇三年。

家まで現れた。確かに世界遺産に指定されることは、そこに住む人々には苦痛である。改築も放棄も難しい。その苦痛の代償としての観光地化はある程度やむをえない。しかし、だからといって、一面に建ち並ぶ土産物屋の列が、環境と景観の保全という世界遺産の目的にかなっているとは思えない。ホイアンは、俗悪な観光地化という、世界遺産の地ならどこにでも起こっている矛盾の象徴だ。せめて、やや嘘っぽい町並みの雰囲気でホイアンを評価するのではなく、ホイアンを作り上げた歴史の理解の中にホイアン観光を位置づけたい。

写真37

カトゥ織り

ホイアンの市場ですばらしい実験が起こっている。安価な手工芸雑品が氾濫する中に、黒地の手織り綿布にビーズを織り込んだ素材が静かなブームを起こしている。カトゥ織りと言う。カトゥ人はトゥアティエン＝フエ省のケチェー盆地やクアンナム省のナムザン盆地などホイアン、ダナン、フエ西方の山地に居住する五万人（一九九九年）ほどの少数民族で、正式にはコトゥ人と言う（写真37 カトゥ織りを着たナムザンの人々。http://www.jiid.or.jp/files/04public/02ardec/ardec38/ngo.htm）。元々焼畑民だが、孤立した山地に小集落ごとに孤立して居住し、他の先住民と同じく、「現代化」「市場化」に大きく取り残されている。日本のNGOのＦＩＤＲ《ファイダー》（国際開発救援財団）が二〇〇〇年からクアンナム省の要請で、カトゥ人の生活調査を開始し、カトゥ織りの市場価値を発見した。ＦＩＤＲのメンバーとカトゥの女性たちは伝統の腰織りの復活と研修に始まり、さまざまな試行錯誤の末に、二〇〇五年からホイアンの市場に出荷した。次第次第にカトゥ織りの販路が広がり、ついに二〇〇七年にはハノイとホーチミンで展示即売ができるようになった。伝統の復活が自立につながる道が開けつつある（大槻修子「ベトナムの少数民族「カトゥー族」の伝統織物を活かした収入向上活動」『ＡＲＤＥＣ』38、二〇〇八年、三六―四〇ページ）。ホイアンは今も昔も、山の富を海に流す力を持っている。ホイアンを過去の栄光だけの町にとどめるのはあまりにもったいない。現在に生きる伝統芸術の発信地となるべきだ。

チャム美術館

ホイアンからダナンには、省道六〇七号―六〇三号で北上するのが普通だ。六〇七号はトゥーボン川のデルタを縦断しながら六〇三号に接続し、五行山に出る。砂丘にのぼる。新しく開けたフラマ海岸の高層リゾートホテルを見ながら、ダナンの町に入る。ダナンは砂州の上に生まれた町だ。市域人口は六八万七三〇三人（二〇〇五年）、中部の中心的な町だ。しかし、ドイモイ以前、ホーチミンやハノイと並んで、中部の中心都市と言われるにしては、道が広いだけでひどく閑散とした町だった。

写真38

ダナンにはチャンパの遺跡はほとんどないが、かわりにチャンパとのつながりを示す、アジアで最も美しい美術館の一つがある。ダナン市東南、チャム美術館である（**写真38チャンパカの庭木が生い茂るチャム美術館。二〇〇六年**）。チャム美術館はなによりも建物が美しい。ハン川に沿ったバックダン通りからやや小高い丘に向かって石段が続き、両側の庭園にはチャムの名にちなんだチャンパカの白い花が咲き誇る。階段の両側にはチャーキュウなどから出土した砂岩のガネーシャ像などが無造作に座っている。美術館は平屋の広いオープンな回廊を持った白い瀟洒な建築だ。元々は一八九二年にダナン庭園《ジャルダンドゥトゥーラン》の中にチャム彫刻を置いたのが始まりだった。一九一五年、チャンパ遺跡の集大成をしたアン

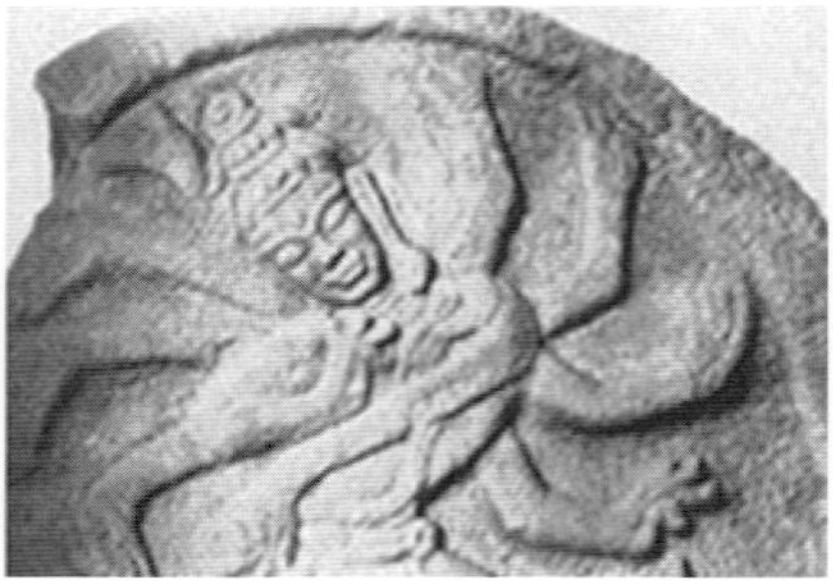

写真40

写真39

リ・パルマンティエの設計でチャム美術館に改められ、パルマンティエ美術館と呼ばれた。階段の上のエントランス・テラスから左にミーソン、右にタップマム（ビンディン）、正面にチャーキュウ、その背後にドンズオン各遺物の各室が続く。それぞれの部屋はこれも彫刻で飾られた廊下が結ぶ。大広間にはビンディンはじめ各地の遺物が集まっている。総計三〇〇を超える七世紀から一五世紀までのチャンパ美術の名品がところ狭しと置かれている。

チャンパ彫刻は大きく六形式に分けられる。

①七〜八世紀のミーソン様式は最も古式だ。ミーソンE1で発見された基壇の浮き彫りは圧巻だ。踊り子、楽人、バラモンたちが柔らかく躍動的に描かれる（**写真39 ミーソンE1様式 バラモンの説教。ベトナム社会科学院編／石澤良昭・富田春生訳『チャム彫刻』連合出版、一九八八年**）。

②ホアライ様式：九世紀頃のホアライ様式は「踊るシヴァ神」で代表される。両足を菱型にくねらせ小首を傾けたシヴァ神は、本家インドと違っていかにも愛らしい（**写真40 ホアライ様式 踊るシヴァ神。同書**）。

③ドンズオン様式：クアンナム省のドンズオンにはかつて林邑末期の遺跡群があった。現在はほとんどが破壊されているが、ここから出土した彫刻群が集まっている。基壇の上に座るシヴァ神の顔は太い唇、低い鼻、ユーモラスな矩形の口ひげに、はなやかな花柄の冠をかぶっている。もはやインドの姿は消えて、チャンパの顔になっている。

④チャーキュウ様式：時代的にはミーソンと同じだが、よりチャンパの俗世

写真41

写真42

界を表している。シヴァ神像は、より写実的だ。小さな花冠、太い眉、レンズ状の瞳、低い、横に張った鼻、笑みを浮かべた厚い唇、そらし加減の厚い胸元は、いかにも現実の王を写したように思える（**写真41チャーキュウ様式　シヴァ神。同書**）。

⑤タップマム様式：この様式は一〇世紀から一五世紀のヴィジャヤ・チャンパ王国の美術を指す。この様式の特色は豊富な女神たちの像だろう。踊るウマー神、座るラクシュミー神、サラスヴァティ（弁天）神はどれも優れて美形である。乳房の表現もやや控えめで端正だ（**写真42タップマム様式　ラクシュミ。同書**）。

⑥ポークランガライ様式：ポークランガイ様式は最後のチャンパ占城の美術群だ。チャム美術館にはあまり数はないが、シヴァ像はやや夢みるような曖昧な表情を浮かべる。

チャンパ美術のすべてが勢揃いしたチャム美術館はいくら歩いても飽きない。人々はここで生きているチャンパ人やそのお供の動物たちと邂逅しているような錯覚に落ちる。チャム美術館はダナンの最大の誇りだ。

ダナン

トゥーラン港

　大交易時代以降、ダナンはトゥーランというチャム名で知られ、我が国の朱印船は「とろん」と呼んでいた。漢字表記は都郎、ベトナム語のダナンはこのトゥーランの訛だ。元々は砂州の上の小さな漁村だが、東のソンチャ半島、西の山塊に囲まれたダナン湾は水深も深く、大型船舶の寄港に向いている。かつてはダナン湾に入った船荷は小舟に移され、砂丘内側裾を縫うココ運河を通じてホイアンに至った。茶屋船もこのコースを使っている。しかし、ダナン湾の水深は近代西洋帆船にも適合する。だから、ダナンはベトナム植民地化の最初の犠牲となった土地だ。

　一八三六年、先に述べたサイゴンの大反乱で、カソリックの神父が反乱軍に参加したことから、時の阮朝明命《ミンマン》帝は急速に対欧警戒心を強め、キリスト教の禁教に乗り出した（3章一二八ページ参照）。次代紹治《ティエウチ》帝（一八〇七〜四七年）もこれにならい、ついに一八四七年、ダナンに来航した二隻のフランス艦が、国書の伝達を断られた報復にダナン湾内を砲撃し、ベトナム艦船を撃沈する事件が起こった。次代の嗣徳《トゥドゥック》帝（一八二九〜八三年）は、態度を硬化し、国内のキリスト教徒の弾圧を開始した。これは拡張主義に転じていたフランスのナポレオン三世をベトナム侵略にひきこんだ。一八五八年八月、リゴール・ドゥ・ジェヌイ提督の率いる一五〇〇名のフランス兵と八五〇名のスペイン兵はダナンを占領した。フランスによるベトナム占領の最初だ。ついで戦線は南部に拡大し、一八六二年、メコンデルタ東半を奪われた阮朝政府は、フランスと第一次サイゴン条約を締結した。前述のように、サイゴンを含むメコンデルタ東部三省とコンダオ島が割譲され、ダナンほか二港が開港された。仏領インドシナ形成の最初だ。

ベトナム全土がフランスの支配下に入り、インドシナ連邦が成立した翌年の一八八八年、フエの阮朝政府はフランスにダナンを割譲した。フランス領トゥーランの始まりだ。以後、ダナンは中部第一の港とみなされる。しかし、ダナンの後背市場はあまりに小さい。ダナンの人口は一九二一年にはわずかに一万六〇〇〇人、一九五四年にいたっても五万七〇〇〇人、フエの半分よりちょっと多いくらいの田舎都市だった。

軍都ダナン

一九六五年三月八日は、ベトナム戦争の中での運命の日である。この日、米海兵隊二個大隊、陸軍空輸部隊、地対空ミサイル部隊など三五〇〇名がダナンに上陸した。前年のトンキン湾事件により、非常大権「トンキン湾決議[*29]」を議会から獲得した米政府がベトナムへの直接介入を開始した日だ。以後、米軍の兵力増派は鰻のぼりに増え、アメリカはベトナムの泥沼の中に、その巨大な体躯を沈めていく。

ダナンが拡大を続けたのは、やはり戦争がらみのことだ。一九五七年、米軍は第四号空軍支援基地をここに置いたことに始まる。ダナン空軍基地は、北は一七度線、西はタイグエン、ラオスからの侵攻を阻止する前線基地である。九五一ヘクタールの土地に三キロの滑走路二本を備え、一九六〇年代半ばには一日一五〇〇機の発着が可能になった。南ベトナム空軍第一師団が常駐していたが、一九六四年のトンキン湾以降には日本の三沢・横田基地とフィリピンのクラーク基地から戦闘機集団が移駐された。ほかに海兵隊や海軍も常駐した。ビエンホアと

＊29　一九六四年八月、トンキン湾で米艦艇が北ベトナム海軍により攻撃を受けたという報に接した米議会は、南ベトナムを共産主義の侵略から守るために、大統領があらゆる必要な手段をとることを決議した。下院は四一六対〇、上院は八八対二であった。のちにベトナム戦争の失敗が明らかになると、きびしく批判されたこの決議の亡霊が、二〇〇一年九月一一日以降、再び米国に登場する。

並ぶ米軍空軍力の中枢である。ダナンの軍港化も推し進められる。同時にダナンの人口は急増し、一九六五年には二三万人、一九七三年には五四万四〇〇〇人とフランス時代の一〇倍にもなった。まさにダナンは軍都である。

一九七二年から米軍の主要部隊の撤退が始まり、ダナンの基地は南ベトナム軍によって管理されることになった。一九七五年、タイグエン全地域の失陥により高原を下ってきた大量の南ベトナム軍の敗残兵がダナンに流れ込んだ。指揮系統が崩壊する中、三月二八日に基地への一斉ミサイル攻撃が始まった。空軍第一師団は大混乱の中に消滅した。三一〇機のうち脱出できたのは一三〇機にすぎず、大量の燃料資材と戦闘機が無傷のままに残された。三月三〇日、ダナン市内に一斉蜂起が起こり、ダナン全市が解放された。この時、大量のダナン市民が軍とともに海に脱出しようとして、多くの悲劇を生んだ。

ダナン低落

一九七五年以後のダナンの衰退はすさまじい。サイゴン政権時代の一九七一年には軍需が多かったとはいえ、二二四万八〇〇〇トンの荷を扱っていた。それが一九七六年のダナン港の取り扱い貨物は年わずかに五三万五〇〇〇トン、うち出港は一八八トンにすぎない。そこに集団化、合作社化が進められた。一四の私企業が国営化され、四五九の大商人の資本は集団化された。しかし、計画経済はうまく動かず、合作社など集団生産単位の生産は停滞した。一九八〇年にいたっても四二万八七〇〇トンが取り扱われているだけだ。ダナンの経済は窒息寸前だった。

それでも、八〇年代は、ダナンは政府の中部経済発展のための傾斜投資を受けて、それなりの位置を占めていた。一九八五年には工業生産量はハノイの四二%、ホーチミンの一三%にあたり、ドイモイ後の九〇年でもハノイの七〇%、ホーチミンの一二%を生産していた。おかしくなるのは、ドイモイ経済が急速に発展しだした九〇年代である。九五年にはダナンの位置は急落する。ハノイの一七％、ホーチミンの五％にすぎない。そうだろう、この時期のベトナムの急激な工業発展には外国投資が大きな意味を持っている。新投資法が施行された翌年の一九八八年から一九九六年までの外国直接投資累積契約額で見ると、ハノイの六〇億八九〇〇万ドル、ホーチミン市の七七億九三〇〇万ドルに対し、ダナンは八億ドルにすぎない。この投資額の差がそのまま、ダナンの低落に結びついている。

ダナン工業区

それでもダナンは中部発展の牽引車である。そして、ベトナム全体が均等に発展するためには、中部の開発はなによりも優先される。政府がODAに持ちこむ案件に中部がらみ、ダナンがらみが多かったのはこのせいだ。

写真43

ダナンの悲願は工業区政策に込められる。一九九六年、最初の工業区が建設された（**写真43ダナンの工業区。二〇〇六年**）。二〇〇六年までに一四〇〇ヘクタール、五工業区が建設された。総投資額は一億三〇〇〇万ドル、労働者数二万五〇〇〇人規模となった。工業区の生産は二〇〇四年で一八億五〇〇〇万ドル、ダナンの工業生産の四二％に達している。二〇〇〇年には対ハノイで一九％、対ホーチミンで五・七％、二〇〇五年にはそれぞれ一九％、六・八％と、ゆっくりと成長を続けている。一応、工業区政策は成功したかに見える。

しかし、その内実は相当に問題がある。全工業区面積で契約がすんでいるのはわずかに三四・六％しかない。ダナン市に最も近いダナン工業区 Danang Industrial Zone では、一平米につき、一年九〇セントから一ドル二〇セントの賃貸料という破格の値段にもかかわらず、六三ヘクタールのうち一〇ヘクタールが活動しているにすぎない。ほとんどの工業区は茫洋とした空き地が広がっているだけだ。後背市場を持たないダナンは、外国企業にはまだまだ魅力がない。

東西回廊

二〇〇四年、中央政府はあらためてダナン市を中心とする一市四省（トゥアティエン＝フエ、ダナン、クアンナム、クアンガイ、ビンディン）を経済中核区域に指定し、規模雄大な開発計画を策定した。この計画に従って二〇〇五年、日本のODAによるハイヴァントンネルが開通して、フエ連絡が容易になり、またダナン・クアンガイ道路の高道路化、ダナン国際空港の近代化、クアンナム省チューライ開放経済区の新設、さらに前述のクアンガイ省ズンクァット石油精製基地計画がこれに加わる。

最も注目すべきはアジア開発銀行の東西経済回廊、メコンクロスロード計画だろう。一九六〇年代から当時のESCAP（国連アジア太平洋経済社会委員会）が、アジア諸国を高速道路ネットワークで結ぼうとする大計画を作っていた。アジアハイウェイ（AH）・プロジェクトと言う。しかし、一九六〇～七〇年代、アジアはどこでも血なまぐさく、ほとんど現実性がなかった。九〇年代に入って状況は変わった。アジア諸国の政府は、イデオロギーよりも目に見える豊かさを選んだ。こうして、現在ではロシアから韓国までアジア三〇ヵ国がアジアハイウェイ計画に参加して、アジア統一道路への動きが加速された。ベトナムのメコンクロスロード計画はこのAHPの東南を海につなぐ壮大な計画であり、三本の主要道路でベトナム、ラオス、カンボジア、東北タイを一つの経済圏として結ぼうとする。一本はホーチミン市からプノンペンを抜けてバンコクと結ぶ（AH1号）。一本はハノイからヴィエンチャンを抜けてバンコクに至る。そして最も重要な一本が、AH16号と呼ばれる。ダナンから国道一号を北上して、フエを通り、クアンチ省のドンハーで国道一九号に乗りかえて西に進み、メコン河畔のサワンナケートに出る。二〇〇七年一二月、ここにタイ－ラオス第二友好橋ができた。サワンナケートからバンコクをつなぐ。国道一九号の改修工事は終わり、橋の完成を得て、ダナン・バンコク間に本格的に物流が開始された。AH16号はAHの夢を初めて現実化した。ダナンを中心とする中部沿岸が、かつてのチャンパの栄光にならって、広大なインドシナ半島内陸の富を海に流す時代が来たのだ。

6章 DMZ*1

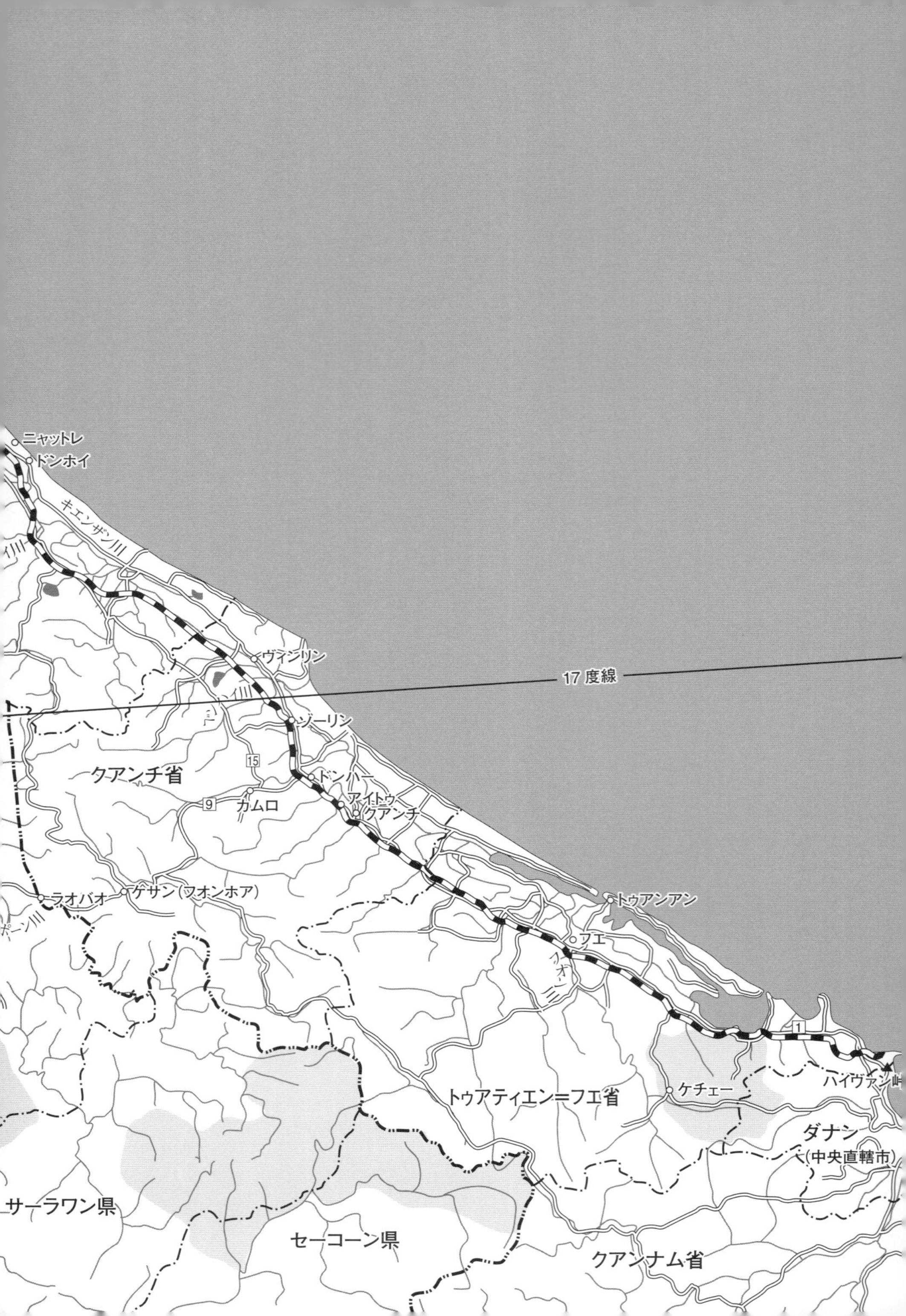
ニャットレ
ドンホイ
キエンザン川
ヴィンリン
17 度線
ゾーリン
15
クアンチ省
ドンハー
9
カムロ
アイトゥ
クアンチ
ラオバオ
ケサン（フオンホア）
トゥアンアン
フエ
フオン川
1
ハイヴァン峠
ケチェー
トゥアティエン＝フエ省
ダナン
（中央直轄市）
サーラワン県
セーコーン県
クアンナム省

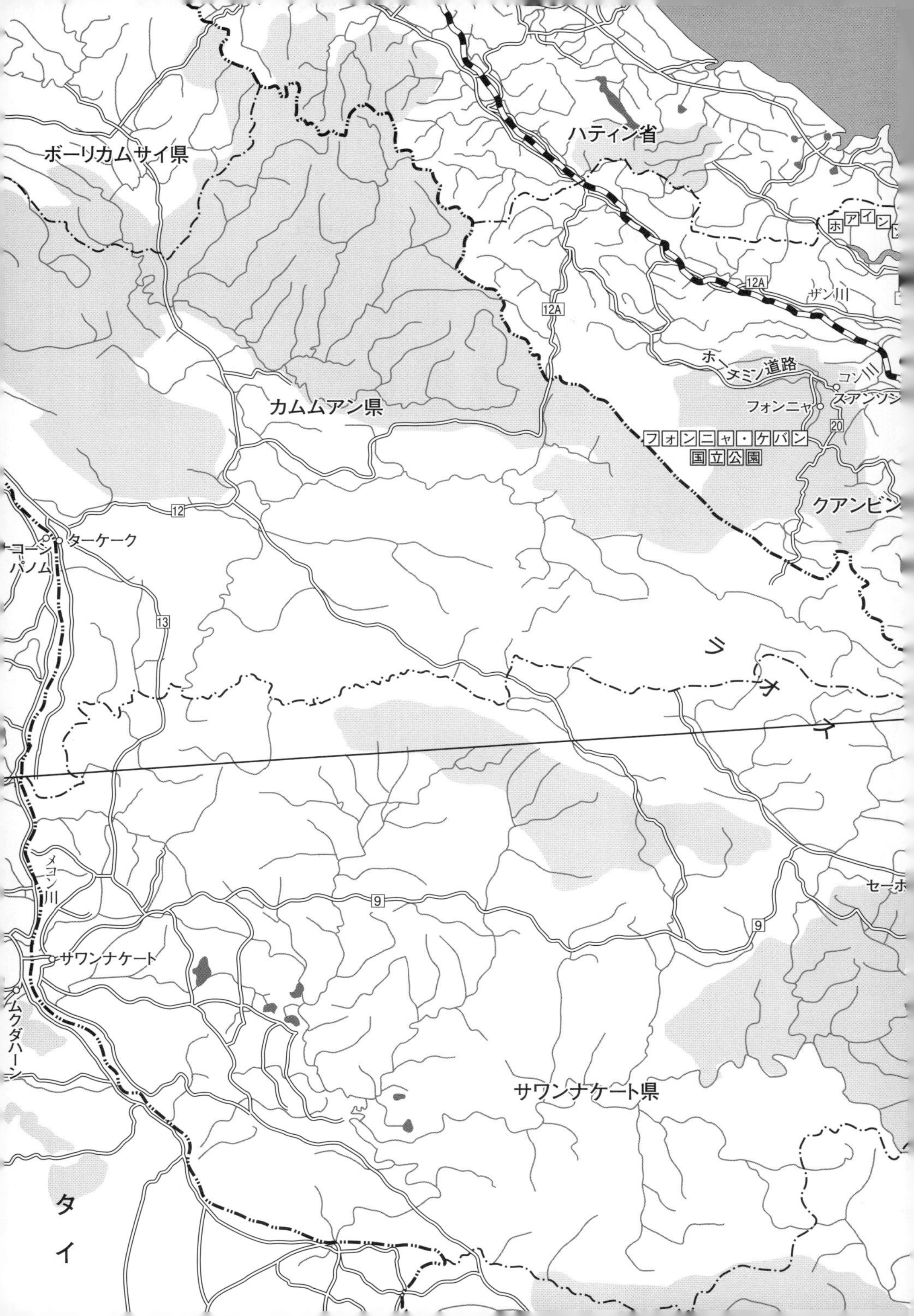

ボーリカムサイ県
ハティン省
ホ
アイン
12A
ザン川
12A
ホーチミン道路
コン川
スアンソン
フォンニャ
20
フォンニャ・ケバン
国立公園
クアンビン
カムムアン県
12
ターケーク
ナコーン
パノム
13
ラオス
メコン川
9
9
セーポ
サワンナケート
ムクダハーン
サワンナケート県
タイ

写真１

写真２

古都

ベトナムの分水嶺、ハイヴァン峠

中部第一の都市、ダナン市から国道一号を北上する。ダナン湾を右手に見ながらほぼ一〇キロ、道は急な上りになる。海と雲の峠、名高いハイヴァン峠（海雲峠）だ。フランス人はこの峠をコルデヌアジュ、雲の峠と呼んだ（**写真１ ハイヴァン峠からの展望。二〇〇一年**）。

ハイヴァン峠は北緯一六度二〇分に横たわる海抜四七五メートルの低い峠だが、南北に長いベトナムの気候は、このハイヴァン峠で大きく二つに分かれる。ハイヴァン峠の南は熱帯サバンナ気候が広がり、暑く乾いた冬と豪雨の降りしきる夏が繰り返される。乾いた平原、白い砂がいつまでも続く。椰子やサボテンが生い茂る。一方、峠の北は亜熱帯湿潤気候で寒く湿った冬と暑く湿った夏を持つ。旧都フエの周辺では年間三〇〇〇ミリ近い降雨がある。

竹木が目につく。広い二期作、三期作田が広がる。ハイヴァン峠は、ベトナムの気候の分水嶺だ（**写真２ フエ王宮銅鼎の海雲峠の関所図。二〇〇四年**）。

夢の東西回廊

５章で見たように海道が衰退して以来、中部沿岸諸省の経済発展は遅れに遅れている。中部沿岸諸省の中でも、ハイヴァン峠の北、トゥアティエン＝フエ、クアンチ、クアンビン三省の経済指数は後述する山地諸省を除けば全国最低だ。その最低ぶりもなまなかのものではない。二〇〇九年の工業生産値で見ると、古都フエを有するトゥアティエン＝フエ省は八兆八五三五億ドンでほぼダナンの半分、ズンクァット工業区を有して大発展するクアンガイ省の三分の一程度にすぎない。クアンビン省は四兆七〇八二億ドン、クアンチ省では二兆八五〇〇億ドンと、山地諸省か、沿岸ではチャム観光のニントゥアン省なみだ。もっともニントゥアンは原発に活路を見出しているが。

三省の一人あたりの年間収入ではおおよそハノイの半分、ホーチミンの三分の一にもならない。新しいハイヴァントンネルは、この極貧地帯をホーチミンに直結させ、さらには国道九号に代表される東西経済回廊《EWEC》に結ぼうとする政府の悲願だ。

かつて、つづら折りを繰り返すハイヴァン峠の登りはきつかった。この峠の途中でエンストを起こしているポンコツトラックを何度も見た。トンネルの開通は便利このうえない。峠の途中には何ヵ所も展望台があった。しかし、海雲《ハイヴァン》は空と海が交わる地を意味している。ハイヴァン峠頂上から、真下に果てしなく広がる群青の南シナ海は絶景だ。峠の途中には何ヵ所も展望台があった。生活の便利は往々にして、自然の恵みを犠牲にする。もっとも、この峠越えには霧や雲がつきもので、紺碧の青空のもとに南シナ海の絶景を見下ろすには運が必要だ。

二〇〇五年六月五日、ダナンとフエを結ぶハイヴァントンネルが開通した。日本のODA一八九億円を原資に

＊1　DMZ　一九五四年七月二一日ジュネーヴ会議はほぼ北緯一七度線に沿って南北ベトナムの軍事境界線を引いた。軍事境界線の幅二キロには非武装中立地帯 Demilitarized Zone が設置された。略してDMZと言う。事実上はクアンチ省北部を流れるベンハイ川をさす。現在では、クアンチ省の激戦区、ケサン渓谷やベンハイ川、クアンチ省のヴィンリン地区などベトナム戦争の戦跡をまとめて周覧するDMZツアーが、毎朝、フエから出ている。実際、フエから北には息詰まるような無数の戦跡が待ちかまえている。

ハイヴァン峠をぶちぬき、対向二車線を走らせた東南アジア最長のトンネルだ。確かにトンネル通過には運はいらないが、海と雲の峠を越える感激も失われた。古いベトナムが廃れ、新しいベトナムが生まれようとしている今のベトナムを象徴する峠だ。

フエ城

国道一号でハイヴァン峠を越すと、西に切り立った崖、東に広い潟が広がる。フエからクアンチ省にかけて、チュオンソン山脈の支脈が最も海に近づく。山脈に降った大量の降雨は、無数の河川になって東の海に直流する。しかし、海岸には大きな砂丘列があって海にはけない。大量の水は砂丘の西側にたまって巨大な潟（ダムカウハイ）をつくる。阮《グエン》朝の故都フエは、そんな川の一つ、フオン川両岸の河岸微高地と砂州の上に作られた人口一二〇万ほどの町だ。川の西側には旧市街が、東側には新市街があって、二本の大橋と一本の鉄道橋で結ばれる。旧市街はベトナムにただ一つ残された城壁都市だ。

ホテルが集中している新市街を北に上がり、フオン川にかかるフースアン橋（一九〇六年完工）を渡る。目の前にゆったりと水をたたえた濠がある。濠のかなたに煉瓦の城壁が浮かぶ。濠に沿って土産物屋が並ぶ道を西に進み、濠をかわいい石橋で渡り、城壁にあいた小さな門をくぐる。広場がある。広場の南にフエ城の正南を示す三層の旗台がそびえる。一八〇七年創建と伝えられる。フエ城内では最古の建物だ。もっとも、戦乱のたびに傷つけられ、セメント修理のあとが生々しい。北にフエ城のシンボル、二層赤瓦の午門《ゴーモン》が磚《せん》壁基層の上にゆったりと立ち上がる。一九九三年にユネスコが認定した世界遺産フエ城だ。

はるか前二世紀末、漢の武帝は当時広東で独立していた南越国を滅ぼし、そのまま南下して、現在の北部ベトナムに交趾郡、その南に九真郡、さらにその南、漢の支配の尽きる地に日南郡を設置した。日南郡は、漢大帝国の南海への玄関口の役割を果たした。二世紀には、高校世界史に名高い大秦王安敦、つまりローマ皇帝マルクス・アウレリウス・アントニヌスの中国への使いなるものが到着した。日南郡はフエ付近と言われるが、本当のところはわからない。

中国が撤退したあとの日南郡の跡地は、ウリックと呼ばれるチャンパの地だったらしい。実際、フエから北のクアンチにかけてチャムの遺跡が少なからず分布し、その彫刻の一部は、ダナンのチャム美術館に納められている。しかし、土台や石材だけで上物はない。それはそのとおりで、チャンパの領域では、フエまでの地は最も早くベト人化されている。ベトナム側の所伝では、一四世紀のはじめ、ヴィジャヤの占城王家は、大越陳朝の王女との結婚をひきかえに烏里《ウリック》二州の地を大越に与えたという（『大越史記全書』）。現在のクアンチ省からトゥアティエン＝フエ省あたり、つまりハイヴァン峠の北が、ベト人の領土になった。烏里二州はのちに順《トゥアン》州、化《ホア》州と名前を変える。これがフエの正式名称 順化《トゥアンホア》の起こりである。今のフエは化州のホアという音が訛ったと言われる。

南北対決と対日交易

一六世紀、日本の戦国時代と同時期のベト人の世界も混乱をきわめている。おおいにベト人の世界を拡張し、ヴィジャヤのチャンパ王国を滅ぼした黎《レ》朝の英主の洪徳《ホンドゥック》帝が死ぬと、黎朝政権の内部が怪しくなる。権臣の莫《マク》氏がついに帝位を簒奪する。黎朝の遺臣たちは、黎朝の後裔を擁立して、これに抵抗する。その中心はタインホアに拠った鄭《チン》氏と阮《グエン》氏の一族だ。しかし、その阮氏と鄭氏の間に対立が起こる。

一五五八年、阮氏の族長阮潢《グエンホアン》は鄭氏の支配を嫌って、当時、まだ匪賊が横行していた辺境の地、順州・化州に移り、この地の支配を始めた。拠点は今のクアンチ省のドンハー市の南、愛子《アイトゥ》市と言われる。一五九二年、鄭氏はハノイを占領し、黎朝を復興する。しかし、この時、中部の順州、化州に拠って、阮氏はハノイの鄭氏に完全に敵対する。前述のように、当時の日本人は中部の阮政権を広南《クアンナム》あるいはコウチシナと呼んだ。鄭氏は、しばしば軍を南に送り、阮氏のクアンナム王国を滅ぼそうとする。クアンナム王国の側も、クアンビン省のドンホイ市の線で東西に長城を作り、北の軍を防いだ。長城線での南北分離はほぼ一七〇年間続く。この線はほぼ北緯一七度三〇分、一七度線でベト人の国が分裂するのは一九五四年に始まったことではない。

時は大交易の時代。ベトナムで南北対決の始まった一六〇〇年は我が国では関ヶ原の戦いの年だ。その翌年、一六〇一年、新しく政権の座についた徳川家康のもとに、「安南国」の都元帥瑞国公なるものから国書が届き、両国が兄弟のちぎりを結ぶ（「以緒兄弟之邦」）ことを求めている。この瑞国公は阮潢《グエンホアン》のことだ。[*2]

時に日本は、安土桃山時代、金銀が湯水のごとくあふれでたバブルの時代だ。ところが豊臣秀吉の朝鮮出兵のために、中国と日本はなかなか公式に交易ができない。そこに浮上したのが、出会い港《ランデヴー》としてのベトナムだ。日本の船はベトナムの諸港で、やはり官憲を逃れた中国船と出会うことができた。ベトナムもただ港を持っていただけではない。バブルの日本市場に売り出すものを持っていた。絹である。ようやく戦国の世が終わった一七世紀はじめ、南蛮図屏風に描かれるファッショナブルな時代が来た。大名、大商人たちは狂ったように絹・生糸を輸入する。ベトナムも大量の絹・生糸を日本に輸出した。多くの朱印船が中部ベトナムをめざした。

朱印船の時代が終わり、鎖国政策の下、オランダ東インド会社の船が物流を独占するようになっても、日本とベトナムの交易関係はますます発展するばかりだ。言ってみれば、ベトナムの大内乱は、南シナ海の権益をめぐるハノイとフエの戦いだ。日本の対価は銅だ。当時、ベトナムは貨幣材料の銅が不足し、日本は大量の銅銭をベトナムに輸出している。平戸のオランダ商館文書では、一六三五年には四一九六万、一六三六年には一三五〇万個の銅銭をクアンナムに運んだとある。

北部の鄭《チン》政権は、執拗にクアンナムを攻撃する。ドンホイでは激戦が続く。かくて一七世紀のなかばには、戦争のためにクアンナムの生糸生産は激減し、絹貿易の主流は日本‐トンキンつまり北部ベトナムに移っていった。[*3]

一六七〇年代、日本の主な輸出品だった銅価格が暴落する。ベトナムの対日主輸出品だった絹、生糸も日本で自給できるようになる。東・東南アジア交易は一挙に衰退する。東インド会社もベトナムから撤退する。かくて日本 - ベトナム交易は一七世紀いっぱいで衰亡に向かう。

クアンナム・グエン王国の崩壊と再興

一八世紀、交易世界から離脱したクアンナム阮《グエン》王国では、先述のように、ビンディンのタイソン阮《グエン》三兄弟が一七七一年に反乱を起こし、これに乗じて北部の鄭《チン》氏が南下して、一七七五年フエを占領する、クアンナム・グエン氏の一族はタイソン・グエンに追われ、阮福映《グエンフックアイン》を残してメコンデルタで全滅した。タイソン・グエンの阮恵《グエンフエ》は一七七七年、サイゴンを攻めて南部を占領し、一七八六年にはフエ、ハノイを攻め、一七八八年には侵攻してきた清軍をハノイのドンダーの地で打ち破った。こうして、タイソン阮は、ほんの一時的だが、現在のベトナム全土を支配した。このためにタイソンは現在のベトナムを最初に統一した王朝として評価される。しかし、タイソンの重心が北部に移るとともに、農民中心の国家に変わっていく。

一七九二年にグエン・フエが死ぬ。サイゴンを制したタイソンの宿敵グエン・フック・アインは海軍をひきいて、連年のように中部沿岸のニャチャン、クイニョン、ホイアンを襲撃し、略奪を繰り返す。ついに一八〇一年、グエン・フック・アインの海軍はクイニョンを占領し、ついでフエに入る。グエン・フエの息子のグエン・トア

＊2　八代将軍吉宗の治世に長崎から江戸まで運ばれ、全日本に一大フィーバーを巻き起こした象は、クアンナムから交趾王献上品として贈られたものである。象は従四位の位を得て、中御門天皇に「拝謁」している。

＊3　小公子の主人公セドリックの服で知られるビロード（ベルベット、天鵞絨）は絹の光沢を持った織物だが、ベトナムの特産だったという。

ンはたまらずハノイに逃げる。翌一八〇二年、グエン・フック・アインはハノイを占領し、クアンナム王国の父祖の地フエに即位して嘉隆《ザーロン》帝となる。国名を越南《ベトナム》とする。現在のベトナムの名の起こりだ。

ザーロン帝はそのまま父祖の地、フエを王都とする。フエは初めてベトナム全土の首都となった。逆に言えば、一〇一〇年からベト人の政治的、文化的中心だったハノイは一地方都市になった。これは北部こそベト人の母なる地と考える北部の士人には不満だ。もう一九世紀初めには、ハノイにもサイゴンにも大量の華人が住み着いている。人口も文化も、中部の田舎都市フエにおおいに優る。そこで、ザーロン帝は国土を三分することを考える。北部ベトナムではハノイに北城総鎮が置かれ、大幅な自治を許した。サイゴンには嘉定総鎮が置かれた（3章二二七ページ参照）。フエは、王室の直接支配地畿内（中部）の首府になった。それだけにフエは、ハノイの文化にも、サイゴンの富にも負けない偉容を持った街でなければならない。

ザーロン帝の皇城

一八〇三年から、ザーロン帝はタイソンのフエ城のすべてを打ち壊し、旧都の上に新しく地割りを行ない、大帝都の建設を始める。フオン川から直角に二本の南北運河が掘られた。南北運河の裾は、一本の東西運河に集められ、またフオン川に戻された。運河の幅は二四・二メートル、深さは四・二五メートルもある。三本の運河と南のフオン川に囲まれた四角の土地が皇城《ホアンタイン》とされ、四方に煉瓦の城壁が築かれた。現在残る城壁は一八一八年から一八二三年にかけて修築されたもので全長一〇・六キロ、幅二一・三メートル、高さ六・一二メートルある（**図1 フエ皇城図**）。

フエ城は全体には矩形だが、四隅に三角の稜堡を突き出して砲台とし、北側に魚の鰓《マンカー》と呼ばれる角面堡を張り出している。[*4] 一七世紀、フランスで流行したヴォーバン式の城だ。北海道の五稜郭も同一の形式だ。[*5] ベトナムで

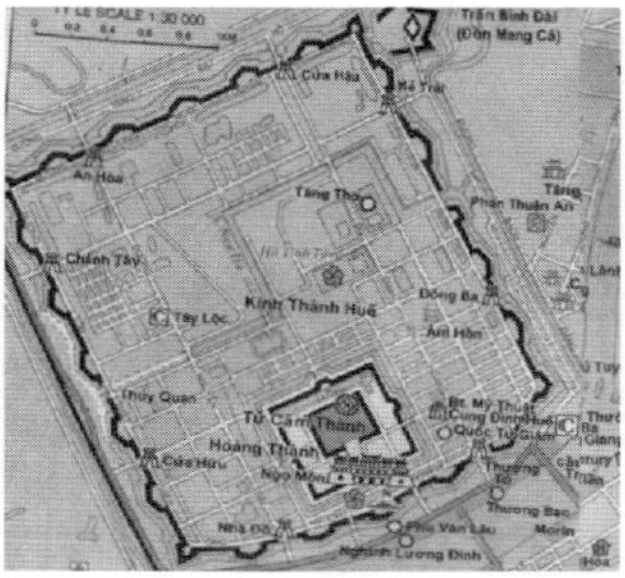

図1

はザーロン帝の幕下にいたフランス軍人が持ちこみ、一九世紀ベトナム各地に建てられた省城は、みなこのヴォーバン式で設計された要塞だった。

実際、後述する一八八五年のフエ事件、京城有事（三二三ページ）では、このマンカーが激戦の場だったし、一九六八年のテト攻勢でも、マンカーの争奪戦が大量の戦死者を出した。五稜郭をはじめアジアのヴォーバン式の城は、ほとんど実戦を経験していないが、フエ城は実戦を経験した城だ。

城の中央を東西に運河がひかれた。御河《グーハー》と呼ばれ、城内を南北二区画に分ける。南半分が宮城、大内《ダイノイ》の地だ。周囲二六〇一メートル、高さ四・四六メートル、幅一・一メートルの塀に囲まれた空間だ。大内の南の入り口が午門だ。

午門は北京故宮の午門とその楼閣五鳳楼の三分の四に縮小したコピーで、二層の主楼と左右にこぶりな副楼を張り出している。中国文明に深い造詣を持った二代皇帝明命《ミンマン》帝の建設になる。朱色に塗りたくられ、いかにも威圧的な北京の素型に比べ、小粒で暗い色調、木肌をいかした開放回廊状の構造は、南の小王国らしく親しみやすい（**写真3 修復前の午門。一九八六年**）。

午門の上に昇る。中央の木壇に座る。北方に大内の景観が広がる。一九世紀に営々と無数の宮殿楼閣が築かれた大内も、最も荒廃した八〇年代には、午門と太和殿《タイホア》、ほかにわずかな小殿宇を残してすべて草地になっていた（**写真4 午門上から太和殿を見る。二〇〇四年**）。

北京の紫禁城との最も大きな違いは、緑と水面の広がりだ。とにかく、城内東側の大部分は無数の広大な庭に

＊4　正式には鎮平台と言うが、土地の人は「魚の鰓」と言いならわしている。

＊5　一九九七年に、函館五稜郭で「世界星形城郭サミット」と題して、世界の一〇ヴォーバン式城郭都市の国際会議が開かれ、フエの代表も参加している。

写真3

写真4

覆われ、東西の廟群でさえ深い森に囲まれている。森の中に建物が散在する。北側には広い矩形の池、午門北に二ヵ所、そのほか、東側、北側に散らばる諸庭園にはそれぞれ池がある。温帯北部の北京の故宮と、亜熱帯南部のフエ城では、建築がいかに類似しても、まったく違った景観を生み出している。

今は修築がすさまじい。すっかり整備された公園になり、新築とも修築ともつかぬ建物が建ち並び、宮廷グッズを売る店がかまびすしい。午門を抜けると、正面に四本の銅柱でできた牌楼が見える。龍雲銅柱門と言う。両脇は掖池と言う矩形の池だ。蓮が美しい。敷石道の正面には太和殿がたたずむ。これも北京故宮のコピーだが、故宮太和殿のような高い基壇の上にそびえたつ巨大建物という威厳はない。唐招提寺のたたずまいに似た小さな静かな建物だ。現在の建物は一八三三年、明命帝の修築を基体としている。

太和殿を見て右奥には、初代グエン・ホアン以下、クアンナム王国の諸王を祀った太廟《タイミエウ》、左奥には嘉隆《ザーロン》帝以下阮朝歴代を祀った世廟《テーミエウ》が建ち並ぶ。ぼろぼろだった土塀も今はこぎれいに修築された。

世廟地区の名物は世廟を祀る寺、顕臨閣《ヒエンラムカック》だろう（**写真5 修復なった顕臨閣。二〇〇四年**）。二層の木造丸瓦の上に小さな楼閣が乗る。一九二〇～三〇年代の白黒写真をもとに修復したというが、やや色鮮やかにすぎる。顕臨閣の北奥に、世廟本堂が横たわる。これも修築されている。変わらぬ姿をとどめるのは、顕臨閣北の庭先に並べられた巨大な九つの銅鼎だ。一つが三〇〇〇斤（一・八トン）以上ある。一八三六年頃作られたもので、面にニラやらライチーやら全ベトナ

写真5

写真6

ムの名産、名勝を刻み込んだ、当時のベトナム百科図だ（写真6 顕臨閣の銅鼎列。二〇〇四年）。

明命帝の紫禁城

この総重量で一六トンを超える銅鼎を作らせたのは嘉隆帝のあとを継いだ第四子の明命《ミンマン》帝だ。明命帝は中国文明の支持者で、ベトナムの統一に努力した。嘉隆時代以来の北部と南部の自治を廃して、全土を等しく省制度にまとめたのは明命の業績だ。その後、フランス時代や革命後に大きな改編があったものの、現在の省《ティン》の基幹は、この明命時代にできた。この大銅鼎群はベトナム統一の巨大な記念碑だ。

この中央集権化は大きな抵抗にあい、特にサイゴンでは長期の内乱を引き起こした。この内乱に宣教師が荷担したため、明命帝と西欧勢力の間に深刻な対立が生じた。だから現在でも、欧米人歴史家の明命帝への評判は悪い。しかし、明命はシャムと長期戦を闘ってカンボジア東半を確保しようとし、また北部や中部山地の「少数民族」の世界にも、ベト人官吏を派遣し、ベト人の国家の中に併合しようとした。明命の道は、その後、現在に至るまでベトナムの国家・国策の枠組みを作っている。明命は、日本の明治天皇、タイのチュラーロンコーン王（ラーマ五世）のような西欧化の指導者ではなかったが、当時のベトナムにとっての唯一の国家モデルだった中国にならって、初めて南部、中部、北部、三つの地方を統合して「ベトナム国家」を建設した英主だ。

太和殿を抜けると正面に大宮門、左右に周囲一三〇〇メートルほど、高さ一・九五メートルの黄色の築地が広がり、きらびやかな七つの門が開く。この囲いの中に勤政殿《ディエンカンチャイン》、乾政宮《クンカンチャイン》、坤泰宮《クンコンタイ》の三宮殿が広い広場を隔てて南北に並び、その両翼にたくさんの宮殿が甍を並べている。宮殿はそれぞれ長い回廊で結ばれている。その名も紫禁城《トゥーカムタイン》。皇帝の住居である。嘉隆の時代には、ただ宮城と呼ばれていたが、明命が北京にならって紫禁城に改めた。紫禁城は「紫微」の禁城の意だ。紫微は天帝の座所の星だ。だから紫禁城は宇宙の主宰者、天帝の地上の住処だ。[*6] といっても、北京の紫禁城に比べれば小粒もいいところで、広さ一二町歩（ヘクタール）、日本の大庄屋の屋敷のようだ。かわいい王国だった。実際、明命最盛期の統一ベトナムの正丁（税役を負担する男子）は一〇〇万にも満たない。水田面積は一五〇万ヘクタールだ。

写真７

ベトナムの最大の悲劇は、その北方に、歴史を通じてあまりに巨大な中国がのしかかっていることだ。実際、ベトナムの歴史は、無数の中国の侵略と抵抗の記録で血まみれだ。しかも、ベト人の文明はその根底に近いところまで深く中国の影響を受けている。侵略者が同時に文明の父であることにベト人たちは悩む。その解決は、ベト人国家が中国と同じ位置にあると自称することだ。だから、ベト人たちはその王を皇帝と呼び、その城を紫禁城と呼ぶ。中国の内閣と同じ六部を置き、刑法をまとめた律例を公布し、行政制度をまとめた会典事例を編纂する。国家の歴史は実録[*7]にまとめられる。皇帝はすべて優れた文人であり、有徳者でなければならない。

しかし、なにごとも中国を見習った明命も、自分の国が中国の一省にも満たないことをよく知っていた。比較にならない小国の王が、中華大帝国のコピーに住まなければならない。ベトナムの皇帝はつらい。

私が一九八六年に紫禁城を訪問した時には、小さな左廡《ぶ》を除いて、城は土台を残すままの廃墟だった。夏草の中に二匹の龍に守られた石段のみが、紫禁城のよすがをしのばせた。太和殿の修復が始められたばかりだった。今は勤政殿《ディエンカンチャイン》、乾政宮《クンカンチャイン》、坤泰宮《クンコンタイ》と再建され、紫禁城グッズを売っている（**写真7 修復前の紫禁城。一九八六年**）。

亡国の皇帝たち

このかわいい紫禁城の中で、阮朝一二代の皇帝が暮らし続けた。明命は一八四〇年、阿片戦争の報が届く中に死去する。明命のあとを長子紹治《ティエウチ》帝が継ぐ。紹治はこれといった仕事もないまま、フランス軍艦のダナン砲撃の年、一八四七年に憂憤のうちに死去する。

第二子の嗣徳《トゥードゥック》帝が紹治を継ぐ。嗣徳は病弱な文人皇帝で、しかもその三六年間の治世は内には北部の反乱、外にはフランスの侵略戦争に明け暮れた。ベトナム全土がフランスの植民地になるのは、嗣徳の死の翌年だ。だからベトナム史では無能凡庸な皇帝とされる。しかし、特に悪いことをしたわけではない。紹治にその学者性を愛されて皇帝になった。

生まれた時代が悪かった。日本では黒船の来航から自由民権運動までの激動の時代だ。アジアの激動の時代だ。一八五七年、スペインの宣教師が殺された。翌一八五八年、フランス軍艦がダナンを砲撃し、フランス・スペイン連合軍がダナンを占領した。翌一八五九年には、サイゴンを占領する。一八六二年の第一次サイゴン条約では、サイゴンをはじめメコンデルタの東半分の三省がフランスに割譲された。コーチシナ植民地の成立である。悪いことはこの文人王嗣徳の時代に集中する。

＊6　ベトナムの案内書などに紫色の城などと説明してあるが、まったくの誤りである。

＊7　実録は毎日皇帝に上奏された記録や日々の事件の正式な記録。ベトナムではなぜか寔録（トゥックルック）と呼ぶ。

一九六八年にはメコンデルタの西半分三省がフランスに奪われた。この頃から、北の紅河デルタ一帯には水匪と呼ばれる農民反乱が荒れ狂う。一八七三年には、フランスの冒険将校ガルニエがわずかの兵でハノイを占領し、さらに紅河デルタ全域を占拠する事件が起こる。これは中国から流れてきた劉永福の黒旗軍[*8]に破られ、ガルニエもハノイで敗死するが、その収拾のために結ばれた一八七四年の第二次サイゴン条約（フィラストル条約）では、キリスト教の布教の自由、重要な港の開放、フランス人の領事裁判権などを認めさせられた。さらに、一八八二年にはリヴィエール海軍中佐が突如ハノイ城を攻撃、占拠する事件が起こった。翌年、リヴィエールは黒旗軍と戦って敗死する。これを機にフランス政府は最終的なインドシナ支配を目指し、大兵をベトナムに派遣する。全国には反フランスというより、反キリスト教の嵐が荒れ狂う。多数のクリスチャンが虐殺される。もはやフエの朝廷は、なにも制御することができない。嗣徳帝は、この内憂外患の中、一八八三年七月、五三歳で崩御する。三六年の治世を見ても、なにひとつ武張ったところがない。ひたすら対応に追われただけの王だった。

フエ条約

嗣徳はそれでも、亡国の道を歩むベトナムには大黒柱だった。嗣徳が崩御したあとのベトナム王室は、もはや国家を体現する機関ではない。紫禁城の内部では帝権をめぐって陰湿な陰謀が渦巻く。嗣徳を継いだ甥の育徳《ズックドウック》帝はわずか二日で権臣に廃された。次いで立った嗣徳の弟の協和《ヒエップホア》帝は、一八八三年八月フエの外港トゥアンアンに迫ったフランス艦隊に強制され、第一次フエ条約（アルマン条約）を調印した。これによってベトナムはフランスの保護国となった。

この年一一月、権臣たちは協和帝を廃して殺し、嗣徳の第二子建福《キエンフック》帝を立てる。一九世紀のこの時期、フエ朝廷内は陰惨な陰謀だけが回転する。今度は中国が北部の領有をもくろみ、大兵を北部に派遣する。フランスの二将を血祭りにして、英雄の名の高い黒旗軍の劉永福が「東京（北部）経略大臣」に任ぜられ、北部に駐留するフランス各軍と戦闘状況に入った。清仏戦争の勃発である。

北部戦線では、強硬になった本国世論を背景に、大規模なフランス軍が増加され、フランス優位が続いた。一八八四年、フランスは再びフエに軍艦を派遣し、朝廷に第二次フエ条約（パトノートル条約）を締結させた。これは、北部をフランスの保護領、中部をフランスの保護国とするもので、ベトナム全土のフランス植民地化が決まった。以後、一九五四年までのフランス領インドシナ《アンドシーヌフランセーズ》の骨組みは、この時に決まった。

第八代建福帝は一八八四年七月初め、病を得て崩御する。これも毒殺の噂が絶えない。そしてはるか遠縁の皇子咸宜《ハムギ》がわずか一六歳で即位させられる。ハムギ、救国の少年皇帝だ。

一八八五年六月、清仏戦争も中国の敗北のうちに幕を閉じる。以後、中国はベトナムへのいかなる干渉も許されない。しかし、これで「フランスの平和《パクスフランコ》」が完成したわけではない。

一八八五年七月五日夜、皇城に大事件が発生する。この日、フエに新任のフランス・インドシナ派遣軍総司令官クールシーが来る。その夜、クールシーが宿としていたフエ城西外のフランス領事館が砲撃され、フランス軍の駐屯地になっていたマンカー要塞がベトナム軍に包囲される。この戦いで紫禁城、大内の多くの建物が炎上した。一夜の激闘ののちに、ベトナム軍は撤退するが、硝煙の残る紫禁城内から財物とともに皇帝ハムギ、皇太后、太皇太后（嗣徳の母）の姿が消えた。フエ城崩壊の序幕、世に言うフエ事件《アフェールドゥユエ》、また史書の伝える京城有事である。フランス軍がなめきっていたベトナム人の反攻が始まった（**写真8　激戦のあったフエ城北門と砲台跡。二〇〇四年**）。ハムギの宮廷ははるかに北上してクアンチ省城に逃げる。さらに北に昇って、北部に集中するベトナム正規軍

＊8　太平天国の反乱が鎮圧されると、その残党と称する中国人の軍事集団が次々と北ベトナム山地に入り、各地に事実上の独立国を作っていった。劉永福にひきいられた黒旗軍はその一つで、現在のラオカイあたりを根拠地にして、ベトナムと雲南の交易を独占していた。

写真 8

写真 9

と合同しようとする。ところが先回りしたフランス海軍がクアンビン省のドンホイの港を占領し、ハムギの北上を許さない。宮廷人の裏切り、クアンチ省知事の裏切りにあって、進退窮まったハムギは、現在の国道九号を西に抜けてラオスの地に出、以後、長期抗戦を続ける。一八八八年、ハムギはクアンビン省山中で捕らえられ、フエの外港トゥアンアンに運ばれ、ここからフランス汽船でアルジェリアに配流される。ハムギは以後、アルジェリアで安南皇子《プランスダンナム》と呼ばれ、数奇な一生を送る。

竹籠の中の皇帝たち

ハムギの消えたフエでは、フランス軍と残った親仏派の官人たちが慌てて朝廷の再建に乗り出す。全土のベトナム人名士たちが武器を持って抗仏に立ち上がる中、フエ城内民家に隠れていたこれも遠縁の二二歳の皇子が擁立され、同《ドン》慶《カイン》帝となる。はなばなしい前帝ハムギの活躍に比べ、あからさまなフランスの傀儡、ドンカイン帝はフランスにもベトナム人にも軽視され、疎まれたまま、三年の在位ののち、一八八八年、二五歳で崩御する。

そのあとをわずか九歳の同慶帝の甥成泰《タインタイ》帝が即位する。既に完全にフランスの時代である。現在、多くの神社仏閣にタインタイ帝の勅封文《サックフォン》（許認状）や碑文が残り、またフエ城内の建築にも成泰年間のものが多い。タインタイ帝は、植民地主義という「竹の籠」に封じ込められたベトナム文化をひたすらに守ろうとした王だ。しかし、この無力文弱な成泰帝も、一九〇七年、二八歳でフランスに廃位された。

八歳の第四子の維新《ズイタン》帝が継ぐ。ズイタン帝がまだ成人にも達しない一九一六年、フエでベトナム人兵士が反乱を起こす。ズイタン帝はハムギ帝にならってか、紫禁城を脱出したが、まもなくフランス軍に捕らえられ、父の廃帝タインタイともども、はるかにマダガスカル島東、レ・ユニオン島に流された。

ズイタン帝逮捕のあと、ドンカイン帝の長子啓定《カイディン》帝が即位する。カイディン帝は怪奇至極な陵を残したことだけで知られる。一九二三年、カイディン帝はフランス植民地展覧会に出席し、ベトナム皇帝で最初の渡仏をし、フランスのロココ風宮廷文化にあこがれたという。この時、パリ在住のグエン・アイ・クォック（ホーチミン）が「竹の籠《コンゾンチエ》」という戯曲を書いて上演し、啓定帝を揶揄したのは有名な話だ（**写真9　一九三二年のフエ城**）。

現代史の中のフエ

末代皇帝バオダイ帝

そしていよいよベトナムの末代皇帝保大《バオダイ》帝の登場だ。バオダイは、一九一四年にカイディン帝の長子として生まれる。一九二三年に父帝がパリに遊んだ時に、そのまま留学生としてフランスに留め置かれた。一九二五年にカイディン帝が崩御したので、第一二代皇帝に即位し、一九四五年退位、一九九七年にフランスで客死する。阮朝諸帝で最も長生きだが、同時に、変節漢、稀代のプレイボーイ、狩猟狂と、ことごとく批判され続けた人生だった。

しかし、バオダイ帝は明命帝以来、初めて政治に目覚めた君主である。一九三二年に帰国すると、気鋭の啓蒙主義者ファム・クイン[*9]を用いて朝廷の機構を改革し、近代的な内閣を創出しようとした。その全国の神社仏閣に

写真10

ばらまいた勅封の数ははんぱでない。今でも全国いたるところの宗教施設に、「保大」の文字が残っている。衰えきったフエ朝廷、ベトナム皇帝の権威を復活しようとした。第二次大戦がなければ、それなりに中興の英主だったのかもしれない（写真10　一九三四年頃のバオダイ）。

第二次大戦下のフエ

一九四〇年六月、フランスはナチスドイツに降伏する。この年九月、日本軍は中国国境を越えてフランス領インドシナに侵入し、孤立したフランス植民地政権との間に「日-仏印協定」[*10]を結び、以後五年にわたってインドシナを南方侵略の拠点とした。戦争のほとんどの期間を通じて、サイゴンには日本南方軍の総司令部が置かれた。しかし、一九四五年までは、日本はこの協定によって軍を駐留し、移動させただけで、インドシナを占領していたわけではない。フランス領インドシナ政府は健在だった。この時代を「日仏二重支配の時代」と呼ぶ。

「フエの朝廷からベトバック戦区まで」（ファム・カク・ホエ『ベトナムのラスト・エンペラー』白石昌也訳、平凡社、一九九五年）という小説とも回顧録ともつかぬフエ朝廷の官房長が書いた記録がある。

一九四五年、三月九日夜半、フエ市街を砲煙が包む。ハノイでもサイゴンでもそうだった。太平洋の決戦のことごとくに敗れた日本軍が、「仏印」確保のためにクーデタに出た。フランス軍を駆逐し、または捕虜にした日本軍は、バオダイ帝の宮廷にフランスからの独立を命ずる。仏印処理または三・九クーデタと言う。こののち約半世紀も続くベトナムの長い長い戦争の時代は、この日にその幕を開けた。

作者の官房長は、すっかり日本軍の支配下となった紫禁城で、バオダイとともに「独立」した「安南帝国」[*11]の最初の内閣の組閣を始める。日本軍の示唆のもと、首相には歴史学者として名高いチャン・チョン・キム[*12]が就任した。紫禁城の宮廷は一〇〇〇年の眠りから覚めた。しかし、時は既に紫禁城とバオダイをはるかに後方に残して進んでいた。北部のベトミン（ベトナム独立同盟会）革命の滔々とした流れは、日本だけにすがり、人事のみにあけくれるフエの「帝国」を蹴散らしていた。

一九四五年八月、日本の降伏を待ってハノイ、サイゴンでベトミン主導の八月革命が始まった。フエでは八月二三日に、民衆によって旗台の皇帝旗が引き下ろされ、ベトミン旗の金星紅旗（現在のベトナム社会主義共和国国旗の原形）が掲揚された。ベトミンはバオダイ退位の最後通牒を送りつけた。八月二六日、バオダイは世廟におもむき、退位を祖先に報告した。一四三年にわたった阮朝の最後である。

バオダイの運命はさらに変転する。ベトミン政府はバオダイを平民ヴィントゥイとして政府の最高顧問につけた。しかし、バオダイはまだ三二歳、名誉職で一生を終わるには早い。バオダイは結局、一九四六年春、中国に亡命し、香港でフランスの食客として暮らす。バオダイが再び歴史の表舞台に登場するのは、一九四八年である。バオダイはフランスの高等弁務官ボラエールとハロン湾で会い、ベトミンに対抗する新国家「ベトナム」の元首となることを約束した。翌一九四九年、パリ、エリゼ宮でバオダイとオリオール大統領の間でエリゼ協定が結ばれ、いわゆるバオダイ・ベトナム国が生まれた。

バオダイ・ベトナム国はその後、余命を保ちながら、一九五五年、ベトナム共和国、つまり南ベトナムに継承

＊9　ファム・クイン（一八九二〜一九四五年）。啓蒙雑誌『南風雑誌』の編集者として有名。一九三二年からバオダイ内閣のもとで学部尚書（大臣）、吏部尚書を歴任したが、八月革命の際、ベトミンに処刑された。

＊10　仏印はフランス領インドシナ、仏領印度支那の略語。

＊11　ベトナムでは南朝ナムチエウと呼ぶ。

＊12　チャン・チョン・キム（一八八三〜一九五三年）。『越南史略』、『儒教』などの著書がある。

されていく。選挙に敗れ、元首の位置を追われたバオダイはフランスに亡命し、以後、時折、その姿を新聞紙上に見せながら、一九九七年、パリで八三年の生涯を終える。国家よりも王権を愛したために、日本、ベトミン、フランスとそのパトロンを取り替え続けた人生だった。

テト攻勢下のフエ

フエ城は一九四五年、主を失った。皇帝一家も皇族たちも退去した。フエの建築はそのまま朽ち落ちるままになった。一九六八年一月三〇日、サイゴンはじめ南ベトナムの全土が、テト大攻勢の鉄の嵐の中に巻き込まれた。古都フエのテト攻勢は、一月三一日に始まった。この日早朝、フエから国道一号沿いに四キロほど西にあるタイロック飛行基地が砲撃され、ついで城内マンカー要塞の南ベトナム軍第一師団司令部、城外南岸の米軍軍事援助司令部への師団規模の攻撃が始まった。一方、フエ城内に南ベトナム軍の軍服を着て潜んでいた人民軍兵士が西側城門を開放した。たちまち人民軍第六連隊が紫禁城を占領した。午前八時、旗台にベトコン旗が掲揚された。

一六キロ東のフーバイ飛行場(現在のフエ空港)でも米海兵大隊と人民軍の間で死闘が繰り返された。マンカー要塞救援に駆けつけた南ベトナム第六騎兵連隊の装甲車列は、城壁西四〇〇メートルで人民軍の待ち伏せ攻撃を受け、ここでも激戦が展開した。

支援爆撃が繰り返され、フエ城全域が煙に包まれた。二月一日、米第一、第六海兵連隊が次々と確保されていた南岸に空輸され、北方からは南ベトナム軍がフエ城壁まで南下し、フエ城は逆包囲され、城内の人民軍が孤立した。南岸の海兵大隊はフエ城内に再突入し、紫禁城の内外は扉の一つずつ、窓の一つずつを奪い合う濃密な市街戦が展開された。

人民軍兵士は瓦礫の中、マンホールの下、時には死体の中から米兵を狙撃した。これに対し市街戦用の四連装五〇ミリ機関砲、一〇六ミリ対戦車無反動砲《オントス》が、無差別にたたきこまれた。紫禁城には、スカイホークス戦闘爆撃機が繰り返しナパーム攻撃をかけた。当初はフエの文化財に対する注意が布令されたが、戦闘の激化とともに、両軍ともこれをまったく無視した。ミロン・ハリントン海兵大尉は「町を助けだすために町を破壊しなければならないのか」とこの惨状を形容している。この時、フエ城は鉄と火の嵐の中に崩れ去った。

市街戦は三週間続いた。二月二四日、南ベトナム第一師団の選抜中隊が旗台から解放戦線旗をひきおろした。数日後、人民軍残兵はフエ城内から山中に撤退した。三週間続いた市街戦の結果、フエ城内で一五〇〇、城外で三〇〇〇の人民軍兵士が戦死した（米軍推定）[*13]。

虐殺のフエ

失われたフエ文化財よりも、失われた市民の命はもっと傷ましい。フエ戦争は、人民軍の正月奇襲だったから、ほとんどのフエ市民は避難することができず、そのまま戦火にまきこまれ、多くの人々が戦火の中に倒れた。それだけではない。フエはベトナム戦争中、人民軍の大きな汚点の一つ、市民大虐殺を招いた。人民軍撤退後、いくつもの集団埋葬所が発見され、縛られたまま殺された遺体、拷問のあとが残る遺体があったという。フエ占領中の三週間、南ベトナム軍兵士、政府官僚、反共と目された市民たちが処刑されたのだという。その数は最小で

＊13　フエ城内の凄惨な戦いを、正気をなくされた男たちの無意味な殺し合いとして映像化したのが「フルメタル・ジャケット（完全被甲弾）」（スタンリー・キューブリック監督、一九八七年）であり、フエ戦のトラウマに苦しむ海兵隊の男たちを描いたのが「フィアーズ・オブ・ウォー」（シドニー・J・フューリー監督、二〇〇一年）である。二〇〇一年に公開された本作品の主人公が、フエの古戦場をさしてこれがグランゼロ（爆心地）であったと述懐するシーンは、この年九月に始まる大悲劇（アメリカ同時多発テロ）を暗示して恐ろしい。

写真11

二〇〇、最大で二〇〇〇〇とされるが、実態は今でも不明だ。しかし、その噂は南ベトナムの市民の間を駆けめぐり、共産主義への恐怖をあおった。一方、緒戦時に南ベトナム軍警が、親共と思われる市民を処刑したとも言う。

かつて漆喰の土台石の上に夏草が茂るがままになっていたフエ城跡は、ベトナム戦争の悲劇の遺跡であった。修復はその悲劇の遺跡破壊である。誰が広島の原爆ドームを修復再建しようと思うだろうか。文化財保護ではなく、ただ観光のために美しく修築された宮殿群の地下に、いまだに一九六八年の怨念が渦巻いている（**写真11　一九六八年の無名犠牲者三〇〇人の埋葬**）。

阮朝奥津城

奥津城《おくつき》という言葉がある。人の霊魂が眠る森奥の墓を言う。八代の阮朝皇帝は前代に見ない壮麗な墓を森の奥深く、山のかなたに作り続けた。人は容易に踏み込むことができない。奥津城の言葉にふさわしい。そのおかげで、破壊されつくしたフエ城と違って、阮朝諸帝の奥津城は、ほとんどが現代に残った。今見る阮朝は、古代エジプトのファラオのように、古墓を通じてしかイメージできない。

阮朝陵群は、フエ市の南郊、フオン川の上流に沿って点在する。大きく三群に分かれる。第一群は陵の中では最も南、フエ市内から一八キロのザーロン廟と周囲の廟群だ。二〇〇四年以前にはそもそも行くのが難しかった。未舗装の村道を四駆で駆け抜け、フオン川で渡し舟をつかまえ、さらに村のバイクタクシーを乗り継いで、ようやくたどり着くところだった。今はフエから直接道路がつながっていると聞く。

バオダイの宮廷官房長だったファム・カク・ホエが、一九四六年、パリを訪問する途次、インドのタージマハ

写真12

写真13

ールに立ち寄って、フエの陵墓と比較する話がある（ファム・カク・ホエ前掲書）。ホエは美しさではとてもかなわないとしながら、自然環境ではフエの陵がはるかに勝っていると、やや捨て鉢に言う。

しかし、まんざらでもない。その眺望の美しさでは、ザーロン廟はまず超一級だ。周囲の山地との間に大きな池を作り、無数の蓮池で埋め尽くし、碑所、墓所、廟所が東西に平行して斜面に建てられる。南の蓮池のかなたには巨大な列柱が建てられ、その奥に深山がそびえる。一番西の廟所は木造の宮殿風建物「明成殿《ミンタインディエン》」で、二〇〇四年にはほとんど修築が終わっていた。ザーロン帝の墓所はその隣の広い石段の上にある。石塀の中にこれも白い玄武岩の切石で作られた長方形の石棺が露出する。ザーロン陵の西の小山上にも巨大なザーロン帝の母の廟がある（**写真12 ザーロン帝の墓所。二〇〇四年**）。

第二群はミンマン帝の陵とカイディン帝の陵で、ザーロン廟の北、フオン川をはさんだ山腹に作られている。ミンマン陵の裏は幾重も山が迫り、山中は「少数民族」の世界だ。（**写真13 ミンマン帝の墓所。二〇〇四年**）。

ミンマン陵は直線上に配置された三つの建物と、墓地からなっている。門を抜け、白い石畳を横切ると、文官四、武官四、象二、馬二の石像が左右に列する参道に出る。その上の壇に碑所があるが、これは完全な再建だ。碑所の背後に蓮池があり、三本の橋を渡ると廟所があり、廟所の後ろにまた三日月池があり、その奥に巨大な築山状の墓所がある。すぐれた設計を持った豪壮な陵だが、中国文明びいきの明命らしく朱色がめだつ。自然色の池と石橋との対比には相

写真14

写真15

当な無理がある。

明命に遅れること約一〇〇年のカイディン陵は、グロテスクな廟だ。山腹に棚状に配列されることは同じだが、息子の保大《バオダイ》を留学させるほどにフランスの宮廷文化にあこがれたカイディン帝の夢の実現だ。生前から一二年かけて作られたという陵には、カイディン帝とその建築デザイナーの頭の中の西欧が表現される。一九二〇年代、植民地に持ちこまれたフランス文明は、その最も低俗な部分だったことがよくわかる。正面基壇への三列の昇り階段は、幅広くとられてロココ宮殿風だが、階段脇には龍がうずくまり、官人石像が立ち並ぶ。基壇の上には石造りの二層八角の拝所があり、実物大のカイディン帝の鍍金銅像が睥睨する。壁や柱、欄間は隙間なくロココ風装飾で埋め尽くされる。勘弁してくれと言いたくなる。

第三群は、フエの南郊、ティエウチ陵、トゥードゥック陵、ドンカイン陵などが後期の帝陵群だ。トゥードゥック帝陵は、おそらく陵墓群の中では一九世紀フエに生まれた宮廷文化に最も忠実だ。ザーロン陵のような荒々しさもなく、ミンマン陵のような過度な中国的装飾もない。広い森林の中に静かな池、点在する四阿《あずまや》が安定的だ（**写真14 トゥードゥック陵。二〇〇四年**）。この廟所はトゥードゥック帝の生前は別荘として用いられ、死後は良謙殿《ルオンキエムディエン》と呼ばれ、トゥードゥック帝の母の住まいだった。宮廷サロンの家具や諸道具が修復されて置かれている。宮廷生活の断面が残っている。入り口の門脇の小丘の上に、支謙宮《チーキエムクン》というトゥードゥック帝の側室たちの石棺がぞろっとおさめられた長方形の建物がある。ひどく不気味な空間だが、トゥードゥック帝という不人気な皇帝が持っていた人間性のなにものかを感じさせる。

ドンカイン帝は、少年で即位し、青年で死ぬが、フランスに抵抗する阮朝忠臣に降伏をうながしたために、独立後、歴史から抹殺された。しかし、ドンカイン帝の陵は、小さいが、白い玄武岩を見事な切石にした、すぐれて幾何的な静寂の聖域をつくっている。誰も行かない小さな美しい松の小山の上にある（**写真15 ドンカイン帝陵。二〇〇四年**）。

墓というものは、なにかしら生前の精神を写す。ザーロンは武人らしく豪壮、行政家で中国趣味のミンマンは華麗、ティエウチは地味、トゥードゥックは文人王らしく幽玄、そして弱々しいドンカインは瀟洒そのものだ。最も有名な観光地、カイディン帝の陵は、当時のベトナム王権の性格を表現して怪奇と言っていい。

一七度線の南

クアンチ省、一八八五年勤王の詔勅

国道一号をフエから北上する。フエのデルタを過ぎると、白砂の砂丘上に出る。両側にはユーカリの植樹がかぼぞい。砂丘の上はキャッサバ、小さな灌漑野菜が時折出現する程度だ。

一八八五年、フランス軍によってフエを逐われたハムギ帝は、ひたすらこの砂丘の道を北に逃げる。しかし、この蒙塵の旅の途次、この一六歳の少年皇帝の名を永遠にベトナム史に残す「勤王の詔勅」を全国に宣布する。詔勅は中国の春秋や三国志などの史劇の故事をちりばめ、当時、ベトナム村落の中にいた数多い漢学青年たちの心を打った。北中部のほとんどの省で、漢学青年たちが村民を率いて武装蜂起に立ち上がった。勤王運動と言う。

勤王運動は一九世紀末までに壊滅するが、この運動の挫折の過程を通じて、復古主義としての反仏運動から、新しい国家を作る新しい民族運動が始まっていく。大砂丘地帯の中央にかつての省都クアンチ市がある。クアンチにはハムギが隠れ、一九七二年のクアンチ会戦の舞台になったクアンチ省城が歴史遺跡になっている（写真16 クアンチ省城門。二〇〇一年）。

写真16

ドンハー・クアンチの攻防

このおよそ貧しげな砂丘に包まれたクアンチ省の財産は、ラオスにつながる国道九号だ。九号と一号の交わるところにドンハーの町がある。まさに海と陸の結節点だ。一九八九年、ビンチティエン省[*14]が解体した時、あらためてクアンチ省の省都になった。今は一〇万近い人口を持つ都市だが、ベトナム戦争前には、小さなムラがあるだけだった。ベトナム戦争中、そのドンハーに人民軍の南下、またチュオンソン山脈からの人民軍の進出を阻止するために、大規模な米軍海兵隊の航空隊基地が建設された。米軍は一九七一年、グアムドクトリン[*15]に従って撤退し、代わって南ベトナム陸軍が管理していた。

ベトナム戦争は一五年も続いた第二次大戦後最大の戦争だが、作戦のほとんどは小規模な奇襲、待ち伏せ、不期遭遇戦などの繰り返しで、戦略単位で砲火を交える「会戦」はほとんどない。会戦として歴史に残るのは一九七二年のクアンチ戦だ。戦争と政治を同義的に考えたのはクラウゼヴィッツだが、確かに会戦は純粋に軍事的というよりは、政治の延長という比喩がぴったりする。それは政治的宣伝のための戦争だ。

ベトナム戦争中の人民軍・解放勢力の大攻勢は、いつでも米大統領選挙をにらんでいる。一九六八年のテト攻勢がそうだった。結果的にはジョンソンの退場をもたらし、パリ和平会談をうみだした。ジョンソンに代わったニクソンは、グアムドクトリンによって米軍の縮小を始めていた。しかし、同時に南ベトナム軍の後方安定のために、一九七〇年にはカンボジア侵攻、一九七一年には南ラオス侵攻がなされ、南ベトナム軍は急速に増強されて七一年には一一〇万に達した。七二年のクアンチ会戦は、いわばニクソンのグアムドクトリンの成果を試し、米軍の再増強を阻止し、米大統領選挙における反戦、厭戦世論を盛り上げるために開始されたものである。

クアンチ市から国道九号を西に進み、カムロの町の西、渓谷に沿ったところに南ベトナム軍基地キャロルがあった。一九七二年三月三〇日早朝、DMZを突破した人民軍三個師団は、まずキャロルを包囲砲撃した。同時にタイグエン、タイニンなどの各都市でも攻勢が始まった。人民軍一三〇ミリ榴弾砲の威力の前に、キャロル基地の南ベトナム軍第五二連隊は四月二日降伏した。南ベトナム軍が連隊規模で降伏した最初だ。

同日、南ベトナム陸軍の守るドンハー市北方に人民軍戦車連隊が現れ、南ベトナムM48パットン戦車部隊とドンハー川をはさんで砲戦を交わした（**写真17 ドンハー米軍基地。二〇〇四年ターコン飛行場遺跡博物館より複写**）。

ドンハー市は四月二八日に陥落した。続いてクアンチ市にも人民軍戦車が侵攻し、一日四五〇〇発という砲弾が小さな町に落とされた。五月一日までに、クアンチ市を守る南ベトナム第三師団は壊滅した。クアンチ省にはキリスト教徒が多い。また前線地帯で南ベトナム軍に子弟を徴兵された家族も多い。米軍の推算では、五万人が難民となって南に逃げたという。クアンチ全省は、「自由地域」と呼ばれ、臨時革命政府が設立された。土地は

＊14　一九七六年、旧クアンチ、旧クアンビン、旧トゥアティエン三省を合同させて成立した省で、フエが省都となった。一九八九年、元の三省（トゥアティエン省はフエ市と合同してトゥアティエン＝フエ省）に解体された。広義のDMZとほぼ同じである。

＊15　一九六九年七月、ニクソン新大統領は米軍の撤退と、南ベトナム軍の増強をうちだした。ベトナム戦争の「ベトナム化」である。

写真17

集団化された。

同時期、タイグエンからビエンホアまで、人民軍の攻勢が続いた。五月一一日、グエン・ヴァン・ティエウ南ベトナム大統領は全土に戒厳令を布告した。敗走する第三師団に追随して、人民軍は再び、フエ城北面に到達した。

しかし、人民軍の優位はそこまでだった。ニクソンは北ベトナム全港湾の機雷封鎖を指令し（ポケット・モンキー作戦）、タイの米空軍基地から、第七空軍、第七七機動部隊、海兵隊航空部隊を動員し、大量のB52戦略爆撃機を戦線に投入し、さらに一九六八年以来封止されていたハノイを含む北部全域の北爆を再開した。米空軍の再投入を前に人民軍は、フオン川から南への浸透を停止した。

六月二一日、南ベトナム軍は米空軍の支援爆撃の下、北上を開始した。八五日間にわたる空爆と地上戦ののち、九月一五日、南ベトナム軍はクアンチ市を再奪還した。クアンチ市防衛のために、約一万の人民軍兵士が戦死したという。

一応、米軍は人民軍を押し返すことに成功した。しかし、抗戦一二年、アメリカの直接介入が始まってからでも八年、人民軍の装備はますます充実し、近代化してきたことをアメリカに知らしめた。七二年のクアンチ会戦は、パリで開かれていた和平会談への圧力であり、アメリカの大統領選挙への意志表示だ。アメリカの継戦意志を解体させるという戦略目標は十分に果たされた。

同時にそれは、七五年のホーチミン作戦の実験にもなった。米空軍が介入するかぎり、全土解放は不可能なのだ。事実、この年の暮れ、ハノイは一週間にわたって猛爆を受け、大被害を受ける。いわゆるクリスマス北爆だ。戦争の終結は三年伸びた。

国道九号

かつての米軍の基地の町ドンハーから、国道九号が西にのびる。チュオンソン山脈をラオバオ峠で越え、メコン川河畔の町、ラオスのサワンナケートに出る。サワンナケートの大橋が、国道九号を東北タイへ、そしてバンコクへと結ぶ。私が二〇〇一年に、ラオバオを越えてサワンナケートまで調査した時には、ベトナム側はともかく、ラオス側は腰を痛める悪路で、トラックか四輪でなければ無理だったが、今は快適にメコンの岸辺に行けるという（写真18　ラオス側国道九号の悪路。一九九八年）。

写真18

九号路正面にチュオンソン山脈が大きく広がり、九号路はその奥深い山腹を分け入っていく。カムロ盆地が開く。盆地中央は水田、人家は台地の縁に連なる。一九六〇年代前半、この九号をはさむカムロ山地には、キャロル基地など、大規模な基地が建設された。まずはＤＭＺから南進する人民軍の迎撃基地であり、次いでチュオンソン山脈を縦断するホーチミン・ルートの制圧である。またホーチミン・ルートから海岸に下ろうとする人民軍の阻止である。しかし、一九七二年のクアンチ戦では、まず基地群の中心カムロが制圧されたために、九号沿いの基地群はすべて孤立し、結果的に凄惨なケサン戦を導いた。現在はほとんどがコショウ園や果樹園になっている。

カムロは現在ホーチミン高速道路（国道一五号）と国道九号の交点にあり、サワンナケート（ラオス）・ドンハー連絡の中継基地ばかりでなく、ホーチミン、ハノイを直《ちょく》で結んでいる。つまり一四、一五号の南北回廊と九号の東西回廊が、ここで結ばれるのだ。数年後には、カムロは東西南北のジャンクションシティとして、大発展することになるだろう。

写真19

写真20

しかし、この緑とは裏腹に、この一帯はベトナム戦争中、枯葉剤が大量にまかれた土地である（**写真19 枯葉剤を散布する米軍機**）。クアンチ省の村々では〝なぜあの子は死んでしまったの、あの子は殺された枯葉剤で殺された〟というレフレインを持った歌がいまだに歌い継がれているという。二〇〇五年現在、クアンチ省では約三〇〇〇人の児童が枯葉剤の後遺症に苦しんでいる。中でもカムロ県の二〇〇〇年までの奇形児出産数は六五四件を数えている。

少数民族

橋を渡ると、渓谷の斜面に八〇戸ほどの高床式の家が集まっている。少数民族ブル・ヴァンキエウの人々の村だ。主要国道に接した少数民族の村はどこでも観光の対象だが、ここもDMZツアーのバスが必ず停まる。だからバスが停まると、子供たちが駆け寄って、粗末な布地（まだ市場用加工がない）や、木彫品を売りつけ、あるいは金品をねだる。ほとんどがベトナム語をしゃべる（**写真20 ブル・ヴァンキエウの村。二〇〇四年**）。

チュオンソン山脈が最も海に近づくトゥアティエン＝フエ省からクアンチ省、クアンビン省の山中には、南アジア《オーストロアジア》語系の少数民族が多数住んでいる。多くはラオス、カンボジアに同族が居住している。それぞれの人口規模は小さい。九号沿いに出会うブル・ヴァンキエウ人は、クアンビン省とクアンチ省の山中に約五万人住んでいる（一九九九年統計。以下同）。東北タイに七万人ほどのコロ

写真21

ニーを持つブル人と同族である。ほかにラオス、カンボジアに広がっている。窪地での水田、斜面での焼畑陸稲、そして森林での狩猟が生業だった。焼畑を禁じられた今、森林保護費として政府から給されるわずかな現金が生活の支えだ（**写真21ブル・ヴァンキエウの少女。二〇〇四年**）。

コトゥ人はクアンナムとトゥアティエンの山地に五万人ほど住んでいる。同じく南アジア語系で、焼畑、水牛飼育が生業だが、ジュートの栽培、染色、織布でも有名だ。またタオイ人が三万五〇〇〇人ほどで、同じく水田耕作は少なく、焼畑が主だ。やや北のクアンビン省山地を中心にチュット人が三四〇〇〇人ほど住んでいる。

こうした規模の小さい「少数民族」の間では、著しいベト人化が進んでいるという。民族の文化問題は悩ましい。旧焼畑民のほとんどは、生活補助金で生活している。生活を「豊か」にするためには、より大きな市場社会に参加しなければならない。それは当然、より大きな社会の言語、ベト語への転移であり、ベト人の持つ文化文明に参加することを意味する。そして、それは何千年にわたってチュオンソン山脈の山中の中ではぐくまれた文化との決別を意味する。だからといって、民族は生物学上の絶滅危惧種ではない。すべての民族もまたグローバルな人類であり、開かれた社会で物質的な豊かさを享受する権利がある。結局、民族文化の保全の意味は、市場社会の中では観光以外にはありえない。そして観光財としての民族文化は、文化保持というよりは新しい観光文化の創造だ。

ケサンの死闘

国道九号をさらに上る。ラオス国境のラオバオ峠まで一九キロ、亜熱帯ジャングルが残る渓谷の中にフオンホアの町が浮かびでる。フオンホア、元の名前はケサイン、日本ではケサンと呼ばれる。かつてホーチミン・ルートを利用した北の人民軍の浸透を阻止するために、米軍の基地群が置かれていた。今は若いコショウとコーヒー園の町だ。

九号を離れ、やや北上する。平地が開け、高原状になる。コーヒー農園の中に博物館がある。庭先にCH47、UH-1Hヘリコプター、M41戦車、連絡機、一五五ミリ重砲の残骸が展示される。表示に「ターコン飛行場遺跡」とある。ターコンはケサン基地群の中心基地で、グリーン・ベレーが常駐していた。[*16] ケサンは一九六八年、テト大攻勢の裏で行なわれた一七〇日に及ぶ大規模な死闘の地だ。その攻防の中心軸になったのがこのターコン飛行場だ（**写真22 ターコン飛行場「遺跡」。二〇〇四年**）。

一九六七年秋から、ホーチミン・ルートからの解放勢力の浸透がめだつようになった。米軍と南ベトナム軍は、DMZからケサン基地に至る阻止線を張り、海兵隊基地を国道九号に沿って展開した。しかし、秋から冬にかけてこれらの基地への砲撃が激しくなり、米空軍は七週間四〇〇〇波にわたって三万五〇〇〇～四万トンの爆撃を繰り返した。

しかし、この猛爆下に、人民軍はテト攻勢の準備とケサン包囲網を固めていった。人民軍の意図はタイグエン地方への陽動作戦によって、米軍主力をケサン地域に集中させ、雨季で航空兵力の展開が鈍化した時期に、これを孤立化させて殲滅し、アメリカの継戦意志を粉砕することにあった。一九五四年のディエンビエンフー戦とよく似ている。

そして、米軍司令官ウエストモーランドは都市のみの防衛を主張する幕僚の意見を無視して、ケサンへの兵力集中と大規模空爆を中心とするナイアガラ作戦[*17]を発動した。

ケサン防衛戦に投入された米軍は二万八〇〇〇、南ベトナム軍一万七〇〇〇、投下された爆弾は空軍が九六九一波、一万四二二三トン、海兵隊爆撃機が七〇九八波、一万七〇一五トン、海軍が五三三七波、七九四一トンを数えた。総計では広島型原爆の三個分が落とされたことになる。さらにケサンの東方、カムロのキャロル重砲基地は、花火のように重砲撃を繰り返した。撃ちこんだ重砲弾数は一五万八八九一に達した。まさにベトナム駐留三軍をあげた大作戦であり、ウエストモーランドは史上最大の空陸連合と自賛した。しかし、結果的に軍主力のケサンへの大規模投入が、テト攻勢での米軍の大混乱を招く。

これに対し、人民軍は歩兵五個師団、六個砲兵中隊、二個高射砲中隊、二個戦車小隊、迫撃砲、ロケット砲を中心に一三〇ミリ、一五二ミリ重砲など、一万九〇八門（米軍推定）の砲を基地周辺に展開した。

写真22

テト攻勢に先立つ一月二〇日、第三二五高地で最初の戦闘が始まった。同時に人民軍砲兵は各基地への近接砲撃を開始した。二二日まで全戦線に人民軍の浸透が始まった。国道九号は人民軍に封鎖され、ケサンは孤立した。しかし、ディエンビエンフー戦時のフランス軍と違って、米軍はほとんど無尽蔵とも言える航空勢力を持っていた。海兵隊のヘリコプターは豪雨の中に、二月中だけで四六五トンの軍需物資を孤立した基地に運んだ。三月二日には、猛爆撃のあと、海兵隊が人民軍を駆逐して九号を打通し、四月一一日には、本線での重量輸送が可能になった。

＊16　グリーン・ベレーはＣＩＡと特殊な関係を持つ米軍特殊部隊。ケネディ大統領が緑色のベレー帽の着用を許したことからこの名がある。ベトナム戦争では第五特殊部隊が、山間部での少数民族の軍事化や、人民軍、解放戦線とのゲリラ戦を展開した。ジョン・ウェイン主演の「グリーン・ベレー」（ジョン・ウェイン監督、一九六八年）は、この活動を賞賛したものだが、全世界の反戦運動にボイコットを受け、劇中のジョン・ウェインがベトナム少年に語る「俺たちは君たちのために戦っているのだ」の台詞は全世界の失笑を買った。なおスタンリー・キューブリック監督の「フルメタル・ジャケット」ではジョン・ウェインの名前を海兵隊を嘲笑する時に用いている。

＊17　のちにGloo Whiteと呼ばれた。

写真23

写真24

銃剣で奪われた陣地を猛爆で報復し、また海兵隊が銃剣で奪い返す凄惨な戦いが続き、ケサンは屍山血河の大地に変わった。四月一日、乾季のはじめ、ケサンの攻略をあきらめた人民軍は徐々に撤退し、戦闘は追撃戦に変わった。五月、ケサン戦は終了した。人民軍は米軍・南ベトナム軍の死者一万九〇〇〇人、破壊した装甲車、戦車七八、撃墜機八〇と推定している。人民軍の側の被害はいまだに不明だ。このあたりの山地は消せないほどに大量の血液を吸い込んでいる（**写真23 ケサンの戦いのあと。ターコン飛行場遺跡博物館で。二〇〇四年**）（**写真24 DMZツアーで訪れるケサンの戦場跡。一九九八年**）[*18]。

ラオバオ峠

国道九号に戻る。ケサンの分岐点から西に向かって急な坂道を昇りだす。両側は深い亜熱帯林だ。眺望の開けた峠に出る。ラオバオ峠と言う。峠の裾に幅一〇〇メートルほどの川が見える。セーポーン川と言う。クアンチ省とラオスのサワンナケート県セーポーン郡とを分ける。ラオスとの国境だ。峠の中央に税関、出入国管理所があり、北側斜面に旅人宿が散らばっている。バックパッカーたちの穴場らしく、リュックをしょった青年たちも多い。

ラオバオ、牢堡と書く。ラオスの砦の意味か。内陸国ラオスはこのあたりで最も南シナ海に接近している。古くからラオスとベトナムを結ぶ峠道だった。阮朝はこの地に国境監視哨を置いた。一八七〇年代、フランスがフエを狙い出すと、阮朝重臣の抗戦派は、海に近いフエでの抗戦をあきらめて、山中の軍事拠点にこもる長期抵抗を考えた。チュオンソン山脈の峠道に国境防衛を名目とする山防が作られた。その中でフエに最も近い、つまり第一防衛拠点がこのラオバオに置かれ、柵をめぐらした要塞が作られて、一個小隊ほどの兵が常駐された。

そしてその機会が早く到来した。一八八五年七月のフエ事件の勃発だ。少年皇帝ハムギは、フエの宮城を離れ、国道一号に沿ってクアンチ城に向かい、この地で四散した朝廷官人や近衛を集めた。ハムギはクアンチから山中を抜けてドンホイに出ようとした。しかし、ドンホイは既にフランス軍の分遣隊に占領されていた。ハムギは現在の国道九号を西に進み、まずカムロに、そしてラオバオに到着した。ラオバオの近くに御座所が設けられ、長期の抵抗拠点が作られた。しかし、フランスは親仏派官人に命じて、執拗に亡命宮廷を追跡させ、ついにラオバオのハムギを発見し、攻撃する。しかし、ハムギたちは追求を振り切って峠を下り、少数民族、たぶんブル・ヴァンキエウの人々の援助を受けながらラオスの山中を潜行する。

まだまだ、ラオバオ峠は深いラオスの山中への入り口だった。一九五〇年代末、日本の東南アジア研究事始めの時代、若き梅棹忠夫、石井米雄らのチームがベトナムからラオスに出ようとして、このラオバオ峠を突破している*19そこは、わずかな警官が守るだけのブッシュに覆われた貧しい峠に過ぎなかった。

＊18　ケサンはベトナム戦争中、最も凄惨な戦いの代名詞となった。いまやジョニー・デップの初出演でのみ知られる映画「プラトーン」（オリバー・ストーン監督、一九八六年）や「ハンバーガー・ヒル」（ジョン・アーヴィン監督、一九八七年）は、ケサンの戦闘をモデルとしている。

＊19　梅棹忠夫『東南アジア紀行』（一九六四年、中央公論社）は一九六二年のラオバオ越えを以下のように綴る。「どう考えても、これは国境である。税関も、移民局も、監視哨も、なにもない。ただまばらな叢林が特徴もなく連なっているだけである。…叢林をぬけて、しばらくゆくと、広場があって、大きなアンペラ小屋が立っていた。竹の棒が道路を遮断していた。見すぼらしい歩哨小屋から、はだしの兵隊がとび出してきて、銃剣をかまえながら、大声でわめいた。…「ラオか？」石井さんがたずねた。「ラオだ」兵隊がいった。」いまビルが立ち並ぶラオバオの国境から見れば夢のような話である。

写真25

しかし、ラオバオは変わった（写真25ラオバオの商店。二〇〇八年）。ドイモイ以後のベトナムの経済発展は、まず建築ブームから始まった。ハノイでもホーチミン市でも建築ラッシュは、ここ二〇年、休むことなく続いている。膨大な木材需要が起こり、その資源は東南アジアに残された唯一の森林資源国ラオスに求められた。南ラオスや北カンボジアの木が切られ、木材集散地、南ラオスのアッタプーに集められる。アッタプーからパークセー、メコン沿いにサワンナケート、そしてラオバオからドンハーに運ばれて海に出る。現在、南ドンハー工業区（旧ドンハー飛行場）の最も大きな工業は合板工場だが、一年に六万立米の合板を生産し、四兆五〇〇〇億ドン（約二〇億円）を稼ぎ出している。

サワンナケート大橋

ついで、サワンナケート大橋（第二タイ―ラオス友好橋）の開設がより大きな意味を付与した。国道九号はラオバオからメコン河岸サワンナケート（カイソーン・ポムヴィハーン市）に直結する。二〇〇四年四月東西経済回廊計画の目玉として、サワンナケートと対岸タイ領ムクダハーンを結ぶ橋梁建設がアジア開発銀行の融資で始まった。二〇〇五年七月、不幸な事件があった。基盤用のコンクリートスラブを運ぶクレーンが折れて、工事中の日本人三人を含む多数の人々が押しつぶされたり、メコン川に流されたりして殉職した。にもかかわらず、工事は二〇〇六年一二月ほぼ予定どおり完成し、翌年一月、一般車両に開放された。一車線、一二メートル幅、長さ一六〇〇メートル、総工費七〇〇〇万ドルの大工事だった。

この橋ができた結果、サワンナケートから六四二キロ離れたバンコクと、同じく二四七キロ離れたラオバオが結ばれた。ラオバオから国道九号で下り、ドンハーからダナンまでわずかに二七八キロである。現在、バンコクからハイフォンまでは海上輸送で一二日間かかるが、東西経済回廊を使えば四〜六日間で輸送できる。ラオスから木材を運ぶトラックが、税関のアーケードの前に長い長い車列を作っている。峠の下のラオバオの町は、小さな山村から人口三万の商業町になった。現在のラオバオの人の平均収入は省都ドンハーよりはるかに高いという。山が海とつながり、山が海と海を結ぶ。ラオバオ峠は、クアンチと南ラオスを結ぶ地方のターミナルから、新しい大陸東南アジア、インドシナの物流ネットワークのシンボルになった。

一七度線、ベンハイ川

山を下り国道一号に戻る。ドンハーから七七キロ、ゾーリン県に入る。砂丘に乗りあげる。砂丘上に村々がつながる。左に統一鉄道が走る。目の前に砂丘を切断して川が流れる。ハノイから五四七キロ、かつてベトナムを二つに割った北緯一七度線の南を走るベンハイ川だ。ベンハイ川を渡る別離の象徴ヒエンルオン橋は、コンクリート橋脚の新橋に代わり、旧来の鉄骨木板の橋は記念橋と東脇に残されている。旧橋にはアーチ門が作られて「ホーチミン万歳」と大書され、橋下の泥々の河原には銃を抱えた戦士像が立ちすくんでいる。土地の人々も観光客もあまり寄りつかない。ベンハイ川、国土二分の悲劇も過去に置き忘れられたようだ（**写真26 ヒエンルオン橋。二〇〇四年**）

ベンハイ川はチュオンソン山脈から分け出る長さ一〇〇キロほどの小さな変哲もない川だ。一九五四年までは省の境界でさえない。小さなゾーリン県とヴィンリン県を分ける程度の意味しかなかった。それが、一つの国家を引き裂く河になったのは、国際政治の駆け引きの結果だ（**写真27 国土分断の記念碑。二〇〇四年**）。

一九五四年五月七日、ディエンビエンフー大要塞にこもるフランス軍が、ベトミン軍に降伏した。八年間続い

写真26

写真27

た第一次インドシナ戦争（ベトナムでは抗仏戦争と呼ぶ）の最後である。フランスはもはや戦いを継続する戦力も財力も失い、またフランスを支援したアメリカも四年続いた朝鮮戦争に疲れ切っていた。翌五月八日、朝鮮戦争休戦協定のためにジュネーヴに参集していた米英仏中ソ五ヵ国代表団と、招待されたバオダイ・ベトナム国政府、ベトナム民主共和国代表が、新たにインドシナ問題をめぐるジュネーヴ平和会議を開いた。

　会議の冒頭、民主共和国（ベトミン政府）代表ファム・ヴァン・ドン[*20]は、すべての外国軍隊の撤退と国民投票による国家統一を主張した。しかし、五大国は当初からフランス提案の軍事境界線を設定し、両軍を分離する休戦協定の締結を求めた。五月二一日、ファム・ヴァン・ドンの最大の支援国であるはずのソ連のモロトフ外相が、両軍の一定地域集結を骨子とする五項目を提案した。会議は軍事境界線の線引きに集中した。やむをえず民主共和国側は、一時的という限定をつけて北緯一三度（現カインホア省・フーイエン省省境近く）、また譲歩して一四度線（クイニョンの北）を主張したが、フランスは一八度線（現クアンビン省とハティン省の省境）に固執した。論争が繰り返されたが、七月一三日に調停役を買ってでた周恩来がファム・ヴァン・ドンに北緯一六度線（ダナンの南）までの譲歩を説得した。それでもフランスは譲ろうとしなかった。

　七月二〇日、モロトフは北緯一七度線を提案し、ついにフランスもこれを承諾した。中ソが一七度線を強く押したために、民主共和国は孤立した。もしジュネーヴ会議が流れれば、中ソの援助なしに、フランスに代わってアメリカと戦う事態になる。ファム・ヴァン・ドンはついにモロトフ提案に従った。翌七月二一日、軍事境界線を北緯一七度とし、ベトミン勢力はその北に、フランス・バオダイベトナム国勢力はその南に結集することを骨子とするジュネーヴ協定が調印された。

同時に、最終宣言では五六年七月に国際監視委員会（カナダ、インド、ポーランド）の監視のもとに全国選挙を行なってベトナムの統一を決定することが明記された。ただし、バオダイベトナム政府はジュネーヴ条約そのものに反対し、アメリカ政府は最終宣言への参加を拒否した。平和のための一時的休戦ラインであった一七度線は、そのまま南北対決の象徴、分裂国家ベトナムの事実上の国境となることが決まった。九月、アメリカは東南アジア条約機構（ＳＥＡＴＯ）[*21]を結成し、ベトナム民主共和国の軍事的封じ込めを進めた。ベトナム戦争への道が準備された。

一七度線の北、ヴィンリン

ベンハイ川を渡るとクアンチ省の北のはずれ、ヴィンリン県に入る。ヴィンリン県は、クアンチ省の中で唯一、軍事境界線の北に位置し、民主共和国に編入された県だ。左右にベンハイ川の小さなデルタが広がる。このあたり、砂丘列が消え、海抜二〇メートル内外の台地が海に突き出している。右手の台地に乗りあげる。道路はひど

＊20　ファム・ヴァン・ドン（一九〇六〜二〇〇〇年）。インドシナ共産党の創始者の一人、一九五五年から一九八七年まで三二年間にわたって首相をつとめる。特に六年までは外相を兼務し、冷戦期ベトナム民主共和国の顔だった。ベトナム戦争期の内政能力は高く評価されている。

＊21　ＳＥＡＴＯはアメリカ、イギリス、フランス、オーストラリア、ニュージーランド、タイ、パキスタン、フィリピンからなる反共軍事組織。一九七七年に自然消滅。

い。道路は台地上に出る。周囲はコショウとゴムの植樹がめだつ。このあたりのゴムは一九九八年前から省政府の指導で栽培が始まり、二〇〇四年に最初の収穫があった。台地のブッシュに囲まれ、わずかな窪地の水田に依拠していたヴィンリンの村々もようやく、商品作物の栽培に目覚めた。草原には肉牛の放牧まで見られる。村内道路はことごとく舗装され、ドイモイがこの辺境にまで押し寄せていることがわかる。

　台地が海に乗り出して断崖をつくるきざはしに、小さな公園と展示館を持った「歴史遺跡記念公園」がある。展示館の中には、ベトナム戦争中のヴィンリンに関わる展示のほかに、防空壕トンネルの写真が無数に張り出されている。展示館はただの資料室、ほんとうの展示は、公園の裏、ブッシュの中にもぐり、海の断崖にまで続く、地下村落《ランハム》だ（**写真28 ヴィンリン防空壕。ヴィンリン歴史遺跡展示館より複写**）。

　ヴィンリンは辛い土地だ。ジュネーヴ会議に出席した世界の大立者が気まぐれのようにひいた一本の線が、ヴィンリンの貧しい人々の生活を直撃した。

　一九六四年六月、ホノルルで開かれた政府・軍戦略会議は米軍派兵を決定した歴史的会議だが、その席上、ベトナム民主共和国への航空攻撃を、人民軍の進入路にあたるＤＭＺの北に展開することが申し合わされた。ＤＭＺの北、つまりヴィンリン地区である。一九六五年二月、プレイク基地が攻撃され、多数の米兵戦死者が出た。米空軍はフレーミングバード作戦を発動し、ＤＭＺ北に最初の猛爆を行なった。これが最初の北爆である。三月、一九度線（ゲアン省ジェンチャウ市の北を走る。まもなくタインホア市の北を走る二〇度線以南に拡大される）と一七度線の間を爆撃するローリングサンダー作戦が発動された。揺れる稲妻《ローリングサンダー》は、以後北爆の代名詞になる。

　航空攻撃は、ヴィン、タインホアなどの二〇度線以南の大都市と、ＤＭＺ北四〇～六〇マイル幅に集中された。一九六六年後半から徐々に二〇度線以北にも爆撃目標が移されていったが、ＤＭＺへの無差別爆撃は繰り返された。一九六八年四月、ジョンソン大統領は北緯二〇度以北の北爆中止を宣言したが、ＤＭＺへの出撃路とみなされたＤＭＺの北は、相変わらず猛爆に包まれた。台地の緑は失われ、掘り返されたラテライトが一帯を赤く覆った。同年一〇月、ケサン戦の終了を待って一七線以北への北爆はようやく中止された。しかし、次代大統領のニクソンは、一九七一年以降、二〇度線以南の軍事施設への空爆の再開を認めた（**写真29 爆撃後のヴィンリンの一村。ヴィンリン歴史遺跡展示館より複写**）。

写真28

写真29

ヴィンリンの人々は、この抗《あらが》うすべもない空からの攻撃に、防空壕を掘って自らを守るしかなかった。すべての村民が住まうための大防空壕が計画された。主坑中心軸の長さは五〇〇メートル、周囲に網の目のような副坑が掘られ総延長は、四一キロに及んだ。作り上げられた空間は七万四五五九立方メートルになり、病院、集会場を含む全村民の生活空間が地下に移された。戦時中に、この地下村落で生まれた子供は一七人にもなった（**写真30 トンネルを掘る。歴史遺跡展示館より複写**）。

この大土木工事に費やした労働力はのべ七五一万八一五〇日工、つまり一万人が毎日働いて二年を費やした。それはまさにB52に代表される超現代兵器と土との戦いだった。ベトナム戦争が超近代兵器と農民ゲリラの戦いとするのは、確かに伝説にすぎない。当時のベトナム人民軍は、ソ連製の対空火器、最先端のミサイル、戦闘機、そして強力な戦車部隊を持っていた。むしろ、人民軍の装備を侮って苦戦したのは、米軍の方だった。しかし、それだけでは、ベトナム戦争の決着はつかなかった。やはり、戦争の最後を決したのは、戦う庶民の存在である。ツルハシとモッコだけで掘り上げた地下村落が、結局、人々の命を守るだけでなく、その抗戦意欲を保持し高めた。ベトナム戦争を反共の戦いとしてしか見ることができず、すべての人民を共産主義に苦しめられている

写真30

人々としか見ない認識がアメリカを敗北させた。同じ過ちが現在も西アジアで続いている。

ベトナム戦争の記憶は、惨禍の激しかったフエでさえ、もはや遠いかなたにある。ハノイやホーチミン市ではむしろ忘却したがっているかに思える。しかし、クアンチをDMZの記憶以上に語ることは難しい。確かにドンハーの東海岸にはリゾートができた。ドンハーの基地は工業区に生まれかわった。しかし、インターネットでドンハーやクアンチを引くと、そこに現出するのは、ほかの町のように、新設工業区への誘いではなく、ひたすら戦争の記憶であり、戦跡ツアーの誘いである。クアンチは戦争を忘れていないし、現に枯葉剤被害児童が戦争を告発し続けている。アメリカがその戦争を無理に忘却した以上、ベトナムは戦争を忘れてはならない。そして「ベトナムの戦争」の中心にあるのが、ハノイでもホーチミン市でもなく、このDMZだ。

クアンビンの昔と今

ドンホイ

フエの宮殿の名物、顕臨閣の銅鼎の第三鼎「毅鼎」に廣平関という浮彫が刻まれている（**写真31 銅鼎の廣平関**）。クアンビン、つまり現在のクアンビン省省都ドンホイにあった関城だ。ブッシュに覆われたヴィンリン地区の沿岸台地を抜けると狭い海岸平野に出る。砂丘の裾に沿って、砂丘下の沼地を結んだキエンザン川が北流する。チュオンソン山脈はこのあたり、大きく突き出している。長く狭い平野が尽きるあたりにドンホイの町がある。ド

写真31

写真32

ンホイは北緯一七度二〇分、DMZの北側二〇キロ、DMZに面した最初の都市だ。集中的な北爆を受けたことでも知られる（**写真32ドンホイ要塞の門。二〇〇四年。**）

キエンザン川とロンダイ川が合流し、砂丘を突き破って南シナ海に流入する。日麗《ニャットレ》海口と言い、林邑時代にはチャンパの港だったようだ。西のクアンビン山地の奥深く、フォンニャの洞窟の中からチャンパの遺物が出土している。チャンパはチュオンソン山脈の富が運び出せる河川の南シナ海への出口にくまなく港市を作り上げたが、山地に最も近いニャットレ海口もその一つだろう。この地域にベト人の領土となったのは、一四世紀初めくらいのことらしい。

南北を分けるホアインソン

ドンホイの北一二キロほど、ドンホイの平野の端にザン川が山地から東に流れて入海する。このあたり、砂丘が崩れて潟が広がる。ザン川の北はかつて横山《ホアインソン》と呼ばれた。小さいけれど、屏風のような山列が東西に立ちふさがり、北のハティン省と南のクアンビン省を分けた。今は国道一二号が北岸を東西に走って、山地と海を結んでいる。このザン川、かつては霊江《リンザン》と呼ばれ、前述の阮《グエン》氏がフエ地方を中心に独立した時、この地がハノイの鄭《チン》政権と、フエ近郊の阮《グエン》政権の事実上の国境になった。一七世紀を通じた両政権の戦いは、もっぱら北のホアインソンを取ったり取られたりで明け暮れる。言ってみれば中世のベトナム戦争だ。もっとも外国勢力の直接介入はなかったが。つまり、この地、北緯一八度線近くは二〇〇年にわたって、ベト人の世界を二つに分けていた。その境がクアンビン省一帯だ。

そしてベトナム戦争だ。前述のように、北緯二〇度以南、特に人民軍の前進基地とみなされたクアンビンはB52と沖合の第七艦隊の猛爆撃を受けた。[*22]

しかし、実のところ、クアンビン省の大部分は山だ。峻険な山と海に囲まれ、幅五〜六キロにも満たない海岸平野だけが貧しげに南北に伸びる。なによりもクアンビンへのアプローチはこれまで困難だった。老朽化した国道一号と、統一鉄道しかない時代が長かった。確かに北のホアインソン山地が海に突き出したホンラ港には、近代港が建設され、工業区も準備されている。しかし、いかにも後背地がない。未開発の大山地と砂ばかりの小さな平野だ。クアンビンからの輸出は、二〇〇五年でわずかに三〇〇〇万ドル、ベトナムの全輸出量の一%にも満たない。

クアンビン省は全土で八〇〇〇平方キロしかないが、その中で五〇〇〇平方キロは森だ。農地は一六三五平方キロにも満たない。省人口の九〇%がわずか一〇%の平地に住んでいる。だから、クアンビン省は中部諸省の中でもとりわけ貧しい省だ。クアンビン省内に二つの工業区が建設されているが、いずれもぱっとしない。食品加工、有機肥料、アルミニウム工場と、比較優位がありそうにもない種目が並ぶ。

ただ、時代は変わった。高速国道の第一二A号が開通し、中部ラオスのカムムアン県を通じて、メコン川に出る道ができつつある。二〇〇〇年四月五日、クアンビンのコン川の上流、スアンソンと呼ばれる小さなフェリーの渡し場で大式典が挙行された。ここは国道一五号を使って南下してきたホーチミン高速道路が、一方はクアンビン平野の西側を走る国道一五号に、一方はチュオンソン山脈の中央を抜けてタイグエンの諸都市とつながる国道二〇号と分岐するポイントであり、ホーチミン高速道路の三大起点に指定された地点だ。二〇〇〇年から建設が始められたホーチミン高速道路（国道一五号）は、クアンビンをハティン省、ゲアン省と結び、またタイグエン省の富と結ぶ。

さらに、二〇〇八年五月一八日に、ドンホイの空軍基地を改修したドンホイ空港がオープンした。現在ではハノイから週に三便がある程度だが、クアンビンへのアクセスはここ数年で急に改善されつつある。

クアンビンの有用木材の森林面積は一万四〇〇〇ヘクタールに及ぶ。またクアンビンの山中は世界一のカルスト地形だ。無尽蔵の石灰が眠っている。一二号Aとホーチミン高速道路の開通、またホンラ港の近代化は、山地の財産の切り売りを加速する。のみならず、ラオスの眠れる山地林さえ切り崩さずにはおかないだろう。自然資源の身売りをしないで、経済発展を探る道が懸命に求められている。

秘境フォンニャ・ケバン

現在のところ、ドンホイ新空港に期待されているのは、工業発展ではなく、実はベトナム最大の自然景観地、

＊22　ドンホイ海戦。

一九七二年四月一九日、ドンホイの沖合で、ベトナム戦争中には珍しい海戦があった。一九六四年以来米第七艦隊は好きなように南シナ海を遊弋しては、タインホア、ゲアン、そしてクアンビンの沿岸を艦砲射撃していた。実際、その頃の南シナ海は第七艦隊の海だった。一九七二年は特別な年で、三月三一日、人民軍が初めて戦略単位で南ベトナム領に進撃してきた。ベトナム戦争の様相は一変して、近代戦争になった。既に陸兵の撤退を決めていた米軍は、あわてて全爆撃機を投入してこれを撃退した。クアンチ会戦である。第七艦隊はミサイル巡洋艦オクラホマほか三隻の艦艇が、急遽、進撃の軍事拠点となったドンホイの沖合に派遣され、国道一号に集中的な艦砲射撃を浴びせた。ところが、これまで対米艦船に沈黙していた人民軍空軍が、三機のミグ戦闘機や魚雷艇、さらに最新式の対艦ミサイルで第七艦隊を迎撃したのだ。ミグの二五〇ポンド弾が駆逐艦の五インチ砲台に命中し、艦は火に包まれた。沿岸砲台はオクラホマを砲撃し、小破させた。ミグ一機は対空砲火で撃墜され、魚雷艇は撃墜されたが、これまで無抵抗の敵を蹂躙していただけの第七艦隊に大きな衝撃だった。ベトナム戦争の転回点である。

世界自然遺産のフォンニャ・ケバン国立公園だ。フォンニャ・ケバン公園は、クアンビン省の北西山地、二〇万ヘクタールの石灰岩山地である。もう二〇万ヘクタールがラオス領にまたがっている。

この山地内に現在までに総延長七〇キロに及ぶ約三〇〇の鍾乳洞が発見されている。しかし、このうちの二〇しかまだ調査されていない。フォンニャ地域には、知られるかぎり世界最大級の洞窟や世界最長の地下河川が集中している（**写真33 フォンニャ洞窟の景観。ウイキペディアより**）。

長い地下河川を持つことで有名なフォンニャ洞窟は、ドンホイからホーチミン道路（国道一五号）で北西に二〇キロ、コン川の河岸の断崖に小さく開口している。内部の大広間に無数の鍾乳石が、さまざまな自然の彫像を作り出している。古くから信仰の対象だったようで、古いチャム文字が刻まれているものもある。一九世紀の末の『大南一統志（廣平）』は、次のように形容する。

> 洞窟の口から灯火をかざして、船で進むこと三時間、ようやく川の源につく。その間、石乳が垂れて固まったさまが仏像に、あるいはゆるやかに裾が広がった羽衣に、あるいは花樹に、あるいは真珠が流れるように、その不思議な形はとても言い表せない。

黎《レ》朝の時には、顕霊の神と呼ばれていた。阮朝になってからは、ミンマン帝が妙応の神という名を贈った。一八八五年の京城有事で、フエ宮廷から亡命した反仏の少年皇帝ハムギがラオバオ峠の戦いのあとに、チュオンソン山脈をさまよい、やがてクアンビンの上流地区に一八八八年に逮捕されるまでたてこもったのも、このあたりの山の中の少数民族のムラだった。一九世紀の末、ハムギが逮捕されてから間もないころ、フランス人がこの洞窟が世界最大級のものであることを発見した。二〇世紀に至ってから、他の鍾乳洞が次々と紹介された。ベトナム戦争中は、人民軍が空爆を避けて物資を貯蔵し、また防空壕がわりに使われたこともあった。

一九九二年、英越合同チームが、フォンニャ洞窟の七七二九メートル、ヴォム洞窟の一万三六九〇メートルを踏査した。

このカルスト洞窟群の上に、年間二〇〇〇から二五〇〇ミリの雨が降り注ぐ。年平均湿度は八四％、気温は最低で四度、最高は四一度、年平均では一八度にもなる。奇岩の上に生物の天国が生まれる。フォンニャ・ケバン地区の九六％が常緑広葉の森林で、その九二％が自然林だ。自然林の総面積は、一一万ヘクタールに及ぶ。しかも、森林は、海抜八〇〇メートルから二〇〇〇メートルにわたって分布している。いきおい、多様な植生を持っている。

一九九九年、露越合同チームが隣接するケバン地区の生物学的調査を行ない、七五一種の植物群落からなる多様な世界であるとした。このうち三六種はベトナム政府によって絶滅危惧種に指定されている。その後、ハノイ大学のメンバーが一三二〇種を加えた。動物種も豊富で貴重だ。貴重な猿猴類など三六一種の脊椎動物が住み、

写真33

そのうち六六種が絶滅危惧種である。一九九二年にサオラというアフリカのオリックスに似たウシ科のほ乳類がこのあたりで発見されたが、大型獣の新種が発見されるなどということは、世界中で滅多にない。

フォンニャ地域と、自然動物の宝庫ケバンは、二〇〇三年に世界自然遺産に指定された。工業発展の難しいクアンビン省は、まずなによりも国際的観光名所としてのフォンニャ・ケバンに大きな期待を寄せている。これも身売りと言えないことはないが、クアンビンが豊かになるための、まずは第一歩か。

7章　旧第四区（クーボンクー）

マイチャウ
ホアビン
ホアビン省
ハナム省
タイビン省
ヌイドー
クアンホア
ニンビン
ナムディン省
ニンビン省
マー川
タインホア省
タックタイン
タムディエップ
ホー古城
ヴィンロク
ハチュン
ラムソン
バーチエウ神社
チュー川
タインホア
ズントン
ドンソン
ジェンチャウ
ドールオン
ヴィン
ベントゥイ
ギースアン
カー川
ナムダン
ホンリン
ヴークアン
フォンケ
ハティン省
ハティン
ヴークアン国立公園
キーアイン
クアンビン省
ホアインソン
1
15
45
47
7
46
8

ソンラ省
サムヌーア
ヴィエンサイ
ラシ
6
ナーメオ
ルアンパバーン県
フアパン県
ラオス
ポーシサワン
ジャール平原
シェンクアーン県
ゲアン省
ムオンセン
7
サイソムブーン
ボーリカムサイ県
パークサン
タイ
13
ラック
カムムアン県

小デルタのつらなり、ベト人の奥座敷

第四区

ベトナム戦争の象徴のようなクアンビン省を去る。低い峠を越すと、やや広い三つの平野が連続して、北に連なる。チュオンソン山脈の山並みは西に後退して、これまでのように道路左脇にそびえたつ風情は消える。山裾には乾いた平原が続き、大河が流れ、中流には沿岸平野、下流には小さなデルタが広がり、水田が埋める。南からハティン、ゲアン、タインホア三省の平野だ。

一九四六年一二月から一九五四年七月まで、八年にわたってベトナムの抗仏独立戦争が続く。気が遠くなるような長期抵抗だ。フランス軍は、紅河デルタ全域を占領し、一九五四年、撤退まで確保している。抗仏戦争の戦闘の大部分は、紅河デルタから出撃するフランス軍を山地にこもったベトナム軍が迎え撃つという形だ。その典型で、そして長期の戦争の最後になるのがディエンビエンフーだ（10章六二八ページ参照）。

一九四六年末、ベトナム全国は一二の戦区《チエンクー》に分けられ、[*1]主戦場である山地の後方支援を担った。しかし、生産性が高く、人口が多い土地はことごとくフランスの支配下にある。第四区はそのうちの一つで、タインホア、ゲアン、ハティン、クアンビン、クアンチ、トゥアティエン（フエ）の六省からなっていた。現在の北中部《バクチュンボ》にあたる。しかし、戦争の激化にともない、六省の連絡を維持するのが難しく。クアンビン以下の三省は第四区から分区された（クアンビン、クアンチ、トゥアティエン分区）。

終戦までベトミンの解放区、自由区を担ったのが、第四区《クーボン》の北、タインホア、ゲアン、ハティンの三省の山地や平原部である。三省の自由区には、兵器工場や病院が作られ、ベトミン軍の大後方として、またフランス軍に逐われた人々の待避所が作られた。今も紅河デルタの老人たちは、抗戦時代、みんなで一緒に闘った第四区の生活を懐かしむ。第四区は抗仏戦争勝利の原動力である。だから、ほかの戦区の名前が消え去ったあとでも、この三省を旧第四区《クーボンクー》とする呼び方が残った。

タインホアが紅河デルタの人々の待避地だったのは、抗仏戦争だけではない。かつても、紅河デルタを追われた人々はこの地域に逃げ込むのが常だった。一三世紀、ベトナムにも日本と同じ、元寇があった。紅河デルタがモンゴル軍の侵入に苦しんだとき、宮廷・王族の多くはタインホアに逃避した。一四世紀、明が攻めてきたときも、時の国王、胡《ホー》氏の一族はタインホアに逃げる。一六世紀には、時の黎《レ》朝が権臣の莫《マク》氏に簒奪される事件が起こる。この時も黎朝旧臣はこぞってタインホアにこもって、反莫運動を展開する。いつでもタインホアは、紅河デルタに抵抗する拠点だ。

＊1　第一戦区：カオバンなど中央北部山地。
第二戦区：ソンタイ、ハドン、ナムディンなど紅河デルタ西半。
第三戦区：ハイフォンなど紅河デルタ東半。
第四戦区：タインホア、ハティン、ゲアン、クアンビン、クアンチ、トゥアティエンなど現在の北中部。
第五戦区：クアンナム、クアンガイ、ビンディン、コントゥム、ザライなど中部沿岸とタイグエン山地。
第六戦区：フーイエン、カインホア、ニントゥアン、ビントゥアン、ダクラク、ラムヴィエン（現ラムドン省）ドンナイトゥオン（現ラムドン省）など東南部。
第七戦区：バリア、ビエンホア、トゥーザウモット、タイニン、ザディン、チョロン、サイゴンなどサイゴン北方諸省。
第八戦区：タンアン、ゴーコン、ミートー、サデック、ヴィンロン、チャヴィン、ベンチェなど東部メコンデルタ。
第九戦区：チャウドック、ロンスエンなど西部メコンデルタ。
第一〇戦区：ラオカイ、ハザン、イエンバイなど西方北部山地と中流地域。
第一一戦区：ハノイ。
第一二戦区：ランソン、バックザン、バックニン、ハイニン、クアンイエン（現クアンニン省）、ホンガイなど東北部山地。

ホアインソン山脈

いつの時代にも三省が紅河デルタへの抵抗拠点になりえたのは、なによりもこの地域が、紅河デルタでもなく、中部沿岸でもない独立的な地域だったからだ。ハティン省とクアンビン省の間、北緯一七度五八分あたりに横たわる東西の小山脈を横山《ホアインソン》と呼ぶ。ホアインソンは最高峰でも六三〇メートルの低い山波だが、西の山脈から東の海岸ぎりぎりまで張り出して南北を画然と分けている。古来、ベトナムの主要民族キン人の世界と、中部に割拠するチャム人の世界とを分ける民族的文化的境界と思われていた。一九世紀には山中に林邑《チャンパ》の古城があったと『大南一統志』は伝えている。東南アジア的には、ホアインソン山脈はキン人の世界とチャム人の世界の境界だが、世界大的にはインド的文明と中国的文明の境界線だ。

小さな山塊だが、この山を挟んだ南北の気象は異なる。夏はより暑く、冬はより寒い。たとえば二〇〇六年の一月の平均気候はフエよりも一・六度低い一八・三度、六月は〇・九度高い三〇・三度である。そこへもってきて有名なラオス風《ソーラオ》がある。ラオス風とは日本で言うフェーン現象で、夏季に東南アジアに吹くインド洋起源の南西モンスーンが、東北タイやラオスの平原を通過する際に多くの水分を失い、乾いた熱風となってチュオンソン山脈の東斜面を駆け下る。六月頃に数多く発生して、耐え難い暑さだけでなく、ほばらみ期の稲を枯死させる。六月の暑さでは、ヴィンはしばしばベトナム一を記録する。

雨量ではもっと違う。前述のようにフエやダナンでは、八月〜一月の冬期に大量の雨が降る。ところがゲアンでは紅河デルタと同じく五月から一〇月までが雨季だ。雨量の総量も少ない。フエが二五〇〇ミリ近いのに、ゲアンでは一九五〇ミリ程度だ。ホアインソン山脈は、文化や歴史を分割するだけでなく、中部型の気候と北部型の気候を分別する山だ。

ハティン省、ゲアン省、タインホア省の西は高原と山脈だ。ゲアン省では山地の入り口ドールオンから、ラオス国境の町ムオンセンまで、一〇〇〇メートル級の山並みに挟まれた渓谷の道が西に一六四キロも続く。ラオスと三省の間には、一五〇〇から二〇〇〇メートル級の山々がそそり立つ。最高峰はゲアン省で二四五二メートルにもなる。白い石灰岩の上に熱帯林が被さる。

旧第四区《クーボンクー》の最北、タインホア省と紅河デルタ南のニンビン省の間、ほぼ北緯二〇度線に沿って、やはり低い石灰質の北タインホア丘陵が東西につらなる。紅河デルタ最南のニンビン市から国道一号を一三キロ水田の中を南下する。平地の町タムディエップから、急に道がもりあがり、大地の縁を走ったり、急に切り通しの中を抜けたりする。周囲は畑地と植林でおおわれる。山地が尽きるところ、東側の崖の中腹に、大きな神社が見える。伝説上の反中国蜂起の英雄、タインホアの女性婆趙《バーチエウ》*2を祀る。

もっとも、現在の快適な国道一号はあっというまに通過してしまう程度だし、ムラムラの景観も、紅河デルタと大きな差がない。しかし、中国がベトナムを支配した時代、漢代には紅河デルタを交趾郡と言い、この峠を越えてからは九真郡と呼んだ。唐代では紅河デルタを交州と呼び、この峠の南を愛州、さらにゲアンあたりを驩州としている。古代の中国人は紅河デルタと違う世界として南のタインホア、ゲアン、ハティンを考えた。この伝統は長く、ベトナム中世でも紅河デルタ全体は四鎮としてまとめたのに、タインホア以南は、紅河デルタの世界とは別な世界とした。

小デルタ

南をホアインソン山脈、北を北タインホア丘陵、西をチュオンソン山脈に、東を南シナ海に囲まれた三省の地

*2　バーチエウ。三世紀の頃、中国の呉の支配に抵抗したタインホアの女傑と伝えられる。ハノイはじめ各都市に、この名を記念したバーチエウ通りがある。

形は大きく高原と扇状地・デルタに分かれる。つまり森林牧畜空間と水田空間だ。水田空間の中心は、マー川、カー川が作るデルタだ。マー川はラオス・ベトナム国境を水源とし、チュオンソン山脈の裾平原を抜けて、タインホア市の東に小さなタインホア・デルタを作る。カー川はゲアン省東端のドールオンから東に流れ、ゲアン・デルタを作る。

人口が大きい。タインホアは三四一万人、ゲアンは二九二万で旧ハノイ（二〇〇五年で三一三万。ただしハノイは二〇〇八年八月、ハタイ省の一部などを吸収して面積で二倍、人口で一・五倍になった）とほぼ等しく、特別都市であるハノイ、ホーチミン市を除けば、ぶっちぎりの第一位、第二位の省である。小さなハティン省でも一二三万もある。ベトナム総人口の一割を三省で占めていることになる。つまり、三省は紅河デルタ、メコンデルタに並ぶベトナムの第三極なのだ。

三省の独立性を担保するのは、食料生産基地としての意味だ。水田面積は、全面積の一八％強しかない。それでもその水田面積だけで六一万二〇〇〇ヘクタール、紅河デルタの水田面積が七六万ヘクタールだから遜色ない。その生産性も紅河デルタ並みに高い。紅河デルタが年平均ヘクタール籾五・九トン（二〇一〇年）だが、タインホアでは五・四七トンとれる。ただ後述のようにハティンはやや悪い。二〇一〇年、タインホアの穀物生産は、一四〇万トン、ゲアンは八四万トン、紅河デルタ最大のタイビン省が一一〇万トンであるのを考えると、図抜けた生産だ。ハティン省以南の中部各省が二〇万トン台で、一人あたり生産量は二〇〇キロ台で低迷しているのとは格が違う。デルタだけで見れば、旧第四区《クーボンクー》の三省は、小さめの紅河デルタが並んでいるようだ。ただし、その生産性も人口に食われて、大規模な省外輸出ができるわけではない。

工業発展は南隣の中部諸省に引きずられてまだまだだ。工業総生産では紅河デルタに隣接するタインホア省でこそ二〇兆二一六〇億ドン（二〇一〇年）で、まあまあ紅河デルタの二流の省なみだが、人口面積とも最も大きなゲアン省でも一〇兆五五六〇億ドン、小さなハティン省ではわずかに三兆八四〇〇億ドンと中部諸省の中でも低い水準にある。

ドイモイ経済以後、工業化では大きく差をつけられた。だから、労働力のほとんどは農村に集中している。三省人口の九〇％近くが、農村に居住している。これは紅河デルタはもとより、全国平均で見ても異常に高い。農業の生産性がどんなに高くても、それがＧＤＰを劇的に引き上げるのは難しい。農業条件は紅河デルタ、工業レベルは中部諸省である。だからその貧しさは工業化以前の紅河デルタに近い。まずこれが旧第四区三省の地域性だ。

ハティン省

ファン・ディン・フン

ハティン省は小さな省だ。約六〇万ヘクタール、ゲアンの三分の一しかない[*3]。だから、一九七六年から一九九一年までゲアン省と一緒になってゲティン省と呼ばれていた。もっとも、ゲアンの風俗はややあらっぽく、噂ではハティン人はゲアン人と同じ省になることをいやがっていたという。

ハティン省はこぶりだが、中部諸省と違って平野部分が大きい。ガンサウ川が河口に小さなデルタを作るとともに、海岸平野が発達している。省内の六割は平地だ。水田面積も一一万ヘクタールもあり、紅河デルタの米どころの省と同じくらいだ。だから一二〇万と平地の人口が多い。三省がミニ北部だとすれば、ハティン省はミニ三省だ。平野があって人口が多く、しかし農業しかない省のイメージが強い。その肝心の農業生産もハティン省

＊3　もともとは乂安《ゲアン》鎮の一部だったが、明命一二年に河静《ハティン》省として別置された。一九七六年はじめに、ゲアン省とハティン省を統合してハティン省が設置された。しかし、一九九一年に再び、ゲアン省とハティン省に分かれた。

はやや落ちるのだ。タインホアの三分の一、ゲアンの半分の四一万四〇〇〇トン（二〇一〇年）しかとれない。生産性もタインホアの五・四トンにくらべ四・二トン弱と中部沿岸諸省の中で最低で、米に不適なタイグエン諸省と同レベルだ。

しかもハティン省はお隣のゲアン省のように、有名な政治家を輩出しているわけではない。しかし、ハティン省はベトナムの歴史の中で燦然と輝く二人の人物を生み出した。

ファン・ディン・フンは、現在、ハノイで並木の美しい瀟洒な街路の名前として知られるが、もともとは一八八五年、フランスの中部北部侵略に抗して、抵抗を続けた民族英雄だ。ファン・ディン・フンは、一九世紀のはじめ、ガンサウ川の上流、山地の中の峡谷フォンケ県に生まれる。若い時から大秀才で、科挙に及第し、フエ朝廷に仕えるが、嗣徳《トゥードゥック》皇帝の没後、嗣位をめぐる内紛に巻き込まれ、故郷に隠遁する。そこにハムギの勤王の詔勅の写しが届いた（6章三三三ページ参照）。ファン・ディン・フンは故郷の同志を率いてフォンケ山中にこもり、平地におりては、フランス側についた官僚や軍を攻撃した。フォンケの根拠地はたびたびのフランス軍の掃滅作戦にも持ちこたえた。一九九五年、ファン・ディン・フンは山中で病没し、抵抗が終わった。

多くの反仏英雄の中で、ファン・ディン・フンは特別だ。大学者で、高官となり、にもかかわらず富も名誉も打ち捨てて、反仏ゲリラの首魁になる。死ぬまで抵抗をやめない。ベトナム人がいかにも好きでたまらなくなる人物だ。

グエン・ズー

ハノイの東、観光客が集中する下町、オールドタウンを南に下る。低湿地が拡がる。湿地の真ん中は統一公園という緑地になる。このあたり北にティエンクアン湖、南にバイマウ湖が拡がる。この低湿地とオールドタウンの微高地の境に、グエンズーという通りがある。八〇年代、このグエンズー通り四九番に日本大使公邸があり、古いベトナム関係の日本人には忘れられない通りだ。[4]

阮攸《グエンズー》は長編詩『キムヴァンキエウ』を生んだベトナム最大の詩人の名前だ。グエン・ズーの本籍はハティン省ギースアン県ティエンディエンムラだ。[5] 一七六五年の生まれだという。父は当時のハノイを牛耳っていた鄭《チン》氏政権の高官（参従）で、有名な歴史家でもあった。一門ことごとく学者か高級官吏であった。グエン・ズーもまた一九歳のとき、科挙の登龍門である秀才の学位を取り、いよいよ上級試験を受けようとしていた。ところがそこにタイソン（西山）のグエン・フエ（阮恵）が、一七八六年、ハノイを落とし、時の政権を握っていた鄭《チン》氏は自殺し、黎《レ》朝の皇帝ははるかに中国に亡命した。ハノイで高級官吏の道を夢見ていたグエン・ズーの将来が閉ざされた。若きグエン・ズーは郷里のハティン省に戻り、詩作と画筆に興ずる隠遁生活に入った。

ザーロン（嘉隆）帝による国土統一後、グエン・ズーはフエに召し出され、中国への使節や中央・地方の高官に任ぜられたりして、高級エリート官僚に戻った。一八二〇年、五七歳で病没している。しかし、その生涯を通じて、亡国の朝廷黎朝への思いが捨てきれなかったという。

「キムヴァンキエウ[6]（金雲翹）」

「キムヴァンキエウ（金雲翹）」、三人の主人公の名前を冠した物語、別に主人公の名前をとって翠翹《トゥイキエウ》伝とも言

＊4　矢田部厚彦『ある大使の生活と意見――ハノイにて』一九八四年、読売新聞社。には、「阮攸通り四十九番地」と題された章がある。

＊5　ただし実際に生まれたのは母の実家紅河デルタのバックニン省ドンガン県だという。以下、グエン・ズーに関する記載は主に川本邦衛『ベトナムの詩と歴史』一九六七年、文藝春秋。に拠っている。

図1

う（図1 夕暮の港を眺めるキエウ。Le Xuan Thuy (translated), *Kim Van Kieu* (English Version), Saigon, 1969, p.154）。翠翹《トゥイキエウ》という美人、金重という恋人がありながら、親の孝行のために娼家に身を売る。利用され、いじめにあい、奴隷に落とされ、辛酸を舐め尽くす。ついに英雄徐海将軍の正夫人になり、これまでの人生での恩を返し、恨みに報いる。しかしまた徐海が朝廷に討たれ、キエウは土酋の女に下げ渡される。絶望したキエウは、ついに河に身を投げる。しかし、昔情けをかけた尼に助けられ、やがて昔の恋人金重に再会する。金重は既にキエウの妹の翠雲《トゥイヴァン》と結ばれている。キエウは金重の第二の妻となるが、身体は結ばれることなく、静かな落ち着いた余生を過ごす。

　全編三二五四行、二万二七七八字。ベトナム人の理想の女性はキエウである。多くの演劇や映画の中の女性は、キエウのように生き、キエウのように死ぬ。キムヴァンキエウの詩句を用いた占いがあるという。二〇世紀の大知識人ファム・クイン[*7]は「翠翹《トゥイキエウ》伝のある限り、ベトナム語はあり。ベトナム語が残る限り、ベトナム人は生き続ける」と言ったという。確かに、キムヴァンキエウはベトナム人の骨肉の中にある。

ヴークアン国立公園

　中部の貧しい諸省は今まで見てきたように、最大のねらいを観光に定めている。しかし、ホアインソン山脈の北、小さいハティンには、観光資源がない。ハティン省のホームページの観光の筆頭には、ファン・フイ家の霊廟があげられる。ファン・フイ家は黎朝以来の史官のお家柄で、ベトナム史学会会長であったファン・フイ・レ教授のご先祖だ。確かに自慢にしていい史跡だが、これもお隣のチャムの大建築やフエ王城に比べれば地味すぎる。まじめなお国柄は好感が持てるが、観光名所にはなりにくい。

山地には一九九八年に設置された五五〇平方キロにまたがるヴークアンという国立公園がある。クアンケムな[*8]ど新種の大型ほ乳類が一九九四年頃に発見されたことで有名な自然サンクチュアリだ。一九世紀末に民族英雄ファン・ディン・フンが長期にたてこもってフランス軍を苦しめたくらいの秘境で、アプローチが悪い。これまでは訪れる人も少なかったが、新しいホーチミン道路（国道一五号）がヴークアンを南北に結んだ。海岸諸都市からはもちろん、ハノイからもアクセス可能になった。もっとも、アクセスがよくなれば、秘境ではないが。

外国直接投資

このあまり目玉のないハティン省の売りは土地と労働力だ。少しずつ、外国投資が集まり始めた。外国直接投資総額は、二〇一〇年には累積で八三億七一〇〇万ドル、クアンビン省の二〇〇倍を超えている。たとえば、リラマ Lilama 社とハティン省人民委員会は二〇〇七年一二月二三日、南部のキーアイン県にヴンアン第一火力発電所の起工式を行なった。投資総額一二億五〇〇〇万ドル、出力六〇〇MW×二基の中部ベトナ

＊6　キムヴァンキエウには以下の名訳がある。竹内与之助訳『金雲翹』一九七五年、講談社。
＊7　ファム・クイン（一八九二～一九四五年）。ハノイ生まれの知識人。通訳学校を卒業後、フランス極東学院に勤務する。フランス語、漢文を自由にこなす。一九一七年から『南風』という啓蒙雑誌を編集、発刊し、フランス文明とベトナム文化の共存を訴える。一九三二年からバオダイ政府の文部大臣、人事院総裁を務めるが、一九四五年、ベトミンに捕らえられ、処刑される。
＊8　クアンケム Quang khem は遅速鹿 slow-running deer とか、発見者の名前をとってチンの鹿と呼ばれる。ヴークアン近くのプマット地方で発見された。コペンハーゲン大学のピーター・アルクタンデル博士により、新種と認定された。二〇世紀にほ乳類の新種が発見されるのはきわめて稀である。

ム最大の石炭火力発電所である。二〇一二年送電開始と聞く。貧しく地味なハティンは次代の工業発展地域として始動している。

ゲアン省

木のサカナ

ハティン省の北、小さいホンリン山地を西に迂回してカー川に出る。カー川は水源をラオスに発している。ラオスとゲアンを結ぶ国道七号はカー川沿いに走っている。カー川を越えるとゲアン省だ。ゲアン省は面積一万六三七〇平方キロ、タイグエンのダクラク省、北部山地のライチャウ省に次いで、ベトナム第三位の大省だ。広いだけでない。ダクラク省やライチャウ省は、いわば山地に覆われた「辺境」の大省で、人口が少ない。ところが広いカー川デルタを持つゲアン省の人口は二九一万人（二〇一〇年）、人口過密な紅河デルタの諸省のどこよりも多く、ほとんど旧ハノイに並ぶ。[*9] ゲアン省は人口ではホーチミン、ハノイ、タインホアに次いでベトナム第四位、面積では第三位の省だ。

ゲアン省といえば、普通のベトナム人の印象は、「貧乏」に尽きるだろう。ゲアン省の木魚《カーゴー》といえば、子供でも知っている冗談だ。つまり、ゲアン省は貧乏で魚が食えない。人々は木で作ったまがい物の魚を見ながら食事するという。原典はわからないが、ゲアン人の居る場では、必ずと言っていいくらい、この話が出て、ゲアン人は苦笑して聞き流す。しかし、木魚の話は屈辱だけではない。ゲアン人にとって、その貧しさが心の富を生み出す。ゲアン人は前植民地時代から全国に聞こえた学問省だ。

たとえば、「ゲアンの漢文先生《タイドーゲー》」[*10]は、伝統的教育の中心だった。国朝登科録という阮朝の科挙合格者を記した書があるが、総数五五八人のうち、一四〇人がゲアン・ハティン省出身者だ。まだ教育に金がかからなかった時代、貧しい地域ほど才子を出した。だから、ゲアンの売りは経済でも観光でもない。「人」だ。政治家、学者、企業経営者、知的な業界で活躍しているゲアン人は群を抜いて多い。「人」を輩出したことがゲアンの誇りだ。

ファン・ボイ・チャウ

近代民族主義運動の父ファン・ボイ・チャウ（一八六七〜一九四〇年）は、ゲアン省のナムダン県の貧しい漢文先生の家に生まれている。ナムダン県は省都ヴィンから国道四六号で西に一八キロほど行ったところにあるデルタの西端だ。南でカー川に沿っている。東の低地には水田、山がちの西半には畑が続く。父母の訓育により、幼少より漢文学に秀でたチャウは、一九〇〇年にゲアン省の郷試に合格し、伝統的知識人としての第一歩を踏み出す。この時期、ファン・ディン・フン（前述）らの反抗を鎮圧して、フランスのベトナム支配は安定してきている。フランスの支配は、ベトナムの伝統的文化の破壊だ。チャウは国内での武装蜂起の支援をアジアの盟主を自称して鼻息の荒い新興日本に求める。一九〇五年、日本に亡命する。ここで亡命中の梁啓超ほかアジアの民族主義運動の闘士や、犬養毅ほか日本のアジア主義者の知己を得る。ファン・ボイ・チャウはベトナムの同志に、日本への遊学を勧める。これに応えて、二〇〇人とも言われるベトナムの青年たちが日本に亡命し、同文書院や成城学校に通う。これを東遊《ドンズー》運動と呼ぶ。[*11]

＊9　二〇〇八年八月一日より、中央直轄市タインフォ・ハノイに新たにハタイ省が加わり大ハノイが形成された。ここで言う旧ハノイはそれ以前のタインフォ・ハノイである。二〇〇七年には人口三二八万九三〇〇人、面積九二一・八平方キロである。

＊10　戦前、北中部ベトナムの村にはたくさんの無料の私塾があって、漢文や国語、算数を教えていた。私塾の教師は漢文に長じた村の老人たちである。フランス式教育をうけられる少数のエリート子弟を除いて、私塾はベトナムの民間教育を担っていた。

写真1

写真2

しかし、この運動は結局、フランス政府と日本政府の協議によって弾圧され、[*12]ファン・ボイ・チャウは国外追放を命じられ、シャムに再亡命する。以後、一九二五年、上海租界でフランスに逮捕されるまで、ファン・ボイ・チャウは、さまざまな抗仏組織を組織し、また多くの愛国文章を書いては青年たちを鼓舞し続けた。一九四〇年、一五年にわたるフエでの幽閉ののち、ファン・ボイ・チャウは、日本軍のベトナム進駐の軍靴が聞こえるとき死去する。ファン・ボイ・チャウは、伝統的な勤王攘夷主義と近代民族運動を結ぶ世代だ。

ホー・チ・ミン[*13]の故郷

ナムダン県は、ベトナム最大のスター、ホー・チ・ミン（一八九〇〜一九六九年）の故郷でもある。ホー・チ・ミンは、一八九〇年ごろナムダン県に生まれた。ファン・ボイ・チャウの一世代あとだ。ホー・チ・ミンが育った家はキムリエン村にそのまま保存されている。土をたたいただけの土間、板壁、藁葺きの二軒の家が並ぶ。貧しい農家の子、それも漢文先生の家の子はホー・チ・ミンの一つの売りだ（**写真1 ホー・チ・ミンの生家、現在は公園風に整備されている。二〇〇〇年**）。

伝説的な放浪の末、ホー・チ・ミンはパリに現れる。極貧の日雇い生活を繰り返しながら、ホー・チ・ミンはパリで、最初の民族運動を展開する。一九一九年、第一次大戦の講和会議がヴェルサイユで開かれるが、このときホー・

チ・ミンは、阮《グエン》「愛国《アイクオック》」という新しい名前で、ヴェルサイユ会議にフランスの植民地支配の改善を請願している。若きホー・チ・ミンはまだまだ穏健な民族主義者だった。

共産主義者ホー・チ・ミン

貧困とフランスの無理解がホー・チ・ミンを育て上げる。この地で、ヨーロッパの社会主義にふれる。ホー・チ・ミンはフランス社会党に入党し、やがて革命の聖地モスクワに渡り、国際共産主義運動《コミンテルン》の幹部になる（**写真2フランス社会党大会でのホー・チ・ミン**）。

ホー・チ・ミンは二つの顔を持つ政治家だ。一つはモスクワを中心に世界革命、中でもアジアの革命運動をリードする国際政治家だ。もう一つは農村の小道を歩く杖とあごひげがよく似合う、いかにもベトナムの賢人だ。ベトナムの伝統的な知識人が、同時に国際舞台で活躍できる。その格好の良さがベトナム人には堪らない。

一九二五年、ホー・チ・ミンはアジア革命運動の中心、国共合作[*14]下の広東に派遣される。広東にはすごい学校があった。黄埔軍官学校という士官学校だ。校長に蔣介石、政治部副主任に周恩来を迎えた。林彪、彭徳懐もこの学校の出身だ。二〇世紀東アジアはこの学校から生まれていると言ってもいいぐらいだ。そしてホー・チ・ミ

＊11　東、つまり日本に遊学するという意。現在、ホーチミン市フーニュアンにあるドンズー日本語学校は、この運動から校名をとっている。
＊12　一九〇九年一月、フランス政府は日本政府に在日ベトナム民族主義者の引き渡しを迫ったという。
＊13　ホー・チ・ミンには多くの評伝があるが、現代のベトナムにおけるホー・チ・ミン思想の意味を中心軸にホー・チ・ミン伝を紹介したのは古田元夫『ホー・チ・ミン――民族解放とドイモイ』一九九六年、岩波書店。
＊14　一九二四年から一九二七年、また一九三七年から一九四五年間、中国国民党と中国共産党は協力関係を持った。これを第一次国共合作、第二次国共合作と言う。

ンはこの政治部の教官になる。この地で彼は初めてファン・ボイ・チャウにつながるベトナム革命運動前線と接触する。その名を心心社《タムタムサー》と言う。そのメンバーも多くが中国に亡命してきたゲアンの青年たちだ。

ホー・チ・ミンはここでベトナム青年《タインニエン》革命会を組織する。「タインニエン（青年）」はベトナム革命と世界革命を結びつけた最初の組織だ。タインニエンは、その後、三つの共産主義組織に分派するが、一九三〇年、コミンテルンの指示を受けたホー・チ・ミンは各派の代表を香港に集めて、新たにベトナム共産党を創立する。その後、インドシナ共産党、ベトナム労働党と名前は変わるが、現在のベトナム共産党の始まりだ。

しかし、肝心のホー・チ・ミンは、民族主義的偏向と批判されて、党を掌握することができず、翌年、香港警察に逮捕され、その消息を消す。実際のホー・チ・ミンは、リンという仮名でモスクワに失意の身を置いている。

ホー主席

ホー・チ・ミンの復権は、一九四一年、反帝闘争の指導者としてコミンテルンから、中越国境地帯に派遣されてからだ。当時、フランスの弾圧により、共産党中央は事実上壊滅し、チュオン・チン（一九〇七〜八八年）[*15]など、戦後の革命運動の指導者たちは、みな途方に暮れているときだった。三〇年ぶりに故国に帰ったホー・チ・ミンは中央委員会を招集し、以後、一三年にわたってベトナムの武装反帝闘争を担いきるベトナム独立同盟会《ベトミン》を組織する。

一九四五年八月一五日、日本の降伏によりベトナム八月革命が始まる。ホー・チ・ミンはハノイに入城し、九月二日、ハノイのバディン広場で歴史的な独立宣言を読み上げる。ホー・チ・ミンは独立ベトナム（ベトナム民主共和国）の国家主席《チューティック》（大統領）になった。

一九四六年、フランス軍の再侵攻とともに、ホー・チ・ミンは再び山地にこもり、ベトナム全土徹底抗戦を指導する。一九五四年、フランス軍の撤退とともに、ホー・チ・ミンはハノイに再入城し、ベトナム民主共和国の主席になる。とはいっても、一九四五年以後のホー・チ・ミンは直接の指導には関与しない。ホー・チ・ミンの本領は、ベトナム人民への語りだ。新聞やラジオに乗って流れ、人々を魅了する。一九四五年の独立宣言、一九四六年の抗仏宣言、そして一九六六年の抗米宣言は、いずれもベトナム文として最高の語りだ。

一九六九年九月二日、ホー・チ・ミンは七九歳[*16]で死去する。ホー・チ・ミンは共産党の領袖というよりは、死ぬまではベトナム国家の主席であり、民族の指導者だった。それから二〇年、市場経済の中を漂うベトナム社会主義とその民衆は、いまなおホー・チ・ミンの人格と思想を追慕し続けている。

ヴィン――最も変遷の激しい町

確かにヴィンは、今は、かなりすさんだ感じのするサービス業者の多い町だが、歴史の古い、そしてベトナムの中では最も変遷の激しい町だ。

もともと、ヴィンはカー川のほとりに一八〇四年に建設された要塞都市だ。同慶御覧地輿誌図の中には、みごとな五角形を持ったヴォーバン式城郭が描かれている。もともとは土城だったが、一八三一年に石城に改築された。これもフランスによって破壊された。要塞都市ゲアンの東南に、市場が生まれ、華僑が住み着いた。俗に

＊15　チュオン・チンはナムディン省生まれ、一九四一年からホー・チ・ミンのもとで共産党書記長になり、以後、文化・理論面の指導者として活躍する。一九五六年の土地改革で失敗し、書記長を解任される。八〇年代に入り、党の経済運営を批判し、ドイモイ政策の一つの淵源を作り上げる。一九八六年、レ・ズアンの死去にともない、党書記長に再任し、同年末の第六回党大会でドイモイ宣言をする。ベトナム政治史の要にいつづけた政治家である。

＊16　公式では一八九〇年生まれだが、別に九一年、九二年生まれなどの諸説がある。

写真3

永市《チョヴィン》と言ったらしい。これがヴィンの名前の起こりで、フランス時代はもっぱらこの名前で呼ばれた（写真3ヴィン市郊外に残る阮朝時代の城門。一九八六年）。
フランスはラオスの出口として、また紅河デルタに次ぐ人口集中地区の中心としてヴィンに注目し、ヴィンを南北縦貫道路、国道一号の最も重要なターミナルとして育てた。ヴィンを起点としてルアンパバーンを海につなぐ植民地道路第七号、ヴィエンチャンと結ぶ第八号が引かれた。ヴィンはベトナム全土からラオス、東北タイを結ぶターミナルであり、南シナ海に結ぶ集約点でもある。
また紅河デルタに次ぐ余剰労働力と背後の森林を利用して、はやくも一九〇三年には港のあるベントゥイ区にマッチ工場が建設された。特に第一次大戦後、ヴィンはその豊富な労働力を期待され、製材工場、鉄道車両工場、発電所、酒造工場などが造られた。一九三〇年までにゲティン省の労働者数は五〇〇〇を超えたという。いきおい、ヴィンはサイゴンと並んで労働運動のさかんな地になる。

ゲティン・ソヴィエト

一九三〇年、仏領インドシナ政庁を揺るがせたゲティン・ソヴィエト事件は、ゲティンつまりゲアン省とハティン省に生まれた反植民地運動だ。前述のように一九三〇年二月、香港で三つの共産主義組織が統一され、インドシナ共産党が生まれた。当時のインドシナ共産党の組織基盤は、なによりも労働運動にある。ヴィンは新生共産党の有力拠点だ。一九三〇年末、ゲティン支部の党員数は一一七二人、中部党員数の八九％を占めた。連携組織として赤色農会《ノンホイドー》や赤色工会《コンホイドー》が作られた。特に農民の文化度の高いゲティンの農会は四万四六七人を集め、全国

図2

農会の九六%にあたったという。

一九三〇年の国際労働デー、五月一日、党は、フランス当局に八時間労働の遵守、給与の増額、ソ連邦の擁護を訴える示威行進を組織した。ゲアン省の各県でも農民たちが土地や減税を求めてデモした。フランス当局はこのデモを軍隊を使って弾圧した。六名の死者が出た。この時点に、ベトナム最初の共産党指導の革命運動が始動した。各地で抗議のデモやストライキが一気に広がり、これを弾圧する軍警察と闘った。インドシナ空軍が農民のデモ隊列を爆撃することさえあった。秋頃までには多くの農村から危険を感じた村役人や地主が逃げ出し、七県、六三一村で防衛組織を持った農民の自治が広まった。共産党はこれをソヴィエト[*17]と評価した。「ソヴィエト」の内部では、税の不払い、公田の分配、小作料の減免がなされた。

しかし、一九三一年に入るとフランスは各地の軍隊を、ゲアン省に移動させ、本格的な弾圧を展開した。多くの参加者を逮捕され、ゲティン・ソヴィエトは一九三二年はじめに壊滅した。ゲティン・ソヴィエトは、東南アジア最初の解放区闘争であり、ベトナム革命の魁《さきがけ》だ（**図2 ゲティン・ソヴィエトでの蜂起を描く革命画**）。

ゲアンはファン・ボイ・チャウ、ホー・チ・ミンの故郷、そしてゲティン・ソヴィエトと、ベトナム革命史に燦然と光を放っている。だからといって、ゲアン省が共産党中央にひたすら忠順な省だったわけでもない。一九五七年、行き過ぎた土地改革と人民裁判が、すべての農村を暗い色におとしいれたとき、党中央の方針に反対し

*17　本来はロシア語で評議会を指す。ロシア革命中、労農工の代表による最高の意志決定機関をソヴィエトと称した。ゲティン・ソヴィエトの意味は労働者・農民代表が政治的主導権を確保した自治地区として用いられる（一九三〇年一〇月工農兵新聞《バオコンノンビン》第三号からの引用）。

て一揆を起こしたのはゲアン省の農民たちであり、これが契機になってチュオン・チン書記長は罷免され、過激な土地改革は全面的修正を迫られた。ゲアン人の本質はその独立不羈の魂にある（**写真4 有名な撃墜された爆撃機の米兵を少女民兵が連行する写真は、現ハティン省のフォンケ県で撮影されたもの**）。

北爆

土地革命期の混乱を乗り越え、ようやく復興に乗り出そうとしたゲアン省を襲ったのは、北爆の嵐である。一九六四年八月以来、ゲアン省は他の二省とともに間断のない米軍機の爆撃にさらされる。学校も病院も工場も破壊され、ヴィンほか、沿岸都市はことごとく瓦礫に帰した。

北爆の被害はＤＭＺに隣接する三省とクアンビン省が最もひどい。一九六四年から一九六八年までの四年間にベントゥイ工業地帯は二九一二波の空襲を受けた。一日平均二波、一万一三七七発の爆弾が落とされた。四年間で一人あたりの労働者が一〇〇発の爆弾を被ったことになる。[*18] 空爆による死者はゲアン・ハティンで二万六五二三人、破壊された家屋は二二万五一六九軒、三七四の学校、六八の病院、五四一の医療設備が壊滅した。普通は景気のいい自慢話しか記さない地方史『ゲティン――昨日と今日』[*19] でさえ、「この三〇年（一九四五～七五年）、ゲティンには都市はなく、順調に発展する工業はなにもなかったと言える」としている。

写真4

復興

ベトナム戦争後、ベトナム政府は北爆で破壊された町の復興のために、ヴィンを工業化重点地域とした。鉄道駅が修復され、新港が作られ、機械工場、木工工場、肥料工場などが建設された。私はドイモイ直前の一九八六年にヴィンを訪問しているが、ソ連人の技術者を多く見かけた。それなりに活気のある町だったように記憶する（**写真5 ドイモイ前のゲアン工業団地。一九八六年**）。

しかし、折からの経済危機のために十分な再建がなされないまま、ドイモイを迎えた。一九九〇年代には、これまで政府主導での発展に頼っていたヴィンには外国投資は少なく、ほとんど取り残されたような町になっていた。たとえば第一次ベトナム投資ブームの始まった一九九三年、ゲティンへの外国直接投資額（登録は）三五五〇万ドル。全国の〇・四三％、ハノイ投資の五分の一、ホーチミン市の一〇分の一でしかない。中部沿岸諸都市に比べればましなものの、かつての工業都市の面影はない。九〇年代末に再訪したヴィンは、カフェとカラオケだけが目立つ、なんとも活気のない町だった。ヴィンはハノイの官僚エリートたちが出張と称して歓楽する町だという噂まで聞いた。

写真5

そして二〇〇〇年代の第二次ベトナム投資ブームでも基本的な状況は変わらない。二〇〇九年の工業生産は一〇兆五七〇億ドン。ハノイの二〇分の一であるのはやむをえないとしても、北隣のタインホア省に比べても半分にすぎない。ゲアン省のドイモイ以来二〇一〇年までの累積外国投資額（登録）は一四億九四〇〇万ドル、タインホア省の五分の一にすぎない。小さな省ではない。人口

＊18　ベトナム戦争中、六万四九七七波の空爆、一〇〇万発の爆弾、何十万発のロケット砲弾とミサイル弾がゲアン、ハティン二省を襲った。そのほかに、二一万八一七一発の艦砲射撃が撃ちこまれた。ゲアン・ハティン二省の被爆面積は一万一二九〇ヘクタールに及んだ。

＊19　Phan Huy Lê chủ biên, *Nghệ Tĩnh: Hôm qua và hôm nay*, Sự thật, 1986, p. 196.

三〇〇万近い大省だ。ハノイとホーチミンを除けば人口では第二位の省だ。だからゲアンはあせっている。現在、ＯＤＡに頼って、上水、電力などのインフラ整備が必死に整備されだした段階で、まずは木工、食品加工など地場の軽工業を集めたヴィン市のバックヴィンなどの工業区の建設が急がれている。

ゲアン山地

かつてゲアンが南シナ海交易の中心だったことがある。世界交易が発展した唐代、東南アジアに向けての中国の玄関は南中国の広州付近だった。広州から船出した船はまず広州湾沿いに西に進み、このあたりに発達した多島海の中をたゆたいながら、現在の大観光地ハロン湾に近いヴァンハイ群島あたりに着く。ここから小舟に乗り換えて、紅河デルタに入っていく。これはフランス領時代になってからも、また現代でも同じで、紅河デルタの入り口は、やはりはるかに西北のハロン湾か、せいぜいハイフォンだ。紅河本流は良港に適《む》かない。

南に下る船は紅河デルタ下流の低湿地を避けて、南下を続け、ゲアン省の中心ヴィン市の北、二八キロのジェンチャウ方面に向かった。ジェンチャウは「演州」と書く。今はフーコック島と並ぶヌオックマムの名産地で、町中にヌオックマムの香りが漂う。木造漁船の製造もさかんで中国に輸出している。

かつては南シナ海の要港だった。唐代に東南アジアの旅行指南書がある。今は『新唐書』の地理志に納められている。演州に上陸した唐人の旅人は、現在の国道七号、カー川沿いに西進してチュオンソン山脈を霧温嶺《むおんれい》というところで越え、メコン川を渡り、クメール人の陸真臘の都があった現在の東北タイのナコーンラーチャーシーマー（コーラート）あたりにたどり着くコースが記されている。[*20]

フランス植民地時代、国道七・八号は革命の道でもある。海から海外への道を奪われた青年たちは、この道をさかのぼってラオスに向かい、さらに東北タイに移住した。さらに夢を求める青年たちは、バンコクに下り、ここから中国に移った。一九二五年にホー・チ・ミンが広東で会った青年たちは、こうして中国に漂着した青年たちだった。ゲアン省は自由な海を奪われたベトナムの青年たちにとって、外の世界に開かれた変則的な玄関だった。

現在でも国道七号の起点はジェンチャウである。ジェンチャウから国道七号はまっすぐ西に進み、ラオスのシエンクアーンを経由して、旧都ルアンパバーンに至る。省都ヴィンからはいったん西進して、国道四六号を進み、デルタの尽きたドールオンの町で国道七号に乗り、西に進む。ドールオンから道は緩やかな傾斜を上っていく（**写真6 ゲアン山地の森林地帯を行く。二〇〇〇年**）。乾いた平原に牛が放牧されている。ところどころに石灰岩の残丘がころがる。石灰の丘が次第に寄り添い、山塊に入っていく。深い森が出現する。小さな盆地が点在する。高床式の家と草屋根に覆われた集落が多い。ターイ系[*21]の人たちの集落だ。

写真6

ラオスとベトナムを結ぶ道

これまで見てきたように、チュオンソン山脈に沿って、たくさんの少数民族が住んでいる。ゲアン省も面積で見れば、半分近くが非ベト人の世界だ。クアンビン省までの山地少数民族は、大きく南島アジア《オーストロネシア》語系と南アジア《オーストロアジア》語系の人々からなっていた。しかし、ゲアン省からはターイ語系[*22]の人々が増えてくる（**写**

＊20　桜井由躬雄「南海交易ネットワークの成立」『岩波講座東南アジア史1』岩波書店、二〇〇一年、一三六ページ。

＊21　Thái人。東南アジア一般にはタイ系という表記が一般化しているが、北部ベトナムには別にTày人がいるため、ベトナム研究では、Thái人をターイ、Tày人をタイー人と表記することが一般的である。

写真7

真7 ゲアン山地の森で会ったターイ人の少女。二〇〇〇年）。

一九九九年の統計では、ベトナム全土に一三三万八七二五人のターイ人がいるが、うち二六万九四九一人がゲアン省に、二一万九〇八人がタインホア省に居住している。ゲアンのターイ人はターイムオン、ターイチエン、ターイタインなどの小グループに分かれる。移住の時代が違うようだが、その歴史はよくわからない。

盆地の水田耕作や肉牛などの牧畜に従事している。ターイ人たちの水田水利は、谷間の小川をせき止めて盆地平面に誘水する優れた灌漑技術を持つ。

東南アジア大陸のタイ人研究の中では、ベトナムのターイ人は異質である。ベトナムを除くすべての地域のタイ人は一三世紀頃から上座仏教化している。今タイ文化と言えば上座仏教文化と思うのが常識だ。しかし、一三世紀以前にベトナム山地に移住してきたベトナムのターイ人たちは、仏教を知らない。北部やゲアンの山地を走っても、仏教寺院も仏舎利塔《パゴダ》もない。盆地ごとにムアンという小さな首長制の政治集団を作ったが、ほかのタイ人たちのように王国を建設したことはない。だから仏教以前、国家形成以前のタイ人の生活や社会を知るためには、ベトナムのターイ人たちの歴史は欠かせない。私たちはベトナムのターイ人をタイ人の原文化を持つものとして「プロトタイ」と呼んでいる。

東南アジアの歴史では名高いラオスのヴィエンチャン王家のアヌ王[*23]が、一八二七年頃、シャムに敗れてゲアンに亡命した道も、この国道七号だ。この時、現在のラオス北部、シェンクアーン県・フアパン県一帯が鎮寧府《チャンニン》としてゲアン省に編入されたことがある。シェンクアーンのジャール平原がチャンニン平原と呼ばれるのはこのためだ。六〇年代のラオス動乱[*24]のとき、米軍のジャール平原絨毯爆撃を避けてベトナムに避難したラオス人たちは、このルートを逆に下ってゲアン省のドールオンに集まった。一九九五年に、ラオスのシェンクアーン県のターイ人集落を調査したことがある。老人たちからドールオンの疎開地の話をたくさん聞いた。ラオスの人々にとってもゲアンは近い。ゲアンはラオスとベトナムを結ぶ古くて新しい入り口だ。

林業と牧畜

デルタの頂点、ドールオンからラオス国境まで、ゲアンの平原に森が続く。フランス時代、植民地主義が最も注目したのはこのゲアンの林産資源である。二〇世紀のはじめには、はやくも中部森林会社が設立されている。二〇〇五年のゲアンの材木生産量は九万三五〇〇立方メートルで、まだ全国の三％にすぎないが、ゲアンに勝る

＊22　東南アジア大陸の山地、盆地にはたくさんのタイ系の言葉を話す人々が住んでいる。タイ系は大きく東方タイ、中央タイ、西南タイの三つの集団に分かれる。このうち、西南タイはもともと中国の雲南省の南西盆地群に居住する水稲民だったようだが、一〇世紀頃より雲南から大陸東南アジアに派出する大河川に沿って南下し、東南アジア大陸に展開してきた。川筋ごとに方言が発達する。インドのアッサム州山地のアホム人、サルウィン（タンルウィン）沿いにはビルマのシャン人、メコン沿いには雲南の西双版納（シーサンパンナー）のルー人、北タイのユアン人、ラオスのラーオ人、タイのシャム人が有名だが、ベトナムの北部山地には白タイ（ターイチヤン）、黒タイ（ターイデン）、ゲアン、タインホアの山地には、かつてフランス人に赤タイ（タイードー）、プアンなどと呼ばれた人々がいる。

＊23　チャオ・アヌ（一七六七〜一八二八年）。ラオスのヴィエンチャン王。シャム（タイ）からの独立をこころみ、一八二六年挙兵し、東北タイに出撃するが、敗れてベトナムに亡命する。のち帰国したところをシャムに逮捕され、バンコクで一族ともに処刑される。

＊24　ラオス王国は一九五四年に独立を認められたが、パテート・ラーオ（ラオス愛国戦線）が蜂起し、内戦が続いた。一時、プーマ連合政府ができたが、五八年には右派政権ができ、再び内戦が始まった。この時はアメリカ、タイが積極的に介入し、代理戦争に発展した。六〇年、左派、中立派はジャール平原を根拠地としたため、大量の空爆がこの地を襲った。ベトナム戦争の前哨戦である。

省は、北部ではトゥエンクアン、イエンバイなど山中の二省、中部ではクアンナム、クアンガイ、ビンディン、南部ではドンタップとカマウがあるだけだ。どれも森林が卓越し、農地が少ない。したがって人口も少ない。ひとりゲアン省だけに、豊富な労働力と森林が共生している。

しかも、西には東南アジア随一の森林国家ラオスが控えている。もともと国道七号、八号の改修はラオスの材木を海に運ぶことを目的としたという。ジェンチャウでさかんな造船は、ラオスの材木を使ったものだ。家具など木材を用いた工業は、ゲアン省に小さいけれど新しい展望を与えている。ゲアン省の将来はその労働力とラオスに至る広い平原の資源との共生が握っている。もちろん、森林の利用は環境の悪化と同義語である。森林を保護しながら、利用していく、共生の原理と方法が求められている。

デルタに連なる広大な平原はゲアン省にもう一つの展望を与える。ゲアン省の養牛は四三万三〇〇〇頭（全国では六五一万頭。二〇〇六年）、一位のタインホアの一五倍で、堂々の第一位だ。三省ではざっと一〇〇万トン、ベトナムの牛の一五％以上を占める。だから、ゲアンの平原には、ベトナムには珍しい、牛を放牧した牧場が散在している。養豚は一二二万頭（二〇〇九年）で、ハノイについで全国第二位、家禽も上位に並ぶ。ベトナムの食生活はいま肉食の比率が大きく増えている。[*25] 消費市場の急拡大は、牧畜に展望を与える。そして、それが大規模に展開できるのは、広大な平原を持つゲアン省しかない。

タインホア省

マー川デルタ

ゲアン省の北で、紅河デルタの南に連結するタインホア省は、面積では一万一一三六平方キロ、ゲアン省に次いでベトナム第四位の大省だ。人口ではホーチミン市についで第二位、三六八万人（二〇〇六年）で、旧ハノイよりも大きい。

大きな省だが、なにか茫洋として、ゲアンのような強烈な個性がない。この本を書くためにタインホア出身の友人に、タインホアの特色はなにかと訊いた。「山、平原、海がある」と答えが来た。こちらもややむっとして、その三つならベトナムのたいていの省が持っていると問い返した。そのうち、次第に友人の言った意味がわかってきた。タインホアはまさにベトナムの縮図であると言いたかったのだ。そして、なによりも、この小さなタインホアに、ある意味ベトナムの歴史が集中している。

タインホアは中部諸省と同じく、西を一七〇〇メートル級の高山が連なる。大チュオンソン山脈にふさがれる。チュオンソン山脈の分水嶺、ラオス国境から海まで、長いところでは一二〇キロ以上ある。しかし、狭小な海岸平野に切り立った山地の崖が迫るという中部沿岸諸省の景観でも、またゲアン省やハティン省のように、小さなデルタに森とブッシュの平原が続くという景観でもない。

まず東の海岸に沿って、比較的広いタインホアデルタが広がる。デルタはマー川に沿って海岸線より六〇キロも奥まで広がっている。このタインホアデルタの中央、残丘と砂丘列からなる微高地にタインホア市がある。デルタの西、山地に入っても、細い河岸平地がほとんど山際まで続く。省面積の二二％が農地だ。特に水田面積は、二五万四三〇〇ヘクタール（二季計）で、ベトナム第五位、広大なメコンデルタ諸省を除く、北・中部ダントツの一位だ。タインホアはなによりも、紅河・メコン両デルタに次ぐ農業地帯だ。タインホアの人口の多さは、この農地面積に比例している。農業開拓の発展には、もちろん気候や地形が重要だが、居住の歴史の長さが必要だ。

＊25　ベトナム全土の養牛数は二〇〇〇年からの六年間で、二四〇万頭、六〇％増加している。

ドンソン文化

タインホアは考古学遺跡・遺物の宝庫だ。一九九〇年に出版された『タインホアの歴史』[*26]の第一巻は、すべてタインホア考古学の概説からなる。殆どの遺跡はタインホア市の西二キロほどで南北に連なる旧汀線、残丘列に沿って分布する。中でも有名なヌイドー遺跡は、タインホア市の北、約七キロのデルタ平面に屹立した一五八メートルほどの残丘の中にある。一九六〇年、この山の下部から三〇〜四〇万年前とされる前期旧石器群が発見された。また後期新石器ソンヴィー文化[*27]はマー川上流に広がっている。[*28]

東南アジアに顕著な中石器文化をホアビン文化[*29]と呼ぶ。ホアビン文化の諸遺跡もタインホアには広く分布している。ヴィンロク県ダーブット社で発見されたダーブット文化は、ホアビン文化を発展させた後期新石器時代の代表的な文化だ。ダーブット文化では大型の土器が実用化されていた。つまり、タインホアの残丘や汀線は旧石器時代から一貫して人々の居住の場だった。

しかし、なんといってもタインホアはドンソン文化の発見地だ。一九世紀欧州の骨董界で謎の銅器が評判になる。西南中国や東南アジア一帯から次々に発見される銅鼓《ブロンズドラム》と呼ばれる見事な文様とどっしりした重量感を持った青銅の太鼓だ。一九〇二年、ウイーンのF・ヘーゲルが当時見聞できた一六五個の銅鼓をもとに、四形式に分類した。最も古式とされた形式は、分厚い円盤からなる頭部、下方にゆるやかに広がる円筒形の胴部、どっしりと外側に張り出した脚部を持ち、典型的なものでは頭部円盤の中央に太陽紋、円環状に配置された鋸歯紋や飛鳥紋を続らせ、頭部や胴部には高い羽根飾りを頭につけ、マントを被った鳥人《バードマン》[*30]、バードマンが多数乗り込んだ立ち漕ぎの舟《ボートシーン》の図柄を配している。ヘーゲル1型銅鼓と呼ぶ（**写真8 典型的なヘーゲル1型銅鼓**）。ヘーゲル1型銅鼓の分布は、中国領の西雲南から華南一体、東南アジアでは東はイリアンジャヤから西はスマトラ島まで広がっている。分布の中心は北部ベトナム、東北タイ、マレー半島、ジャワ島中部だが、今なお銅鼓の新しい発見が続いている。

タインホア市に近く、昔ドンソン、漢字では東山と呼ばれた県がある（現在の県都はズントン）。タインホア市の中心から北四キロほど、ドンソン県[*31]のマー川の岸辺は昔から古銅器や土器が発見されることで知られていた。一九二四年から一九二八年にかけて、フランスは集中的にこの地の共同墓地遺構を発掘した。墓から多種の青銅器が出土したが、中でも小型のヘーゲル1型銅鼓は目を引いた。銅鼓とともに中国漢代の貨幣、銅剣、鏡、壺が出土し、初めてヘーゲル1型銅鼓の年代が確定された。現在に至る多くの調査から、ヘーゲル1型銅鼓とこれに付随する一連の青銅器群によって代表される文化は、このタインホアの地

写真8

＊26　Ban nghiên cứu biên soạn lịch sử Thanh Hóa, *Lịch Sử Thanh Hóa*, tập 1, Khoa Học Xã Hội, 1990.

＊27　北部ベトナムからタインホアにかけて出土する打製礫器中心の文化。ホアビン文化に先行する。一九六七年にヴィンフー省のラムタオ県ソンヴィー社（現フート省）で発見された。

＊28　コンノーン洞窟（タインホア省タックタイン県タインイェン社）は約一万二〇〇〇年前に比定されている。

＊29　東南アジア一帯から発見される新石器文化。一九二六年頃、北部ベトナムのホアビン省の洞窟で発見されたため、この名がある。一万年前から五〇〇〇年前くらいの文化と考えられている。石器は新石器だが、現段階では農業や土器の技術はなかったと思われている。

＊30　手塚治虫の初期の作品「ロック冒険記」（『少年クラブ』一九五二～五四年）に火星の鳥人というのが出てくるが、その衛兵は銅鼓文様のバードマンとそっくりである。バードマンは戦前に松本信廣らによって紹介されている。手塚は知っていたのかもしれない。

＊31　ドンソン文化の名はここから起こったが、現在はタインホア市のハムゾン坊（フオン Phuong 日本の区にあたる都市行政単位）にあたる。マー川右岸の河岸台地上にある。

写真9

名をとってドンソン文化と呼ばれることになった。

ドンソン文化は鉄器や稲作を伴った文化で、その源は雲南の諸盆地に紀元前一〇〇〇年紀の中頃に始まり、大陸河川を下り、また南シナ海、マラッカ海峡、ジャワ海沿岸の諸港市を通じて、マレー半島からインドネシアまで広がった。ドンソン文化の終末は三世紀頃とされるが、よくわからない。ドンソン文化の時代には、各地に首長制的な国家が生まれた可能性が高い。いろいろな意味で、ほぼ同時期の我が国の弥生文化に似ている。現在のベトナム人も、ドンソン文化人を彼らに直接接続する人々として、伝説と結びつけようとしている。

ホー古城

タインホア市から国道四五号を六〇キロほどさかのぼるとヴィンロク県に出る。道は乾いた平原に入る。水田と畑がモザイクのように交差し、北正面にはもう山の壁が見える。平地の真ん中に石で覆った土塁が東西に広がり、二つのアーチからなる豪壮な石門が立ちはだかる。石門は幅三八メートル、高さ一〇メートル、奥行き四メートルもある。門は三つのアーチからなり、一つずつのアーチは幅五・八メートル、高さ八・五メートルもある。堂々の石造建築だ。

石門の北、畑地が広がり、石をかぶせた土塁が四方を囲み、東西南北の四門が見える。正確な矩形を作る土塁の南北は九〇〇メートル、東西は七〇〇メートル、ハノイ皇城よりやや小さい。土塁の高さは平均で五～六メートル、南の石門付近では八メートルもある。ホー古城《タインニャーホー》（**写真9 ホー古城。一九八六年**）。一四世紀末の梟雄胡季犛《ホークイリ》の城だ。

ホー・クイ・リは北部ベトナムの王朝陳《チャン》朝の外戚だった。当時、チャンパが強盛で、陳朝軍は苦戦を強いられることがしばしばだったが、ホー・クイ・リはよく軍を統制し、勝利に導いた。さらに一四〇〇年、ホー・クイ・リは陳朝最後の王少帝を廃して、自分の子、漢蒼を王位に即け、自分は太上皇を名乗る。これが胡朝《ニャーホー》だ。胡朝は簒奪王朝だから、正史の上では評判が悪い。しかし、内政面では陳朝の王族の荘園を解体し、農奴制度を廃止して、小農中心のベトナム村落の原型を作り出し、文化面ではベトナム文字であるチューノム文字[*32]を採用して、漢字の古典をベトナム語に翻訳出版するなど短い期間に八面六臂の大活躍をしている。中世的なベトナムを大きく近世的なベトナムに舵をとった王朝だ。だから革命後の歴史学では評価されている。

そのホー・クイ・リが、タインホア省の山裾に新都を建設したのが、このホー古城だ。なぜタインホアなのか、それもデルタの頂部を越えた僻地に遷都しなければならなかったのか、謎は残る。おそらくは、王都ハノイに残る陳朝の与党眷属と王を切り離す必要があったのだろう。一三九七年、ホー・クイ・リは群臣の反対を押し切って、都を建設中のホー古城に移す。今は田園の中に城壁が残るのみだが、かつてはハノイの東都に対して西都と呼ばれ、一国の行政府をそのまま収容できるだけの規模があった。南門を抜けると、畑の中にまっすぐな道が走り、北門に至る。南門と北門のほぼ中間に小さな土壇がある。この土壇の上にかつての殿閣が存在したのだという。

おそらくは重厚華麗をきわめたであろうホー古城の運命は短い。一四〇六年、南方進出を図る明は、八〇万と号された大軍をベトナムに送る。ホー・クイ・リを見限った士人たちは続々と明軍に降伏し、ハノイの守りはまたたくまに潰え、タインホアに逃げたホー・クイ・リとその子は追究してきた明軍に捕らえられる。明はゲアン

＊32　ベトナム語を表記するために漢字から作られたベトナム文字。通常、漢字の音だけを借りた仮借《かしゃ》か、音と意味を組み合わせた形声《けいせい》で作られている。起源は八～九世紀に遡るが、広く普及するのはこのホー王朝のあとだろう。

までの占領地を交趾と改め、明領に繰り入れる。統治の中心東関城はハノイに置かれる。タインホアのホー古城がベトナムの都だった年数は一〇年にも満たない。にもかかわらず、ホー古城《タインニャーホー》は、王族と農奴、仏教に彩られた中世的なベトナムを、科挙官僚、公田農民、儒教に代表される近世的なベトナムに切り替えた画期を示す遺跡だ。

王家の地

ホー古城は一五世紀前半には西京と呼ばれていたようだが、いつのまにか、人々に忘れ去られる。しかし、タインホア省はその後も紅河デルタのベト人の王朝の歴史に干渉し続ける。

タインホア市から国道四七号で真西に約六〇キロ、チュー川がチュオンソン山脈に食い入って川沿いに小さな盆地を作る。今はベトナムを南北に結ぶ高速道路ホーチミン道路（国道一五号）が盆地を南北に通過する。明がホー・クイ・リの一族を滅ぼし、その直接支配を確立してまもない一四一八年、この盆地藍山《ラムソン》で土豪の反乱が起こる。[*33] 土豪の名前は黎利《レロイ》、一五世紀から一八世紀まで続く黎《レ》朝の創始者、黎太祖《レタイト》である。

レ・ロイの出自、履歴はよくわからないが、代々、この山に囲まれた盆地の首長をしていた豪族らしい。レ・ロイはこの山中盆地に明軍を迎撃しては勝利を得る。一四二四年以降、ゲアン以南の中部諸州、一四二六年以降では北部ベトナムのもっぱら山地に勢力を広げ、一四二七年、ついにハノイの東関城を落として全土を明から奪い返す。一四二八年、レ・ロイはハノイに即位して黎朝を起こす。以後、タインホア省の勢力は黎朝中央で大きな力を得る。栄光のラムソンは藍京《ラムキン》と呼ばれ、黎朝墳墓の聖地となる。

我が国の江戸時代にあたる黎朝は法体系や村落行政制度を整備し、占城に壊滅的な打撃を与えて現在のクアンナム省を領域に加え、また山地の支配を強めるなど、現在のベトナムの基盤を作り上げた。ベトナムの伝統王朝の中でも最も重要な王朝だ。

しかし、黎朝も盛時はあまり長くない。明主とうたわれた洪徳帝《ホンドゥック》（または黎聖宗《レタイントン》。一四四九～九七年）が死去すると混乱が起こる。紅河デルタの勢力とタインホアの勢力が争いあい、結局、一五二七年、東紅河デルタ出身の莫《マク》氏がハノイで黎朝を簒奪し、莫朝が成立する。これに対抗して、タインホア省では次々と反ハノイ、反マク氏の反乱が起こる。一五三二年、タインホア省北部のハチュン県出身の阮淦《グエンキム》（一四六八～一五四五年）は黎朝の後胤を擁立して、黎朝を再興する。一五四六年には、タインホア省に黎朝行宮を建てる。以後、ベトナムはハノイの莫朝とタインホアの黎朝との間に半世紀に及ぶ分裂の時代が続く。タインホアはあいかわらず、ベト人の世界の中の一つの中心だった。

しかし、タインホアの阮氏は結局、鄭氏との権力争いに敗れ、フエ地方に逃れ、一七世紀にクアンナム王国を建国することになる。この阮氏が最後の統一王朝グエン朝の直接の先祖だ。

言ってみれば、タインホアはいつもベト文化の中心紅河デルタを外から見て、機を見ては紅河デルタ中央に進出し、王朝を建てる、日本史の東国のような地域だ。

ムオン人

平原が広いとはいえ、タインホアの西半分、ホーチミン道路（国道一五号）から西には深い山地が広がっている。ラオス国境沿いには一四〇〇メートル級の山々が連立する。タインホア市から北上して、西北山地[*34]の入り口ホアビンまでは一六〇キロしかない。一九五四年にはディエンビエンフー包囲軍への第四区からの栄光の補給線だっ

＊33　一九七一年一月に発起された南ベトナム・米軍による南ラオス侵攻作戦をラムソン七一九と呼ぶのは、この蜂起にちなんでいる。
＊34　北部ベトナム紅河デルタの西北に連なる山地。現在のライチャウ、ディエンビエン、ソンラ、ホアビン四省からなる。

た。西北山地の少数民族は有名だが、実際にはタインホア山地と西北山地、さらに北ラオスの少数民族は一つの世界を共有している。

タインホア山地の少数民族は、ターイ人が二一万九〇八人（一九九九年調査、以下同）で、この地はターイ人居住地の一つの中心である。またタインホアにはムオン人が多く居住している。ムオン人はベトナム少数民族の中では最も人口の多い民族だ。ムオン人の集住地は西北山地のホアビン省で四七万九一九七人もいるが、タインホア山地にも、クアンホア県、ランチヤン県などを中心に、三二万八七四四人という大人口が居住している。ムオン人はゲアン以南にはほとんどいない。

戦前、ジャンヌ・キュイジニエというフランス人の女性民族学者をムオン人の生活文化を精細に調査し、『ムオン人』[*35]という植民地民族学の金字塔を出版した。ムオン人は昔から渓谷に好んで住む稲作民だ。中部の山地に点在する焼畑民とは違う。紅河の西側、イエンバイ、ソンラ、ホアビン、タインホアの四省の河川流域にまたがり、ちょうど盆地が好きなターイ人、デルタに集住するベト人の中間に住んでいる。家はやや低めの高床式で、それぞれが垣根で囲まれた庭を持ち、集まって村を作っている。高床式の籾倉が併設されることも多い。衣服は腰巻きを巻く。まるでベト人の風習とは違う。素人目にはターイ人集落との違いははっきりしない。キュイジニエが描写した世界は、一九八〇年代にはまだまだいたるところで見ることができた。

しかし、ベトナム人にとってムオン人は特別な存在だ。伝説では、ベト人の祖先神貉龍君《ラクロンクアン》[*36]が、嫗姫なるものと結婚して一〇〇人の子を生んだ。ラクロンクアンは姫に、「自分は龍の一族であり、あなたは仙女であるから、水火のように交わることが難しい」と言い、五〇の子を連れて南に移り、残りの五〇人は母とともに山地に入った。これがベト人とムオン人の分かれだと言う。ムオン語は、他の少数民族と違って、もともとベトナムの主要民族であるベト人の言語、つまり現在のベトナム語と同じ言語で、一説には一〇世紀頃に、漢字文化を取り入れたベトナム語と漢字文化を受け入れないムオン語[*37]に分かれたという。だから語彙や発音がベトナム語とよく似ている。言語政策上、ベトナム語の一種とみなされて文字を作る運動から外された。[＊38]つまり、ムオン人は、民族政策上、ベト人とほかの少数民族群の境界領域にいる。

しかし、基礎語彙に共通点が多く、言語学者が同一の言語と決めつけても、方言と違って、通じ合えるわけではない。ムオンの村落に定住した言語社会学者大泉さやかの研究によれば、ムオン人の知識人の中では、その呪いや叙事詩をアルファベット化して残そうとする動きがある。もともとは文字という便利な手段を使って、呪文や物語を音声で丸暗記する負担を軽減しようとすることから始まった。しかし、それはベト人とは異なるムオン人の固有な文化を子孫に残そうとする民衆の運動につながる。民衆の中にはムオン語の歌詞を文字で表記した歌謡学校が生まれているという。

今ムオン人の村を歩けば、ベト人の村と同じような平土間、コンクリート工法の四角い家が林立し、人々の衣服もベト人と同じようにズボン、シャツ姿が当たり前になった。民衆レベルで始まったムオン語の文字化の動きはその経済的、文明的な同化の中での民族の文化を考える好材料だ。

＊35　Jeanne Cuisinier. *Les Mu'ò'ngs: Ge'ographie humaine et Sociologie*. Institut d'ethnologie, Paris, 1946.

＊36　中国の伝説の古代王涇陽王が洞庭湖の娘をめとって生んだ子。ベト人の先祖とされ、ホー・チ・ミンはよくベトナム人を「ラクロンクアンの子供たち」と呼びかけた。

＊37　もっともムオン muo'ng という単語は、国、クニ、都市を意味するターイ語（現在タイ語ではムアン）から来ている。ムオン人がいかに西のターイ人の文化影響を受けてきたかを示している。

＊38　六〇年代はじめ頃、ベトナム政府は言語学者を動員して、各少数民族にそれぞれの民族語の文字を作って与える運動を始めた。

経済発展

タインホア省はいわばミニベトナムだ。一つの省の中に、少数民族がいて、広い段丘部分があって、デルタがある。それだけではなく、ベトナムの歴史は考古学から始まって抗仏戦争に至るまで、タインホア省の歴史と深く関係している。抗米戦争ではゲアンと同じく、北爆の嵐によってタインホア市は多く灰燼に帰した。

ドイモイ後の生産発展はまず農業部門で始まった。タインホアの優位は通年二五万四四〇〇ヘクタールの広大な水田である。しかも生産性は紅河デルタ並みで、ヘクタール五・五トン（二〇〇六年）が可能だ。二〇〇六年の稲籾生産は、一四〇万トン、北ベトナムでは紅河デルタの穀倉タイビン省（一二〇万トン）を抜いてぶっちぎりの第一位で、メコンデルタ各省と比肩できる。ただし、農村人口圧力も高く、一人あたりの生産量にすると、年四四三キロの籾にしかならない。つまり飯米には十分だが、メコンデルタのように米を売って現金を獲得するというわけにはいかない。北の紅河デルタの農民たちは、食足りてからいかに現金を獲得するかで苦しんだ。

その点、タインホアは優位である。背後の広い扇状地、それも通年湿潤な広い扇状地は中部沿岸諸省にも紅河デルタにもない。工業作物の生産に向いている。タインホア農業の特色は、農園《チャンチャイ》*39の発展だ。チャンチャイ数は、二〇〇〇年に一八七四、二〇〇六年には三六五五となって、紅河デルタを凌駕するのはもちろん、平原の多いゲアン省の四倍になっている。小規模のコーヒー園の多いタイグエン高原のダクノン省の四五九一に並ぶ。稲作が難しい省と同じ規模だ。

サトウキビは、三万二〇〇〇ヘクタール以上に作付けされる。南部のタイニン省についで全国二位だが、ゲアンの二万六七〇〇ヘクタールとともに、全国の栽培面積、生産量の二割を占め、有数のサトウキビベルトを作る。トウモロコシは六万ヘクタール、二三万四四〇〇トンの生産量で、これは紅河デルタ全体の生産の三分の二にあたる。そのほか、サツマイモ、キャッサバ生産のどれもが、全国有数の生産量を示す。つまり米作ではメコンデルタなみ、生産性では紅河デルタなみ、サトウキビでは南部の平原なみ、トウモロコシなどでは山地諸省なみの生産性を誇るのだ。それだけではない。肉牛の飼育では三九万頭とゲアンに継いで第二位、豚は一三三万五〇〇〇頭で全国一、全国の五％を占める。自給作物のみならず、換金作物においても全国屈指の農業省なのだ。そして平原の西の山地には、林業開発が進められている五一万ヘクタールの森がある。山地諸省と同じレベルである。しかし、ベトナムのどこでもそうであるように、農業では生活を維持することはできても、豊かな収入は保証しない。

タインホア省は、紅河デルタに接続する地利をいかして、工業部門の誘致に積極的だ。一九八八年から二〇〇七年までの外国直接投資累積は、七八億一六〇〇万ドルでゲアン省のほぼ二倍、北部のハノイやハイフォンには遠く及ばないものの、もちろん、北中部ではダントツの一位だし、紅河デルタではハノイ北隣のバクニン省（九四億八八〇〇万ドル）と肩を並べる。巨大な農業省への外国直接投資増大の影響は大きい。ベトナムの高度成長の始まった一九九六年から二〇〇〇年までのGDP発展は七・三％、二〇〇一年から二〇〇五年には九・一％を維持し、この間にタインホア省のGDP総額は一五倍にもなっている。その原動力はもちろん、工業化の進展で、同年期では年率一七・五％に達し、GDP中の工業部門の比率も三五％を占める（二〇〇五年）。これもベトナム全国と同程度の順調な発展を維持している。

しかし、工業化の内容にはかなり問題がある。工業化の中心は豊富な石灰岩を利用したセメント工業で、年間四七四万トンの生産は国内随一である。それにしてもセメント工業はベトナムでは山と海を持つ省ならどこでも

＊39　漢字では庄寨と書く。もともとは貴族や官僚の庄園のことだった。プランテーションは、屯田ドンディエンと言うが、フランス植民地時代のイメージが強い。そこで九〇年代に農業問題の切り札として推奨された民営、個人の換金作物中心の農園をチャンチャイと呼ぶことが一般化した。英語では単純に farm と訳される。コーヒー・チャンチャイについては4章二一七ページ参照。

展開できる産業で、比較優位にはあたらない。タバコ産業は一億箱を生産し、そのほか食品加工、製紙などがあるが成長産業と言うにはほど遠い。

8章 紅河デルタ

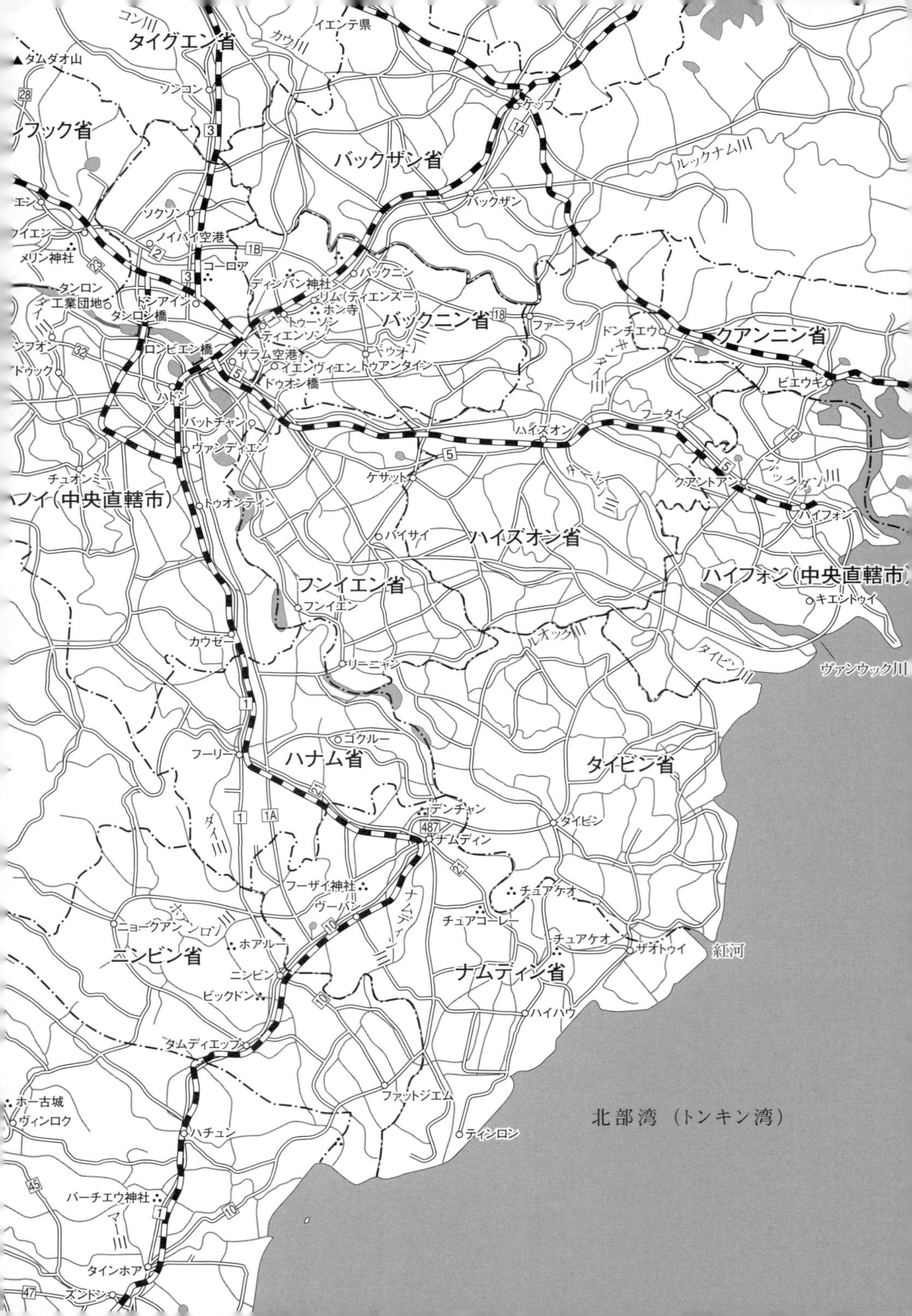

コン川
タイグエン省
イエンテ県
カウ川
タムダオ山
ソンコン
28
フック省
3
ケップ
1A
バックザン省
ルックナム川
バックザン
ソクソン
ノイバイ空港
2
1B
メリン神社
23
コーロア
タンロン
工業団地
ディンバン神社
バックニン
リム（ティエンズー）
ホン寺
ドンアイン
タンロン橋
トゥーソン
ティエンソン
バックニン省
18
ファーライ
ドンチエウ
クアンニン省
32
ロンビエン橋
ザラム空港
イエンヴィエン
トゥアンタイン
ドゥオン橋
5
フータイ
ハイズオン
バットチャン
ヴァンディエン
ケサット
チュオンミー
ノイ（中央直轄市）
トゥオンティン
ハイフォン
バイサイ
ハイズオン省
フンイエン省
ハイフォン（中央直轄市）
フンイエン
キエントゥイ
カウゼー
ルオック川
タイビン川
リーニャン
ヴァンウック川
ゴクルー
ハナム省
フーリー
タイビン省
1
21
デンチャン
487
タイビン
ナムディン
ダイ川
フーザイ神社
チュアケオ
ヴーバン
ナムディン川
10
チュアコーレー
ニョークアン
ホアンロン川
ホアルー
チュアケオ
ザオトゥイ
紅河
ニンビン省
ニンビン
ナムディン省
ビックドン
ハイハウ
タムディエップ
ファットジエム
ホー古城
ヴィンロク
北部湾（トンキン湾）
ハチュン
45
バーチエウ神社
マー川
タインホア
47

イエンバイ省
2
ロー川
315
フォンチャウ
フン神社
フート
イエンラップ
フート省
ラムタオ(ソンヴィー)
ヴェットチ
32
タインソン
バヴィ山
ダー川
ソンラ省
イエンチャウ
モクチャウ
6
キーソン
ホアビン
ホアビン湖
ホアビン省
パコ・ハンキア自然保護区
マイチャウ
マー川
15
ヌイドー
クアンホア
ランチャン
ナーメオ
タインホア省
マー川
ラ オ ス
15
ラムソン
チュー川
ゲアン省

紅河デルタ

紅河の橋のたもとで

紅河の橋のたもとでハノイ市北東、大紅河に古びた鉄橋がかかる。ロンビエン橋と言う（**写真1 ロンビエン橋。二〇〇八年**）

一九〇二年、フランスは仏領インドシナ連邦の首邑ハノイと東海岸の国際港ハイフォンを結ぶために、紅河に全長一六八一メートルのトラス橋をかけた。中央を鉄道、両側を自動車と歩行者が通るようにできている。むきだしの鉄骨が巨竜の背中のように波うつ。当時は、フランス総督の名をとってドゥメール橋と呼ばれたが、独立後、伝説のハノイの古名をとって龍編《ロンビエン》と名付けられた。ベトナム戦争中は、米軍爆撃機の標的になり、ロンビエン対空防衛戦が展開された。ロンビエン橋のトラス橋桁の多くは破壊されたが、橋脚部分は無事で最後まで戦時輸送の要としてがんばった。当時、紅河の橋は、このロンビエン橋だけだったのだ。一九八六年、やや下流にチュオンズオン橋ができてからは、鉄道と歩行者、自転車だけの橋になった。しかし、ロンビエン橋が紅河の象徴であり、紅河を守り抜いたベトナムの象徴であることには変わりない。

写真1

ロンビエン橋の上から雨季の紅河を見る。夏の紅河は激流だ。メコンのように悠々と「たゆたふ」という風情はない。赤黒い泥流が、石の橋脚を打ち砕かんばかりに流れ、水は橋桁に届きそうなほどまであがっている。この荒れ狂う紅河こそがベトナムの主要民族ベト人を育んだデルタの母だ。

写真2

紅河はメコンと違って比較的短い川だ。水源は南中国雲南省の昆明と大理の間にある。総延長は一二〇〇キロ。メコンの四分の一ほどにすぎない。しかし、メコンが大陸東南アジアの大平原を悠々と曲がり込んで海に流入するのと違って、水源から南東方向にほぼ直線に、雲南高原をぶち割り、国境地帯に深い谷を作って流下する。その排水量、年間一二一〇億立米、我が国の信濃川が約一六〇億立米、利根川が八〇億立米だからまさに桁が違う。雨季の最盛期では一秒に二万三〇〇〇立米を流出する。一方、乾季には秒あたり七〇〇〇立米にすぎない。水位は年間に一三メートルを上下する。東南アジアきっての荒川だ。だから流れが速い。速い流れは膨大な土を山地から運んでは、谷の入り口で落とす。山地の裾、段丘の端に、巨大な土の堆積が生まれる。さらに洪水のたびに放出される土量は、紅河の本流と無数の支流の両岸に高い自然堤防を積み上げる（**写真2 タイビン省の紅河河口**）。

一方、紅河デルタの東、北部湾（トンキン湾）に面した沿岸部は、潮の満ち引きが激しい。最高では三～四メートルの潮汐差にもなる。そこへもってきて、夏季にはフィリピン沖で発生した台風が、冬季には大陸から吹き下ろす東北モンスーンの強風が北部湾の高波をうみだす。波と風に洗われた沿岸部には無数の砂丘（浜堤）列が生まれる。

海は気候変動の影響から数千年ごとに水位があがる海進と、水位が下がる海退を繰り返す。前五〇〇〇年前までは、海進で今のデルタの低地の殆どは海面下にあったらしい。海の貝の化石がずいぶんと内陸から発見される。観光地で有名なニンビンの碧洞《ビックドン》は海岸線から最短でも四〇キロ以上離れている。石灰岩の断崖に囲まれ、無数の岩塊が湿地の中に露出している。岩塊の裾はキノコ状に内側にえぐれている。かつての海食面だ。

そのあと、今の水位で安定した。浮き上がった地平は格子のように入り組んだ自然堤防列と海岸の砂丘列が高みを作り、高みの間に低地が皿を並べたように残された（春山成子『ベトナム北部の自然と農業――紅河デルタの自然災害とその対策』古今書院、二〇〇四年、一三二ページ）。雨季にはそこに豪雨が降りしきる。一日最大五〇〇ミリの降水量があったことがある。夏季には、洪水が押し寄せ、低地のほとんどは湖のようになる。乾季にもいたるところに残存湖が散らばる。紅河が生んだデルタは、どこでも水郷のような景観だった。

気候

紅河デルタには冬がある。一二～一月のハノイの気温は最高平均で二〇度、最低平均で一五度、しばしば一〇度以下になることが多い。ハノイの民家には暖房がほとんどなく、隙間だらけで、兼好法師ではないが、万事夏向けに作られている。だからハノイの民家の冬は、底冷えがする。しかし、ハノイの冬の不快感は、寒さだけはない。そのすさまじい湿度だ。だいたい紅河デルタには乾燥する季節がない。南西モンスーンが終わると、東北モンスーンが吹き始める。モンゴル平原に始まる東北モンスーンは大きく東に迂回し、南シナ海を迂回して東北方より紅河デルタに進入し、連日のぬか雨《ムアフン》を降らす。気温の低下にともなって湿度は急上昇し、八〇～九〇％の日が連日続く。曇り空、ぬか雨に被われる紅河デルタの冬は外国人には確かにつらい。一方、夏の暑さも凌ぎがたい。六月七月八月は最高平均で三三度の毎日が続く。南西モンスーンの運ぶ降雨に台風の集中豪雨が加わる。五月から一〇月までの降水量平均は一四〇〇ミリを超え、中でも八月は三一八ミリが降る。

しかし、この人間には決して快適と言えない気候が、稲にとっては最高の環境を与える。雨季の豊富な降水量と高温、冬季の高い湿度に守られて、冬の寒さにもかかわらず、はるかに先史時代から夏冬二種の稲作が可能だった。

しかし、亜熱帯紅河デルタの気候は不順、不安定だ。東北モンスーンの微弱な降雨に依拠する冬季には、しばしば冷害と大干ばつが起こり、また夏季には台風がもたらす集中豪雨がデルタを湖に変えてしまう。紅河デルタの農業は、言ってみれば自然の危険と恩恵の二つの側面にいかに順応するかにある。

人口

しかも紅河デルタは発達した自然堤防列や残丘周辺があり、人の住む場所がある。たとえばメコンデルタやチャオプラヤーデルタでは、運河を掘り、土手を築いて、初めて人が住むことができた。だから、紅河デルタの開拓はほかのアジアデルタに比べて、一〇〇〇年以上は早い。稲作デルタでの開拓の早さは、人口の多さでもある。古いデルタは過密で新しいデルタは過疎だ。紅河デルタでは、一五世紀はじめには早くも二〇〇万以上、二〇世紀はじめには六〇〇万以上、そして二〇〇六年には一八二三万になっている。紅河デルタの人口密度の大きさは植民地時代にフランス人を驚かせていたが、現在では平均で平方キロあたり一二三八人、おそらく農村部の人口集中としては世界最高だろう（**写真3 紅河デルタの農村部。一九九四年**）。

写真3

このうち農村部の人口は一三七五万人である。ベトナムが高度経済成長に入ってから既に一〇数年が経っているが、実は紅河デルタの農村部の人口と都市部の人口の比率七五％は、あまり変わっていない。国家全体の生産比重は工業、サービスなど非農業部門に比率を移しながら、人々の多くは農村部に居住し、その多くは農民なのだ。ベトナム、中でも紅河デルタは稲作農民の社会だ。

過酷で恵み多い紅河デルタの自然に順応するために、その農民社会は特異な村落共同体を発展させてきた。堤防、灌漑、施肥、防虫、農作業の多くは共同作業でなければ効果がない。その共同性の典型が村落共有田だ。公田《コンディエン》制度と呼ばれる。ベトナムの多くのムラは公田を持っていた。もともとは政府が租税や徴兵の担保として、村落に貸与した国有田だが、一八世紀頃からは村落が管理する村落共有田になった。

小農社会

紅河デルタは小さなデルタだ。水田面積は五六万ヘクタールしかない。この結果、一人あたりの農地は零細をきわめる。一人頭せいぜい三〇〇平米、小さな面積から少しでも籾をとろうとする。日本風の集約稲作が発達する。とはいえ、いかに農民が勤勉でもかつての生産性は著しく低い。平均では一ヘクタールあたり二トンといったところだ。歴史を通じて飢饉が発生する。特に一九四五年の飢饉はひどい。自然災害と日本軍の籾調達が重なって、紅河デルタ全体で二〇〇〇万と言われる人々が餓死した。

写真4

一九八〇年代以降、品種改良、化学肥料、栽培技術の発達の結果、収量は著しく伸びた。九〇年以降では一期ヘクタール六トン弱、年では一一トン強が普通になった。一般圃場での収量としては世界最高水準だ。日本が類いまれな水田インフラに莫大な投資をし、最高の農業機械、ありとあらゆる近代技術を投入してもヘクタール六トン前後であることを考えれば、ずぶずぶの田んぼの中で、スキと鎌でがんばるベトナム農民の技術のすごさがわかる。紅河デルタに住む農民たちは比類なき勤勉な農民だ。

とは言っても土地の狭さは決定的だ。農村人口一人あたりの収量では、籾四七四キロにすぎない。それでも七〇年代に比べれば二倍以上の生産だが。これでは、余剰米を売ってもたいした収入にはならない。籾価そのものがキロ四〇〇〇ドン、二〇円強だ。だから、紅河デルタでは米は食べるために作る。食べるだけならなんとかなる。問題は現金だ。生活必需品のために必要な現金だけでなく、食べるだけの農業でさえ、肥料、防虫、スキ入れ、田植え、収穫の人手、たくさんの現金がいる。農民は農業に勤勉なだけではとても足りない。商品生産物の栽培、都市への出稼ぎ、あるいはムラの手工業などありとあらゆる現金獲得手段を求めて奔走する。いわば紅河デルタは、一三七五万の食料自給を達成した農民たちが双手をあげて、新しい市場化経済の発展を待ち焦がれていた。その中に二〇〇〇年以来、急速なデルタの工業化が始まった。紅河デルタはいま、歴史始まって以来の市場化経済の中に、異常な熱気をたたえている（**写真4　紅河デルタ調査。一九九三年**）。

紅河沿岸

フーニョークアン大湾入

タインホア市から国道一号を北上する。道は次第に持ち上がり、三〇〇メートルほどの切り通しのような谷間を走る。両側の崖上に神社が見える。三世紀後半、当時、中国の呉が北部ベトナムを支配していたが、タインホアの豪族趙嫗《バーチエウ》（チエウ夫人）なる[*1]ものが反乱を起こした。チエウ夫人は敗れてタインホア山中に自殺する。後世伝承として伝えられたものだ。香煙の絶えない神社は、タインホアの英雄の象徴、チエウ夫人の墓所と神社だ。

このあたりの山地、タムキ山地と言う。低いけれど、紅河デルタの世界とタインホア・ゲアンを分ける重要な

＊1　現在、ハノイの中央を南北に走るバーチエウ通りはこの名にちなんでいる。

写真5

丘陵だ。山地の裾、紅河デルタが北東に広がる。最初の町はニンビン省のタムディエップ、峠の宿場町のような町だ。国道一号をまっすぐ低地の中を北上する。低地の中を南北に走るダイ川が、にじりよってくる。ニンビンに近づくと、道路の西脇にカルストの残丘がぼこぼこと立ち並ぶ。

ニンビン市は、国道一号に沿って延々と広がる、大きな宿場といった町だ。町の東を紅河デルタの西辺を画するダイ川が流れてくる。ナムディン省に向かう国道一〇号をニンビンの先一〇キロ地点でホアンロン川が、西方石灰岩のフーニョークアン山地からダイ川に合流してくる。ホアンロン川はカルスト地形の中に幅広い谷間を作る。南北には切りたった断崖がそびえ、深水水田に被われた谷間の中に石灰岩の岩塊がぼこぼこと立ち並ぶ。ここは山に囲まれているから土地が高そうに見えて、実は湾が海退とともに浮き上がっただけで、海抜一メートルばかりの大低地だ。かつて北部湾の湾が陸化したものだ。フーニョークアン大湾入と言う。フーニョークアンはかつての儒関府、紅河デルタとタインホアを分ける関所の名だ。どの岩塊の基部にも海進期の海水位を示す海蝕のえぐりがあり、キノコ型の石塔が林立しているかのようだ。ホアンロン川の支流が鍾乳洞を通過する。「碧洞《ビックドン》」と言う。ベト人特有の足こぎ小舟にゆられて、幻想的な洞窟を経巡る。紅河デルタ観光の一大名所だ（**写真5 ニンビン省の手漕ぎの舟に乗る著者と学生たち。一九九三年**）。

土地はいまだにジャブジャブで、農地としては最悪だ。ホアンロン川は有名な荒れ川で、年中人死にが出る大洪水の危険がある。乾いた平地が少ないからＶＡＣ（農畜産複合経営）も農園も展望がない。僅かに崖面を山羊や羊が走り回る。だいたい経済発展には向かないから、観光に走り、そして現地に関心のない観光客だけが、その貧しさに「やすらぎ」を感じる。

ホアルー――北部ベトナムの中心

しかし、この谷間がかつて北部ベトナムの中心だったことがある。伝説のコーロア城の創建者、蜀の安陽王《アンズオン》は秦の武将趙佗に敗れ、趙佗が創った南越国も紀元一世紀の初め、漢の武帝に征服される。こうして紀元前一世紀から一〇世紀までの一〇〇〇年間、北部ベトナムは中国の領土となる。

一〇世紀、世界を揺るがす大変化が起こった。ジャンク船の発明だ。ジャンク船は南シナ海の舟だ。竜骨を持たない。幅広く頑丈で、鈍足だがすさまじい積載力と航続力がある。一五世紀、南シナ海を闊歩した鄭和の軍船は数千トン級だったという。中華文明独特の外洋船だ。海の交易が一〇世紀から陸の交易を圧倒するようになった。そして、当時世界最大の市場だった中国の都の位置が変わる。大唐の都長安（西安）、シルクロードの終点から、南シナ海を大運河で結ぶ開封が、次代北宋の都になる。さらに南宋になると、中国は海から直接南海の富を調達する。もはや中国の陸の入り口、紅河はハイウエイでなくなる。これまで南海ネットワークの中心だった紅河ルートは、もはや地方路線にすぎなくなる。大唐は一〇世紀に入るとさっさとハノイの安南都護府を見捨てる。こうして北部ベトナムの独立の道が開けた。

一〇世紀の初め、唐が滅びると、ベトナムは独立の道を進み出す。はじめの頃はさまざまな地方勢力がデルタ各地に割拠して、互いに争っていたようだ。ベトナム史では「十二使君《ハイムイスークアン》の時代」と言う。どの勢力も、なんとか海への道を模索していたにちがいない。しかし、その交易はもはや東西南北を結ぶものではなく、わずかに北部ベトナムの産物を南シナ海に流し、かわりに中国や東南アジア産品を獲得する地方港にすぎない。とすればデルタ中央の自然堤防地帯は物産を集積する拠点となり、海への道の中心はその玄関、沿岸部に移動する。

この頃、現在のナムディン省やタイビン省の沿岸部を抑えていた豪族に陳明公《チャンミンコン》というものがいた。その武将にこのフーニョークアン低地の漁夫あがりの丁部領《ディンボリン》というものがいた。ディン・ボ・リンはその父が獺《かわうそ》だったという伝説を持つ。水と関係が深い。ディン・ボ・リンはチャン・ミン・コンの兵を指揮してたちまち紅河デルタを統一し、丁先皇《ディンティエンホアン》を名乗って自分の故郷華閭《ホアルー》に都を定める。国名を大瞿越《ダイコヴィエト》と言う。九六八または九六六年のことである。正式なベトナム史では、ここから独立ベトナムが始まる。ディン・ティエン・ホアンはホーチミン市の、ダイコヴィエトはハノイ市の主要道路の名として残る。

ホアルーはニンビンの北六キロで国道一号を分かれ、四九一号で六キロほど進んだホアンロン川の岸辺にある。現在、ディン・ティエン・ホアンと次朝黎《レ》朝を祀る神社のある一画が旧王都の地と推定され、観光地になっている。発掘によれば、三方を山に囲まれ、一つ開かれた西北のホアンロン川に平行して、土城壁を築き、城池三〇〇ヘクタールを作り出した。内城と外城に分かれ、それぞれ同時期の瓦が出土している。しかし、城としてはたいしたことはなかったようで、この地を訪問した中国の使者は、宮殿は茅屋で、ベトナム王はしばしば海辺に出て、釣りをして楽しんだとしている。中国の壮麗な宮殿から見たら、土塁と木造瓦だけの都城は、田舎の庄屋の家のようだったろう。

ディン・ボ・リン（丁先皇《ディンティエンホアン》）は、まもなく皇太子とともに宮中で暗殺され、将軍の黎桓《レホアン》が帝位につく。ベトナム史では前黎朝と言う。レ・ホアンもホアルーに都を置き、一方では宋と戦い、他方ではチャーキュウの占城を侵略する。しかし、前黎朝もまた三代で、一〇〇九年に滅び、代わってバックニン出身の李公蘊《リーコンウアン》つまり李太祖《リータイト》がハノイに都を開く。つまり、この狭隘で貧しいホアルーが、ハノイに遷都されるまで、四二年または四四年間、ベトナムの初期王朝の都だった。

現在ニンビン市は海岸から四五キロも内陸だが、一〇世紀頃までは海舟が行き来する海口だった。実際、一〇世紀にはチャンパの海軍一〇〇〇余艘が、ホアルーを攻めようとして暴風雨のために全滅したことがある。前黎朝の初代レ・ホアンが海岸で釣りに興じたとされるように、ホアルーは海港だったにちがいない。ホアルーの海の南には、南シナ海の交易拠点だった中部沿岸のチャンパ諸港がある。チャンパの南には島嶼部東南アジアの富が待ち受ける。ホアルーの海を東北に進めば、広州など南中国の諸港が密集する。ホアルーからダイ川を北上すれば自然堤防農業地帯に出る。ホアルーは、海とデルタを結ぶターミナルだ。つまりネットワークのターミナルを支配するものが王となった時代だ。丁《ディン》朝や前黎朝は海のベトナムの王であったろう。

しかし、宋代に大発展する南海交易のメインルートはもはや紅河デルタ沿岸を通らない。福州、泉州を出た舟は海南島の東を通過して、そのまま中部ベトナムのチャンパ諸港に到着する。紅河デルタの交易の意味はますます失われる。ホアルーは紅河デルタ産物を海に流す地方港に過ぎない。地方港なら後述のように、一一世紀以降、紅河デルタ東部、中国の広東省に接するヴァンドンなどクアンニン省の諸港が発展してくる。クアンニン諸港から紅河デルタの中のドゥオン川などを西航すれば、ハノイ近郊自然堤防地帯に到達できる。ダイ川ルートしか持たないホアルー、つまり中国への道を持たないホアルーではもはや紅河デルタ全域を支配することはかなわぬ。一〇一〇年、前黎朝の武将だったリー・コン・ウアンはホアルーを捨て、ハノイに遷都する。李朝の開祖李太祖《リータイト》である。リー・タイ・トのハノイ遷都は、海の時代と決別し、陸のベトナムを建設する宣言だった。

写真6

ニンビンの碧洞《ビックドン》の旅は幻想的な旅だが、そこはホアルーの建設者丁部領《ディンボリン》から李朝の建設者李太祖《リータイト》に至る時期、世界史が海の時代から陸の時代に変わっていく短いが激動の時代を象徴している。そして海の世界である、沿岸地帯もまた農業の世界の中に飲み込まれていく（**写真6 ニンビン市の市場。二〇〇一年**）。

干拓

ニンビン市から国道一号と分かれ、国道一〇号を東に進む。国道一〇号は紅河デルタ第三の町、紅河沿いのナムディン市とダイ川沿いの国道一号を結ぶ道路だったが、二〇〇三年以降、紅河デルタ第二の町ハイフォン市と結ばれ、新しい成長中心になった。紅河デルタは工業区建設で溢れかえっているが、同時にベトナム随一、近代道路建設に燃えている地域でもある。

国道一〇号はまもなくダイ川を渡る鉄橋を越す。石灰岩の巨石が川中にうずくまる。ダイ川は紅河の分流で、はるか北一〇〇キロほどのソンタイ市東で紅河を分かれ、デルタの西辺を形成しながら南流する。このダイ川に紅河のもう一つの分流ナムディン川またはダオ川が交わる。ナムディン川はナムディン市で紅河本流と分かれ、南流して一〇号の南でダイ川と合流する。一〇号はこのナムディン川を遡航するように、ナムディン市に向かう。かつて、一〇世紀以前にはこのナムディン川が海岸線で、この川の南は広い潟が広がっていた。一〇世紀以降の沿海デルタの歴史は干拓の歴史だ。干拓とは海の農業化だ（**写真7 ナムディン川。二〇〇四年**）。

写真7

一八世紀頃から紅河デルタは、過剰人口に陥る。大量の土地なし農民が生まれ、これまで公田制度のもとで安定していた社会は大きく流動化した。干ばつ、洪水のたびに、土地なし農民はムラを追われて流民となり、これが一八世紀末から一九世紀はじめの紅河デルタの連続する戦乱のもとになった。中央政府の課題はなによりも、この流民、土地なし農民の定着化だった。

一九世紀の前半、阮公著《グエンコンチュ》という高官がタイビン省、ナムディン省、ニンビン省の海岸平野に運河を縦横に引き、防潮堤をはりめぐらせて、ティエンハイ県、キムソン県などの新県を建設し、移住者を募集した。流民が集まり、新しいムラを作った。これら新県の住民は古いデルタの伝統社会から切り離された。このナムディン川の南が、この干拓平野にあたる。

ファットジエム大聖堂

一九世紀以来、キリスト教が早期に布教されたのもこの干拓社会だ。現在、ナムディン省、ニンビン省、タイビン省の沿岸デルタを歩くと、見事な教会が林立しているのに驚く。ほとんどの教会はごく普通の開拓民の篤志で建設されている。仏寺の伝統にならって、教会の入り口にはきまって建築資金を供出した信徒の名前を刻んだ石碑が据えられている。

その教会群の中できわだって美しい建築が、ファットジエム大聖堂だ。ニンビンの町から国道一〇号を南に進む。まっすぐ南下する。田園の中をほぼ四〇キロ、正面に東西運河が横たわる。グエン・コン・チュが建設した塩抜き運河だ。沿岸堤防の内側に運河を引き、上流から供給される淡水を造成された地平に流し込み、土を脱塩する。運河沿いの道を右に折れ、並木と運河に囲まれた風情のある道を進むと、大教会入り口の路地が右側に開く。国道一〇号はこのまま南に抜けて、沿岸砂丘の上を走りながらタインホア市近くで国道一号と交わる。

写真8

ファットジエム大聖堂はベトナム教会建築の白眉だ。正式にはマンコイ聖母教会と言う。もちろん、ホーチミン聖母教会もハノイ大教会もゴチックの名建築だが、欧州へ行けばごろごろしている。ところがファットジエム大聖堂はベトナムにしかない建築だ。司教ペトロ・チャン・ルックが設計し、一八七五年に起工、一八九九年に完工している。代表的な越仏折衷様式だ（**写真8 ファットジエム大聖堂。一九九三年**）。

まず四万平方もある方形の池が広がる。仏寺や神社建築の模倣だ。池に面して堂々とした三層の石の楼門がある。屋根は仏寺と同じ瓦で葺かれている。第一層の門上部には漢字の額がはめこまれている。第三層には重さ二トンもの鐘が据えられている。鳳亭《フォンディン》と言う。高さ二五メートル、幅一七メートル、奥行き二四メートル、まるで石の城門だ。

本堂は巨大な石造建物だ。長さはなんと七四メートルもある。幅二一メートル、高さ一五メートル。その長大な壁面は木製の門扉で覆われる。一見すれば王宮建築のようだ。内部は身廊と側廊を持ち、四八本の木柱で分けられる。木柱はすべて寺院や神社建築と同じく堅いリム材で作られ、周囲二・三五メートル、高さ一一メートル、重さは一〇トンあると言われる。奥に石の祭壇がある。つまりベトナムの伝統様式で作られた、しかもバシリカ様式の聖堂なのだ。[*2]本堂の周囲には小振りで二層の楼門からなる石製の小聖堂《ニャートーダー》や、人工の石洞が点在する。この新しい干拓地に、一九世紀末、ベトナムカソリック文化が花開いた。

ベトナムには、現在、五〇〇万以上と言われるキリスト教徒がいる。毎年、クリスマスにはホーチミンの聖母教会、ハノイの大教会の前は、聖誕を祝う信徒で溢れかえる。ファットジエムに限らず、ナムディン、ニンビン、タイビン各省の農村部、どこに行っても教会建築のゴチック尖塔が空を突く。キリスト教はベトナム文化の中に根付いている。

紅河デルタへの最初の伝道は、一六世紀にカソリック伝道士がナムディン省の海辺のムラ、チャールーに上陸したことに始まる。今もチャールー教会は聖地になっている。一七世紀にはフランス人の司教アレクサンドル・ドゥ・ロードが中部ベトナムに上陸し、積極的に伝道し、また帰国後、布教センターとして海外伝道教会を設立した。フランスとベトナムの腐れ縁の始まりだ。この時、ロードが布教の便宜で作ったベトナム語のアルファベット表記が、現在のベトナム語表記クオックグーのもとになった。

一八世紀、デルタを襲った天災や戦乱の連続の中で、ベトナム社会の根幹だったムラ社会から逐われる流民が続出した。ベトナムの民族宗教は地域との結びつきが強い。ムラを逐われた人々の心の支えは、ムラの宗教ではありえない。この時、地域とのつながりを持たないキリスト教が、流民の中に爆発的に広がっていった。

キリスト教はいかにも、在地の宗教とそぐわない。特にベトナム人の心象と言っていい祖先信仰には敵対的である。一時期、イエズス会はアジア現地の儀礼や祖先崇拝に対して融和的だったことがあり、各地に民族宗教との融合が見られた。しかし、一七四二年、いわゆる典礼問題[*3]に連動して、ローマは一切の祖先崇拝の禁止を決めた。キリスト教徒が公然と祖先崇拝儀礼に参加できるようになったのは、やっと一九六二年になってからである。

かくて民族宗教を信ずる在地の人々とキリスト教徒の間に、深刻な対立が生まれる。次第にその脅威を増していくフランスなど西欧諸国に反発した阮朝政府はキリスト教禁圧を強めていく。一九世紀は紅河デルタのキリスト教徒にとって受難の時代だ。しばしば民衆によるキリスト教徒虐殺が起こった。そしてそのキリスト教徒虐殺が、次の侵略の口実になった。たとえば、フランスは一八五七年に起こったスペイン人宣教師の殺害を理由に、一八五八年、トゥーラン（ダナン）を砲撃し、結局、第一次サイゴン条約でメコンデルタを手中にしている。一八八四年以降の北部での戦争も、フランス人司教の強い影響がある。ベトナムが植民地化される過程で、キリスト教の果たした役割は大きい。

フランスの統治が始まると、今度はキリスト教徒が政治的に優遇される。植民地政府の官僚にはカソリック教徒が多い。またそれをめざして改宗するものも出る。両者の対決がはっきりしてくるのは、一九五四年の南北分断の時だ。ジュネーヴ協定では南部で活躍していたベトミン派は北部に集結し、北部でフランスに協力していた人々が南部に移住することが認められた。これを集結《タップケット》と言う。この時、北部各地の親仏司祭の呼びかけで、当時のキリスト教徒人口の四〇％以上にあたる五六万人が、いったん教会などに集結したのち、主に鉄道で南部に移

＊2　もっともナムディン省のコーレーには、その逆、つまり教会建築を模した仏寺、古礼寺院《チュアコーレー》もある（四三〇ページ参照）。

＊3　一七世紀、キリスト教の中国布教において、現地の儀礼、徳目を認めるかどうかで、ローマ教皇とイエズス会の間で起こった論争。一七世紀末からローマは非妥協的になり、一七四二年、典礼問題の議論そのものを否定するようになった。これからアジアのキリスト教は地域問題になる。

住した。南部に移住したキリスト教徒たちが、反共第一線に派遣されたことは前述した（4章一九七ページ）。北部に残ったキリスト教徒は、表向きは他の宗派と同じく民主共和国の公民とされたが、実際にはいろいろと差別があったようだ。それでも、あるいはそれだからこそ、キリスト教徒は、抗米戦争では積極的に国家に奉仕した。たとえばこの地方、ハナムニン省（現在のハナム、ニンビン、ナムディン三省）では、ベトナム戦争中に信徒三万二〇六九人が従軍し、うち五七〇一人というきわめて高率の戦死者を出している。今どこの教会を訪れても、抗米戦争中や社会主義建設過程の中での信徒の活動が高らかに語られる。

一九八〇年以降、カソリック教徒はカソリック団結委員会を組織、祖国戦線《マッチャントークォック》*4に参加している。それでもキリスト教徒に対する隠れた差別は長く残存したようだが、ドイモイ後、比較的自由な信仰活動が許されている。

国道一〇号の東

国道一〇号を東南に進んでナムディン市に向かう。国道一〇号の南脇に、統一鉄道が走っている。統一鉄道はこの箇所だけ、ハノイに直行せず、一号とも分かれてナムディン市方面に大きくカーブする。このあたり景色が一変する。国道の西側は低平な海抜一メートル以下の湿地が広がる。デルタで高度では一番低い。海抜一メートル以下の平地が大部分である。下デルタと言う。湿地の中に赤褐色の崖肌、頂に緑を残したチュオンソン山脈の残丘がぼこぼこと連なる。こんな残丘群の中に、我が国の恐山のようなシャーマンたちが集まるフーザイ神社がある。ベトナム中から信徒が集まる名所だが、一〇号から左に折れてすぐだ。憑依信仰は北ベトナムでは珍しくない。フーザイのような古くからの名所がある一方、新しいシャーマンの女性が次々と生まれ出ている。憑依霊は四人いる。憑依すると震え出す。その一人はタバコが好きだ、憑依に達すると、数本の紙巻きタバコをいっぺんに吸い出す（**写真9・10フーザイ神社**）。

写真9

写真10

国道の東側には、国道や統一鉄道に沿って、高度三～四メートルの古い砂丘が南北に走る。砂丘の上は多くの場合、林に囲まれて住宅になっている。砂丘列の切れたあたりからは、数キロを隔ててナムディン川の大堤防が見える。

このあたりをナムディン省と言う。面積一六五〇平方キロで、紅河デルタでは新ハノイ、旧ハタイ省についで第二の面積を持つ。人口も一九九万人、これも第二位だ。だがこのあたりは隣のニンビン、北のハタイ、東のタイビンとともにぱっとしない。開拓史としては新しい。にもかかわらず人口は多い。前述のように紅河デルタは、全体としても世界一の人口密度を持つが、その中でもナムディン省一一九六人、タイビン省一二〇六人は多い。ナムディン省、タイビン省はデルタの中ではハタイ省に続く広い省である。結果的に両省だけで三一〇万を超す人口を持つことになる。

この過密さは、もともと人が村内に滞留することを許さない。かと言って、自然堤防群のあるデルタ中核と違い、この下デルタにはろくな手工芸もない。亜熱帯デルタ特有の干ばつ、冷害と洪水に常時苦しめられる。ひとたび農業災害が起こると、底辺の人々は大量にムラを出て、食を求めて放浪する流民になる。後述する一九世紀、ナムディンやニンビン下流の沿岸湿地を開拓したのは、これらの流民たちだ。

＊4　一九五五年に北部で結成され、一九七七年に南部の組織を吸収した公認社会組織の連合体。労働総同盟、農民会、退役戦士会、婦女会、長寿会などが参加している。憲法で定められた正式な政治組織で人民の政治的発言の場とされる。法案の国会提出権を持ち、議長は閣議に参加できる。

フランス時代になると、都市が流民たちに職と生活を与えた。ナムディン市の名物産業、紡織工場労働者はもちろん、ホンガイ炭坑(10章六六二ページ)の労働者にもナムディン人が多い。一九二〇年代以降のタイグエン地方のゴム園労働者として中部に流れていった労働者にもナムディン人が多い。一九九〇年代半ばまで、ハノイのシクロ(三輪自転車タクシー)ひきはナムディン人ばかりだと言われた。もっともこれは噂であてにならないが、ナムディンの人々が、都市の主体ではなく、都市住民の周辺でサービス業に従事する人々というイメージが強い。つまりナムディンとその周辺は、貧しい紅河デルタ、農村的紅河デルタを典型的に表現している。

バックコック

バックコック計画

一九九四年以来、私の参加する総合的村落調査「バックコック計画」が進んでいる。ドイモイ当初、ベトナムでの村落調査は困難をきわめた。政府はもちろん外国人に敵意を持つ農民たちは、外国人調査者のムラ入りを嫌忌した。内務省の許可なしに外国人がベトナムを自由に旅行することさえ御法度だった。一九九三年春、外国人の国内旅行制限が解かれた。この機会を待ちに待っていたベトナム地域研究者のグループは、最初の本格的な村落調査の場として下流デルタのナムディン省ヴーバン県バックコックムラを選んだ。一九九四年夏のことである。

バックコックムラはハノイから南に九〇キロ、紅河の分流ナムディン川の西岸にある。南北に走る川に沿って古い砂丘列が二重、三重に連なる。砂丘列間、また砂丘とナムディン川堤防の間が広い低地水田になっている。このムラは、砂丘と低地の組み合わせからなる複雑な微地形を持ったムラだ(**写真11 バックコックムラ。一九九八年**)。

バックコックムラはこの砂丘列の上に乗る五〇〇戸ほどの古いムラだ。今はもう二つのムラと一緒になってコ

写真11

写真12

クタインという名の合作社を作っている。砂丘列の高さは三～五メートルはある。すべての家が二四〇平米ほどの宅地を持っている。宅地の中には七〇平米ほどの家が建つ。八〇～九〇年代にはほとんどが煉瓦壁に赤い瓦を乗せた伝統的な家だったが、二〇〇〇年代に入って鉄骨コンクリートの四角い二階建ての家が増えた。森と家、生け垣が高地を覆い、高地下部には畑地が広がる。多くの家は宅地に掘り込みの池を持つ（写真12 バックコックムラの掘り込みの池。二〇〇五年）。

食べるための経済

砂丘の東西に水田が広がる。一九八一年までは、ほとんどの水田は合作社の集団所有、集団生産のもとにあった。その後、合作社の土地はすべての農民に均質、平等に分け与えられた。家族あたりわずかに二〇〇〇平米に及ばない水田を経営している。では貧しいかというとそうではない。二〇〇〇平米の水田は稲が二期と、野菜やジャガイモの複作が可能だ。籾では年間で二トンの収量がある。平均家族数は四人、飯米の二倍以上だ。多くの農家が余剰米を売らない。一つに米産国ベトナムでは籾価格はあまりに安い。売れば一キロ四〇〇〇ドン、二〇円強にしかならない。だから米作りは食べるための経済である。

合作社の主な機能は、農民の水稲作へのサービスである。種籾、肥料、栽培指導、一斉除虫、集団でしかできないことのすべてを合作社が管理し、面倒を見る。バックコックの属するコクタイン合作社のなによりもの使命は、農民に安定した食を供給することだ。

残った籾は合作社の諸サービスを支払ったのち、主に豚を養う。最近は減ってきたが、それでも一戸に三〜四頭の豚がいる。紅河デルタの豚は家族と一緒に米を食う。籾は豚肉に代わって市場に出る。そして豚の糞は重要な肥料だ。

今は食べるためなら困らない。しかし、滔々と市場経済の波はこのムラを襲ってくる。現金収入がいる。豚に並ぶ現金収入は野菜栽培だ。バックコックムラの家はどれも古い砂丘の上にある。庭の中や砂丘裾の専用畑地で低地の村落では難しい多様な野菜の栽培ができる。見事に水利管理ができる水田の裏作にも野菜が作られる。米は男性の仕事で、野菜は女性の仕事だ。農家の中年以上の女性は野菜を作り、ナムディン市の市場に自転車で運ぶ。野菜や豚は現金を得るための農業だ。自転車の荷台に二〇〜三〇キロの野菜を満載し、一〇キロの道を往復したところで、一日の売り上げは、平均すれば一五〇円から二〇〇円にしかならない。それでも、八〇年代、農業が自由化されるとともに、野菜と豚が、これまで草屋根、泥壁でしかなかったバックコックムラの家を、煉瓦、瓦葺きに変えた。ラジオさえなかった家がテレビが買えた。四年制小学校がやっとだった子供たちが高校に通える。九〇年代、わずか年に二万円ほどに満たない現金収入といっても、人々は歴史を通じて経験したことのない、充足した「豊かさ」を感じていた。住む土地があり、十分な食料があってこそのユートピアだ。

社会的農業

しかし、もともとは、ひどく貧しいムラだった。歴史を通じて飢饉と餓死は紅河デルタ農民につきものだ。一九四五年の飢饉では、バックコックムラの人々の二五%が餓死した。餓死者はまったく土地を持たず、小作もできず、賃労働でだけ生きていた家族に集中した。全滅した集落もある。しかし、ほんの少しでも土地を持っていた家に被害は少ない。バックコックムラの水田の四〇%が公田だったこともある。隣村のフーコックムラでは、一九五七年の土地改革まで、水田のすべてが公田だった。バックコックムラでは、公田は厳密に登録村民に分給された。成年男子あたり七二〇平米で、村落家族のほぼ四分の三がその恩恵を受けた。一九四五年の大飢饉でも、公田を受給していた家族からはほとんど餓死被害が出ていない。当時の収穫では、七二〇平米でわずかに一〇〇キロ程度の籾しかとれない。それでも一家の餓死は防げた。この経験は、長い年月にも何度も積み重ねられたものだ。貧しい財を成員に平等に分配し、最も効率的に利用し、損害を最小にする。これが公田制に代表される土地均分の思想だ。しかし、それはそのムラに住むすべての人に均分されるわけではない。飢饉などのたびにムラに流れ込み、そのまま定着した新来の人々は、非村民扱いを受け、公田の受給資格がない。そして餓死被害はこの人々に集中している。

一九五七年、ハノイ政府がこのムラに委員を送り込み、土地改革を実施させた。すべての農民は地主、富農、中農、貧農、雇農に分類された。地主や富農は処罰され、土地を没収された。ところが、ほとんどの地主たちは抗仏戦争の末期に、土地をたたき売って南部に亡命している。普通の農民の中から無理矢理、地主や富農が作られ、処罰された。個々の事情などはまったく無視される。数百年にわたって、外からの苛斂誅求のすべてをムラの中の寄り合いで決めていた社会が、初めて外部の直接で苛烈な干渉を受けた。さまざまな政治的な葛藤がムラを分裂させる。自殺をはかった人もいる。共産党に挫折して、田野にこもった人もいる。

しかし、それでもまもなくムラの団結は復興する。政府の行き過ぎ修正政策を受けて、ほとんどの人はこれまでの自分の土地をそのまま維持した。公田や地主の放棄田を原資に、土地を持たない人、公田をもらう資格のない人にも、成人男女七二〇平米をめどに分配した。土地改革は公田制に代表される土地均分思想を、すべての村民に拡大した。中年になるまで、土地というものを持ったことがなかった一寡婦は言う。「自分の土地で働き、その収穫がみな自分のものになる。毎日、働くことがうれしくてたまらなかった」。こうした人々がベトナムの社会主義を支持している。

ベトナムの社会主義化が進むとともに、すべての村民の平等性はどんどん高まっていく。そして、一九五九年、平等性のきわめつき、当時の北ベトナム全土に農業合作社が生まれる。農業合作社は、日英語ともに農業協同組合と訳され、資本主義国の農協のイメージを持たれる。しかし、日本の農協に似た組織が生まれるのは一九九五年の新合作社法以降で、それ以前の合作社はまったく違う。一九九五年以前といっても、三〇年以上の歴史を持つ合作社はそれぞれの時代によって、大きく変わる。しかし、どの時代でも合作社は、なによりも限定的な土地財産を最大限活用するために、集団化を目的としていたことは変わらない。また、合作社組織が既存のムラ組織に完全に依拠し、重複するものであることも共通している。

一九五九年、バックコックムラの各集落で、共産党員などの有志が集まって、土地を共有化し、集団労働を展開する初級合作社が生まれた。党員の勧誘と地域ぐるみの社会的圧迫に閉口した農民たちは、党と国家への忠誠証明として合作社に次々と加入し、三年前の土地改革で手に入れた水田を合作社に納入した。数百年続いた公田制度や、土地改革に慣れた農民たちには大きな抵抗はなかったろう。実際、初級合作社の土地はいったん集団化されたあと、各家族の成員数にしたがって再分配された。こうして、翌一九六〇年には、初級合作社は集落全員参加の集団になった。

一九六五年以降ベトナム戦争が激烈になる。合作社は農民や地域を飛び越えて総動員体制の基幹組織になる。高級合作社が生まれる。高級合作社は大きく初級合作社とは違う。複数のムラムラが政府の命令で統合された組織だ。ムラムラはそれぞれに文化も伝統も違う小宇宙だ。まず地域の合作社ではない。なによりも、個別の経営が許されない。合作社に集中された土地は、集落を衣替えした五〇戸から一〇〇戸程度の生産隊に分けられ、集団的に耕作された。生産隊は労働に応じた点数を受け取り、その点数を農民の労働に応じて分配した。全収量は合作社に納入され、その中から税、国家供出分、合作社保留分を除いて点数に応じて農民に分配された。さらに、労働力が少なく、したがって労働点数が少ない家庭には救済措置として、最低量が担保され、また労働力が豊富な家からは一定量以上の労働点数は強制的に買い上げられた。徹底した平等原則が守られた。

絶対量が足りない。技術と肥料の不足から生産性は少しも伸びない。特に抗米戦争中は、成年男子のほとんどを徴兵され、米軍機の銃撃のために昼間の農作業ができない。夜間、ランプ片手の作業では稲の世話が十分にできない。収量は低下するが、国家への供出は変わらない。結果的に、労働点数あたりの籾量は激減した。労働点数だけでは二ヵ月分にも足りない時があった。合作社が山地から仕入れたキャッサバやソ連の援助の小麦粉や、雑草の根を米粒と混ぜた飯（アンドン）が唯一の食物であった時代が続く。誰もが空腹の時代だったという。しかし、かつての飢饉とは違う。結局、猛烈な飢餓にもかかわらず、誰一人餓死者は出なかった。徹底した平等原則が、ライフラインを守り抜いた。

それは政府の政策に忠実だったからだけではない。地域の側から陰に陽に政策に対する抵抗が続く。政府の決めた合作社の枠組みは何度も地域の抵抗で変えられる。集団労働を請け負う生産隊の下に、親しいもの同士で非合法にグループが作られ、生産隊から労働を請け負い、内部で労働点数を分け合う。どうにも食べられなくて、合作社労働を抜け出し、日雇いに行くものを隠す。いろいろな方法で、政府が一律に決める合作社生産を地域の仲間たちが助けあえるように変えていく。それでも政府への供出量だけは守られる。政府が主導する集団主義と、地域の共同体とが互いに妥協しながら、戦争下の生産と生活を守っていく。

バックコックムラの戦争

その忍耐の源は「戦争だからしょうがない」という、農民たちの言葉に象徴される。救国戦争だから、我慢ができた。みながすべて平等だったから我慢ができた。そして青年たちは、そのいのちさえ戦争のために投げ出す。

紅河デルタの戦後は三つの戦争に分けられる。一九四六年から一九五四年までの抗仏戦争、一九六四、五年から一九七五年までの抗米戦争、そして一九七九年から一九八九年までのカンボジア戦争だ。どの戦争でもムラのほとんどの若者が動員された。合作社では一〇〇〇戸ばかりの中から、三度の戦争で一一六人の戦死者、八〇人の傷痍軍人を出している。しかも、ほとんどの戦死者は一九四〇年から一九五〇年生まれまでの男性に集中している。多くの家庭が戦死者の霊位を置いている。戦争の人的被害は想像を絶して大きい。

さらに、一九六五年から一九七五年の一〇年にわたって労働力不足がムラを襲う。生産の主体は老人と女性である。その労働力に、防空壕掘りや、軍需品の人力運送、村落民兵の動員がかかってくる。幼児を抱えた女性にも猶予はない。この時代は第一に空腹であり、第二にすさまじい労働の連続だった。どうして耐えられたか。人々は答える。救国戦争だから、そしてすべての人が同じ困難にあったから。なによりも、それ以外の生き方がない。

ムラのドイモイ

一九七五年に戦争は終わった。ベトナムの新しい危機が、この時に始まった。パリ会議で約束されたアメリカからの援助は凍結された。復興は遅々として進まない。七六年からは中国の援助も停まった。そして一九七九年から、対中戦争、カンボジア戦争が始まった。戦争が終わっても少しも負担は減らなかったと、すべての農民たちは述懐する。

我慢にも限度がある。負担に耐えきれなくなった農民たちは、合作社労働をサボタージュして、不法な出稼ぎや行商、また家族経営がわずかに許された自留地[*5]での生産だけに精を出すようになった。一九七〇年代末、合作社の集団労働は事実上解体した。ナムディン省の米穀生産は二〇％も落ち込んだ。バックコックムラの農民たちは、それでも合作社を維持しようとがんばり続ける。

一九八一年、経済危機と農業危機、それに対中戦争、カンボジア戦争の重荷に耐えきれなくなった共産党は、ついに政府主導の集団農業政策の大転換を図る。ベトナム社会主義変質の第一歩が始まった。「一〇〇号書記局指示」と呼ばれる。

一〇〇号指示は、実質的に合作社集団農業の解体だ。合作社の土地は個々の家族の労働力に応じて分配され、水利や種籾、防虫など、最低の集団作業を除いて、農民の経営に任された。収穫から合作社に契約供出量を納入し、労働点数に応じて籾を受け取ることは変わらない。しかし、供出した残りは自由処分が許される。

効果はすぐ現れた。農民たちはなによりも時間が自由になったと言う。これまで集団労働では一ヵ月以上かかっていた田植えが、わずか一週間でできるようになった。組織によらず、命令によらず、自分たちで自由に時間が選べる。

農民たちの手取りも大幅に増えた。実は一〇〇号指示の一四年前、一九六七年、ベトナム戦争直下のバックコックムラで、巨大な水利工事が完成していた。ソ連の技術援助と農民の労力奉仕で、電動ポンプを基幹とする近代的水利システムができあがり、歴史を通じて農民を苦しめていた夏季の排水、沼の水田化が可能になり、夏冬二期作ができるようになった。しかし、この時まで一〇数年にわたって、二期作用の種籾、肥料、防虫剤などの技術がともなわず、二期作化は失敗を繰り返していた。八〇年代、ようやく努力が実を結んだ。時を選ばない新品種が導入され、各種技術がようやく定着した。そして、それを可能にする自由な労働力が生まれた。八一年からの生産の歴史は倍々ゲームだ。ヘクタール二トンそこそこの収量は九〇年代はじめには五トンになり、それも

＊5　北部では一九六〇年前後に、南部では一九七〇年代末に展開された合作社運動では、すべての農地は合作社の共同集団生産の場とされた。しかし、宅地内とその周辺の菜園は自留地として、集団農地の五％を原則として、家族経営と産物の自由処分が認められた。

二期作化された。単純には五倍以上の収量が可能になった。一〇〇号指示が農民に最大の意味を持ったのは、この収量大激増にもかかわらず、合作社への供出量は、低い生産段階のままで据え置かれたことだ。増収の利益は、合作社でも国家でもなく、農民のポケットに落ちた。農民たちは言う。一〇〇号指示で餓死から逃れた。賢い政府と賢い農民たちが、かたくななイデオロギー支配から逃れた瞬間だ。

一九八七年、農業生産の目に見える拡大を前に、経済全体のドイモイ化を図る党と政府は、ついに集団生産機関としての合作社の解体を決意する。「一〇号決議」と言う。さまざまな試行錯誤を経て、一九九三年、合作社はその土地を農民に平等に分配し、相続、売買可能な使用権を付与した。土地の均等均質分配は緻密をきわめた。すべての土地は収量や遠近を規準に五等に分けられ、すべての家庭が五等の水田を少しずつ持ち合うことになった。このために、一軒の農家の土地は平均一五ヵ所に分かれることになった。効率はきわめて悪い。二〇〇三年に再分合がなされたが、それでも一家庭の土地は五ヵ所以上に分かれる。農民たちは多少の効率を犠牲にしても、均質均等な分配を求めた。零細でも、この均質均等さ、生きるための最低限の土地保有が農民に安心感を与え、バックコックの社会の安定度を高める。だから農民たちは、土地を手放すことがない。一九九三年から現在までバックコックには相続を除いて土地の移動はない。それは土地が経済や効率で語る財ではなく、生命を守る財だからだ。

サン・ディー・トイ・ヴェー

二〇〇三年、土地の新しい交換分合がなされ、バックコックの農民たちの食べるための経済が安定した年の暮れ、今度は稼ぐための経済部門に新しい、大きな動きが始まった。バックコックからわずか七キロの地に、ナムディン省の工業団地ができた。ムラの青年たちの目の前に巨大な労働市場が開けた。家庭の現金収入の多くを教

写真13

写真14

育にまわしてきた農村青年たちの学歴は高い。二〇〇〇年代では男子青年の多く、女子青年の半分が高卒だ。しかし、これまで近代の労働市場で働くことは、家郷を遠く離れることを意味した。今のベトナムは高学歴社会だ。高卒程度の賃金では、都会の下宿や食事で消える。家への仕送りはもちろん、家族を持つことさえ難しい。ところが、目の前に工場ができた。その労働力需要は二万人を下らない。賃金レベルは都会に比べ低く、月に六〇万ドン（二〇〇九年では三〇〇〇円）から一〇〇万ドン（同五〇〇〇円）にすぎない。としても、家から通えば必要経費はバイクのガソリン代だけで、食事も寝所もただだ。遊ぶことの少ない農村青年は、全額に近い額を父母にわたす。父母はその金を子供たちの将来のためにひたすら貯金する。その貯金は資本として再び市場に還元される。父母が食べるための経済に特化し、子供たちは稼ぐための経済に特化する。

私たち、バックコック研究グループはこれを「サン・ディー・トイ・ヴェー」労働と呼ぶ。サンは朝、ディーは行く、トイは夜、ヴェーは帰るの意だ。朝、市場社会に行き、夕、伝統社会に帰る。私たちは、共同体を維持しながら市場に参加する、資本蓄積段階のベトナム農村に最も適した労働分配として、合作社やさらにはベトナム政府に提議している（**写真13 バックコック。二〇〇一年**）（**写真14 バックコックの家々。二〇〇四年**）。

写真15

写真16

紡織の街、ナムディン

ナムディン市

フーリー（ハナム省）から五〇キロ、北部第三の町、ナムディン市に入る。人口一九九万（二〇〇七年）面積一六五平方キロのナムディン省の省都である。ナムディン市の南に紅河分流のナムディン川が流れ、国道一号沿いのニンビン市近くでダイ川に交わっている。一〇〇〇年も前にはこのナムディン川が海岸線だった。ナムディン市は、このナムディン川と紅河の分岐点の西岸の広い微高地上に乗っている。ナムディン市は紅河本流の港町だ。

市内人口は二〇万、市内中央のヴィホアン湖畔公園をはじめ、よく整備された美しい町だ。湖畔にはベトナム一美しいドームを持つコアイドン聖堂がそびえる。ナムディン省には一四〇の教会と約四〇万の信徒がいる。

ナムディン市は美しい町だが、もう一つ活気に欠ける。商店街もドイモイ前と同じようなキオスク状の小店が延々と続く。他の大都市のような大規模商店はまれだ。ベトナムの経済発展から置き忘れられた町のようだ（**写真15 ナムディン市の商店街。二〇〇九年**）。

しかし、フランスは早くからナムディン周辺の過密な労働力に注目し、一八八九年、当時、アジア最大と言われたナムディン紡織会社を設立した。現在、ナムディン市中央のトーヒュー通りの両側に歴史遺蹟のような巨大な施設がある。この工場はかつて、インドシナ最古の近代工場、東洋最大の紡織工場であった。現在の統一鉄道が、国道一号と違ってフーリーからいったん東に進み、ナムディンを経由してニンビンに戻るというやっかいな三角形を描くのは、この紡織工場のためだ。一九五五年にフランスの撤退とともに、ナムディン紡織工場は国営工場となり、ナムディン連合紡織工場として引き継がれ、最盛期には東欧やソ連への輸出を中心に関係労働者総数四万と言われる当時のベトナムでは最大規模の工場となった。ナムディン市はこの紡織工場の企業城下町になった。ナムディン省の老人たちの多くがなんらかの形で繊維工場に結びついている（**写真16 ナムディンの紡績工場。二〇〇四年**）。

しかし、ドイモイ後、ナムディン紡織工場は、ほかの国営企業と同じく、外国市場の多くを失い、また廉価な中国製品に国内市場も奪われて衰退した。九〇年代に入ってから、政府は本格的な国営企業改革を進めた。一九九四年、首相府は総公司規定を定め、すべての国有企業[*6]を産業別企業グループと同業種企業の水平型企業グループに分けた。ナムディン紡織会社は、ベトナム紡織総会社 VINATEX（Vietnam National Textile and Garment Corporation）に属するナムディン紡織会社として再建を進めた。二〇〇五年には、国家有限会社 NATEXCO（Nam Dinh Textile Company）となった。この間、多くの下請け会社を切り離したあとも、なお約七〇〇〇人の労働者が働く国家持ち株会社である。

しかし、対中国製品との戦いは依然、難しい。ナムディン紡織工場自身、外国投資からも見捨てられた感がある。一九八八年外国投資自由化の開始から、二〇〇四年までの累積外国直接投資額はハノイが約九九億六五〇〇万ドルであるのに対し、ナムディンは九二〇〇万ドルとハノイの一％にも満たない。もっとも、当時はニンビンが九一〇〇万ドル、タイビンが四〇〇〇万ドル、ハナムではなんと一〇〇〇万ドルにすぎない。ナムディンは乗り遅れた下デルタの経済発展の中では、繊維工業があるだけましだった。

＊6　国有企業とは国家が株式の五〇％以上を所有する企業を指す。また国家所有株式が五〇％以下の場合は、国家資本を有する株式会社と呼ぶ。

私は毎年、数度ナムディン市を訪れているが、いつも延々と続くキオスクが集合したような町並みの変わらなさに唖然としたものだった。

しかし、変化のきざしは既にある。二〇〇三年頃に、国道一〇号が高速化されたことである。一〇号は国際港ハイフォンの北、クアンニン省のビエウギに始まり、ニンビン市で国道一号に交わる一五一キロの国道である。今はまだ全線開通というわけにはいかないが、ハイフォン、ナムディンでは高速化されている。陸の孤島のようなナムディンと国際港ハイフォンがつながった。二〇〇三年、改修された国道一〇号のナムディンターミナル近くに、省立ホアサー工業区が成立した。ナムディンで最初の工業区だ。面積三二六・八ヘクタール、労働者総数二万六〇〇〇人、投資総額は三四七〇億ドンである。最大の企業は韓国系繊維会社で、労働者総数の半分を雇用している。この建設が農村社会にサン・ディー・トイ・ヴェーの労働形態を生み出したことは既に述べた。

陳朝

ナムディン市を紅河に向かって北上する。国道四八七号は昔ながらの狭い道路だ。東側に南北運河が走る。紅河とナムディンを結ぶ古い漕運運河だ。ナムディン市中心から五キロほど、運河の北端に近く、三つの神社建築が並ぶ。陳氏神社《デンチャン》と言う（**写真17　陳氏神社。二〇一九年**）。陳朝の諸帝を祀る。旧暦一月一五日の大祭には、全国からの参拝者で埋まり、雑踏をきわめる。陳朝の出身地、即墨郷《トゥックマック》がここだと言う。

陳《チャン》朝は、ハノイに都を定めた李朝を簒奪してできた王朝だ。だいたい一三、一四世紀、おおよそ二〇〇年間、ハノイに都した。陳朝の先祖は中国の水上民だったとも言い、福建あるいは桂林の人とも言う。中国人だったらしい。ベトナムに移住してからは、東デルタからゆっくり西に移動し、四世の陳京の時に南道の地に定住したと言う。李朝に比べれば海の残滓が強く残る人々だ。一三世紀初頭、ハノイの李朝の内紛から、紅河デルタ一帯に群雄が割拠する。群雄たちの間で、紅河、ダイ川の水運を抑えていたのがナムディンに拠る陳朝の父祖だ。

陳朝の統治期間は短いが、大きな事件がいろいろ起こる。まず南進《ナムティエン》だ。南進は紅河デルタのベト人が、南に下って、チャム人の中部、クメール人の南部をベト化していく歴史を言う。南進は一〇世紀のホアルー時代にも、一一世紀から一三世紀の李朝時代にもあった。しかし、これまでの南進は、言ってみればチャムの都を焼き、財宝や奴隷を連れ帰る、強盗のようなものだった。陳朝からは本格的な領土化が図られた。フエ地方が一時的とはいえ、ベトナム領になったのはこの時期からだ。

もっと重要なことはモンゴル・元朝との戦いだ。ベトナムには、日本の元寇経験よりもはるかにシビアな元寇の時代があった。一三世紀、元は南海交易の独占を狙って、東南アジア各地に兵を送るが、ベトナムはその最初の犠牲になる。一二五七年、一二八四年、一二八七年、三度にわたり紅河デルタはモンゴル・元軍に踏みにじられる。しかし、陳朝と紅河デルタ農民は、徹底した抵抗を貫徹し、ついに元軍を国土から駆逐した。抗米戦争と並ぶ民族の大叙事詩だ。現在、ナムディン市中央のヴィホアン公園に立つ巨大な陳興道《チャンフンダオ》像は、二〇〇二年頃、この対元戦争の英雄を顕彰したものだ。

写真17

陳朝の時代はまるで戦争で明け暮れているようだが、実は現在の紅河デルタの外形をつくりあげたのは陳朝だ。前述のように、紅河デルタの全面水田化は、堤防網のおかげだ。その最初の堤防網は陳朝によって建設された。ベトナムの正史『大越史記全書』の一二四八年の条に言う。「諸地方官に命じて堤防を作らせた。源頭より海岸まで洪水を防ぐためである」。一四世紀末の明人の観察では、今の堤防ではない。高さ一〜二メートル程度の土盛りにすぎないが、それでもヴェットチ（現フート省）から、ナムディンまで紅河本流に沿って、最初の堤防網ができた。

もう一つはナムディン沿岸地方の農業開拓だ。記録では、一三世紀の頃、当時の陳朝の王族たちが海岸に簡単な輪中堤防を作り、奴隷に耕作させたとある。実際、陳朝の王族たちの居所をめぐると、大半は沿岸湿地を簡単な輪中堤防で囲いこんだ地域が多い。陳朝はデルタの開拓者だ。それは陳朝が、低デルタのど真ん中、このナムディンの出身であったことと深く関係する。

国道二一号

チュアケオ

まだ紅河デルタには近代的な沿岸道路はない。沿岸地域には沿岸各省の省都であるニンビン市、ナムディン市に戻ってそれぞれ国道一〇号、二一号で南下するのが楽だ。ナムディン市内から南、ナムディン川に架けられた橋を渡り、国道二一号を南下する。古礼寺院《チュアコーレー》がある。ファットジエム大聖堂は、かぎりなくベトナム建築に近い教会建築だが、これは同じく一九世紀の末にできたかぎりなく教会建築に近い仏寺である。バシリカ式の構造も、祭壇も椅子の聴聞席も一見するかぎり教会だ。

さらに進むとケオ寺院《チュアケオ》（神光寺）の端麗な建築が川沿いに広がる。チュアケオは、隣のタイビン省のチュアケオが有名だ。複数の屋根構造を持つ鐘楼建築の優美な反りは、ベトナム仏寺建築の白眉だ。しかし、実はチュアケオは二つある。チュアケオはもともと、一一世紀にナムディン省の沿岸地域、紅河の河口近くケオムラに勅命で建てられた寺だが、一七世紀に大洪水にあい、二ヵ所に移設された。ナムディン省スアントゥイ県のチュアケオとタイビン省のチュアケオだ。ナムディンのチュアケオは、ややこぶりだが、やはり一七世紀建築の優美な反りを持った美しい寺だ（写真18 タイビン省のチュアケオ。一九九四年）（写真19 ナムディン省のチュアケオ。二〇〇一年）。

写真18

写真19

潮汐灌漑

かつて沿岸のムラムラは貧しかった。海辺の土地の生産性は低く、ヘクタール四トン程度がやっとだ。新デルタの稲作収量の八〇%しかない。乾季には塩水がそのまま上がってきて野菜栽培ができない。ジャガイモやトウモロコシの栽培も試みられたが、夏は水浸し、冬は塩につかって、ことごとく失敗した。一九九三年に、この地域を初めて歩いた時には、ほとんどが草屋根泥壁の貧しい農家が林立するだけの地域だった。

このあたりの水田水利はおもしろい。北部湾の沿岸地域は、潮汐の差が大きい。上げ潮のとき河川の水が上にのぼる。淡水は潮水に比べ軽いので、河川の淡水は上にたまり、潮水は河川の底に海側からくさび状にくいこむ。この潮水で押し上げられた淡水を、水門を開いて水田に灌漑し、引き潮の時に水門を閉めて低い塩水の進入を防ぐ。塩水が入れば稲は枯死するから、管理はデリケートを極める。高い堅固な堤防と、淡水だけを引き入れて塩水の進入をシャットアウトするしっかりした水門が必要だ。潮汐灌漑は、結構、東南アジアには一般的で、インドネシア各地に今でもあるし、日本ではかつて佐賀、岐阜などの低デルタで用いられた。佐賀では淡水取水というのがこれだ。

この地域一帯の水田脇には、水田を囲む堤防列、その外側の灌漑運河、運河の中に無数に作られた木板や鉄板の水門の扉が見られる。今でも乾季作の五〇%はこの潮汐灌漑に頼っている。灌漑水利の管理は、農業合作社の仕事だ。

たとえばザオトゥイ県のティンタン合作社には県が管理する大水門のほかに、社内に約八〇の小水門があり、各生産隊が開け閉めを担当し、水門を管理維持する。水門の開け閉めは生産隊の判断だ。かつては熟練した老人が、川に舟を浮かべ、川水をすくって飲んでは、塩分濃度を測り、開閉の指示を与えた。地域集団農業の典型のようなシステムだ。

出稼ぎのムラ

一九九七年に調査したとき、状況は一変していた。九〇年代のドイモイ経済の牽引力は建築である。北部諸都市の建設ラッシュを支えたのは農民の出稼ぎ部隊だ。たとえばザオトゥイ県のザオティエン合作社では、村内の労働人口三六〇〇人のうち、五〇〇人が一年のうち六ヵ月を出稼ぎに出て、四ヵ月を帰郷して農業をした。九〇年代のハノイのザンヴォー通りには、農民出稼ぎ労働者が立ちんぼして建築企業からのトラックを待っていたし、ハノイ大堤防外には労働者のための土間の上に簡易ベッドを置いただけの簡易宿泊所が林立していた。この労働者群を送り出したのがナムディン沿岸のこの貧しい地方の人々だ。ほかにはシクロの運転手をしたり、さらにラオスやカンボジアに行って林業や運搬労働に従事したりする。国道二一号のおかげでハノイまでバスで三時間で行ける。農民たちは争ってハノイに出向いた。一九九〇年代には紅河河口のザオトゥイ県では農業収入は三割を下回り、出稼ぎ収入が六割にまでなった。ザオトゥイ県の役人は、「土地が少なく、人口密度が高いほど豊かだ」と言い切る。実際、沿岸沿いの村落では、農民の寄付でできた村内舗装道路が目立つ。ザオティエン合作社では、村内道路の八〇％が舗装化されているが、その費用の八〇％は農民の寄付だ。社員の家も新しい鉄骨コンクリート家屋が多い。

ドイモイ後の市場拡大と出稼ぎによる村落外資金の導入は、村落内の古い産業を復活させた。漁業、製塩、造船である。漁業は古い産業だが、一九九〇年代なかばから、漁業合作社の再編が進んだ。資本と技術を持った漁民だけが、共同出資で新しい船を購入し、技術を学び、陸に冷凍設備を建設し、さらに中国を含む国内外市場とのネットワークを建設する。

ナムディン省の南端ハイハウ県のタンハウ漁業合作社は、一九七七年、まだ社会主義集団経済の時代に、一五〇人の漁師を集めて作られた。一九九七年段階で七隻の漁船を持ち、冷蔵庫、製氷器を持っている。合作社は銀行から借金して船を購入する。うち三〇％は社員が拠金して返還するし、残りの七〇％は漁獲のたびに少しずつ返還していく。南はクアンビン省から北はクアンニン省までのベトナム領海で操業する。一日に七隻で一八トンほどの水揚げがあり、一年では一五〇～一八〇日操業する。とれた魚はそのまま沖合で中国船に売ることが多い。

沿岸の砂州地帯では、輸出用のエビカニを養殖しているところもある。たとえば、先のザオティエン合作社では、五〇％の村落世帯、一〇〇〇戸が個人の池を持ってエビカニ養殖をしている。中国輸出用のスッポン生産も始まっていた。もっと沿岸の合作社では塩分濃度の高い潮水を利用した天日製塩業がある。

農業環境に恵まれない地域が、ドイモイ経済の下では逆に生産、労働の多様化を進めている。しかし、いかにもデルタ中央に遠い。交通インフラもまだまだだ。ハイハウ地域では、ベトナム企業連合のVINASHINが新しい工業区を建設しているが、まだ外国からの進出企業は見当たらない。この地域の課題は出稼ぎ世界から脱皮して、在地の生産性を高めることにあるが、まだまだ模索中だ。

まもなく国道二一号はハイハウ市を抜けて南、庶民の海水浴場ティンロンの海辺で終焉する。ティンロンは外国人のほとんどいないベトナム庶民のためのリゾートだ。日本の昔の海水浴場のように、よしずばりの小屋が密集し、貸し水着や貸し浮き輪の店が砂丘上に散らばる。

国道一号の南

フーリー——湿地の中のビル街

海辺から二一号でナムディン市に戻り、そのまま二一号で西に向かう。低湿地のど真ん中に新築のビル街が出現する。フーリーだ。九〇年代まではハドン低地（次項）の排水を一手に引き受ける水郷の町だった。二本の東西運河が紅河とダイ川を結び、その結節点にある。だから至る所に湖沼が散らばり、雨季、冠水しない土地はほとんどない。小さな町だった。ところが今は国道一号のバイパスの出口であり、国道一号とデルタ第三の都市ナムディン市を結ぶ結節点である。一九九六年、人口八三万人、面積八六〇平方キロのハナム省が生まれるとともに、フーリーはその省都になった。湖沼や運河が埋め立てられ、省にふさわしい行政施設が次々と建設され、田舎町のイメージは一変した。しかし、最近までは大湿地、湖沼の地だ。危うさが残る。[*7]

実際、紅河デルタではこのハナム省を境に海外直接投資は大きく減少する。二〇〇三年までは一〇〇〇万ドルの外国直接投資しかなかった。これはハノイの一〇〇〇分の一程度だ。しかし、二〇〇三年の紅河一号バイパス（ハノイ・フーリー間）は、フーリーを一変させた。ところが二〇〇〇年代に至って国道一号に沿った地域への投資が加速される。わずか三年後、ハナム省への外国直接投資額は一億七三〇〇万ドルと一七・三倍に膨張した。ホアサーの工業区建設に成功したナムディンでも、わずかに九七〇〇万ドルである。ハナム省への投資は二倍に近い。一号バイパスハノイ行き乗り口であるカウゼーまで、工業区が続く。ハナム省は新しい工業センターだ。

ハナム省は旧国道一号を境に東西二つの地域に分かれる。西側はチュオンソン山脈の山並みが続く。山中には著名な寺社が続く。東側は一般にナムサン低地と言われる湿潤な土地が広がっている。自然堤防が形成されたあと、干上がった土地がある。上流からの土の沖積が薄く、土壌はしばしば酸性を呈して農業に向かず、また標高が低く、周囲を自然堤防や山地で囲まれるために洪水時の排水が困難で、雨季にはしばしば湖水のようになる。こうした土地を後背湿地《バックスオンプ》と呼ぶ。メコンデルタ北西部のドンタップ低地（藺草平原）が有名だが、紅河デルタにも自然堤防の高みの裏には、後背湿地が広がっている。ナムサン低地もその一つだ。大紅河とダイ川に挟まれ、デルタ中央の自然堤防地帯の水がナムサン低地の中に排出される。歴史を通じてひどい洪水被害をうける。最もひどかった一九七一年四五％、一九八五年三〇％、一九九四年二〇％の土地が水につかり収穫がなかった。

フランス時代には、雨季作（夏作）はほぼあきらめられていた。現在ではポンプ排水によって二期作が可能となった。一一ヵ所の大ポンプ場がフル回転してようやく収穫できる。いかにも危うい。その中でも最も低いのがリーニャン県だ。平均高度〇・八〜一・一メートルしかない。一九七一年、一〇〇％無収穫、一九八五年八〇％無収穫、一九九四年八〇％無収穫、ひどい数字が続く。こういう土地では、沿岸部と同じように、出稼ぎが多い。リーニャン県は製菓業の伝統がある。全国のパン屋、菓子屋にリーニャンの人々が動く。しかし、沿岸部のようにはいかない。このあたり、まだまだ貧しさがつきまとう。

ハドン低地

二〇〇三年に旧国道一号のバイパスが生まれた。新しいバイパスはフーリー北二〇キロのカウゼーから高速道路に乗り、ハノイ南方九キロのヴァンディエンまで五〇キロ続く。このバイパスのおかげで、これまで四時間かかったナムディン・ハノイ間が、二時間で行けるようになった。東側に紅河大堤防を見る。なかなか景色のいい

＊7　ハナム省はフランス支配時代の一八九〇年に成立したが、一九七五年以降、ナムディン、ニンビン省とともにハナムニン省を構成していた。一九九一年、ニンビン省が分離してナムハー省となり、一九九六年、ナムハー省はナムディン省とハナム省に分かれた。

道路だが、残念ながら生活空間からは遠い。ひたすら水田の中を走る。それまでは、おそらく一八世紀にはできあがっていた旧国道一号、路幅わずかに八メートルで北上したものだ。旧国道一号を走ると、このあたり道路の周囲は急速に低下していく。低地の中を国道一号が堤のように盛り上げられた高い地盤の上を走る。家々の屋根は国道一号の路面よりもはるかに下になる。ハドン低地だ。

紅河デルタの後背湿地は、大きく二種類ある。一つはハノイの西、紅河自然堤防の北に広がる。高谷好一の地形分類では「西氾濫原」と呼ぶ。もう一つはハノイの北、国道一号の東側に広がる低地で、高谷は「北氾濫原」と呼んだ（高谷好一『熱帯デルタの農業発展――メナム・デルタの研究』創文社、一九八二年）。国道一号はこの西氾濫原の中を南下する。この低地は、かつては雨季には大湖水に変じ、また紅河の堤防が切れるたびに、壊滅的な被害を受けた。歴史上最大の被害は一九一五年に、現在のタンロン橋の南詰めから、一・五キロ西にあるリエンマックが破堤した大洪水で、一秒間に六四〇〇立米と言われる水がハドン低地に流入し、その水総量は四〇〇〇万立米にもなった。ハドン低地の一〇万七〇〇〇ヘクタールの農地のうち、一〇万三〇〇〇ヘクタールが冠水し、輪中南部の低地では水高は六メートルに達し、水田はもちろんほとんどの集落は水没した。

一九一五年の大洪水の経験から、フランスはニュエ川河口とダイ川の河口に水門を設置し、普段は低地への水の進入を抑え、紅河の水位が異常に上がった時のみ、紅河本流の放水路として利用しようとした。これは洪水抵抗というより、ハノイを守るために西氾濫原にゆるやかに水を引き入れようとするもので、西氾濫原を守るものではない。

結局、この地域の洪水問題の解決は、一九六〇年代以降の排水ポンプの設置まで待たされた。八〇年代に入ると、雨季稲作も可能になった。浸水地域は養魚池に変わった。この地域は九〇年代までハソンビン省と呼ばれていたが、ハソンビン省の一九五五年の籾収穫高はわずかに二五万トンしかなかった。それが一九九〇年には四七万トンになった。

確かに、ポンプのおかげで籾生産性は、先進地域の自然堤防近辺や紅河下流地域に比して遜色なくなった。とはいえ、旧国道一号はハノイ以北、つまり残丘、自然堤防地帯での工業区の発展に比べると、微々たるものだ。工業区建設中の盛り上げ裸地をいくつか見ることはできるが、とうてい活発とは言えない。いわんや、国道一号を離れたチュオンミー低地、ハドン低地南東のナムサン低地などのムラムラはまだまだ工業化にはほど遠い。

VAC——庭・池・家畜小屋

現金収入を求める農民たちが、必死に組み立てているのが商品農業の展開である。しかし、人多く、乾いた土地の少ない低地ではタインホアのような農園設営《チャンチャイ》も望めない。そこで推奨される農業が、自給農業と商品農業を組み合わせたVACシステムだ。VAC、近年、環境リサイクルの代表的経営としてもてはやされる（**写真20　VAC農業。二〇〇八年**）。しかし、VACは一九七〇年代から、貧しく、かといって発展のための資金もない農民家庭をいかに富ませるか、必死に考え出されたものだ。VACは庭《ヴォン》、池《アオ》、家畜小屋《チュオン》の頭文字をとったものだ。まず穴を掘ることから始まる。穴の土で家や家畜小屋、畑地の基盤を作る。穴には雨水がたまって池になる。家畜小屋では主に豚を飼う。豚には糠、トウモロコシ、はては米飯を与える。養豚は肉だけが目当てではない。畑地では家畜の厩肥を肥料として、さまざまな土地にあった商品作物を植える。豚の糞は養魚にも用いられる。池の周囲には里芋や空心菜などが植えられる。乾季には肥沃な池の水が畑地灌漑に用いられる。これに家周囲の果樹林が加わる。

写真20

零細農家の市場経済用の経済活動がVACであり、生態循環型複合経営とでも言うものだ。しかし、実際は少し土地の高い自然堤防や砂丘周辺の村落では、八〇年代、集団農業システムが崩壊してから、農家がそれぞれの創意工夫で始めた農家経営だ。八六年にVACを推奨するNGOのVACVINA協会が設立され、九〇年代にはVACは政府やユニセフによっていまだ多角化されていない低地の水田農家に推奨され、援助されてきた。

確かにドイモイ経済の発展により、農産物の内需が拡大した九〇年代には、VAC農家の所得向上は大きな意味を持った。VACを評価するレポートは多くこの時期に出ている。しかし、ベトナム農業は二〇〇〇年代に大きく変質していく。第一にVACには農家の主婦や婚期を待つだけの女子のような、あまり労働対価に神経質でない労働力が必要だ。二〇〇〇年代には、ハノイの近郊をはじめ特に青年層に賃労働市場が開いた。デルタの農家は急速に老齢化し、今まで考えもしなかった労働力不足の問題が起こった。老人労働力だけではVACは難しい。第二に、市場経済の急速な拡大と、農産物価格の停滞は、VACでは対応できないものになってきた。新しい都市の商品需要に応えるには西氾濫原のVAC製品はあまりに限定される。たとえば、都市が求める季節外の野菜や無農薬野菜[*8]は一般農家のVACでは難しい。ハドン低地の農業発展はVACの次の段階を求めている。

バイパスをヴァンディエンで降りる。旧国道一号に出る。両側に大きな湖が出現してくる。東側を法雲《ファップヴァン》湖、西側を霊潭《リンダム》湖と言う。もともとは紅河洪水が残した三日月湖だ。長くハノイ微高地の水を引き受ける遊水池として機能していた。現在は広い養魚池になっている。一号に沿ったハノイ南方は、北方や西方と違って、延々と小商店や小さな町工場が林立して、ひどく雑然としている。南方バスターミナルを過ぎるころから、小さなキオスクがぎっしりと連なる町並みが出現する。ハノイに入った。

国道一号の北

ドゥオン川

国道一号は、北の中越国境の友誼出入地点に始まり、南はカマウ半島の突先、ナムカンに至るベトナムの中心軸だが、実はハノイで一回切れる。南からの国道一号は、おおむねヴァンディエンからはまっすぐ北進して、ハノイの中心街、旧ハノイ城の南門、クアナムで停まる。ハノイから北に進む国道一号は、ハノイ市の東北ロンビエン橋の東詰から再開する。ロンビエン橋を渡って国道一号を東北に進む。ザラム県のラブホテルが林立する奇妙な広い通りを北に抜ける。このあたりの地下地盤には岩塊がある。はるかに西方から流れた大紅河は、この岩塊にぶつかって二つに分かれる。私はこれを「ザラム衝角《しょうかく》」と呼んでいる。この衝角の上に、機関車修理工場が建っている。一九三〇年代、この修理工場は反仏労働運動の中心だった。

道の前にドゥオン川の堤防が立ち塞がる。ドゥオン川は紅河の分流で、本流がザラム衝角にぶつかって南曲するのに対し、そのまま衝角の北を抜けて東方面に進み、北から下りてくるタイビン川に交わって、タイビンデルタを作る。ドゥオン川は東の方、北部湾（トンキン湾）と紅河デルタ中央、ひいては西の方雲南高原と、東の方南シナ海を結ぶ文明の大動脈だ。ドゥオン川と紅河の分岐点では水流が滞るために、大量の砂がたまる。いつもこのあたりには浚渫船が横付けになっている。

ドゥオン川にロンビエン橋を小型にしたような、鉄橋がかかっている。ドゥオン橋と言う。国道一号は橋を渡

＊8　ＶＡＣを自然有機農業として評価する議論の多くは、亜熱帯・熱帯での野菜栽培に絶対必要な防虫農薬を考慮していない。熱帯での野菜栽培を非農薬で展開することは、完全なグリーンハウスを持たなければ難しい。

って北上する。実は現在の国道一号は、ハイフォンに向かう国道五号を七キロほど行った地点から北上し、バックザン市北で国道一号に交わる高速バイパスを指す。これも確かに便利だが、高速上で止まることも引き返すこともできない。ムラムラに入る小道が開いているわけでもない。やはりベトナムの旅は旧道がいい。

このあたりバックニン省と言う。ベトナムでは最も古い土地柄の一つだ。考古遺跡や歴史遺跡がひしめいている。バックニン省のほぼ中央を国道一号が走る。国道旧道は東側に古い並木が一直線に走り、西側に水田を隔ててランソンに向かう統一鉄道の土盛りが走る。至る所にムラムラへの小道が開く。

コーロア城

ノイバイ空港から南に北タンロン高速道路《ドゥオンバックタンロンノイバイ》が走っている。今はあれよあれよという間にハノイ中心部に着く。しかし、九〇年代の中頃までは、ノイバイ空港までは細い一車線のがたがた道を通ったものだ。タンロン橋が開通しない時など、ロンビエン橋を渡っていったん東に出る。北に曲がり、また橋（ドゥオン橋）を渡って、そこから紅河沿いに西に進み、国道三号に出てようやく北上し、ノイバイ空港の東縁に出たものだ。

国道三号に出て、すぐの道を東に曲がると、古螺《コーロア》の大遺跡に着く（**写真21 コーロア遺跡。二〇〇六年**）。コーロアはハノイの中心部からは、一二キロばかり北の紅河北岸自然堤防列の中に築かれた都城遺跡だ。これもかつてはただの農村に過ぎなかったが、今は公園化されて、観光客で賑わっている。コーロア城は伝説の城だ（**写真22 コーロア雄王廟。二〇〇六年**）。

伝承は言う。雄王《フンヴォン》の時代の末頃、中国の四川省にあった蜀の国の安陽王《アンズオン》なるものが、雄王を滅ぼし、この地の自然堤防上に城を築いた。幾重の土塁を螺旋にめぐらせ、形が田螺《たにし》に似ているために古螺城《タインコーロア》と言った。しかし、築いても築いても崩れてしまう。雄王の呪いだと言う。アンズオン王は紅河の神、金亀の助けを得て、魔物たち

写真21

写真22

を打ち払い、ようやく築城に成功する。アンズオン王は金亀の爪で弩の機《ひきがね》を作り、城の守りとする。

紅河の北岸ドンアイン県の自然堤防上に幾重もの土塁を巡らせた都城遺跡が残っていることは、既に六世紀の頃には知られていた。このアンズオン王・コーロア伝説も、後世、その壮大で奇怪な城跡遺構を見たものが作った物語だろう。

現存するコーロア遺跡は、高さ三〜四メートル（最高位八メートル）、幅一二〜二〇メートル、総延長八キロの外土城壁が大きく遺跡全体を包み込む。旧ハノイ城より数倍大きい。外土城壁の中には二層の内城壁がとぐろを巻く。最高の高さは一二メートル、幅二五メートルに及ぶ。南門など至る所にかつての建築物の跡を示す土塁が残る。総土工量は二〇〇万立米と言う。我が国の大仙陵（仁徳陵）古墳より大きい。城壁址から出土している土器（コーロア土器）は紀元一世紀のものが多く、全体ができたのはこの時代と思われるが、ドンソン銅鼓をはじめ青銅製の鋤先や多数の銅製鏃など、ドンソン期の遺物が出土しているので、ドンソン期に並行するものであることは確かだ。コーロアの銅鼓は、高床式の家などを示す図柄があり、ゴクルー（ハナム省）の銅鼓と並んで銅鼓の標準となっている。ドンソン文化（7章三八六ページ参照）の遺物は東南アジア中に散在するが、ドンソン期の城跡が残るのはここコーロアだけだ。

紅河ハイウエイ

華麗なドンソン文化は、ベトナムだけのものではない。その象徴、銅鼓に限れば、ほぼ現在の東南アジア全域から南中国に広がる古代稲作文化圏のほとんどに重複している。遺物で見ると、二つの中心がある。南中国の雲南と、この紅河デルタだ。雲南昆明近くの石寨山古墳には、精緻な立体彫刻をのせた貯貝器など前二世紀頃のドンソン青銅器の逸品が、数多く発見された。この昆明と紅河デルタを結ぶ道が紅河だ。紅河はメコンとちがって滝がない。小型船でも数百キロを結ぶことが可能だ。ドンソン銅鼓の代表的な図柄、ボートシーンは王舟の紅河航行を描いたものに違いない。

ドンソンの昔から紅河は陸の秘境西南中国と南シナ海を結ぶハイウエイだった。古代中国の都が長安に置かれる。長安は確かにシルクロードを通じて西方世界へのアプローチにはいいが、なんとしても海に遠い。母なる黄河はその膨大な土砂量のために航行が難しい。しかも黄河の出口は物産の貧しい東シナ海だ。南にルートがある。四川省の成都から揚子江をさかのぼり雲南省昆明に出る。昆明から紅河を下って紅河デルタに出る。このルートの重要性は一世紀、徴姉妹《ハイバーチュン》の反乱を鎮定した後漢の馬援将軍が報告し、唐代では歩頭路と呼ばれて、宿駅が用意された。九世紀、南海への進出をもくろむ雲南の南詔王国の大軍は、この道を通って、しばしばハノイの安南都護府を攻撃した。一〇世紀以前、紅河は中国の核地域を南海に結ぶ古代のハイウエイだった。だから、このあたり紅河自然堤防の両脇は、歴史が積み重なっている。

ハイバーチュン

タンロン橋を渡ってすぐ、フックイエン市に向かう国道二三号が西に分岐する。二三号から紅河北岸堤防をずるずると西に走る。八キロほどで紅河堤防の裾に大きな神社が広がる。メリン神社と言う。

紀元一世紀、バヴィ山の麓あたりに土地の豪族の娘で徴側《チュンチャック》、徴弐《チュンニー》という姉妹がいた。姉のチュン・チャックは、ハノイあたりの豪族に嫁いだが、彼女の夫をその頃紅河デルタを支配していた後漢の代官が殺してしまった。怒ったチュン・チャックは妹とともに兵をあげ、伝承では自ら象にまたがって後漢軍を打ち破った。たちまち紅河デルタ一帯を解放し、さらに中国の広州に進んだ。後漢は事態を重く見て英雄馬援将軍を派遣し、反乱を鎮圧した。中国史書では、二姉妹は捕らえられて斬首されたとし、ベトナムの伝承では自殺したとされる。ベトナム史に名高い徴二夫人《ハイバーチュン》（微姉妹）の物語である。二姉妹の活躍の場がまさにこの紅河自然堤防地帯である。だからハイバーチュン終焉の地とされるハットモン神社、メリン県のメリン廟など、二姉妹の伝承を残す遺跡が集中している。

タムダオ山――紅河デルタの守り神

二三号はそのまま北上してフックイエン市で国道二号に交わる。国道二号はノイバイ空港からデルタを囲繞する段丘の上を東西に走り、デルタの西北の頂点ヴィエットチに出る。途中、ヴィンイエンという山際と湖に囲まれた小さな静かな町に出る。山腹にたたずむ霊園でも有名だ。

ヴィンイエンから北に二八号が上る。二八号はタムダオ山を一気に登る。タムダオ山は、三島山神が座するピラミッド型の端麗な神山だ。ノイバイ空港の西北にくっきり見える三角錐がタムダオ山だ。フランス人はこのデルタ平面から忽然と湧きでる一二六四メートルの高さを評価し、避暑地を建設した。今はベトナム人のための休暇村になっている。山頂近く、南にデルタの全景が見える。山腹は花と野菜が覆っている。タムダオは後述のバヴィ山と並ぶ紅河デルタの守り神だ。

侵略街道

コーロアの遺跡の乗る自然堤防列を国道三号に沿って北に進む。まもなく、国道三号は一号と合流する。国道一号は東北に進んで中国国境ランソンに結ぶ。馬援がハイバーチュンの反乱の討伐に切り開いたのはこの道だろう。ベトナムを占領しようとする中国軍はいつでもこの道を通った。一一世紀の北宋軍、一三世紀の元軍、一五世紀の明軍、一八世紀の清軍、一九世紀の太平天国の残党たち、そして一九四〇年、日本軍もこの道を下ってハノイに来た。さらに、一九四五年には蔣介石軍がベトナム占領のために通った。一九七九年には中国軍がやはりこの道を下ろうとしてランソンまで侵入し、完膚無きまでにランソンを破壊した。国道一号は悲劇の侵略街道だ。このあたり、煉瓦城壁で囲まれ、銃眼を持ったムラが多い。常時、侵略に対する抵抗にあけくれた土地柄、デルタで革命運動に最も早く反応したのは国道一号沿いのバックニン省の農民たちだ。

一九四五年九月二日に誕生したベトナム民主共和国が現在のベトナム国家の直接的な淵源だが、その政治的基礎となったベトミン（ベトナム独立同盟会）は一九四一年五月に中越国境地帯のカオバン省で結成された。しかし、その勢力は微弱で、武力蜂起など思いもよらない時期が長く続いた。状況が一変したのは、一九四五年春の大飢饉の到来と、その後の日本軍からの籾奪還闘争の展開である。一九四五年三月九日、日本軍クーデタ[*9]の報を得て対日抵抗を決定した歴史的な共産党常任委員会が開かれたのは、ハノイから一八キロ、国道一号沿いの主要都市トゥソンである。そして三月一〇日、共産党の指導のもとに最初に日本軍の籾貯蔵所を襲って、奪われた籾を奪還したのは、トゥーソンの東南九キロ、ドゥオン川北岸のチュンマウ村の人々だったし、七月に大衆運動で籾徴発に来た日本兵を追い出したのも、このトゥーソンの町だった。トゥーソン周辺の国道一号はデルタの独立革命の最初の火柱があがった土地だ。もっとも、現在は国道一号の高速バイパスが、バックザン市の北からまっすぐ南下して国道五号に結んだ。新バイパスは周辺の景観からまったく切り離され、古道一号の醸し出すいくばくか

写真23

写真24

の感傷にほど遠い。

ディンバン神社——ムラの豊かさの象徴

そのトゥーソンの手前の道を入ると亭榜《ディンバン》神社に出くわす。ディンバン神社はベトナム古建築の白眉だ。建物は、ムラの集会所と守護神《ディンタインホアン》*10を祀る場として一七三六年に建築された。幅二〇メートル、奥行き一四メートル、一部が二層になり、緩やかな勾配を持った広い瓦屋根が乗る。屋根の裾は優美な反りを見せる。室内の欄間は細微な木彫群で被われる。革命後は長い間、米の貯蔵庫として使われていた。私が一九八五年に訪問した時は、床下までびっしり供出用の米袋が積まれていた。ドイモイ後、修築し、いまやバックニン省観光の目玉になり、裏の広い駐車場に、無数の観光バスが駐車している（**写真23ディンバン神社。一九九四年**）（**写真24ディンバン神社の内部**）。

ディンバン神社は、自然堤防上のムラの豊かさを象徴するものだが、このデ

*9　日・仏印防衛協定により一九四〇年北部、一九四一年南部に進駐した日本軍は、大戦中、フランスインドシナ政府の主権を認めていた。これを日仏二重支配と言う。しかし、戦況が切迫するとともに、一九四五年三月九日、日本軍はクーデタを起こして、フランスの主権を奪い、バオダイ帝に「独立」政府を組織させた。これを「明号作戦」、また「三・九クーデタ」と呼ぶ。

*10　ベト人の古いムラはそれぞれ日本の鎮守と同じく、守護神を持っている。中国の城濠神にならい城隍《タインホアン》と呼ぶ。タインホアンは、ムラの集会所で祀られる。これを亭《ディン》と言う。

インバンの地は最初の安定王朝、李朝の太祖の出身地として知られる。李太祖《リータイト》はハノイの建設者だ。ホアンキエム湖のほとりリー・タイ・ト花園の中に長大な像が屹立している。前述したように、一〇世紀以降、ハノイは東アジアのハブではなくなった。紅河デルタは古代のハイウエイから脱落する。紅河デルタの権力もデルタ沿海のホアルー（ニンビン省）に移る。しかし、沿海では紅河デルタ全域の支配に難しい。

リー・タイ・トはもともとこの地に生まれた僧侶だったが、志を抱いて南の方、ホアルーの黎朝に仕え、累進して軍を統括する大将軍になった。黎朝の内紛に乗じて、帝位を簒奪する。しかし、時代は、ホアルーも一〇世紀以降の新しい海の時代のハブではない。リー・タイ・トはここで一大決心をする。これまで東アジアのハブとして生きていた紅河デルタを農民の大地に切り替える。

リー・タイ・トは一〇一〇年、再びハノイに都した。故郷バックニン省の自然堤防群は、その後背地として位置づけられる。ディンバン神社の東、広い水田群の中に李朝諸帝の墳墓が点在する。[*11] この地は、ベトナムが大きく、海のベトナムから陸のベトナム、農業のベトナムへ舵を切り替えた象徴だ。

しかし、農業の時代も、一〇〇〇年を経て大きく変わっていく。ディンバン神社の東、国道一号に沿っては、トゥーソン工場群が林立する。バイパスの両側にはトゥーソン工業区とその住宅区が建設されている。李朝の奥津城もいまや、近代工場群の中にはめこまれた箱庭のようだ。

残丘の古刹

ディンバン神社から東方に低い山並みが見える。バックニン省の名山僊遊《ティエンズー》山だ。国道一号から東、自然堤防が低地の中に没入しようとするこの地域には、北部山脈の残した残丘[*12]が多い。残丘裾の高みは、自然堤防と同じように、住民にまたとない住居立地だ。残丘の裾をベルトのように丸く囲んだムラが多い。ベトナム地理学で名高い残丘周辺村落だ。

ティエンズー山の頂上近くに一〇五六年開創の伝承を持つ仏跡《ファットティック》寺があった。一七世紀に重修された建築は規模から言ってベトナム寺院建築の白眉であったようだが、残念ながら抗仏戦争中の一九四七年頃、破壊されて六〇メートル×八〇メートルという巨大な基壇と石像群しか残らなかった。ただし、精緻な彫りを持ったファットティック寺の石像、特にその阿弥陀像はベトナム彫刻の逸品で、現在、ハノイの歴史博物館で見ることができる。ティエンズーの周囲を仙山県と言うが、これも、この聖山からとった名前だ。

他の残丘の上にも、古寺院が多い。中でもハノイから国道一号を一八キロ北上した東脇にあるリム山の頂上、一八世紀に建設されたホン寺はベトナムの代表的な民謡クアンホー・バックニンで人々を集める。毎年旧暦一月一二日から一四日に開かれるリム祭りだ。

クアンホーは、我が国上代の歌垣と同じく、男女が即興のかけあいで歌いあう歌謡だ。バックニン省の四九のムラに残る。リム祭りでは、ムラムラの代表が集まってかけあいの歌試合をする。当意即妙、口説き、皮肉、毒舌、やや艶っぽく、周囲の人々の笑いが絶えない。

次第にクアンホーは中心の男女（リエンアイン、リエンチーと言う）の衣服が整えられ、踊りがつき、様式化し、そして全国に普及した。ベトナムの古典芸能会で、女性が大きな菅笠《ノンクアイタオ》をくるくる回すクアンホーの歌舞がないことはない。現在では新クアンホー《クアンホーモイ》とか、クアンホー歌《ハットクアンホー》と呼ばれ、現代化されたクアンホーが次々と作られ、CD化されている。バックニン省の自然堤防地帯はベトナム芸能の中心の一つだ（**写真25 クアンホーのCD**）。

＊11　李朝八帝の高津城を八帝陵《ランバットデー》と言う。現在の国道一号バイパスの西脇に分布する。李聖宗廟《リータイントン》なども一部は確かに盛り土を持った墳墓だが、あまり明確でないものも多い。現存する墳墓、たとえば李聖宗廟なども、南北朝期の磚墓ではないかと思われる。
　この八帝陵も実のところは後世の仮託だろう。

＊12　準平原化の過程の中で、浸食から取り残され、平原の中に屹立する丘陵。

写真25

現在は山下にティエンソン工業団地が進出している。ティエンソン工業団地は日本企業になかなか評判のいい団地で、住友電機、常陽マーク、キヤノンなど八社が展開している。それだけではなく、二〇〇六年現在、バックニンの工業団地は二六区六六一ヘクタールあり、うち一八区が活発に活動している。歴史と文化のバックニン自然堤防地帯は工業化のスピードを速めている。

工芸村

すさまじい勢いで都市化が拡大し、郊外が工場群で埋められていく中、ハノイ近郊の農民たちの生活も大きく変わっていく。農地を手放した農民たちはもちろん、いまだ農地を保有する農家も、他人に土地を貸して耕作させ、家庭の労働力はことごとく都市労働に従事する家が大部分だ。

村落が都市経済の中に吸収されていく中で、ハノイ周辺の自然堤防や、残丘上の村落にはそれぞれのムラが、専門技術を持って自立している場合が多い。工芸村《ランゲ》と呼ばれる。[*13]

一つは伝統的なムラの特産品だ。前近代の紅河デルタには、手工業特産品を持つムラが多かった。一九三〇年代前半の調査では、デルタ人口の六・八%位が手工業に従事していたという (Pierre Gourou. *Les paysans du Delta tonkinois: étude de géographie humaine*. Editions d'art de d'histoire 1936, p 453)

今でもハノイの旧市街、フォーコーの通りには商品名がつけられているものが多いが、もともとは近郊村落がその特産品を卸していたことに始まる。近代になっても工業製品に縁の薄い庶民は、ムラの作り出す鍋釜や竹製品、織物に依拠していた。ドイモイ前、あらゆる物資が欠乏していた時代、ハノイの市民の生活を支えていたのは農民が作り出す手工芸品だった。またコメコン経済[*14]が生きていた時には、絨毯刺繍など、東欧圏輸出品がムラで作られていたこともあった。近郊村落にはそうした手工業の技術伝統があった。もちろん、その多くはコメコン市場の崩壊、ドイモイ後の軽工業復興、安価な中国製品の流入で壊滅した。しかしその中で、民芸品を作り続け市場社会の中に生き残ったムラムラがある。

最も有名な特産ムラはバットチャン（バッチャン）だ。現在はベトナム陶磁器のセンターとして、多くの観光客を集めている。バットチャンムラは、ハノイからだとチュオンズオン橋[*15]で紅河を越え、すぐ右折して紅河堤防路を南下する。まもなく赤土がすす汚れる。道路の西面、紅河の川岸にかけて、ぎっしりと製陶工場とその販売店が埋める。バットチャン、漢字では鉢場と書く。李朝（一一〜一二世紀）に始まると言うが、実際には一五世紀くらいが最古の遺物だ（森本朝子「ベトナムの古窯址」根津美術館編『南蛮・島物——南海請来の茶陶』一九九三年、一二五—一五四ページ）。一五〜一六世紀に発展した。ベトナム陶磁、特にベトナム青花[*16]は当時、東アジア世界に大量に輸出された。日本では安南焼[*17]と呼ばれて珍重され、日本の各地の美術館に数多く保存されている。[*18]ベトナム各地で窯が発見されているが、その中で現代、おおいに発展しているのはバットチャンだけだ。ドイモイ後いち早く、現

＊13　二〇〇〇年代前半では技術村落はハタイ省（現新ハノイ）二八〇村、バックニン省五九村に集中している。紅河デルタではほかに、タイビン省四八村、ハイズオン省六五村、フンイエン省四八村である（坂田正三「ベトナムの農村工業化と工芸村の発展」坂田正三編『変容するベトナム経済と経済主体』調査研究報告書、アジア経済研究所、二〇〇八年、一八〇ページ）。

＊14　COMECON。一九四九年、マーシャル・プランに対抗して、ソ連の主導のもとで東欧六国を中心に組織された経済相互援助会議。一九七八年、ベトナム中国関係の悪化、米国援助の凍結によって経済不振に陥ったベトナムは、モンゴルについで二番目のアジア加盟国になった。

＊15　チュオンズオン橋は、紅河第三の橋として、ロンビエン橋の南八〇〇メートルの地点に、一九八五年に架橋された。橋長一二一〇メートル。ベトナム人が外国援助なしに独自に建設した最初の近代橋である。

＊16　白磁の素地にコバルトで絵付けした磁器。日本では染め付けと呼ばれる。

写真26

写真27

代製陶技術を導入し、伝統的なデザインに加えて新しい意匠も積極的に採り入れた。ハノイに近い便利さを生かして、観光製陶としても成功した。[*19]なによりも、細工の器用さに比して値段が安い。現在、バットチャンは年に四〇〇〇万ドル分の陶磁器を生産しているという（写真26バットチャン。一九九九年）（写真27バットチャン。二〇〇四年）。

版画のドンホームラ[*20]（写真28ドンホー版画）、木彫家具のドンキームラなど、ハノイ周辺の高みには、強固な伝統技術と巧みな市場参加によって、近代市場の中に大きなプレゼンスを示すムラが多い。

しかし、バットチャンにせよ、ドンホーにせよ、古くからの名声に支えられた点が大きい。一般の村落がすべて美術民芸品を狙うわけにもいかない。そんな中で庶民の生活を下支えしているリサイクル村落が出現している。これは回収業者が都市の廃棄物の中から金属やプラスチック製品を回収して、リサイクルの技術と組織を持つ農民に卸し、農民はこの廃棄物原料を溶解、成型して、金だらいやバケツなどに製品化し、卸しを通じて都市の販売業者に売る。こうした粗悪だが安価なリサイクル製品は、庶民の需要に欠かせない。こんなムラが北部には六一あるという。

工業区で発展する国道一号トゥーソン市の西に隣接して鉄製品のリサイクルで知られるダーホイムラがある。ダーホイムラには四〇〇年にわたる鋳鉄の伝統があった。坂田正三の二〇〇七年の調査（坂田正三、前掲書、一七一〜一九四ページ）によれば、ダーホイムラの属するチャウケ社には、工業・手工業家庭が一七五六戸あり、この部門に参加している村民は四八二〇人。それだけではなく、五〇〇〇〜七〇〇〇人の村外労働者を雇用している。ベトナム全土や、はては日本、タイなどから家庭廃棄物や建築資材の鉄くず、廃船の鋼板などが収集され運ばれてくる。くず鉄は電炉で熔解されてインゴットを作り、ここから建築用の棒鋼、門柱、線材などが生まれる。廃船からの鋼板は切断、圧延、伸鉄されて、新たな鋼材になる。これらのリサイクル工程は、それぞれ専門の村内工場があって完全に分業化されている。たとえば、一七五六戸のうち、一九六戸は電炉によるインゴット生産、一六四戸は鋳物生産、一九戸はメッキ、三六七戸は鋼材の加工にあたっている。

二〇〇三年、発展したとはいえ、家内制手工業の枠を超えるものでなかったこのムラに大きな革命が起こった。工芸村《ランゲ》に基礎を置く工業団地の創設である。チャウケ社内に一三・五ヘクタールの小規模な工業団地ができた。いくつかの工場が工業団地内に移転するとともに、家内工業（生産基礎と呼ばれる）から会社に変わり、さらに施設や機械の投資を行ない、規模を拡大したのだ。この結果、チャウケ社の工業生産は二〇〇〇年の一万九〇〇〇トンから二〇〇四年には一四万一〇〇〇トンに急上昇した。伝統的な産業として理解されがちな工芸村《ランゲ》はいまや、ベトナムの工業区による工業発展政策の一翼となりつつある。外資、輸出振興に重点を当てていた工業振興政策の中に、在地の資本、

写真28

＊17　日本に伝来した最古のベトナム陶磁器は、太宰府跡で出土した鉄絵花卉文鉢片で、一三三一年銘の卒塔婆と同時に発見された。豊臣期には安南赤絵、白磁などが輸入されていた。江戸時代には茶人に愛好され、多量の安南焼が輸入された。

＊18　ベトナム陶磁器のすばらしさについては、関千里『ベトナムの皇帝陶磁――陳朝の五彩と青花』めこん、二〇〇八年。

＊19　バックニン省では北部のカウ川近くに製陶ムラ、フーランが活発に宣伝している。

＊20　ドゥオン川の南岸、バックニン省トゥアンタイン県にある。一四〇〇年の伝統があると伝えられる。もともとは正月の縁起物の版画であるが、紙、版木も完全に村内自給で、生活や教訓を示した画題、かすんだ色合いとユーモラスな描線が愛好される。

組織、技術、そして国内市場にむけた工業部門が成長しつつある。

国道五号

ザラム飛行場

ハノイ中心から東、一九八五年にベトナム人の技術で作った最初の記念すべき橋、チュオンズオン橋で紅河を渡る。まもなく、やや広いロータリーが広がり、右手に国道五号への入り口が開く。一九九三年まで、この角には公安の監視所があって、外国人旅行者はハノイを出るたびにこの関所に旅行許可証を提出したものだ。悲喜こもごもあったザラムの監視所もいまや跡形もない。

国道五号沿いに東に進む。右手の民家の間から、ヘリコプターや小型飛行機の発着が見える。ザラム飛行場だ。ザラムはフランス植民地時代には、サイゴン空港と並ぶベトナムただ二つの公共飛行場だったし、ノイバイ空港が軍施設から民間に移行されるまでは、ザラム飛行場が国際空港だった。私は一九七五年、戦争が終わってまもなく、ザラム空港からハノイに入ったことがある。ザラム空港はまるで日本の山間の小駅のようで、荷物の受け取りもトラックがドサッと荷物をテーブルの上にぶちまけるような空港だった。そこからハノイ中心までわずか三キロに四時間もかかった。当時、橋と言えばロンビエン橋だけで、軍用トラックと庶民の自転車が優先、旅行客などは橋が空くまで、ひたすら橋のたもとで待たされたものだ。

国道五号は国際港ハイフォンとハノイを結ぶために建設された。北部では最も運送量の大きい道路だ。九〇年代までは、一車線道路でぼろぼろのアスファルト舗装がなされただけで、ハイフォンまでの間に二ヵ所のフェリーがあり、わずか一〇〇キロの道のりに四時間はかかった。そのかわり、道の両側には古木の並木が覆い被さり、水牛が行き交い、いかにも牧歌的な情緒のある道だった。

国道五号のすばらしい並木は九〇年代はじめに切り倒され、変哲もないただの高速道路に変わった。風情の消滅は経済発展のあかしでもある。国道一号のバイパス高速道路がまっすぐバックザンから南下してザラム市の西で国道五号と交わる。ザラム地域は国道一号とハイフォンを結ぶ大幹線になった。ハイフォンまでのすべての渡河地点には、橋がかけられ、ハノイ・ハイフォン間は一時間半もあれば到達できるようになった。いったん道ができれば、この地域の地盤はいい。

高度は平均で二〜三メートルを維持し、ゆるやかにタイビン川の低地に下降する。高谷好一の地形分類で言う「古デルタ」である。[*21] 土地は高くても、自然堤防地域のような保水条件はよくない。水分不足で、乾季は水田が難しい。しかも、雨季にはしばしば、西方の紅河が溢水し、紅河右岸の堤防を破り、東南に流れて排水河川のルオック川に流れ込む。そのたびに水田が押し流され、道路網は破壊される。だから、かつては豊かな土地ではなかった。

バイサイの蜂起

一八八五年、フランスが本格的に北部の支配を固めようとする時期、フランス軍に最も強く抵抗したのは、当時、葦の湿地と呼ばれた、この国道五号周辺の貧しい農民たちだった。一八八五年、フエの王宮を逐われたハムギ帝は、クアンチ省の行在所《あんざいしょ》から全国に向けて、勤王の詔勅を発する（六章三三二ページ参照）。北中部ベトナムのほとんどすべての省で、普通の農民たちが武器を持って立ち上がった。その中で、フランス軍を最も翻弄したの

＊21　高谷によれば、「古デルタ」は数万年前に堆積を完了し、現在は完全に陸化したデルタである（高谷好一、前掲書、八八―八九ページ）

は、バイサイ（フンイエン省）の蜂起だった。六〇〇の銃器を持ったバイサイの農民たちは、もっぱら傀儡軍やフランス派と目されたキリスト教徒を襲う。時には紅河を渡ってハノイの市民を脅かす。バイサイの不安定はハイフォン・ハノイというフランスの補給ラインの根幹を脅かす。だからフランスは一八八六年、一八八七年と連隊規模の討伐軍をバイサイに送る。パリの陸軍文書館に残るバイサイ討伐軍の記録には、デルタの泥沼の中に敵と遭遇できないまま奔命させられる連隊の彷徨が描かれる。言ってみれば、戦後の抗仏戦争、ベトナム戦争とまったく同じ様相が既に一九世紀末に、ここで展開されていた。人間は賢くなれない。

しかし、そのバイサイの農民抵抗も、ハムギ帝の逮捕、フランス・傀儡軍の在地駐留方式により、次第に捕捉され、一八九二年四月の戦いを最後に終熄する。戦いは山地に移る。まもなく国道五号が開通し、ケサット大運河が引かれ、バイサイはそこそこの農業地帯に変わった。

ドイモイ後には野菜など都市近郊農業が進んだ。現在、五号の両側には、水田の中に白い工場群が林立している。自然堤防地域の次の工業立地として、この古デルタに企業の熱い視線がそそがれる。

ハイズオン市――ハノイとハイフォンを結ぶ

国道五号、ハノイから東に六〇キロ、特産の竜眼の林が目立つ。人口一七三万、面積一六五二平方キロのハイズオン省の省都ハイズオン市がある。古い町だ。旧城内には古寺社が集中している。ハイズオン省は古くから陶磁器生産で知られ、多くの古窯が発見されている。現在は北部ベトナム第一の都市ハノイと、第二の都市ハイフォンを結ぶ絶好の立地から、五〇以上の工業区が生まれ、主として欧米系企業の工場が進出している。

ハイズオン市は古デルタの東の岸部に立地している。ハイズオン市の東の縁をタイビン川が流れる。実は紅河デルタは一つの水系で作られたわけではない。ハイズオンから東のデルタは、もう一つの大河、タイビン川が作り出した。特にタイビンデルタと呼ぶことも多い。タイビン川は川の名前としてはハイズオン市下流の短い部分でしかないが、タイビン川水系全体は複雑で広範囲にわたっている。源流は北方、中越国境のランソン省方面の山々から流下してきたルックナム川、また西北のバックカン省方面から下ってきたカウ川が、ハイズオン市の北で交わり、また分かれてキンタイ川やヴァンウック川、タイビン川となって海に流入する。分流点から海まで低くて平らなデルタを作る。

莫氏の根拠地

ハイズオン市の東、盛り上がった堤防を越えてタイビン川を渡る。ハイズオン市側が海抜二〜三メートルの地平にあれば、川の東側は海抜一メートル以下でしかない。見渡す限り低平な平野に網の目のように河川が織り込まれる。このあたり、古典では南策《ナムサック》、荊門《キンモン》と呼ぶ。土地があまりに低く潮水の影響を受けるために、土壌はひどい酸性を呈し、米を除けば碌な農業生産はない。しかし、この水路を利用した物流はさかんだ。

一〇世紀頃から、日本史なら南策武士団とでも呼びたい武装勢力があった。証拠はないが、瀬戸内の平氏のような商業軍事集団だったのだろう。この勢力から莫《マク》氏が登場する。

一五世紀末、時の黎《レ》朝は紅河デルタの軍事勢力とタインホアの軍事勢力の間の内紛で衰亡する。莫《マク》氏の初代莫登庸《マクダンズン》は現在、ハイフォン中央直轄市の南、キエントゥイ県を流れるベントゥイ川の岸辺で生まれた。今でも海岸までは六キロもない。当時は海辺だったのだろう。ここの漁民だったという伝承がある。彼は王の近衛から身を起こし、軍権を握ってライバルたちを倒し、ついに一五二七年、黎朝の譲位を受けて莫朝をたてた。

莫氏は歴代のベトナム王朝がことを構えた明朝に簡単に従属し、国境のクアンニン省の土地を中国に献上したので、後世、評判が悪い。しかし、考えてみれば、中国と戦争するよりは、国境の小さな土地を譲っても、友好な商業関係を維持しようとしたのだろう。実際、莫氏は王都ハノイを黎朝の後胤に奪還されたのち、国境の山岳地帯に籠もり、明から安南都統使の称号を得て対中交易を担い続ける。歴代の王朝とは異質だ。

ハイフォン市

国道五号の終点は、北部第二の都市、ハイフォンだ。五号はハイズオン市をすぎてからしばらくは田園と民家の間を走るが、二〇キロほど進んだフータイの町から突然、両側に工場が林立する空間が出現する。北側のキンタイ川（タイビン川の分流）の岸辺には造船所が並ぶ。やがてクアントアンで国道一〇号と分かれる地点から、ビルが並ぶ都会的空間に入る。ハイフォン市はハイフォン中央直轄市の中心都市、人口一八三万（二〇〇九年、旧市域七〇万）を抱える北部第二の町、第二の成長センターだ。

ハイフォン市はキンタイ川の南岸、バックダン海口の西岸、微弱な二メートルほどの砂丘の上に作られた町だ。漢字では海防と書く。もともとは一九世紀の阮朝が、海賊からハノイへの河道を守るためにつくった海岸の根拠地だった。フランスはこの港が、ベトナムと南部中国を結ぶ北部湾（トンキン湾）の中心的な位置にあり、キンタイ川、バックダン川など紅河デルタ中央に至る河川交通を支配する位置であること、また近くのホンガイ炭坑から良質な無煙炭が獲得できることに注目し、一八八七年、この地を直轄市にして、マルセイユを真似た大規模な港湾建設を開始した。同時に、前述のように、雲南鉄道の起点をハイフォン市に設定して、雲南と北部湾を結ぶターミナルとした。一九三〇年代にはマルセイユと結ぶ欧州定期航路、香港・広州と結ぶ中国定期航路、台湾の基隆《キールン》と結ぶ日本定期航路が開かれた。一九三四年には、ハイフォン港に上陸した貨物は約六八万トン、来航船舶は一九一万トンにおよび、当時の仏領インドシナの遠洋積載貨物の一七%を占めた。[*22] ハイフォン市はいわば北部ベトナム、北部湾、雲南の流通の一大ハブだった。

だからベトナムの対仏独立戦争もこのハイフォン市物流の支配権をめぐって始まっている。一九四六年一〇月、フランス軍が独立して一年たったばかりのベトナム民主共和国の港ハイフォン港に上陸し、一一月には停泊船舶の臨検をめぐって、ベトナム軍と戦闘状態に入った。一九四六年一一月二三日、フランス海軍はハイフォン市を艦砲射撃した。この日のハイフォン市市民の死者は六〇〇〇とも一万とも言われる。

ベトナム戦争では、中ソの軍事援助の受け入れ港として決定的な意味を果たした。ハイフォン市に上陸した軍需物資は、河川、道路、鉄道、自動車から人の肩に至るまであらゆる手段を通じて、中南部の主戦場に運ばれた。米軍はハイフォン市港外に大量の機雷を投下して、港を封鎖した。ハイフォン市は連夜の空爆を受け、キンタイ川沿いの工場地区は焼け野原になった。

今は一酸化炭素自殺などでしか報じられない練炭は、六〇年代まで日本の家庭では調理用の主燃料だった。当時の練炭の原料は最高級の無煙炭だったが、その多くは後述するホンガイ炭坑から掘り出され、ハイフォン港から日本に運ばれたものだった。しかし、この機雷封鎖と北爆によって、日本はベトナムからの無煙炭輸入をあきらめ、当初は中国の東北の石炭に替えたが、それもうまくいかず、結局、練炭は家庭から消えた。ハイフォン港の機雷封鎖は日本の庶民にとって無縁ではない。

戦後、特にドイモイ後、ハイフォン市は再び北部ベトナムの工業センターとして復活するはずだった。しかし、ハイフォン港には致命的な欠陥がある。デルタの港だから、沖合は遠浅海岸が続く。しかも一〇〇メートル幅水路を三六キロも遡航しなければ埠頭につけない。埠頭総延長は二五〇〇メートル。倉庫面積七万平米、貨物仕分け面積四万平米もあるのに、水深は最低では四メートルもなく、大型船の接舷が難しい。毎年七〇〇万立米もの浚渫が必要だ。それでも最大二万トンの船しか収容できない。年間貨物取扱量は四五〇万トンがせいぜいだ。増

＊22　ちなみに最大の港サイゴン港はこの年、二二四万トンの貨物を入れ、五七％を占めた。

強計画目標でも七〇〇万トンだ。いかにも近代港には向かない（たとえば横浜港の年間出入り貨物総量は一億四〇〇〇万トン）。

一九九〇年代、ハイフォンへの外国直接投資は、常にハノイの三〇％以上を占めていたが、アジア通貨危機[*23]が起こった一九九七年以降、ハノイの二〇％弱に落ちる。それでも二〇〇〇年代の高度経済成長の中では、この二〇％前後の安定投資が続いている。ハイフォンの低落を留めたのは、工業区の発展である。ハイフォンの近代的工業区は国道五号沿いのノムラ・ハイフォン工業区に始まる。一五三ヘクタールに及ぶノムラ・ハイフォン工業区は、一九九七年、金融危機のまっただ中に、ノムラ・ハイフォン工業団地開発会社により開設された。当初は危機の直撃を受けてほとんど埋まらなかったが、二〇〇〇年代に入ってから次々と縫製から半導体に至る各種の日本企業三三が進出し、二〇〇三年までの投資総額は二億ドルを超えた。ハイフォンは港から工業都市に必死に切り替えようとしている。

ハロン湾

ハイフォン港から旧国道一〇号を東に進み、バックダン川のフェリーを渡る。このあたり、一二八八年の戦いで有名だ。この年四月、元の大艦隊がバックダン川からデルタに進入しようとする。総司令官陳興道《チャンフンダオ》に率いられたベトナム軍はバックダン河口で迎撃する。川底に先のとがった杭をうちこみ、元の軍船の船底を破壊しようとする。計略は見事に成功し、元軍は大敗する。バックダン川の戦いはベトナムの救国戦史の中で最も光輝ある勝利をもたらした。まさに遠浅泥海のハイフォンの海だからこそできた語りだ。

旧一〇号で北上すること三〇キロ、正面に低い山脈が東西に横たわる。ドンチエウ山脈と言う。デルタの終焉が近い。山並みの南下は海岸段丘を経て、もう泥海だ。二五キロほど東進すると目の前に湾が開ける。岩山と海に挟まれてバイチャイの町が見える。目の前に、ぼこぼこと砲弾状の岩山が海の中に突き出る。ドンチエウ山脈の石灰岩が海に没入してできた海のカルスト地形、世界自然遺産のハロン湾だ。

ハロン湾ツアーはハノイから日帰りが普通になったが、やはり一泊して霧の朝を見るべきだ。霧の中に奇岩が無数に浮かび出る。次第に青海原が姿を現す。岩上の緑がおぼろに見える。ため息がでるほどに美しい。映画「インドシナ」（一九九二年、レジス・ヴァルニエ監督）では若い恋人同士がこの岩島を縫うように逃避行を続ける。ハノイのハンボン通りにあるカトリーヌ・ドヌーヴ行きつけの喫茶店には、霧のハロン湾船上にたたずむドヌーヴの写真が壁一面を覆っている。

ハロン湾の南に広がる大きな島がカットバ島だ。今は観光開発され、新しいホテルも生まれ、観光客を集めている。一六ヘクタールの島のほとんどが自然公園で、特殊な猿、猫、リスの生息で有名だ。カットバ島を起点として中国国境の海まで、無数に浮かび出た石灰島群が複雑な多島海を作る。

ベトナム史上、この地が最も注目されたのは、雲屯《ヴァンドン》港の存在だ。史書には一二世紀から一五世紀まで、雲屯という海島に華人や東南アジア各国の商人が集まって商売をしたという記録がしばしば見える。特に商業に秀でた陳朝は、雲屯に国家機関を設置し、高官を派遣した。この雲屯をカットバ島東北六〇キロのヴァンハイ列島に比定したのは日本人学者の山本達郎だ。一九三六年のことである。山本はセメント船に便乗してこの地に赴き、八世紀から一九世紀に及ぶ中国銭、一六世紀から一九世紀までのベトナム銭を大量に採取した。現在も菊池（阿部）百里子など日本人考古学者のグループが発掘を進めている（**写真29ヴァンドン県コンタイ島の発掘調査**）。

いわば、北部ベトナムで最も重要な対中、対東南アジアの国際玄関であったようだ。やがて、国際交易の中心は紅河流域のフンイエンやハノイに移り、雲屯《ヴァンドン》交易は衰退した。

＊23　一九九七年七月タイを中心に起こったアジア各国の通貨の下落現象。この結果、広範囲にわたって金融危機を誘発した。

写真29

その後、この地域は、長い間、海賊の海になった。南シナ海沿岸は一八世紀の末から一九世紀はじめにかけて、華南から華北に向かう糧米船を襲う海賊が跳梁した。中国史では「嘉慶の海寇」と言う。一八〇二年に壊滅したタイソン阮氏（5章二七六ページ参照）の残党が多く参加したとも言う。海賊たちは清朝水軍の数次の討伐にも生き残り、今度は紅河デルタを狙うようになった。一九世紀中頃にはキリスト教徒が多く参加するようになり、また前朝の黎朝後胤と名乗ったりして、本格的な反乱軍に成長した。ハイフォン、ハイズオンなど沿岸諸省をしばしば蹂躙し、時にはハノイ対岸まで進出したことがあった。一九世紀中頃の史書は「水匪の乱」と総称し、その脅威を繰り返す。結局、この多島海の海賊群は一九世紀の末、フランス海軍の徹底的な討伐によって壊滅した。

ホンガイ炭坑

一九世紀末、この地に大発見があった。ホンガイ炭坑の発見だ。ホンガイは、バイチャイの対岸、ハロン湾観光で東側に見える市街地、現在のハロン市の旧名だ。ホンガイの東北から西南にかけて、ドンチエウ山脈の麓に大量の無煙炭鉱がある。無煙炭は炭素含有量九〇％以上の最良質の石炭で、かつては軍艦用や製鉄、また庶民の練炭の原料に重宝された。一八八八年、トンキン無煙炭会社が設立され、二〇世紀に入ってからは大小の炭鉱会社が生まれた。すべてフランス資本による経営である。無煙炭は北部ベトナム最大の輸出品で、最盛期の一九三七年には二二六万五〇〇〇トン生産し、その七〇％が日本や中国に輸出された。

戦後はベトナム戦争、需要減退のために戦前の水準を超えることはなかった。ドイモイ後でも生産拡大は遅々たるものだった。二〇〇〇年代以降の中国の経済成長が無煙炭に新しい意味を与えた。南中国、ハロンにほど近い広州での電力需要が急増し、燃料の無煙炭需要が拡大した。二〇〇〇年には三二五万トンにすぎなかった石炭輸出は、二〇〇七年には一〇倍の三一九五万トンに急成長した。

ハロン港

ハロン湾観光の拠点バイチャイから国道一八号を東進する。二〇〇六年に竣工した長さ九〇〇メートル、高さ五〇メートルのバイチャイ橋を越すとハロン市に入る。炭鉱の町ホンガイは一九九三年、特別市に昇格し、ハロンと改名した。ハロン市は人口一五万ほどの小さな町だが、ドンチエウ山脈の東麓、中越国境に細長く伸びる面積六一一平方キロ、人口一一五万（二〇〇九年）ほどの大省クアンニン省の省都だ。もともとは石炭の町だ。今でもややすす汚れた感じがする。今でも、ハロン市の最大の工芸品は無煙炭彫刻だ。

フランスはハイフォン港の浚渫が難しく、近代港としての発展が難しいことに気づき、水深の深いハロン湾沿岸を主要港とすることを計画していた。近年、ハロン港が期待されるのは、もちろんその水深であり、巨大市場中国へのアプローチである。ハロン湾最大の港はホンガイ港で、もともと石炭輸出港としてトンキン炭鉱会社が建設したものだ。現在は、石炭港は専門港ナムカウチャンに譲り、旅客港として再整備されて、年間二〇万～三〇万人の旅客、一〇万台の自動車の受け入れが可能な国際港だ。

もう一つはカイラン港の建設で、これは第二ハイフォン計画でもある。二〇一〇年までに、面積三〇〇ヘクタール、年二一六〇万トンの貨物処理が可能な港を建設しようとする。これを可能にするのは、新国道一八号の開通だ。一八号はバックニンで国道一号から分かれ、バックニン東部の低湿地をまたぎ、ドンチエウ山脈の南端に沿って、ハロン湾観光の基地バイチャイからバイチャイ近代橋を抜けてハロン市に入る、最大幅二七メートルを持つ近代道路だ。ハロン市からはまだ改修されてない幅六〜七メートルほどの道路が、北部湾に沿って国境の町モンカイに至る。全長三一〇キロ、この道路の完成で陸の孤島だったクアンニン省は紅河デルタにつながり、ハイフォン市を超える成長センターとして期待されるようになった。道路と橋、ベトナム経済の近代化を推進する原動力がこの交通インフラにあることは間違いない。一八号はその象徴だ。

紅河南岸

建国街道

フート省の省都ヴェットチから東、三つの川を会わせた大紅河はデルタ平面を走る。紅河の両岸に自然堤防が続く。かつてソンタイ省と呼ばれ、いまは大ハノイに併合されたこのあたり、自然堤防が最も発達したところとして有名だ。五メートル以上の高さを持ち、しかも積まれては紅河の流速に削られた崖面は、乾季に川舟から見ると、そそりたつ絶壁のようだ。紅河デルタ最良の集約農業地帯だ。紅河土壌の沖積が最も進み、洪水でも水につくことはない。土壌は肥沃だ。紅河から各種ポンプで水を汲み上げる。乾季の水の手当の心配も少ない。ハノイ向けの野菜栽培の適地だ。なによりも大市場ハノイに近い。

ハノイに近づくに連れ、南岸自然堤防上の国道三二号にハノイの衛星都市が林立する。フックトー県の県都フックトー、ダンフオン県の県都ダンフオンなどなど。かつては農業地帯の中の行政中心に過ぎなかったものが、いまや近郊都市として大発展している。

自然堤防は一列ではない。長い時の間に、紅河の河床はさかんに移動を繰り返した。現在の自然堤防の裏には、旧紅河が生み出した複数の自然堤防列が波だっている。自然堤防列には、歴史遺蹟が集中している。ハノイ南岸の自然堤防地帯大ハノイに吸収されるまではハタイ省という省だったが、たとえば、ベトナムの神社建築で政府指定の保護建造物となったものは全土に七七〇件あるが、このうち旧ハタイ省には一九二件もあり、堂々の一位だ。ハノイは千年の都でありながら、一八四件で次位に甘んじている。そのうちのかなりの量は、ヴェットチ市からハノイまでの紅河両岸自然堤防上に集中している。ベト人の歴史の大きな部分は、段丘か自然堤防の上で展開されている。

近年、昭和女子大学を中心とする調査団が入ったので知られるドゥオンラムムラは、ソンタイ市から西一〇キロばかりの自然堤防上のムラだ。ここは一〇世紀に、中国の南漢軍を打ち破って、最初の独立王朝をうちたてたとされる呉権《ゴクエン》の故郷とされ、その廟が信仰を集めている。発掘調査では一四世紀以降の遺物が大量に発見され、ドゥオンラムムラ全体が歴史遺蹟としての保護対象になっている。

経済発展下の自然堤防群

自然堤防の発達した南岸にはソンタイ市のような大きな町がある。ソンタイ市は星形のヴォーバン式城跡が残る大都市だ。ソンタイ城はかつてハノイの西方防衛の拠点だった。一九世紀の末、フランス軍とベトナム軍、それに紅河が中国と結ぶ国境の地ラオカイにこもった黒旗軍の三者間で取ったり取られたりを繰り返した。もっとも国際的には一九七〇年一一月の捕虜救出作戦の舞台として有名だ。[*24] 現在はハノイとイエンバイ市を結ぶハノイ河岸の自然堤防を走る国道三二号と、南からあがってきたホーチミン道路（北部に入ってからは国道二一号）が交わ

*24　一九七〇年一一月二一日、米空軍とグリーンベレー部隊が、ソンタイの捕虜収容所を襲撃し、米軍捕虜を奪還しようとしたランボー映画なみの大活劇である。攻撃は順調だったが、収容所と目された地域には一人の捕虜もなく、遊撃部隊はむなしく引き揚げた。

る。紅河右岸（南岸）交通の要地になった。

ソンタイ市から国道二一号を下り、バヴィ山の東裾をまわって南行二〇キロ、ホアラックという小さなムラがあった。いまこのホアラックが注目を集めている。筑波学園都市を模したホアラック・ハイテクパークの建設である。ホアラック計画は科学技術省とＪＩＣＡが相乗りする国家計画で二〇〇八年の計画公表によれば、このホアラックの地、一五八六ヘクタールに教育育成、ソフトウエア開発、ハイテク工業を集中しようとするもので、国家のハイテク関係研究所、ベトナム国家大学―ハノイなど早期移転が決まっている。もちろん内外の民間企業にも誘致が積極的に展開されている。ただし、ベトナム政府のハイテク工業区への意気込みはなかなかのもので、技術者数が従業員総数の五％を占め、生産ラインの三分の一が自動化され、環境基準をクリアすることが要求される。同時に進出企業への誘致条件も思い切ったもので、パーク内企業には、最初四年間の事業所得税免税、その後九年間の五〇％減税、固定資産とする輸入品の免税、国内生産できない原材料・半製品に対する五年間の免税、科学研究、技術開発に直接使用する製品に対する免税が約束されている。

ホアラックにはハノイから延長二八キロのホアラック高速道路が敷設され、ハノイとホーチミン道路を直接結んだ。もともと優れた農業地帯であり、歴史文物に彩られていたこの地は、まもなく超現代の空間に変貌する。

三川流合

東南アジアの四大デルタ[*25]の一つというには、紅河デルタはとても小さい。沖積土壌だけで形成された狭義の紅河デルタは面積一五〇万ヘクタール、岩手県くらいの大きさだ。メコンデルタの半分にも及ばない。その小さなデルタを石灰岩の断崖が屏風のように取り巻く。断崖とデルタの間にゆるやかな起伏を持った段丘部、扇状地、また断崖の中に食い込んだ河川の両岸には谷間平野が広がる。

紅河デルタの東北の端、紅河の西岸にフート省の省都、ヴェットチという町がある。ハノイの東北五〇キロほどの地だ。ヴェットチの町は紅河デルタには含まれない。最後の段丘と谷筋がデルタに没入するその際にある。いまや複数の工業区を従えた工業都市だが、ついこの間までは、赤土の谷間に赤瓦の家が点在するだけのさびしい町だった。その南東部には大湿地が広がる。ここで、北から降りてきたロー川が紅河本流と合流する。湿原地帯の西では、はるかにラオスから下ってきたダー川がその巨大な水量を紅河本流に流し込む。古代から有名な三川流合の地だ。

大湿地の中のロー川をまたいで雲南とハノイを結ぶ大鉄橋ヴェットチ橋が横切る。橋上を青色の長い列車がけたたましく通過する。戦前は滇越《てんえつ》鉄道という民営鉄道だった。ベトナムのハイフォン港と雲南省の昆明を結ぶ総延長は八四九キロ、五年の歳月を経て一九〇六年に開通した。中国領内のトンネルだけで一七二ヵ所総延長二四キロに達する。大山脈をうがった大工事だ。今は海を持たない中国西南部と南シナ海を結ぶ物流の大幹線、また観光客には中越国境地帯の保養地サパ高原への観光列車で有名だ。

水の精・山の精

湿原地帯の南、デルタの入り口を示す門柱と言われるバヴィ山が一二九六メートルの三角錐を浮かべる。今は山の中腹から広い国立自然公園になっている。深い森林の中に穿たれた険しい石段を登ると、海抜七〇〇メートルばかりの崖の上に山の精の小さな神社がある。バヴィ山は古名を傘園《タンヴィエン》山と言う（**写真30 バヴィ山。二〇〇四年**）。昔、ここに山の精《ソンティン》が住んでいた。山の精は麓を支配していた雄王《フンヴオン》の娘に恋をした。雄王もこれを認めた。とこ

＊25　ビルマのエーヤワディ（イラワジ）デルタ、タイのチャオプラヤー（メナム）デルタ、メコンデルタ、紅河デルタを東南アジアの四大デルタと総称する。

写真30

ろが北部湾の王、水の精《トゥイティン》も雄王の娘を求めた。かくして山の精と水の精は雄王の娘を争って闘った。水の精はさまざまな海の化け物とともに高波にのってデルタ上流に押し寄せる。山の精は、紅河に鉄の網を張り、また山の下に竹を編んで防塁を造り、山地民族に頼んで弓で水の精の眷属を射る。さすがの水の精も退き、デルタは陸の世界になった。この山の精が籠もったのがこの傘園山だ。ベトナム戦争、中越戦争ではこの山上のレーダー基地がデルタ防衛に大活躍した。バヴィ山はまことにデルタの守護神だ。

建国の地

湿地帯は紅河本流の低い谷間の下を埋めるように、西方に続いていく。低い谷の両側には、小さな前山が続く。松の植林が進んでいる。崖の赤土と松の黒緑色が谷間の湿地から舞い上がる靄の中に美しい。このあたり伝説では前述の雄王《フンヴォン》という王様が住んでいた。雄王はベト人の歴史の祖で、ベトナム正史ではあたかも実在のように扱われているが、伝承のほとんどは後世、それも一三世紀以前にはさかのぼれない。しかし、人々の心の中にはベトナムというクニを作った開祖として尊崇され、小山の中の雄王廟では毎年旧暦三月一〇日に、大規模な祭礼が執り行なわれる（拙著『ハノイの憂鬱』めこん、一九八九年）。

紅河の谷脇湿地に形成された小さな自然堤防上に、フングエンという小さなムラがある。一九五八年、この地から初期金属器時代の墓や石器工房、集落址が発見された。多量の新石器とともに精巧な文様を持った土器、さらに青銅片が発見された。なによりも稲籾が大量が発見された。[*26] この地域に大規模な稲作集落が始まった。フングエンの発掘は伝説の雄王のクニが発見されたものとみなされ、国家的な熱狂に包まれた。まだベトナム民主共和国が実質的に建国されてわずかに四年でしかない（拙著『緑色の野帳――東南アジアの歴史を歩く』めこん、一九九七年）。

次々と発掘が進み、フングエン段階の次に大量の籾を含むドンダウ段階、そして多量の青銅器を含むゴームン段階の諸遺跡が発見され、稲作を生業とするこの地域の人々の生活が、石器から金属器へと順調に発展していったことがわかる。その農業は日本の弥生農業によく似たものだった。クワ、鋤、石包丁（穂つみ具）など弥生と共通した農具が発掘されている。

この時期の紅河デルタ稲作で、特に強調しなければならないのは乾季作の導入だ。現在、このあたりの水田景観は、丘陵斜面の棚田、自然堤防斜面の高位田、そして湿地の中の低位田からなる。いまは灌漑と排水の近代化で、ほとんどの水田は二期作になっているが、かつては灌漑水の不足から高位田や棚田では雨季作しかできなかった。一方、湿地は雨季三川の増水で湖に代わり、とても稲のできる環境ではない。土が干上がるのは乾季、つまり冬季でしかない。しかし、稲はもともと冬のために実をつけるので、冬季用には生育しない。稲の生理を無視して冬季でも実らせる新種を作り上げたのは、この時代のこの地域の農民たちだった。だからこの乾季稲、稲の生態種であるインディカやジャポニカにならってインドシニカと言うこともある。ベトナム語でルアチエム（一説に低地の稲）、旧暦正月ごろ移植して五月に収穫できるので五月米とも言う。

ドンダウ以降の遺跡からは大きく二種類の稲が発見されている。後世のインディカに似た長粒種と、同じくジャポニカに似た短粒種だ。私はこのジャポニカ類似種が雨季の高位田に植える一般種で、インディカ類似種が乾季に低位田に植える冬稲だったと考える（拙著「ベトナム紅河デルタの開拓史」渡部忠世編『稲のアジア史2』小学館、一九八七年、二三五―二七六ページ）。とすれば、三〇〇〇年も昔に、湿地開拓用の稲が開発されていたのだ。この冬

＊26　花粉分析によれば、紅河デルタでの稲作の一般化は約三〇〇〇年前と推定されている。(Nguyen Thi Mai Huong, 2006.「北ベトナムBac Bo平野および周辺地域における先史以前の古植生の復元」)

稲は、そもそも夏、雨季に大きく成長する稲本来の生理に無理を強いているし、冬は日照量も少ない。だから収量はひどく悪い。ヘクタールで籾一トンがそこそこだっただろう。しかし、水郷紅河デルタには湿地だけはいやになるほどある。収量は稲作面積拡大でカバーできる。

世界史上、デルタの開拓はどこでも遅い。人の能力から言って、灌漑よりも排水ははるかに困難だったからだ。中国江南デルタの稲作も本格的には一〇世紀以後だし、日本の木曽川デルタなどは南北朝時代以後にしかさかのぼれない。他の東南アジア三大デルタが本格的な開拓に入ったのは一九世紀以降のことだ。それがベトナムの紅河デルタ、それも世界のデルタの中で最も水制御の難しい紅河デルタで、紀元前はるか昔に、既にデルタの開拓が始まったのは、まさにこのベト人の偉大な発明、非感光性品種の発明による。洪水を防ぐのではなく、洪水を避けて乾季に稲を作ろうとするすばらしい発想だ。ドンダウやゴームン段階の人々は、低い河岸段丘や自然堤防に住みながら、斜面や湿地を水田化して豊かな生活を享受していた。

ドンソン開花

フングエンからゴームンまで、どのくらいの時間が経過したのか、まだ諸説がある。まあベトナム以外の諸地域遺跡との比較で、ドンダウ段階で前二〇〇〇年紀の半ばぐらい、ゴームン段階で前二〇〇〇年紀の末、今からざっと三〇〇〇年前といったところか（横倉雅幸「東南アジアにおける稲作の始まり」『岩波講座東南アジア史1　原史東南アジア世界』岩波書店、二〇〇一年、五五－八二ページ）。

各種の青銅器が発達したゴームン段階のあとに、有名なドンソン時代が始まる。ドンソンは7章で詳述したようにこの文化が初めて認定されたタインホア省の地名に由来する。ドンソン時代と言われる時間は実に長い。ゴームン段階の末期から始まって、後二～三世紀まで続く。優に一〇〇〇年を超える。その分布も大きい。[*27] この中流地域を中心に、紅河デルタの河岸段丘、自然堤防列を下ってタインホア、ゲアンなどベトナム北半一帯に広がっている。ドンソン文化はその華麗な青銅器の数々で知られる。確かにかつてドンソン文化の象徴は、華麗なヘーゲルI型銅鼓だった。しかし、近年のベトナムでの発掘発展とともに、ドンソン文化が、骨董趣味を離れてベト人たちの社会の開始を告げるものだったことがわかってきた。人々のムラ規模はこのとき著しく拡大し、貧富の差や身分の差も大きくなってきた。銅鼓の絵柄を見ていると奴隷や戦士、そして王、貴族に類するものも生まれてきたし、戦争もあったらしい。紅河デルタ全域は紀元前一世紀に漢の武帝の遠征で、中国の領土になってしまうが、それまではデルタ各地に雒《らく》王とか雒将、雒侯[*28]と呼ばれた地方の首長がいた。無数の小国が林立していた我が国の弥生時代と時代も社会も、また稲作もよく似た時代だったようだ。

ベト人の世界は、山とデルタの接点、河岸段丘の上に生まれた。

＊27　一般にドンソン文化には、東南アジア大で語られる広義のドンソン文化とベトナムの先史時代の一段階としてのドンソン文化の二つの使われ方がある。広義のドンソン文化は、雲南を中心とする一つの南中国・東南アジア先史文化圏とする考え、またスキタイ文化などユーラシア大陸全体の中で考えようとするが、後者ではフングエン・ドンダウ・ゴームンとベトナムの中で独自に発展開花した文化と考え、方向性が違う。

＊28　雒はこの地域の古名らしい。伝説の雄王の雄はこの雒という字が誤伝したものだろう。

9章 ハノイ千年の都

鎮国寺
青年の道
チュクバック湖
チョン公園
クアンタイン通り
鎮武観
ファンディンフン通り
クアバック通り
フンヴオン通り
党中央本部
北門
グエンチフォン通り
統領官邸
・ミン廟
ホアンジエウ遺跡
バディン広場
国会議事堂
禁城
ホアンジエウ通り
敬天殿
端門
一柱寺
ホー・チ・ミン博物館
タンロン遺跡
ホンフォン通り
旗台
ホアンキエム区
ンフー通り
ディエンビエンフー通り
レーニン公園
イホック通り
大中門
奎文閣
グエンクエン通り
文廟
クオックトゥザム通り
文湖
ヴァンスアン公園
洪福寺
ホエニャイ通り
ハンダウ通り
玄天観
ロンビエン駅
ドンスアン市場
クアンチュオン門
リーナムデー通り
フンフン通り
ハンコット通り
東門
橋寺
白馬神社
チョーガオ通り
ハンヴァイ
ランオン通り
ハンブオム
マーマイ通り
ハンガー通り
トウオック
ハンティエック
ターヒエン通り
ハンバック通り
カウゴー通り
ハンノン
ハンクアット
ハンガイ通り
ハーチュン通り
ハンボン通り
ハノイ大教会
レータイト通り
ホアンキエム湖
ロースー通り
リータイト通り
ゴクエン通り
ディンティエンホアン通り
ハノイ市人民委員会
リータイト花園
ベトナム国家銀行
国際郵便局
迎賓館
ソフィテルレジェンドメトロポールホテル
クアナム
チャンティ通り
ハイバーチュン通り
ハンカイ通り
チャンティエン通り
クアンチュン通り
国立図書館
歴史博物館
ハノイ大劇場
ハノイ駅
チャンフンダオ通り
友好文化宮
リンクアン湖
イエットキエウ通り
バーチエウ通り
ハンバイ通り
レタイントン通り
ファムグーラオ通り
ンチュオン湖
グエンズー通り
カムティエン通り
ティエンクアン湖
ハンチュオイ通り
チエウヴィエトヴォン通り
マイハクデー通り
統一公園
サーダン通り
ダン湖
レズアン通り
バーマウ湖
グエンコンチュ通り
フエ通り
フォンヴィエン通り
パストゥール公園
ハイバーチュン湖
ハイバーチュン神社
ルオンイエン通り
バックダン通り
ュントウー
キムリエン神社
（高山神社）
ダオズイアイン通り
バイマウ湖
チャンカットチャン通り
ダイコヴィエト通り
ハノイ工科大学
キムリエン
ハイバーチュン区
タインニャン湖
バクマイ通り
ルサシ公園
国道1号
バクマイ
モー市場
クイン路地
ホアンマイ区
ロンビエン橋
チュオンズオン橋
ハンダオ　ハンガン　ハンドゥオン　ドンスアン通り
紅河
ザラム空港

タンロン橋
タイホー区
タイ湖
ホアンホアタム通り
バディン区
クアングアン運動公園
リエウザイ通り
ゴックハ
ドイカン通り
ドイカン通り
ブオム通り
ドイカン
日本大使館
ヴァンフック外交団地域
ソンタイ通り
カウザイ通り
カウザイ区
カウザイ公園
カウザイ橋
トゥーレ湖
デーウーホテル
キムマー通り
スイチュック通り
ザンヴォー湖
ヴォイフック神社
（霊郎神社）
ゴックカイン湖
ザンヴォー
トーリック川
グエンチータイン通り
ザンヴォー通り
ラタイン通り
イエンホア
ミーディン
ドンダー湖
ドンダー廟
ランハ
タイハ通り
ランハ通り
ミーディン競技場
チュンホア
ファムフン通り
クアンチュン像
ドンダー丘
（タイソン公園）
トゥリエム
ハノイ博物館
チャンズイフン通り
ホアンダオトゥイ通り
国立会議場
ホアラック通り
タンロン道路
クアットズイティエン通り
タイソン通り
チュオンチン通り
タインスアン区
グエンチャイ通り
レヴァンルオン通り
ハノイ自然科学大学
ハノイ社会人文科学大学
クアンチュン
ハノイ大学

ハノイの枠組み

大ハノイ

ハノイは紅河水系の十字路にある。雲南から流れてきた大紅河は、このハノイの地で東に進むドゥオン川と南流する紅河本流に分かれる。ドゥオン川がトンキン湾を経て中国とのルートを開き、紅河本流の支流であるダイ川がチャンパなどの南方諸国と関係することは先に述べた。紅河を通じて、ハノイは海と山を仲介し、陸路と水路を結ぶ。ハノイは東西水路網、道路網の衢地《くち》*1だ。

ハノイ、ベトナムの首都。濁りのない音の連続が美しい。それは一一世紀から一九世紀はじめまで八〇〇年にわたって大越王国歴代の優雅な王都であった。一八〇二年、阮《グエン》朝成立とともに、ベトナムの王都はフエに移ったが、それでもハノイは一八三一年までは北部ベトナムの中心「北城総鎮」が置かれる場であった。以後半世紀ほど、ハノイはハノイ省のいわば県庁所在地にすぎなくなる。しかし、一八八七年から一九四五年までは壮麗なフランス建築に彩られた仏領インドシナ連邦の首都となり、一九四五年以降では、ベトナム民主共和国の首都であり、一九六五年から一九七三年までは幾たびかの北爆に耐え抜いた対米抗戦の象徴であり、七六年以降は統一ベトナム、ベトナム社会主義共和国の首都となる。ドイモイ以後はベトナム経済発展の牽引軸だ。また、ハノイはすべてのベトナム人が敬愛してやまないホー・チ・ミンの町でもある。ホー主席の遺骸、そして晩年の住居が保存されている。

ハノイ、漢字では河内。その名のとおり、東と北を紅河本流、西をトーリック川、南をホアンマイ区の大湿地地帯に囲まれた、水の中に浮かび上がったような地域だ。それぞれの時代の栄光が建築や街路に刻まれたマチだ。我が国の地方官僚たちは、地名の歴史的、文化的価値にまったく興味を持たない。町村合併のたびに、数百年生き延びた地名の大虐殺が起こる。効率信仰に燃えるベトナムの若手官僚たちも、どうも同じことらしい。今その愛着をもって語られた古きハノイの概念が失われつつある。

ハノイ「市」は現在および未来の経済発展に対応すべく、大拡張を続けている。以前のハノイは内城《ノイタイン》四区（ホアンキエム区、ハイバーチュン区、ドンダー区、バディン区）、これを取り巻く外城《ゴアイタイン》三区（タイホー区、カウザイ区、タインスアン区）五県（ドンアイン県、ザラム県、トゥリエム県、タインチ県、ソクソン県）からなっていた。一九九九年で、面積九万ヘクタール、人口二七一万の空間だ。

二〇〇八年八月一日以後、南西のハタイ省のすべて、北のヴィンフック省と西のホアビン省の一部を吸収し、ハノイ「市」は総面積三三万四四七〇ヘクタール（東京都とほぼ同じ）、総人口六二三万二九四〇人（東京都一三〇〇万）の広域の名となった。今やハノイ「市」の大部分は田畑が広がる農村の中に工業区が散らばる景観になった。田園都市ハノイだ。さすがに「第二のハノイ《ハノイ、トゥーハイ》」と呼ぶ。とはいえ、都会好きの近郊農民がうれしそうにハノイ住民になったと語る。さぞや旧ハノイ住民は苦々しかろう。

旧ハノイ城

やはりベトナム人がハノイと言って思い浮かべるのは内城四区だろう。ハノイを冠した歌謡や詩的散文は山のようにあるが、そのほとんどすべては内城四区の景観を歌ったものだ。[*2] 本書でもまたハノイを語るにはこの内城四区だ。[*3] 紅河は雲南から流下して、紅河デルタではほぼ真東に進む。ハノイ対岸のザラムに岩塊に遮られ、本流はほぼ真南に、支流のドゥオン川は真東に進む。ハノイ内城はその紅河の分岐点、本流の屈曲点の西南側角に発

＊1　四方に道が通ずる交通の要地の意味だが、同時に軍事上、政治上の戦略地点をこう呼ぶ。

達した自然堤防の上に生まれた。

ハノイ内城の北には、旧紅河の河床に水が残されたタイ湖、チュクバック湖が西から東に広がる。東には高度一一メートル前後の紅河大堤防、南はホアンマイ区の湖沼群、西はトーリック川に囲まれる。河内《ハノイ》の名にふさわしい、水の世界の中に浮かびあがった空間である。

内城四区は、そう大きな区画ではない。面積三五平方キロ、杉並区程度だ。ただし、これに一一二万人、広島市の人口が詰まっている。人口密度は東京区部のざっと二五倍だ。つまり、同面積あたりでは、東京の数倍の多様性がある。これに一〇〇〇年の歴史が重なる。内城を書くには相当な度胸が必要だ。

ハノイ内城四区を概括するには旧ハノイ城を規準にするといい。旧ハノイ城は、一九世紀はじめ、フエに都した阮朝が北部ベトナムの守りとして北城総鎮を設置し、その座所として建設したものだ。その後、総鎮制度が廃止されると、ただのハノイ省城になったが、それでもフエの皇帝の行宮《あんぐう》として宮城の格式を持たされた。一辺一二〇〇メートルほどの矩形だが、東に一一度ほど傾いている。城内は古い巨木の立ち並ぶ街路に区切られ、一部に民家もあるが、東半は軍、残りは官庁、各組織、幹部の公邸に覆われて、外の街区とは画然と分かれた静謐で広壮な空間を用意している。全体にはやや傾斜しており、北東隅が最も高く九メートル近くあるが、南西に傾斜し、南西隅では六メートル前後しかない。

城内の中央南北を幅広いホアンジエウ通りが走る。ホアンジエウ通りの東側はもとの禁城、今は軍の管轄地域が広がる。今は遺跡の一部が公開されているが、二〇〇〇年代に入るまでは一般人の入構は許されなかった。西側には各官庁や組織の事務所、幹部公邸のための瀟洒なフランス邸宅が続く。ホアンジエウ通りの南端東側にチラン（レーニン）公園の緑が広がる。今や世界に珍しい高さ五・二メートルに及ぶ巨大なレーニン石像が建つ。レーニン像の東に国旗を掲揚する煉瓦作りの塔がある。その間の西北から東南に進む道をディエンビエンフー通りと言う。ディエンビエンフー通りはハノイ中心の繁華街クアナム（南門）と聖地バディン広場を結ぶ。クアナムは国道一号の起点、クアナムからキムリエン交差点まで、二・六キロを特にレズアン通りと言う。[*4]

レズアン通りはハノイではほとんど唯一の正南北線に乗った道路だ。既に一九世紀の絵地図に見える。フランスはこの道を起点にハノイ－ホーチミン連絡道路一号を建設した（ランソンからタイ・カンボジア国境アランヤプラテートまで。一九一三年起工、一九三三年完成、総延長二五七八キロ）。フランス時代には官人道路《ルートゥマンダラン》と呼ばれた。国道一号のほとんどの区間は統一鉄道《ドゥオンサットトンニャット》と平行している。クアナムから四〇〇メートル、統一鉄道の起点ハノイ駅がそびえる。

国道一号を境にハノイ内城は大きく二つに分かれる。国道一号の東側にホアンキエム区、ハイバーチュン区があり、西側にバディン区とドンダー区がある。

＊2　ハノイ八景　漢文の世界では八景という名勝指定がはやりだ。ハノイにもある。一九世紀に編纂された『大南一統志』（河内）の昇龍八景によれば、①御楼観濤《グーラウクアンダオ》、②看山夕照《カンソンティックチィエウ》、③青池問津《タインチヴァンタン》、④菩提遠眺《ボデヴィエンジエウ》、⑤報天暁鐘《バオティエンヒエウチュン》、⑥白馬趨市《バイックマーサンティ》、⑦珥河歸帆《ニハクイファム》、⑧浪泊漁歌《ランバックグーカー》である。①ハノイ城、②バディンの看山（カンソン）寺（現植物園）、③南方の低湿地帯、④菩提（ボデ）はちょっとわからないが、⑤バオティエン寺（ハノイ大教会）、⑥バックマー（白馬）神社周辺、⑦紅河、⑧ホータイの湖がそうだという。人々がハノイで思い浮かべるのはやはり内城の世界だ。

＊3　もっとも、多くのベトナム人は、近代的な街路と建築を持つ「都市区」の多い外城三区を自慢にしたがる。しかし、これは現在のハノイ住民にドイモイ以後の経済発展とともにハノイに移住してきた新人が多いからで、（東京の）吉祥寺はすてきなマチという感覚に似ている。もう三五年前からのハノイを知っている私には共有できない感覚だ。

＊4　レ・ズアン（一九〇七～八六年）　一九五六年から一九八六年まで三〇年にわたってベトナム労働党・共産党の第一書記、総書記を歴任した。ベトナム戦争は最初から最後までレ・ズアンの指導下に展開した。死後、一九八七年、これまで南部通り《ドゥオンナンボ》と言われていたこの道に名前が冠せられた。

写真1

写真2

ホアンキエム区

ハノイの北東に広がる地域をホアンキエム区と言う。ほぼ中央にハノイの瞳、南北七〇〇メートル、東西二〇〇メートルのホアンキエム湖（ホーグオム）がある（**写真1 ホアンキエム湖の亀塔《タップズア》。建設年代不明**）（**写真2 ホアンキエム湖と国際郵便局。二〇〇七年**）。

ホアンキエム湖から北に、小さな商店が無数に集まった伝統的な商店街が広がる。旧市街《フォーコー》と言う。フォーコーはおおむね北と西を国鉄ハノイ−ハイフォン線の高架線、南をホアンキエム湖の北湖岸、東は紅河大堤防に挟まれた一平方キロほどの小さな区画だ。

ハノイはデルタのマチだ。だからいつでもジメジメしている。ハノイそのものはデルタの中では比較的高い海抜六メートル以上の自然堤防の上にあるが、そのかわり土地全体にしわのように微高地が踏み出したり、人間が道路を高く持ち上げたりするので、でこぼこが大きく、排水不良の窪地が多い。二〇〇〇年代に入ってから排水処理が機械化されてずっと減ったが、九〇年代までハノイの名物は大雨のたびの洪水だった。

ところが水つきにならないところがある。旧市街《フォーコー》の大部分は水がつかない。土地は高い。ここは七〜一〇メートルもある。フォーコーの中で最も高い地点は、ロンビエン橋のたもと、ロンビエン駅だ。ロンビエン駅は人工丘の上にあるが、人工丘の基部でも一〇メートルの高さがある。もちろんハノイの自然地

写真3

形では最高位だ。フォーコーの高みはハノイでは異例に近い。だから、フォーコーから東西南北、いずれに進んでも、傾斜の緩急はあるものの、ついには川か沼沢地に行きつく。フォーコーは沼沢地の中に浮かんだ島のようなものだ。確かに立地から見て、フォーコーはハノイで最も住みやすく、最も紅河に近く、だから最も古いセツルメントだろう。

フォーコーでは通り名に商品名を冠するのが一般的だ。もっとも、今でも商品と通り名が一致するのは、ハンティエック（ブリキ通り）などわずかな道しかないが。このマチ全体が観光名所で、今は外国人観光客で賑わっている。ただし、ドイモイ後に雨後の筍のように生えだしたペンシルハウスと人混み、騒音だけがめだつ雑然としたマチで、かなり詳しい知識がなければおすすめできないスポットだ（**写真3 旧市街のペンシルハウスの一例**）。

フォーコーの南、ホアンキエム湖の南岸から高度がゆるやかに下がる。南岸から約一キロ、東西を走るグエンズー通りまで傾斜が続く。ホアンキエム湖周囲からここにかけては二〇世紀初頭に開発されたフランス人のビジネス街と居住地域だ。小さなフランス建築に挟まれてベトナム風の民家がうずくまる。

ハイバーチュン区

グエンズー通りの南は、もともと沼沢地帯だったが、一九三〇年代にハノイの郊外として開拓された。ハイバーチュン区と言う。区の真ん中、南北にホアンキエム湖からまっすぐ南下してきたフエ通りが走る。フエ通りの西側、今はチエウヴィエトヴオン、マイハクデ通りなど小さなレストラン、飲み屋、コーヒーショップ、カラオケ屋が林立する。盛り場といった風情がある。

ハイバーチュン区の西、国道一号（レズアン通り）に接して六〇ヘクタールもあるハノイ最大の公園統一公園《コンヴィエントンニャット》が横たわる。統一公園の中央には大きな湖がある。七畝湖《ホーバイマウ》（バイマウ湖）と言う。二七ヘクタールもある。もともとは国道一号を隔てた三畝湖《ホーバーマウ》（バーマウ湖）とともに大湖を形作っていたが、一八世紀頃に今の国道一号ができるとともに分離した。フランス時代は沼沢地のまま取り残されたが、一九六二年に公園として整備され、一九六八年、ベトナム戦争勝利を願って統一公園と命名され、戦後、経済危機でソ連の援助に頼っていた一九八一年、レーニン公園と改名された。ソ連の呪縛から解放され再び統一公園を名乗ったのは、二〇〇三年、ソ連解体から一二年後である。ベトナム人は義理堅い。

フエ通りから東側、紅河大堤防にかけてはやや雑然としたスラム状の地域が広がる。かつて社会主義経済の時代、グエンコンチュ通りの周辺は、闇市場と自由労働者の長屋が連なっていた。泥棒市場もあって、盗難があった翌日にここに来ると、盗まれた品が並んでいるという噂をよく聞いた。今はあまりほかの地域と違わないペンシルビルが林立しているが、それでもややスラムめいた雰囲気が残る。

ハイバーチュン区の南、内城の南辺を東西に走るダイコヴィエト通りの南側、再び沼沢地が広がり、ハノイ工科大学《ダイホクバックホア》のキャンパスが横たわる。標高は一段下がり、四〜五メートルしかない。ダイコヴィエト通りを抜けると、フエ通りはバクマイ通りと名前を変える。フエ通りがまあ高級商店街とすれば、バクマイ通りは七〇年代以降に開発された庶民の商店街だ。

ドンダー区

ハイバーチュン区の西は、ホーチミン市に至る国道一号だ。国道一号の西側をドンダー区と呼ぶ。ドンダー区もハイバーチュン区の南部と同じ高度で、低い。六〇年代以前はほとんどが水田と沼地だった。この低地を見下ろすように、国道一号、ハドンに向かうタイソン通り、グエンチャイ通りが続く。

　ハノイに都した最後の王朝黎《レ》朝は一七世紀以来衰退し、皇帝とはべつに権臣の鄭《チン》氏が王府と称して実権を持った政府を作っていた。我が国の天皇と幕府の関係に酷似している。一八世紀の末、中部に起こったタイソン阮氏の阮恵《グエンフエ》は、この鄭氏を滅ぼしてハノイを支配下に納めた。黎朝のラストエンペラー黎昭統《レチエウトン》帝は、タイソン阮氏の下風に立つことを嫌って、清国軍の干渉を求めた。時は侵略大好きの乾隆帝の時代だ。たちまち二〇万という清国兵がハノイを占領した。フエにあった阮恵は、ただちに兵を進めて北上し、ここドンダーの地で清国軍を壊滅させた。清国軍は撤退し、黎朝は滅びた。ドンダー区のほぼ中央、タイソン通りの西に人工の小山ドンダー丘《ゴドンダー》がある。小山はこの時の戦死者を埋葬しなおした跡と伝えられる。今は周囲が整備されて公園になり、背後に巨大な光中《クアンチュン》帝（阮恵）の石像があたりを睥睨する。そもそもドンダーはこの戦いの戦場の名前だ。ドンダーは中国撃滅の聖地だ。いかにも二〇〇〇年にわたって中国の侵略に苦しめられた北部ベトナムにはこの手の聖地が多い。

　この伝承でわかるようにドンダーの地にはほとんど人は住んでいなかった。戦いも暮れ、乾季の最中だからできたので、雨季だったらじゃぶじゃぶの大沼沢地、ベトナム軍のゾウも、清国軍の騎兵も立ち入れない。一九三〇年代の航空写真を見てもドンダー区は四隅に小さな村落を残すのみで一面の沼沢地だ。

　六〇年代、この地域に急増する公務員のために五階だての集団住宅《ニヤタプテ》が建てられた。東からキムリエン、チュントゥー、ドンダー集団住宅と言う。二〇〇〇年代の初め、集団住宅の維持管理ができない政府は、この地の国有集団住宅のすべてを居住者にただ同然の価格で売り払った。この結果、道路に面した家々は急に商店化していった。今は外側を歩く限り、ほかのマチとの区別がない。しかし、商店街の屋根ごしに、かつての集団住宅の煉瓦色の屋根が重々しく、いかにもドイモイ前の社会主義住宅を思わせる顔を見せる。ドンダー区は沼沢地埋め立ての上に浮かんだ公務員のマチだ。

写真4

バディン区

旧ハノイ城の西北をバディン区と言う。[*5] バディン区はハノイ皇城のほとんどと、城の西からハノイ内城西縁を走るトーリック川まで続く。北はタイ湖の南岸をめぐるホアンホアタム通り、南はザンヴォー通りに囲まれた小さな区だ。ここもハイバーチュン区やドンダー区と同じく低い。しかも南北をかつての城壁だったホアンホアタム通り、ザンヴォー通りの高みに囲まれ、内部にキムマー通り、ドイカン通りなどの高い盛り上げ道路が走っているため排水不良で、かつてはほとんどが沼沢だった。現在の日本大使館のあるリェウザイ通りは一九八〇年代末に湖沼群を埋め立てて建設されたものだ。

ただ、中ほどにヌイチュック（竹山）という三〜四メートルもりあがった自然の高みがあり、人々はこの高みの周囲に集住していた。一九三〇年代、ホアンホアタム通りに沿った沼を埋め立て、ビール工場が作られた。現在のベトナム飲用水ビール会社だ。一九五四年の平和到来、ヌイチュックの麓に国家公務員の集団住宅、国営ホテル（ラタイン）が建設された。しかし、六〇年代建設のドンダー区とちがって、バディンの集団住宅は二〇平米ほどの平屋、煉瓦、瓦葺きの長屋だ。満足な都市計画もまだなかった。結果的にぎゅうぎゅうに建てられた長屋の中を、迷宮のように幅一メートル程度の路地がすり抜ける町並みができた。

その一方でバディン区の東、旧城壁だったフンヴオン通りを中心にバディン広場の芝生が広がる。一九四五年九月二日の栄光あるホー・チ・ミンが独立宣言を読んだ会場として名高い。バディン広場は、もともとはフランス軍の射撃場だった。革命後、広場の少ないハノイの中では大規模な集会に多用され、夏の夕涼みには市民の散策の地となった。[*5] バディン広場の東側には国会議事堂《ホイチュオンクオックホイ》、西側にはホー・チ・ミン廟《ランバックホー》、一柱寺《チュアモットコット》、北側には党中央本部、党対外委員会が建ち並び、いわばベトナム社会主義の聖地を作っている。国権と忠実な貧しい庶民が直接隣り合う世界がバディン区だ（**写真4 ホー・チ・ミン廟**）。

千年散歩

古いハノイ

写真5

前植民地期のハノイは三重の城壁で分けられた三重の地域からなっている。第一の城壁は大羅城と呼ばれ、南は現在のダイコヴィエトの北、チャンカットチャン通り、デラタイン通り、西はトーリック川東岸道路のブオム通り、北はホアンホアタム通り、東はほぼリータイト通り、レタイントン通りにあたる。東側は破壊されて平地になっているが、三方はおおむね現在も四～五メートルに及ぶ高い盛り上げ基盤を持ち、かつての外城壁を思わせる。もともとは、この外城壁の外側が外城、内側が内城であった。阮朝期にはこの外城壁にいくつもの門が穿たれ、ハノイ内城からの街道が放射状に抜けていた。市門のことをベトナム語でオーと言う。今外城門の痕跡は東北、紅河大堤防に向かって開かれたクアンチュオン門《オークアンチュオン》しか現存しない（**写真5 現在のクアンチュオン門**）。東南隅のドンマック門《オードンマック》（チャンカットチャン通り、紅河大堤防へ）、南のカウゼン門《オーカウゼン》（ダイコ

＊5　バディンは一八八五年、反仏蜂起が起こったタインホア省の地名である。

写真6

ヴィエト通り、南方バクマイ地区へ）、南西のチョズア門《オーチョズア》（トンドゥックタン通り、ハドン市方面へ）、西のカウザイ門《オーカウザイ》（カウザイ通り、ソンタイ市方面へ）、北のイエンフー門《オーイエンフー》（紅河大堤防上、現在のパンパシフィックハノイ）とハノイ四周にその名を残している。どこも門を思わせるものはなにもないが、みな大通りの交点で、殷賑をきわめている。

第二は阮朝のハノイ城で一九世紀末にフランスによって破壊され、今は北門《クアバック》（ファンディンフン通り）を除いてその姿をとどめないが、その外周が道路になっているので外形はわかる。北はファンディンフン通り、東はフンフン通り、南はチャンフー通り、西はフンヴオン通りで区切られる一辺一二〇〇メートルほどの正方形の区画だ。ベトナムの歴史家はこれを皇城《ホアンタイン》*6と呼んでいる。

第三の城壁は禁城《カムタイン》だ。現在、ハノイ城跡の中央を走るホアンジエウ通りを歩くと、東側歩道をはさんで延々と煉瓦塀が連なる。禁城の塀だ。一九世紀、阮朝が王都をフエに移したあとでも、ここは北部の総代官である北城総鎮の座所であり、その後も皇帝が北部に巡行するときは、ハノイのこの一画に住むとされた。

ホアンジエウ・タンロン遺跡

ホアンジエウ通りの西側に国会議事堂の敷地がある。二〇〇三年、国会議事堂の改築に際し、緊急発掘がなされた。これが独立後ベトナムの最大の発見であるホアンジエウ・タンロン遺跡の発見につながった（**写真6 二〇〇三年ホアンジエウ遺跡の大発掘**）。この地から井戸の遺跡、そしてきわめて上質の陶磁器が大量に発掘された。知らせを受けて、政府は軍を含む大量の労働力を発掘にあたらせ、さらに三ヘクタールに及ぶ遺跡上に簡易屋根がのせられ、保存庫が作られた。

これまで発見された遺物から見ると、ホアンジエウ・タンロン遺跡は九世紀から一九世紀にいたる複合遺跡だ。

安南都護府

その一番低い層から九世紀頃の安南都護府時代の井戸が発見された。安南都護府、高校世界史の定番の一つだ。大唐の時代、その辺境、東西六ヵ所に「都護府」という半独立的な役所を置き、まだ十分に中国化されていない周辺の諸州を従わせた。その南を預かったのが安南都護府だ。かつてベトナムのことを安南とかアンナムと呼んだのはこれに始まる。

六七九年、安南都護府は今のハノイに置かれた。他の都護府はいずれもまもなく廃止される。安南都護府だけは、七世紀から一〇世紀までほぼ二〇〇年以上にわたって存続した。それもそのはず、はるか漠北の地に捨て置かれ、遊牧民たちの攻撃に曝される他の都護府に比べ、ハノイの安南都護府は、気候もいいし、治安がいい。ようやくさかんになってきた南海交易の中心でもある。歴代の都護府長官はありあまる財をためて帰国する。もっとも、豪壮な城を考えてはいけない。九世紀の中頃の記録では、安南都護符はとげ竹を植えて垣としたので「竹城」と呼ばれたという。かなり質素なものだった。

土佐日記に紹介され、小倉百人一首に採択された「あまのはら、ふりさけみれば、かすがなる、みかさのやまに、いでしつきかも」の作者阿倍仲麻呂が、この安南都護府の長官だったことがある。阿倍仲麻呂は七一七年、

＊6　皇城の内部は諸官衙が林立していたが、そのほぼ中央に塀で囲われた長方形の空間が禁城《カムタイン》と呼ばれ、ハノイが王都であった時代には皇帝の座所があった。

大唐国に留学した一書生だが、詩文の才を認められてたちまち出世し、また長安詩文サロンの寵児になる。七五三年、帰国にあたって途次蘇州とおぼしき町でこの和歌を詠んだ頃は、皇帝の秘書監、従三品の高官である。もっとも、この帰国は難破のために失敗する。阿倍仲麻呂は生涯帰国することができない。

大唐を揺れ動かした安史の乱ののち、七六〇年頃、もう六〇歳をすぎた阿倍仲麻呂は、安南都護府長官に任命される。仲麻呂の在任は七六七年頃まで六年にわたって都護府につとめ、その間、雲南の南詔[*7]に抑えられた紅河ルートの奪還のために、紅河をさかのぼって雲南国境地帯まで進んでいる。実際、ハノイに住んだ期間も長かったろう。しかし、仲麻呂は確かに才気ある詩文を残したが、ハノイに行政官としての事績が残っているわけではない。ただ前任者たちと違って蓄財に励まず、長安に戻ってから清貧の中に死去している。

安南都護府は阿倍仲麻呂の去った八世紀後半以後、その交通の至便性から苦難の道を歩む。その苦難の中から次第に今のハノイが生まれてきた。仲麻呂が帰ってすぐ、安南都護府はジャワの海軍に襲われたと史書は伝える。本当だとすれば、当時、マラッカ海峡、ジャワ海の制海権をおさえたシャイレーンドラ朝[*8]の海軍がハノイまで攻めてきたことになる。八六三年、今度は南詔が紅河を下って南下して、安南都護府を占領、破壊した。この時は、都護府の長官以下一五万人が虐殺されたという。ハノイ全市が皆殺しになった感がある。ハノイが重要な国際中心であった証拠だ。

大羅城

廃墟の安南都護府を再建したのが、晩唐の名将高駢だ。高駢はハノイから南詔軍を撃退したあと、大羅城を建築する。周囲ほぼ六キロ、外城壁の高さ八メートル、城壁上にさらに垣をめぐらし、五五の望楼を置いた。今ハノイ市域の中央やや南より、ホーチミン市に至る国道一号を南に下る。左手に統一公園の湖バイマウ湖を眺めながら、ハノイ最大の交通渋滞で有名なキムリエンの交差点に出る。交差点の西側商店街に隠れて、狭い腰の高い道路が西方に走る。羅城堤路《デラタイン》と言う。伝承では大羅城の南の外壁だった。確かに八〇年代まではっきりとした土城壁だった。唐代の陶器片が出土したという。もっとも、九〇年代に入り、現在のサーダン通りの建設のために完全に破壊された。

今大羅城壁が実見できるのは、かつての大羅城の南辺外城壁と思われるチャンカットチャン堤だ。この通りは人家の間を縫って走る細い土手の上の道だ（**写真7 チャンカットチャン堤の高み**）。

写真7

しかし、南海交易の牙城大羅城も、一〇世紀に入ると商人たちに見捨てられる。その頃になると、大洋航海技術が進み、南海の富を求める商人たちは、なにも中国沿岸から沿岸をとぼとぼと南に下らなくとも、南シナ海を南下して、中部沿岸のチャム人たちの港市に直航することが可能になった。ハノイの安南都護府が中国南方の陸と海を結ぶといっても、所詮、川筋を頼りの内陸港に違いない。次の時代、海の時代、大洋に雄飛できる港ではない。海の時代の開幕とともに、陸路の大陸唐の運命もきわまった。一〇世紀はじめ、安南都護府は見捨てられる。ほぼ一〇〇年間、ハノイは歴史から姿を隠す。

＊7　八世紀から一〇世紀初めまで、雲南の大理を中心に、東西南北の交易路をおさえて繁栄した非漢民族の王国。唐と対立し、しばしば戦争した。

＊8　八〜九世紀ジャワ北海岸を拠点に、マラッカ海峡、ジャワ海、南シナ海を制した国家。ボロブドゥール寺院はこの国家の建設によると考えられている。

昇龍城

一〇世紀、北部ベトナムは中国から独立する。その中心は海港のホアルー（8章四〇七ページ参照）だ。ハノイは見捨てられている。ところがホアルーも大洋に面しているわけではない。せいぜいが中部ベトナムのチャムの諸港市を略奪するくらいしか、国際交易網に参加できない。独立ベトナムは海の時代の中で、孤立した道を歩まされる。ベトナムの新しい生き方、農業中心の内陸国家を選んだのが、李《リー》朝の開祖、李太祖《リータイト》（李公蘊《リーコンウアン》）だ。李太祖はもともと、ハノイから北に一五キロほど、バックニン省のディンバン社の出身だ。見渡す限りの水田の中にある。海の匂いはまるでしない。

李太祖は、ホアルーに都した前黎朝に仕えた将軍だったが、一〇〇九年、前黎《レ》朝の王が死ぬのを待って自ら帝位に即く。翌一〇一〇年、ホアルーを捨てて、大羅城つまり安南都護府の故城に都を移す。李太祖が大羅城を選んだ理由は、なによりもこの地は広くて乾いているということと、四方の物流の中心ということだ。ハノイは確かにデルタの扇頂だし、国際交易からは孤立しているが、まちがいなく紅河デルタの中心で内水路の交わるところだ。李太祖のハノイへの遷都は、海の王からデルタの王への変身だ。

李太祖の一行が船で大羅城に近づく。城壁の下に船をつける。突然、船の前に黄色の龍が出現した。この吉祥にあやかり、大羅城を昇龍《タンロン》城と呼ぶことになった。ハノイの古名タンロンの名前の起こりだ。一〇一〇年の旧暦七月のことである。二〇一〇年新暦九月が正味一〇〇〇年ということになる。ハノイ市をあげて大式典が催される。このために五年も前からハノイ・タンロン一〇〇〇年委員会が立ち上がっていた。

以後、李朝が約二〇〇年、陳《チャン》朝が約一七五年、黎《レ》朝が約三五〇年、中に幾たびかの内乱を含みながらハノイを都とする。一八〇二年に成立した阮《グエン》朝は一九四五年まで、例外的に王都を中部のフエに移し、この間、ハノイは北部の中心、ハノイ省の省都におちぶれる。しかし、フランスは一八八七年から一九五四年までハノイを仏領イ

写真8

写真9

ンドシナの中心として設定し、一九五四年以後はベトナム民主共和国の首都、そして一九七六年からは統一されたベトナム社会主義共和国の首都となった。

李朝のハノイ

北門

李朝期にたくさんの宮殿楼閣が皇城内に建てられた記録があるが、現在、位置も規模も解っていない。ハノイ城址の北中央、もともとはタンロン城北濠を埋めて作られたファンディンフン通りに面して北門《バクモン》の遺構がある。北門はハノイ内城壁に残された唯一の門遺構だ。屋上見学が許される。北門の南方向に禁城と言われるフエからハノイを訪れた皇帝の居住区域が連なる。禁城内の建物も次々と復元公開が進んでいる。禁城の西脇にあたるホアンジエウ通りに沿って、北から側室や女官の詰め所と言われる后楼《ハウラウ》、皇帝のハノイ滞在時の御座所だった敬天殿《キンティエンディエン》、その南に禁城への入り口だった端門《ドアンモン》が並ぶ（**写真8・9一九世紀末の敬天殿と現在の敬天殿遺址**）。

これらの遺構は一九世紀の阮朝時代の建築の復元だが、この修復工事中に北門、后楼では李朝時代にさかのぼる陶磁器片が、端門では同時期の道路か塀の地下構造が発見された。ホアンジエウ通りを越して向かい合うホアンジエウ遺跡からはもちろん李陳朝の遺構、遺物が大量に発掘されている。これから、現在のハノイ城址の中心道路ホアンジエウ通り一帯が、李・陳朝期でも既に昇龍皇城の中心地、それも禁城だったとされた。

ハノイ正心軸

ところで端門の南には、ハノイ皇城のシンボル、旗台《コットコー》がそびえる。旗台は北門とともに阮朝ハノイ城の数少ない遺跡の一つだ。旗台は阮朝になって各省城に建てられたシンボルタワーだが、現在はフエ、ナムディンなど僅かな都市にしか残っていない。ハノイの旗台は一八一二年に建設されたもので、高さ三三・四メートルもある。今は塔上まで上ることができる。

写真10

北門中央から旗台の中央まで后楼ほか禁城の建築はある角度にそって作られている。その角度は后楼、端門、旗台の中央を走る。磁針に対して約六度東に傾いている。ハノイ正心軸《チュックチンタム》と呼ばれる（**写真10 正心軸を示す李朝端門地下遺跡の方向線**）。ホアンジエウ遺跡の基軸でもある。不思議なことに、この傾きは阮朝ハノイ皇城の壁線ともずれている。[*9] ハノイ正心軸は、李・陳・黎朝八〇〇年にわたって維持された聖なる基軸だ。阮朝の禁城は正心軸を踏襲して建築された。この結果、阮朝ハノイ城では皇城の角度と禁城の角度が違うという奇妙な城郭設計になった。

宮城の外

李朝期の記録にはほとんど宮城の外についてふれていない。それもそのはず、李朝や陳朝のハノイは、少なくとも雨季はほとんどが水の中だ。今のハノイが水がつかないのは、二〇世紀に完成した大堤防と、二〇〇〇年代になってようやく完成したポンプ排水システムのおかげだ。それまでのハノイ防衛の肝心かなめの堤防はひどく貧相だ。一五世紀にハノイを訪れた明人は、当時の紅河デルタの堤防を高さ一メートルくらいと報告している。今高度一一メートルに及ぶ城壁のような大堤防に比べれば、おもちゃのようなものだ。一七世紀にハノイに在留した英国人サミュエル・バロンは、東の紅河から見たハノイの絵を残している。これを見ると、大堤防らしきものは見えず、ハノイの町と川岸を隔てるものは、築地のような低い土盛しかない。洪水はやすやすと市内に浸水した。李朝期の遺構も碑文もない。李朝期にさかのぼる伝承を持つ内城遺跡は、白馬神社《デンバクマー》、霊郎神社《デンリンラン》、報天寺《チュアバオティエン》、徴女王神社《デンハイバーチュン》、一柱《チュアモットコット》（延佑）寺、南郊殿《ナムザオ》くらいしかない。

かつてフォーコー（旧市街）の真ん中を西北から東南に流れていた川があった。トーリック川（蘇歴江《ソントーリック》）と呼ばれた。一八九六年に埋め立てられたこの川は、東は現在のチョーガオで紅河と結び、西はハノイ城の北をまわって現在のトーリック川に続いていた。トーリック川は今でこそ、内城ハノイの西辺を細々と回るにすぎないが、かつては紅河の入り口からハノイ城下まで船がのりつけられるハノイ物流の基軸だった。川の南側に船の帆の製造販売をする店が集まった。今のハンブオム（帆通り）だ。[*10] ハンブオム通りのほぼ中央にハノイの土地神「龍肚精《ティンロント》」[*11]を祀る白馬神社《デンバクマー》がそびえる。白馬神社は伝承では九世紀創建と言い、一三世紀には信仰が確立している。都城の東の守りとされる。

＊9　阮朝ハノイ皇城の基軸線は約一一度東よりだ。

＊10　一九世紀の末に旧トーリック川が埋め立てられ、ハノイ市内の水運が消滅したために、ハンブオムの帆作りの伝統は終わった。ハノイのマチの中央に帆作りの職人、商人街があったのはおもしろい。

＊11　龍肚はハノイの古名の一つ。ヌイヌン（一般には現植物園内の小丘、異説あり）という丘の下に住む龍をさすと一般には言われる。フォーコーの地主神だ。

写真11

写真12

ベトナム人にとってハノイ観光ピカイチは、なんといってもホー・チ・ミン廟、そして一柱寺《チュアモットコット》はベトナム漆絵や絹地刺繍絵のおみやげ定番だろう。ヤシ、矩形の池、池面にそびえる一本の石柱の上の観音堂、そしてアオザイの娘たち。この絵柄が飽きもせず繰り返される。それでもベトナム人は大好きだ。一柱寺は、李朝の第二世李太宗《リータイトン》（在位一〇二八〜五四年）があるとき観音菩薩が蓮花台の上に座り、帝を台上に招いた夢をみた。その夢のままに建てられたのがこの寺だ。その後、重建を繰り返すが、一九五四年、フランス軍に破壊され、現在の寺宇は翌年、再建されたものだという（**写真11 一柱寺。二〇〇七年**）。

フォーコーの南、ハノイの瞳とかエメラルドとか言われ、フランス語ではかわいらしくプティラックと呼ばれたホアンキエム湖がある。ホアンキエム湖は周囲二キロもない小池にすぎないが、湖岸《ボーホー》の緑樹は深く大きく、湖面をわたる風は夏でもすがすがしい。雑踏と排気ガスに苦しむハノイ市民の最大の憩いの場だ。

湖の東岸はフランス風の美しい建築が並び、西岸にはレストランや喫茶店がつらなる。西北岸にきわだった高地がそびえる。高地上に今はハノイ大教会《ニャートーロン》聖ヨセフ教会が建つ。大教会前の広場はいつでも人でにぎわっているが、もともとはこの高地上には報天寺《チュアバオティエン》という寺があった。李朝創建で上層を銅、下層を石で作られた一二層の古塔がホアンキエム湖を望むハノイの中心寺院だった。[*12] 一九世紀を通じて広い寺域が残されていたが、一八八三年、フランスはこの古きハノイのシンボル遺址に、代わってフランス領ハノイのシンボルとして大教会を建設した（**写真12 ハノイ大教会。二〇〇七年**）。ハノイ大教会はすぐれて古典的な教会建築の傑作だが、ハノイ伝統文化破壊の象徴でもある。

トゥーレ湖、霊郎神社、カウザイ橋

日本人に結構人気のあるホテルにデーウーホテルがある。韓国資本の大宇の建設だ。ハノイの高級ホテルとしては早く、九〇年代後半に登場している。デーウーホテルはキムマー通りの終点のやや高みに建つが、その南北、西はいずれも急に低くなる。今でも西、南に池がある。デーウーホテルの西側に開く部屋に泊まると、窓一面に細長い小島を中央に配した西の池が浮かび出る。守隷湖《トゥーレ》と言い、周囲の緑を守隷公園《ヴォントゥーレ》と言う。

写真13

トゥーレ湖の西湖岸に今はヴォイフック神社と呼ばれる古社がある。伝承ではもとの名を霊郎神社《デンリンラン》と言い、李太宗《リータイトン》の皇子が死んだあと、霊応が多かったのでここに祀られた。湖の護岸堤防の上にあり、本来は水神であったろう。都城の西の守りとされる（**写真13 霊郎神社**）。

トゥーレ公園の西に接してカウザイ橋がある。紙の橋の意味である。橋の位置するムラの名産が紙だったからだという。橋は李朝期には既にあったと言われる。カウザイ橋は今はノイバイ空港からハノイ市内に入る時に使われる大近代橋だ。もともとは西からの旅客、物流のための橋だった。ハノイの西、最大都市はソンタイだ。だから皇城とカウザイ橋を結ぶキムマー通りはかつてソンタイ通りと呼ばれていた。

一八七三年、フランスの冒険将校フランシス・ガルニエは北部ベトナムが内

＊12　この塔は創建以来、辛酸をなめている。まず一二五八年には嵐で倒壊し、一三二二年には雷撃を受け、一四二六年には明軍が銃弾を作るために銅板をはがしている。一八世紀末にはタイソン阮氏がこの寺の鐘を鋳つぶして銅銭とし、塔をこわして瓦を取ったという。この時の瓦には李朝の年号が入っていた。それでも寺院は再建を繰り返し、一八八四年まで遺構をとどめた。

乱で混乱している隙に乗じて、わずか二〇〇名足らずの兵を率いて紅河デルタの主要都市を占領した。[*13] その頃、紅河上流中越国境地帯には太平天国の流れを汲む華人の軍事集団が盤踞していた。首領劉永福はフランス人の横暴を許さず、兵を率いてハノイに進軍する。その激戦の地、ガルニエ戦死の場がこのカウザイ（紙の橋《ボンドゥバビエ》と訳された）だ。今は記念碑一つないが、当時はフランスを激震させた大事件だった。それほど、カウザイ橋はデルタを集約するハノイにとって重要な拠点だった。霊郎神社、今のヴォイフック神社はこの西方流通の鎮守だった。[*14]

写真14

ハイバーチュン

伝承によると、紀元一世紀、後漢に抵抗して反乱を起こした徴姉妹《ハイバーチュン》はこと敗れるや、紅河に入水するが、その遺体は化して二体の石像になった。紅河の民が河岸に祀り、その後、河岸が洪水で削られだしたので、より内陸に移した。それが現在もハイバーチュン区のフオンヴィエン通りに残る徴女王祠《デンハイバーチュン》と徴姉妹寺《チュアハイバーチュン》である（**写真14 徴女王祠《デンハイバーチュン》**）。この区の名がこの神社にちなんでいるのは言うまでもない。徴女王祠《デンハイバーチュン》前の露天市場は今でもハノイの名物だ。つまり、現在残る李朝遺跡で見るかぎり、李朝禁城とその東方、紅河にいたるトーリック川河岸に商店があったほかは、一面の水、中に東西南北の鎮守神が建てられている程度だ。

陳朝・黎朝のハノイ

坊

一三世紀初めから一四世紀末まで陳朝《チャン》がハノイの主人になる。モンゴルの侵入はこの陳朝の時だ。陳朝の遺跡は李朝《リー》のそれよりももっと少ない。陳朝期成立を伝える神社仏閣もハノイにはほとんどない。

『大越史記全書』というベトナムの正史がある。今残るのは一五世紀頃に編纂されたものだが、その一二三〇年に都の中に六一坊を置いたとある。都の中の区画を坊《フォン》と呼んだ初めだ[*15]。ハノイ市内にある程度の人口集中があり、都市の体をなしていたのだろう。陳朝の坊では鶴橋坊、西街坊、橋閣台坊、安華坊、江口坊などの名前が記される。宜蠶坊、蒜園坊、機舎坊など産物を示唆する坊名も出現し、今のフォーコーの通り名に似ている。残念ながら機舎坊（紅河河岸に現存）と江口坊（チョーガオ付近）を除いて、現在のどこかはわからない。

一二七四年のことだ。対モンゴルの臨戦体制下にあったベトナムに、滅亡寸前の宋から難民が三〇数艘の船に乗って来航した。陳朝政府は彼らをハノイの街𤹋坊に集住させた。宋人たちはここで布や薬品の市を開いたとある。𤹋はベトナム語のヴァイ（衣料）の字喃《チューノム》[*16]だろう。たぶん現在のハンヴァイ通りの前身だ。ハンヴァイはハンブオムの西の延長で、もともとは布地の専門街だった。一三世紀、このあたりに最初の華人街が生まれた。

＊13　このとき抗戦に敗れて自殺したハノイ城の守将阮知方《グエンチフォン》で、今ハノイ城内の道路にその名を残している。

＊14　伝統ハノイの東西南北は以下の諸寺社が守っていた。北、鎮武観。東、白馬神社。南、高山神社（ドンダー区キムリエン）。西、霊郎神社。

＊15　真偽はともかく、六一坊の制度は李朝にあった制度にならったという。

＊16　漢字から派生したベトナム文字。

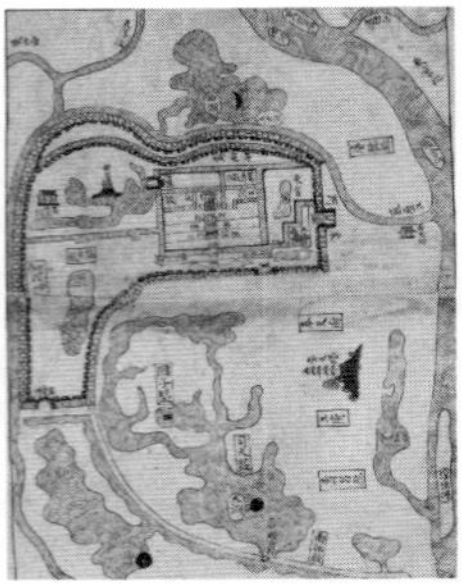

写真15

一六世紀に始まる黎朝《レ》になると、ややわかってくる。モンゴルとの戦いに痛めつけられた陳朝は、一五世紀末に胡李犛《ホークイリ》に簒奪される（7章三八八ページ参照）。ホー・クイ・リ政権は明に侵略されて崩壊し、北部ベトナムは一四〇六年から一四二七年まで明の領土になる。明を駆逐して、再度ベトナムの独立を勝ち取ったのがタインホアの土豪黎利《レロイ》（黎太祖《レタイト》）だ。レ・ロイは一四二八年、ハノイに即位して黎朝を開く。黎朝は基本的には李・陳朝のハノイ／タンロン城を踏襲する。一七世紀頃に作られた『洪徳版図』[*17]奉天府には、その頃のハノイ内城の見取り図が載っている（**写真15 最古の絵地図『洪徳版図』奉天府（ハノイ）写本の一つ**）。

まずハノイ皇城の正心軸は李・陳と同じく、現在の北門から端門を結んでいる。現在の旗台には黎朝禁城の南門があった。禁城南壁はレホンフォン通りであり、禁城の西壁はフンヴオン通りで、ここから禁城城壁が西方、橋のように延びる。現在のキムマー通りにあたる。東壁はフンフン通りだろうが、東壁の東に東宮が増設される。東宮の遺構は今はまったくない。しかし、フォーコーの西辺を走るハンコット・ハンガー通りが唯一、禁城の正心軸に平行しているので、黎朝皇城の東壁にあたると思われる。東宮の東門の東は白馬神社だ。李・陳以来の商業街ハンヴァイ・ランオン通り、ハンブオム通りは健在だったろう。

黎朝皇城北壁は二重になっている。トーリック川が北濠になっている。ホアンホアタム通りに沿うと思われるが、二重の城壁の位置は明らかではない。西壁はブオム通りでカオザイ橋まで、ここからラタイン通り，ザンヴォー通り、チャンフー通りに抜ける。羅城は北、西では皇城壁と重複し、南ではデラタイン通りを南下してキムリエン、ダイコヴィエトに入り、紅河大堤防に交わる。

『洪徳版図』ではトゥーレ（守隷）湖、霊郎《デンリンラン》神社が描かれる。キムマー通りから南では現在のザンヴォー湖もゴックカイン湖に連なる大きな水面を持っていた。

国子監（文廟）

皇城の南は湖だらけだ。国子監《クオックトゥザム》は巨大な湖に周囲を囲まれた島の中にある。国子監は李朝創建の官僚教育機関だ。一八世紀まで、歴代王朝政府が修築再建を繰り返した。一九世紀の阮朝は国子監をフエに移したので、ハノイの国子監は孔子を祀る文廟になった。文廟はハノイ観光の目玉だ。グエンタイホック通りとクオックトゥザム通りの間にまたがる約六一五〇平米ほどの緑と煉瓦塀で囲まれた空間だ。いつでも観光バスが門前に列を作っている。国子監は文献上、李朝の一〇七六年に制度が始まったが、現存する大部分の建築は一九世紀のはじめのもので、その後修築が繰り返されている。革命後も修築は繰り返され、特にドイモイ後の一九九五年、一九九九年に大修理がなされ、現在の姿になった。

写真16

クオックトゥザム通りに面した煉瓦漆喰作り二層の楼門文廟門《ヴァンミエウモン》、一層木造の大中門《ダイチュンモン》、内苑の方形の池を隔てて二層の丸窓で有名な奎文閣《クエヴァンカク》[18]と続く（**写真16　奎文閣。二〇〇七年**）。奎文閣を抜けると、文廟には歴代の科挙最高位である進士[19]合格者の名を記した題名碑が八二並ぶ。一五世紀一四四二年から一七八七年、黎朝末期まで作られた。二〇一〇年三月、ユネスコの世界資料遺産に認定された。

＊17　洪徳は一五世紀の黎聖宗の年号だが、実際の地図上には一七世紀以降でしか現れない王府が描かれており、一七世紀以降の作図を黄金時代とされる洪徳年間に仮託したものとされる。

＊18　文様化された奎文閣はしばしばハノイのロゴマークに用いられる。現行の一〇万ドン札の裏面には奎文閣が描かれている。

＊19　科挙試験最高位の合格者。現在ベトナム語で博士を意味するティエンシーはこれからとられている。なお博士《バクシー》は医者のことである。

大成門《ダイタインモン》を抜けると広場が開け、正面に孔子殿《コントゥ》など主要な建物が展開する。巨大な万世の師表像が観光客を見下ろす。ベトナム人の思いとは別に、その伝統文化の一方の極に中国文明が大きくたちはだかっている。

大湖

『洪徳版図』では、国子監の南には大湖という大きな湖が広がっている。文廟の南の文湖《ホーヴァン》、ハノイ駅裏のリンクアン湖、ヴァンチュオン湖。ドンダー湖、サーダン湖、さらに国道一号の西に広がるバーマウ湖、東、統一公園の中のバイマウ湖などはいずれも、この大湖のあとだ。

大湖に囲まれて司天監《トゥティエンザム》の名が記される。司天監は気象天文を調べ、暦を作る役所で、のちに欽天監《カムティエンザム》と呼ばれる。現在、国道一号（レズアン通り）とトンドゥックタン通りを結ぶ一キロほどの通りをカムティエン通りと言う。戦前は遊郭のマチで、革命後は労働者の集合住宅が建ち並んだが、一九七二年、クリスマス爆撃[*20]でことごとく破壊された。伝承ではカムティエン通りの東端に近いカムティエン市場に欽天監の建物があったという。湖の中の島のようだったろう。

洪徳版図の南辺、大湖の東岸に南郊殿《ナムザオ》が見える。羅城南壁の北に接している。南郊は都の南に置かれた都の南方の守護神を祀る。有名な北京の南壇も同じだ。ベトナムではフエ郊外の南郊が有名だ。ハノイの南郊は李朝の一一五二年に当時の大羅城の南門に五壇を築造したことに始まる。その後、黎朝初期、一五世紀前半に正殿や付属建物を建て、歴朝がこれを続けた。中でも一六六六年の大改築では、石柱を作り、柱や棟梁に朱漆を塗った豪壮なもので、二〇〇五年、VNCONタワー建設時に複数の建築遺構が発見された。しかし、阮朝がハノイ城を再建した時にハノイ南郊は廃止され、石材や煉瓦は城壁に転用された。一七世紀の石碑（南郊殿碑記）をおさめた建物しか残らず、土地の住民が細々と祭祀を続けるだけになった。一九二六年、フランスによってレダイハイン道路の拡幅のために最後の遺構も破壊され、石碑は歴史博物館（五一五・五二四ページ参照）に運ばれた。今はなにもない。南郊の東に丸い湖があるが、これはハイバーチュン神社の東の湖、ハイバーチュン湖《ホーハイバーチュン》の原型だ（**写真17　二〇〇五年下町の中でなされた南郊遺構の発掘。今はタワーが建つ**）。

写真17

王府

『洪徳版図』奉天府のほぼ中央、報天寺（『洪徳版図』では宝天寺）の南に「王府」とある。ベトナムの近世におけるハノイの主人、黎朝四〇〇年は前代の李朝、陳朝に比べ、政治関係がややこしい。黎朝は一六世紀後半、第四世 洪徳《ホンドゥック》帝（黎聖宗《レタイントン》）の時に最盛期を迎え、領域としては現在の北部ベトナム山地、中部ではビンディン省までがベトナム領になった。内政ではベトナム風の律令政治が完成し、公田《コンディエン》制度[21]が確立し、ベトナムの近世村落が成立した。しかし、一六世紀のはじめには帝権が衰え、一五二七年、軍事を掌握した権臣の莫《マク》氏に簒奪された。一五〜一六世紀の黎朝を前期黎朝と言う。

黎朝の一族はタインホアに逃れ、鄭《チン》氏の援助を得てハノイの莫氏と戦いを続

＊20　ベトナム戦争終盤の一九七二年一二月二六日、折からのパリ平和会議が行き詰まったことにいらだった米空軍が、戦略爆撃機でハノイを空爆した。特にカムティエン通りは集中的に爆撃され、瓦礫の山になった。死者二八三、負傷二六六、破壊家屋五三四に及んだ。カムティエンは北爆のシンボルだ。

＊21　新たに開拓された土地を村落に給付し、村落はそれを納税や徴兵の担保として村民に分給する制度。のちに村落共有田となり、ベトナム特有の村落共同体を作るもとになった。

写真18

けた。一五九二年、鄭氏の軍はようやくハノイを奪還した。[*22] 黎朝は昇龍城に復活した。これより黎朝のラストエンペラー昭統帝《チエウトン》が清に亡命する一七八九年までを後期黎朝と言う。

後期黎朝のベトナム北部の実質的な支配者は鄭氏だ。鄭氏は歴代「王」[*23]を名乗り、前述のように皇城外に王府を建設して、律令政府によく似た自前の内閣を作った。ハノイ皇城の皇帝政府は名目だけになった。鄭氏の王府はその後、阮朝の一八四六年、科挙の試験場になった。フランス時代には一時、北部の総督経略大臣の役所だったことがある。

ホアンキエム湖の南岸ハンカイ通りをまっすぐ西に進む。細いが並木のしっかりしたチャンティ通りに入る。ベトナム航空の事務所から西、現在の国立図書館《トゥーヴィエンクオックザー》の位置だ。チャンティ通りは試場（科挙試験の試験場）通りを意味する。試場は周囲一八二丈、中には二一の建築があったという。国立図書館は一辺が一二〇メートルの敷地の上に建つ。ほぼ現在の敷地がそのまま試場、そして旧王府の敷地だ（**写真18 国立図書館。二〇一九年**）。

ホアンキエム湖

『洪徳版図』には、ホアンキエム湖が南北に細長い湖として描かれ、南には紅河へのアウトプットを持っている。ホアンキエム湖にはまだ玉山祠《デンゴックソン》も亀の島もない。ハノイの瞳ホアンキエム湖はもともと紅河が現在の大堤防の南側、タイ湖からチュクバック湖を経て南に流れていた頃の残存河床だ。長い時代の中で何度も東側の紅河本流からの溢流、洪水がフォーコー（旧市街）の高みを作り、タイ湖やチュクバック湖から切り離してしまった。[*24]

しかし、ホアンキエム湖がもともと紅河だった証拠は、湖上の神社玉山祠《デンゴックソン》の奥殿に保存される巨大な亀の剥製だ。伝説では、昔、のち黎の太祖になる黎利《レロイ》がホアンキエム湖の亀[*25]から神剣を授かり、明軍を打ち破ったことになっている。湖の名前、還剣湖《ホーホアンキエム》やベトナム語名剣の湖《ホーグオム》はこれにちなんでいるし、今やベトナム名物[*26]水上人形劇《ムアゾイヌオック》の十八番《おはこ》だ。この巨亀の係累は今なおホアンキエム湖に生息しているそうで、亀の塔の下で甲羅干しをしているところがよく目撃された。かつて紅河とつながっていたことを示す生き証人だ[*27]。

驚いたことに二〇一一年四月三日、この亀が玉山祠の橋の下と湖の西岸から生きたまま捕獲された。ひどく弱っていた。ホアンキエム湖古亀治療委員会が設立され、保護された。近々、再び湖に戻す予定だが、湖の環境変化も問題だし、餌も天然に頼っているかぎり不足がちだ。どうしたら亀を元気で戻せるか、統一シンポジウムが開かれる騒ぎになった。なんといっても亀はハノイのシンボル中のシンボルだ（**写真19 ホアンキエムの大亀。二〇〇二年**）。

しかし、ホアンキエム湖から紅河への流れがどこを流れていたのか、またいつ湮塞《いんそく》されたのか、つまりホアン

＊22　莫氏の一族は北に逃れ、一六七七年までカオバン省に割拠してハノイに抵抗した。

＊23　中国式には黎氏が皇帝、鄭氏がその下で王というのは納得できるが、ややこしいことにベトナム語では黎朝皇帝はヴア、つまり王と呼ばれる。このために鄭氏はヴアと呼ばれず、チュア（主）と呼ばれる。

＊24　もっとも一九世紀末の地図ではまだまだチュクバック湖からホアンキエム湖までをつなぐ細い水路が描かれている。

＊25　なおベトナム伝説の中の紅河の神は金の亀で、コーロアを建てた安陽王伝説では、金亀が安陽王のコーロア建設を助けているし、またその爪を安陽王に与えて弩《ど》（いしゆみ）の引き金とした。この弩は無敵で、コーロア城を外敵から守った。

＊26　水面を囲って舞台とする人形劇。題材は民話に材をとったショートストーリーが多い。タイビン起源とも言われるが、今はハノイが中心で、ディンティエンホアン通りには専門劇場がある。

＊27　もっともホアンキエムの巨亀は、紅河や揚子江に生息する亀に属するが、ほかにない特殊なものだそうだ（*Kinh Te Hanoi* 紙、二〇一一年四月一四日号）。

写真19

写真20

キエム湖がいつから孤立した池になったのか定かではない。一八七三年の地図を見ると、確かに現在のレタイントン通りの西側に湖沼群の列がある。列の南端は現在のパストゥール公園あたりで紅河に接している。おそらくこのルートが往年の紅河への流路だったのだろう。とすると、紅河の溢水期には大量の水がホアンキエム湖に流れ込み、低い東岸は一面の湖に変わった。ホアンキエム湖東岸の開拓は一九世紀末フランスの町作りを待たなければならない。

なるほど『洪徳版図』奉天府は一七世紀初期のハノイ内城の状況については第一級の資料だが、残念ながらきわめて簡単な情報しか残していない。古いハノイ、本当のハノイを知るためにはやはり一点ずつを執拗に追いかけるしかない。

青年の道

ハノイ内城の北、タイ湖《ホータイ》、チュクバック湖が広がる。両湖を分けて青年の道《ドゥオンタインニエン》という細い天の橋立のような道が南北に走る。青年の道は一七世紀に南北岸の三村落が魚採り用に築いた堤に始まるという。一九五八～五九年頃、ハノイの学生たちの勤労奉仕で拡幅され、現在の規模になった。今やハノイ一のデートコースだ。季節を問わずオートバイで集った若い男女が散策や語らいを楽しんでいる。青年の道の北の端、堤防の斜面をのぼったところにソフィテルレジェンドメトロポールホテルがある。この地がフランスが修築する以前の

写真21

堤防の最高位だった。

青年の道の中程、観光船の発着所やホータイ名物のエビせんべい《バイントム》の店でにぎわうトウエンゾン桟橋の脇、湖中の島にこれも古びた寺塔が浮かびあがる。鎮国寺《チュアチャンクオック》と呼ぶ。タイ湖の名勝随一だ（写真20 鎮国寺）。もともと紅河の沿岸砂州にあったが、一六一五年にこの地に移された。青年の道が生まれたことと関係するだろう。今の建物は一八一五年の重修の結果だが、あざやかな黄色の矩形の壁に囲繞されて仏像群を納めた本堂が建つ。タイ湖の北岸、金蓮寺《チュアキムリエン》*28と並んで美しい建築で知られる。

鎮武観

青年の道の南詰め、リートゥチョン公園のむかいに小さいが古そうな道教寺院がある。鎮武観《チャンヴークアン》、俗にクアンタイン寺と言う（写真21 鎮武観）。一五世紀、黎聖宗《レタイントン》がこの地にハノイ北方の守り「北方鎮」として建設した。この鎮武観は道教では北の星宿《せいしゅく》を神格化した玄天上帝、いわゆる玄武神を祀る。神名を別に鎮武、真武と言う。一六七七年、宮廷は高さ三・九六メートル、重さ四トンという銅の鎮武神像を作らせた。今、この異形の巨神像は奥の上殿に安置されている。玄武の名のとおり、真っ黒で総髪、北の鎮護だから鎧をまとい剣を突く。剣の裾にはしっぽ、玄武の化身、蛇の大亀がほえる。奇形重厚、ベトナム彫刻の白眉だ。

フォーコーから鎮武観への参拝路はクアンタイン通りと言い、チュクバック湖の南岸を東西に走る。鎮武観の

*28 金蓮寺《チュアキムリエン》。ホータイ湖の北岸、イエンフー通り、現在のインターナショナルコンチネンタルホテルやシェラトンホテルの近くにある。最も美しい寺院建築で知られる。

成立は、クアンタイン通りの成立だ。一七世紀の末、青年の道とクアンタイン路を軸とするハノイの北の枠組みができた。

玄天観、東門橋寺、洪福寺

フォーコー（旧市街）の北、ロンビエン駅を中心に高い高地がある。高地の上には、ハノイの胃袋ドンスアンの市場だ。今の市場は二〇世紀初めの建築だが、その前はドンスアンムラの鎮守があった。市場の北側に、ドンスアン市場の雑踏の中に埋没しているが、古い大きな道教の大伽藍がある。一六二五年の碑文によれば、黎朝初期には創建されたらしい。古地図では境内はコの字型池に囲まれ、現在の数倍はあった。玄天観《フエンティエンクアン》と言う。鎮武観と同じく玄天帝君を祀る。その高度は天神を祀るにふさわしくハノイの自然地形では最高位に近い。黎朝期には玄天観が丘の上からフォーコー全域を見下ろし、丘の裾には旧トーリック川を挟んで、白馬神社が控えていた。

玄天観の位置は、ドンスアン通りの北の終点にある。狭いドンスアン通り、ハノイ第一の下町繁華街、賑わわない日はない。ドンスアン通りは、その南でハンドゥオン（砂糖、菓子）通り、ハンガン通り、ハンダオ（桃）通りと細かく名前を替えながら、一キロ南、フォーコーの南端を東西に走るハンボン（綿）通り―ハンガイ通り―カウゴー（木橋）通りにつながっている。ドンスアン通りは現在のハノイ一番の繁華街であるだけではなく、少なくとも一七世紀には既にハノイ随一の繁華街だった。

ハノイ市内の水運の中心、旧トーリック川は紅河の岸から西に流れてこのドンスアン通りに交わる。一九世紀末までこの角に石橋があった。東門石橋《カウドン》と言う。紅河から旧トーリック川をさかのぼってハノイ市内に入った船は、この橋のたもとで荷を揚げ、橋のたもとには市場もあったようだ。今はなにもない。

ただ石橋に隣接していた東門橋寺《チュアカウドン》は今も信仰対象だ。東門橋寺には一六二四年、一六三九年の碑文が残っている。一七世紀には繁栄していたようだ。東門橋寺の西は、ランオン、ハンヴァイを抜けて黎朝東宮東門に至る。同寺の東はハンブオムを抜けて白馬神社、さらに旧トーリック川の河口に至る。東門橋寺は黎朝ハノイ物流の中心だ。

一方、玄天観の乗るロンビエンの高台を北に下る。ドンスアン市場をすぎると道の名はハンザイ（紙）通りに変わる。レトロな国鉄高架線の下を抜けると、広いハンダウ通りが東西に走る。さらに北に抜ける。道の名は洪《ホン》福《フック》通りに変わる。ホンフック通りは、そのままゆるい坂道を上って、大堤防への道ホエニャイ通りにつながっていく。大堤防とドンスアン／ハンダオ通りを結ぶ道だ。

途中、道の右側に幅広い寺域が広がる。洪福寺《チュアホンフック》だ。現在はチュアホエニャイと呼ばれる。ここには一六八八年の碑文がまとまって残る。ドンスアン通り延長の北の端、一七世紀の洪福寺はハノイ仏教信仰の中心地の一つだった。

庶民のハノイ

これまでのハノイは、王宮についての史書の記述か、あとは大伽藍に残る碑文、遺物を通じてしか理解できなかった。そこでは政治や宗教がことさらにハノイを作り上げたかのようだ。しかし、ハノイは紅河デルタ物流の中心、庶民の商業の町だ。一七世紀の欧米人の記録でも、一七世紀のハノイは城塁も濠もない、町というよりも巨大な市《いち》であることが強調される。実際、当時、つまり「交易の時代」のハノイは、国際的には市場を意味するベトナム語「ケチョー」で知られていた。

中でも興味深いのは、ハノイ女性を母とするサミュエル・バロンの記録で、地区ごとに決まった商品が販売され、それぞれの地区はその商品を生産出荷する地方の村落が出店し、管理するとしている。ハノイ（フォーコー）

の商店は、言ってみれば、特産品を持つムラの特約店が集合している名店街のようなものだった。これはつい先頃までのフォーコーの商店のあり方だった。

ドンスアン／ハンダオ通りを南に下る。ハンダオ通り九〇番に民家に建ち混じって小さな花禄神社《ディンホアロック》がある。花禄神社には一七〇六年碑文「花禄市碑記」が残っている。この碑文は国家や王侯高官が建設した大伽藍ではなく、普通の人がこの地の町内の団結のために刻んだ貴重な庶民史の記録だ。この碑文によれば、一七世紀の末頃ハイズオン省から来た人々が、この地にホアロック市場を造り、有力者がホアロック市場の鎮守神社を寄金により建設した。それがホアロック神社だという。一七世紀末にはハンダオ通りの南裾に新しい商業街がハイズオンの庶民の手で建設された。伝承によれば、ホアロック神社と東西に交わるハンバック（銀）通りは一五世紀末頃、ハイズオンの銀細工ムラの人々が移住してできた。フォーコーがフォーコーらしくなってきた。

華人の町

阮朝のハノイ

一八〇二年、長い戦乱の時が終わり、嘉隆帝が阮朝初代の皇帝に即位すると、都は一〇〇〇年のハノイを捨てて、中部のフエに遷った。以後のハノイはせいぜいが紅河デルタの物流の中心地にとどまるが、フォーコーの町の発展はとどまるところを知らない（**写真22 阮朝のハノイ、フォーコー地区**）。

一九世紀、まだフランスに植民地都市化されていないころを描いたハノイの地図が三種ある。第一は一八三一年に作られたベトナム最古の三角測量によるハノイ地図通称明命地図《バンドーミンメン》で、残念ながら現在は情報研究所図書館から門外不出、一九五〇年代に作られた不正確な写ししか利用できない。第二は一八七三年の年号を持つ

写真22

嗣徳地図《バンドートゥドゥック》と言われる美麗な絵地図で、中央部は三角測量で描かれている。第三は一八八五年にフランス土木局と軍測量部が作った五〇〇〇分の一ハノイ市街図で、以後長くハノイの地図の原型となった。現在でも十分に利用可能な高度な製図だ。このほかに一八八五年頃のハノイを描いた最後の絵地図『同慶御覧地輿図』河内省がある。ハノイを地図として理解することができる時代が来た。

阮朝時代、ハノイはもはや王都ではない。皇城は黎朝時代に比べれば一キロ四方のこじんまりした城になる。城内の官衙《かんが》も解体する。明命時代にはフエより高かった城壁を削られ、嗣徳時代には宮殿官衙の資材の多くがフエに運び出された。ハノイはただの省城になった。しかし、ハノイは政治的中心でなくなったが、「ケチョー」として商業的中心であることは変わらない。一九世紀のハノイの人口は一二万～一五万人、ベトナム最大の都市である。

フォーコー

一五の門を持つ土城壁で囲まれたハノイ内城の中でも、どこもかしこも湖沼だらけであることは変わらない。ただ湖沼の多くが乾季には水田化していたし、また現在に連なるムラが生まれている。それでもマチらしい商業空間はフォーコー地区だけだ。

そのフォーコーが今では考えられない水浸しの空間だ。大堤防の東脇には紅河の残存湖が巨大な面積を占めているし、フォーコーの中央にも、旧紅河の残存湖沼が列のように連なっている。今、路地にびっしりとペンシルビルがひしめくターヒエン通りなどは、一九世紀末までは漁村だったぐらいだ。
湖沼の間を縫うように、道路が走る。南北道路では、①ハンコット（網代、すだれ）／ハンガー（鶏）／ハンディエウ（喫煙具）／ハンザー（皮）通り、②ハンティエック（錫、ブリキ）／トゥオックバック（漢方薬）通り、③ハンカン（斤、鉄もの）／ルオンヴァンカン通り、④ドンスアン／ハンドゥオン（砂糖、菓子）／ハンガン／ハンダオ（染物）通り、⑤マーマイ（籐・紙の冥器）通りができている。

　これらと直角に交わる東西の通りでは、北から①ハンタン（炭）通り、②ハンチャイ（瓶）／ハンコアイ（芋）通り、③ハンマー（紙の冥器）／ハンチエウ（ござ）通り、④ハンヴァイ（布）、ランオン（昔の名医の名、革命前は福《フク》建《キエン》通り）、ハンブオム（帆布）通り、⑤バットダン（粗陶器）／ハンボー（竹細工）通り、⑥ハンノン（菅笠）／ハンクアット（扇）通り、⑦ハンガイ（苧麻《ちょま》）／ハンボン（木綿）通りが生まれている。

　つまり、一九世紀にはまだまだ水面があったというものの、現代の主要な道路はできあがり、紅河デルタ各地から集まった人々が、庶民の技で作り上げた手工業品を商っていた。フォーコーの水面が、ホアンキエム湖を除いて、まったく消えるのは一九一〇年代になってからだ。

　移住者たちは同郷の同業者ごとに道路に沿って土壁、草屋根の商店を列ね[*29]、故郷のムラと同じく、強い共同体を組織し、そのシンボルとして集会所や神社を建設した。その多くは今も存在し、地域商店街の強い社会結合の核となっている。たとえば、ハンホム（棺桶）通りは、一八世紀末、一九世紀はじめにハノイ南方のトゥオンティン県のハヴィムラの人々が移住して作られた手工業街だ。ハヴィからの移住者たちはハンホム通りの一角にハヴィ神社を建設し、その祭祀はその子孫たちの手で、今も続いている。

　ハノイは昔から地方の人々が寄り合って作ったマチだ。それぞれのマチは、通りの入り口に木戸をはり、夜になると閉めた。

　だからほぼ植民地都市として建設されたホーチミンに比べると、国際的都市の匂いがしない。どこから見ても千年の「ベトナムのマチ」だ。ところがこのイメージはどうも最近になって作られたようだ。

　確かにハノイには李朝のころから華人が移り住んでいたが、黎朝期には華人のハノイへの移住は厳しく制限され、華人の商業拠点はハノイ南方の紅河東岸のマチ、フンイエンに指定されていた。我が国の長崎交易のようなものだ。ところが一八〇二年、阮朝が政権を取ると、華人政策は一変する。国際交易に強い関心を持つ嘉隆帝は、華人の優遇策に転ずる。広東、福建から大量の華人がハノイに移住してきた。

写真23

粤東会館

ハンブオム通りをバクマー（白馬）神社を通り過ぎてしばらく進むと、北側に今は幼稚園になっている広壮なホールを見出す。広東人の結合のシンボル粤東会館《ヴィエトドンホイクアン》だ。*30 一七九九年、土地在住の広東人が建設を計画し、翌年土地を購入し、一八〇三年に建設された。今も壁に残される碑文によれば総工費七〇〇〇貫以上とある。寄金者の総数は一九七人に及んだ。ハンブオム通りは、華人富裕層の住まいとなった。

　一八一三年正月、ハノイの広東系華僑が阮朝政府に鉛の銭を鋳造する許可を求め、許されている。当時のベトナムは銅銭の流通不足で苦しんでいたから、

＊29　ハノイ土産の一つに、かつてのフォーコーを描いたとするユトリロばりの小品が人気が高い。決まったように煉瓦壁、瓦屋根の平屋、うだつの列が描かれるが、これは二〇世紀になってからのフォーコーで、一九世紀のフォーコーの町屋の大部分は、土壁茅葺きのバラックである（**写真23**）。
＊30　粤東は広東の雅名。会館は同郷団体の集会所。

写真24

華人の国家の貨幣発行権をゆるがせかねない申し出に、渡りに船と飛びついたに違いない。ベトナム政府は、ハノイに新しく鋳銭所を設定し、宝銭局と名づけ、華人に経営させた。宝銭局はホアンキエム湖の南、現在のチャンティエン通り、市民劇場よりの南側一帯に濠に囲まれた広大な敷地を持っていた（**写真24チャンティエン通り。二〇一八年**）。チャンティエンという名称は銭場の意である。さらに一八一四年、ハノイの華人に北部財庫の公金一万両を預け、広東からの物資の買い付けを委託した。いわば経済運営で全面的に華僑に依存している。

ハノイ旧市街の中心道路、ドンスアン通りの南、ハンドゥオン通りには華人が菓子屋など甘いものの店を出した。だから砂糖《ドゥオン》通りと言うらしい。

ハンドゥオン通りの南、ハンブオム通りの交点から南一五〇メートルほどをハンガン通りという。ガンは横切るといった意味だが、声調を変えると塞ぐという意味になる。この通りは塞がれた道という呼び名がなまったのだという。もともとは広東の雅名をとって粤東《ヴィエトドン》通りと呼ばれ、広東人が集住し、絹を売った通りだった。広東人たちは夕暮れになると、道の南北の端の門を閉じ、人の出入りを禁じた。このために塞がれた道と名付けられたという。フォーコーの町中に特殊な華人空間が生まれてきたイメージを伝える。売っているものも、ほかの通りがムラの手芸品と野暮ったいだけに、絹製品が光り輝く。

福建会館

先に見たように、史書は一三世紀、モンゴルに追われた宋人の難民が現在のハンヴァイと思われる地域に集住

写真25

したことを伝える。ハンブオム通りが南北を走るドンスアン通りを抜けると、今ハンヴァイ通りとハンブオムを結ぶランオン[*31]という短い通りがある。もともとは福建《フッキエン》通りと言い、福建系華人が集住していたので有名だ。二〇世紀には漢方薬局が集中していた[*32]。一八一七年建設の広壮な福建会館も現存する（**写真25 福建会館**）。

ここにはもともと福建小学校があったが、現在は紅河小学校《チュオンティエウホックホンハ》の建物となり、中に入ることはできない。ここにも福建会館碑文がある。これによれば、この地の福建人仲間が一八一七年に旧皇城の東華門跡に土地を購入し、天后[*33]像を福建から購入して、一八一六年に廟と会館を建設したことが述べられる。このために三二人の福建人が三六〇四両を献金したという。最大の献金者は福建省の晋江県の王新というもので、なんと一一〇〇両も寄金している。福建富豪とでも言うべき層が出現している。

ハンブオム通りを東に進むと、道なりに南に曲がる。このあたりマーマイ通りと言う。マーマイ通りは、もともと葬儀用の冥器を売っていたハンマー通りと、籐製品店のハンマイ通りが一九四五年に合同したので、こんな

＊31　ランオンは一八世紀の名医の名。革命後、薬局が多いところから命名された。

＊32　もう一つ陳朝のハノイについておもしろい記録がある。一四世紀の中頃、陳朝が衰退する原因を作ったとされる遊び好きの裕《ズー》宗《トン》（在位一三四一～六九年）が、トーリック川の北岸一マウ（三六〇〇平米）ほどの土地を奴婢に耕させて蒜薤（にら・らっきょうの類）を栽培し、これを売ったというのだ。なんとも可愛らしい皇帝だが、当時フォーコーのど真ん中に三〇〇〇坪もの野菜畑が鎮座していたのだ。まだまだ陳朝のフォーコーは小さい。

＊33　天后はもともとは福建系の海上女神信仰だが、華僑全体の信仰として広まっている。

写真26

妙な名前になった。

マーマイ通りは、今はハノイの古い町屋が保存される通りとして有名だ。ただし公開されているマーマイ八七番の家屋は一九世紀末に建てられた新しい様式の家だ。

むしろこの通りはかつて黒旗軍通り《フォークアンコーデン》（リュ・ドゥ・パヴィヨン・ノワール）として有名だった（**写真26 仏領期のマーマイ通り**）。黒旗軍とは一九世紀の中頃、雲南とベトナムの間、現在の紅河上流ラオカイのあたりを拠点として、ベトナム中国交易を独占した華人軍事集団である。有名な太平天国軍の残党、というよりは規模の大きな山賊だ。領袖は劉永福（一八三七～一九一七年）という豪傑。ベトナム政府も中国政府もその軍事力を利用してフランスに対抗させた。一八七三年、ハノイ西のカウザイでフランス軍を打ち破り主将ガルニエ大尉を倒したのも、その一〇年後、一八八三年、同じくハノイ郊外にアンリ・リヴィエール中佐を敗死させたのも黒旗軍だ。のち劉永福は台湾に渡り、日清戦争で台湾を領有した日本軍に抵抗する。一九一一年の辛亥革命でも、一九一五年の対支二一箇条要求事件でも、なにかというとその英姿を登場させる。東アジアの伝説的な老雄だ。その劉永福のハノイ本営がこの通りにあった。華人部隊の軍営があるほどにハンブオムからマーマイにかけては華人のマチだった。さらにその南ハンバック（銀）通りには華人の両替商が店を列ねていた。

ハノイ旧市街の華人街は、フランス領時代に至って大きく発展する。ハノイがその華人らしさをすっかり失うのは一九七九年の中越戦争の勃発で、多くの華人が中国に引き揚げ、また華語の利用が統制されたからで、それまではこのあたりでは、広東語の会話が普通だったという。ハノイの一九世紀は華人がようようしていた時代だ。

フランスのハノイ[*34]

コンセシオン――最初のフランスのマチ

フランスとベトナムの関係は長い歴史がある。一九世紀、インドシナ侵略を開始した頃のフランスの関心は、ベトナムにはなく、その奥の西南中国雲南にあった。一九世紀末近く、この雲南で在住のイスラーム教徒の反清反乱が起こった。いつの時代でも、ハノイを抜ける紅河は海と雲南を結ぶ最重要の河川ルートだ。当時中国の漢江で幅広く揚子江貿易を仕切っていたフランスの冒険商人ジャン・デュピュイは、紅河で雲南に武器を送ることを計画した。しかし、武器運送船はベトナム官憲により紅河運航を拒止される。デュピュイは問題の解決をサイゴンのフランスコーチシナ政庁に求めた。ここに普仏戦争に敗れて失意にあった冒険軍人フランシス・ガルニエ海軍大尉が登場する。当時、紅河デルタは、水匪と呼ばれた海賊の反乱に消耗し、兵力が各地に分散していた。ガルニエはわずかな兵を率いて、またたくうちにハノイ城をはじめ、紅河一帯の拠点を占領してしまう。

困惑したベトナム政府は国境の黒旗軍に救援を請う。ホアンキエム湖の南岸を東西にチャンティエンという通りが走る。東はハノイ銀座、西に進むとグエンタイホック通りを抜けて、まっすぐキムマー通りに出る。キムマー通りのつきあたりに、デーウーホテルがそびえる。今はデーウーホテルの南をぬけて西進する通りをカウザイ通りと言う。そのつきあたりが、ハノイ市街の西辺を形作るトーリック川、川を渡るのがカウザイ（紙の橋《ポンドゥパピエ》）の石橋だ。カウザイはソンタイ道路の起点だ。紅河南岸づたいにかつてのハタイ省を横切って、ソンタイ市、ヴェットトチ市を抜け、イエンバイにつながる国道三二号だ。つい二〇年前には、カウザイの先には、普通の農村が広

＊34　本節の記述は畏友大田省一の「仏領期ベトナムにおける建築・都市計画の研究（東京大学工学系研究科・博士論文、二〇〇一年）」等に負っている。

がるだけだった。今は橋の両岸はカウザイ地区と呼ばれ、ハノイの副都心となっている。
劉永福に率いられた黒旗軍の精鋭は紅河を押し下り、ソンタイ街道（現国道三二号）からハノイに入ろうとして、待ち受けたガルニエ軍とこのカウザイで戦う。ここでガルニエは劉永福に討ち取られてしまう。連勝のフランス軍が一敗地に塗れる。一八七三年一二月のことだ。フィラストル条約（第二次サイゴン条約）がサイゴンで締結された。この条約によってハノイを含む主要都市へのフランス軍の駐留が認められた。フランス軍の駐屯地はコンセシオン（割譲地区）と呼ばれた。

ハノイはわずかな微高地上にできた小さなマチだ。その小さな空間に、一〇〇〇年近い歴史が詰まっている。水のつかない快適な地はあらかた民家に占拠されている。フォーコーはもはや満杯だ。フランスがインドシナの中心としてハノイを設営するなら、それは今まで人が住めなかったフォーコー高地周囲の低湿地を改造するしかない。

写真27

当時、紅河は現在の大堤防線まで迫っていた。ハノイの東の外城壁は現在のリータイト、レタイントン通りにあり、その東側は広い砂州が紅河河岸まで広がっていた。歴史博物館付近には旧王朝水軍の基地「水軍屯」やザラムとハノイを結ぶ渡し場があった。一七八六年タイソンがハノイ軍を打ち破るために強行上陸したのは、この浜だと伝えられる。

さて、ただ河岸が広がるだけだったこの地に、一八七四年、フランスは二ヘクタールを領事館用地として割譲獲得した。翌一八七五年には割譲地は一八ヘクタールにふくれあがった。フランスは土塁で囲まれた割譲地の中央にファムグーラオ道路（原名は割譲地通り《リユードゥラコンセシオン》）を建設した。今アーミーホテルの建つファムグーラオ通りはフランスが作った最初の近代道路だ（写真27）。

写真28

道路の北の端にはハノイでのフランスの権限を代表する領事館が設置された（現在の歴史博物館）（**写真28 歴史博物館。二〇〇七年**）。領事館の南には駐屯軍司令部、兵営、病院などが次々と建築された。現在残るコンセシオン建築は一八七四年建設の師団司令部、現在の国防部迎賓館《ニヤーカッククオックフォン》だ。

割譲地土塁の東、紅河に沿って港湾施設や税関も設置された。もともと砂地の上だし、阮朝海軍の練兵場だったところだから人家も少なく、ようやく規模の大きい植民地建築を建てることができた。

ポールベール通り（現チャンティエン通り）

一八八二年、フランスのインドシナ干渉は新しい段階に入る。アンリ・リヴィエール中佐の率いる増援軍がコンセシオンに入った。リヴィエール中佐は、突如ハノイ城を攻撃し、守将ホアン・ジエウを自殺に追い込み、さらに進んで紅河デルタの主要部分を占領した。ガルニエ事件の再来だ。そして再び黒旗軍が南下し、リヴィエールもまたハノイ郊外で戦死した。しかし、フランスの対応はガルニエ事件と大きく違った。フランスは北部に陸軍の大部隊を送り、ベトナム軍やベトナムの宗主権を主張して南下してきた清軍と戦い、紅河デルタ全域を占領した。

一八八三年、ハノイを再占領したフランスは、その支配地区をいよいよハノイ城内に広げる。その橋頭堡となったのが今のチャンティエン通りだ。ハノイ市域の行政中心はハノイ皇城。皇城の正面入り口は現在のクアナム（南門）だ。クアナムとフランスのコンセシオンはチャンティエン（銭場）／ハンカイ（盆）／チャンティ（試場）通りが結ぶ。ハノイ大劇場の位置には旧楼門《クーラウモン》があったが、フランス人はフランス門《ポルトドゥフランス》と言い換えた。フランスへの入

写真29

写真30

り口の意味だろうか。

チャンティエン通り一番地は歴史博物館だが、ここはフランスコンセシオン内領事館だ。当時は領事館からフランス門までをフランス通り、フランス門から西、チャンティエン通りとハンカイ通りを併せて象眼通り《リュデザンクリュストゥール》と呼んだ。象眼通りは幅一五メートル、敷石が敷かれ、以後の新式道路の基準幅になる。一八八六年、この通りはポールベール街に改められた。

ホアンキエム湖側からのぞむと、チャンティエン通りの東のアイストップにハノイ大劇場《ニャーハットロン》がたちはだかる。フランス人の町作りでは劇場が要だ。ハノイ大劇場は、フランス門を取り払ったあと、一九〇一年に着工され、延々一〇年をかけ、一九一〇年に完成したネオバロック風の大建築だ。モデルとなったパリのガルニエ宮（オペラ座）は、一八七五年の完工だから、パリの最新鋭の建築がそのままコピーされたことになる。オペラ座前の広場にいたるチャンティエン通り（ポールベール街）は、パリのオペラ座通り Avenue de l'Opéra に似せて、マンサード[*35]の屋根をのせた二～三層のビルを林立させた。歩道にはしゃれたアーケードがかぶさる。チャンティエン通りはサイゴンのカティナ通りと並ぶハノイの遊歩街だ（**写真29 フランス時代のチャンティエン通りとハノイ大劇場**）。

チャンティエン通りの建設に引き続き、フランスはチャンティエン通りの東入口から北、ホアンキエム湖の東岸道路、ガルニエ通り（現ディンティエンホアン通り）を建設した。ディンティエンホアン通りは西側にホアンキエム湖と岸の緑を配し、東側に三〇メートル幅の広い道を隔て、南から国際郵便局、リータイト花園、ハノイ市人民委員会《ウイバンニャンザンタインホーハノイ》（市庁）、ハノイ電力公社などの美しい建物が建ち並ぶ。旧市街のアジア的雑然さとは一転した広く開放的な道路空間だ（**写真30 ハノイ人民委員会**）。

もともとはホアンキエム湖岸の低湿地だ。ホアンキエム湖岸に小さな漁村がしょぼしょぼと建ち並び、その背後、外城壁まで低湿地とせいぜい墓場が広がっている程度だった。中心道路建設のために、外城壁から湖岸に至る人家や寺社、祠堂が立ち退かされた。

現在のハノイ市人民委員会が建つ地には、一八世紀に建てられた普覚寺《チュアフォーザック》という戦象を祀る変わった寺があった。これも一八八三年に移転させられ[*36]、一八八六年にハノイ市庁が建てられた。現在のハノイ市人民委員会の右手に細長く東西にのびる建物がこれだ。普覚寺の南の沼は埋め立てられて、ポールベール公園が作られた。かつてこの公園ではしばしば叛徒がギロチンにかけられた。一八八〇年代末頃、中央にポールベールの銅像を建て、八角の二重屋根で葺かれた小粋な音楽堂が作られ、市民の憩いの場となった。解放後はチーリン公園、インディラガンジー公園などと呼ばれていたが、二〇〇四年から巨大な李太祖像《リータイト》が置かれ、リータイト花園と改名した。青年たちのバドミントンやライブでにぎわう。

ベトナム全土にわたってハノイからのキロ数を示した道路標識がある。日本の道路標識の原点（日本国道路元標）は東京日本橋中央に埋め込まれているが、ベトナムの道路原点はホアンキエム湖の東岸、ディンティエンホアン通りの国際郵便局の前だと聞いた。国際郵便局周辺は一九世紀末以降、フランスが重厚な建築物で埋め尽くした。フランスのマチ《フォータイ》だ。ここをフランスが仏領インドシナ道路網の中心点に設定したのはうなずける。もとも

＊35　屋根の四面を寄せ棟とし、それぞれ二層に分けて急勾配をつけたもので、建物全体が巨大で重厚に見える。近代のフランス建築に多用される様式。同時代フランスでの流行をそのまま持ちこんだのだろう。しかし、熱帯では屋根裏の暑熱が嫌われ、二〇世紀以降の建築ではマンサードはあまり見られなくなった。

＊36　今は文廟の東、ゴシリエン通りにある普覚寺がこれだという。

写真31

写真32

とこの地には、館上寺《チュアクアントゥオン》という巨寺があった。一八四六年に阮朝の高官で紅河デルタの堤防網を建設した阮登楷《グエンダンザイ》が建てたもので、八角形の濠に囲まれ、三六の堂があった。濠に蓮を植えたので、蓮池寺《リエンチートゥ》とも言い、庶民は報安寺《チュアバオアン》と呼んだ。一八九二年までに、フランスはこの館上寺を徹底的に破壊した。今国際郵便局の前、ホアンキエム湖の岸辺に小さな煉瓦漆喰の門がたたずむ。和風門《ホアフォンモン》と呼ばれる。館上寺の唯一の遺構だ（**写真31 完成直前の館上寺和風門**）（**写真32 館上寺**）。

広大な館上寺の跡地には、ハノイの最初の近代的行政中心、郵便局と理事長官府が建てられた。郵便局の東側に理事長官府が一八九五年に建設された。トンキン理事長官は仏領期北部ベトナム（トンキン）の最高行政府だ。現在、ソフィテルレジェンドメトロポールホテルの対面にそびえる政府迎賓館の建物だ。正面玄関に至る大階段の上に二層の重厚な白亜の建築、屋根に巨大なマンサードを乗せる。迎賓館として利用されていたために、よく保全されている。

この一角での建築の白眉は、なんといってもソフィテルレジェンドメトロポールホテルだろう。開業以来一二〇年、今もベトナム随一の格を離さない。ゴクエン通りに面して長い四層の白亜壁を連ねている。かつてはこれにも、マンサードの屋根を乗せていた（**写真33 ソフィテルレジェンドメトロポールホテル。二〇二四年**）。

ハノイ大教会

一方、ホアンキエム湖の西岸では古い報天寺《チュアバオティエン》の遺構が狙われた。報天寺はホアンキエム湖周辺では最も高い微高地上にあり、寺周辺には李国師寺《チュアリークオックスー》はじめ、古寺が集中して、ハノイの宗教聖地の観がある。一八八三年、海軍のボナール理事長官は報天寺をとりこわし、かわりにフランスの威信を象徴するハノイ大教会《ニャートロン》（聖ヨセフ聖堂）を建築することとした。ハノイ大教会はコンセシオンを出たフランスが、ハノイ内城にその精神的拠点をうちたてたフランスのハノイ支配のシンボルだ。[*37]一八八四年工事が始まり、一八八八年、ゴシックの双塔を持つ重厚な大聖堂が完成した。パリの主寺院ノートルダムに似ている。この頃はハノイに高層建築はない。大聖堂はホアンキエム湖を睥睨しているかのようだったろう。教会からホアンキエム湖に向かう坂道にはフランス風の喫茶、レストランが配置され、アヴェニュー・ドゥ・ラ・カテードラルと呼ばれた。

今、小粋なパスタ屋や喫茶店が林立する教会通り《フォーニャートー》である。

写真33

新しいフランス

一八八四年、フエ朝廷との間にパトノートル条約（フエ条約）が結ばれ、ベトナム全土は三分されて、それぞれ異なる形で、フランスの支配下に入った。一八八四年条約上のハノイは、三つの位置を与えられた。まずハノイ内城の大部分はサイゴンやハイフォンとともにフランスの直轄領土となり、インドシナ連邦総督の任命する市長の統治下に置かれる。ハノイはフランスのマチになった。次に、ハノイはインドシナ連邦を構成する五つの邦《べ》のひとつトンキン保護

＊37　実は、もともと報天寺の境内には、フランスが建てた礼拝堂があった。現在も使用されるこの礼拝堂は一八七六年に建てられたもので、市内に残るフランス最古の建築だ。これは不思議な建物で、一見、ベトナムの僧坊に見える。ベランダがあるが床がない。おそらく既存の建物を礼拝堂に転用したものだろう。

領（現在の北部とタインホア・ゲアン・ハティン）の首都である。トンキン保護領の最高司政官である理事長官とその政府がハノイに置かれる。第三に、ハノイは一八八七年に成立したフランス領インドシナ連邦《レユニオンドゥランドシーヌフランセーズ》の首都、総督府の所在地だ。いわばイギリスのシンガポールがそうであるように、アジアにおけるフランス国家と文明のショーウインドウだ。

そしていよいよ、古いハノイのシンボル皇城の破壊が始まる。阮朝のハノイ城は、これまで二度にわたるフランスのハノイ侵略への抵抗の拠点であり、グエン・チ・フォン、ホアン・ジエウという二人の将軍が城に殉じて、今城内の道路に記念の名前を残している。フランスはハノイの近代都市化のために、一八九四年から一八九七年にかけて、ハノイ城壁を北門を残して完全に撤去し、四辺の濠を埋め立て、城内の諸建築を一部を残して撤去した。開かれた一〇〇ヘクタールの広大な更地には、縦横に道路が開かれ、並木が植えられた。現在、ホアンジエウ通りをはじめ、城内の主要な通りは美しい巨木が連立しているのは、この時の遺産だ。

城内はもともとグリッド設計がなされている。中央をホアンジエウ通りとグエンチフォン通りが平行して南北を走る。ともに阮朝時代からの城内道路で、現在も両道路の間に北門、后楼、敬天殿、端門、くだって旗台の復元遺構が林立し、歴史公園となっている。

ハノイ城壁の撤去によって、これまでコンセシオン地区の拡大にすぎなかった「フランスのハノイ」が、一挙に西方拡大を始めた。

グエンチフオン通りの東には、フランスインドシナ軍の砲兵隊、海軍陸戦隊兵舎、兵器庫、歩兵兵舎、将校クラブが建てられた。西側はインドシナ不動産会社《ソシエテフォンシエルアンドシノワーズ》を通じてフランス人に売りに出された。一八九〇年頃には東側の中央を旧西門のあとの西サークル（現バディン広場）から旗台の北を抜けて、旧東南門に結ぶプジニエ通りができた。プジニエ通りの両側にはビラと呼ばれる南仏様式の私邸が林立した。ただし人々は旗台《フォーコットコー》通りと呼んだ。現在のディエンビエンフー通りだ。この道路の完成によって、低湿地と植物園のみだった現バディン広場が新たな開発の対象になった。

新しい総督官邸は、新しく建設されるフランスの中心、旧ハノイ城西北、今のバディン広場に求められた。まず、旧ハノイ城西壁のあとに、ブリエールドゥリスル通りが作られた。幅四〇メートル、敷石を敷きつめた凱旋道路のような作りだ（現在のホー・チ・ミン廟前の大通り／フンヴオン通り）。

この道路の脇に一九〇二年、総督官邸建設が始まり、一九〇六年に完成した。現在の大統領官邸だ（**写真34 現大統領官邸。一九九〇年**）。四層の重厚な建物に、正面に大階段をおき、おおぶりのマンサード屋根を乗せる。南方の色である黄色い壁面がまばゆい。背後の植物園の緑が借景となり、まるで南仏の城館《シャトー》をそのまま移築したようだ。

一八八六年、コンセシオン区域の南端レタイントン通りから、チャンティエン／チャンティ通りに平行に三〇メートル道路が引かれ、国道一号（当時はイエンホア通り）に結ばれた。ガンベッタ通りと言う。現在のチャンフンダオ通りだ。

写真34

チャンティ／チャンティエン通りとガンベッタ通りを結ぶ南北の道が開かれた。一八八六年に試場の東側に三〇メートル幅のクアンチュン通りが作られた。次にホアンキエム湖とチャンフンダオ通りを結ぶバーチエウ通り（当時はザロン通り《ブールヴァールザロン》）が開かれた。

ホアンキエム湖の東岸道路ディンティエンホアン通りの南方延長、ハンバイ通りは植民地以前から南方に向かう狭い道路として存在したが、一八八八年、この道が拡張されて南方に向かう古道フエ通りに結ばれ、ドンカイン通り《ブールヴァールドンカイン》と呼ばれた。こうしてガンベッタ通りとチャンティエン／チャンティ通りに挟まれた区域が、激増するフランス人を収容する新しいフランスのマチになった。現在のハノイの中で、チャンフンダオとチャンティの間だけが、整然としたグリッドを持つわけだ。

ドゥメールのハノイ

そこに、フランス領インドシナ連邦の実質的な設計者ポール・ドゥメール（在任一八九二〜一九〇二年）が総督として赴任する。ドゥメールはそれまでばらばらだった各邦（トンキン、アンナン、コーチシナ、ラオス、カンボジア）を総督のもとに統一させ、中央集権的な連邦行政を確立した。その連邦の政治的中心として新しい建設を迫られたのがドゥメールの首都ハノイだ。

一九〇二年、ガンベッタ通り（現チャンフンダオ通り）の出発点に病院が建設された。ラヌッサン病院と呼ばれたが、現在の第一〇八陸軍病院だ。外科で有名だ。ガンベッタ通りが国道一号と交わる南角、つまりフランス人のハノイの南境界には、競馬場《シヤンドゥクルス》が建設された[*38]。

一九世紀植民地資本にとって、鉄道建設は最も有利な「公共事業」だ。本国で鉄道債券を売り、主要な機材を買い、植民地に労働力を提供させ、債券を償還させる。一九世紀の植民地権力は植民地にあらそって鉄道を敷設した。

だいたいフランスが貧しい農業国北部ベトナムの領有をたくらんだのは、南中国進出の橋頭堡にしようとしたためだ。フランスの公債を集めて、一九〇二年、ハノイからランソンを抜けて、中国国境に達する一七九キロの北方線が開通した。一九〇五年にはゲアン省のヴィンをつなぐ三二五キロの南方線ができた。それから三〇年を経た一九三六年、ダナン－ニャチャン線が開通し、サイゴンからハノイ、ランソンまで一七四〇キロが結ばれた。現在の南北統一鉄道はこの路線を踏襲している。また一九一〇年までにはハイフォン－ハノイ－ラオカイ－昆明の八四八キロを結ぶ雲南鉄道が全通した。

インドシナを縦横に結ぶ鉄道網の中心がハノイだ。中心中の中心、ハノイ駅は一九〇二年、国道一号（現レズアン通り）とガンベッタ通りの交点の大湿地地帯を埋め立てて建設された。二層の重厚なファサードの上に急勾配のマンサードをのせている（**写真35 創建時のハノイ駅。Air Vietnam 2010 のカレンダーより**）。

同年、ポール・ドゥメール橋（ロンビエン橋）が完工した。残念ながら、このハノイ駅は一九七二年一二月のクリスマス爆撃でまったく破壊された。現在のハノイ駅は、一九七六年にベトナム人の設計で再建されたものだ。ハノイ駅と同時期に建設された雲南鉄道本社（現総労働組合連合《トンリエンドアンラオドンベトナム》）は今もチャンフンダオ通りに三層マンサードの威容を誇っている。

写真35

越仏様式

ハノイのフランス式建築は第一次大戦後から違ってくる。一方的にヨーロッパ文明を押しつけた前世紀と違って、現地の文化を学び、その生活様式に目を向けようとする動きが高まってくる。その中でインドシナ様式、または越仏折衷様式と呼ばれる新しい建築様式が生まれる。

篠田真由美に「建築探偵桜井京介の事件簿」という風変わりな探偵小説群がある。その一つに『胡蝶の鏡』（講談社、二〇〇五年）という二〇世紀初頭のハノイを舞台の一つにした小説がある。事件は日本人の歴史学者とともにハノイに滞在していた助手の日本人とフランス人の混血の青年をフランスのスパイと間

＊38　のちに見本市会場になったが、一九四三年に米軍の爆撃により、完全に破壊され、一九八六年以後、現在の友好文化宮《クンヴァンホアフユーギ》が建つ。

違って絶世のベトナム美女が射殺する話から始まる。建築家桜井京介は、みずからのアイデンティティから東西の折衷文化に異常な興味を示す。底流には西洋と東洋が混じり合った時に生まれるいかにも怠惰で頼りなげな文化への思い入れがある。越仏様式はなやかな時代の話だ。

極東学院

オペラ座の裏、チャンティエンの一番にはフランス領事館があったが、一八八四年にハノイの領有が確定してから、領事館は不要になり、かわって遠東博古《ヴィエンドンバックコー》学院の拠点になった。日本では極東学院、またはＥＦＥＯ(École française d'Extrême-Orient) で知られる。一九〇〇年、時のインドシナ総督ポール・ドゥメールの肝いりで作られた。植民地文化政策の中心である。一九世紀の末になると、さすがにただ略奪だけの植民地では、本国の世論さえ許さない。植民地支配は現地人に政治的権利を与えない不合理な制度だ。その不合理な支配を正当化する理由が必要だ。どの植民地権力も伝統文化の保存に熱心だが、それは植民地だけが失われゆく文化財を保護したという正当証明に他ならない。とはいえ、ＥＦＥＯは毎年、分厚い紀要を出し続けているほか、カンボジアのアンコール遺跡の研究、保存には大きな意味を果たした。現在の地域学につらなるインドシナ研究が、極東学院によって作られたことは否定できない。極東学院の本部はルイ・フィノー博物館、現在の歴史博物館だ

写真36

（写真36 歴史博物館。二〇〇八年）。

建物は入り口正面の大きな車寄せの奥に高い吹き抜け天井を持った広大なロビーが広がる。二層の細長い陳列室には長いバルコニーがつけられる。窓や扉、

柵などはベトナム木組み伝統建築の意匠がちりばめられる。ホールの上には城郭風の丸窓を持った塔を設け、全体を宮殿、寺院風の瓦屋根で覆う。設計は一九二五年だが完成は一九三二年になった。現在でもベトナム歴史博物館としてそのまま用いられている。当時から、ベトナム建築で最も美しいものと言われた。

この歴史博物館の設計者が、エルネスト・エブラールだ。エブラールは一九二四年から四年間ハノイに滞在したにすぎなかったが、この間に、インドシナ大学本部（現在のベトナム国家大学講堂）、インドシナ政庁財務部（現在の財務省）、北門教会などの名建築をハノイに残す（**写真37 旧インドシナ大学講堂入り口。二〇〇九年**）。

インドシナ銀行

写真37

越仏様式は植民地主義の最後の栄光の時代かもしれない。一九三〇年、インドシナ共産党の成立に象徴されるインドシナの大動乱の時代が始まる。それはまず民族運動の時代であり、第二次大戦の時代であり、そしてディエンビエンフーの歓呼の中に閉じる抗仏戦争の時代だ。その意味で二〇世紀アジアは一九三〇年代に始まったとすべきだろう。

この不安の時代を象徴するように、大戦直前の世界をおおった過剰な装飾を拒否し、実用性を求め、その結果、白っぽいスマートな建築群がハノイに生まれる。ハノイ・モダニズムの代表例はソフィテルレジェンドメトロポールホテルのすぐ北にそびえるインドシナ銀行《バンクダンドシーヌ》（現ベトナム国家銀行《ガンハンニヤヌオックヴェトナム》）だろう（**写真38 ベトナム国家銀行。二〇〇五年**）。

インドシナ銀行は一八七六年、ベトナム南部とインドやアフリカに点在する

写真38

フランス植民地の基軸通貨ピアストルの中央発券銀行として設立された。その目的はもちろんフランス植民地圏の金融管理だが、もう一つ、中国市場に展開するフランス企業への信用供与にある。いわばフランスの東方展開の顔だ。

こうしてほぼ一九一〇年までに、

①オペラ座（ハノイ大劇場）／歴史博物館の南からチャンフンダオ通りまでの旧割譲地区《コンセシオン》に軍事施設。

②ホアンキエム湖の東岸、現在のディンティエンホアン通りとリータイト／レタイントン通り（旧外城壁）との間の湿地帯にハノイ市政府や中央郵便局など政府系建築。

③北を現在のチャンティ／チャンティエン通り、南をチャンフンダオ通り、東をレタイントン通り、西をレズアン通りに囲まれた一画に商業施設など私建築。

④城内のディエンビエンフー通りからファンディンフン通りにかけて。

⑤大統領府（旧総督府官邸）。

にフランスの街ができあがった。まるで、一九世紀の街、フォーコーがフランス式の建築でぐるりと囲まれているようだ。しかし、実際は微高地上のフォーコーにはもうフランスの大規模建築を許す余地がほとんどなく、ベトナム人が住まなかった微高地の周囲の低い土地を開発したにすぎない。

数多い、そして凝縮されたハノイの名建築を渉猟したあとで、大田省一は言う。「端から端まで歩いても、せいぜい小一時間ほどの広がりの中に、バラエティに富んだ建築がちりばめられている。……建築好きにとって楽園のような都市、ハノイは、まさに建築の宝箱のようなところなのだ」（増田彰久・大田省一『建築のハノイ——ベト

ナムに誕生したパリ』白揚社、二〇〇六年、二一ページ）

ベトナム人の居住区

当時、ガンベッタ大通り（チャンフンダオ通り）と言えば、西にハノイ駅、当時唯一の近代病院陸軍病院を結んだ東西二二四四メートルの長い通りで、雲南鉄道本社（現労働総同盟）、博覧会場*39（現友好文化宮）などの名建築が連なる。一九一〇年代までは、この大通りの南は三〇〇メートルほどの緩やかな斜面が続く。現在のグエンズー通りの南はもう一面の沼地だった。現在のティエンクアン湖や統一《トンニャット》公園の中のバイマウ湖北岸の湿地帯がその大沼地の名残だ。

一九一〇年頃から、この斜面を下り（現バーチエウ通り）、沼地の中央を東西に区切る現グエンコンチュ通り（もともとフランス人墓地の中の道で、一九二〇年代までは墓地道《リュドゥラシムティエール》と呼ばれた）までの開発が始まった。現在、バーやカフェショップで賑わうチエウヴィエトヴオン、マイハクデーの南北道路が完成した。

このあたりは、小金を持った商人が小さな家を建てて、新来のベトナム人に賃貸することが多かった。たとえばチャンフンダオ通りの路地ヴァンキエップには、一九四〇年代にハンザ市場に店を持っていたクオンという漆商人が五〇米ほどの平屋を一〇軒ほど持って、公務員相手に賃貸していたという。

ハノイは北と東を紅河でふさがれるから、発展するとすれば南と西の低湿地しかない。西方面ではチャンティ通りの終点であり、南北縦貫道路である官人道路《ルートゥマンダラン》（現レズアン通り）の起点であるクアナム（旧城塞の南口）から始

*39　一九〇〇年の博覧会場だった土地で、フランスの古典的な建築が林立していたが、空爆で崩壊し、戦後は野外劇場になったり、幹部のための予備校が建設されたりしたが、一九八五年、ソ連との友好を記念する白亜の文化宮殿が建てられた。革命後のベトナムを代表する大建築である。

まった。クアナムから西にはまっすぐグエンタイホック通りが走り、紅河デルタの西につながるキムマー通りに続く。グエンタイホック通りの南側には湖沼群が広がり、その中に文廟が島のように浮き上がっている。グエンタイホック／キムマーの路地にも多くの家が建てられて、ベトナム人に貸し出された。

戦争のハノイ

革命のハノイ

ハムロン通り五Dは、インドシナ共産党の最初のハノイ支部が建設されたところである。トニュオム九〇番は共産党初代書記長のチャン・フー（一九三〇年処刑）が民権ブルジョワ革命論綱を執筆したところだ。ハノイは一九三〇年代、澎湃として起こる民族運動の中心になった。

フランス植民地都市の華、ハノイがその建築の美しさを誇ったのは一九三〇年代が頂点だ。以後、第一次大戦、第一次インドシナ戦争と戦争がうち続く。ハノイは政治の町に変わる。

三〇年代のハノイを象徴するのは、国際的な民族運動の流れだ。確かに一八八七年の仏領インドシナ成立以後も、反乱は続く。しかし、どれもベトナム独立という視野に限られて、世界的な帝国主義時代への批判がない。かろうじて東京を中心に中国、ベトナム留学生が集まって気炎をあげている程度だ。ところが第一次大戦期に有名な活動家ファン・ボイ・チャウがフランスに敵対するドイツと手を結ぼうとする。この計画は失敗したが、以後の独立運動は国際的な視野の中に戦われる。そしてこの時期の民族運動を指導したのが一九三〇年、コミンテルンから送られたホー・チ・ミンの指導下に生まれたインドシナ共産党だ。インドシナ共産党は設立まもなく、ゲアン省に起きたゲティン・ソヴィエト運動に巻き込まれ、初代書記長チャン・フーの拷問死をはじめ、ファ

写真39

写真40

ン・ヴァン・ドン（のちベトナム民主共和国首相としてベトナム戦争中、主に外交に活躍）、レ・ズアン（同共産党総書記としてベトナム戦争を指導）、トン・ドゥック・タン（ホー・チ・ミンの死後第二代大統領）など主要幹部の多くが捕らわれ、壊滅的な打撃を受けた。

崩壊の淵にあった共産党を救ったのは、三〇年代の反ファシズム運動だ。一九三五年、コミンテルン[＊40]第七回大会は、迫り来るファシズムの脅威に戦うために社会民主主義者と連帯する統一戦線戦略を決議した。翌一九三六年、フランスで人民戦線が勝利し、社会党首レオン・ブルムを首班とする新内閣が生まれた。この形勢はただちに植民地にも甚大な影響を与えた。インドシナ共産党は、これまでの秘密活動を合法運動に切り替えた。あらゆる民族主義会派を束ねたインドシナ会議が生まれ、三八年にはインドシナ民主統一戦線が生まれた。その中心がハノイだった。三〇年代後半のハノイには革命の熱気が煮えたぎっていた。この時、ハノイの共産党を率いて統一戦線組織に大活躍したのが、のちにドイモイ政策への大きなチェンジをリードしたチュオン・チンだ。ハノイは熱気あふれる革命の町に変わった（**写真39　一九三八年のハノイのメーデー**）。

しかし、時代は急に動いていく。一九三八年、植民地問題にそれなりに理解があったフランス社会党のレオン・ブルム内閣が倒れ、悪名高い急進社会党のダラディエ内閣が生まれた。反動が荒れ狂う。ベトナムでは共産党が非合法化

＊40　モスクワに中心を置く国際共産主義組織。第三インターナショナルとも呼ばれる。一九一九年、レーニンによって設立された。

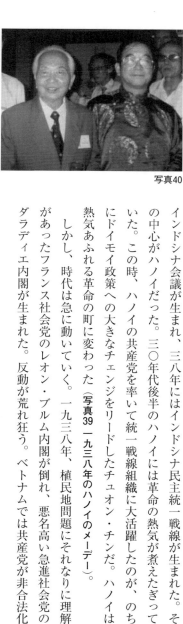

されて、再び幹部たちが逮捕された。共産党の運動は大きく変化する。ボー・グエン・ザップ[*41]ら一部の若い幹部たちは逮捕を免れ、中国国境に逃げ、反ファシズム組織を作っていたホー・チ・ミンに出会う。対日、対フランス、対アメリカと一九八七年のドイモイでのベトナムを背負いきったホー・チ・ミンスクールが生まれた（**写真40ボー・グエン・ザップと著者。一九九八年**）。

ハノイの日本軍

当時、日中戦争は泥沼化していた。一〇〇万大軍を中国に展開しても、中国軍の抵抗を破ることができない日本軍は、その原因を仏印から蒋介石政府、軍への物資輸送（援蒋ルート）にあるとみなしていた。ナチスドイツに敗れたフランスが苦境にあった一九四〇年六月、仏印政府は日本の恐喝に負けて日本軍の北部仏印進駐を認めた。ハノイには西原陸軍少将を長とする監視団（西原監視団）が駐在した。現在、バーチエウ通りとチャンフンダオ通りの角にある宏壮なフランス大使館は、もと西原監視団のオフィスだったという。

同年九月、日・仏印協定が結ばれ、日本軍は北部ベトナムに侵入、インドシナ派遣軍本部をハノイに置いた。翌年七月、日本軍はさらに南部ベトナムに進駐した。これを恐怖した英米が、対日資産凍結をもって応えたために、一二月日本は太平洋戦争に突入した。サイゴンには南方軍総司令部が設置され、ベトナムは南方作戦の中枢となった。

ハノイはほぼ五年間にわたって、事実上、日本軍の支配下に置かれる。しかし、ベトナム駐留の日本軍も主力部隊は北方の中国国境付近に展開しており、ハノイの駐留部隊も第二一独立混成旅団司令部のち第二一師団司令部を中核とする比較的少数の兵で、フランスの軍警との悶着を恐れる司令部の意向でハノイ城内にこもり、なるべくハノイ人との接触が避けられた。日本兵が外の屋台で食べることさえなかったという。

私は二〇〇五年以後、ずっとハノイの各地区の老人の個人史を聞き取っている。日本降伏後にハノイに入った盧漢軍（蒋介石配下の広西軍閥）の略奪暴行があまりにひどかったので、日本のイメージはいい。たとえば一〇代の後半をハノイのロースー通りに過ごした一九二五年生まれの女性は、日本兵がものを盗むのを見たことはないとする。

しかし、それでもハノイの老人たちはおそろしい日本軍人の姿を記憶している。同じ一九二五年生まれで、当時ハノイ駅近くに住んでいた男性は、軍馬の世話をしていた女性があやまって軍馬を殺してしまったとし、彼女を死馬の腹の中に縫い込め殺してしまったことを実見したという。彼は今でも日本人は最悪のファシストと言う。今はナムディン省のバックコックムラに住んでいるが、もともとはハノイのバクマイ病院の医師の娘だった老婆は、若かった母親が家族のための米を隠し持っていたところを見つかり、日本兵士に笞で打たれ、それがもとで死んだという。

そのほか、泥棒を捕まえるとすぐ入れ墨したとか、敬礼を忘れるとよく殴ったとか、あるいは飛行場で働いている母のあとをついていったら、日本兵に殴られたとか、いかにもありそうな兵隊の細部がハノイ市民に記憶されている。記憶が恨みで詰まっている。

ハノイの老人たちの戦争経験は、一九四五年春に起こった大飢饉で頂点に達する。大飢饉は一九四五年の二月頃、ナムディン省やタイビン省で発生した。飢民たちは米を求めてハノイに集まった。ところがハノイの米価は高騰し、市民も米が足りない。力尽きた人々が街路で次々と飢え死にしていった。朝扉を開けると死体が横たわっていたとか、たくさんの死体が牛車で運ばれていった、そのうちその牛もいなくなり、人が牛車を牽いた、と

＊41　ボー・グエン・ザップ。一九一一年、クアンビン省に生まれる。一九四四年、カオバン省でベトナム解放軍宣伝隊を組織する。これがのちのベトナム人民軍の始まりだ。対仏抗戦を指導し、ディエンビエンフー戦の勝利で世界に名を知られる。抗米戦争の指導者でもあり、国民的な尊崇を集めている。

いう話はかなり多くの老人が共有している。当時トゥイクエ通り（現タイホー区）の名門、チューヴァンアン学校に通っていた一九三五年生まれの老人は毎日二、三名のクラスメートが死んでいったと言い、またある老人は死体をまたいで通学したという。

「この年、たくさんの人が餓死した。人々はゴミ箱の中の生ゴミを探して、そのままゴミ箱の中で息絶えた。毎日、牛車が死体を運んだ。その牛車ももう牛がいないので、人が牽いた。まだ生きているが死にそうな人まで運んだ」。凄惨なハノイが現出した。[*42]

仏印武力処理

大飢饉まっさかり、ハノイの街路が死体で埋まっていた頃、敗色濃い日本軍に大きな動きがあった。一九四五年の三月九日、これまで条約上は協力関係にあった仏印軍に対し、日本軍が突然攻撃してきたのだ。その頃には、南シナ海の制海権、制空権ともに米軍に奪われ、インドシナの日本軍はいつ米軍の逆上陸があるかに脅えていた。既にパリは解放されている。その時には仏印軍が日本を裏切ることは目に見えている。そこで仏印軍を武装解除し、日本の単一支配を確立しようとしたのだ。日本軍の用語では仏印武力処理または明号作戦と言う。

作戦は全仏印軍一〇万を一瞬のうちに撃滅しようとするもので、日本軍虎の子の二個師団、一個旅団が北部全体にまかれた。ハノイでは歩兵八二連隊が、駐屯地ハイフォンから呼び寄せられ、主にハノイの東対岸ザラムで待機した。三月九日夜、ザラムよりロンビエン橋をわたり、一隊は現在のファムグーラオ通り沿いの仏印軍司令部を攻撃し、主力はハノイ城内の仏印ハノイ師団司令部と兵営（現在のベトナム人民軍兵営地区）を包囲攻撃した。現在のグエンチフォン通り東の塀を挟んで、日仏軍の銃撃戦が続いたが、装備に劣るハノイの仏印軍は翌日夕刻までに降伏した。以後、日本軍主力はハノイ城内に司令部と兵営を置いて、国境の残存フランス兵やベトミンゲリラと戦い続ける。

全インドシナの仏印軍の武力抵抗がほぼ終息した三月一一日、日本軍に請われて、フエにあった傀儡皇帝バオダイが独立を宣言した。ベトナムではこれを南朝《ナムチエウ》政府と呼んだ。北部ベトナムは形の上では、この南朝政府の一地方になり、皇帝の代理として北部欽差府が旧理事長官府（現在の迎賓館）に置かれた。

八月革命への道

一九四一年二月、ホー・チ・ミンは山地のカオバン省に共産党幹部を集め（第八回中央委員会）、各階級、各民族の反ファシスト運動を結集する「ベトナム独立同盟会」を組織した。これが以後一九五四年までベトナム革命の中軸として活躍したベトミンだ。

ハノイにも、地区ごとにベトミン組織が生まれ、秘密活動を続けていた。当時、ハノイ駅の近く、官人道路《ルートゥマンダラン》（現国道一号レズアン通り）に住んでいた一九二五年生まれの地主の子は、高校卒業後、ハノイ市庁の職員をしていた。一六歳（一九四一年）、近所の知人に教えられて秘密内にベトミンに参加し、都市自衛軍（民兵）の中隊長をしていた。戦後の抗仏軍事組織はこの頃に整備されていった。

ハンコット街の仕立て服商人の娘で、一九二〇年に生まれた女性は、一九四一年、ベトミンが生まれてまもなく、ベトミンのオーガナイザーの誘いでベトミン活動を支援したことを示す証明書を売る仕事をした。その後、支持者名簿が漏洩することを恐れ、彼女は国境山地のベトミン戦区に入り、武装宣伝隊に参加した。教育あるブルジョアの子弟も愛国組織としてのベトミンに参加していったようだ。

＊42　その頃、ハノイ城内に駐屯していた柏木卓司（もと大南公司インドシナ在留社員）は日本軍が飢民への炊きだしを行ない、また死体清掃をしたことを記憶している。

写真41

写真42

ベトナム史の定番、最大のページェントは一九四五年八月、ベトミンの指令のもと、都市住民がいっせいに蜂起して、日本軍の傀儡政権から奪権した八月革命だろう。八月革命は現在のベトナム国家の最初の出発だ。八月革命のメインステージはハノイだ。ベトミンは八月一〇日頃には日本の降伏が近いことを知っていて、蜂起準備を進めたという。一五日、連合軍放送が日本の無条件降伏を伝えた。一六日朝、ハノイの党委員会に蜂起指令が届いた。

一九四五年八月一八日、もう日本軍は城内の兵営に閉じこもって出てこない。バオダイ政府の出先欽差府は、ほとんど暴力装置を持っていない。もはやベトミンの指導する民衆運動をはばむものはない。オペラ座ではチャンティエンの住民を中心にハノイ市奪権集会が開かれた。現在の迎賓館にあたる欽差府は、この日、民衆が占拠した。八月三一日、ハノイ市人民委員会が正式に成立した。「人民のハノイ」が初めて生まれたのだ（**写真41 オペラ座前の大集会**）。

この時ハノイにいてこの蜂起に参加した記憶を持つ老人は多い。ハノイ南郊のタインスアンにいた一九三九年生まれの男性は、「八月一九日、ベトミンとともにデモをして北部府《バックボフー》に入った。北部府はバオダイ政府の北部の支部、統使《トンスー》の役所で、現在のソフィテルレジェンドメトロポールホテルの前、迎賓館にあった」と言う。

一九四五年三月九日の仏印処理まではフランスの統使がいた。仏印処理以降は阮朝（バオダイ）の北部代表＝北圻欽差大臣の建物となり、北圻欽差府と呼ばれた。独立以降は北部府と呼ばれるようになった（**写真42 北部府**）。

八月一九日にハノイの権力が奪取されると、八月二四日、ホー・チ・ミンがハノイに入城した。ホー・チ・ミンはすぐハンガン通りの四八番に入り、ここで歴史的な独立宣言の執筆にとりかかった。八月三一日、解放軍の二部隊が入城し、ハノイ防衛解放軍になった。かくて政治的にも軍事的にもイニシアティブをにぎったベトミンは、九月二日、バディン広場で、独立式典を組織する。人々の話では九月一日から、ベトミン兵士が一軒ずつ家を訪れて、宣言がなされることを知らせ、参加をうながしたという。バディン広場はもともとはフランス軍の射撃場だったようだ。現在のホー・チ・ミン廟の位置に演壇が作られ、独立が宣言された。なおこの時、ホー・チ・ミンの声を録音したのは、ハノイに残っていた共同通信のメンバーとされる。かくて、ハノイは新生ベトナム民主共和国の栄光の首都になる（**写真43　一九四五年八月二四日からホー・チ・ミンが住んだハンガン四八番地の家。44バディン広場でホー・チ・ミンが独立を宣言した演台**）。

写真43

写真44

ハノイの戦い

一九四六年、独立ベトナムと再占領を企てるフランスとはついに開戦の火ぶたを切った。フランス軍は一一月二三日、ハイフォン港艦砲射撃に続き、ハノイに六五〇〇の兵と四〇台の戦車を集中した。ほかにザラムの飛行場にはスピットファイア戦闘機や爆撃機が用意された。一二月一七日、フランス軍空爆部隊はハノイ防衛軍を攻撃した。一二月一九日午後八時三分、現在のランハ通りとザンヴォー通りの交わるあたりにあったラン砲台が侵攻するフランス軍を砲

写真45

撃した。これから八年も続く抗仏戦争最初の砲声だ。

フランス軍の拠点は、ハノイ城中の兵営、ブオイ学校（現在チューヴァンタン中学）、アルベールサロー中学（現在のリートゥオンキエット中学）、メトロポールホテル（現在のソフィテルレジェンドメトロポールホテル）などに置かれた。その周囲には人民軍の拠点が散らばる。たとえば、メトロポールホテルの向かいがホー・チ・ミンの公邸とされた現在の政府迎賓館である。両軍は入り乱れて戦う。

一二月二〇日、フランスは迎賓館を三〇〇の兵と一〇台の戦車で攻撃する。しかし、その時、ホー・チ・ミンは既に退去していた。メトロポールホテルからチーリン公園（現在のリータイト花園）までゴクエン通り一帯で市街戦が展開された。一二月二〇日までにこの地帯は占領された。しかし二台の戦車を破壊され、フランス軍はインドシナ銀行以上には北、つまりフォーコーには進めなかった。人民軍はハンダウのドンキンギアトゥック広場に撤退した。かくて次の戦いの舞台はフォーコー地区に移った。

二〇日、市内からハノイ南西一〇キロのハドンに移ったホー・チ・ミンは、生涯の名演説を飾る抗仏宣言をラジオに乗せる。なぜフランスは尊い両国青年たちの血でベトナムの山河を汚そうとするのか、ホー・チ・ミンの悲痛な、そして断固とした声がハノイ全市に流れる。しかし、それは同時に長期抗戦のために、人民軍正規部隊のハノイからの撤退の宣言でもある。

ハノイの戦いは首都連隊《チュンドアントゥード》として勇名をうたわれた民兵部隊《ヴェクオックドアン》に任された。ハンバック通り七二番、今の金章劇場《ザップチュオンヴァン》は一九四七年一月七日、首都連隊と決死隊が結成された地である。以後、戦いはフォーコーの通りの一筋一筋、家の一軒一軒を奪い合いながら進んでいく。現在もドンスアン市場の北西角にある巨大なレリーフはこの戦いを記念したものだ（**写真45ドンスアン市場のレリーフ**）。二月六日にはハンバック、一四日までに南、ハンノン、ハンクアットの低地が占領され、紅河河岸に配置された砲兵隊がフォーコー中心部を砲撃した。フランス軍はハイフォン港に次々と援軍や物資を揚陸し、国道五号を通じてハノイに運び込むのに対し、ハノイの抵抗軍は銃弾糧食にも苦しむようになった。一六日、ホー・チ・ミンは戦力温存のための首都連隊の撤退命令を出す。二月一七日夜七時から、ロンビエン橋の下をくぐって、現在のタンロン橋近くに出、ここで紅河を渡河する撤退作戦が始まった。二月一八日の朝三時までにハノイ連隊の生き残りのほとんどが、フックイエンの集合地（現在のノイバイ空港付近）にたどり着いた。

二ヵ月に及ぶハノイ市民の決死の抵抗は、結局、ベトミン軍主力を平野で捕捉撃滅し、短期決戦でベトミンの抵抗を終息させるというフランスの狙いを潰した。ホー・チ・ミンとその主力は山地に転進し、以後一九五四年にいたる長期抵抗を準備する（**写真46　一九四六年一二月市街戦のあとのバクマイ通り**）。

写真46

ハノイ連隊の英雄譚の一方でハノイ市民の多くは、聖なる戦いよりも、市街戦がもたらした生命と生活の危機の中に生きていた。一九三四年ハノイ郊外ホアイドゥックの地主の娘は革命の日々は、ムラの青年たちは興奮してベトミンの隊列に続いて赤旗を振り回し、進軍歌《ティエンクアンカー》*43を歌ったが、フランス軍が入ってくるとみな普通の生活に戻ったという。庶民には庶民の生活がある。

一九三五年生まれで、ハノイ駅の北の商店街クアナムに住んでいた男性は、この戦争の間、家の中に隠れていた。「ハノイ戦役では、家々の壁を抜いて通路として、道路を通らないでも行き来ができるようにした。外に出ると、青年は兵隊にとられた。家は三軒あり、二三番地、二五番地、二七番地であったが、フランス軍は二五番地に火をつけて焼いてしまった」

＊43　一九四四年頃、ベトミンの解放宣伝隊の軍歌として作られ、一九四六年一一月、抗仏戦争直前に国会がベトナム民主共和国国歌に制定する。一九七六年、改めてベトナム社会主義共和国国歌になる。

彼だけではない。この時、城の西のソンタイ通りに住んでいた一九二九年生まれの男性は、「一九四六、四七年頃、家家の壁をぶちぬいて、道路にでなくても、通れるようにした。あちこちでバリケードが作られた」とする。壁を接するハノイの町屋の壁をぶち抜いて、表通りに出なくても近所の行き来ができるようにする。当座当座の対応に長けたハノイっ子らしい話だ。

開戦と同時にホー・チ・ミン政府は全ハノイ市民がハノイから退去することを求めた。疎開《タンクー》委員会ができ、疎開証明書が配布された。実際、浄水場も発電所も戦場になったために、ハノイでは生活ができない。ハノイ市民の多くが知己を求めて、ハノイから疎開《タンクー》した。結局、ハノイっ子には過酷な農村生活はむかない。市街戦が収まったのを聞いて、ハノイに戻る。しかし、そこで見たものは破壊と略奪に荒廃したハノイだった。

ロースー通りで生まれ育った一九二五年生まれの女性は、以下のように記憶を語る。

「一九四八年、フランス軍がハノイを占領したので、疎開した。当時、長男（弟）はベトミン軍に入っていたので、八人の子供と父、祖母（母の母）計一〇人が商売と関係があったフートに疎開した。ここで漆や茶を販売していたが、マラリアがひどく、祖母が一九四九年にハノイに帰った。ハノイでは、家の中の家具がバリケードに使われ、それをフランス軍がガソリンをかけて焼き払ったので、家の中にはなにも残っていなかった。庭の敷き煉瓦を剝いで、野菜を植え、鶏やウサギを飼って生活した。父母は特に国家のために働くことはなく、商売をするだけだった。父は九八歳で死んだ。疎開から帰ってきても、交通状況が悪くて商売ができなかった。母はタイグエンからビンロウジュの実を買って、市場で売った、長女は庭でもやしを作って母に売ってもらった。鳩も飼ったが卵がかえらず、増えなかった。そのほか、鶏を飼っていた。またお茶にいれるジャスミンの花を栽培した」

同じく一九二九年生まれの男性は「家族はまず師範大学の近くの近くに逃げた。さらにフランス軍に追われてヴィンフック、ヴィンイエンに逃げた。疎開先では家族は七～八人だった。母が天秤で米を売る仕事をはじめた。

姉の一人は糸や針を売った。一人は塩をてんびんで売った。戦争が落ち着いたので、ハノイに帰ろうとして、まず女性たちがハノイに入った。一九四九年か一九五〇年頃である。まず姉たちがハーチュン通りに家を借り、治安を観察したのち、問題がないので、父母を呼んだ。本人も帰った。しかし、一九五一年頃は、若い男が外に出ると、フランスの兵隊にとられるので、家の中にこもっていた。女性と老人だけが外に出た」。ハノイの街路を青年が歩くとフランス軍に徴集される。ハノイは不安と享楽が支配する町になった。

新首都建設

陥落後のハノイは、インドシナ駐留フランス軍の司令部所在地というあまり名誉ではない位置に置かれる。デルタに侵攻するフランス軍はハノイに集まり、ハノイから出て行った。その数は一九四九年には一万、五〇年には二万に達した。ハノイ内部も厳戒態勢に置かれ、内城の市街地には六小区、外城には三小区が置かれて、それぞれ一個中隊が常駐した。特に五一年にドゥラットル将軍が赴任してからはハノイ内城に周囲にたくさんの砲台とトーチカが設置された。その一部はつい最近まで、ファンディンフン通りの東端ヴァンスアン公園やホアンキエム湖東岸のリータイト花園、ハノイ外周の堤防線上に砲台やトーチカの残骸が無数に残っていた。そしてフォーコーは兵士たちの歓楽の街となった。

このフランス軍需要に応じて多くのハノイ人が商売を始めた。フランス軍人の町と化したハノイは、フランス映画「ディエンビエンフー」（ピエール・シェーンドルフェル監督、一九九二年。考証も映像も行き届いた名作だが、日本でのタイトルは「愛と戦火の大地」、ビデオ時のタイトルは「スカイミッション――空挺要塞ＤＣ３」とされた。日本の映画関係者の見識とセンスにおおいに疑問を感じる）に活写されている。

しかし、この間にもベトミンの組織化は秘密裡に、そして精力的に進められる。一九五〇年頃にはゲリラ兵士四六〇〇、民衆組織二万四〇〇〇、共産党員二五五二人がハノイ内外城に組織されたという。ハノイはフランスに占領されながらも、なお革命の象徴であり続ける。

ジュネーヴ会議で一七度線以北の主権を返還されたホー・チ・ミン主席とその政府は、一九五四年一〇月八日、人民軍がハノイに入城し、明けて九日までにはハノイ駅、旧総督府（現大統領府）、旧理事長官府（現迎賓館）、旧コンセッション地域（ファムグーラオ周辺）、ホアンキエム湖周辺を接収した（写真47）。翌一〇日、車列を連ねてロンビエン橋を渡り、ハノイに再入城する。

一九四六年、ホー・チ・ミンとともにハノイを脱出したハノイっ子は、勝利の笑みとともに故郷に帰る。

写真47

一九二〇年に城内ホアンジエウ通りの富裕な洋品商の家に生まれ、戦時中からベトミンに参加して、特に対仏抗戦中は党中央にあって女性雑誌の編集に従事していたある女性は、一九五四年、人民軍の先頭部隊の車列とともに、ハノイに入城し、女性雑誌／新聞機関の設置にあたった。一ヵ月はハノイの親類知人に会ってはならないという指令が出たが、ホアンキエム湖周辺を自動車で走っていて、親戚に見つかってしまった。親戚が機関まで会いに来たが、追い返すしかなかったと言っている。

実際に彼らが見たものは、これまで優美なハノイ文化を創り上げてきたフランス人や裕福なベトナム人が南部に亡命したあとだった。五二〜五三年頃から治安の悪化を嫌ってハノイ在留のフランス人は家財をたたき売り、争って帰国の便を求めた。それから四半世紀を経た八〇年代中頃まで、ハノイの町裏の骨董店にエミール・ガレのガラス美術が売られていることがしばしばあったが、これはこの頃のフランス人の遺物が市場に出たものに違いない。さらにこれを買った一部のベトナム人富裕層がジュネーヴ会議の結果を知って、南部や外国に逃げた。

知識レベルの高いキリスト教徒の多くが消えたことが大きい。教員が逃げたハノイのフランス系諸学校は閉鎖され、また技術者が消えたため停電と断水が続いた。管理者がいないハノイ駅も閉鎖された。マーケットはどこもからっぽになった。ハノイはいったん死の街になった。

一方、大量のベトミン派住民が政府とともにハノイに移ってくる。一九四五年には一五万人程度だった市街地人口は一九五四年には四〇万から四五万になったという。まず彼らに家を与えなければならない。一九五四年、ハノイには多くの空き家があったことは多くの帰還者が語っている。空き家の持ち主は多く、残留する知人や親戚に家の管理を任せたが、委ねられた人々も早晩亡命し、結局、空き家の大部分は政府の管理になった。政府は家を五通りに分類した。フランス人が住んでいたオフィスやビラは三等に分けられ、それぞれ役所や各種委員会、社会組織、党幹部などに分配された。チエウヴィエトヴオン通りやソンタイ通り、グエンクエン通りなど、これまで比較的裕福なベトナム人が住んでいた家々は、小さく分割されて、中級以下の幹部に配分された。

たとえば、レズアン通りに住んでいた一九二五年生まれの男性は、もともとは地主の子でハノイ市内のリセでフランス語教育を受けていたが、十代の頃からベトミンに参加、四七年にはハノイを脱出して山地にこもり、以後各地で運搬任務に従事していたが、五四年、軍とともにハノイに戻った。一九五五年にチャンフンダオ通りの路地ヴァンキエップに家を借りた。この家の元の持ち主は南部に逃げたので国家が管理していた。

それでも足りずに、ハノイの富裕家族が住んでいた大きな家宅は、いったん没収されて、元の所有者を含めた複数の家族に分配された。抗戦参加者にはハノイの中流以上の教養ある子弟が多く、大きな家を持っているものもいたが、彼らが戻っても元の家の一部しか戻らなかった。

バーチエウに住んでいた一九二七年生まれの女性は、フートにプランテーションを持っていた父が反仏抵抗に参加したために、フートで生まれ育った。抗戦中にバーチエウに家を持つ男性と結婚し、一九五七年に外交部に所属する夫とともにハノイに帰ってきた。「バーチエウの家は伝統政府の高級官僚だった夫の父の持ち家だった。

全部で一七二平米あったが、二階四部屋七〇平米が建坪だった。このうち二部屋を家族で使い、一部屋を政府が管理し、一部屋は他人が住んでいた。共同生活のようなもので、不便だった」と言う。

フエの大官の家に生まれ、抗仏戦争中はタインホアで活動した一九三六年生まれの男性は、五四年にハノイの師範大学に入学するためにハノイに来たが、家がなく、ハンチュオイの友人の家に同居する。この家は二部屋で四〇平米しかなかったが、三家族がいっしょに住んだという。

また一九二七年にナムディンの地主の子に生まれた男性は、ベトミンに参加して、大隊長、作戦士官になった。退役後は工業省で働いたが、一九五九年に勉学のためにハノイに出てきた。最初はチエウヴィエトヴオンで家を借りたが、夫婦に一二平米しかなかった。六二年からクアナムの近くのカオバークアットで借家するが、それでも一八平米しかなかったという。それぞれがカーテン一つで仕切られ、トイレも竈も共用する、集団生活があたりまえの時代だった。それでも新しい国作りの喜びが若い人々を困苦に耐えさせた。

集団住宅の時代

新しい政府のもとで、続々とハノイに人が集まってくる。もはやこれまでの家をいくら分割しても限度がある。かくて政府は五〇年代末から集団住宅《ニャータプテ》（公団住宅に類似）の建設を開始した。このときハノイは大拡大する。ハノイ城の西、独立声明で有名なバディン広場、その裏の一柱寺まではかろうじて土地があるが、これより裏手には現在のリェウザイ通りの南、デーウーホテルが乗る微高地まで、一面の湖沼群が広がる。現在のゴックハ湖やトゥーレ湖はその残りだ。日本大使館もこの湖沼の一つを埋め立てて建設された。

湖沼群の中を東西を結んで三キロ近いドイカン通りが堤のように走る。ドイカンは一六世紀ごろのハノイの内城壁のあとだ。一九一〇年頃に、現在のクアングア運動公園にあった競馬場への道として開発された。一九五〇年代末、このドイカン通りのラタインホテル周辺に、四〇～五〇平米の煉瓦建て平屋（第四級《カップボン》と言い慣わす）群を建て、新来の公務員を住まわせた（**写真48 今はペンシルビルの中に埋もれた旧第四級住居。物置になっている。二〇〇八年**）。

ここの住生活は、困苦に耐えたはずのベトナム人さえもひどかったと総括するくらい壮絶なものだった。一九四八年生まれの自然科学研究所の数学者の男性は、独身時代は四〇平米の部屋を四人で分け、一人あたり八～一二平米ほどの占有面積しかなく、トイレは共同、三和土の上にかまどを持ち出して煮炊きした。七二年に結婚したが、状況は変わらず、とても夫婦生活は送れなかった。たまたま妻がバックニン省の教員だったので、ずっと別居して暮らした。八〇年代になって、初めて政府が一家族あたり建坪四〇平米ほどの家を建てて分配したが、それでも共同トイレは変わらなかった。

写真48

カムティエンには公安の共同住宅／長屋があった。ハイズオン省で一九四九年に生まれた男性士官は、ここに一九七三年に夫婦で入居したが、一五平米しかなく、台所もないので、三和土で煮炊きした。羽振りのいいように見える公安士官の生活もこんなものだった。もっとも、苦しさと欠乏は全集合住宅の人がそうだったので苦にならなかったという。

九〇年代に入って、政府は修理維持ができないので、これらの住宅群の使用権を占住者にほとんど無償で分配する。この時、ハノイに最初のドイモイ後の好景気が始まった。ドイカン地帯の景観が一変する。人々は争って自分の土地になった五〇平米ほどの家に目一杯四～五階の家を建てる。親戚から建築資金を借り入れる。それもない場合は、土地の道路に面した一部を店舗用に売り出し、その売掛金で住居を建てる。たちまちあたり一面、ペンシルビル群に埋まった。今では、七〇～八〇年代にはごく普通だった第四級家屋や、今ならぞっとする公共便所[*44]を見出すことも難しい。

キムリエン

一方、政府は、同じ頃の日本と同様、ただし公務員に限定した団地建設に乗り出す。新しい土地は、これまで湿地帯が広がるだけだったホアンキエム区南方低地が選ばれた。一九五七年、最初の団地がハノイ内城東南角のルオンイエン通りにできた。[*45] もっとも、集合住宅はまだ一層の煉瓦土壁建築で、それぞれの家が裏に三和土を持っていた。それぞれ五〜六住宅からなる一二列が並ぶ。長屋のようなものだ。翌年、グエンコンチュ通りのフランス人墓場に、最初の四層建築のアパートが一六列できた。その東、堤防を越した砂州の上のバックダン通りにも集合住宅ができた。

六〇年代前半の五年間は、ベトナム現代史にはまれな束の間の平和な安定期が続いた。この間、政府のさまざまな防遏《ぼうあつ》策にもかかわらず、農村から都市への流入は続く。一九六一年の公式統計ではハノイの人口は九一万人だったが、一九六八年には一一〇万人になっている。その多くの部分は公務員だ。かくて、集団住宅の建設が急がれる。ハイバーチュン区にはもはや空き地がない。

今国道一号（レズアン通り）に沿って南下する。ハノイ駅中央からおおよそ二キロほど進む。左の統一《トンニャット》公園の湖が尽きるあたり、ダイコヴィエト通りと東で交わり、サーダン新道と西で交わる。ハノイきっての大渋滞交差路だったが、二〇〇九年以来、近代的な地下交差道ができてやや緩和された。サーダン新道の左、今は身をすくめるようにした狭い道路が西に進む。今は著名な歴史家の名をとってダオズイアイン通りと呼ぶが、かつてはキムリエン通りと言った。このあたりキムリエンムラと言う。一九三〇年代の航空写真では、サーダン新道とキムリエン通りの間にわずかに人家列が見えるだけで、あとは一面の水田だった。

この一九六〇年から一九六五年にかけての一〇年、この水田四〇ヘクタールを潰して、キムリエン集団住宅群が生まれた。キムリエン通りは国道一号とこの団地を結ぶために設計された。チュントゥーとキムリエンだ。キムリエンは四層を企画とし、全体では九万平米の床面積があり、二万人を収容することができる。さらに六五年から七〇年にかけてキムリエンの西、チュントゥームラの水田二二ヘクタールが埋め立てられ、五層のアパートが建築され、一万二〇〇〇人が居住できる団地空間が生まれた。

このチュントゥーの集団住宅の一部を切り取るようにして、鉄条網で囲み、外交官宿舎が作られた。私は一九八五年から二年間、バオカップ時代の最後の時に、ここに住んだことがある。だからなじみがある。[*46]普通は一〇平米ほどの二部屋に二家族共同の小さな台所とトイレ、シャワーが付属する。一家族平均の床面積は一八〜二〇平米ほどだ。昭和三〇年代、日本住宅公団の狭い狭い2DKがもてはやされたように、こんな規格でも当時は垂涎の的だった。八〇年代の中頃、友人のハノイ人がキムリエンの団地を指して電気都市と言った。当時、安定的に電気が流れたのもこの新しい団地だった。

以後、団地はハノイ近郊の水田を潰して次々と建設されていった。またその内容も次第に改善されていった。クアンチュン、ザンヴォーなどの規模が大きい。ハノイは外周部を団地に囲まれた都市になった。フォーコーとその周辺にしか街のなかったハノイがベッドタウンと言える地域を持ち出した。

＊44　私は一九七五年のハノイ訪問時にこの共同便所のものすごさを十二分に経験した。

＊45　Pierre Clement và Nathalie Lancret chủ biên, *Hà Nội: Chu kỳ của những đổi thay: Hình thái kiến trúc và đô thị*, Khoa học và Kỹ thuật, 2003, p. 229.

＊46　「バオカップ」はドイモイが始まる一九八六年まで実施されていた国家補助金制度。食料や生活物資が配給されたが、配給物資は粗悪で国民生活は困窮していた。拙著『ハノイの憂鬱』めこん、一九九〇年。

自由労働者たち

しかし、これらの集団住宅はどこまでも政府公務員を対象としたものだ。もちろん政治都市ハノイの住民の多くは、公務員か国営企業の労働者である。社会主義政府もまた、すべての労働力が政府に関係するという信念に燃えているし、私たちもまた社会主義国のベトナムに公的機関に属さない労働者群がいるとは思ってもみなかった。ところが、実際には一九五四年以降も、それ以前と同じく、大量の自由労働者群がハノイの南、現在のハイバーチュン区の南や、バディン区の西に住んでいた。私は社会主義時代のハノイを自由労働者として生き抜いた何人かの人々に会った。

ハノイ近郊、トゥリエムの貧農の家に一九二〇年に生まれた男性は、その生涯をハノイの臨時労働者として過ごす。まったく就学経験がなく、今でも読めるが書けない。一〇歳頃からハノイの学校などで扇であおいで風を送る仕事などをしていた。その後、さまざまなものを路上で売る仕事をした。戦時中は禁制の塩を売ってフランス官憲に逮捕され、ゴックハの獄中で過ごした。一九四七年に釈放されてからはパンの露天商をしていた。ゴックハで第四級の四四平米の小さな家を借りていた。彼はここに新居を構え、七人の子供を育てる。しかし、技術や学歴があるわけではないので、家の修繕や建築労働者をしていた。バオカップ時代も配給はまったくなく、すべてを自由市場で買わなければならず、本当に苦しい生活だった。一九七一年、戦争中に家主がとても安い一万ドンで家を売ってくれた。それから二〇年、一九九一年、ハノイの建築ブームの時にゴックハの家を売り、ドカンに四四平米の家、さらに子供のために一軒の家を買った。以後の生活はずっと楽になった。

一九六〇年代、これらの人々が集中的に集まっていたのが、バクマイ地域だ。ホアンキエム湖の東側の沿岸通りをまっすぐ南に下る。ハンバイ（カード）通り、フエ通りと名前を変えながらハイバーチュン区の湿地帯に入っていく。ハノイ内城の南縁ダイコヴィエト／チャンカットチャン通りを抜けると、バクマイと名前を変える。

現在、ダイコヴィエト通りの南は、ベトナム百科大学《ダイホックバックホア》（工科大学）の建築群が湿地の上にひしめいているが、このあたり長く道沿いに湖沼が広がっていた。今は児童公園の中のタインニャン湖沼群にその姿を残している。

かつてバクマイ通りはこの湖沼群の中を南下して、現在の南方方面バスターミナルのところで国道一号に結んだ。というよりは、国道一号ができる一八三〇年代以前には、このフエ／バクマイ通りこそがハノイと南方を結ぶ主要道路だったらしい。今は商店街の中に埋没してしまったが、ついこの間までバクマイ通りに沿ってモーという市場があり、一九八〇年代まではここから市電がホアンキエム湖まで走っていた。だからバクマイ地域は市電を通じてハノイ中央との連絡は密だった。とはいっても、道の東は紅河堤防に至るまで、見わたすかぎり湖沼列でその間に人家が点在しているにすぎない。現在、ハノイ近郊では南方ホアンマイ区で見られる景色がこれだ。だからハノイ中心に近くても管理は厳しくない。

バクマイ通りにシクロ牽きなどホームレスの労働者たちが集まりだしたのは、六〇年代のはじめごろからだ。バクマイ通りには広い歩道がある。この歩道の上に草小屋を建てて住み始めた。もちろん家族持ちも多い。政府はこのホームレスたちの措置に苦慮し、この道路占有者を集めて、強制的に紅河中流フート地区の開発に当たらせた。主な仕事は国営農場などで茶やサトウキビの栽培と刈り入れだ。ところがバクマイのホームレスたちはもともと自分のムラでの農業労働が嫌いで都会に集まった人だ。当時の生活状況を訊くと、総じて六〇年代、ムラの半飢餓の生活よりはハノイのホームレスの暮らしの方がよかったと言う。だから、フートにいったんは送られてもすぐ逃げ帰ってしまう。六八〜六九年頃にはまたバクマイ通りがホームレスで埋まるという状況が起こった。そこで心優しい社会主義ベトナム政府が考えたのは、バクマイ通り東側の湖沼群を埋め立ててホームレスたちに無償で配分することだった。一区画七〇平米ぐらいに分けられた土地に草葺きの掘っ立て小屋を建てて住み着いたホームレスたちは、ムラの人々の冷たい目に抗いながら、建設労働やシクロの運転手の労働、鍵の修理、雑貨の行商などの仕事にあたった。

バクマイの男

一九一八年生まれ、調査時には九一歳という男がクイン路地の奥の二〇平米ほどの第四級家屋に住んでいる。ハノイの南、デルタの低湿地ハナム省の日雇いの家に生まれた。両親とも文盲だ。ところが兄が二〇年代にハノイのクアバック通りに移り、雑貨商売をして成功したらしい。一家をあげてハノイに出てきた。本人は父が借りたクアバック通りの二〇平米で台所も便所もない家から学校に通い、中学（六年次）まで卒業する。卒業後、近くの中国人に鍵の修理技術を習ったが、またイエットキエウ通りにあった美術専門学校（現在の芸術大学）の夜学に進学して、絵を習った。二年で専門学校を卒業したが、仕事もないままに鍵修理の仕事をしていた。一九四一年には故郷のムラの娘と結婚し、フォーコーのトゥオックバック通りに一家を持ち、二人の子をなした。ところが一九四六年になってハノイ抗仏戦が始まり、商売ができなくなった。この時、一家はばらばらになった。

やむなくベトミン側に参加し、工作のために故郷のハナムに戻った。一九五二年まで故郷のゲリラ隊に参加した。五二年になってから、ちりぢりになった家族を捜したが見つけられなかった。一九五四年、平和になったのでハノイに戻り、再び鍵の修理を始めた。しかし、家はなく、ハノイ駅の裏（西側の湿地）でホームレス生活を送った。一九六〇年、ハノイの南の農民の娘と再婚した。そこでフエ通りの裏に第四級二〇平米の家を借り、続けて鍵やシクロの修理業をはじめた。第二の妻とはまた二人の子供を持った。

二番目の子が生まれた一九六四年、フートへの移住が始まった。当時、ハノイでは戦争準備で多くの人が疎開し、鍵修理の仕事がほとんどなくなっていた。そこでフートでの新経済区開発に応募した。家族は連れて行った。主に茶や水稲を作った。新経済区では政府が一年間だけ食料を供給し、あとは自給しなければならなかった。農業だけではとても食べていけないので、牛車を引き、また漆喰工をした。

しかし、三年後、フートの人々に追い出され、再びハノイに舞い戻った（バクマイ通りでホームレス生活をしたのち）、一九六九年、政府は彼ら浮浪者にバクマイ通り東側の土地七〇平米を分けてくれた（一九八九年、使用権が委譲される）。そこで四〇平米のバラック小屋を建て、三〇平米を庭《サン》にした。草葺き、網代壁の家だったが、三和土の上に台所とトイレを作ることができた。ここからバクマイの市場に出かけ、鍵修理の仕事を続けた。しかし、一九七二年一二月二八日、このムラが爆撃され、妻と生まれたばかりの第二子が爆死した。この頃、彼のような自由労働者の生活は最悪で、配給はなく、一月に二〇〇グラムの肉しか食べられなかった。集団の労働者なら五〇〇グラムは食べれた。彼は一九八五年まで鍵修理を続けたが、この年、引退した。長男が一九八三年に復員してきて働き出したからだ。長男はその後、ハンガリーに出稼ぎ労働に出た。一九九一年に帰国し、今は個人の建設業をしている。長男の働きで二〇〇五年に新しい家を建てた。三〇平米は長男に譲り、残りの四〇平米に三階のベトン（コンクリート）の家を建てた。この年からすべてがうまくなり幸福な日々が始まった。

こうして戦争が激化する六〇年代の末くらいまでに、ハノイは古い住宅商業地区であるフォーコー、フランス建築の建ち並ぶフランス人の街、その周辺に拡大したベトナム人の街、さらに一九六〇年以降、南の低湿地に大量の公団住宅が生まれ、その南にはホームレス、元ホームレスの掘っ立て小屋がムラの家と混在する区域ができていた。

戦争下のハノイ

北爆

一九六〇年から一五年にわたって戦われたベトナム戦争（ベトナムでは「抗米救国戦争」）の主戦場は南部と中部

だ。戦争は南部の農村で始まり、南部の首邑サイゴンの陥落で終わった。北ベトナムは南部に展開する人民軍に人員と食料を送り込む巨大な兵站基地であり、中ソがその大後方を形成した。一九六五年二月、中部プレイクの米軍基地が攻撃され、七〇人を超える米兵が殺された。米軍は報復として、第七艦隊の艦載機でハノイ、ハイフォンなどの補給中心を爆撃した。これが北部爆撃（北爆）のはじめだ（フレイミング・ダート作戦）。

初期の北爆は、中ソへの配慮から、空軍基地など重要な作戦機関や発電所など民需施設への爆撃が制限されため、多数の攻撃機の損害のわりには大きな軍事的意味を持たなかった。しかし、こうして、一九六七年四月末にはほとんどの制限が撤廃され、北ベトナム全土が爆撃と空襲にさらされた。

ハノイは首都であるばかりではなく、ハイフォンに揚陸された物資、雲南から鉄道や陸路で運ばれる物資を集約して、南方に送り出す物流の中心でもある。この時期、ハノイの爆撃目標は、ハイフォンとハノイを結ぶロンビエン橋とドゥオン橋、それに紅河を挟んでハノイの対岸にあった機関車修理工場に集中した。

一九六六年以降、北爆が現実化するとともに、北部ベトナムは防空体制の近代化がはかられた。レーダー照準の五七ミリ、八五ミリ高射砲、対空ミサイル（SAM）、それに中ソが供与する迎撃戦闘機ミグが複合防空網を構成した。全土には二〇〇以上のレーダーサイトがあり、そのうちハノイ防空は、フックイエン（現ノイバイ空港）、ハノイ市内のバクマイ、北のケップ（バックザン省）が担った。空爆機の侵入はこれらレーダー網によって早期に発見された。また南シナ海の第七艦隊の艦載機や、フィリピンの空軍基地からの爆撃機の発進は南シナ海に遊弋する中ソの偽装漁船から防空本部に通報された。

北爆機は常に待ち構えていた濃密な防空網の中に突入しなければならなかった。レーダー探知を避けて低空で侵入すると、伝説的な防空民兵の軽火器が応接した。ベトナム民主共和国側の発表では、一九六七年六月五日までに米軍機二〇〇〇機が撃墜されているという。一九六八年三月、ジョンソン大統領はその大統領選不出馬とともに、二〇度線以北の空爆を停止すると声明した。実際にはこのあとも断続的に北爆は続いたが、米軍の北部航空戦が失敗だったことは明らかだ。

大疎開

ロンビエン橋をめぐるF４戦闘機とミグの空対空ミサイル戦に人々の関心が集まっていた頃、ハノイでは大疎開《ソータン》作戦が始まっていた。全市民の疎開は、抗仏戦争時に展開されたことがあるが、その時はまだ市民がそれぞれ状況に応じて疎開先を求めていった。散居《タンクー》と言う。抗米戦争では違う。地域と機関がその所属員を計画された疎開地に連れて行く。そこには生産資材や施設が移送され、生産活動そのものが疎開される。児童生徒は学校単位で疎開する。機関に属していない自由労働者とその家族は地域がまとまって疎開させる。この組織的疎開活動を疎散《ソータン》と言う。

大疎開は一九六七年頃から、積極的に展開された。人々はソンタイやハイズオンなどデルタの農村部に作られた指定地に移動する。そこでは農家がその小さな家の中を区切って疎開者を住まわせる。食料は機関を通じて配給される。確かに農村の生活はハノイ人にはつらかろう。しかし、戦争中だ。苦にならない。ハノイ人がつらかったのは家族の分散だ。学校疎開の指定地の多くは父母の地と違う。しかも子供たちには最低の食料以上の配給がない。月に一～二日の休日を利用して父母は、空襲下で唯一の交通手段だった自転車に、配給で手に入れるだけの米や小麦粉を積んで、子供たちのもとに向かう。その日のうちに帰らなければならない。飢えた子との別れが一番つらかったと当時の親たちは涙を浮かべる。

クリスマス大爆撃

結局、一九六八年までのハノイの空襲は、ロンビエン橋などの一部施設への攻撃にとどまり、第二次大戦中の東京やドレスデンのような無差別爆撃はなかった。ほとんどのハノイは無傷で終わった。ハノイの名建築が今も昔の勇姿をとどめるのはこのせいである。そして六八年一〇月三一日以降、北爆停止が実現した。一方、パリ和平会議が始まり、疎開をしていた人々がハノイに帰り始めた。しかし、平和はなかなか到来しない。一九七二年春には初めて人民軍の大戦車部隊が非武装地帯を越えた（クアンチ会戦、6章三三四ページ参照）。パリ和平会議も両軍代表の罵りあいに明け暮れ、遅々として進まない。業を煮やしたニクソン大統領は、ハノイへの徹底的な爆撃を指令した（ラインバッカー二作戦）。

一九七二年一二月一八日、突然、米空軍の大編隊がハノイの空を覆った。成層圏の要塞Ｂ52《ストラトフォートレス》[*47]が初めて二〇度線以北の北爆に参加した。空襲は一二日続いた。米側の言うクリスマス爆撃、ベトナムの言う一九七二年蠟月《タンチャップ1972》だ。この間、空襲は二一二三波、うち夜間だけで一〇八二波にもなった。投下された爆弾はハノイだけで四万トンに達した。ハノイの防空部隊にも油断があった。一八日にＢ52がハノイを空襲するかもしれないという諜報はその日の午後四時に政府中枢に入ったが、この時、Ｂ52第一波は東北タイのウタパオ基地を発進していた。午後七時頃にハノイの南三〇〇キロのレーダー部隊がＢ52編隊を発見し、ハノイへの侵入を察知した。午後八時一三分、タムダオ山からデルタに下ろうとしたＢ52一機が、第五九砲兵小団のミサイルに撃墜された。一二日間で一〇〇〇発の地対空ミサイルが発射され、Ｂ52一七機、ほか三機が撃墜された。しかし、大部分のＢ52はハノイ上空に達することができた。なんと一機のＢ52はバディン区のホアンホアタム通り上に墜落している。新宿の上空で空中戦があったようなものだ。

ハノイ空襲の目的は、軍事的なものではない。第二次大戦中の東京空襲にならって民衆に恐怖を与え、その継戦意思を破壊するためだ。当時、外交担当の大統領補佐官だったヘンリー・キッシャンジャーはこの作戦を「大衆の衝撃《マッシヴショック》」を引き起こすものと意味づけたという。国際問題を引き起こしそうな外国公館の建ち並ぶホアンキエム地区は外され、庶民の街カムティエン街とバクマイ地区の民居が集中的に狙われた。ようやく疎開先から戻り始めたハノイ市民にはほとんど奇襲であって、その被害が大きかった。のちの統計では一二日間の爆撃の結果、ハノイ市民四〇二五人が殺され、三三二七人が負傷し、五〇八七戸が全壊し、四九一七戸が半壊した。このほか二二の学校、三病院、いくつかの劇場が破壊された。私はこの空襲の三年後、被災地のカムティエンを訪問した。カムティエンは現在ではハノイ枢要の商店街だが、その時は一面に瓦礫が重なり、その中に犠牲者を悼む母子像が空をにらんで屹立していた（**写真49 カムティエン通りの被災記念碑。一九七五年**）。

写真49

このハノイ航空戦は一二月二九日終了した。このあとわずか二週間を経て、パリ和平協定が調印され、アメリカはベトナム干渉戦から撤退した。クリスマス空襲は、ベトナムにおける米軍の最後の作戦行動になった。英雄的な防空戦であり、同時に凄惨な空襲被災を経験したハノイ市民はこの戦いを「空のディエンビエンフー戦」と呼ぶ。

＊47　大陸間爆撃に耐える航続力と亜音速の速度が可能で、在来型の爆弾も核爆弾、ミサイルも搭載できる大型爆撃機。ベトナム戦争では主に南ベトナムで用いられた。一機九〇〇〇万ドルの価値と言われる。

ハノイの憂鬱――バオカップのハノイ

一九七五年のハノイ

一九七五年、私は、戦争が終わってまもない、まだ市内の至る所に防空壕が掘られ、ロンビエンの橋脇には高射砲がハリネズミのように林立していたハノイを訪問した。その頃はほんとうになにもなかった。私は市内に二軒しかない国際ホテルの一つトンニャットホテル（現在のソフィテルレジェンドメトロポールホテル）に泊まった。水も止まり、現在のスイミングプールとバンブーバーのところに防空壕があって、その地下にある井戸から水を汲み上げて使った。夜になっても大部分の家には電気が来ない。暑い八月の盛りで、夜になると人々は涼を求めてホアンキエム湖岸に集まる。真っ暗の中を散歩すると足下にはぎっしりと人が寝転んでいる。人々を踏まずに湖岸を歩くのに難渋した（**写真50　一九七五年のオペラ座＝ハノイ大劇場前の広場。オートバイはおろか、自転車さえ少ない。人々の移動は徒歩が中心だった**）。

写真50

私たちをハノイで応援したお役人は、古タイヤで作ったサンダルをはき、ズボンには大きなつぎがあたっていた。すべてのものが戦争で消耗され尽くしている。そんな貧しいハノイだったが、どの人々も明るく、目をきらきらさせていた。気が遠くなるほど長かった戦争が終わり、これからは良いことばかりが待っている。現在はなにはなくとも未来に希望がある。この時、日本は息つく暇もない高度成長に邁進している。リベット打ちが喚き通す工事現場のような日本から見れば、うらやましいような、「清く、貧しく、美しい」ハノイだった。

それから一〇年、一九八五年の一月、私はハノイ国際空港に降り立った。在ベトナム日本大使館の専門調査員として、ハノイに赴任したのだ。まだ日本はベトナムの潜在敵国とみなされ、政府も人々も日本外交官を見る目は険しかった。そんな中だから、限られた見聞しかできなかったが、それでも今の北朝鮮のように外からは見えないハノイに二年間もいて、他人にはそうそう真似できない貴重な経験を得た。[*48]

なによりも、戦後一〇年間、ベトナム人たちの期待にもかかわらず、ベトナムはますます貧しくなっていった。戦争中、全国にはりめぐらされた農業合作社は、食料と人材を戦争に供給し続けた。ハノイの住民の配給食料は、食うや食わずの合作社農民が必死に供出し続けたものだ。農業合作社がなければ抗米戦争の勝利はおぼつかない。しかし、戦後になっても、食料の供出体制は少しも変わらない。いや、中ソの援助が減少し、そこにカンボジア戦争が発生し、中国軍が国境を侵犯して、ランソンまで占領する（一九七九年）。

ベトナムは大量の軍隊をカンボジア領内に進駐させ、しかも中越国境にも大軍を常に貼り付けなければならない。国家の戦時編制にも変化がない。そのうち農民が力尽きる。一九七九年、紅河デルタでは農民のサボタージュが一般化され、大量の水田の耕作が放棄される。供出拒否の結果、市民に配給する食糧が足りない。確かに八一年の一〇〇号指示は八二年、八三年の農業生産を引き上げた。しかしその成果も八四年の気候不順ですっとんだ。しかも人口爆発が続いている。ベトナム全土で戦争と社会主義疲れの人々が、やる気をなくしている。工場製品もたがが外れて、すぐ壊れる不良品が出回る。それすら見かけなくなる。国営商店の棚から商品が消える。そのかわり自由市場は配給の何十倍もの値をつけながらにぎわっている。

ハノイは牧場だった

ハノイ牧場という言葉があった。配給はただ同然だ。その配給が滞るとハノイ市民のものすごい低給料では、

*48　一九八五年から八六年のドイモイ直前のハノイの状況については『ハノイの憂鬱』（めこん、一九八九年）で紹介している。

自由市場でなにも購入できない。商品不足と現金不足が家計を直撃する。かくてハノイ市民たちは自衛を始める。とはいえ、社会主義経済体制で私営企業の息の根は止められている。そうそうアルバイトが転がっているわけではない。そこで善良なハノイ市民が考えたのは、豚や鳩の飼育だ。

子豚を手に入れてなんとか残飯で育て、成豚にして市場に売る。問題は豚を育てる空間だ。ハノイには庭付きの家などほとんどない。そこで最も利用されたのが公団住宅のトイレ空間だ。一般の第四級の集団住宅ではトイレは五戸ごとの共同で、これがいろいろと問題を起こしたが、2Kの公団住宅ではその家も畳一枚分くらいのトイレとシャワー室の空間がある。ここで豚を飼う。人間のトイレは豚と共有、水浴びは知り合いの家や野外ですます。これは農村では普通のことだし、公団住宅の住民たちはついこないだまでは農村の住民で百姓仕事には慣れている。こんなことはなんでもないのだろう。ちょっと広い空き地では牛が飼われる。道の片隅、小さな小さな空き地や溝には、隙間なく空心菜が植えられる。これは主要なおかずだ。どこでも豚のキーキー声が続き臭みがただよう。革命ハノイの象徴、公団住宅群はそのまま牧場になった。

一九八五年、ドイモイ前の私の宿舎から一キロほど東に国道一号（レズアン通り）が走っている。道幅は現在の半分もない。かろうじて一車線が可能というところか。街灯もない。真っ暗だ。点々と蛍のような黄色くかぼそい光が道脇に並ぶ。近づくと、老婆たちが粗末な床几に腰掛けて飴やせんべい、タバコの一本売りをしている。家にいても仕方がない老人たちがそれこそ一円一〇円の稼ぎを求めて路幅に並ぶ。電灯もアセチレン灯も、ろうそくさえない。小さなガラスのランタンの細い灯心に点火する。道の蛍の正体だ。

ある時、地震のような、しかし長い揺れを感じた。国道一号を灰色の軍用車が延々と北上する。トレーラーになった対空ミサイルもある。台車に乗った戦車も運ばれる。北の国境で中国軍の砲撃が始まったのだ。これまで南のカンボジア戦線で戦っていた機動装甲部隊が急遽、北の戦線に移動展開させられる。それから一週間、国道一号は来る夜も来る夜も真っ暗な中を最新式のソ連の軍事機器が轟々《ごうごう》と運ばれる。その脇で老婆たちは蛍をしっかりと守って路上に飴を商う。国家の近代戦争と庶民の経済危機。忘れられない光景だ。

さすがにフォーコーの商店街ではこんな光景はない。そのかわり闇商売が幅をきかす。フォーコーの表通りではそんなことも少ないが、目につきにくい裏通りや路地裏では、外国人の持つドルやもと富裕だった家に残された金製品を、現地通貨のドンに両替する闇店がカーテンの奥に客を請じ入れていた。旧フランス時代や王朝時代の骨董がさばかれていた。博物館や図書館の所蔵品がこっそりと番号をつけたまま、闇市場に流出したのもこの時である。確かに闇経済は活発だ。しかし闇は闇、ハノイ全市に深々とした退廃と絶望が漂っていた。誇りと希望を持った勝利の結果だけに、その絶望は敗戦国よりも救いがない。

新経済政策

ドイモイの胎動

ベトナム経済を奇跡的に立ち直らせ、現在の高度成長をもたらしたきっかけは、間違いなくドイモイ政策だ。ドイモイ政策が経済に実効を持ち出した一九九〇年の一人あたり国民所得は一〇〇ドルにも満たなかったが、その二〇年後、二〇〇九年には一〇〇〇ドルを超した。ベトナムは貧困にあえぐ途上国から一挙に希望あふれる中進国に移行した。

ドイモイとは、変えるという意味のドイと新しいという意味のモイの合成語だが、もともとはロシア語の再構築《ペレストロイカ》の訳として造られた。世に言うドイモイは一九八六年一二月に五年ぶりに開かれた第六回党大会で認められた経済の一部資本主義化の政策であるが、同時に経済の国際開放、政治面での善隣外交の開始を指す。これを同時期のソ連のペレストロイカ政策のコピーと言うと、ベトナム人はひどく怒る。実際、ペレストロイカ政策はソ連の解体をもたらした。ドイモイはベトナム共産党への批判を自由化したが、その権威を貶めることはなかった。

ドイモイはもはや都市伝説だ。だから、ドイモイの創始者には諸説ある。当時の政治、経済に影響を持った人なら、誰もが「私がドイモイを党に提議した」という主張になる。こんな党幹部にたくさん会った。それほどドイモイの発端はよくわからない。

ドイモイは革命ではない。驚天動地の大改革が少数の経済官僚の決断によって引き起こされたものではない。もちろん、党書記長チュオン・チン[*49]が部下に経済の実態を知らされ、慌てて大号令を出したからでもないし、ホーチミン市の一部の経済学者が当時市長だったグエン・ヴァン・リン[*50]を動かしたからでもない。したり顔のドイモイ創始論はただの自慢話であることが多い。

ドイモイは確かにベトナム経済の根幹的な構造を一変させた。しかし、それは戦略的、意図的に計画された変革ではない。ベトナム戦争後の数えきれない経済政策の変更と、その失敗の経験、ポスト文革の中国、ペレストロイカのソ連をじーっと見つめてきた結果である。つまり、ドイモイの歴史は多くの人々の愚かさと聡明さ、なによりも国際環境に助けられてできあがる。

国家管理経済への弔鐘はいったいどの流れの中で、誰が最初に鳴らしたものか、それは七〇年代末に起こった戦争と生産放棄の中で、時の党書記長、悪名高いレ・ズアン[*51]によって、最初に試みられたと思う。もっともこの説は、多くのベトナム人に一笑にふされるが。なぜならレ・ズアンは、戦後一〇年の経済停滞と危機を生んだ古手の共産主義のシンボルだ。経済運営の失敗のすべてはレ・ズアンに帰せられる。そしてレ・ズアンはホアンジエウ通りの豪邸にたてこもり、孤立したまま一九八六年七月死去する。それから二五年もたつ今、レ・ズアンの弁護者は生まれていない。

ドイモイの胎動は七九年八月、レ・ズアンが主宰した第四期第六回中央委員会総会に始まる。この会議で工業生産の一部を手工業や小私営工業に移行することが認められた。これは当時、新経済政策《キンテーモイ》と呼ばれた。もちろん、ロシア革命初期、レーニンが緊急避難として私的生産を認めた例を真似たものだろう。しかし、多種多様な規制の中で、なかなかに新経済は発動しない。八〇年代前半、工業生産は破綻しかかった。一九八三年一二月第五回党中央委員会総会の席上、レ・ズアンはおざなりの社会主義経営管理の強化をぶった末に、各生産単位が自主的に生産管理をすすめる末端生産自主権を認めると発言する。そして翌八四年一二月、レ・ズアンは党機関誌紙上に、合理的な価格体系と労働者に十分な衣食住を保障する賃金体系の成立を論じた。かくて八五年、貨幣―価格―賃金一体の改革が始まった。*52

ドイモイ直前

私には忘れられない思い出がある。私はこの第二期新経済政策の始まる時ハノイに着任し、その結論としてのドイモイ体制が発動される第六回党大会の直後にハノイを離れた。八五年、次々と実行される「改革」の現場にいた。結論的に言えば、これらの諸改革はいずれも大混乱を引き起こした。まずこれまで配給という形の現物給

＊49　チュオン・チン（一九〇七～八八年）。四一年党書記長。第二次大戦、抗仏戦争の政治的指導者。五六年、土地改革の失敗から書記長を更迭された。八六年、レ・ズアンのあとを継いで、党書記長。第六回党大会を主宰し、ドイモイ政策を導入した。

＊50　グエン・ヴァン・リン（一九一五～九八年）。六一年以降、南部で抗米戦争を戦う。八二年ホーチミン市書記。一九八六年、チュオン・チンを継いで党書記長。ドイモイ初期の指導者。

＊51　レ・ズアン（一九〇七～八六年）。六〇年以降党第一書記、抗米戦争の政治的指導者。七六年党書記長。戦後経済運営に失敗し、深刻な経済危機をもたらした。

＊52　ドイモイ直前の経済改革の詳細については拙稿「ベトナム社会主義経済の変質」、吉原久仁夫編『講座東南アジア学　八　東南アジアの経済』弘文堂、一九九一年、三一〇―三四四ページ。

与が現金給与にかわった。政府はもはや現物給与の逆ざやにたえきれない。つまりは、いくらでも印刷できる現金を労働者に渡し、市場で生活物資を購入させるしかない。もちろんその政策は敗戦国並みの狂乱インフレを呼び込む。そこで通貨改革と称して、デフレを強行し、紙幣を吸収しようとする。これがかえって紙幣の価値を下落させ、さらなるハイパーインフレを引き起こす。[*53] 八五年夏、ハノイの都市経済の大混乱が始まった。八六年のインフレは統計上七七四・七％、生活実感では一〇〇〇％を超している感がある。「今までも食べられなかった。もはや永遠に肉を食べることができないだろう」ハノイ庶民の嘆きが耳に残る。

　八六年夏、レ・ズアンが死去する。その時、私はハノイにいた。私は彼の生前から、その経済失政は失政として、結構好意的に見ていた。特に権力抗争が、中ソのように露骨でないのがいい。だからレ・ズアンを「三国史演義」の姜維《きょうい》になぞらえた追悼文を書いた。[*54] とはいえ、レ・ズアンの死がベトナムの経済改革を大きく進めたことは間違いない。その前年一九八四年のソ連で、ゴルバチョフが権力を握るためには最後の長老チェルネンコが死ぬ必要があった。ベトナムの共産党では、長年にわたってレ・ズアンと対立し、この時点でもなお党内少数派であったチュオン・チンが、突然のようにレ・ズアンを継ぐ。そしてゴルバチョフと違いレ・ズアンと同年のチュオン・チンが、チェルネンコの轍を踏むことなく、その晩年の栄誉を保つには、怨嗟のただ中にあったレ・ズアンを批判する路線しかない。

　レ・ズアンの経済改革が混乱を呼んだわけは、生産、流通の集団経済構造、つまり国営企業の独占状況は変わらないままに、通貨、賃金面のみの改革を、しかも急にもたらしたことにある。問題は生産・流通部門をどれだけ私企業化するかだ。それは権力基盤を古い同志たちに置くレ・ズアンではどうにもできなかった。長く権力の外側にあり、レ・ズアンと対決し続けたチュオン・チンはこの点でも有利だった。チュオン・チンはまず党内部での深刻な議論を呼びかけた。特にレ・ズアン路線の批判を加速させるために、下部からも意見が聴取された。やがて混乱をきわめながらも断行された通貨改革や賃金改革が、実は市場経済の発展に直線的に貢献していることが判明した。南部のホーチミン市をはじめとする都市工業が復活したのだ。そしてその復活発展を指導した、ホーチミン市書記グエン・ヴァン・リンが、経済の閉塞状況に苦しむ若手官僚の輿望を担って党中央に躍り出る。ドイモイが始まった。

第六回党大会

若返り

一九八六年一二月、私はハノイの日本大使館のテレビでバディン広場に面した国会議事堂で開かれた第六回ベトナム共産党大会を見ていた。第六回党大会は、ベトナム現代史の中では最も重要な党大会である。この時の大会決議以降、党が変わった。第六回党大会の最大の意味は、党幹部の若返りだ。当時の書記長のチュオン・チンは一九〇七年生まれの七九歳、以下前世紀のはじめに生まれたホー・チ・ミンスクールの面々が幹部職を独占している。多くは一九三〇年代から活動を開始し、抗仏、抗米戦争の指導者たちだ。次期書記長に就任したグエン・ヴァン・リンは一九一五年生まれの七一歳。その老骨さえ若手と言われたのだから、党の高齢化はもはや限界だった。

これは大きな社会改革でもある。これまでのベトナム社会は四五年革命世代が主役だった。第六回党大会以降、党の若返りは急に進んだ。現在の大統領グエン・ミン・チエット（任期二〇〇六年六月〜二〇一一年七月）は、一九四二年生まれ、六四歳の時に大統領になった。現首相のグエン・タン・ズン（任期二〇〇六年六月〜二〇一六年四月）

＊53　ドイモイ直前のハノイの経済混乱については拙著『ハノイの憂鬱』めこん、一九八九年。
＊54　「悲しみのレズアン」『ハノイの憂鬱』一九九―二一五ページ。

は一九四九年生まれだから首相就任時は五七歳だった。戦後生まれの比較的無名の幹部たちが実権を握った。党にも政府にも、そして社会全般に中年の発言がめだち、適材登用が試みられるようになった。第六回党大会の最大の効果は、チュオン・チンという長老のトップが切り開いたベトナム社会全体の若返りだ。本当の意味での「ホー・チ・ミンの時代」「革命の時代」の終わりだ。

市場経済化

そして経済改革の出発だ。ドイモイは、私営ファクターを認める。製品の価値・価格は市場が決定する。しかし、ドイモイ政策は社会主義経済からの脱皮ではない。「完全な社会主義社会はただちに実現できない。現在は長い過渡期の最初期段階にあり、需要供給法則を無視することができない」とか、「社会主義経済にはさまざまな部門があり、その一部を商品経済化する」とかいろいろな理論加工がなされた。商品経済化としたのは市場経済化という言葉が反発を買うのを恐れたからだという。まちがいないことは、ドイモイは社会主義政府に管理された市場経済の導入ということだ。この大前提は現在でも実は変わらない。[*55]

ドイモイ後、すべてが花開いたわけではないにしても、また社会主義の正当性を維持するための煩瑣な理論展開があったとしても、一度乗ったバスは乗り換えることができない。しかし、そんな煩瑣な理論上の議論をよそに、庶民のドイモイは一人歩きをはじめた。庶民にとってのドイモイは、まず内需をめざした国内工業生産がいっせいに覚醒したことだろう。一九八七年の工業生産成長率は前年に比して一〇%増、八八年は一四%増に達している。私は第六回党大会閉幕後一月でベトナムを去った。最後の晩、ホアンキエム湖の東岸ディンティエンホアンを北、フォーコー（旧市街）に向けてゆっくりと散歩した。一月、ハノイは最も寒い。日本の冬なみに寒風が吹きすさぶ。その中をフォーコーの岡が燃えている。見ると湖に面した南斜面の常設店はもちろん、道路上の露店までこうこうと、この二年間見ることができなかった明るい電光が光っている。このあたり、履き物屋が集中している。ついこのあいだまでは、皺のよった皮靴や古タイヤ原料のサンダルがわびしく並んでいたものだ。ところが八七年春、ホーチミン製のぴかぴかに輝く革靴、革サンダルが店頭にうずたかく積んであるのだ。目をみはる電光のもとに陳列されたあざやかな商品。もちろん国内市場向けのひどい安物だが、売ろうとする強烈な意思が見える。九〇年代に入ると、靴や下着、雑貨類はベトナム輸出の橋頭堡になった。

それはハノイの庶民にとってのドイモイの開始だが、またそれは私たちのベトナム理解に大きな「刷新《ドイモイ》」を起こした。

建築ブーム

ハノイの庶民にとってのドイモイは、長い間、息のつまる思いで過ごした狭くて汚い第四級の家々を新築することだ。ドイモイの政府が実施した政府管理宅地の使用権（事実上の所有権）の分配が始まる。当初、ハノイ庶民のドイモイは雑貨の買い漁りに始まる。金製品などで、こっそりとまたしっかりと、ため込まれていた庶民の零細な資本が街に出た。九〇年代の初め頃、ハノイやホーチミンのブラックマーケットで六〇年代の一〇〇ドル紙幣が出回っているという噂を聞いた。ベトナム戦争中にため込まれ、壁の煉瓦の穴などに隠されていたドルがやっと市場に出たというのだ。ありえそうな話だ。こうしてドイモイ政策は政治的な規制を緩和し、市場の信用を取り戻し、その結果、内需が著しく喚起された。

ついで建築ブームが澎湃として立ち上がる。北部のベトナム人は、新築が好きだ。ちょっとまとまった金が入

＊55　社会主義とドイモイベトナムの関係については五島文雄・竹内郁雄編『社会主義ベトナムとドイモイ』アジア経済研究所、一九九四年。に詳しい。

ると、南部の家庭は電気製品を買い、北部は建築資金にするという。八一年、集団農業が解体してから、まず紅河デルタの農村部で新築が始まった。多くの農村で泥壁、草屋根のバラックが第四級住宅（煉瓦壁、瓦葺き）に変わった。

しかし、このブームが、都市の第四級の民家と集団住宅に連動するのはドイモイのあとになる。ハノイでの建築ブームは一九九〇年代の初めに起こった。建築投資は九二年に一一％、九三年には一八％、九四年には一九％にまでふくれあがった。みるみるうちにハノイの都市景観は一変した。まず、もともと私有の宅地、住宅を持ち、比較的、建築資金に余裕のあるフォーコーやチャンフンダオ通りの北側に新築が進み、漆喰壁と瓦だけだった無愛想な町並みは、三層以上のペンシルビルが林立する、いかにもドイモイの軽薄さを象徴するような町並みに変わっていった。一軒ずつ、資金について聞いてみると、ほとんどはこの時期に、貯めに貯めた自己資金と親類からの借り上げを新築にあてた。

六〇年代に政府が建てた二〇平米ほどの第四級平屋の公務員住宅がひしめいていたバディン区のドイカン通りでは、一九九五年から九七年にかけて人々は政府管理住宅などおかまいなしに平屋を打ち壊し、三層の家を建てだした。二〇〇〇年前後には、もう一段の増築ブームが起こった。庭は完全につぶれ、屋上屋を重ねて、家が増築された。八〇年代にはわずか二〇～四〇平米の家に詰め込まれていたハノイ人は、たちまち床面積一五〇平米を超す家持ちになった。これもドイモイだ。

驚いたことは政府管理の公団アパート群でさえ、持ち分の私有化が進んだことだ。六〇年代にできたキムリエン公団住宅群では、一階部分に居住していた人々が、まず玄関先の猫の額の空き地に部屋を増築した。

バイク狂騒曲

九〇年代後半のハノイのもう一つの現象は、バイクの普及ぶりだ。だいたい、もともとのハノイは七キロと四キロほどの狭い町だ。歩くだけでほぼ往復できるし、南や西の郊外と中心部は市電が結んだ。年寄りや老人は、シクロ（三輪タクシー）が優雅に運んでくれた。

七〇年代、疎開で家族がばらばらになるとともに、自転車が普及した。公共交通が壊滅した時期、自転車だけが数十キロも離れた家族を再会させ、食料を運んだ。戦後は自転車のおかげで、南にのびた郊外型の集団住宅と中心が結ばれた。狭いハノイの旧市街は自転車だけがやっとすり抜けられる。庶民が政府がしてくれない交通便宜を自弁でがんばる。それが自転車だ。しかし、拡大した市域を動くには自転車はいかにも苦しい。夏の日差しのもとに自転車を漕ぐのは、かなりつらい。第一、家族で動けない。

ベトナム戦争後、サイゴンで接収した日本製バイクがハノイにもたらされた。拡大を始めたハノイにバイクは向いている。バイクはなによりも涼しい。人々はバイクにあこがれた。しかし、ドイモイ前、バイクの輸入はできない。八〇年代、まるでくず鉄のようなバイクがハノイを闊歩していた。しだいにバイクは実用を超えたあこがれの商品に変わっていった。

ドイモイ後、庶民の購買意欲が高まった時の最初の買い物はバイクだった。日本の中古バイクが飛ぶように売れた。売れ筋は荷物も家族も運べ、しかも低燃費のホンダカブだ。ついに、日本の出前のホンダカブが盗まれ、カンボジア経由で密輸される事件まで起こった。カンボジアから渡ってくる安い日本バイクを、カンボジア《セーカンプチア》車と呼んだのはこの頃だ。

九〇年代前半、青年層の間でハノイのバイク熱は、過熱化していった。バイクはステータスシンボルに、そしてファッションになった。もてたければホンダドリーム、そんな時代が来た。九四年頃だろう。

現在はさすがに、ハノイの人々のあこがれは四輪車に変わってきた。もちろん、彼らの平均月収の二〇〇〜三〇〇ヵ月分にもなる新車が買えるわけではないし、第一、ハノイの道は四輪用にはできていない。ガソリンも結構高い。自動車教習所も限られている。青年たちの現実はやはりバイクだ。もはや一家に数台のバイクを連ねることが普通になった。今ハノイの人の動きの八〇%はバイクが担っている。

この結果、朝のラッシュ時のハノイの道は絶望的な混雑になった。特に国道一号のキムリエン交差点、西へ向かう旧ソンタイ道路と南西に向かう旧ハドン道路（タイソン／グエンチャイ通り）がぶつかる文廟脇の交差点がひどい。車線を無視してバイクがぎゅう詰め、押し合いへし合いしながら歩道にのりあげる。排気ガスがむんむんと暑い霧のように立ちこめる。ハノイ最大の問題は、この膨大なバイクをどうするかだ。

新道

ドイモイ後のハノイ都市改造の最も大きな特色は、新道の建設だ。一国の首都でこれほどドラスチックな新道建設を既存の市街地に展開した例を知らない。九〇年代はじめ、中国国境と南部を直結する国道一号、国際港ハイフォンとハノイを結ぶ五号の拡幅、改修が日本など外国援助で始められた。水田の中を抜ける道路の両脇にびっしりと並木が植えられ、その中を一車線にも満たない穴だらけの道路がのびているだけのいかにも牧歌的な植民地道路は、大幅に拡幅され、堅固な基礎工事が施された。フェリーしかなかった河川には近代橋が架けられた。これまで四時間かかっていたハノイ－ハイフォン間が二時間足らずに短縮された。日本の援助が十二分の効果をもたらした。この工事は、二〇〇〇年代には高速道路網に取って代わられる。

九〇年代のはじめには、ハノイ市内の道路の増幅改修がなされた。これまでは二五メートルの幅員しかなかった国道一号（レズアン／統一道路）は、キムリエン交差点から先、四〇メートル（一部三〇メートル）道路に拡幅された。既成の道路だけではない。ハノイ中央と四方を結ぶ大規模な道路が新設された。ドイモイ直前の一九八六年、ハノイ中央から西南に進むザンヴォー通りを当時のハノイ外郭だったトーリック川まで延長させてランハ通りができた。今やランハ通りはコンピュータ関係の店でにぎわっている。

一九九四年、タイソン通りから西にランハ通りに直交させるタイハ通りができた。タイハ通りは完成を待つ間もなく、小さな食堂やカラオケが建ち並び、まもなくコンピュータ関係の電器ショップが集まる街になった。

同じ頃、団地に行くだけの道だったキムリエン通りが拡幅され、著名な歴史家の名を取ってダオズイアイン通りと名を改めた。ダオズイアイン通りはチュアボック通りを通じて、国道一号と旧ハドン道路を連結させた。もっともこの拡幅工事の結果、九〇年代初めまでは残っていたハノイの外城壁がまったく破壊されてしまった。これまでハノイ中央から扇の骨にそうように、ばらばらの道を放射線状に下るしか、南や西の郊外に達することができなかったが、ダオズイアイン通りの完成によって、それぞれの道路が横につながった。さらにダオズイアイン通りの北側に二〇〇五年、ハノイ最大の五〇メートル幅を誇るサーダン通りが生まれ、国道一号と旧ハドン道路を結んだ。

このあたりキムリエン、チュントゥーと無数の集団住宅が建ち並ぶ。使用権を獲得したばかりの集団住宅の一階は、最初はキオスク、多少資本があれば服飾、食堂そしてブティックへ、さまざまな店舗に貸し出される。ちょっと奥まったところは小さなオフィスに貸し出される。だいたいがドイモイ前はさびれた郊外にすぎなかったキムリエンが、九〇年代の後半にはハノイ南部の大きな商業センターになった。水田の中に集団住宅が建ち並んでいるだけだったドンダー区が一変した。

湖沼におおわれたバディン区も変わった。そのきっかけはやはり九〇年代前半に、沼と水田を埋め立てて開設されたまったく新しいリェウザイ通りだ。リェウザイ通りは広い中央分離帯を持った道幅四〇メートルの、堂々とした現代道路で、ハノイ西半、バディンの低地を切り取るように南北に走る。先のドイカン通りも、東から来たってこのリェウザイ通りを終点にする。この新道はさらに延長して旧ソンタイ道路（キムマー通り）と交わって南西に抜ける。角に、ハノイ最初の高層国際ホテル、デーウーホテルがそびえる。ＪＩＣＡはこのデーウーホテルのビジネスセンターに居を置いている。

今でこそハノイ一の偉容を誇る日本大使館も、もともとはこのリェウザイ地区にあった大湖水を埋めて建設された。このリェウザイ通りがなければ存在しない。もっとも日本大使館の運命も変転している。一九七三年、パリ講和会議の結果、日本とベトナム民主共和国（当時）との国交が始まった。四〇年も前の話だ。ところが、当時のハノイには近代建築がない。めぼしい植民地期の建物は政府に使用されているか、東側の外交公館に占拠されている。最初の日本大使館はなんとトンニャットホテル、現在のソフィテルレジェンドメトロポールホテルの三室ばかりを借りて開設された。電信室、領事部、それに一部屋かぎりの大使「公邸」だ。まだまだその頃の大使には、ベトナム戦後の国交を切り開く夢があった。七〇年代の末頃か、キムリエンの団地に隣接したチュントゥーの団地の一角、数棟の集団住宅を塀と鉄条網で隔離して外交団地が生まれた。その一棟の二フロアーを使って大使館事務所が設置された。それ自身はひどいものだったが、当時の大使館員は感涙にむせんだという。同時期にグエンズー通りとバーチエウ通りが交わる南西角にあったこぶりの洋館を購入して大使公邸とした。この建物は戦前、フランス人の歯医者が作ったと聞いているが、その後、数家族が混住して、ベトナム政府がこの数家族を退去させるのに大汗をかいたという。私が大使館員だった頃は、この大使公邸がハノイ唯一の「文明」を感じさせる場で、当時の堤功一大使もよく我々館員を招いて食事させてくれた。

この公邸といい、事務所といい、日本政府はずいぶん手を入れてこぎれいにしたものだが、なんと言っても最大の援助国日本外交の代表としてはあまりに狭い。その後、九〇年代、ハノイの南の端、ハノイ中央からは七キロも離れたチュオンチン通りにビルを建てて事務所を移した。そして、いよいよ、できたばかりの現在のリェウザイ通りにハノイ中の羨望を集めた豪華な大使館が建設された。日本大使館ばかりではない。この近くには、オーストラリア、デーウーホテルの敷地内にはバングラデシュ、ハンガリー、パキスタン、スペイン、東に隣接するヴァンフック地区にはスイス、イエメン、リビア、ブルガリア、ビルマ、スウェーデンの大使館が軒を連ねている。ハノイ城内と並ぶ大使館街だ。

たちまちリェウザイやグエンチータイン通りには、新しいオフィスや学校が集中した。

工業団地

ドイモイの諸政策の中で、爆発的な意味を持ったのは外資の開放政策だろう。しかし、先にも述べたようにベトナム政府が期待したような外資はなかなか入ってこなかった。

ロンビエン橋ができてから八〇年、一九八四年に旧ソ連の援助で、やっと紅河第二の橋昇龍《タンロン》*56橋が完工した。鉄道橋と道路橋が分かれている。当時のベトナムでは最初の近代橋だ。

できたころのタンロン橋はハノイの中心部からはかなり遠かった。一面の水田の中を巨大な龍が立ちのぼるように、白い橋が浮き出ていた。タンロン橋はロンビエン橋が紅河デルタ東部、特に国際港ハイフォンとの連結をめざしているの対し、ハノイ北方、特にノイバイ空港とハノイの連絡のために建設された。また南タンロン道路の建設とともに、ハノイ西方地区への発展のもとになることが期待された。しかし、建設から一〇年、タンロン橋周辺は、さして変わることのない農村地域にとどまっていた。

タンロン橋と南タンロン道路が大きく注目されたのは、一九九七年に完成したタンロン工業団地《クーコンギエップタンロン》の成功である。住友商事がハイリスク覚悟の上で、ベトナム建設省所属のドンアイン機械公司と合弁でハノイ近郊最初の近代的

*56　昇龍もロンビエンと同じ、ハノイの古名だ。

な工業団地を建設した。紅河デルタ最大の問題である洪水被害を防ぐには、高い土地が必要だ。しかし、旧ハノイ市内の微高地は既に満杯で、新しい土地などありえない。そこで標高六メートル以上で、まだ開発が進まない紅河北岸の自然堤防地帯が選ばれた。水田を埋め立て土盛りし、平均高度八メートルの平面一二一ヘクタールを作り上げた。電力の安定供給、上水、下水の配備、まったくインフラのない農地の中に現代インフラが持ち込まれた。いきおい、地代は高い。折からのアジア通貨危機、外資はアジアへの投資を控えた。タンロン工業団地は長い間、借り手がつかなかった。しかし、今世紀に入って事情は一変した。

工場の海外移転に追い込まれた日本の製造業がベトナムに注目した。三菱鉛筆、キヤノン、住友ベークライト、デンソーなどが次々と入居した。現在入区している三一の企業のうち、マレーシア、シンガポールの一社ずつをのぞくすべてが日本企業関係である。三万人の労働力を雇用するタンロン工業団地はハノイの近代的工業団地の嚆矢となった。まもなく南タンロン工業団地が生まれ、またたくうちにノイバイ空港とタンロン橋の間、またタンロン橋からハノイの郊外に続く道路の両側に近代的な工場群が建設され、巨大なスーパーマーケットが開店した。タンロン橋の南詰の東脇に新しい町タンロン都市区《クードティタンロン》が建設された。

つい昨日までは農村だったタンロン橋周辺の景観は一変した。

外城の時代

副都心タインスアン区

リエウザイ通りは南でグエンチータイン通りにつながる。このグエンチータイン通りも見事な中央分離帯を備えた近代道路だが、なによりもバディン地区と南、タインスアン／ミーディンの新開地を結ぶ大動脈として作られた。繰り返すようだが、ハノイは北と東を紅河に囲まれ、南と西にしか拡大できない。ところが南も西も低湿地で、道路も西に進むには旧ソンタイ道路、南西には旧ハドン道路、南には国道一号しかない。だから独立後のハノイ開発も、この三本の道路沿いに集団住宅や若干の公共建築を建てるしかなかった。九〇年以降の建設はまるで違う。ハノイ市街区四区の道路改修、建設に続いて、八〇年代になるとハノイ西南でニュエ川をはさんで隣接するハドン市とハノイ市の間の土地を副都心化することに決まってきた。現在のタインスアン区／ミーディン地域だ。一九九九年までに、これまで旧ハドン道路であったグエンチャイ通りしかなかったハノイ－ハドン連絡は、ランハ通りの延長のレヴァンルオン通り、グエンチータイン通りの延長チャンズイフン通りができた。三本の基幹道路に交わってホアンダオトゥイ、クアットズイティエンの二本の道路が、国道一号とノイバイ空港を結ぶ。九〇年代後半、新道の建設とバイクの普及がこの地域に新しい高層マンション群を出現させた。一九九七年、旧ソンタイ街道（現カウザイ通り）と旧ハドン街道（現グエンチャイ通り）に南北をはさまれ幅二キロ長さ六キロほどの細長い区域が切り取られ、カウザイ区とタインスアン区ができた。カウザイ区は現在面積一二平方キロ、人口一八万六〇〇〇（二〇〇五年）、タインスアン区は九平方キロ、人口二一万。西に隣り合うトゥリエム県とともに、人口六〇万ほどの副都心を作る。

タインスアン区のファムフン通りの両脇に高級マンションや、銀行、外資系のオフィスビルが建ち並ぶ。表通りだけなら、日本の郊外かと見まごう。高層マンションが林立する。ハノイの現代化を代表する外資系の会社の幹部、高級公務員、高級士官の家庭群だ。そこにはエアコンも、コンピュータも、大画面のテレビも、日本の一般家庭にあるものならなんでもある。子供たちは、有名私立中高に通い、当然のように有名大学に通い、卒業すれば親たちの道、国家社会の高級幹部の道を歩む。まさにベトナム型中産階級が集まるムラだ。

タインスアン区はまたハノイの高等教育機関が集中している地域でもある。もともとハノイは首都にしては、植民地主義の後遺症で大学が少ない。いわゆる総合大学はハノイ大学（旧インドシナ大学）だけで、我が国の一橋大に似た国民経済大学、東工大に似た百科大学（外国人にはハノイ工科大学）ぐらいなもので、ほかに各省に属する水利、農業、交通、銀行、法律などの大学が散らばるくらいだった。全国でも九〇前後しかない。もちろん、大学生は超エリートでドイモイ前の卒業生は二万五〇〇〇人ぐらいだった。もっともドイモイ前は、貧乏農家の子弟といえども、優秀でさえあれば、共産党のネットワークを通じて、この世界に加わる道があった。ひどい生活を強要されたにせよ、学費はいらなかったし、寄宿舎も無料で食事が出た。優秀で共産党に忠実であればいい。

ところが九〇年代、ドイモイ以降の中産階級の発展は、この登龍門を著しく狭めた。今では、親がドイモイ成功者でないかぎり、この世界に参加できない。農民の子が大学に進むことは、親戚、知人、時には村落をあげた大事業になった。それでも大学の絶対数が足りない。ハノイ大学の合格率は一〇〇倍だと噂された。それでも、大卒と高校卒ではその後の運命が天地ほどに違う。農村では、やっと高校を出た女性たちが働き口がないために、両親と一緒に田植えをしている。青年たちの希望と社会の需要から、大学の数も学生数も急増した。一九九四年には卒業生が五万人、二〇〇〇年には七万人、二〇〇五年には二一万人に達した。二〇〇七年には公立大学が二三八，私立大学が五七，学生数では公立が一六六万、私立が二六万にいたっている。ハノイは学都である。二〇〇七年の全国の学生総数の三一％、公立学校学生の三五％はハノイに集中している。六〇万人以上の学生がハノイの町に犇めいている。*57

しかし、皆、家の野望を背負って貧乏だ。ベトナムでは学生といえば、貧乏の代名詞だ。ハノイでは家庭教師《ザースー》と英語塾が大流行だ。さらに最近ではミニホテルのカウンターから、タクシーのドライバーまで現役の学生が働いている。ハノイの青年労働力のかなりの部分は学生に担われている。

ハノイの大学が集中しているのも、このタインスアン区だ。もともと新開地で田や湖を埋め立てた空き地の多いドンダー区、それも旧ハドン道路（トンドゥックタン／タイソン通り）沿いには大学が多い。音楽大学、美術大学、組合大学、銀行大学、医学校など小さな大学が林立している。タインスアン区はこの学校の連なりの延長上にある。

タインスアン区の中心、旧ハドン道路（グエンチャイ通り）沿いには国立文系ナンバーワンのハノイ社会人文科学大学（旧ハノイ総合大学、インドシナ大学）（**写真51**）、理系のハノイ自然科学大学が軒を連ねる。消防大学、公安大学、私立大学ではタンロン大学、東方大学《フオンドン》が並ぶ。さらに無数の研究所が街道沿いに建ち並ぶ。タインスアン区は学術都市だ。

高級住宅地ミーディン

写真51

タインスアン区をグエンチータイン通りに沿って西南に抜ける。ハノイ郊外西部と空港を結ぶファムフン／クアットズイティエン通りをまたぐと、タインスアン区を抜けてトゥリエム県に入る。このあたり、ミーディンと呼ばれる。

ミーディンは高級住宅と市民の文化地域として設計されている。

ミーディン区域の華はミーディン競技場《サンヴァンドンクオックザーミーディン》だ。ミーディン競技場は席数四万一九二（日本の国立競技場は約五万）、二〇〇三年九月にこの年暮れの東南アジアゲームのために建設された。二〇一〇年一〇月、ハノイ最大の祭りだった建都一〇〇〇年の主会場だった。ところが、ハノイ中、近郷近在の人々がどっと押し寄せ、競技場を取り巻く大群衆のために、私を含め、招待客でさえ入場できない状況になった。日本だったらたいへんな不始末だが、ハノイの青年たちは怒

＊57　第一の都会、ホーチミン市では学生数五〇万三〇〇〇人、うち私立大学生が三六万五六〇〇人を数える。ホーチミン市は私立大学の町である。

りもせず、競技場から夜空に打ち上げられる花火に見入っていた。

ハノイの西の副都心を西北から東南に結ぶファムフン通りと新しい科学学術センター、ホアラックとの連絡路ホアラック道路とが交わる。ホアラック道路はベトナムの近代道路の中の優れもので、このあたりで路肩を入れて一五〇メートルもある。車線間には一五メートル幅の分離帯が三本設置され、植え込みで覆われている。ただし、二〇〇九年一二月現在ではまだほとんどが工事中だが。ホアラック通りとファムフン通りの交点の西北角に、人工湖、芝生と植え込み、林に囲まれた大建築がある。ミーディン国立会議場だ。白亜の会議場は、二〇〇六年に完工した。総面積は六万五〇〇〇平米、郊外とはいえ、ベトナムらしからぬ巨大さだ。私は二〇〇八年の第三回ベトナム学会議で、この会議場を使わせてもらった。最近では二〇一一年一月の第一一回党大会の会場に使われた（**写真52 国立会議場（右上）とホアラック通り**（Trương Quang Hải ed. *Atlas, Thăng Long Hà Nội*, Nhà Xuất Bản Hà Nội, 2010, p. 139)）。

写真52

国立会議場の敷地に隣接して、二〇一〇年一〇月ハノイ博物館がオープンされた。総床面積三万ヘクタール、歴史遺物を中心に五万点以上の資料が展示されている。ミーディン地区は新しい文化の副都心だ。

10章 北の山

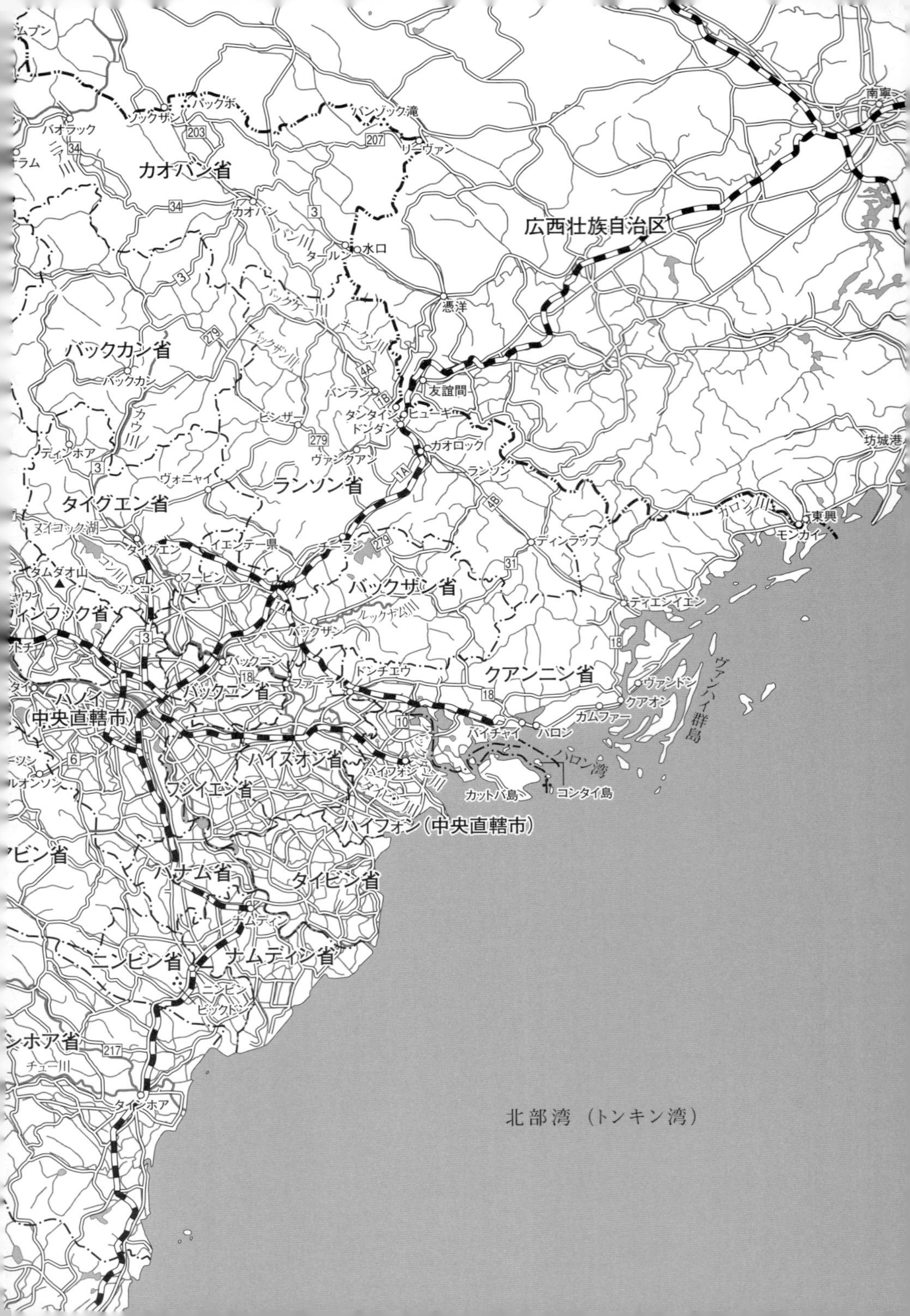

南寧
広西壮族自治区
パックボ
ソックザン
バンゾック滝
バオラック
リーヴァン
カオバン省
カオバン
水口
タールン
憑祥
友誼関
バックケー川
キークン川
バックザン川
バックカン省
バックカン
ドンダン
タンタイン
ヒューギ
カオロック
ビンザー
ヴァンクアン
ランソン
ランソン省
ディンホア
ヴォニャイ
タイグエン省
ヌイコック湖
タイグエン
イエンテー県
チーラン
坊城港
東興
モンカイ
カロン川
ディンラップ
タムダオ山
フービン
ソンコン
バックザン省
ティエンイエン
ルックナム川
バックザン
バックニン
ドンチエウ
クアンニン省
ヴァンドン
ヴァンハイ群島
ファーライ
バックニン省
ハノイ
(中央直轄市)
クアオン
カムファー
バイチャイ
ハロン
ハロン湾
ハイズオン省
ハイフォン
カットバ島
コンタイ島
フンイエン省
ハイフォン（中央直轄市）
ハナム省
タイビン省
ナムディン
ニンビン省
ナムディン省
ニンビン
ビックドン
チュー川
タインホア
北部湾（トンキン湾）

雲南省
中国
南渓河
紅河
金平
パソー
ムオンソー
12
フォントー
ライチャウ
4
4D
サパ
ファンシパン山
ライチャウ省
ラオカイ省
河口
ラオカイ
ムアンクオン
チャイ川
シンマン
フォールー
麻栗坡
盤龍江
タイントゥイ
老山
タイコンリン山
2
ハザン
34
4C
ハザン省
ロー川
トゥエンクア
イエンテ
タンイエン
70
ダー川
ナー川
ムオンライ
6
32
ムー川
タシウイエン
279
ディエンビエン省
トゥアンザオ
ファーディン峠
ソンラダム
ムオンラー（イットオン）
ギアロ
イエンバイ省
イエンバイ
ムオンパーン
ディエンビエンフー
ファペー
サムムーン
ポンサーリー県
ウー川
タイチャーン
トゥアンチャウ
107
106
バンモン
ソンラ
ソンラ省
ナサン
マー川
イエンチャウ
モクチャウ
フーイエン
イエンラップ
フート省
パコ
ハンキア
自然保護区
15
サムヌーア
ヴィエンサイ
フンチアン
ナーメオ
ラオス
フアパン県
ルアンパバーン県
シェンクアーン県
7
ポーンサワン
ジャール平原
ノーンヘート
ムオンセン
ゲアン省
ヴィエンチャン県

山国ベトナム

西北山地

北部ベトナムの面積はおおよそ一一万六四〇〇平方キロある。地形的には①デルタ、②中流《チュンズー》、③山地に大別される。このうち、標高二五メートル以下のいわゆる紅河デルタは一万五〇〇〇平方キロで、わずかに一三%弱を占めるにすぎない。北部ベトナムは紅河デルタのみが強調されるが、実はその大部分は、緑多い人口がまばらな山の世界だ。もともとはベト人の住まいでさえなかった。北部ベトナムは中部と同じく山国なのだ。

往古、インド亜大陸を形成するプレートと中国大陸のプレートが激突したとき、ヒマラヤ／チベット高原－雲貴高原が盛り上がった。その南東に派出した山脈が北部ベトナムの山地だ。世界最大のカルスト地形[*1]が北部湾からビルマ・アッサム国境地帯まで数千キロにわたって東西に広がる。海底から隆起してきた大陸東南アジアのバックボーンだ。このカルスト地形は西方で発達し、北部ベトナムに進む。東は中国とベトナムの国境を作り、南はベトナムとラオスの境となる。

紅河本流の西を西北《タイバック》山地、東を越北《ヴィエトバック》山地と呼ぶ。タイバック山地はラオスと連続するターイ人（後述六一九ページ）、ヴィエトバック山地は南中国にまで広がるタイー人（後述五九八ページ）の世界だ。フランスが厳密な国境線を引くまで、山地は事実上ボーダーレスの世界だった。

紅河の西側を南に下り、ラオスとの国境を作るタイバック山地はベトナムの背骨、チュオンソン山脈に連なる。山脈の山懐は深い。たとえば西北山地の入り口——ハノイから国道六号を西に八〇キロも進めば、もう山地の入り口ホアビン市に着く。峡谷の街ホアビン市の平均高度は二七・八メートルだが、その両脇は三〇〇メートルくらいの山々が屏風のようにたちはだかっている。ここから山中ど真ん中のディエンビエンフーまでは四〇〇キロ、

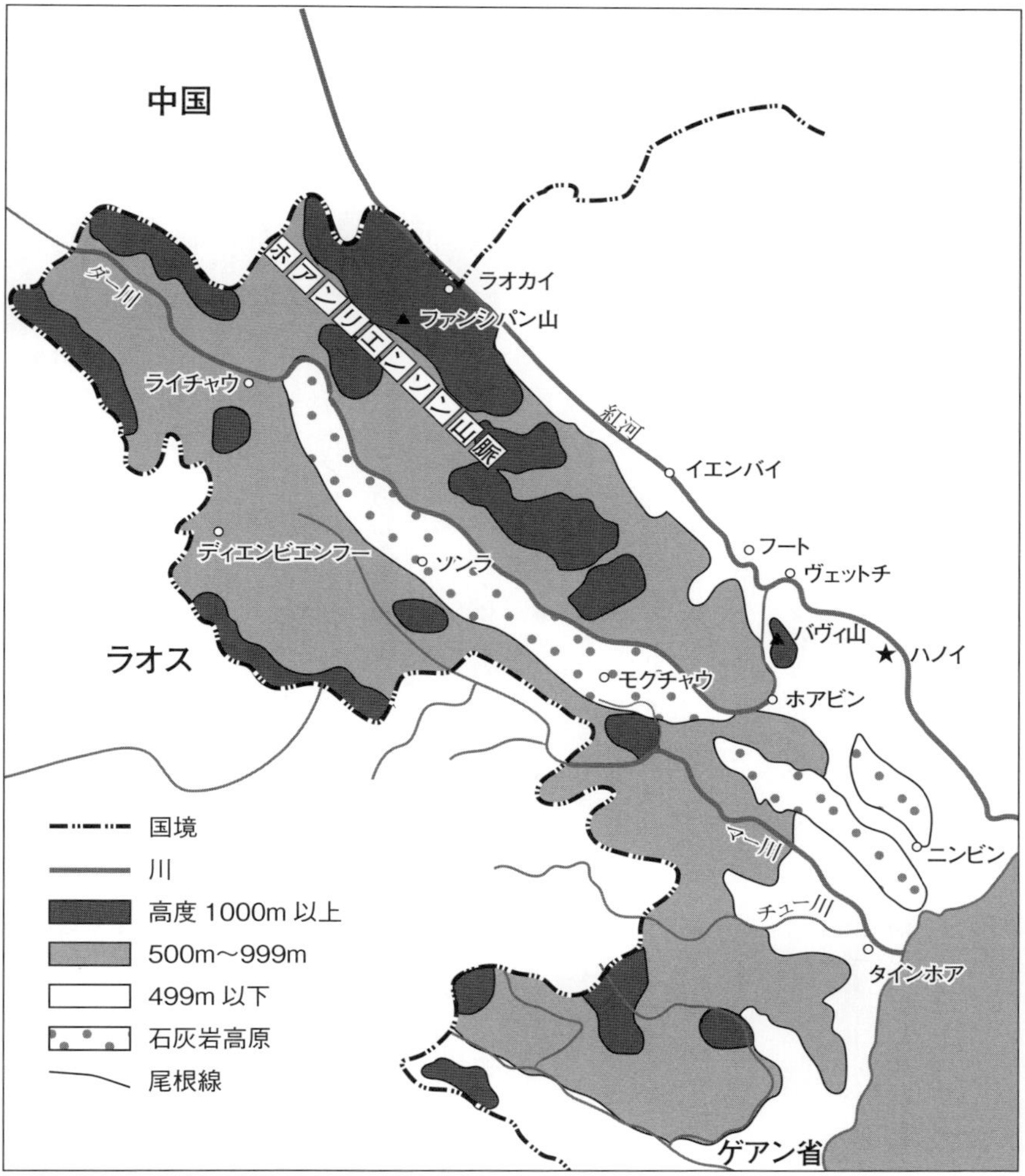
中国
ホアンリエンソン山脈
ラオカイ
ファンシパン山
ダー川
ライチャウ
紅河
イエンバイ
フート
ヴェットチ
ディエンビエンフー
ソンラ
バヴィ山
ハノイ
ラオス
モクチャウ
ホアビン
マー川
ニンビン
チュー川
タインホア
ゲアン省
国境
川
高度 1000m 以上
500m～999m
499m 以下
石灰岩高原
尾根線

写真１

写真２

分水嶺に近いライチャウまではさらに九三キロほどある。

　山頂は結構高い。一五〇〇メートル以上の山並みが林立している。中でもダー川の東側、ほとんどイエンバイ、ラオカイ両省を覆うホアンリエンソン山脈は幅一八〇キロに満たないが、二五〇〇メートルクラスの峰々が立ち並ぶ。ベトナム最高峰のファンシパン峰（ライチャウ・ラオカイ省境）は三一四三メートルに達する。峰と峰の間、支脈と支脈の間にタンウイエン（高度約五八〇メートル）、ギアロ（高度約二七〇メートル）などの広い盆地群が散らばる。山脈の西、ダー川を渡ると石灰岩が露出したカルスト高原が、中越国境に近いライチャウ省のフォントーから幅二五キロ、延々四〇〇キロにわたってホアビンの南を抜けて、ほとんどニンビンの海近くまで延びる（**写真１・２西北山地**）。

　この石灰台地の上を国道六号が走る。ソンラ省の省都ソンラ（高度六三一メートル）や少数民族モン[*2]の祭りで有名なモクチャウ（八三五メートル）はこの高原上の都市だ。ともに古くからターイ人の都市だった。

　モクチャウ高原から東南に高度が下がり、最後に石灰岩の丘や洞穴が低地の真っ青な水田の中に浮かび上がる碧洞《ビックドン》（八章四〇六ページ参照）の奇観を作りながら紅河デルタに埋没する。

　ソンラ・モクチャウの石灰岩高原の西には高度一三〇〇メートルから二〇〇〇メートルほどの小さな山脈が盛り上がる。この山脈がダー川／紅河水系とゾム川／メコン水系を分ける分水嶺だ。地形的には、ここから西は北部ベトナムというよりラオスの源泉と考えた方がいい。

写真3

写真4

もともと紅河大断層から西の盆地には、それぞれターイ人の小王国が建てられていた。ディエンビエンフーとライチャウの二大盆地を筆頭にこの盆地群は広い。ディエンビエンフー盆地は南北二〇キロ、東西六キロに広がる。京都盆地並みの大きさだ。実際、古いターイ人神話には、この地域を先祖としたものが多い。

ディエンビエンフー／ライチャウ盆地群の西には一八〇〇メートルクラスの峰が林立するチュオンソン山脈の主脈が横たわり、タインホアの山並みに続いていく。

越北山地

紅河大断層より東、中国の広西、広東省とベトナムとの国境を作る山々をベトナム人は越北《ヴィエトバック》山脈と呼ぶ。ヴィエトバック山脈はさらに東に進んでモンカイで高度一メートルの岩塊を露出させ、北部湾に没入する。モンカイの南で岩塊群が浮上し、カルストと海との絶妙のコーポレーション、世界自然遺産ハロン湾の奇観を作り、さらに沖合にカットバなどの島々を盛り上げ、海の中越国

＊1　海中にプランクトンなどによって生成され、分厚く堆積した石灰岩層などが隆起作用によって、地表を覆う。水に溶けやすいために、地表には奇岩怪石、窪地（ドリーネ）、地下には鍾乳洞を作ることが多い。

＊2　毎年九月一日、モクチャウの市場で開催される。

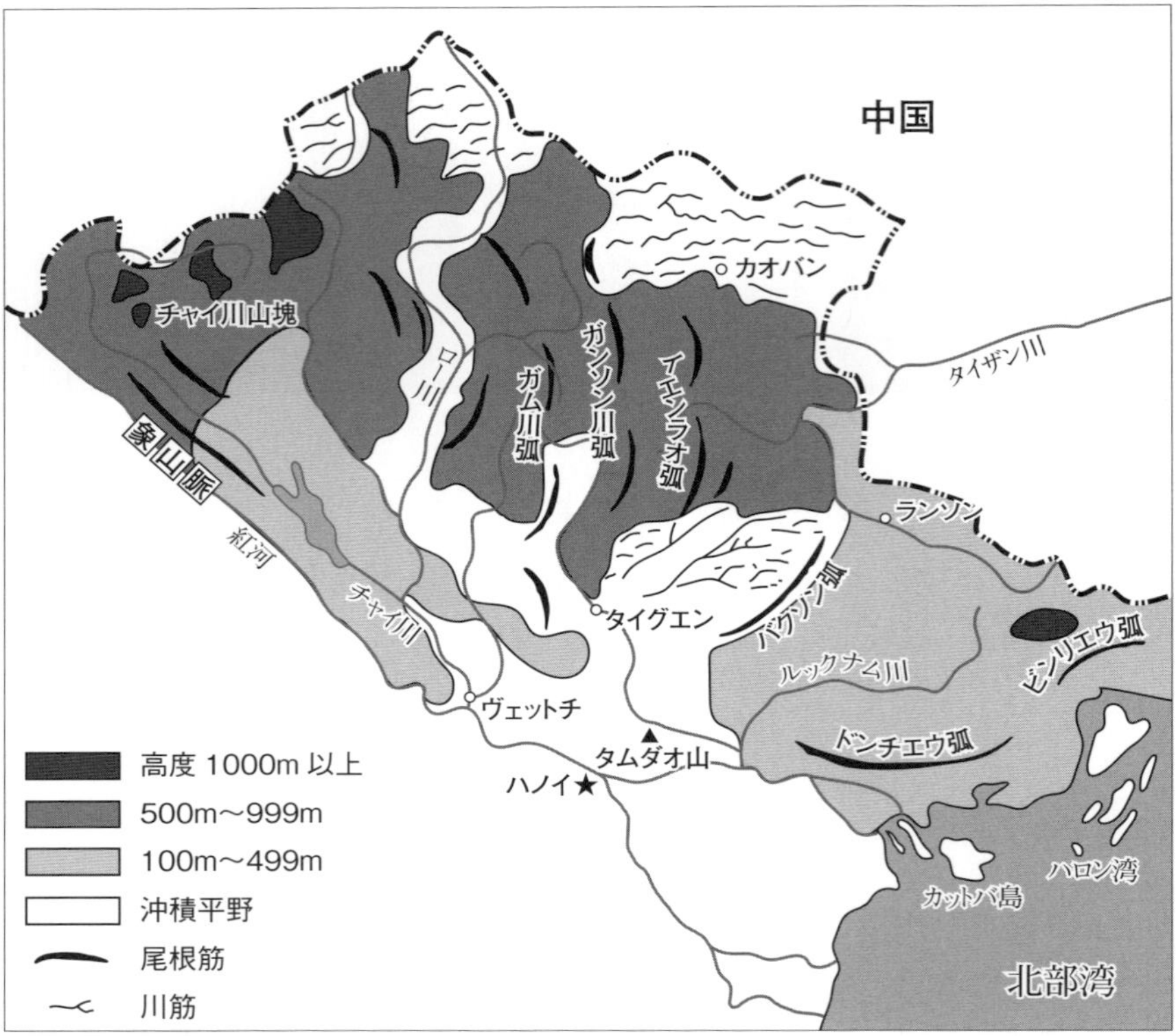
中国
カオバン
チャイ川山塊
タイザン川
ロー川
ガム川弧
ガンソン川弧
イエンラオ弧
象山脈
紅河
ランソン
タイグエン
バクソン弧
チャイ川
ルックナム川
ドンリエウ弧
ヴェットチ
ドンチエウ弧
タムダオ山
ハノイ
カットバ島
ハロン湾
北部湾
高度 1000m 以上
500m〜999m
100m〜499m
沖積平野
尾根筋
川筋

境の多島海を作り上げる。

ヴィエトバック山脈はあまり高くなく、最高峰でもタイコンリン峰（ハザン省の中越国境）の二四一九メートルにすぎないが、六〇〇〜七〇〇メートルの山並みが南北に走る無数の弧をつくる。弧群の南の端が紅河デルタの象徴タムダオ山だ。支脈と支脈の間をチャイ川、ロー川、ガム川などが南の紅河めがけて流下する。また小さな盆地群が生まれる。ヴィエトバック山地の盆地はかつてはタイー人の土地であった（**写真3・4越北山地。カオバン省国道34号**）。

北部山地の川

北部山地の川は、おおむね西北から東南へ、北から南へと紅河デルタをめざす。旧雲南鉄道が古来の陸路とかぶっているように、川筋の峡谷はデルタと山地、さらにその奥の中国とを結ぶ絶好のルートだった。
①マー川：ライチャウ省の高山を源とし、南に流れて、ラオスのシェンクアーン平原を縦断し、タインホア省の北西でベトナムに再入する。そのままタインホア山地を東流し、下流にタインホア・デルタを作り、北部湾に没入する。流長五一二キロ、ベトナム領内だけで四一〇キロ、流域面積二万八四〇〇平方キロ[*3]、タインホアでの三河口の流量は年平均で秒あたり五二・六立方メートルに及ぶ。タインホアとラオス北東を結ぶ国道二一七号、一五号（北上してマイチャウで国道六号と合流する）は、この川に沿っている。

＊3　以下、川の規模を示す数字が続く。たとえば我が国最長の信濃川の平均流量は秒あたり五一八立方メートルである。また利根川は流域面積一万六八四〇平方キロ、流長三二二キロ、栗橋での平均流量は二九〇・四三立方メートル、つまり信濃川、利根川クラスの大河が群れをなして、山地からデルタにかけおりると考えたらいい。ダー川、チャイ川、ロー川、ガム川は最終的には紅河に流入する。紅河の水量が巨大で不安定な理由がわかる。

②ダー川：マー川と並んでタイバック山地の中心的な河川だ。平均高度は九〇〇メートル以上。遠く雲南省から南東、ライチャウ省に流下し、ライチャウの街を抜けて、ホアンリエンソン支脈の西脇に沿って、ソンラ省を縦断する。ホアビン電力ダムのために、ホアビン市でいったんせき止められる。この地での流量は年平均で秒一七四四立方メートル。ハノイ中央直轄市西北、バヴィ山の西北麓で紅河に流入する。流長約一〇一〇キロ、うちベトナム領だけで五七〇キロ、流域面積は五万三九〇〇平方キロ。紅河水系最高、最大の支流だ。タイバック山中、黒ターイ人の古い盆地国家《ムオン》は多く、ダー川沿いに分布する。ダー川はラーオ人のメコン、シャム人のチャオプラヤー、シャン人のサルウィンと同じように、黒ターイ人の母なる川だ。ダー川峡谷の南尾根上を国道六号が走る。

③紅河：紅河は大陸東南アジアを放射状に駆け抜ける大河群の中ではかなり珍しい。イラワジもメコンも大きく湾曲するが、水源の雲南省を出た紅河はほぼ直線に北西から南東に突き抜け、ラオカイ省の省都ラオカイでベトナム領に入る。カルストの山々の中に深い断崖を掘り下げながら、そのまま延伸してフート市まで至り、大きく湾曲してデルタに入る。正確には紅河の中国領部分五七〇キロは元江と言い、ラオカイからヴェットチでダー川やロー川と合流するまでをタオ川と呼ぶ。総流域面積は一四万三七〇〇平方キロ、タオ川の終点ヴェットチでの平均流量は秒あたり七九六立方メートルに達する。ただし、雨季と乾季の流量差はとてつもなく大きい荒れ川だ。だから大量の土を運ぶ。ヴェットチを少し下ったソンタイでの計測では一億一四〇〇万トン。この土の色からフランス人が紅河と名付けたという。

滝がないタオ川は古代でも昆明など東雲南と紅河デルタ中央を結ぶハイウエイだった。九世紀、大理の南詔王国の軍は、タオ川を下って、当時、唐の安南都護府のあったハノイを攻略しているし、一三世紀、元軍もこの道を使って紅河デルタに侵入している。そもそも一八八四年のフランスの北部進出は、フランス商人がこのルートで雲南に武器を売り込もうとしたことから始まった。中国内地への進出をもくろむフランスはタオ川の左岸の崖を削って旧雲南鉄道を建設した。海と雲南という陸の秘境を直接結ぶ大工事である。革命前、陸の孤島昆明に瀟洒なフランス租界が生まれたのはこの結果だ。現在はハノイ－昆明線がへばりつき、中国交易の大動脈となっているし、またサパなど北部山地観光の足でもある。

前述のように、紅河は北部山地を東西に分けてタイバック山地とヴィエトバック山地を作り出している。同時に紅河は西のターイ人、東のタイー人の文化的な境界でもある。ヴィエトバック山地のタイー人は一三二万人（一九九九年調査）だが、タイバック山地のタイー人は二万三〇〇〇人弱である。一方、ヴィエトバックのターイ人は一〇万人弱だが、タイバックのターイ人は七一万人、さらに南のタインホア・ゲアン山地には四八万人も住んでいる。

④チャイ川：紅河の東に接して象山脈《ザイヌイコンヴォイ》の低い山々が屏風のように立ち並ぶ。象山脈の東側、ガム川弧に囲まれた広い峡谷の中央をチャイ川が走る。チャイ川はラオカイ省の中越国境地帯ムオンクオン高原に発して、ほぼタオ川／紅河に平行して流れ、ヴェットチで紅河に合流する。もともとチャイは「流れる」という意味だが、フランス人は「河紅《フルーヴルージュ》」との対応でか「澄んだ川《リヴィエールクレール》」と呼んだ。イエンバイ省のタックバー《ホータックバー》人口湖のダムでの平均流量は秒あたり一九二立方メートルで、小粒だ。しかし、わずか三一九キロの流長しかないのに、二四〇〇メートルの源流から一挙に標高一七メートルに駆け下る。川の傾斜がきつく、いくつもの滝が生まれ、それぞれに観光地化されている。ハノイからラオカイへの自動車路国道七〇号はチャイ川の西、象山脈の東麓の台地上を上っている。

⑤ロー川：源流は雲南省で中国での河名は盤龍江と言う。ハザン省でベトナムに流入し、深い渓谷を作る。ハザン省都のハザン以下、ハザン省の大きな町はいずれも、ロー川の峡谷の中に作られている。流長は全長四七〇キロ、ベトナム領内で二七五キロ、流域総面積は三万九〇〇〇平方キロだ。ただし、総流量の七〇％以上は雨季に流下してしまう。トゥエンクアンまでは急流であり、荒れ川である。ハノイとトゥエンクアン省都、ハザン省

都、さらに中国の昆明を結ぶ国道二号は、おおむねこの川の右岸に沿って走っている。

⑥ガム川：トゥエンクアン市の北でガム川がロー川に合流する。ガム川（あるいはカインクン川）は雲南省に発する。中国では大馬河と呼ばれる。カオバン省の交易地点の一つ、バオラックの北でベトナムに入り、二一七キロ走って、ロー川と合流する。流域面積は一万七二〇〇平方キロ、平均流量は秒あたり三五二立方メートル。ガム川の左岸に国道三四号が中国国境まで伸びる。

⑦カウ川：北部山地の河川は、国境の分水嶺を分け入って、南中国の雲南省や広西省からベトナムに流下するものが多いが、カウ川の水源はバックカン省の一五七八メートルの低山に始まる。ガム川弧状山脈とガンソン弧の間を抜け、バックカン省都、タイグエン省都、バックニン省都まで南下する。ここで東方向に向きを変え、紅河デルタの北辺を流れて、ファーライでタイビン川に流れ込む。流長は二八八キロ、流域面積はわずかに六〇三〇平方キロ、平均流量は秒あたり一五三立方メートルにすぎない、比較的小さな川だ（といっても筑後川の規模の二倍はある）。しかし、バックカン、タイグエン、バックニン三省都を結んで海につないでいる。ハイフォンから遡上してバックニンに向かう最重要路線でもある。またデルタの一辺を作るために、北氾濫原の農業用水や[*4]、北から侵攻する中国軍の防衛線[*5]としても重要だ。

紅河デルタの西半にタイビンデルタを作るタイビン川は、このカウ川と東方ドンチエウ弧からバックザン省を流下するルックナム川が合流して名を変えたものだ。ルックナム川はほとんどバックザン省内だけを流れる小さな川だが、ランソン省・バックザン省をタイビン川を通じて海に導く重要な河川だ。

以上の大河川の東には、さらに複雑な無数の小河川が支脈の間をくぐり抜けながら、山地とデルタを結んでいる。

国道三号

神の山タムダオ

ハノイから真北に進もうとする（8章地図参照）。旧国道一号がドゥオン橋を越えてすぐ、イエンヴィエンの町の左方向に国道三号が始まる。とろとろと田園の中を北上する。九〇年代のはじめにタンロン道路ができるまでは、国道三号からノイバイ国際空港に出たものだ。その頃は半車線の砂利道だったが、もちろん今は、拡幅され、立派に舗装されている。ハノイから三〇キロ、ソクソン県を抜ける頃から、道は紅河デルタの西辺を画するようになる。左手に休火山タムダオ山のピラミッドが迫る。タムダオ山の北斜面はタイグエン省だが、残念ながらここからのアプローチは難しい。普通にはノイバイ空港の南正面の道国道二号を西進して、タムダオの山麓の町、ヴィンイエン市に進み、ヴィンイエン市からタムダオ山登山路二八号に入る（**写真5 タムダオ山頂から段丘扇状地複合を見る。一九八六年**）。

写真5

タムダオは漢字では三島と書く。三つの峰がある。最高峰は一五九〇メートルある。山系は西北から東南に約八〇キロ、幅は一〇～一五キロ、平野の中の山にしては奥深い。古くからの神山で「三島神」、一般には西天神《タイティエン》と言う。神殿には陸続とした行列ができる。山全体三万六八三三ヘクタールが国立公園に

＊4　一九〇五年にタックフオン堰は二万ヘクタールの水田を灌漑したと言われる。

＊5　一二世紀、李朝の名将李常傑《リートゥオンキエット》は、カウ川の防衛線で宋軍を打ち払った。いわゆる如月江の戦いだが、バックニン省の国道一八号の北よりのカウ川に比定されている。

なっている。

もっとも、外国人にとってタムダオはハノイに最も近い避暑地だ。二〇世紀のはじめ、フランスがタムダオ山中腹に一六三戸の別荘《ヴィラ》やホテルを建設した。バオカップ時代には労働者の保養所として使われていた。現在は霧と湖に囲まれたヨーロッパ情緒に溢れた高原避暑地として再開発されている。ホテルのバルコニーから山麓段丘と紅河デルタのつながりが一望できる。

タイグエン省[*6]——ベトミン軍の反抗拠点

国道三号はソクソン市から七キロの地点で、コン川を渡ってタイグエン省に入る。タイグエン省の平地部分は周囲をタムダオ山地やイエンテー山地に囲まれた盆地で、中央のタイグエン市で高度約四五メートルとそれほど高くはない。緩やかな起伏を持った台地が延々と続く。

タイグエン省の四九%は溶岩と堆積岩からなる山地で、今は森林に覆われている。三一%は高度一二〇～二〇〇メートルの砂と粘土、古い沖積台地で、五度から二〇度に達する急勾配を持っている。結局、平地は一二・四%にすぎず、みな河川に沿って広がる。劣悪な地理的条件のために、栽培面積は少なく、二二〇八平方キロもある面積のうち一七一四平方キロしか利用されていない。

しかし、それはデルタの開拓以後、段丘や山地の生産性が劣って見えるだけで、北部ベトナムの人間史の上では、お隣のホアビンと並んで古さを誇る土地だ。たとえばヴォニャイ県のマイダーグオム遺蹟からは後期旧石器時代人の道具や人骨が発見されている。

タイグエンの名前は李朝期の太原州《タイグエンチャウ》に始まる。一八三一年から省になった。タイグエン省はハノイに最も近く、しかも奥深い山地を持っているので、しばしば亡命の地になったり反乱の拠点になったりしたが、最も重要なのは、一九四七年以来、抗仏戦争期に、山地にこもるベトミン軍の反攻拠点となったことだろう。ディンホア県には武装解放区である安全区《アントアンク》（ATK）[*7]が作られた。一九四七年からベトナム人民軍総司令部が置かれ、一九五三年にはディエンビエンフー戦の準備のための大演習が行なわれた。人民軍の聖地である。

一九五六年から一九七五年まではヴィエトバック自治区[*8]が置かれ、タイグエンはその中心になった。一九六五年、行政区画の統合を進める戦時政府はタイグエンとバックカンをあわせて、バックタイ省としたが、一九九七年、再びタイグエン省、バックカン省に分かれた。

しかし戦時の奥座敷ばかりがタイグエンの意味ではない。タイグエン省はベトナムの夢であった時代があった。社会主義圏の中に組み込まれたベトナム民主共和国は、社会主義圏の中の分業化を恐れた。分業化とは、工業圏としてのソ連東欧に対し、農業国、原料供給国にとどまることだ。それではいつまでたっても貧困国家から抜け出られない。ベトナムもロシアや中国のように重工業化を進める。製鉄も機械も精油もベトナムで作り、輸出する。新生ベトナム政府は、ベトナム重工業化の夢を、炭坑と各種金属鉱[*9]を持つタイグエン省タイグエン市に託した。一九五九年のタイグエン製鋼組合《トーホップガンテップダイグエン》など鉄鋼工業区の建設だ。これはベトナムで最初で唯一の一貫製鉄

*6　Thai Nguyen 漢字では太原と書く。西の高原を意味する Tay Nguyen とは異なる。

*7　抗仏戦争の聖地の一つにATKディンホアがある。タイグエンから国道三号／二五四号を約五〇キロ北上すると、ATKディンホアの遺蹟がある。

*8　民族自治区は中国の制度のまねをしたのだろうが、実際にはほとんど機能しなかったようだ。五島文雄「ヴィエトナムにおける少数民族政策――『自治区』の設立と廃止を中心として」大阪外国語大学アジア研究会編『現代アジアにおける地域政治の諸相――一九八三年度特定研究報告書』一九八四年。

*9　タイグエン省は多様な鉱石資源でも知られる。中でもダイトゥ県のファオ鉱のタングステンは有名で、現在の測定では二一〇〇万トンの埋蔵量がある。世界第二のタングステン鉱である。またフッ素は一九〇〇万トンの貯蔵量を持ち世界一である。ほかに蒼鉛《ビスマス》、銅、金などの貴金属の産出も報告されている。

写真6

写真7

をめざす製鉄コンビナートだった。原鉱石の処理から鉄鋼までが流れ作業で作られる。研究所も付属病院も大学もある。

中でも一九六五年に作られた電機大学は、統一後の一九七六年、ヴィエトバック地域の技術教育を担当するヴィエトバック工業大学となり、一九八二年からはタイグエン工業技術大学として整備を進め、現在の総合大学タイグエン大学の基幹大学となった。タイグエン市はいわばこの製鋼コンビナートの城下町だ（写真6 タイグエン炭鉱。一九九五年）（写真7 タイグエン製鉄コンビナート。二〇〇六年）。

一九六三年に最初の銑鉄ができた。ベトナムの夢の最初の一歩だ。タイグエン製鋼コンビナートは、六〇年代末、米軍の北爆のために一時期生産が停滞した時をのぞいて、生産量を増やし続けた。インフラも技術もないベトナムでの製鋼コンビナートの建設は当然にも、膨大な投資にもかかわらず、生産性が低く、もちろん価格面で輸出もできない。バオカップ時代、タイグエン・コンビナートは、その生産量と引き替えに巨大な赤字を垂れ流した。

市場化の中のタイグエン・コンビナート

私は一九九〇年代の後半、ＪＩＣＡの仕事で石川滋教授の主宰するベトナムへの知的援助プログラムに参加していた。[*10] ベトナム経済を早期に市場化する、それがミッションの使命だった。二〇世紀も終わりの頃、タイグエン・コンビナートの処置が議題になった。経済の専門家たちは、ベトナム経済市場化を妨げるものとして国営企業と輸入代替型工業をあげて強く批判する。当然にもその反対は私企業の育成と輸出志向型鉱業だ。タイグエン鉄鋼コンビナートの製品には輸出可能性はほとんどない。タイグエンはそのすべてにわたって分が悪い。いまやベトナム経済の近代化の癌だ。その時、いかにも老革命家といった感じの品のいい老幹部が、涙ながらにベトナムがタイグエン鉄鋼コンビナートのために、どれだけの努力をしてきたかを論じていたのを思い出す。

それでも、鉄鋼コンビナートは解体され、製造部門ごとに複数の合弁会社に譲られた。「市場化」はかつての民族の夢をいったんは打ち壊した。折からソ連解体の後遺症、ウクライナやロシアの鋼鉄材が大量に安価に売り出され、ベトナムの製鋼業は大きく追い込まれた。ところが、九〇年代の急激な経済発展が鉄鋼生産を押し上げた。九〇年代末にはロシアの鋼鉄材輸出もピークを過ぎた。二〇〇六〜二〇一〇年のタイグエン省の経済成長は年一一・一一%、中でも工業区の経済成長は一四・九一%と伝えられる。タイグエン省の経済構造は一変した。二〇一一年には工業・建設部門がタイグエン省のGDPの四一・七七%、サービス業が三六・九五%を占める。農林業はわずかに二一・二八%だ。この結果、省民の一人あたりGDPは二〇一一年で約一〇六二ドルとされる。

タイグエン製鋼組合を継承したタイグエン鉄鋼株式会社《コンチコーファンガンテップタイグエン》（TISCO）は二〇〇九年には六〇万トンの圧延鋼生産体制が可能になり、ハノイ、ハロン、タインホア、ゲアン、ダナン、ホーチミンに支店を置き、活発な営業活動をなっている。[*11] 同年、年営業収入は八兆三〇〇〇億ドンに達した。

ここでは組合資本主義が始まった。系列下のタイグエン鉄合金株式会社《コンティーホップキムサット》は株式の九・七%を国家が保有し、七〇・三%が優遇価格で労働者に売り出され、二〇%だけが公開される特殊な会社だ。機械製造部門、圧延鋼部門もほぼ同じだ。その主たる市場は国家事業だ。ホアビン／ソンラダム、南北送電線、ハノイ、ミーディンの国立

＊10　石川滋・原洋之介編『ヴィエトナムの市場経済化』東洋経済新報社、一九九九年。

＊11　たとえば日本最大の新日鐵君津製鋼所では年間一〇〇〇万トンの粗鋼生産体制を持っている。

競技場、タンロン／チュオンズオン橋はみなＴＩＳＣＯ製品を使った。つまり、タイグエン鉄鋼コンビナートは、政府需要に依拠した企業組合会社として再出発した。市場主義者の思惑とはずいぶんと違う。

そしていまやタイグエンは、各種工業のコンプレックスからなる都市である。ハノイ中心部にわずか七〇キロ、水田に不適な平地は工業立地の地盤としては、デルタよりはるかにいい。工業用水にはタイグエン市の西方一四キロでコン川の水をせきとめたヌイコック湖がある。[*12] コン川を使った水運も可能だ。ハノイ市、ハロン港、ランソン市などの経済拠点と結ぶ交通インフラさえ整備されれば、十二分に工業開発される余地を残した土地だ。だから次々と大規模な工業区が生まれている。

タイグエンの南二四キロのソンコン市のコン川第一工業区は二二〇ヘクタール、第二工業区は二五〇ヘクタールの広さを誇る。フービン県（県都ウックソン市）のディエムトゥイでは三五〇ヘクタールもある。さらに二〇〇ヘクタール以上の工業区が三区ある。そのほか、小さな工業区《クムコンギエップ》が一八計画承認されている（二〇一〇年段階）。二〇一五年までにタイグエン全体で一六万三七五〇人の労働者に職を与え、そのうち四万三〇四五人が工業区周辺《サンディートイヴェー》の家から通勤できる計画だ。タイグエン市はいま、山麓の自然環境に恵まれた工業都市を建設中である。老幹部の涙は無駄ではなかったのか。

山中に工業世界が建設される一方、タイグエン市は大学都市としても、ハノイ、ホーチミン市に次いでベトナム第三位である。もともと抗米戦争中はハノイの大学はタイグエン市に疎開していた。平和になっても、ベトナムの教育中心の一つであることは変わらない。その中心が一九九四年に設立されたタイグエン大学である。[*13] これまでタイグエン市で活動していた師範大学、農林大学、医薬大学、工業技術大学、経済・経営管理大学の五大学をまとめたものだ。現在は七基幹大学、一一研究機関からなる。二〇一一年には総学生数は一五万人に達する。二〇一一年にはさらに新しい総合大学としてヴィエトバック大学が生まれた。まさに北の学都だ。

タイグエン茶

タイグエンの町を出る。タイグエン市から国道三号はそのまま北上してバックカン省、さらにカオバン省に至る。タイグエンから一一キロほどで、西に国道三七号が分かれる。西北トゥエンクアン省、ハザン省に向かう道だ。三七号を二〇キロほど走ると、ダイトゥ県のなだらかな丘陵に乗り上げる。左右の斜面は茶木で覆い尽くされている。今ベトナムの庶民にとってタイグエンと言えば、なによりも茶だ（**写真8　タイグエンの里山は茶で覆われる。二〇〇八年**）。

写真8

タイグエン市の西、タムダオ山脈の東斜面に広がるソンコン県タムグオン社の茶は中でも最高の風味を持つとされる。だいたいベトナム人は、日本人同様、大の茶好きだ。ベトナムの庶民の家で、急須、魔法瓶、茶碗のない空間は想像できない。普通には日本とほとんど同じで、急須の茶葉に熱湯を注ぐ。日本茶に比べるとやや濃く出た緑茶を、「ぐい飲み」くらいの小さな茶碗につぎ、少しずつ香りを楽しみながらすする。日本と違って茶に蓮、菊、ジャスミン、スイセン、蘭などの花の香りをつけることも多い。茶はただの飲用ではなく、ベトナムの国粋文化だとする意見もあるくらいだ。その結果、日本人の帰国の際には、タイグエン茶の箱を土産として持たされる。確かに日本茶風に煎れても

*12　ヌイコック湖は一九七三年から一九八二年にかけて建設された人工湖。ダム長は四八〇メートルに及ぶ。約二五平方キロの水面を持ち、一万二〇〇〇ヘクタールに灌漑できる。また年七〇〇〇万立方メートル以上の水を工業と民生に提供できる。

*13　ダナン大学、フエ大学、カントー大学などとともに、タイグエン大学は地方総合大学（チュオンダイホックカップヴン）という単位に属する。これまでの地域の高等教育機関をまとめて一つの大学とした。

十分においしい。

二〇〇九年度には一四万五〇〇〇トンの茶が摘まれているが、これは全国総生産量（七七万一〇〇〇トン）の約一九％を占めている。その茶の五〇％が工業的に製茶され、毎年四〇％が省外に輸出される。つまり全国市場化された農業だ。しかし、この茶の高精度を維持する努力も並々ならない。二〇〇九年で見ればタイグエン政府は六〇〇ヘクタールに新しい品種の茶を植え、それぞれに適した栽培方法を研究している。新種の購買費用の三〇％は公的補助が出る。栽培方法改善の努力の結果、毎年のヘクタールあたりの産茶量は九・五トンにも達している。タイグエンの茶は省が特産物の市場化に取り組み、成功をおさめた模範例でもある。

トゥエンクアン省――半独立の荒ぶる山地

タイグエン市から西に五〇キロ、茶畑地帯を走る。トゥエンクアン省に入る。茶畑は見かけなくなったが、代わってマンゴーなどの果樹林が増える。まもなく左に峡谷が開き、ロー川（蘆江）の瀬が見える。ロー川は中国雲南省から流下して南、ヴェットチ（フート省）で紅河と交わる大河だが、トゥエンクアンあたりではまだ川幅は広くない。道脇の家々は三七号の路幅と切り立った崖の間に押しつぶされるように連なっている。

トゥエンクアン省は、面積五八六八平方キロの小さな省で、しかもほとんどがカルスト山地からなる。その中央をロー川がほぼ南北に流れ、省都トゥエンクアンの北で、東北方を流れてきたガム川が交わる。人口七二万人。タイー人、ヌン人やベト人などのトゥエンクアン省のほとんどの集落は、この二つの川が刻んだ渓谷の底に立地する。谷底は標高二〇メートル台、河岸台地上は五〇メートル台なのに、山上は五〇〇～一〇〇〇メートルクラスの山並みがぎっしりと取り囲む。山並みにはザオ、モン、カオラン、サンジウ人などの先住民が住んでいる。

省境から三〇キロほどでロー川が作った渓谷の町トゥエンクアン市に入る。トゥエンクアン市はロー川右岸に発達した七キロ×一〇キロほどの小さな扇状地上に立地している。漢字では宣光《トゥエンクアン》と書く。「宣光州」の名が陳朝あたりから出てくるが、ロー川上流の小さな盆地群を指していたらしい。一七世紀末頃まではターイ人の大族ヴ氏が支配する小さいけれど自立した国家であった。その後、ベト人の支配を受けながらも、実質的には少数民族の自治区を作っていた。一九世紀、明命《ミンマン》帝の年間にベト人の官吏が派遣されたが、その世紀の後半には黒旗軍など中国人軍事集団が跋扈する地になり、またフランスの侵略期には抵抗の拠点の一つになった。つまりハノイから一七〇キロばかりとはいえ、半独立の歴史を持つ荒ぶる山地の世界だ。一九七五年にハザン省と合同して、ハトゥエン省になっていたが、一九九一年、再びハザン省と分かれ、昔どおりのトゥエンクアン省になった。

山地の省としての難点は中国と国境を接していない点だ。外国投資環境からほど遠い。二〇一〇年までの総計でわずかに一七九〇万米ドルにすぎない。これは中国国境に接するラオカイ省の二％強にすぎず、工業省をめざす隣のタイグエン省に比べても一五％にすぎない。特に工業は小規模な亜鉛、スズ、アンチモン、マンガンなど若干の鉱業があるだけで、めだったものはない。だいたい水力発電も二〇〇八年にやっと三二万キロワット時のトゥエンクアン水力発電所が稼働したばかりだ。二〇〇五年の数値では、工業生産はＧＤＰの三〇・七％、農林業が三五・七％、サービス業が三三・六％で、農業優位の省だ。その農業も、タイグエンに追随する茶をのぞけば、トウモロコシやラッカセイなどとりわけ特産というものがない。

ベトナムの高度経済成長にだいぶ立ち遅れた感のあるトゥエンクアン省は、他の未発展の山地諸省と同じく、観光開発に力を入れている。ところが、その観光も一般的に景色が美しいだけで「とりわけ感」がない。革命事績は、歴史家をのぞけば興味ある人もいないだろう。山地の交通問題と電力から当分、工業区の進出が期待できない今、漢方薬材、自然食品、漆など山地森林の比較優位を活かした資源産業をこまめに開発していく必要がある。

最北の地、中国国境へ

ハザン省——山地の工業区の実験

谷間に細く家々が建ち並ぶトゥエンクアンの町を真北に抜け、国道二号をそのまま北上する。道は急に上りに入る。まもなく少数民族の高床式住居が点在する。住居の屋根材や壁材に使うシュロの栽培がいたるところで目につく。ローカルな、いまだ市場に開かれていない経済圏だ。トゥエンクアンから九〇キロ、タンイエンの町を過ぎる頃から、カルストの山々が白い肌をむきだしにする。[*14]

道の右側をロー川が流れているようだが、木立に隠れて見えない。渓谷を北上すること一一〇キロ、中国から流下する盤龍江が、タイントゥイで国境線を渡ってロー川に名を変え、北から流下するミエム川と合流し、小さな河谷平野を作り出す。ハザンの町はこの盆地の上にできあがった街並みの新しい町だ。町平面の海抜は一〇〇メートル強だが、なにせ西北方の山が二〇〇〇メートル級の高山なので、まるで鍋の底のいるような気がする。町を取り囲む前山は植樹に成功し、緑がいっぱいだ。緑の後ろには墨絵のような奇岩怪石の山々が垂直にそびえる。中国風庭園のような街だ。

ハザン省はトゥエンクアン省と同じく大きな省ではない。面積は約七八八四平方キロ、しかもほとんどは峻険な山地だ。省の西北半を占めるタイコンリン山脈には、主峰タイコンリン（二四二七メートル）をはじめ、二〇〇〇メートル級の高峰が林立している。わずか七三万五〇〇〇人（二〇一〇年）の人口が、山々の間を流れるロー川渓谷にすがりつくように生きている。

しかし、それだから原生林にめぐまれ、したがって漢方薬原料やリムのような特殊な建材など森林資源が豊富だ。最近ではタイコンリン山の広い山麓を利用した茶業が伸びている。二〇〇五年にはハザン省全体で三六〇〇トンの製茶ができたという。ただし、同年の全国製茶量は一二万七二〇〇トンを超すから、タイグエン茶などと比較すれば、とても優位とは言えない。

確かにハザン省は辺境だが、隣は中国だ。長い国境線を持つハザン省だが、ほとんどは高山列が屏風のように塞いでいるから、わずかな峠道が交易所になる。サムプン、シンマン、フォーバンなど四口が開き、これを国道四号Cがつないでいる。最も大きい口はタイントゥイだ。ハザンの町から国道二号を西北に二二キロ、ロー川が中越国境と交わるところ、タイントゥイの交易場が開いている。

タイントゥイの対面には、さらに約二五キロ西北に、南雲南の中心都市の一つ麻栗坡《まりつは》がある。さらに四〇キロで文山市、ここからはハイウエイが昆明にも、南寧にもつながっている。結局、ベトナム側の国境交易の繁栄は、向かいの中国のいずれの都市につながっているかにかかっている。

二〇〇一年、ベトナム政府はまずタイントゥイなど国境地域での工業区の建設を計画した。タイントゥイは国道二号の終点であり、ロー川の水上路も使える。それでもタイントゥイはながらく逼塞していたが、ここ数年、マンガン鉱石など鉱産資源、胡椒、果実などハザン省内の産物の輸出が活発になり、二〇〇八年にはタイントゥイ口を通じた輸出入総計は一億六五〇〇ドルに達した。ここにやや休眠していた工業区計画も刺激され、二〇〇九年、政府は「タイントゥイ国境経済区」の設立を承認した。同経済区は六社（行政村落）に広がる面積二万八七八一ヘクタールで、非関税区、工業団地、観光区、行政区などを建設することになった。計画では二〇三〇？年頃までには三万五〇〇から四万人の都市が生まれる。既に中国の投資を受けて自動車製造の工場が始業された。

タイントゥイは、山中に開かれた工業区の実験だ。中国の資本と市場だけをあてにした不安定な工業区であり、また山の生活をまったく破壊することによって成立した工業区で、批判をすればきりがない。しかし、山地のど

＊14　ハザンの町から北に四六キロ、国道四号Cはドイ山を越える。ドイ山はカルスト石灰岩が風化してできたドロミット岩（苦灰岩）からなる奇岩怪石で知られる。

うしようもない貧困の一つの解決策であることも事実だ。今は起こりくる問題点を一つずつ吟味し、問題を解決しながら、工業区を育てていく段階だ。

タイー人

工業未発達なハザン省の人口の八八%は農村に住んでいる。都市化は決定的に遅れている。ハザン省では二二を超える少数民族が大きな比重を持っている。山地諸省のどこでも大きな顔をしているベト人は、省人口の一三・三%を占めるにすぎない。一方、ほかの省では少数民族の中でも少数派のモン人が、ここでは省人口の三二%を占める。

麓の渓谷や小盆地では、省の最大人口、人口の三四・二%にもなるタイー／ヌン人一五万三〇〇〇人（一九九九年）が集約的な水田を営んでいる。タイー人は、ターイ・カダイ語系の中で中央タイ語グループの一つ、タイー語を話すグループだ。ベトナム少数民族中最多の人口を有する。古くから南中国、広西壮《チワン》族自治区からヴェトバック山地の盆地群に居住し、集約的な水田耕作を営む。中国では壮族《チワン》[*15]とされ、雲南省、広東省、貴州省、湖南省などにも居住し、総数は一八〇〇万人とも言われる。中国少数民族の中でも最大だ。ベトナムでは一四七万八〇〇〇人のタイー人が、ランソン省（二五万三〇〇〇人）、カオバン省（二〇万八九〇〇人）、トゥエンクアン省（一七万二〇〇〇人）、バックカン省（一四万九〇〇〇人）、イエンバイ省（一二万六〇〇〇人）、タイグエン省（一〇万六〇〇〇人）、ラオカイ省（八万二〇〇〇人）、クアンニン省（三万人）、ホアビン省（二万一〇〇〇人）、バックザン省（三万八〇〇〇人）など北部の山地、中流域に幅広く居住している（一九九九年調査）。

もう一つ、同じ言語なのだが、文化類型がやや違うヌンという先住民がいる。ヌン人は総数八五万六〇〇〇人、タイー人とほぼ同じ分布を示す。[*16]

タイー／ヌン人は非常に古くからこの地域に居住していた。おそらく新石器時代に遡る。しかし、その居住地は深山ではなく、中国とベトナムを結ぶ回廊上の盆地であったために中国文明の影響を受け、また中国とベトナムの政治環境に敏感に反応した。たとえばタイー人とヌン人はもともと一つの民族で、言語にもあまり違いはないが、その中国化の違いで二つの民族に分かれたという（**写真9　ハザン省タイー／ヌン人のムラ。二〇〇八年**）。

一説には、中越国境に分布していた同一民族が、一一世紀に国境が確定するとともに、中国領にいた同族がヌン、ベトナム領にいたものがタイーを称していたが、そのうち、ヌン人が大量にベトナムに移住し、「ベトナムのヌン人」を形成したのだという。ターイ人に比べると、風俗が中国化、ベトナム化し、先住民の住居の多くは高床式だが、ヌン人の家は土間式が多く、ズボン式の衣装が一般的だという。[*17] また棚田技術に優れる。

写真9

タイー／ヌン人のベトナム語学習熱はきわめて高く、民族語は廃れているという。教育水準では、最もベト人と距離的に近い民族だ。だから、第二次大戦

＊15　かつては奴隷を意味する僮族と呼ばれていた。一九六五年から壮族に改められた。一般には、ターイ・カダイ系言語のうち中央タイ語グループで、中国文化になじんだ人々を壮族とし、ベトナム化が進んだ人々がタイー人とされ、中国文化ともベトナム文化ともやや離れた人々をヌン人と言うという。以下、党と民族の関係は古田元夫『ベトナム人共産主義者の民族政策史——革命の中のエスニシティ』大月書店、一九九一年。による。

＊16　一九九九年調査時でのヌン人の分布は以下のとおりだった。ハザン省六万人、カオバン省一六万一〇〇〇人、ラオカイ省二万三〇〇〇人、バックカン省二万六〇〇〇人、ランソン省三〇万二〇〇〇人、トゥエンクアン省一万三〇〇〇人、イエンバイ省一万四〇〇〇人、タイグエン省一万四〇〇〇人、バックザン省六万七〇〇〇人。

＊17　古田元夫氏は山地国境を越えて新しくベトナムに流入した中国の諸民族をヌンというカテゴリーでまとめたとする。

中、また抗仏戦争中にはベトミンがタイー／ヌン人居住区で長期にわたり活動し、タイー人がこれを助けたために、共産党の中で重きをなしたタイー／ヌン人が多い。ホアン・ヴァン・トゥ[*18]（一九〇六〜四四年）や元党書記長（二〇〇一〜一〇年）のノン・ドゥック・マイン（一九四〇年〜）が有名だ。ノン・ドゥック・マインはバックカン省のタイー人で、一九六三年の入党、もともとは営林の専門家だ。ところがそれだけに、国境地域のタイー人には、なかなか国境概念がのみこめなかった。一九五〇年代以前に生まれたラオカイ省のタイー人は国境地帯の商業言語であるマンダリンを話すことができたが、ベトナム語はほとんどできなかった。

もう一つ、タイー人の特色は4章で述べたように、西の高原タイグエンへの移動だ。タイグエンでは、タイー人／ヌン人はもはやベト人としてふるまうことが多い。

ザオ人

タイー人がベト人への同化を進めるのに対し、省人口の一五・一％を占めるザオ人は比較的伝統色が強い。ザオ人は中国で言う傜族《ヤオ》だ。[*19] モン人と同じく中国系の言語グループに属するというのが定説だが、少なくとも三種の異なった言語グループが、地域や風俗の類似からザオ／ヤオと総称されたらしい。実際にはザオ／ヤオ人は多く中国地方語を母語としている。もともとは水田と言われるが、現在では多く焼畑を生業とする。移住性が高く、ビルマ、ラオス、タイ、中国南部など広い山地に同族が分布する。東南アジアでは、ベトナムのほか北部タイ山地、ラオス山地にもたくさんの一族が居住している。ベトナムでは二〇〇九年調査で、七五万一〇六七人を数え、民族順位では華人についで第八位だが、モン人と同じように分布が広い。[*20]

ベトナムのザオ人は三派に分かれるという。ザオトゥエン、ザオガーホアン、ザオランテン（ザオチャム）と呼ぶ。はじめは中国の海南島から、防城（広西壮族自治区）を抜けてバックザンに移住してきたという。一七世紀頃のことらしい。現在までにこのほか①ロー川づたいにここハザン省に入ったグループ、②チャイ川づたいにラオカイ省に入ったグループがある。また既にベトナム領内に入ったグループも移動を繰り返している。こうして、山地諸省全体にザオ人が広がった。ザオ人の分布の中心がこのハザンで、約一一万と言われる人々が居住している。これはベトナムのザオ人人口の一四・六％にあたる。[*21]

ザオ人は焼畑移住民のイメージが強い。しかし、現在では多くが水稲民となり、協働労働に適当な二〇〜三〇戸ほどの定着型の集村を作っている。家も高床式の家と土間式の家と二種ある。土間式の家は集落の共同祭祀のためにあり、共通の祖先「盤王[*22]」が祀られていることが多い。

普通の生活は高床式の家で営まれる。ザオ人の民族的なアイデンティティはその伝統服にある。特に多くのグループの女性が用いる文様の入った赤い綿帽は、ザオ人のアイデンティティを示す。この赤い帽子は日本でも通販で買える人気商品だ。

＊18　少数民族最初の共産党員。初期共産党の建設、大戦期のヴィエトバック抗戦区の建設に貢献した。

＊19　後漢書などに伝わる伝説では中国古代の王女と犬の間に生まれた一二姓を始祖とするという。滝沢馬琴の『南総里見八犬伝』はこの古伝を基としたという。ただし古代の瑶族とヤオ族が同一かどうかは問題がある。東南アジアのヤオ族については竹村卓二『ヤオ族の歴史と文化――華南・東南アジア山地民族の社会人類学的研究』弘文堂、一九八一年。

＊20　ザオ人は北部山地一帯に広く居住する。

＊21　ザオ人の分布はハザン省約九万三〇〇〇人、カオバン省四万七〇〇〇人、ラオカイ省七万四〇〇〇人、トゥエンクアン省七万七〇〇〇人、イエンバイ省七万人、タイグエン省二万二〇〇〇人、フート省一万一〇〇〇人、クアンニン省四万八〇〇〇人などである（一九九九年調査時）。

＊22　中国神話に出てくる天地創造神盤古《ばんこ》のこと。

カオバン省——最も山と森に覆われた地

ハザンの町から東、カオバンに向けて国道三四号が走っている。町を出てすぐつづら折りの登りが始まる。峠を越すとすぐ下りになる。二〇〇八年春、まだまだ国道と言えるものではない。泥濘の坂道が続く。本道が沼のようになっていて、ほとんど使えないので、大きく南に迂回して、村落内の生活道路のような細い未舗装の道を伝いながら、やっと三四号への再突入をはかった。しかし、本道とはいえ、こちらも未舗装の砂利道だ。南にガム川を見ながらゆるゆると東進する。両側に雨季水稲、乾季トウモロコシの棚田が囲む道はどこまで行っても悪い。

もともと北部山地諸省の道はハノイから放射状に北にのぼって、それぞれに中国内部の諸都市と結ぶことを目的としている。東西に隣り合う省と結ばれることは必要ではなかった。ハザンからランソンに国境に沿って東西に行きたいと旅行社に言うと、それは抗仏、遊撃の道だと笑われた。ハザン－カオバン間は、反仏抵抗の舞台としてのイメージが強い。

しばしば小さな峠を越す。谷下にサンチー人の大型高床の家々が見える。屋根や壁材のシュロ、繊維原料のカポックの植樹が目立つ。三四号沿線には大きな盆地がなく、したがって町はほとんどない。山と少数民族のたたずまいが色濃く残る。ハザンから五六キロ、ガム川に沿って東に走った三四号はカオバン省に入る。カオバンの町までは省境から一九七キロもある（写真10 ハザン－カオバン間国道三四号の道標）。

カオバン、漢字では「高平」と書く。その六七〇〇平方キロほどの領域はほとんどが一〇〇〇メートルを超す。ベトナムで最も山と森に覆われた土地である。人口は五二万人ほどしかいない。やや東西に広い流域の北辺は中国との国境地帯だ。現在は三号の終点タールン（フックホア）口、カオバン市から国道二〇三号を五六キロ北西に向かった先にあるソックザン口、二〇七号の北東終点にリーヴァン口がある。しかし、隣のランソン省の国道一号の終点、タンタイン口やヒューギ口の国際交易拠点らしい賑わいに比べれば、地方の流通拠点にすぎない。

省レベルでの競争能力指数あるいはＰＣＩ：Provincial Competitiveness Indexという数値がある。民間企業の営業実績の数値などから、ベトナム六三省の経済発展の可能性を採点し、順位をつけたものだ。二〇〇五年から実施されている。あまり参考にしないほうがいい資料だが、カオバン省がＰＣＩ六三省中、ビリともなれば、気になる。ウイキペディア・ベトナム語版のカオバン省の記述もややため息まじりだ。

実際、カオバンの経済活動は極端に農業に偏している。工業・建築生産はＧＤＰの二六％を占めるにすぎない。これに対し農林業は二六％、サービス業は四六％にもなる。その農業も平地に比べて生産力が著しく低く、とりたてた特産品もない。山地の省の貧困の象徴のような省だ。

しかし、展望は少しずつ少しずつ開けてきている。カオバンの利点はなんといっても、中国との国境が長いことだ。確かに現在の三口はランソンやラオカイに比べれば小さいが、それでも二〇一〇年には、輸出入総額で六〇〇〇万ドルに達し、増加を続けている。利点の第二はハノイなどデルタ中央との連絡だ。かつては陸の孤島であり、だから抗仏戦争期には、ベトミン主力がフランス軍の猛攻に耐えることができた。その道路が現代化された。国道三号はハノイからタイグエン経由でカオバン、さらに中国国境のタールンまで結ぶ。総延長三七七キロ、確かにランソン－ハノイ間一五四キロとは比較にならないが、そのランソンとも整備された国道四号で一一八キロ、容易に連絡できる。タールンの向かいは広西壮族自治区の水口だが、ここから龍州県の中小都市を経て南寧に至る。南寧は中国各地への鉄道が走る。カオバン－南寧ルートは十分にランソン－南寧ルートのバイパスとしての意味を持っている。いま国道四号は中国からランソンをめざすトラックで賑わっている。

写真10

低劣をきわめたインフラも近年、著しく改善され、人口の八五%が電気を引き込み、都市家族の一〇〇%、農村の八五%に上水が届いた。八五%がテレビを持ち、ほぼ一〇人に一人が電話を持っている。教育では、社（行政村落）の六五〜七〇%に小学校、中学校が設置されている。インフラではほかの山地諸省にひけをとらない。その人材と交通立地からカオバンの開発発展もそれほど遠くはない。

カオバン省に入ってまもなく、バオラムという町がある。ここで砂利道が終わり、舗装路が始まった（二〇〇八年段階）。道はますますガム川上流の大峡谷の中に深入りした感がある。両岸のけわしい斜面から数条の煙が上がる。おおっぴらに焼畑の空間が続く。

はげ山が続く。常畑化が進んだ地域もあるし、いま焼いている場所もある。バオラック盆地に出る。バオラックはガム川の最上流の町だ。東から流下するガム川に南の山地からニア川が流れ込む。合流点にできた小さな盆地に町ができる。ニア川の南岸は行政関係、北岸には古くからの商店街並みがある。小さいけれど、カオバン省北部の地域流通の中心地だ。かつては中国からの少数民族の移住拠点だったらしいが、今は中国との公式な関連はない。

写真11

三四号はバオラックからニア川に沿って南下する。渓谷は深いが、川沿いにだけ幅五〇〇メートルくらいの平地が延々と続き、水田化されている。小さな集落が続くだけで、街らしいものはない。バオラックから一二二キロ、上り下りを繰り返しながらカオバン市に着く。

カオバン市はカオバン北方の山中に始まるバン川の右岸砂州上に生まれた街だ[*23]（**写真11 カオバン市内の街並み**）。国道三号でハノイと、また国道四号でランソンと結ばれる。現在のカオバンの街は、フランス軍が一八八四年に建設した要塞都市で、もともとは城塞で囲まれ、市内で最も高い丘陵上に要塞が作られていた。今は、要塞は中国軍に破壊されたが、跡地には人民軍の基地が作られている（**写真12 カオバンの要塞跡**）。

カオバン市の北一二キロに、カオビンという街があり、ここが本来のカオバン市だったという。もともとはこの地のタイー人たちの都だ。中国からもベトナムからも事実上独立していた。一一世紀にデルタの李朝が、カオバンとランソンを支配していたヌン人の儂智高《ヌンチカオ》*24を駆逐して、カオバンをベトナム領に編入した。しかし、19世紀にベト人官吏が派遣されるまでは、長くタイー人の首長たちの自治が認められていた。

写真12

莫氏の王国

カオバンは儂智高《ヌンチカオ》に始まる歴史的な葛藤が満杯の土地だ。ベトナムの歴史家にとって、カオバンと言えば莫氏《マク》の物語だろう。カオバンには一七世紀に一つのベト人の王国が生まれ滅んだ。

前述のように一五世紀始めに明の侵略を破った黎《レ》朝は、15世紀末に最盛期を迎えるが、一六世紀に入ると内乱

＊23　バン川はその後、ランソン市内から流下してきたキークン川に合流する。カオバンとランソンは陸路ではたいへんだが、かつては川で結ばれていた。

＊24　儂智高は中国史でも有名で、現在の広西壮族自治区の南部を支配していた壮族の首長だったが、南宋に駆逐された。ベトナムと中国の中間に生まれつつあった壮族／タイー人の国家が、南宋とベトナムの両方につぶされたことになる。現在、儂智高は中国でもベトナムでも壮族／タイー人の間で英雄神として崇拝されている。しかし、現在の儂智高信仰は、政治的に分裂させられている壮族／タイー人の統一、ベトナム、中国からの分離独立を求める運動に転化する可能性があるため、両国政府から警戒されているという。

が続いて弱体化し、一五二七年、下部デルタ出身の莫氏に簒奪された（8章四五五ページ参照）。莫氏は五代六五年間、ハノイにあって紅河デルタを支配したが、一五九二年に黎氏の後胤を担いだ鄭《チン》氏に破られ、黎朝が再興された。ところが、莫氏の残党はこのカオバンに逃げ込み、ハノイに対抗して一王国を作り上げた。カオバンの莫氏は時の明朝、次いで清朝の支持を得て、安南都統使に任じられた。カオバンの莫王国は一六七七年まで続いた。実際に莫王国がどのような王国だったのか、在地の少数民族との関係はどうだったのか、ほとんど研究がなされていないが、ハノイばかりが安南王国ではない、一つの証拠のようなものだ。[*25]

革命の聖地パックボ

国道二〇三号、中国国境のソックザン口に近く、国境線からわずか一キロの地に小さな鍾乳洞がある。パックボと言う。一九四〇年九月、日本軍が中国国境を越えて、当時仏印と呼ばれていたベトナムに侵入し、ベトナムは第二次大戦に巻き込まれた。一九四一年二月、三〇年ぶりに国境を越えてベトナムに帰ったホー・チ・ミンは翌年八月までパックボ洞窟に住んでいた。[*26]五月、この洞窟で党第八回中央委員会が開かれ、日仏ファシストに対抗する革命組織「ベトナム独立同盟会」（ベトミン）の結成が決議された。このベトミンこそが、以後一九五四年のジュネーヴ会議まで、ベトナムの独立と革命をリードすることになる。そして、この第八回中央委員会に出席したチュオン・チンらが、事実上、一九八六年のドイモイまで、ベトナムの政治の中枢にあり続けた。パックボは現代のベトナムを決定した革命の聖地だ。

紅河筋に沿って——国道七〇号

フート省——雄王の里

一九九九年の冬一二月、私たちのグループは社会科学院民族学研究所のメンバーとともに、北部山地の広域調査に出発した。

早朝ハノイを発つ。タンロン橋を渡って北上し、ノイバイ空港の地点で国道二号に乗る。国道二号はロー川に沿ってハノイとその真北の中越国境地帯、トゥエンクアン／ハザン市を結び、最終的には雲南の昆明にまで至る。国道一号のバイパスとしてトラックの行き来が絶えない。

ヴェットチでフート省に入る。デルタを離れ、国道二号は低い丘陵地帯を上っていく。中流地域をフランス人地理学者は中地域《ムワイエンヌレジオン》と名付け、ベトナム語では中流《チュンズー》と呼んだ。山とデルタの中間の地帯という意味だろう。標高二五メートルから一〇〇メートルの間に横たわる台地や扇状地群である。緩斜面が続き、堰灌漑の水田列、山裾のトウモロコシ、キャッサバ、サトウキビ、人家、斜面の竜眼《ロンガン》の果樹林が景観を作っている。ある意味、日本人に最もなじみ深い景色かも知れない。いや、普段はデルタに住み、山は遠望するだけの北部のベト人にとっても、これは心のやすらぐふるさと的な景観なのかも知れない。伝説のベト人最初の王雄王《フンヴォン》はこのヴェットチの奥、里山に都を構えたことになっている。

＊25　莫氏が拠った城址が、カオバン、トゥエンクアン、ランソンに残っている。カオバン省の城址は、カオバン市の北一二キロ、カオビンにあるという。

＊26　パックボの洞窟と言えば、ホー・チ・ミンが近くの山をカールマルクス山、山中の川をレーニン川としたこと、洞窟内にホー・チ・ミンが彫ったというマルクス像と伝えられる鍾乳石が有名だが、やや作りすぎの感がある。

ヴェットチから国道二号を約一五キロほど上る。道路両側には雑木や果樹林、トウモロコシが広がる。[*27] 人家列が切れ、黒い松林が多くなったと思ったら、里山に取り囲まれたようなフォンチャウという小さなマチがある。唐代にあった峰州の名を借りた街だが、このフォンチャウの西裏山に歴代フンヴオンを祀ったフン神社がある。旧暦三月一〇日のフンヴオン祭《ゾートーフンヴオン》は国民の休日でもある。中流《チュンズー》はベト人にとって故郷と観念されている土地だ。実際、ドンソン文化に先行する古い金属器、稲作遺蹟はヴェットチ周辺に集中している。

フート省は紅河両岸にまたがる省だが、紅河右岸は一〇〇〇メートルクラスの山並みが続き、近隣に大都市がなく、交通も国道三二号とその支線が東西や紅河沿いの連絡を果たしているだけだ。都市的な発展はおそい。都市的発展はどうしても台地が発達し、国道二号が走る紅河左岸に集中する。

フート省の省都フートはフォンチャウから一〇キロほど先で左折し、国道三一五号に乗りかえて行き着く。フートは今では鉄道の駅を中心に発達したマチだし、かつてはタウ川／紅河運輸の重要な港町だった。国道二号は紅河東の赤黄色土壌の台地上を走って、フートのマチ（高度三三メートル）をすり抜ける。

気候は七月で平均二九度、二月で一五度だから、デルタに比べてやや快適だ。この気候を利用して竜眼、マンゴー、カシューナッツ、キンマなどの果樹が植えられる。またフートの特産物ではシュロ《コ》がある。シュロはこの地域では重要な屋根葺き・網代壁の原料だ。

ヴェットチから四七キロ、ドアンフンの街でそのまま北上する国道二号と別れる。西の方国道七〇号が紅河と象山脈の間の台地を走る。緑はますます深くなり、点在する家々も高床式、網代壁、シュロ屋根とベト人住宅の堅い煉瓦、瓦の家とは遠い。フート省の山地から少数民族の世界が始まり、北のかた中越国境に至る。前章で紹介したように、ベトナム戦争中、たくさんのハノイの自由労働者が、フート省に移住させられた。人々は少数民族の家を借り、少数民族の助けを得てようやく生活しえたと語る。

もちろん、今の人口のほとんどはベト人（一三二万人）だ。が、平地のベト人のイメージでは、フート省は少数民族の省だ。フートの少数民族の代表は、ムオン人だ。[*28] ムオン人はベトナム全土に統計上一一四万人ほど住むとされるが、ほとんどはタインホア省（三三万）とホアビン省（四八万）の高地だ。フート省は第三位で一七万人が住む。[*29] そのムオン人もほとんどは、紅河西岸、ホアンリエンソン山脈の南裾にあたるイエンラップ県とタインソン県に集中している。その数キロ下にはベト人の世界が広がっている。山地の少数民族と違って、中流地域に住むムオン人は、ベト人との接触が深い。道にザボンや竹細工の露店が並ぶ。まもなくイエンバイ省に入る。

イエンバイ省──反仏革命の聖地

道路西下はるか、蜃気楼のように広い水面がたなびいている。タックバー自然湖を拡大したタックバー人工湖だ。タックバー人工湖は、一九七一年、ソ連の援助でできた四〇メートル高の堰堤でチャイ川を堰き止めて作られた電力ダムだ。長さは八九キロ、幅は一二〜一三キロ、水面面積は約二万ヘクタール、総容量は三・六〇×一〇億立方メートル、琵琶湖の三分の一ほどの規模だ。当時、ベトナム工業化を熱望していたベトナム民主共和国政府の夢の結晶だ。しかし、惜しいかな、近年は水不足で発電量は不安定だ。

湖中に一三三一もの島がある。観光湖として、イエンバイ省政府が開発を進めている。

---

*27　現在はヴェットチから二号沿いに延々と工場街が続く。三〇六ヘクタールの面積を持ち、一万六五〇〇人の労働者が働くトゥイヴァン工業区がある（二〇〇九年当時）。土地が安定し、ノイバイ国際空港から五〇キロ、ヴェットチの河川港から八キロで、今後の発展が期待されている。

*28　植民地期の北部の山地民については、モオリス・アバディ著・民族学協会調査部訳『トンキン高地の未開民』（三省堂、一九四四年）によるところが多い。この訳は太平洋戦争中に出版されているが、原文では「種族（race）」とあるところを、未開民と訳出している。太平洋戦争時の日本人の少数民族理解は欧米以下である。

*29　ほかにモン人、タイー人（一八八五人、一九九九年調査）、ターイ人（四六五人、同）が住むが、いずれも文字通り少数だ。

イエンバイも中流《チュンズー》の省だ。山々はもっと深く、主要道路も六〇～一〇〇メートルの高度を保っている。ただし、紅河の岸にへばりつくような省都イエンバイの高度は三四メートル前後である。今は紅河右岸を走る国道三二号でハノイと結ばれるが、もともとイエンバイは紅河水運の中継港だ。紅河の港イエンバイに注目したのはフランスだ。イエンバイ省北部、タックバー湖の北はずれに近くイエンテ（高度八七メートル）という盆地がある。一九世紀の末から二〇世紀のはじめまで、ホアン・ホア・タム（通称デ・タム）という英雄がたてこもって、フランスに抵抗していた。ハノイから一七三キロ、背後にヴィエトバック山脈を控えたイエンテの反乱には、フランス軍はほとほと手を焼いた。イエンテは今でもベトナム革命の聖地だ。一八九四年、討伐に失敗したフランスはホアン・ホア・タムと休戦条約を結び、以後、イエンテは事実上、ホアン・ホア・タムの王国になった。

イエンテの「反乱軍」が湧出してデルタに下りてこないように、デルタ防衛線として建設されたのが、イエンバイ要塞だ。当時、紅河水運を利用して補給ができるイエンバイは、いわば山地にうちこまれたフランスの橋頭堡だった。イエンテの反乱は、一九一三年、ホアン・ホア・タムが部下に暗殺されるまで続いた。

ところがその一七年後、イエンバイ市で最も大きな事件が起こった。一九三〇年二月一〇日、イエンバイ要塞に駐在するトンキン第四ライフル連隊の六〇〇人のベト人兵士が、ベトナム国民党と連帯していっせいに蜂起し、フランス将校を襲撃した。しかし、大部分のベト人兵士はかえって反乱軍を包囲攻撃したため、イエンバイ蜂起は一夜にして壊滅した。逮捕者は国民党とともに数千、うち一五人がギロチンで処刑された。ベトナム革命の累々たる屍群の一つだ。

革命の実績は、必ずしも経済の実績には結びつかない。イエンバイ省全体のＧＤＰ成長率はドイモイ後、平地よりやや低めの七％台を守る。貧困率も一九九三年には五三％であったが、二〇〇六年には一六％に減少している。その大部分は政府の公共投資がもたらしたもので、平地の経済発展のおこぼれをもらったにすぎない。一九八八年から二〇〇七年までの外国直接投資は契約総額で三三〇〇万ドル、ヴェットチの工業区を持つ隣省フート省（同三億四四〇〇万ドル）の一〇の一以下で、ハノイ（同一五〇億八六〇〇万ドル）のわずか〇・二％強にすぎない。もっともこの傾向はタイバック山地、ヴィエトバック山地諸省に進むとさらに深刻なものになる。

産業の中心は農業と林業だ。といっても農業が進んでいるわけではない。だいたいイエンバイ省六八九九平方キロの中で、農業地はわずかに七八六平方キロ、これに対し、森林面積は四五三六平方キロ、省面積の六六％もある。

二〇〇八年の一人あたり穀類生産量は二八九キロに過ぎず、主食については不足がちだ。農業生産の中心は、山地気候を利用した茶、シナモン、陸稲モチ米、タロなど工業作物、ザボン、みかんなど果実類に集中している。現在は稲作の二期作化、裏作トウモロコシの導入、高級米の栽培などが試みられている。

イエンバイの最多のエスニックグループはもちろんベト人（七八万六九〇三人）だが、山地にはタイー人が集住している。

写真13

ラオカイ省——中越交易と黒旗軍

ハノイから約三〇〇キロ、イエンバイ省を抜けてラオカイ省に入る。このあたりで高度二六八メートル。もう象山脈の山懐に入っている。これから二〇〇〜三〇〇メートルほどの段丘脇をすりぬけるように北西に向かう。緑の山肌のあちこちで白い煙があがっている。モン人の焼畑の煙だろう。

ターイ人（六一九ページ参照）の伝統的な家が道路脇に点在する（**写真13 ターイ人の家**）。冬枯れの田、高床入母屋、茅葺きの家。背後には照葉樹林の森が迫る。まるで四国あたりの古風景を見るようだ。それもそのはず、このあたりの平地

写真14

の気温は、八月で二七度弱、一月で一七度強、西日本なみの気候だし、雨もよく降る。ライチャウの七〜八月の雨は一〇〇〇ミリを超える。つまり、いわゆる照葉樹林帯[*30]のど真ん中だ。西日本と同質、同根の文化がいまなお生きている。

チャイ川を離れた国道七〇号に、次第に山並みが迫ってくる。東のヴィエトバック山脈と西のタイバック山脈が谷筋一線で向き合う中越国境地帯に出た。尾根道のかなたに白いビル街が見える。ラオカイ省の省都、ラオカイ市だ（**写真14ラオカイ市から中国を望む**）。

紅河／タオ川はこの地点から上流では元江と名を変える。元江に、北に三〇〇キロ離れた昆明から下ってきた南渓河が流入する。南渓河と元江が交わる地点に発展したのが、中国領の雲南省河口市で、南渓河の対岸がラオカイ市だ。中国領雲南省河口市との間で、毎日、輸出入取引がなされる。

九〇年代に入ってから、中国は経済発展に取り残された西南地域（雲南、貴州、四川、重慶市）の開発のために、東南アジアの市場化をめざした運輸ネットワークの建設に力を入れた。河口／ラオカイは東の南寧／ランソンと並ぶ交通の要衝になった。緑の山々（標高二〇〇〜七〇〇メートル）に囲まれた小さな盆地（標高一〇〇メートル前後）に近代的なビルが並ぶ。中国と東南アジアの国境地帯には、こうした密林の中の秘密めいた近代都市というアンバランスな景観が多い。

ラオカイの南、紅河で下ること約三五キロ、フォールーという港町がある。旧名はバオタン（保勝）、現在でこそ変哲のない田舎町だが、一九世紀後半、この地に「黒旗軍」という華人の武装集団が巣くって、河口、ラオカイ一帯を事実上の小王国にしたことがあった。

もちろん中越交易のあがりがその基盤だ。よほど利益があったのか、後期にはレミントン銃のような最新の銃器を装備し、フランス軍も手が出せなかったという。実際、一八七三年、一八八三年の二次にわたって、フランス軍はハノイ郊外で黒旗軍に破られ、二度とも主将が討ち取られている（9章五一二ページ参照）。黒旗軍は以後も大軍を擁して、清仏戦争（一八八四〜八五年）終了までフランスに対抗し続ける。それほど、海のない雲南を北部湾に結ぶ国境交易はもうかるものだった。

前述のように（9章）、谷を削る難工事を経て、ハイフォン－ラオカイ線が開通したのは一九〇六年、次いでラオカイ－昆明線が一九一〇年に運転を開始した。この鉄道は予想どおり、莫大な利益をもたらした。内陸の盆地都市であるにもかかわらず、昆明にはフランス租界が作られた。今は観光名所になっている。蔣介石の国民政府が重慶に拠って、日本への徹底抗戦を継続していた時期には、これは唯一の補給鉄道で、最大の援蔣ルート[*31]だった。だからこの鉄道は、日本軍のインドシナ進駐の口実を与え、ついには太平洋戦争にまで突き進ませた。

雲南鉄道は抗米戦争にも大後方中国からの補給ラインとして活躍した。しかし、一九七九年、二月二六日、中国の大軍がこの街を占領し、以後二〇日間にわたって占拠した。中国軍の撤退後も、雲南－ベトナム間交易を断絶させ、河口とラオカイの両駅間の鉄路上には雑草が生い茂った。かつての中越国境交易の花形ラオカイは、戦火の下、ただの省都にすぎなくなった。

ラオカイが大きく変わったのは一九八九年の頃だ。国境交易が再開された。突然、これまで厳重に警戒されていた中越国境線が、非合法に解放された。当時のベトナムはドイモイ三年とはいえ、たいへんなモノ不足は解消

＊30　照葉樹林帯。一九七〇年代中尾佐助らは、西日本から東ヒマラヤまで広がる常緑広葉樹林地域が、森と深く関係する特別な農業文化を生み出したとする照葉樹林文化論を提唱した。

＊31　日中戦争期、首都南京を奪われて、重慶に撤退した蔣介石政府を英、米、ソ連が後方支援したが、日本はその補給ルートを「援蔣ルート」と呼んだ。ルートは主にビルマルート、仏印ルートからなり、雲南省昆明が受け入れ基地になった。仏印ルートは一九四〇年、日本軍の北部仏印進駐により閉鎖された。

されない。改革開放経済後まもない中国も、まだ粗悪な製品しか作り出せず、海外市場を持たない。両国の思惑が一致し、国境交易は急速に拡大した。一九九三年、国境が正式に開放された。

旧市街は鉄道線路の走る紅河右岸にある。古い町並みが並ぶ。中国からベトナムに入国する人は河口駅のターミナルビルで下車し、出国手続きののち、二〇〇一年にできた中越友好大橋を渡り、ベトナム入国手続きを経て、約二キロ南のラオカイ駅に向かう。

山地諸省としてのラオカイ省は産物も貧弱で、茶やサトウキビが輸出されるにすぎない。しかし、中越国境を握るラオカイの工業は山地諸省の中では特別で、一九八八〜二〇〇七年の外国直接投資契約額の累積では三億一二〇〇万ドルと、鉄鋼コンビナートを持つタイグエン省やヴェットチの工業区を持つフート省などのハノイ圏とほぼ同額だ。もちろん多くは中国資本だ。紅河右岸の新市街地が発展している。カーバイド工業、機械修理、食品加工などが芽生えている。ただし、国境の利益を受けているのは、ほんの一部にすぎない。ラオカイ市に住む人々の多くは九〇年代以降、ハノイから移住してきた人だ。

ラオカイ省で最も知られた鉱工業は、ラオカイ・アパタイトかもしれない。アパタイトは燐灰石のことで、鉱床が紅河右岸の斜面にラオカイ市を中心に約一〇〇キロほど連なっている。燐灰石は化学肥料の原料として重要な鉱石だ。一九三〇年代に発見されていたが、開発されたのは一九四〇年代、大戦中のことだ。一九五五年から一九七九年までにラオカイ鉱床から八五八万トンという膨大な量が掘り出された。

サパ

ラオカイの三つ目の顔は観光だ。ベトナム一の高峰はファンシパン峰と言う（写真15）。ライチャウ省とラオカイ省の境にあり、高さは三一四三メートルもある。このファンシパンの麓に、現在、北部で最も有名な高原リゾ

写真15

ート、サパ市がある。サパはもともと一九世紀の末に、フランスの軍事拠点、またフランスカソリックの布教拠点として開拓された。一九一二年に初めて軍のサナトリウムが開設され、二〇年代からようやくフランス人の高級別荘《ヴィラ》が建てられるようになった。抗仏戦争中にこれらの施設の大部分は破壊された。また一九七九年以降の中国との戦争は、国境地帯で休養する余裕をなくした。国際保養地サパの復活は九〇年代のことである。特に五つ星の国際ホテル、ヴィクトリア・サパが一九九八年に開業し、ホテル専用の豪華列車ヴィクトリア急行がハノイとラオカイを夜行で八時間半ほどで結んでからは、ベトナム大名旅行のピカイチになった。

峡谷の底にあるラオカイの駅の標高は九〇メートルほどでまだまだ低い。新《カウ》橋《モイ》で紅河を渡ると、目の前にホアンリエンソン山脈の二〇〇〇メートルクラスの山々が、緑の屏風のように立ちはだかる。紅河南岸のラオカイの街は新しいが狭い。国道四号Dを西南に一キロも進めば、もう山中に分け入っている。三二キロでサパの県庁、ここから一〇キロでファンシパンの高峰にいたる。

モン人

斜面は細かく刻まれたような棚田が連なる。政府のすすめる定耕政策の結果だ。サパの町中、マーケットにはモン（フモン）[*32]の女性たちが、特有の民族衣装を着飾り、旅客を求めて行商している。ホテルの庭にも行商の女性たちが行き来する。

省の面積のほとんどが山地であるラオカイは、いわばタイバック山地の少数民族を集めた民族のるつぼだ。省

写真16

政府の把握では二七民族がいる。もっとも他地域同様、少数民族の分類には頭を悩ましている。省人民委員会の文化局の話ではこうだ。まず、人々を民族言語別に分ける。しかし、北部山地では一つのムラの中に複数の民族が共住していることが多く、面単位に分けることができない。ムラごとに詳細な調査が必要である。最も大きな問題は、各民族の文化がまじりあい、また外の民族文化の影響も強いことだ。たとえば、洋楽が流入すると、若者がこれに熱中し、結果的に民族音楽が廃れていく。さらに経済発展の影響も大きい。現金収入が増えたので、これまでの高床式住宅からベト人風の煉瓦漆喰壁を持った土間式に変わりつつあるという。習俗、文化で分けることが難しく、いきおい「民族判別」があいまいになってきた（**写真16 サパ。一九九五年**）。

とはいえ、それぞれの民族が固有の生活習慣を持っていることは否定できない。ラオカイ省で最も多いのはモン人で、ラオカイ省人口の一三%を占める（一九九九年、省庁資料）。ベト人（一一%）よりも多い。モン人はかつてメオ人（中国では苗人《ミャオ》）と呼ばれていたが、その呼称が猫の鳴き声に由来するとする蔑称であったために、自称からラオスやベトナムではモン人と呼ばれる。中国の苗族[*33]は一〇〇〇万人近い大民族だ。ベトナムでは七八万人（一九九九年調査）ほどで、いわゆる少数民族の序列では第六位だ。ほとんどはハザン省（一八万人）、ライチャウ省（一七万人）、ラオカイ省（一二万人）、ソンラ省（一一万人）など国境四省に集中している。もっとも、モン人は焼畑民で、始終、移住を繰り返す。下界の民が作った国境などなんの意味もない。だからベトナムのモンとか、ラオスのモンとかいうのは本来は意味がないが、政府統計を利用する以上はしようがない。

モン人は昔から国境山地にいたわけではないようだ。定説では、もともと湖南省など揚子江南の山地で焼畑を繰り返していた人々が、一八世紀に清国の討伐を避けて東南アジアに移住した。平地のターイ人やベト人に接触するのはよほど新しく、二〇世紀になってからのようだ。一九三〇年頃のフランス総督府の国勢調査では、ベトナムのモン人はまだまだ八万人ほどだったらしい。それがいつのまにか、統計上とはいえ、一〇倍にもなった。

モン人は剽悍な狩猟民族でも知られる。今はほとんど見かけないが、八〇年代、山地ベトナムや北タイで山道を走っていると、よくモン人の猟師にでくわした。やけに銃身の長い小銃を佐々木小次郎のように背中に斜めに背負う。やせて精悍だ。黒い民族衣装がよく似合う。モン人は山の戦士として有名だ。第二次インドシナ戦争（ベトナム戦争）中、ラオスのモン人は共産党派のパテート・ラーオ（ラオス愛国戦線）と親米右派の間に分かれて争い、数万人の戦死者を出した。*34

モン人はもともとは焼畑で陸稲を作っていた。伝統的な焼畑は、山を焼いて豆や雑穀、陸稲などを輪作する。数年で土地を放棄して、別の地を焼く。一〇数年たち放棄地に二次林が生い茂る頃、戻ってきてまた焼く。このスパンが維持できるなら、焼畑はあまり自然に負荷をかけない。二次林がほぼ永遠に緑を提供する。*35ところが、二〇世紀になると、そんな悠長なことが許されなくなる。中国からのモン人の流入が続き、またモン人の人口増

---

*32 モン人の自称は Hmong と表記される。語頭のHはこれに続くmの有気音を示し、実際はフモンと発音されるわけではない。しかし、東南アジアには別に、ミャンマーやタイに多く住むオーストロアジア系のモン Mon 人がいるために、ng 音が表記できない日本語ではフモンと表記することがある。モン人については菊池一雅『ケシをつくる人々』（三省堂、一九七九年）。ただし、情報はかなり古い。また、モン Mon はタイ語では長音なのでモーンと表記することもある。

*33 現在の中国では少数民族中第四位。雲南、四川、重慶、貴州、広西、湖南など広い地域に分布している。しかし、苗族は国家が少数民族群をまとめた呼称で、民族分類としての実態はないとも言われる。

*34 戦後、右派軍に属していたモン人と家族の多くはアメリカやタイに亡命移住し、それぞれの地にモン社会を形成した。アメリカ映画『グラン・トリノ』（クリント・イーストウッド監督・主演、二〇〇八年）はデトロイトのモン人社会を舞台にしている。

*35 モン人の焼畑については、Jacques Lemoine, *Un village Hmong Vert du haut Laos*. Paris, Éditions du Centre national de le recherche scientifique, 1972 1972.

加のスピードも手伝い、焼畑地域は手狭になる。いきおい、焼畑スパンが短くなる。森が戻る余裕がない。*36
平地のターイ人やタイー人などの水田耕作民もまた山に活かされている。水田の水や流れこむ腐植土はもとより、山の動植物は平地の民にとっても貴重な生活資源だ。ところがめっきり森林が減ってきた。豊かな照葉樹林の山々が花札の坊主のようになってきた。どこへ行っても昔は豊かな森林が多かったが、モンが来て焼いてしまったという類の物語を聞く。この言説が、盆地水田の民、ターイ人やタイー人が持つ、新来の山地民モン人への差別偏見をますます膨張させてしまう。

ベトナム政府も焼畑農耕には目を光らせ、移動農民をなんとか定住させようとした。これが六〇年代から続く定耕定住《ディンカインディンクー》政策だ。焼畑をやめさせて集約的な常畑《じょうばた》を作る。焼畑適地を求めて転々としていた移動集落を、定着村落に切り替える。政府のうたい文句では、自然環境を保護し、農業生産を高め、山地少数民族の生活を向上させる。

しかし、山地での定耕はやさしい問題ではない。表土の薄い山地斜面に常畑を作っても、よほどしっかりした棚畑を作らない限り、亜熱帯山地の豪雨のもと、簡単に土が流される。国道に面した山地斜面が無残な裸地をむき出しているのは、常畑化の失敗によるところが多い。

もう一つは、六〇年代以降、焼畑でアヘンの原料ケシが栽培されるようになったことだ。ビルマ、タイ、ラオス三国国境地帯、いわゆる黄金の三角地帯は、モン人がさかんにアヘンの原料ケシを栽培していたことでも有名だ。ケシ栽培は膨大な現金収入を焼畑社会にもたらした。モン人の定着農民化には、ケシに代わる商業作物を用意しなければならない。北部ベトナムではモン人は三七人参《さんしちにんじん》、川芎《せんきゅう》、玄参《げんじん》のような高級漢方薬を作っている。

サパへの途次、焼畑跡の斜面に水田を作っているモン人の家族に出会った（**写真17 モン人の水田**）。数年前から水田を作らされているという。斜面はかなり急だが、水田平面の造成はなされていない。水田は、せせらぎが流れるような斜面の亀裂に作られる。トラクターはもちろんスキも入っていない。だから一枚の水田は水平を保つ

写真17

ためには、斜面をできるだけ細かく切る。ほとんど数平米の大きさしかない。もちろん、せせらぎを水田に入れて掛け流している。しかし、モン人の集落はもともととても小さい。五～六戸から二〇戸くらいでしかない。この家の場合、せいぜい二家族が寄り添うように住んでいる。十分な水田インフラも、協働作業もできない。貧弱な水田は不安定で大雨のたびに流されるだろう。そんな苦労をしても収量は盆地とは比較にならないほど低い。峻険な山の斜面に水田を作らそうとすることが問題だ。モン人の定着化にはもっと智慧と資金が必要のようだ。

ターイ人

サパから国道四Dを西に進む。ライチャウ省の省境をこえ、ファンシパンの裾を巻くように国道三二号にのりかえ、南下してタンウイエン県に向かう。ラオカイから一四六キロある。

タンウイエンは一九四八年に生まれた県で一七〇〇平方キロ、ホアンリエンソン山脈とダー川の間の谷間にある。水田面積は四〇平方キロ、陸稲面積は三〇平方キロ、そのほか茶、キャッサバ、トウモロコシの畑だ。五〇平方キロ。焼畑まで加えた農地が一二〇平方キロなのに、保護林が一六八平方キロもある。山地の県だ。もっとも、一九九八年段階で、県の一五の村落のうち、四村落にはいまだに道がなく、自動車が通れない。この段階で

＊36　タイ、ラオスにおいても同じ現象が起きているが、モン人の人口増加と資源との関係については以下の著書がある。Robert Cooper, *Resources: Scarcity and the Hmong response: patterns of settlement and economy in transition*, Singapore University Press, 1984.

は電気はマチのほかには三村落に通じているだけで、人口の九〇%は自家発電[37]をのぞけば電気の恩恵をうけていない。

タンウイエン県は九八年訪問時にはラオカイ省唯一のターイ人が集住する県だったが、二〇〇三年から、ターイ人が多いライチャウ省に編入された。盆地にターイ人、山地にはザオ人、モン人などの各民族八万人ほどが住んでいる。その中でもフランス期から白ターイ人の居住地として有名だ[38]。

白ターイ人は民族誌としてはよくわかっていない。言語的にも現在の白ターイ人は黒ターイ語とそれほど違わないらしい。盆地に住み、集約的な水田耕作に従事する。たいがいの概説書には黒ターイと白ターイの名前の起こりは民族衣装の色だとする。しかし白ターイ人は伝統的服装は同じだという。女性の髪型が黒ターイは巻き込むが、白ターイはアップにするくらいの違いしかないという。しかも現在はすっかりベト人のファションと同じになって、ますます区別が難しい。実際、ベトナムの民族分類では白ターイと黒ターイを区別せず、単一のターイ人としている。しかし、ターイ語で白いターイ《ターイカオ》[39]と自称する人々の集団としか言いようがない。

写真18

一般にターイ人は雲南省の山地から長い時代をかけて、また何派にも分かれて川筋ごとに、水稲耕作を持って南下してきた。最も古く、一〇世紀以前に紅河を伝って現在のベトナム領内に下りてきた種族が白ターイだ。現在、ライチャウ省に接した中国領は雲南省金平県と言うが、この地の金傣人は、白ターイ人のことだ。ついでベトナム領に入り、ライチャウ省のフォントー（ターイ名ムオンソー）県、ついでタンウイエン県だ。次の集住地はずっと下ってホアビン省西のマイチャウ。二つの白ターイ集住地の間、南北二〇〇キロにわたって、ダー川から入った黒ターイ人が割りこんでいる。

タンウイエン県の白ターイのムラ《バーン》*40を訪問した（写真18）。ダー川の支流ナムムー（ムー川）に沿った小さな盆地に三つのムラが集まっている。一つのムラは九〇～一〇〇戸くらいからなる。ほとんどが高床住居だ。生業は水田耕作。さすがにターイ人で四〇ヘクタールの水田を切り開いた。畑はほとんどない。それでも一戸あたりでは四〇〇〇平米くらいにしかならない。乾季の水が確保できないので、二期作は半分しかできない。収量も一期作ではやっと二～三トンだ。農家と言っても大事な米は飯米だ。とても市場で売る余裕はない。全量を飯米にまわしても、ムラの三分の一は飢えている。衣類は、昔は綿を植えて家庭ごとに藍染めして織ったものだが、今は市場で糸を買ってきて、家で織る。これも市場がないので、自給用にしかならない。ふくれあがる現金需要は結局、一家の大黒柱がマチに出稼ぎに出るしかない。

*37　私が訪問した一九九九年段階では、山地のほとんどに電気が通じていなかった。ところがその一方でテレビが普及しだしている。テレビへのあこがれは強い。そこで、自家発電が一般的になる。山地の市場ではコンデンスミルクの大缶くらいの大きさの小さな水力発電器を売っている。小さなプロペラがついていて、溝や小川で段差のついているところにおいて回転させると、一〇〇ワット程度の発電ができる。導線で家にひっぱってくる。テレビにはこれをいくつか連結させて使う。小川の両端まで一列にこの発電器を置いたところを見た。テレビの普及率はタンウイエンでは二〇％、ラジオでさえ四〇％。購買意欲はあってもインフラが伴わない過渡期の智慧だ。

*38　フォントーの白ターイについては、F. Silvestre, *Les Thai blancs de Phong-tho*, BEFEO, 18 (4), 1918. なお樫永真佐夫はターイ人を黒白に分けたのはフランスの分割統治策の結果であるとし、居住地域の差だけだろうとする。樫永真佐夫「ベトナムにおける黒タイ語表記の変遷——少数民族の文字文化」ベトナム社会文化研究会編『ベトナムの社会と文化』第二号、二〇〇〇年、一三三～一七八ページ。

*39　正確には、タンウイエンなど北部の白ターイ人はターイドンと自称している。一方、南部の白ターイはターイドアンと言うらしい。ドンもドアンも白の意味である。

*40　ターイ人の集住するムラをバーンと呼ぶ。バーンがいくつか集まって、行政村落ではある社となる。ここでは社を村落としている。

八〇歳（一九九八年当時）の長老に聞く。もともとは南のソンラ省あたりにいたが、本人の祖父以前に、フランス人の徴税を嫌って、もっと山深いこの地に移住してきた。前述のように、ターイ人は長い時間をかけて雲南省から南下してきた。二〇世紀でもラーオ人はよい土地を求めて、平原をさまよった。黒ターイ人にも同じだったようだ。

昔は深い森に囲まれた今よりもっと孤立した世界だった。一つのムラは五〇戸くらいしかなく、人口が少なかったので、稲の一期作でも十分やっていけた。ムラはタウという首長に統治されていた。タウはフィアという貴族である。タウはタイ語でもそのまま村長だし、フィアは貴族を意味するプラと同じだろう。それほど黒ターイ語（ここではタイドーン方言と言うらしい）はタイ語に近い。実際、同行したタイ人の誰とも問題なくターイ語で通じ合った。一〇〇％問題なかったという。近くのマチ、ライチャウまで馬だけが通れる細い道を歩いて五日もかかった。ベト人は一人もいなかったという。

占い師《モー》がタイ文字の本を持っていたが、老人はまったく読めない。周囲に読める人もいなかった。[*41] 抗仏戦争の時にはタンウイエンのマチにフランス軍が来て飛行場を作った。五四年にフランスが去って、ベト人が来た。学校ができた。五五年頃からベトナム語を勉強した。ベト人の指導で、水稲が二期できるようになった。しかし、マチのベト人とは結婚はもちろんほとんどつきあいはなかった。

一九六八年にラオカイに通ずる今の道、四号、三二号を中国人が改修して車の通れる道にしてくれた。一九七九年になって、やっとタンウイエンを流れる川（ムー川）に橋がかかり、ようやくソンラのマチへの往来（二七九号、一〇七号）ができるようになった。それでも一九九八年段階ではタンウイエン県の一五村落のうち、四村落は自動車が通えない孤立村落だ。

もう一つの白ターイの村落を訪ねてみる。タンウイエン県から二三キロ、山また山の世界を行く。最近できたトラクターでおしつぶしただけの愛想の悪い道をのぼると、狭い段丘の上に豪壮な高床の家々が並ぶ。ムラの戸数は六六戸、人口は六一二人だが、成人の働き手は一三二人しかいない。しかも、水田は六五ヘクタールしかない。うち二五ヘクタールが二期作化されたところだ。収量はヘクタール三・五トン、飯米を自給するのがぎりぎりだ。水田が少ない家ではトウモロコシ、キャッサバ、大豆を植えて食を補っている。貧しいので完全に無税だ。村役場の行政費用は県から送られてくる。それでも塩や調味料は購入しなければならないので、わずかな米、豚や山羊を売る。

九八年には電気は来ていない。一一の家が自家発電器を持っている。とは言っても電灯に使うぐらいで、テレビは無理で、一台も入っていない。ラジオが九戸にある程度だ。それでもバイクは出稼ぎに必須のアイテムだから、八戸が持っている。

こんな状況だが、すべてのムラに小学校、村落には中学校がある。小学校の進学率は八〇％を超える。かつてはムラの公職についている人の子弟しか就学しなかった。学歴のみが貧しい自給生活から抜け出す道であることをみな知っている。

＊41　ターイ文字には、新ターイ文字（スータイマイ）、旧ターイ文字（スータイカウ、あるいはスータイハンメオ＝猫のしっぽの文字）の二種類があった。新ターイ文字というのは、たぶん一九五五年にソンラ地方の文字をもとにベトナム言語学者が作った文字であろう。老人が知っているターイ文字は新ターイ文字だけである。別にベト人がローマ字でターイ語を表記したので、文字は三種になった。学校ではベトナム語とターイ語の両方を学ばなければならなかった。ライチャウでターイ語新聞が発行され一九七四年まで続いた（樫永によれば正式なターイ語教育の廃止は一九六九年）。五五年から七四年まで、ターイ語で読み書きした時代もあったという。この年、ターイ語授業が廃止され、ベトナム語だけになった。民族語教育については伊藤正子『エスニスティ〈創生〉と国民国家ベトナム――中越国境地域タイー族・ヌン族の近代』三元社、二〇〇三年。

ディエンビエンフー

ディエンビエンへの道

タンウイエンから国道三二号を北上する。九〇キロ走って、国道四号に移る。フォントーを過ぎる。辺境の省はどこでも山国だが、ライチャウ省は雲南山地をそのまま引き延ばしたような山また山の世界だ。プーサンレン峰は三〇九六メートルもある。九〇五九平方キロしかない省（青森県程度）だが、東にファンシパンを抱くホアンリエンソン山脈、西に平均高度一八〇〇メートルのソンマー山脈に囲まれた狭い高原からなっている。高原の中央、石灰台地をえぐるようにダー川が流れる。フォントーはダー川の上流近くの狭い谷間のマチだ。人口二万七〇〇〇（二〇〇九年調査）のまことに小さな省都だ。

ライチャウはもちろん圧倒的なターイ人の世界で、三七万人の総人口の中で、二〇万六〇〇〇人がターイ人だ。ベト人は一〇万人を欠く。ライチャウ（莱州）という名前もターイ人の王国ムオンライをベト訳したものだ。まあターイ人ほか「少数民族」のクニだ。

ライチャウの行政制度は複雑に動いている。一九六二年にタイバック自治区ができた時にライチャウ省ができた。しかし、一九七九年の中越戦争の時に、省都ライチャウ（ムオンライ）は中国軍に爆破され、省都は南のマチ、ディエンビエンフーに移った。二〇〇四年、ライチャウ省はディエンビエン省とライチャウ省二省に分割された。ディエンビエンフーもムオンライも新しい省ディエンビエンに編入された。新ライチャウ省の省都ライチャウ市は、旧フォントー市に置かれた。しかしディエンビエンやムオンライのような肥沃な大盆地を失い、新ライチャウ省の経済は苦しい。ラオカイと違って、国境は立ちふさがる城壁のような尾根で、中国との取引ルートも開けていない。わずかにディエンビエンフーからダー川／ナー川に沿って北上する国道一二号が、中国の藤條江（ダー川の中国名）沿いに金平に至っているだけで、大動脈にはなりえない。ドイモイ後の外国投資額は、一九八八年から二〇〇七年までの累積契約額で一六〇〇万ドルにすぎず、西北諸省の中でもきわだって悪い。中国や隣接するラオスとのルート拡大、ほとんどが未踏査の鉱物資源、そしてなによりも広大な森林資源が、合理的な開発を待っている。

四号は中国国境にほど近いパソー（フォントー県）というムラで、南から北上してきたダー川に沿った国道一二号に移る。パソーから中国領まで渓谷の道は二一キロ弱しかない。

一二号は南で二七九号と合流し、西のラオス国境を越え、ラオス北部のポンサーリー、さらにルアンナムター、ルアンパバーンと連絡する。七五年のラオス革命以前は、ラオス東北部に盤踞するパテート・ラーオ勢力へのベトナム民主共和国の最重要な補給路だった。

ターイ人の国ムオン

フォントーから一二号はダー川の深い谷の東岸を南下していく。このあたり、地図ではカオフィエン高原とあるが、まわりを木々に囲まれて暗い谷間にしか思えない。古いターイ人の首邑ムオンライ（旧ライチャウ）の手前でディエンビエン省に入る。前述のように二〇〇四年に旧ライチャウ省の南半分を切り取ってつくられた新しい省だ。ディエンビエン省は、面積九五六〇平方キロ、人口四四万人と、ライチャウとよく似た山と森の省だ。

ターイ語では自分たちの小さな盆地国家をムオンと言う。[*42] フォントーのムオンソーも、ムオンライも、ディエ

＊42　このムオン系の言葉は各地のターイ人に、モン mong, ヴォン vong, ムアン muang, マン mang などと訛りながら広く使われている。標準タイ語やラオス語でも、マチとクニをムアンと言い、たとえばタイ国をムアンタイと言う。ムオン／ムアンはどうも中国語の「王《ワン》」のなまりらしい。

ンビエンフーのムオンテーンも、ソンラのムオンラーも、ムオンをつけるターイ人の地名はすべて、かつての盆地小国家に由来する。私はクニと訳すことにしている。

九世紀頃、雲南の大理に南詔という国があって、チベットや唐とあい争う。南詔はしばしば東南アジアに進出し、ビルマ、北タイ、さらにはカンボジア平原まで侵攻した。その極め付けが八六〇年の北部ベトナム安南都護府の占領だ。この時の南詔軍にターイ人らしい部族がいる。*43 ターイ人が西北山地にムオンを作り出したことが確認できるのは一一世紀頃で、この頃ハノイの李朝に朝貢している山中の部族の長にターイ人の伝承に似通った名前が見られる。

おそらく南詔が滅びた九世紀末から、雲南の白ターイ人が紅河に沿って北部山地に移動した。一一世紀前後に今度はルー人やラーオ人がメコンに沿って、黒ターイ人がダー川に沿って動き出す。黒ターイという名称、いつ頃から出てきたか不明だが、ダー川のフランス名黒い川《リヴィエールノワール》と関係があるのかもしれない。

ターイ人の伝承では、はるか北方の七つの山、七つの川を治めていた神の子孫がそれぞれ川を下ってムオンを建てたという。何世紀も何十派にわたって、ターイ人たちはダー川や紅河を下ってタイバック山地に来たり、先住民のサー人*44たちを駆逐しながら小さな水稲社会を作っていった。大きなムオンが一二あったので「一二のタイの王侯《シップソンチュータイ》」*45の土地と自称した。

小王国の一つにムオンテーンというのがある。現在のディエンビエンフーである。*46 ムオンテーンの伝承では、ターイ族の始祖神の末子ランチュオンは父から土地をもらえなかったので、新しい土地を求めてダー川近辺をさまよう。最初はムオンムオイにムオンを作る。現在のソンラ省、国道六号に沿ったトゥアンチャウだ。しかし、この土地はあまりに小さい。ランチュオンは意を決してダー川沿いの盆地を離れる。西に山を越える。実在の人だとすれば、おそらく今の国道二七九号が走る峠道を進んだはずだ。

峻険なフーファソン（一一五〇メートル）の峠を越えると、南北にのびたおまるのような大盆地が見えた。平地面積一万ヘクタール、周囲の屏風のような山々は一一〇〇〜一四〇〇メートルくらいだ。峨々たる山に囲まれているが、盆地そのものは平らで広い。京都盆地や奈良盆地と同じくらいだ。ランチュオンはここに王国を建てる。土地を天の都《ムオンテーン》と名付ける。ベト人たちはムオンテーンを茫青《ヴォンタイン》と呼んだ。四季がある。周囲は照葉樹林の深い森だ。ルアンパバーン王家とデルタのベト人王家に両属しながら、ムオンテーン王国は平和な何世紀かを過ごした。

奠辺府

夢は突然やぶられた。一八世紀中頃、紅河デルタ農民反乱の首魁黄公質《ホアンコンチャット》がタインホアから猛天《モンティエン》（ムオンテーン）に逃げ込んできた。チャットはターイ人の王を殺して、この地を一六年にわたって支配した。ホアン・コン・チャットの名前は現在まで恐怖とともに伝えられている。

以後、この広く豊かな盆地は戦乱相次ぐ受難の地になる。一九世紀になり、この地もベト人の行政区画の中に

＊43　南詔の地理を記した『蛮書』巻四には、茫蛮という部族があり、その長を蛮詔とするとある。これがヴォン／ムオンの初見である。

＊44　ターイ人に伝わる起源説話にはターイ人が来ると、盆地は既にサー人に占拠されていたとする伝承が多い。サー（Xa 漢字では舎）はラオス語で山地の少数民族を総称するカー（kha 奴隷の意）の訛であるという。サー人は山地に住む南アジア系（モン・クメール）言語集団へのターイ人、ベト人の蔑称である。初期の民族分類には用いられたが、現在ではコム人、ラハ人などに分類されている（六三六ページ参照）。

＊45　これは南雲南の西双版納《シップソンパンナー》（一万二〇〇〇の水田？）と同じく数合わせで実際は一八くらいのムオンができた。

＊46　ターイ人共通の始祖の地、高天原といったところにムアンテーンがあるので、ディエンビエンフーをターイ人の故郷と紹介されることもある。私はターイ人の伝承上のムアンテーンを雲南の別称「滇《てん》」に由来すると思っている。

組み込まれた。ムオンテーンは奠辺府《ディエンビエンフー》と名前を変える。一九世紀末にはホー族と呼ばれた華人武装集団（黄旗軍）に占拠されるし、大戦中は日本軍に逐われたフランス軍が逃げ込んできた。討伐にあたった日本軍の部隊名を「でんべんふ支隊」と言った。当時の日本人にはディエンビエンフーの発音はどうにも難しかったようだ。

交通の要地は軍事上の要衝でもある。悲劇の決定版は一九五三〜五四年のディエンビエンフー戦だ。一九五四年と言えば、半世紀を超す大昔だ。しかし、当時九歳の私でさえホー・チ・ミン軍とディエンビエンフーという言葉をラジオが連呼したのを知っている。私より年上であれば、多くの人々がこの名前を覚えている。初対面で私がベトナム研究をしていることを知ると、「覚えていますよ。ディエンビエンフー」と言う人が結構いる。それほどディエンビエンフーの戦いは、敗戦日本人にとって強い衝撃だった。

さらに、第二次大戦に勝利し、過酷な朝鮮戦争でも大敗北を喫していない欧米にとっては、バルチック艦隊の全滅以上の大ショックだった。『ディエンビエンフー陥落』を書いたジュール・ロワは、「ディエンビエンフーの陥落は世界中を驚愕させた。ワーテルローの敗戦も、これほど騒がれなかった。それは西欧が受けた最大の敗北の一つであり…」とする。

ディエンビエンフー要塞の建設

一九五三年一一月、第一次インドシナ戦争（一般にはインドシナ戦争。ベトナムでは抗仏戦争と呼ぶ）のただ中、敗勢濃いフランスは、突然、大空部隊を山深い盆地ディエンビエンフーに降下させ、盆地の中央を一万五〇〇〇以上の兵に守られる堅固な野戦要塞に変えた。

戦略的な目的は、ラオスのベトミン軍と本拠の北部山地を、この一点で切り離すことにある。ディエンビエンフーからラオス国境まで、国道二七九号でわずかに三一キロ、メコン河畔のルアンパバーンやヴィエンチャンまでても、一五〇キロほどだ。ディエンビエンフー盆地を流れるヨム川（ターイ名。ベトナムではゾム川）は、東のダー川や紅河ではなく、西のメコン川に流下する。

一方、ディエンビエンフーはハノイから国道六号（旧ハドン道路）と国道二七九号で四九〇キロ、またディエンビエンフーから国道一二号を北上すれば中国国境に至る。また一二号の中途で国道四号に乗り換え、東に進めば、観光地のサパをまわって、中越国境の大交易都市ラオカイに至る。ディエンビエンフーはなによりも、山地とデルタ、ベトナムと中国、ベトナムとラオスを結ぶ交通の要地なのだ。

それだけではない。ディエンビエンフーは高度五〇〇メートルほどの盆地で、その周囲は一〇〇〇メートル近い峻険な山々に取り囲まれている。しかし、その平地がめっぽう広い。南北二〇キロ、東西五キロほどのゾウリムシ型の盆地だ。平地面積はほぼ一万ヘクタール、奈良盆地ほどになる。四季がしっかりしている。冬はやや寒いが、それでも雪が降るほどではない。周囲の山々から四季を問わず豊富な水が流れ込む。すばらしい稲作適地だ。

フランスは、ベトミン軍はこの峨々たる山地に火砲を集中できないと思い込んでいた。周囲の山塊から下ってきて肉弾突撃を繰り返すベトミン歩兵は、ディエンビエンフー盆地の中央の蜂の巣陣地[*47]の火砲や機銃でなぎ倒され、外周のタンクで踏みにじられ、上空の戦闘機群に掃射される。実際、これに先立つナサン要塞（現ソンラ省）戦では、ベトミン歩兵は蜂の巣陣地を抜けられず、鉄条網の前に無数の死体を残して撤退した。だからディエンビエンフーに下りてきたベトミン主力も、残らず撃滅されるはずだった。七年の交戦を通じて厭戦・反戦運動に突き上げられているフランス最後の起死回生の賭けだ。

＊47　旧日本軍の用語。日本軍のインパール侵攻に対して英印軍が作った防衛拠点方式。外周を戦車、機銃で守り、中に野砲を集中し、上空を戦闘機で護衛させる円筒形の陣地をさす。第二次大戦では無敵不落の野戦築城だった。

ディエンビエンフー戦役

しかし、ベトミン軍もまた、インドシナ戦争の帰趨を決める最後の決戦場を求めていた。一九四六年一一月に新生ベトナムとフランス軍はハノイで激突したが、前章で見たように、四七年はじめにはベトミン軍主力は二年前までこもっていた北方山地に撤退した。都市もデルタも戦争初期にフランス軍に占領された。しかし、フランス軍もそれ以上には追求できなかった。

七年の間、山地をめぐる戦いが繰り返された。この間に国際情勢は大きく変化した。欧州に始まった東西冷戦は、アジアでは一九五〇年から朝鮮戦争という熾烈な熱戦に転化した。インドシナ戦争もまた古典的な植民地再征服戦争から、東西両陣営がその雌雄を決する決戦場にその姿を変えた。ベトミン軍の背後には中ソが大後方を形成する。一方の疲弊したフランスはアメリカの援助を獲得する。ひたすら消耗戦が繰り返されるだけで、戦いは終わらない。

軍略家ボー・グエン・ザップ[*48]は、軍の全力をこのディエンビエンフー戦に投入した。ディエンビエンフーの勝利は長かった抗仏戦争の最後のオーロラになる。その天才的な頭脳がそう確信する。ベトミン軍は、伝説の一〇五ミリ野砲を、仏戦闘機の銃撃の中、人力だけで山稜に運び上げた。砲弾も食糧も肩と自転車で何百キロと運ばれた。何万という民衆が志願で人民軍の補給にあたった。この山地輸送に生じた民衆のさまざまな犠牲は、口碑として残る。ディエンビエンフー戦役は、民族の大叙事詩だ。

一九五四年三月、ディエンビエンフー野戦要塞に、山稜の野砲陣地から雨のように砲弾が撃ち込まれた。フランス映画「ディエンビエンフー」（9章五三九ページ参照）では、ある朝、青空の下、盆地を取り囲む緑の稜線から無数の砲煙があがる。たちまち飛行場は破壊され、頼りの航空補給は不可能になる。兵士たちは掩蔽壕に釘付けになり、ベトミン兵の吶喊《とっかん》を待つだけになる。闇の中を走るベトミン軍の曳光弾、無言の吶喊の迫力は、ハノイの旗台の真下にある軍事博物館の映写室で毎日上映される実写フィルムで見ることができる。

一月半の攻防のあと、五月七日、要塞司令官カストリ准将は、司令部に進んだベトミン軍に降伏した。数千人が戦死し、一万人が捕虜になった。これは当時北部で展開していたフランス機動部隊の兵員の四〇％にあたるという。フランスは継戦能力を失った。同時期に開催されていたジュネーヴ国際和平会議はフランスの撤退を決定した。戦争の延長に政治がある。

戦場から市場へ

六〇年近い「昔」、万余の死体に覆われたディエンビエンフーは、九〇年代以降のインドシナの変化を表す「戦場から市場へ」[*49]という言葉の象徴だ。

私が最初にディエンビエンフーを訪れたのは一九八六年のことである。ハノイから黒いボルガ（ソ連製の高級車）に乗って、水田が広がるだけの国道六号（ハドン道路）を西上し、まだ未舗装の山道だった国道六号をあえぎながら上っていった。山中の川にはまだ橋さえなく、ボルガが遠慮会釈もなくズブズブと突っ込んでいったものだ。わずか四七八キロの道のりを一日では踏破できず、途中ソンラ省の省都ソンラの廃墟のようなホテルに泊ま

＊48　ボー・グエン・ザップ（一九一二〜二〇一三年）。ベトナム人民軍の創設者。人民軍大将。抗仏運動を経て一九三〇年共産党入党。一九四〇年、ベトミン結成に参加。一九四四年武装宣伝隊を組織した。これが人民軍の淵源となる。抗仏戦争では一九五四年のディエンビエンフー戦を指揮、抗米戦争中は国防相として、勝利を牽引した。政治的には不遇のときが長いが、国民には絶大な人気がある。9章五三〇ページ参照。
＊49　一九八八年、ベトナムのドイモイ政策、ベトナム軍のカンボジアからの撤退をきっかけに、当時のタイ首相チャートチャーイがインドシナ全域の市場経済化を呼びかけた言葉。

写真19

写真20

り、翌日ようやくディエンビエンフーの東斜面のゲストハウスに到達した。当時はベトナム北西部の大省ライチャウ省の一県都に過ぎなかった。大戦役からもう三〇年を経ているはずだが、ディエンビエンフーの概観は当時とほとんど変わらない。フランスの司令部壕を中心とした陣地群の北に、方形の塀に囲まれた市場があり、市場の裏には兵士たちが水浴したヨム川が流れている（**写真19ディエンビエンフーのフランス軍司令部跡**）（**写真20ディエンビエンフーの戦没者墓地**）。

盆地平面は水田と果樹林が広がり、小さな平屋が道ばたにちらほらと並ぶだけの街だった。ゲストハウスの北の丘がＡ１《アーモット》（フランス名エリアンヌ、第一拠点）と呼ばれる最大の激戦があった地だ。もともとはターイ王国ムアンテーンの王宮があり、フランス時代には理事官の邸があったという。フランス軍のトーチカ、破壊された戦車が点々と丘に散らばる。Ａ１丘の下を国道六号とラオスを結ぶ二七九号が通る。当時は砂利道だった。その向かいにカストリ司令部の掩蔽壕のあとが水たまりになっていた。ディエンビエンフー戦勝博物館だけがさびしくそびえるそんな街だった。

次に私がディエンビエンフーを訪問したのは、ずっと遅れて一九九九年の冬だ。その頃のディエンビエンフーは、一九八六年とはまったく違っていた。町中から田園っぽい景観が姿を消し、ハノイを思わせるペンシルハウスがぎっしりと建ち並び、ベト人の商人がいそがしく動き回る。人口は一二万人ほど、地方都市としてほかと遜色ない。市内の道も近代化されたし、ディエンビエンフー戦の戦蹟や英雄墓地も大規模に整備され、観光地化されていた。

タイビン人

ディエンビエンフー戦以後、政府の移住政策でデルタのタイビン省出身のベト人農民たちが大量に移ってきた。[*50]いまや人口の四割がデルタからの移住者だ。彼らは、盆地周辺の水田を耕して、二期作化やら湛水直播[*51]やら、新しい農業技術を盆地に持ちこんだ。

盆地北西端の段丘上のムラ、タインルオン村落でのタイビン人に移住話を聞く。ハーザン・ナム氏は一九五〇年にタイビン省で生まれた。一九六〇年代、山地は人口過剰なデルタのベト人には人口希薄の処女地に見えた。デルタの過剰人口地帯から山地への移住を促進する政策がとられた。タイビンは平方キロ一〇〇〇人を超す人口密度を持つひどい人口過剰地域だ。一九六四年、父母とともにディエンビエンフーに移住した。最初、一年間はターイ人のムラでターイ人と一緒に暮らした。その後、二〇戸ほどで自分たちのムラを作り、独立した。その頃は合作社時代で、土地は集団所有、労働は集団労働だったが、一九九三年には一人あたり六〇〇平米の水田が分けられた。今は死んでも返さなくていい、事実上の私有地になった。

村の総面積は四〇一〇ヘクタールだが、農用地は四一一ヘクタール、残りは森だ。それでも、一家に一ヘクタール以上が分けられる。多くの水田は二期とれる。主作は冬季作でデルタと同じくタップザオ[*52]を直播法で栽培する。収量は本人の言では年ヘクタール九トンに達する水田もあるという。食糧問題の不安がなくなった。それど

＊50　太平《タイビン》省のタイの発音はタイ人のターイとまったく同じだ。だから冗談で、ディエンビエンフーには三種のタイがいると言う。黒ターイ《ターイデン》、白ターイ《ターイチャン》、ターイビンだというのだ。

＊51　調節された湛水面に、籾を直播する作法。移植労働力が節約できるために、東南アジア各地の水田地域で採用されている。しかし、水生雑草と競合するので、膨大な除草剤、農薬を必要とする。日本ではあまり普及していない。

＊52　中国種のＦ１（種なし）品種。タップザオは雑交の意味。九〇年代後半から北部稲作の主品種である。

ころか、村長は毎年二〇トンの米を手に入れ、うち飯米は四トンで一六トンを販売することができる。これはデルタでは考えられない。

さらに大きな現金収入はもっぱら荘寨《チャンチャイ》（個人経営の農場4章二一七参照）からだ。現在、この村には六農場がある。最大の農場は村長の所有で、ここから三時間ほどの山の中にある。牛一〇〇頭、水牛二〇頭、山羊三〇匹が飼われている。この村の家族の平均農業収入は一四〇〇万ドンにもなる。この段階（一九九九年）では、私の調査したデルタの家庭の農業収入の五倍にもなる。さらに、村が管理する一〇〇〇ヘクタールの自然林を切り開いて牧場を作る予定だという。新来のタイビン人はすっかりこの地域を楽しんでいる。一九九八年、サトウキビを作って精糖する国営農場の労働者の戸籍がこの地に移された。タイビン人はどんどん増えているという。

黒ターイ人

盆地南側には先住の黒ターイ人の集落が集まっている（**写真21ディエンビエンフー盆地のターイ人集落。一九九九年**）。サムムーン村落と言う。サムムーンは三万（のムラ）という意味で、ディエンビエンフーでは最も古い。もともとはルー人[53]たちのムラがあったといい、また黄公質《ホアンコンチャット》の兵が三万人いたからこの名がついたともいう。とにかく黄公質の戦いがここで起こったので、人々はみな逃げてしまい、ムアンテーンは無人の森に戻ってしまった。

一九三二年になって、トゥアンザオ[54]方面のターイ人が大量にディエンビエンフーに移ってきて、盆地の底にトンチャというムラを作った。ところが洪水があって、低いトンチャが水浸しになった。ムラをあげて一九七〇年、二キロほど東寄りの高台の現在の地に移った。そこが現在のサムムーン村落の中のバーンナーヴァイ、通称はヴァイというムラである。ヴァイは黒ターイ人が九〇％以上を占める。小さなムラで、総面積三〇ヘクタールだが、水田は一八ヘクタール、うち一二ヘクタールは堰から水が引けるので、二期作化が可能だ。この狭小な土地を五〇家族三三七人が耕している。しかし、米の生産性は高い。乾季作では五～六トンがあたりまえ、雨季作でも平均四～五トンだ。どこの家でも二頭以上の豚を飼う。後ろの山はマンゴーなどの果樹林だ。

生産意欲も活発で三〇家族が農業発展銀行から五〇〇万ドンほどの金を借り、家畜を殖やしている。だから、金持ちもいないが、中流以上の農民が九〇%を占める。困窮家庭はほとんどない。九九年の段階でテレビは九〇%以上の家庭に普及し、バイクが一三台もある。九七%以上の家は瓦屋根だ。

ムラのインフラでもデルタ並みである。舗装した自動車道路が国道まで続いている。電気もムラの変電所まで送電されており、各戸がここから引き込み線を引いている。医療センターがあり、看護師がいる。見た限り、広壮な家々が続き、デルタ農民よりもはるかに豊かそうに見える。

写真21

しかし、デルタと決定的に違うのは、教育事情だ。社には中学校まであるが、ヴァイには小学校もない。にもかかわらず小学生は一一〇人もいる。中学生も多数、高校生も五～六人いる。みな歩いて二キロ離れた社の学校に通っている。大学はとても通わせる経済条件がない。つまり、黒ターイの人たちは、ベト人に対し言葉で不利なだけではなく、通学環境で決定的な差が出ている。最低高校を出てなければ、都市で定職につくのは難しい。黒ターイ人は、このまま盆地の中に閉じ込められることを恐れている。

＊53　ターイ人の一派で、雲南の西双版納（シップソンパンナー）タイ族自治州の主要民族。
＊54　国道二七九号を東に七二キロ、ソンラへの道の間にある。東のダー川水系に属する。つまり東側のダー川水系から峠を越えてメコン水系への移住運動は今なお続いているのだ。

写真22

コム人

山地ベトナムの先住民はモン・クメール語系の人々だ。かつてはサー人と呼ばれていた。焼畑民を意味する漢語から来ている。今はコム人と呼ばれる。[*55][*56]コム人は最北に住む南アジア語族で、今は祭礼や民謡が観光用に有名になった焼畑民だ（写真22 コム人のムラ。一九九九年）。

一九九九年の調査では五万六五四二人、その後、漸減している。分布の中心はライチャウ省（一万四八〇〇人）とゲアン省（二万七〇〇〇人）で、もともとは広大な山地一帯に散らばっていたようだ。低い高床式の小屋に住む。小さなムラを作っては一〇〜一五年サイクルで移動していた。だから政治単位は作れず、革命前はターイ人に服属していた。

現在、焼畑はおおっぴらには禁止されている。そこでコム人たちは新しい生業に苦しむ。ディエンビエンフーの西北郊外、海抜五〇〇メートルほどの山麓に二〇〇メートルほどの堰堤で堰き止められた小さな貯水池があり、これを囲んで植林された新しい森がある。森と池の間にフアペという小さなムラがある。一九九九年一二月、民族学研究所の案内で、このムラを訪れた。フアペは今（一九九九年）から三二年前にできた。それまではもっと上方のムラでタイ人と一緒に暮らしていた。このムラの面積は宅地が五ヘクタール、新しく開墾された水田が三・五ヘクタール、森林が二五ヘクタールあり、ここに黒ターイ人六戸、コム人八戸計一二〇人が細々と住み込んでいる。[*57]

この段階ではとにかく貧しかった。わずか三・五ヘクタールの水田はすべて一期作で籾生産量は年九トンにしかならない。売るどころか、食べるにも足りない。家畜は水牛が五頭、豚が二頭で収入にはならない。貯水池は社《サー》の副主席の個人所有池で、フアペの人々は目の前にありながら、養魚もできない。だから一四戸のうち一〇戸が年のうち数ヵ月は糧食がない貧饉戸《ドイゲオ》だ。

現金収入は乾季に森の中に入って、薪を拾い、籐を採り、町に売りに行く。時々、青年がディエンビエンの町の単発の建築労働などに雇われることがある程度で、開拓した水田の肥料代にも事欠く。一番大きな現金収入は、政府が森林保護料として年にヘクタール一〇万ドンをムラに支給してくれる。これを一四家族で分配する。

上水はもちろんのこと、電気も通じていない。流水がないので、発電もできない。バッテリーを買って、下のムラに行き充電してもらって持ち帰り、テレビを見るときに使う。ムラ全体に自転車が四台しかなく、どこに行くにも徒歩だ。

コムと言えば輪踊り《ラムウォン》が有名で、ディエンビエン省のムオンパーンでは観光化されている。フアペでもベトナム正月や結婚式で踊る。しかし、ここフアペでは肝心の銅鑼が壊れている。修理する金もない。鉄鍋の蓋を銅鑼にみたてて踊る。どうにも意気があがらない。貧しさが咳き上げるようなムラだ。

もともとこのムラには九〇戸からの家があった。焼畑が禁止されてからどうにも食べられなくなって、ムラを離れる人が続出し、一四戸までに落ち込んだ。

電気がなくても耐えられなくはない。問題は教育だ。ムラの中には学校がない。一二人の就学児童は、ここから三キロほど離れた社にある小学校に通っている。雨が降ると道が使えない。だから半分の児童は学校に通わない。そもそも公職にある人以外は字を必要としない。だから八〇％が字を知らないし、老人の中にはそもそもベトナム語を話せない人もいる。識字はもちろんのこと、町で働くなら最低でも高校卒業が必要だ。つまり、就学

＊55　サー人については六三七ページ＊44参照。
＊56　ラオスの山腹に住む少数民族の総称ラオ・トゥンの一部であるという。
＊57　ベトナム語インフォーマント（コム人）による。別のタイ語インフォーマントはタイ人三戸、コム人一一戸、計八八人と言う。

環境の劣悪さが、コムの次世代までも現代社会から遠ざけ、山地の中に閉じ込めてしまう。環境を守れ、民族文化や伝統を守れという脳天気な主張の裏にひしめく大問題だ。

一三五号計画[58]

少数民族の生活改善のための特別プログラムは一三五計画《チュオンチン一三五》と総称される。一三五計画は正式には「山地、僻地、遠隔地で特に困難な村落の社会経済発展計画」と言い、一九九八年以来展開されている「貧困削減政策《ソアドイザムゲオ》」の中の重要な一部門[59]だ。計画は二段階に分かれ、第一段階は一九九七年から二〇〇六年、第二段階は二〇〇六年から二〇一〇年とされた。事業目標はバオカップ時代以来、言い古された少数民族の生産拡大、生活改善だが、加えて学校や医療機関など公共サービス、社会インフラに大規模な国家予算を投資することだ。

一九九九年、特に貧しいと目された一八七〇社が選ばれた。第一段階での国家総投資額は一〇兆ドン、事業数は二万五〇〇〇に及んだ。

第二段階の目標は農業の市場化転換、各集落、各地域間の交通の発展だ。一三五号計画の責任部局である民族委員会の報告によれば、第二段階では一八四八の社《サー》と三二七四の集落に一兆五〇〇〇億ドン（うち三五〇〇万ドルは外国援助）の投資がなされた。送電、道路、学校、ポンプ、畳などのインフラ構築事業は一万三〇〇〇、生産拡大のための投資は二二〇万家族、この結果、少数民族の一人あたり年間収入は四二〇万ドンに上昇した。対少数民族政策は貧困の撲滅から、市場化促進に向かおうとしている。同時にこれまでの開発計画と異なり、その実行には地方幹部との交流を深め、地方の具体的な要求に留意するようになったという[60]。

国道六号

盆地国家の連なり

黒ターイ人はおおむねダー川を南下して西北山地に移ってきた。ダー川は中国雲南省の大理の南に発する李仙江のことだ。ベトナムではライチャウ省の中央を抜け、ソンラ省を縦断し、ホアビン省を抜けて、紅河に合流する。その両岸の河岸段丘上におびただしい盆地国家（ムオン／ムアン）を作り出した。国道六号はこの盆地国家を数珠のようにつなげる。盆地国家街道だ。

ディエンビエンの盆地は実はダー川水系ではなく、峠を西に越えたメコン水系に属する。だからダー川沿いの国道六号に出るには、一度国道二七九号で一五〇〇メートル級の峠を越さなければならない。その時の旅は一二月だった。盆地は霜に覆われ、周囲の山々は霧に包まれてなにも見えなかった。二七九号はディエンビエンフーから東に七九キロ、トゥアンザオで国道六号と合流する。トゥアンザオはもともと黒ターイ人の盆地国家ムオンクオイだ。ベト人たちがこれに遵教《トゥアンザオ》州と名をつけた。ここから六号を南東に向かって下る。

しばらくダー川の支流の東岸を走る。浅い川を横断して針金が延びる。針金には自家水力発電器が数多く縛り付けられ、それぞれバッテリーに接続している。山地への配電の遅れに業を煮やした農民たちが考え出した苦肉の策だ。

＊58　この項目は主として http://vi.wikipedia.org/wiki/Ch%C6%B0%C6%A1ng_tr%C3%ACnh135 に拠っている。

＊59　ベトナム政府首相府決定一九九八年第一三五号一三五／一九九八／QĐ-TTg

＊60　民族委員会主席の報告によれば、二〇一一～二〇一六年計画では二九計画が補充され、また早期に民族学院（ホクヴィエンザントック）を建設するという。

河面に大きな揚水水車の影がかかる。水流を利用して水車をまわし、水受けに箱をつけて水を持ち上げ、高位の水田を灌漑する。佐賀平野相知町の町切水舎や福井県一乗谷の三連揚水車（筒水車）と同じものだ。黒ターイ人は流水の使い方がうまい（写真23 黒ターイの揚水車。一九九九年）。

写真23

ファーディン峠

トゥアンザオでライチャウから下りてきた六号に移り、高原を上りだす。まもなく、ディエンビエン省とソンラ省を分ける有名なファーディン峠を越える。ファーディンはもともとターイ語で、ファーは空、ディンは地、この地で天地が交わるという意味だ。ファーディン峠は約三〇キロある長い峠で、頂点（一六四八メートル）からディエンビエン市まで八四キロ、ソンラ市まで六六キロだ。頂上に巨大なテレビ塔がある。

一九五四年のディエンビエンフー戦では、国道六号はベトミン軍最大の補給線だった。六号上最大の難所ファーディン峠に、八〇〇〇人の青年男女が動員された。ここにフランス軍飛行機は銃撃を繰り返し、大量の爆弾を落とした。多くの青年が命を失った。ファーディン峠はディエンビエンフー補給「戦」の象徴だ。

詩人トーフーは

「ファーディンの坂、女は荷担ぎ、男は馬を牽く
ルンロー峠、男は吟じ、女は歌う
弾は骨を溶かし、肉を砕く
くじけるな、青春を惜しむな」

と詠っている。

しかし、二〇〇六年から二〇〇九年にかけて行なわれた国道六号改修工事の結果、バイパスがより低い山越えをすることになり、ファーディン峠はいまや観光名所として名をとどめる。国道六号は、まもなくトゥアンチャウの町に下りる。ターイ人の盆地国家としてはムオンムオイで、ここから発見されたターイ語の年代記が、この地の歴史を考える際の標準テキストになった。

ソンラ省――多民族のカルスト台地

さらに三三キロ下ったところに峡谷の町ソンラがある。ソンラ省は面積一万四〇〇〇平方キロ、ベトナム全省の中で第三位の大きさを持つ。しかしダー川水系の東西岸に広がっているだけだから、ライチャウ省と同じく山また山の山岳県だ。人口はわずか一〇八万人（二〇〇九年統計）で人口密度は七七人に過ぎない。民族構成はややこしい。ターイ人、ムオン人、キン（ベト）人、ザオ人、コム人、シンムン人[*61]、フーラー人[*62]、カン人[*63]、ラハ人[*64]、ラーオ人など一二民族が散らばっている。

ダー川左岸（西岸）にカルスト高原が広がる。ディエンビエン省との境界ファーディン峠からイエンチャウま

＊61　モン・クメール語系山地民族、ソンラ、ライチャウ省などターイ人と居住地域をともにしている。人口一万八〇〇〇人（一九九九年調査）ほど。
＊62　チベット・ビルマ語系山地民族。ラオカイに集住している。一九九九年調査ではソンラには一名居住していただけである。人口九〇〇〇人（一九九九年調査）。ターイ語が日常化している。
＊63　ベト・ムオン語とモン・クメール語の中間言語系の山地民族。人口一万人（一九九九年調査）。ライチャウ、ソンラ省に居住する。
＊64　カダイ語系の山地民族。人口五七〇〇人。ほとんどソンラ省に居住する。

で長さ一〇〇キロ、幅三〇キロで続く。平均高度は六〇〇メートルで、風光明媚なソンラ高原だ。ただし、産物としては茶、トウモロコシ、最近では養牛、山羊などがある程度だ。石灰岩の台地は美しいが、経済的発展は難しい。

ディエンビエンから一八〇キロ、ソンラ市に入る。ソンラ盆地はおおよそ一〇平方キロ、省都にふさわしい広さを持つ。ソンラはダー川岸のムオンラー（現在のイットオン）、黒ターイ人の盆地国家から名前をとっている。王朝時代には興化省（現ホアビン）の山羅州として、ターイ人の自治にゆだねられていたが、一九〇四年、ソンラ省が成立すると、一九〇八年、省都として整備された。周囲を一〇〇〇メートルを超す屏風のような山々に囲まれる。盆地の西側斜面からは棚田の広がりと緑の山壁からなる雄大な景観が楽しめる。

ソンラの観光名所はやはりソンラの牢獄だろう。一九〇八年、フランスがソンラ市郊外のカウカー山に建てた。最初は小さな地方刑務所だったが、一九三〇年代、デルタ諸都市で民族運動に火がつくと、もっぱら政治犯をデルタから切り離して収容する大刑務所になった。一〇〇七人の政治犯が囚われていたという。この中にレ・ズアン、チュオン・チン、ヴァン・ティエン・ズン[*65]、チャン・フイ・リエウ[*66]、グエン・コ・タック[*67]、マイ・チー・ト[*68]などの歴史的人物がいた。この刑務所を革命聖地にしたのは刑務所内に学校が開かれたからで、党幹部の指導のもとに多くの活動家が育った。もっとも、刑務所敷地は地域とは関係のないデルタの飛び地で、革命聖地と言っても「ソンラ観光」には向かない。

ソンラダム

ソンラ盆地からダー川河岸までは三〇キロある。ソンラ市の北郊から国道一〇六号で北に向かう。細い渓谷をくねくねと進み、ダー川河畔（バンモン）でダー川に沿って北西に進む。六キロほどで巨大な堰堤がダー川を横切っているのが見える。対岸はイットオンで、今はムオンラー県の県庁所在地、ソンラ水力発電ダムの工事現場だ。

ソンラダムは堰高一三八メートル、湖面二二四平方キロ、[69]二四〇万キロワットの出力が可能になる。ソンラダムの計画は、紅河デルタ一帯が電力不足に苦しんだ一九七〇年代、ソ連の技術と資本援助で出発した。その後、日本やスウェーデンが参加し、いろいろと曲折があったのちに、二〇〇五年に着工された。総投資額は二〇億ドル、二〇〇九年ベトナムの国家総収入GNIが三一六億ドルであることを考えれば、国家をあげた大工事である。

しかし、大きな問題はダー川渓谷に住むターイ人など少数民族の集落の水没問題だ。ソンラダムの水が最高水位に達すると、ソンラ、ライチャウ、ディエンビエン三省にわたる四四平方キロが水没する。計画では九万一〇〇〇戸の移転が必要とされた。これまで（二〇一一年末）に一万九二〇〇家族がソンラ省、ライチャウ省、ディエンビエン省に移転させられた。二〇一二年一月現在、ソンラダムでは四基の発電タービンが始動している。

ソンラ高原にイエンチャウで、モクチャウ高原が接続する。平均高度一〇〇〇メートル前後で、乾いた冷涼な気候を持つ。今は茶栽培がさかんだが、ベトナムで酪農が最初に成功したのはこのモクチャウだ。なだらかな山

＊65　ヴァン・ティエン・ズン（一九一七〜二〇〇二年）。党軍事の担当幹部。ホー・チ・ミン作戦など抗米戦争末期の大作戦をほとんど指揮した。
＊66　チャン・フイ・リエウ（一九〇一〜六九年）。八月革命時、ホー・チ・ミン政府宣伝相、バオダイ退位式での政府代表。一九五四年以降は史学院院長を歴任。
＊67　グエン・コ・タック（一九二一〜九八年）。党外務担当幹部として、一九八〇年外相、カンボジア戦役の結末をつけ、九一年辞任した。
＊68　マイ・チー・ト（一九二二〜二〇〇七年）。ホーチミン市長の後一九八五年より一九九一年までファム・フンの後を継いで内相。ドイモイ初期の社会政策を指導する。
＊69　たとえば、日本の奥多摩湖の水面積は一一・五平方キロである。

麓平原を貫いて国道六号が走る。

ホアビン省——ダー川沿いの平地民と山地民

モクチャウ高原の終点、ソンラ市から二〇四キロ、国道六号はホアビン省に入る。ホアビン省はタイバック山地と紅河デルタの間に広がる。ダー川の渓谷づたいの省だ。

ソンラ省とホアビン省の省境地帯にはパコ・ハンキア自然保護区がある。パコ・ハンキア自然保護区もソンラやモクチャウと同じように、一五〇〇メートルほどの山地から五〇〇メートルほどの台地の上に広がっている。全体がカルスト台地を形作っている。高地には何百ヘクタールもの第一次林が残っているが、最近、ここからランの新品種が三つも見つかったことが騒ぎになった。

パコ・ハンキアの名物はハンキア洞窟とモン人の集落だが、どちらもより下のマイチャウに比べれば知られていない。マイチャウはホアビン省の県名で、パコ社もハンキア社もこの県に属している。

しかし、マイチャウと言うとき、それはホアビン省では最大の観光名所白ターイ人のムラ、バーンラックを指すのが普通だ。高床住宅がびっしりと詰まった空間に、白ターイの料理、赤米の濁酒、踊り、織物などが特産品として売り出される。ハノイに一番近い「ターイ人の世界」として、ベト人観光業者が大宣伝する。しかし、はるかにライチャウからソンラまで生きているターイ人の世界を歩いてきた目には、「観光ターイ人」は、ややつらい。

ホアビンダム

ホアビンの町は山地と平地の境界にある。町に入ると、道路の西側に高いロックヒル堰が続く。ホアビンダム。[*70] 堰高一二八メートル、堰長九七〇メートル、発電所の出力一九二〇メガワット、ソンラダムが完成するまでは東南アジア最大のダムだった（**写真24 ホアビンダム。二〇〇六年**）。ソ連の資本、技術を投入したソ連援助の威信をかけた建設工事だ。一九七九年に着工し、一九九四年に完成した。その電力は北部にとどまらず、

写真24

南部にも南北送電線で送電された。当時はベトナムの電力総量の三分の一をホアビンだけで発電した。現在でもベトナムでの総発電量の二割を占める。ドイモイ後のベトナムの産業発展はホアビンダムの電気が支えた。

ただし、新しく生まれたホアビン堰き止め湖は、水面積二〇八平方キロ、長さ二三〇キロに及ぶ。これまでダー川沿岸に住んでいたムオン人やターイ人は、上の土地に強制的に移転させられた。[*71] 移転はホアビン省、ソンラ省では五県九八〇〇家族に及んだ。まだ自動車も、オートバイもない時代だ。毎年、毎月、たくさんの男女が指示された新しい土地まで歩き続け、移動を繰り返した。報告では人々はこの国家的大事業に貢献できることを喜びとしていたとある。しかし、その結果は惨めで、発電所が発動した一九九四年の調査では、移転した

＊70　ウイキペディア、ベトナム語版、vi.wikipedia.org/wiki/Nh%C3%A0_m%C3 による。

＊71　ホアビンダムによる移民のレポートは、ウイキペディア、ベトナム語版による。Điều Chính Tới, "Nông thôn mới trên vùng chuyển dân sông Đà," (*Báo Mới* com, http://www.baomoi.com/Nong-thon-moi-tren-vung-chuyen-dan-song-Da)

人々の六五％が平均的な暮らしだが、三五％は困窮している。農業環境は不十分で、個人の平均収入は月額二万五〇〇〇ドンにすぎず、誰でも毎年五〜七月は米不足に苦しんだ。

政府は移転を強制されるダー川の住民に対し、総額で六九〇億ドン（約五〇〇万ドル）の保証金を支払った。しかし、この額は五県の住民の犠牲的な行為に対してあまりに少なかった。しかも保証金の支払いが遅れたために、貨幣価値が大きく下がってしまった。「最初に提示された金額だったら水牛が一頭買えたが、支払われた時には、水牛のしっぽが買えるだけだった」と言われた。

一九九四年、中央政府は移民の生活保全のために、「ダー川移民地域の民生安定経済社会発展計画」を閣議決定し、一九九五年から二〇〇九年までに七六五〇億ドンを、この目的のために省に拠出することとした。「七四七号閣議決定」と言われる。この計画以来、移住民は劇的にその生産構造を変えたという。この一五年間で、一万七〇九家族が生産資金を借りた。より価値の高い作物を栽培し、家畜を飼う。五〇〇〇ヘクタール以上に各種果樹を植えた。四〇〇〇ヘクタールに定畑や棚田を作った。ソンラ省のフーイエン県では、六〇〇頭以上の牛や水牛を飼い、二台の自動車を持つ個人農場さえ出現した。モクチャウのムオン人の中には養魚で豊かになった人も出てきた。二〇〇九年には一人当たり年間収入は九四〇万ドンに達した。これは二〇〇〇年の収入の約六倍だ。生活も大きく改善された。九〇％のムラに通電され、八五％の家に上水が引かれた。この一五年の間、一万九四二〇ヘクタールの有用林が作られ、一〇万ヘクタールの自然保護林が再生、保護された。ソンラ省の森は一九九四年には九・八％しかなかったが、二〇〇九年には四六・四一％にも拡大した。以上、政府関係者の報告では、いいことづくしだ。

二〇一一年一二月、人口家族計画化総局のネットマガジン『家族ネット《ザデイン》』に、移住民についての興味深い論文が掲載された。[*72] 二〇一一年現在、ベトナム中で約四〇万人の生活がダム建設の影響を受け、移住と再定住に追い込まれた。この間の政府の再定住計画は大きな問題を引き起こしたという。まず計画の実行がきわめて遅い。

個々の計画を政府が承認し、発動するまでに時間がかかりすぎる。たとえばソンラダムでは、まだ計画の二五％しか認められていない。移転を強制される住民への補償、手当は遅れに遅れている。移住地の土地は前の居住地に比べ、地理的条件や土壌が大きく劣っている。なによりも、以前と同じ収入を確保するよう早急に援助すべきである、という主旨だ。ダム建設の輝かしい成功の裏側には、政府の努力にもかかわらず、大きな社会問題が溜まっているようだ。

ベトナムの経済発展のために電力開発が必要であるとすれば、自前のエネルギーで、クリーンな水力発電は欠かせない。しかし現在の技術では、大規模な水力開発には広い面積、多くの住民への影響が避けられない。ホアビンダムの建設時は、社会主義政府が絶頂の時で、住民対策は無きに等しかった。報告によるかぎり、ソンラダムではずいぶん改善された。しかし、まだまだ住民への手厚い補償、代替地の整備では問題が多い。

「少数民族」の教育問題[*73]

ホアビン省は、紅河筋のフート省やイエンバイ省と同じく、平地民の世界と山地民が共存する中流域の省だ。前述のように、学力や距離の問題で、山の子弟が高校に進学するのはとても難しい。一九八一年になってもムオン人で人口の三・四％、モン人ではわずかに〇・〇八％が高校の学歴を持つに過ぎなかった。せめて高校を卒業

＊72　Đặng Nguyên Anh, *Chính sách di dân tái định cư các công trình thuỷ điện ở việt nam từ góc độ nghiên cứu xã hội,* http://danso.giadinh.net.vn/201112150453285l3p1161c1175/chinh-sach-di-dan-tai-dinh-cu-cac-cong-trinh-thuy-dien-o-viet-nam-tu-goc-do-nghien-cuu-xa-hoi.

＊73　以下の記述は伊藤未帆「ベトナム北部山間部における民族寄宿学校と少数民族」二〇一一年、東京大学提出博士請求論文。に拠っている。

していなければ、都市での就労は難しい。教育水準が山の民が平地の経済に参画することを阻んでいる。山地の民の最大の悩みだ。そして少数民族の最大の問題、教育問題に新しい道を開いたのがこのホアビンだ。

最初は、新政府にとって緊急の課題だった地方行政幹部の養成だったこうした不識字層が民族区の地方幹部になるのだ。かといって、ベト人を派遣すれば、それこそベト人支配とされ、少数民族の反感を呼ぶ。民族の現状に適応した近代教育が必要だ。

そこでここホアビンに登場したのが、「民族青年学校《チュオンタインニエンザントック》」だ。「民族青年学校」は一九五八年、ホアビンの労働青年団が開設した。公教育とは別に高校レベルのカリキュラムを持ち、山地地方の党や行政府幹部の養成を目的とした。寄宿舎もあり、遠隔地の子弟も就学できた。農場を持ち、職員生徒は労働しながら勉強した。だから、月謝も寄宿料もただだった。党関係の教育機関とはいえ、初めて少数民族は自らの状況に適した専門学校を手にした。この試みは七〇年代に入ってから各地に広がった。

一九八五年に、この「民族青年学校」は教育省の管轄下に置かれ、僻地の少数民族の教育に特化した「民族寄宿学校《チュオンフォートンザントックノイチュ》」に再整備された。その名のとおり、すべての生徒は入学から卒業まで寄宿舎に入寮する。月謝は無料であるほかに、毎月の生活費、文房具、日用品が支給される。九〇年以降、民族寄宿学校は山地、僻地の教育の基幹に位置づけられ、一九九九年には生徒数五万六〇〇〇人、学校数二四三にのぼった。

現実には、いくつかの少数民族の子弟は、よほどの優遇奨学措置がなければ民族寄宿学校に入ることさえ難しく、また入っても学力が低く、中学課程から高校課程に進めない。民族寄宿学校の大学進学率が低いなどの問題が起こっている。また近年、ベトナム全体の高学歴願望が強まるとともに、ベト人の側から少数民族への優遇が過ぎるという批判があり、ムオン人、ターイ人やタイー人のようにベト人化が進んでいる民族の間では、普通教育を意図的に選択する例が増えている。しかし、山地、僻地の小さな少数民族の少年少女たちにとって、民族寄宿学校は貧しい地域を飛び出す唯一の方法だ。*74

ホアビン文化

ホアビンの名を国際レベルに知らしめたのは、考古学で名高いホアビン文化[*75]、またはホアビン人《ホアビニアン》としてだろう。ホアビン文化は東南アジア・南中国一帯に分布する中石器文化の名前である。もともと、ホアビン省の石灰岩の洞窟から古い人骨、遺物が発見されていたが、一九三二年、フランス極東学院の女流考古学者マドレーヌ・コラニが一〇年にわたるホアビン省一二洞穴の発掘調査の結果をまとめ、明確な特徴を持った文化類型として「ホアビン文化」と名付け、国際学会に報告された。現在ではホアビン文化はおよそ紀元前一万五〇〇〇年前から二〇〇〇年前まで続いた石器文化とされる。その後、類似の石器文化がタイ、ビルマ、ラオス、フィリピン、マレーシア、スマトラ島など東南アジア一帯で発見された。

ホアビン文化の特色は、打ち砕いた石片の一部や片面を磨製して刃部に用いた石器類で、特に楕円形で片面磨製の石器はスマトラリスと呼ばれ、ホアビン文化の標準石器とされる。我が国の縄文文化と同じように、ホアビン文化なしには東南アジアの初期文化は語り得ない。

＊74　民族寄宿学校に加えて、少数民族援助を目的とする三一五号計画第二段階では、農場、林業地、工場で働く、また外国で労働する一六～二五歳の青年たちへの教育がうたわれている。民族委員会の報告では二〇一〇年までに社や地方幹部四六万人を訓練し、九三万人の貧困学生を援助したという。

＊75　ベトナムのホアビン文化の概説は、ハ・ヴァン・タン編著・菊池誠一訳『ベトナムの考古文化』六興出版、一九九一年。やや古くはなっているが、ベトナムの考古学の基礎知識が学べる。

デルタの里山

国道六号は谷間の町、ホアビンを抜ける。しばらく堂々としたダー川の脇に沿う。北方一〇キロほど、水田のかなたにバヴィ山の三角形がもりあがっている。バヴィ山の北二〇キロの地点で、ダー川と紅河本流が交わる。この合流点をはさんで、北東にタムダオ山（ヴィンフック省）、南にバヴィ山が秀麗な三角形を盛り上げる。二つの山はデルタの関門を作る。

バヴィ山系はおおよそ五〇〇〇ヘクタールにも広がる。裾野の北はバヴィ県だ。今は大ハノイの中に組み込まれた。南はホアビン省のルオンソン県とキーソン県だ。山とデルタの境を象徴している。

写真25

バヴィの山、別名はタンヴィエン山。漢字では傘円と書く。高さは一二八一メートル、一面の原生林に囲まれている。バヴィ山は生物多様性保存区として国立公園になっている。今は海抜四〇〇〜六〇〇メートルほどの斜面に、いくつもの保養地が建設されている。

タンヴィエン峰の脇に神殿がある。傘円神の宿りだ**（写真25 タンヴィエン神社。二〇〇九年）**。傘円神はベトナム人なら誰でも知っている神話、山精《ソンティン》で知られている。開国の王朝、雄王《フンヴォン》に一人の娘がいた。あまりに美しい王女なので、水の精と山の精が求婚した。いろいろあって結局、王女は山の精、つまりバヴィの神を選んだ。これに怒った水の精は海や川のもろもろの怪物を率いて雄王を攻めた。水の精は雄王とともにこれを防ぎ、デルタを守った。だからバヴィ山の神は、洪水に苦しむデルタの守り神だ。

それだけではない。フランス時代には別荘が建てられたことがあったが、抗米戦争中、バヴィ山頂上には空軍のレーダー基地があって、一般人の入山は禁止されていた。このレーダー基地は、はるかに海上から侵入する米

写真26

写真27

機をいちはやくとらえてデルタに迎撃態勢をとらせ、米軍撃退の殊勲を立てた。本当にデルタの守り神なのだ。

そして、この山の東側からデルタが広がる。神話の中でも歴史の中でも、そして実際の地理でも、バヴィ山は海と山を分かつ象徴だ。バヴィを抜けて、国道六号はデルタを西から東に横断して、ハノイに帰る。

中越戦争と国境交易

ランソン省——破壊と復活

ランソン省は南にカオバン省、北にバックザン省、西に中国国境、北東にバックカン省、西にタイグエン省と隣接し、省内の八〇％は山岳地帯だ。しかし、またキークン川、バーティン川、バックザン川、バックケー川、トゥン川、ホア川、チュン川などの河川が省内を流れ、農業には適した地域だ。年平均気温は二一・五度、平均降水量一二〇〇〜一六〇〇ミリである。

省都ランソンは中国国境まで一五キロ、ドンダンから二〇キロ、クアンニンから四八キロ、カオバンから五五キロ、タイグエンから六〇キロ、バックカンから七三キロ、ハノイから一五四キロに位置する。ランソン省内の国道は、一Aが友誼関（広西壮《チワン》族自治区）（**写真26 友誼関**）（**写真27 ランソンの中越国境**）からランソンを通りハノイまで、一Bがランソン-タイグエン間、四Aがランソン-

写真28

カオバン間、四Bがランソン－ティエンイエン間、三一号がディンラップ－バックザン間、二七九号がビンザー－バックカン間を結ぶ。またハノイ－中国間（全長一〇〇キロ以上）の国際列車がランソンを通っている。[*76]

ランソン市から中国の明王朝が北の万里の長城にならって築いたという友誼関まで、車で約三〇分。一九七九年の中国紛争時には中国人民軍からの侵攻を受け、街の大半は破壊された。しかし、一九九一年、中国との国交正常化とともに、一九九二年に国境・友誼関も再開され、国境貿易が盛んに行なわれている。一九九六年にはドンキン市場がオープンし、ますます国境貿易も復活した。

二〇〇九年一月一日、ランソン省人民委員会はドンダン・ランソン国境経済区管理委員会を設立したと発表した。同管理委員会はランソン省人民委員会の直属機関で、国境経済区のほか省内の各工業団地もあわせて管理する。ドンダン・ランソン国境経済区は関税区と免税区から成り、中国国境地域のランソン市・カオロック町・ドンダン町にカオロック郡・バンラン郡・チーラン郡・ヴァンクアン郡の一部を加えた面積三九四平方キロメートルの敷地に建設される。

街はトゥティ山、マウソン山などの岩山に囲まれていて、周辺にはタムタイン洞、ニータイン洞などの鍾乳洞、キークゥン寺、バックレ寺などの寺院がある。マウソン山から中国国境地帯にかけての山岳地帯を眺めることができる。またランソンには多くの文化また歴史跡が残り、莫朝の城壁ドァン要塞、山が迫る対中防衛の要、チーラン隘路などがある（**写真28 チーラン隘路**）。

中越戦争[*77]

一九六六年、中ソの仲違いがはっきりし出した。この頃からベトナム民主共和国は次第にソ連寄りになり、中越関係もぎくしゃくしたものになってきた。特に一九七一年、抗米戦争の最中に同盟国中国が米大統領ニクソンを招待し、米中関係が好転していくのをベトナムが歓迎するわけはなかった。それでも抗米戦争中は社会主義の大義のゆえに、中国はベトナムの大後方を形成していたが、一九七五年の解放、翌年の統一以後はよくない。文革終了後、東南アジアへの勢力拡大を図る中国は、国土を統一して域内大国の道を歩むベトナムをむしろ警戒していた。七六年中には、中国からのすべての援助が打ち切られたという。

さらに一九七七年頃から、中越間には三つの問題が浮上した。第一は中越間の三種の国境紛争である。中越間の山地は、言ってみれば、少数民族が斜面の焼畑移動を繰り返し、商人のポニーのキャラバンが尾根を自由に往来する、境界のない空間だ。ベトナムの地図上の国境は一八八五年、清仏戦争終了とともにフランスと清の間で決められたもので、中国は基本的には認めていない。文革末期一九七四年頃から、相互の国境侵犯事件が多発した。

そこにバクボ湾（北部湾=トンキン湾）の領海問題が重なる。ベトナム側は一八八七年にフランスと清が合意したパリ経線（子午線）統計一〇五度四三分（グリニッジ経線ではおおよそ一〇八度三分、モンカイ市の東海上）の西を領海と主張するが、中国は認めなかった。もっと複雑な南シナ海に浮かぶホアンサ（西沙）、チュオンサ（南沙）群島

＊76　二〇〇九年一月一日、ハノイ市ザラムと中国・広西壮《チワン》族自治区南寧市との間で国際旅客列車ＭＲ1の運行を開始。客車は中国側の車両を使用、動力車は相手国の領土内に入った時点でそれぞれの国の動力車にスイッチする。ベトナム内での停車駅は始発のザラム駅（ハノイ市）、バックザン駅（バックザン省）とドンダン駅（ランソン省）の合計三駅。

＊77　以下の記述は、古田元夫『ベトナムからみた中国』日中出版、一九七九年。に拠るところが大きい。

の領有権問題は、フィリピン、マレーシアを巻き込んで、現在も続く南シナ海の大国際問題だ。中国海軍の増強と遊弋、アメリカ海軍と各国の共同演習と南シナ海の波は以前にもまして高い。

第二は華僑問題だ。3章で見たように、サイゴン・チョロンの華人たちは南ベトナムの社会主義化のために大きな損害を受け、かなりの人々が七七、七八年に難民として海に浮かんだ（二六一ページ参照）。これは、華僑を通じて東南アジアへの浸透を図ろうとした中国の強い反発を受けた。七六年以来、ベトナムを支えた援助は凍結されている。そこに七八年、北部の華人たちが大量に中国に亡命する事態が起こった。中国政府はベトナムが華僑を排斥したからと、ベトナム政府を批判し、ベトナム政府は中国が帰国を促す宣伝をしたとして中国政府を論難した。

両国関係が緊迫する中に、第三のカンボジア問題が火を吹いた。七五年にカンボジアに成立したポル・ポト派のクメール・ルージュ政権とベトナム共産党は、七五年の解放前から路線をめぐっての対立があったが、解放後はそれがクメール・ルージュ内のベトナム派とポル・ポト派の権力抗争になった。メコンデルタへの侵攻を繰返すポル・ポト派の背後には中国の教唆と支援があるとして、ベトナム政府は再三中国を非難してきた。一九七八年一二月、ベトナム軍がカンボジア救国戦線と協力して、カンボジアに侵攻し、翌七九年一月七日、プノンペンからポル・ポト勢力が駆逐された。ポル・ポト政権を支援して、ベトナムに対抗させようとしていた中国は、ついに直接武力干渉のやむなきに至った。

一九七九年二月一七日、中国は「懲罰行為」と称して、雲南省と広西壮《チワン》族自治区から一〇万の兵をベトナム領内に侵攻させた。当時、ベトナム軍主力はカンボジアにあり、北部には正規軍三個師団ほど（約三万人）と民兵しかいなかった。しかし、この当時のベトナムの民兵は強力だ。まず実戦経験が豊富であり、大量のソ連製や中国製火器、旧ベトナム共和国軍から接収したアメリカの兵器を装備し、中国軍を迎撃した。

中国軍は軽戦車を主力に侵攻したが、優秀な対戦車火器にその大半を撃破された。また国境に作られた縦深の地雷原で多くの歩兵が犠牲になった。ベトナム軍の長距離砲の威力も大きく、国境の戦いにてこずった。しかし、ベトナム軍は中国軍に損害を与えては撤退する後退戦術をとったので、中国軍は膨大な戦死者を出しながら二月二六日にラオカイを、三月五日にようやくランソンを占領した。中越国境の五省（ライチャウ、ホアンリエンソン／現ラオカイほか、ハートゥエン／現ハザン・トゥエンクアン、カオバン、ランソン）は、中国軍に占領された。しかし、ベトナム軍主力は大きな被害を受けることなく平野に後退できた。しかも、カンボジア方面にあるベトナム軍主力は完全に無傷だ。ベトナム軍主力が北上して、反攻に転じた場合には、満身創痍の中国軍には現勢を維持できない。中国軍は三月六日撤退を開始し、三月一六日までにベトナム全領から撤退した。

『赤旗』の高野功記者は三月七日にランソン市内に到着した。撤退する中国軍がひっきりなしにランソン市内を砲撃する中、ランソン市内クアンチュン通りをジープで走っていて、中国軍の狙撃にあい殉職した。[*78]

ベトナム側の推定では中国侵攻軍六〇万のうち二万が戦死し、四万が負傷したとする。中国側の推定ではベトナム軍五万人が殲滅された。わずか一ヵ月ほどの野戦だが、両軍とも歩兵を中心に大被害を出した。朝鮮戦争もそうだった。山岳で展開された人海戦術は大殺戮をもたらす。

中国軍は撤退に際して、占領した国境都市を爆薬で破壊していった。中国軍の侵攻目的が、ベトナムへの「懲罰」であった。中国に歯をむいたベトナムは懲らさなければならない。北爆にも壊されなかった国境都市が次々に爆破された。

中越戦争にははっきりした終わりはない。中国軍が国境の町々を完膚無きまでに破壊して撤退したあとも、両軍の砲火は国境を越えて飛び交った。特に一九八四年にはハザン省の国境、国道二号に面する老山で三次にわたり陣地争奪戦（老山戦役）が続いた。第三次戦では凄惨な白兵戦が展開され、中国側情報ではベトナム兵の遺棄

＊78　現在、高野記者の墓は、他の中越戦争の犠牲者の墓とともに、ランソン郊外の烈士の墓地にある。

死体は三七〇〇を超えた。一九八八年には南シナ海のホアンサ諸島（南沙諸島）の赤瓜礁（ジョンソン南礁）で、両国海軍が銃撃戦を交え、ベトナム兵七〇人以上が戦死することもあった。

国境交易

今は昔語りに過ぎなくなったが、かつて国境交易《マウジックビエンゾイ》というテーマがあった。

一九八六年暮れに始まったドイモイ政策は、経済の市場化と国際社会への参入を目的としたものだが、さすがに対中交易の正常化には時間がかかった。

一九八九年、ソ連がアフガニスタンから撤兵し、同時期にベトナム軍がカンボジアから撤退を始めた。ソ連の自壊が進み、ソ連の脅威は消えた。中国では、経済の改革開放の結果、一九八五年にはベトナムに隣接する広西壮《チワン》族自治区、珠江デルタ（広州・香港・深圳）が経済解放区になった。発展する中国にとって東南アジアは貴重な市場だ。中越の戦争状況は具合が悪い。ベトナム側にとってみれば、ドイモイ以前の極端なモノ不足状況がまだ続いている。政治状況も経済状況も国境の開放を待っている。

一九八九年の旧正月、金塊を持った多数のベトナム人が、クアンニン省の国境を突破して、中国側で買物をした。国境の厚い壁は庶民の手によってこじあけられた。まさにベルリンの壁が解体した年だ。そして中越両国は、この非合法の国境を越えた物流を黙認した。これ以後、ベトナムでは多数の担ぎ屋が組織され、国境の山々を越して中越の間を往復した。

私は一九九〇年末、ランソンを訪問したことがある。ランソンのドンダンの税関は閉鎖され、そのかわりに無数の荷担ぎ人が税関背後の山を迂回して中国領に進むのを見た。その頃の交易品はベトナムから食材として猫が運ばれ、中国からはビールと自転車が人の肩で運ばれていた。噂ではベトナムの猫と蛇が広東料理の竜虎鍋の食材だと聞いた。檻に入れられ、背中にしょわれた猫の鳴き声が悲しかった。その頃はベトナムの輸出材はそんなものしかなかった。夜になると、ベトナムの若い女性が大量に越境するとも聞いた。

旅の別れ

クアンニン省、国道一八号

ベトナム最高の観光地と問われれば、誰しも、ハロン湾と答える。下龍湾と書く。英語ではきどってドラゴン・ベイと呼ぶ。ユネスコ世界自然遺産で、ベトナム観光のハイライトだ。

以前は、ハロン湾を訪れるにはハイフォン港から旧国道一〇号を東に進み、バックダン川をフェリーで渡った。バックダン川を渡ってすぐ国道一八号と合流して、そのまま真東、ハロン観光の拠点バイチャイに着く。今は、ハノイから国道五号、すぐ新一号の高速道路に入り、北四三キロのバックニンまでを突っ走る。バックニンからは、まだ旧国道を拡幅しただけの、バオカップ時代の匂いの残る国道一八号をトコトコと東に進み、海まで出るのが普通になった。

一八号はバックニン省東半を占める低湿地（バックニン低地、北氾濫原）を東西に突っ切る。九〇年代の夏に一八号を走ると、一八号道路が天橋立のように、湖沼が延々と広がる中をまっすぐに走っていたものだ。二〇一一年暮れに同じ道を走った。道の両側には工場、商店や一般住居が建ち並び、かつての氾濫原の中を走るという思い入れはない。そういえば最近のデルタの旅行は、どこも高速道路で工業区の間を走り抜ける。地域性が薄まって、情趣がなくなった（8章地図参照）。

一八号はバックニンから三七キロでタイビン川を渡る。橋柱が高い。眼下にカウ川とルックナム川の大合流点が広がる。かつて、四、五世紀頃まではここまでが陸で、これより東は海とみなされていた。もう何十年も昔、そんな論文を書いてデルタの地形を勉強した。私にとっては感動的な風景だ。

大きな煙突が正面に見える。その後はすぐ、クアンニン省から中流域バックザン省まで続く大山脈ドンチエウ山脈の山並みだ。ここはもうデルタの北東の端だ。

ファーライ火力発電所

山麓に無愛想な煉瓦塀に囲まれた大煙突は、ファーライの火力発電所だ。電力不足問題は長く南北を通じてベトナムの泣き所だった。前に見たように、六〇年代には紅河筋、イエンバイ省に巨大なタックバーのダムを建設した。しかし、水力発電はなかなか安定しない。抗米戦争中は、しばしば米軍の爆撃さえ受けた。七〇年代、ハノイでさえ、長期の停電が当たり前だった。

抗米戦後、ハノイとハイフォンの中間地点で、山とデルタが交わるここファーライに火力発電所を建設することになった。一九八〇年に送電が開始された。四万四〇〇〇キロワットの発電効率は当時の北ベトナムではもちろん最高で、復興に重くのしかかっていた電力不足問題は幾分和らげられた。ハノイの停電は目に見えて減った。

一九八九年に前述のホアビンダムが本格稼働するとともに、その位置は低下した。しかし九〇年代、高度経済発展とともに、予想を超える電力需要が起こり、一九九八年には六万キロワットの送電能力を持つファーライ第二発電所が建設された。火力発電所は長らく、第一電力公団《コンティディエンルックー》のもとにあったが、二〇〇五年以降、株式会社化され、ベトナム電力総公団傘下で独立採算制のファーライ火力発電株式会社になった。

だが、その総消費石炭量は、年間一六〇万トンにのぼる。大煙突から灰色の煙がもうもうと盛大に巻き上がる。六〇年代の川崎を見るようだ。日本からの輸入交渉が進んでいる原子力発電プラントをはじめ、ベトナムの安定電力供給には、まだまだ議論が必要なようだ。

デルタの終焉

デルタの終焉が近い。山並みの南下は海岸段丘を経てもう泥海だ。二五キロほど東進すると目の前に湾が開ける。岩山と海に挟まれてバイチャイの町が見える。目の前に、ぼこぼこと砲弾状の岩山が海の中に突き出る。ドンチエウ山脈の石灰岩が海に没入してできた海のカルスト地形、世界自然遺産のハロン湾だ（**写真29 ハロン湾の水上家屋**）。

ハロン湾観光の拠点は沿岸のバイチャイだ。ハロンの町はクアンニンの省都で、人口一五万三三〇〇（一九九九年）の大きな町だ。現在のハロン市は、東半分が旧ホンガイ市、西半分がバイチャイ、カイロン港からなる。

写真29

バイチャイの東には、大きな潟が広がり、旧一八号はここからフェリーで東側に渡ったものだ。この潟がクアンニン省とデルタを切り離し、クアンニン省を陸の孤島にしていた。今はバイチャイから二〇〇六年に竣工した長さ九〇〇メートル、高さ五〇メートルのバイチャイ大橋を越して、ハロン市の中心に入る。それが北側は山、南は海に挟まれるから、一八号に沿って細く、細く東西に延びるしかない。だから一八号に沿って車を走らせると、ものすごく長い町のように感ずる。

一九六三年まで、この町の名はホンガイと言った。ホンガイ港はフランス時代、ベトナム侵略時のフランス首相の名をとってジュール・フェリー港と呼ばれた。もともと石炭輸出港としてトンキン炭鉱会社が建設したものだ。山に囲まれたその後背地には、石炭以外に見るべき産業がなかった。ところが隣り合うもう一つの石炭輸出港カムファー港とともに、北部には珍しい深い水深を持った港だ。

ホンガイ、名を改めハロン港は、ハイフォン港に代わる大国際港として注目される。ホンガイ港の再開発には、二つの要件が必要だ。一つはカイラン新港で、二〇一〇年に開かれた。バイチャイの北のバイトゥロン湾内にある。二〇一〇年には四埠頭の総延長は二二〇六メートル、最大吃水一二メートルもあり、二万五〇〇〇トンの船の接岸が可能である。倉庫港湾機器も整備された。カイラン港、ハロン旧港を一緒にしてクアンニン港と呼ばれているが、クアンニン港の取り扱い貨物量は二〇〇三年には一七五万トンだったものが、二〇一〇年には五八五万トンに膨れあがっている。

ハロン市からはまだ改修されてない幅六~七メートルほどの道路が、北部湾に沿って国境の町モンカイに至る。全長三一〇キロ。この道路の完成で陸の孤島だったクアンニン省は紅河デルタにつながり、ハイフォン市を越える成長センターとして期待されるようになった。道路と橋、ベトナム経済の近代化を推進する原動力がこの交通インフラにあることは間違いない。一八号はその象徴だ。

サンチャイ人

越北《ヴィエトバック》山脈がそのまま海に没入した地域に、さまざまな民族が集まっている。もちろん主要民族であるベトナム人、移住華人、タイー、ザオなど大民族に加え、さらにこの地域に特徴的な、サンチャイ、サンジウなどの少数民族が住んでいる(**写真30 サンチャイ人の家。ハザン省。二〇〇七年**)。

サンチャイ人は民族種別五四では一つのグループで、越北山脈の麓に、父系親族二〇~三〇家族ほどが集まって集落を作り、水稲作を主に、焼畑を従に行なう。分布域は、西はトゥエンクアン、タイグエン、バックザン、

写真30

カオバン、ランソン、そしてこのクアンニン省の山中に広がる。二〇〇九年調査では一六万九四一〇人とされる。分布の中心はトゥエンクアン、タイグエンの二省で九万四〇〇〇人、約五五・四%が住み、ついでバックザン省に二万六〇〇〇人、クアンニン省に約一万四〇〇〇人が住む。一七世紀頃、広西チワン族自治区からクアンニン省に渡り、ここから各地に広がったと説明される。

実際は二つの民族グループ、サンチーとカオランと呼ばれるサブグループからなっている。[*79] ところがサンチー人とカオラン人は村落も違うし、言葉も違う。いまサンチー人とカオラン人を一つの民族サンチャイとしてまとめていいのか、論争が起こっている。

ほかの山地少数民族は、ほとんど高床式の家に住んでいたが、サンチー、カオラン人は、ベト人や華人のように土間式の家にも住む。言語もひどく多様で、ザオ語系説、中国語系説、タイー語系説が入り乱れている。しかもこのあたりの国境言語である広東語の広西方言が普及していて、また祭文や古い歌には、漢語が多く含まれる。サンチャイという民族呼称そのものが「山の仔」の意味の中国南方方言から来ている。つまりは言語においても、風俗においても、分布においても複雑な多様性を持っている。集団としてのまとまりは、まず父系親族からなる集落で、それ以上は父系氏族のつながりが拡大していくという。

「サンチャイ人」は自称でも他称でもどうもおかしい。つまりはこうした民族判定の枠を超えた人々が、民族判定の時に一緒くたにサンチャイ人とまとめられたらしい。近代国家が一方的に、また便宜的に定めた「民族」というグループ概念が、人々の生活にとって、果たして意味を持っているかどうかが問われる例だ。

＊79　この項は、主として伊藤正子『民族という政治——ベトナム民族分類の歴史と現在』三元社、二〇〇八年　に拠っている。

サンジウ人

よく知られるように、ベトナムではベトナム籍を持つ華人を華人《ホア》という少数民族でまとめている。八六万人（一九九九年）に達するホア人は、ほとんど都市に集中している。ところが北の山地には、古い広東語を母語として、農業を営むグループがいる。山地中国人《マウンテンチャイニーズ》と呼ばれることもあるようだ。一応、一七世紀に中国の広東地方から移住してきた人々とされる。

サンジウ（漢語の「山由」の音らしい）人は華人系の少数民族で、二〇〇九年調査では一四万六八二一人とカウントされた。広く散らばっている。サンチャイ「人」と同じように、トゥエンクアンからクアンニンまで越北山脈の麓に連なるように集落を作っている。分布の中心はタイグエン省（一九九九年調査では約三万七〇〇〇人）とヴィンフック省（同、約三万二五〇〇人）で、クアンニン省には一万七〇〇〇人が登録されている。

農業は焼畑に陸稲、キャッサバ、トウモロコシを栽培する。しかし、サンジウ人の村落はそれぞれ言葉でも風俗でも独自性を持っていて、サンジウ人が一つの「民族」であるかもいろいろと問題がある。[*80]

モンカイ

国道一八号はやはり古くからの石炭積み出し港、カムファー、クアオンを通過する。右側に海が広がる。クアオンのはずれに置かれた古風な選炭場脇を抜けた頃から、道路右側の山が迫ってくる。峠道に入り、潟に下る。そんなことを繰り返す。ハロン湾から一六六キロ、ハノイから約三六〇キロ、モンカイ（中国語では芒街）の街に着く。

モンカイは二つの町からできている。一つは古くからのモンカイで、国道一八号をまっすぐ東に進んで、カロン川にかかるカロン橋を渡る。すぐ左手の広場の中に六角形のモンカイ常設市場がある。市場東側のチャンフー通りには地方都市らしい小さな店や屋台が密集している。このあたりはモンカイ市民のマチだ。

王朝時代、モンカイはベトナムの安廣鎭海東府萬寧州に属するマチだったが、実際には中国とベトナムのどちらに所属するでもなく、一八世紀ぐらいからこの地を実質的に支配していた海賊集団が治めていたらしい。その頃は現在の中国領防城港までがモンカイの領域だったという。[*81] ところが一八八七年、フランスが清との間に協定を結んで、モンカイのほぼ真ん中、カロン川に沿って、仏領インドシナと清の間の国境線とした。このためモンカイは分断され、中国側は東興市になった。さらにややこしいのは、一八九九年、フランスは清からモンカイに連なる広州湾沿岸地域を九九年間租借し、これを仏領インドシナ連邦に編入した。このため、ただでさえ自由往来だった国境線が法的にも消滅した。

モンカイは一九〇六年からはハイニン省（現在のクアンニン省の東半分）の省都になった。一九六三年、ハイニン省とホンクアン、クアンアン地区（ハロン市などクアンニン省の西半分）が統合されて現在のクアンニン省ができた。この時からモンカイはやや落ち込む。ベトナム最東端のハイニン県の県庁所在地に過ぎなくなる。中越の民間交易がほぼストップし、これまでの自立的な交易拠点が衰退しだした。一九七九年には、モンカイ市という名前さえ失ってハイニン市になった。同じ年、悲劇の中越戦争では全市が中国軍に占領され、他の国境の町と同じようにその撤退と同時に徹底的に破壊された。このときカロン湾に沿った旧市街は消滅した。モンカイの経済を支え

*80　またガイ人というサンジウ人と同じく華語系の民族類別がある。客家語系と言われるガイ人はサンジウ人に比べればずっと小さく、二〇〇九年調査ではわずかに一〇三五人しか登録されていない。ほとんどがクアンニン省の沿岸部に集住しており、ほかに少数がカオバン、ランソン、トゥエンクアンに散在している。

*81　実際、現在モンカイに隣接する中国領の広西チワン族自治区の防城港地方には、「京族《ジンズー》」という二万二〇〇〇人ほどの民族がいる。民族文字は持たないが、言語はベトナム語である。

写真31

写真32

た華僑たちも消えた。

新しいモンカイの出発は一九九二年の中越国境交易の復活に始まる。この時、カロン川／バクルアン川（中国名北侖江）を挟んだ小さな交易が、現在の交易都市モンカイの始まりだ。一九九八年、ベトナム政府はハイニン市を旧名モンカイに戻し、県から切り離して、直接省に属するようにした。地方都市ハイニンは一挙に国際都市モンカイに代わった。中国の投資が一挙に増え、カロン川のほとりにショッピングセンターができた。二〇〇八年、対中交易の重要性とともにモンカイは特別都市《タインフォー》に昇格した（**写真31 モンカイの街並み。川向こうは中国**）。

モンカイ市場の東脇チャンフー通りを通り抜けると、突然のように中央分離帯を持った四〇メートル道路に出る（**写真32 モンカイ市場**）。歩道と車道の間には椰子の並木が整然と蔭を落とす。やや南のロータリーから国境のイミグレーションまで約八〇〇メートルの近代道路だ。平和大路《ダイロホアビン》と言う。中越国境交易のシンボルのような大通りで、西側には中国輸入品のショッピングセンターのビルが建ち並ぶ。二〇〇〇年代になって出現した新しいモンカイだ。そのビルに入居する商人たちの多くはベトナム語を解さない人たちだ。

平和大路の北正面には白いかすがいを大地にうちつけたような無骨なベトナムの門が立ちはだかる。門の脇にイミグレーション・チェックのための小さなビルがある。約二〇〇メートル先に中国の門が立ちはだかる。白い三層の建物の中央部をくりぬいたような門だ。そのかなたは中国広西壮《チワン》族自治区の東興市だ。東興市の東の防城港市からは、列車でも高道路でも高速船でも、中国の成長センター、広州、深圳、香港まで六〇〇キロほどの距離で結ばれる。

気の抜けた安ビール

長い旅、南シナ海のただ中のフーコック島に始まった旅は、ここに終わろうとしている。モンカイではほぼ毎年二〇億ドルの輸出入があり、六〇〇〇もの個人営業がある。この最後の地の記述は、発展するグローバルエコノミーの中のベトナムで閉じるつもりだった。ところが二〇一一年一二月、実際に訪れたモンカイは、新しい商業センターやホテルの建物ばかりがうつろに輝く、白昼夢のように現実感のないマチだった。平和大路にはほとんど人通りがなく、多くの商業センターでは照明を落とし、商店の売り子でさえ、無為に過ごして呼び声をあげない。私はこの時のフィールドノートに「気の抜けた安ビールのようなマチ」と記している。ひどく閑散としたマチという印象を持った。

実際、モンカイ市はわずかながらここ数年、縮小を続けている。特別都市に昇格した二〇〇八年には一〇万八〇〇〇人の人口があったが、その後大きな面積変化はないのに、二〇〇九年には八万八七〇三人、二〇一〇年には八万八〇〇〇人と減少を始めている。ベトナムの総輸出量は、リーマンショックのあった二〇〇八年と二〇〇九年では六二六億八五〇〇万ドルから五七〇億九六〇〇万ドル、総輸入量は八〇七億一四〇〇万ドルから六九九億四八八〇万ドルとそれぞれ大きく後退している。比較的影響の少ない中国市場へは総輸出量では微増しているが、総輸入量で一五九億七四〇〇万ドルから一五四億一一〇〇万ドルに後退した。このような大きな後退は一九九七年のアジア通貨恐慌の時にはなかった。当時のベトナム経済はまだまだ国際市場とは直接連動していなかった。それから一〇年、ベトナムの経済は国際市場の動向に大きく影響されるまでに国際化してしまった。

その中でいよいよ、高度成長を誇っていたベトナム経済の発展が著しく鈍化してきた。ベトナム統計総局によれば、二〇〇七年には八・四六%まで高まったGDP成長率は、二〇〇八年には六・三一%、二〇〇九年には五・三二%、二〇一〇年には六・八%、二〇一一年は五・九%と、不動産を中心に景気停滞が顕著だ。かくて二〇一一年一一月、ベトナムはTPP（環太平洋パートナーシップ協定）への参加を表明した。ベトナムの経済発展は一つの曲がり角に来ている。

モンカイのひどく白けた商業センターは、その大きなシフトを予兆しているかのようだ。いま旅の終わりを歩いている。それは同時に一つの終わり、経済成長に浮かれた時代の終わりなのかもしれない。

あとがき

澁谷由紀

「この本を書くためにタインホア出身の友人に、タインホアの特色はなにかと訊いた。『山、平原、海がある』と答えが来た。こちらもややむっとして、その三つならベトナムのたいていの省が持っていると問い返した。そのうち、次第に友人の言った意味がわかってきた。タインホアはまさにベトナムの縮図であると言いたかったのだ。」（本書7章三八五ページ）

本書『地域学者と歩くベトナム』の中で私が最も好きな一節だ。

著者の桜井由躬雄先生は、もともと文献を資料として利用する歴史研究者であったが、京都大学移籍後地域研究（桜井先生の言葉でいう「地域学」）に目覚め、二〇一二年に逝去されるまで、「地域学」の理想的な在り方を追求し、「歴史地域学」という新しい学問領域の創出に夢をかけた人物である。それでは桜井先生の「地域学」「歴史地域学」とはいったい何であったのだろうか。

私の理解した範囲で乱暴にまとめれば、桜井先生の「地域学」の骨子は次の通りである。

（一）「地域学」とは、地域の個性を理解するための学問である。

（二）地域はなんらかの特徴的個性（主張）をもった範域である。したがって地域の枠組みは主題によって自由に設定しうる。

（三）地域の個性は自然環境と歴史的経験の複合によって生まれる。そのため、地域の個性の全体性を理解する必要がある。

（四）地域の個性の全体性を理解するためには、（当該の地域よりも）広い範囲を「歩く」ことによって、それぞれの地域の景観の特性を感性的に把握し、（当該の）地域の個性を相対化する作業が必要である（広域調査）。
（五）（当該の）地域の個性は自然環境と歴史的経験の複合によって生まれるから、（当該の）地域の個性を理解するためには、異なる専門分野の研究者による集団研究が必要である。
（六）（当該の）地域のすべてを調査対象にすることは不可能であるから、（当該の）地域の個性を典型的に現出しているより小さな地域に調査地を限定し、その調査地を網羅的に調査する。

（桜井由躬雄「地域学とアジア」『学士会会報』八一七、一九九七年、一七〇〜一八三ページ）

この（一）〜（六）の骨子のうち、（一）〜（五）までは、同時代の複数の地域研究者の間で大筋において合意がなされてきた内容だと言えよう（矢野暢編『地域研究の手法』弘文堂、一九九三年。参照）。また（一）〜（五）をベースとした、アジアを地域ごとに分け、人と自然の関係史を描写するという方法は、桜井先生が関わられた数々の東南アジア史の概説書に反映されており、これらの東南アジア史概説書は東南アジアの諸地域の特徴をよりわかりやすく、細やかに、かつまとまったものとして伝えたという定評がある。本書『地域学者と歩くベトナム』は、これらの東南アジア史概説書と同じ系列の、桜井先生の「十八番」と言える、「地域学」の手法を使ったベトナムの概説書だ。

実際のところ、桜井先生は、生前この本に『ベトナム概説』という題をつけておられた（桜井由躬雄『一つの太陽：オールウエイズ』めこん、二〇一三年、二二七〜二二九ページ）。しかし今回、本書を一般書として刊行するにあたり、残された私たちは『地域学者と歩くベトナム』と改題した。その最大の理由は、社会一般の常識に照らした場合、六〇〇ページ余りの大作である本書を果たして「概説」と言ってよいのか、という疑念によるものだ。だがもう一つの理由は、『地域学者と歩くベトナム』という題のほうが、「地域を理解するためにはまず歩かねばならない」という桜井先生の信念が、より強く読者に伝わるのではないかと考えたからでもある。

前述の（一）〜（六）の骨子のうち、（六）、すなわち、概説書の執筆というメタなレベルから、研究の実践というレベルに下がったときに、何を、どのように研究し、どのようにその結果を表現したらよいのかという点について、桜井先生は最後まで悪戦苦闘しておられた。特に悩まれていたのが、地域をどこまで小さな単位で設定するのかという問題、そして、（一）〜（六）の骨子によって地域の個性が把握しえたとしても、時の経過にともない地域それ自身の構造（個性）は常に動くという問題だった。

後者の問題を解決するために考え出されたのが、現在の構造を総合的に理解したうえで、その構造が成立する過程を歴史的に究明するという方法で、それを桜井先生は「歴史地域学」と名付けられた。しかし「歴史地域学」とは何か、「歴史地域学」と「地域学」とどのように異なるのかといった点に関して、桜井先生は明確な結論を出すことなく旅立たれた。また前者の問題、すなわち、小さな地域、たとえば、桜井先生が調査地に選んだ村バックコック（本書8章「紅河デルタ」の「バックコック」の項参照）の個性を解明したところで何がわかるのか、という批判に対しては、まだ手探り段階にあると吐露されている（桜井由躬雄『バックコック：歴史地域学の試み』東京大学大学院人文社会系研究科南アジア東南アジア歴史社会研究室、二〇〇六年、六〇六ページ）。桜井先生に師事したかつての学生のうち、研究の実践というレベルで、何を、どのように研究し、どのようにその結果を表現したらよいのかという問題について、自問自答し続けている人間は、私だけではないと思われる。

一方、桜井先生に師事したかつての学生の多くは、「歩く」ことで地域の景観の特性を感性的に把握することの重要性を理解し、景観の特性を把握できたときの感動を記憶し、自分は「歩いた」のだという自信を持っている。これらを後進に伝授する手段として桜井先生が主催されていたのはアジア農村研究会のフィールドワーク実習であった。アジア農村研究会のフィールドワーク実習は、毎年三月に二週間の広域調査（桜井先生の「地域学」の骨子の（四））または定着調査（同（六））を実施し、参加者の所属や身分は問わないというもので、桜井先生の存命中に合計二〇回実施された（アジア農村研究会編『学生のためのフィールドワーク入門』めこん、二〇〇五年、およびアジア農村研究会「『ア農会』の実績」(http://anoukai.com/about/ 二〇二一年二月二五日最終閲覧) 参照)。また桜井先生は、ご自身の調査に学生や若手研究者を「動員」する際など、主に土曜日や日曜日に、「遠足」と称する広域調査をしばしば企画されていた。かつてアジア農村研究会や「遠足」に参加した「同門」の諸先輩、諸氏らは、本書が読者に紙上「広域調査」を体験させ、実際の「広域調査」に誘うための本であること、したがって景観の写真がなければ本書の価値が半減してしまうことを理解し、気前よくベストショットを提供してくれた。

研究の実践というレベルでは、桜井先生の（狭い意味での）「地域学」「歴史地域学」の成果物の量は多くなく、まして英語やベトナム語で書かれたバックコックに関する研究論文は数えるほどしかない。それにもかかわらず、桜井先生とバックコック・プロジェクトと桜井先生の提唱された「地域学」は、現在に至るまでベトナム側の学界で大変に評価されている。桜井先生が亡くなってもう七年以上が経ち、社交辞令などもはや必要ないはずの二〇一九年一一月、ベトナム国家大学ハノイ校が主催した「ベトナム学・地域学国際会議」の席上で、「地域学」・「バックコック・プロジェクト」・「桜井教授《ザオスーサクライ》」という三点セットに対して主催者側から言及があったことに、私は心底驚いた。そして「地域学は、地域を敬愛する心の表現である。(Khu vực học là sự thể hiện của lòng kính trọng khu vực.)」と公言してはばからず、「地域学とは何か」「バックコックとは何か」を追求し続けた桜井先生に期待されていたのは何だったのかについて考えさせられた。あの世の桜井先生に叱られることを覚悟で自説を述べればその理由はこうである。桜井先生と同世代のベトナム人たち――ベトナム戦争を通じて、ベトナムが世界によって正しく理解されないことがどれほど多くの損失をベトナムにもたらすのかを経験し、地域研究が戦略情報の収集の手段に容易に転換しうることを知り、ベトナム自身がベトナム内部の多様性に向き合うことの重要性を自覚している人々――が地域学者としての桜井先生に期待していたのは、研究論文や調査データといった小さな成果物ではなく、ベトナムの人と国土を理解し、それをベトナムの外と次の世代に伝えることではなかったか。「『地域学』とは、地域の個性を理解するための学問である」という「開き直り」の、最大の賛同者は桜井先生と同世代のベトナム人たちではないのか。

桜井先生は本書『地域学者と歩くベトナム』の中で、自分の感性に頼るのみならず、ベトナム人の友人たちと対話し、さらには映画や小説のイメージの助けも借りることで、ベトナム各地の「地域」の像を描き出し、読者にわかりやすく伝えようと試みられている。読者の中には、「海のベトナム」「メコンデルタ」「ホーチミン市」「西の高原へ」「海道」「ＤＭＺ」「旧第四区（クーボンクー）」「紅河デルタ」「ハノイ千年の都」「北の山」といった地域区分の妥当性、少なくない項が現行の省を単位に記述されていること、ベトナムというまとまりが本書のタイトルに採用されていることなどについて、納得しがたいと感じる向きもおられるにちがいない。しかし、「主観に染まり、不確実性を秘めた『地域』像だけれども多くの人達がその『地域』像を出してみ、それらを横ならびにし、比較することによって、初めて、本当の像に近いものが皆の目の前に現われ出てくるに違いない」（高谷好一「『地域』とは何か」矢野暢編『地域研究の手法』弘文堂、一九九三年、四五ページ）のだ。桜井先生の描き出した「地域」の像は、横並びにし、比較するべき、あなたの手によって描き出される別の「地域」の像を必要としている。

この、日本語で刊行される桜井先生の最後の本が、「地域学」であろうと「地域研究」であろうと、ともかくも「地域」を研究対象に選んだ研究者の多くに読まれること、そしてベトナムの人と国土に現在進行形で向き合っておられる多くの方々に読まれることを願う。

本書は桜井先生が残された原稿をまとめ、典拠資料の確認等を経て出版したものである。本書の編集・校正にあたり、小川有子さんをはじめ、大田省一さん、神田真紀子さん、五島文雄先生、嶋尾稔先生、藤倉哲郎さん、古田元夫先生、柳澤雅之先生、吉井美知子さんにご協力いただいた。また馬場智也氏にはフランス語の校正をお引き受けいただいた。貴重な時間を割いて作業に加わっていただいた皆様に深く感謝申し上げる。

本書の内容の一部は、桜井先生が東京大学を定年退職した二〇〇七年以降、山上会館で実施された自主ゼミにて桜井先生自身によって報告された。そのため当時の自主ゼミにおける議論の成果が反映されている。また本書の内容の一部は文部科学省「世界を対象としたニーズ対応型地域研究推進事業」(平成一八〜二一年度)の研究課題「東南アジアにおける混住社会から共生社会への移行戦略の創出――企業進出下の在地社会変容に関する調査をもとに――」をはじめとした種々の公的資金によって行なわれた研究成果である。特に「東南アジアにおける混住社会から共生社会への移行戦略の創出――企業進出下の在地社会変容に関する調査をもとに――」については、研究代表者の内藤耕先生(東海大学)や川野美砂子先生(東海大学)に私自身も大変お世話になった。遺作であるという事情により、関係したすべての研究課題や共同研究者について言及することができないが、ここに記し、謝意を表したい。

本書には多くの図書資料が引用されている。これらの資料のうちの一部は、桜井先生の没後、三恵子夫人のご厚意と上廣倫理財団のご支援により東京大学附属図書館アジア研究図書館に「桜井由躬雄文庫」として所蔵されることになった。典拠の確認が可能になった背景には桜井先生の旧蔵書が散逸を免れたという大変な幸運がある。上廣倫理財団、東京大学附属図書館をはじめ、「桜井由躬雄文庫」関係諸機関・関係諸氏に感謝申し上げる。

最後に、本書はめこんの社主、桑原晨氏の「桜井さんの本」に対する深い愛情なくてはとても世に出ることはなかった。また本書の欠くことのできない要素として、テキストと写真のほかに地図が挙げられるが、地図は桑原晨氏の手によるものである。改めて御礼を申し上げたい。

写真の提供者は下記の通りである(五十音順)。

大泉さやか氏、大田省一氏、小川有子氏、藤倉哲郎氏、野口博史氏、菊池(阿部)百合子氏、勅使河原章氏、柳澤雅之氏、澁谷由紀。

や行

ら行

ま行

な行

は行

た行

さ行

索引

あ行

か行

実施により、南北分断は固定化)。
1955 バオダイ・ベトナム国の首相ゴ・ディン・ジエムがベトナム共和国(「南ベトナム」)建国、大統領に就任。
1956 南ベトナムで華僑国籍制限法令。
南ベトナムで国籍法。
1959 ホーチミン・ルートの建設着工。
1960 南ベトナム解放民族戦線が設立される。
ベトナム戦争(第二次インドシナ戦争)勃発(~1975)。
1961 米軍、枯葉剤散布(~71年)。
1965 北爆開始。米軍、ダナン上陸。
1967 ハノイで大疎開作戦。
1968 テト攻勢。
ソンミ事件。
1969 拡大パリ会議。
1969 南ベトナム共和臨時革命政府樹立。
1970 カンボジアのロン・ノル首相、シハヌーク元首から政権を奪取。
1972 米軍、クリスマス爆撃(ハノイ空襲)。
1975 サイゴン陥落、ベトナム共和国崩壊。
ラオス人民民主共和国成立。
1976 民主カンプチア成立。
南北統一選挙、ベトナム社会主義共和国成立。
1973 パリ和平協定、米軍の撤退。
1978 カンボジア戦争激化(第三次インドシナ戦争)。
南部で私営企業への統制、農業集団化が進む。ベトナム、コメコンに加盟。
1979 中越戦争。
カンプチア人民共和国成立。
1981 100号指示により実質的に合作社集団農業の解体。
1986 第6回党大会でドイモイ政策が提唱される。
1988 10号決議により集団生産機関としての合作社の解体。
1991 カンボジア和平パリ協定。
1994 アメリカが禁輸措置解除。
1995 ベトナム、ASEAN 加盟。
1997 アジア通貨危機。
タンロン工業団地設立。
1998 日本ベトナム石油、原油生産操業開始。
2000 ホーチミン高速道路建設着工。
2005 ハイヴァントンネル開通。
2012 中国、海南島三沙市なる行政単位を作って、西沙、中沙、南沙の三群島を統括することを決定。ベトナムは南沙、西沙の両群島がベトナムの主権と管轄の範囲にあることを明記した海洋法を可決。

1777　グエン・フエ（阮恵）、サイゴンを占拠。
1779　グエン・フエ（阮恵）、クアンチュン（光中）帝として即位（タイソン・グエン朝）。
1783　クアンナム・グエン王国のグエン・フック・アイン（阮福映）、バンコクに亡命。
1786　タイソンのグエン・フエ（阮恵）、ハノイのチン（鄭）政権を滅ぼす。
1787　グエン・フック・アイン（阮福映）、フランスとの間に攻守同盟条約を結ぶ。
1802　グエン・フック・アイン（阮福映）、タイソン・グエン朝を滅ぼし、ザーロン（嘉隆）帝としてフエにグエン（阮）朝を樹立（～1945）。
1832　ミンマン（明命）帝、フエを中心とする中央集権を強化。レ・ヴァン・コイはこれに反発、キリスト教徒の支援を受けてサイゴンで反乱（～1835）。
ミンマン（明命）帝、パンドゥランガのチャンパ王国を併合。
1833～36　ミンマン（明命）帝、キリスト教徒を弾圧。
1847　フランス・スペイン連合軍、ダナン砲撃。
1862　第一次サイゴン条約。グエン（阮）朝はハウザン川以東の３省をフランスに割譲。
フランスは直轄植民地コーチシナを創設。
1863　カンボジア、フランスの保護国となる。
1867　グエン（阮）朝がハウザン川以西の３省もフランスに割譲。
1873　フランシス・ガルニエ、紅河デルタを占拠するが、黒旗軍に討たれる。
1874　第二次サイゴン条約（フィラストル条約）。キリスト教の布教の自由を認め、主要４港と紅河を開放。
1882　アンリ・リヴィエール、紅河デルタを占拠するが、黒旗軍に討たれる。
1883　フランス、ハノイを再占領。
1884　パトノートル条約（第二次フエ条約）。グエン（阮）朝がフランスの保護国となることが確認される。
清仏戦争。
1885　清仏天津条約で清がベトナムに対する宗主権を放棄。
フエのフランス領事館が砲撃される（フエ事件）。
ハムギ（咸宜）帝の「勤王の詔勅」。
ファン・ディン・フン、ハティン省フォンケで抗仏闘争（～1995）。
1887　仏領インドシナ連邦（トンキン、アンナン、コーチシナ、カンボジア）成立。
1888　ダナンをフランスに割譲。
1899　インドシナ連邦にラオスが加えられる。
1905　ファン・ボイ・チャウ訪日、東遊運動はじまる。
1907　ハノイに東京義塾。
1915　ハノイ北部に大洪水。
1925　ホー・チ・ミンが広州でベトナム青年革命同志会を組織。
1930　コミンテルンの指示を受けたホー・チ・ミンがインドシナ共産党設立。
ゲティン・ソヴィエト運動。
1938　インドシナ民主統一戦線。
1940　日・仏印協定。日本軍、北部仏印進駐。
1941　ベトミン（ベトナム独立同盟会）、カオバンで結成。日本軍、南部仏印進駐。
1944～1945　北部を中心に飢饉発生。
1945　日本軍、仏印処理。
バオダイ帝がベトナムの独立を宣言。
八月革命（ベトナム独立革命）。
ホー・チ・ミン、ベトナム民主共和国（のちの「北ベトナム」）の独立宣言。
1946　第一次インドシナ戦争（～1954）。
1949　バオダイを元首とするバオダイ・ベトナム国成立。
1950　中国とソ連、ベトナム民主共和国を承認。
1954　ディエンビエンフーのフランス軍降伏。
ジュネーヴ会議。北緯17度線を暫定軍事境界線として停戦（のち、南北統一選挙不

年表

1万年前ごろ	ホアビン文化。
前2000～	フングエン文化→ドンダウ文化→ゴームン文化。
前1000～3世紀	ドンソン文化。
前1000～2世紀	サーフィン文化。
前3世紀末	南越国の建国。
前111年	漢の武帝、南越国を征服。紅河デルタは中国の支配下に。
1世紀	ハイバーチュンの反乱。
1・2世紀ごろ～	メコンデルタを中心に扶南。
2世紀～	チャンパ王国の拠点、アマラヴァティ（クアンナム省チャーキュウ中心）に存在。
679	唐の安南都護府がハノイに置かれる。
8～9世紀	チャンパ王国の拠点のうち、カウターラ（カインホア省）、パンドゥランガ（ニントゥアン省）が台頭。
863	南詔、安南都護府を破壊。
938	ゴ・クエン（呉権）、南漢を破り、コーロアに最初の独立王朝ゴ（呉）朝を樹立。
966（968？）	ディン・ボ・リン（丁部領）、ホアルーにディン（丁）朝を樹立。国号はダイコヴィエト。
980	レ・ホアン（黎桓）、前レ（黎）朝を樹立（～1009年）。
1009	リー・コン・ウアン（李公蘊）（リー・タイ・ト）、リ（李）朝を樹立（～1225年）。
1010	リ（李）朝、ハノイに遷都。
1054	国号をダイヴィエト（大越）に。
11～15世紀	チャンパ王国の中心、ヴィジャヤ（ビンディン省中心）に移動。
1225	チャン（陳）朝の成立（～1400）。
1257・84～85・87～88	モンゴル・元朝の来襲。
1288	バックダン川の戦い。チャン・フン・ダオ(陳興道）率いるベトナム軍が元を破る。
1397	ホー・クイ・リ（胡季犛）、チャン（陳）朝を倒す。ホー（胡）朝を樹立。
1407	明の永楽帝、ホー（胡）朝をほろぼす。
1418	タインホアでレ・ロイ（黎利）の反乱。
1428	レ・ロイ（黎利）（レ・タイ・ト）レ（黎）朝を樹立。
1471	レ・タイン・トン（黎聖宗）、ヴィジャヤ（ビンディン）のチャンパ王国を占領。
1527	マク・ダン・ズン（莫登庸）、レ（黎）朝を倒し、マク（莫）朝樹立。
1532	グエン・キム（阮淦）、タインホアにレ（黎）朝を再興。
1558	グエン・ホアン（阮潢）、クアンナム（広南）に割拠（のちのクアンナム王国の起源）。
1592	チン（鄭）氏、ハノイにレ（黎）朝を復興（後期レ朝）。マク（莫）氏、カオバンに退く。
1601～	グエン・ホアン（阮潢）から徳川家康に書簡。
1618	カンボジア王がクアンナム・グエン王国の王女と結婚。
1624	アレクサンドル・ドゥ・ロード教父によるキリスト教布教開始。
1679	クアンナム・グエン王国、楊彦迪らの反清華人グループを南部の開拓にあてる。
1698	クアンナム・グエン王国、サイゴンに嘉定（ザディン）府を設置。
17世紀末	マク・キュウ（鄚玖）、ハティエンを拠点にタイ湾沿岸を勢力下に置く。
1757	クアンナム・グエン王国、カンボジアの王位継承にからんで、チャビンとバサック（現ソクチャン省）の土地を獲得。
1771	タイソンのグエン（阮）3兄弟の反乱。 シャムのタークシン王、カンボジアに侵攻。
1773	タイソンのグエン・フエ（阮恵）、ビエンホアを占拠。
1775	ハノイのチン（鄭）政権、クアンナム・グエン王国のフエを占拠。

桜井 由躬雄（さくらい　ゆみお）
1945年福井県敦賀市に生まれる。1967年東京大学文学部卒業。1977年同大学大学院人文科学研究科博士課程満期退学、京都大学東南アジア研究センター（現京都大学東南アジア地域研究研究所の前身機関のうちの一つ）助手。1983年同大学同センター助教授。1990年東京大学文学部助教授。1994年文学部教授。2007年東京大学を定年退職、名誉教授。その後は放送大学客員教授、京都大学特任教授、ベトナム国家大学客員教授として教鞭をとる。2012年12月17日に死去。
文学博士。農学博士。
2003年にベトナム社会主義共和国から友好徽章を贈られ、同年ベトナム国家大学より名誉科学博士号を、さらに2009年ベトナムのファン・チャウ・チン文化財団よりベトナム学賞を贈られた。さらに没後の2013年にはベトナム社会主義共和国より友好勲章を追贈された。
蔵書約2000点は、東京大学附属図書館アジア研究図書館に「桜井由躬雄文庫」として納められている。
【単著】
『ベトナム村落の形成――村落共有田＝コンディエン制の史的展開』創文社、1987年『ハノイの憂鬱』めこん、1989年
『緑色の野帖――東南アジアの歴史を歩く』めこん、1997年
『東南アジアの歴史』放送大学教育振興会、2002年
『前近代の東南アジア』放送大学教育振興会、2006年
『一つの太陽――オールウエイズ』めこん、2013年
【共著】
桜井由躬雄・石澤良昭『ヴェトナム・カンボジア・ラオス』（東南アジア現代史3）山川出版社、1977年／第2版、1988年
石井米雄・桜井由躬雄『東南アジア世界の形成』（《ビジュアル版》世界の歴史12）講談社、1985年
桜井由躬雄・石澤良昭・桐山昇『東南アジア』（地域からの世界史4）朝日新聞社、1993年
桜井由躬雄文；大村次郷写真『米に生きる人々――太陽のはげまし、森と水のやさしさ』集英社、2000年
【共編著】
渡部忠世・桜井由躬雄編『中国江南の稲作文化――その学際的研究』日本放送出版協会、1984年
桜井由躬雄編『もっと知りたいベトナム』弘文堂、1989年／第2版、1995年
石井米雄・桜井由躬雄編『大陸部』（東南アジア史1）山川出版社、1999年
石井米雄監修；桜井由躬雄・桃木至朗編『ベトナムの事典』同朋舎、1999年
桜井由躬雄編『東南アジア近世国家群の展開』（岩波講座東南アジア史4）岩波書店、2001年

古田元夫（ふるた　もとお）
1949年生まれ。東京大学名誉教授。日越大学学長。
【専門】ベトナム現代史
【主な著書】
『歴史としてのベトナム戦争』大月書店、1991年
『ホー・チ・ミン：民族解放とドイモイ』岩波書店、1996年
『ドイモイの誕生』青木書店、2009年
『ベトナムの世界史　増補新装版』東京大学出版会、2015年
『ベトナムの基礎知識』めこん、2017年
『東南アジア史10講』2021年、岩波書店（新書）

澁谷由紀（しぶや　ゆき）
1980年生まれ。京都大学東南アジア地域研究研究所連携研究員。東京大学東アジアリベラルアーツイニシアティブ特任助教。
【専門】ベトナム近現代史。

地域学者と歩くベトナム

初版第1刷発行　2025年3月25日
定価4,000円＋税

著者　桜井由躬雄©

はじめに　古田元夫
あとがき　澁谷由紀
装幀　臼井新太郎・菊地信義

発行　株式会社めこん
〒113-0033 東京都文京区本郷3-7-1
電話　03-3815-1688　FAX　03-3815-1810
ホームページ　http://www.mekong-publishing.com

印刷・製本　株式会社太平印刷社

ISBN978-4-8396-0325-0 C0030 Y4000E
0030-2103325-8347